MANUAL DE EDITORAÇÃO E ESTILO

UNIVERSIDADE ESTADUAL DE CAMPINAS

Reitor   Antonio José de Almeida Meirelles
Coordenadora Geral da Universidade   Maria Luiza Moretti

 EDITORA DA UNICAMP

Diretora   Edwiges Maria Morato

CONSELHO EDITORIAL
Presidente   Edwiges Maria Morato
Carlos Raul Etulain
Cícero Romão Araújo
Frederico Augusto Garcia Fernandes
Iara A. Beleli
Marco Aurélio Cremasco
Maria Tereza Duarte Paes
Pedro Cunha de Holanda
Sávio Machado Cavalcante
Verónica Andrea González López

 UNIVERSIDADE DE SÃO PAULO

Reitor   Carlos Gilberto Carlotti Junior
Vice-reitora   Maria Arminda do Nascimento Arruda

 EDITORA DA UNIVERSIDADE DE SÃO PAULO

Diretor-presidente   Sergio Miceli Pessôa de Barros

COMISSÃO EDITORIAL
Presidente   Rubens Ricupero
Vice-presidente   Maria Angela Faggin Pereira Leite
Clodoaldo Grotta Ragazzo
Laura Janina Hosiasson
Merari de Fátima Ramires Ferrari
Miguel Soares Palmeira
Rubens Luis Ribeiro Machado Júnior

SUPLENTES
Marta Maria Geraldes Teixeira
Primavera Borelli Garcia
Sandra Reimão

UFMG   UNIVERSIDADE FEDERAL DE MINAS GERAIS

Reitora   Sandra Regina Goulart Almeida
Vice-reitor   Alessandro Fernandes Moreira

EDITORA ufmg   EDITORA DA UNIVERSIDADE FEDERAL DE MINAS GERAIS

Diretor   Flavio de Lemos Carsalade
Vice-diretora   Camila Figueiredo

CONSELHO EDITORIAL
Presidente   Flavio de Lemos Carsalade
Ana Carina Utsch Terra
Angelo Tadeu Caetano
Camila Figueiredo
Carla Viana Coscarelli
Élder Antônio Sousa e Paiva
Emília Mendes Lopes
Ênio Roberto Pietra Pedroso
Henrique César Pereira Figueiredo
Kátia Cecília de Souza Figueiredo
Lívia Maria Fraga Vieira
Luciana Monteiro de Castro Silva Dutra
Luiz Alex Silva Saraiva
Marco Antônio Sousa Alves
Raquel Conceição Ferreira
Renato Assis Fernandes
Ricardo Hiroshi Caldeira Takahashi
Rita de Cássia Lucena Velloso
Rodrigo Patto Sá Motta
Weber Soares

Manual de Editoração e Estilo

PLINIO MARTINS FILHO

Colaboradores

Geraldo Gerson de Souza
Maria Cristina Marques
Aristóteles Angheben Predebon
Naiara Raggiotti
Thiago Mio Salla
Lucas Legnare
Vera Lucia B. Bolognani
Adriana Garcia
Anderson Alves da Silva

2ª edição

Copyright © 2016 by Plinio Martins Filho.
Direitos reservados e protegidos pela lei 9.610 de 19.2.1998.
É proibida a reprodução total ou parcial deste livro sem autorização, por escrito, das editoras e do autor.

1ª edição 2016
2ª edição 2023

Ficha catalográfica elaborada pelo Departamento
Técnico do Sistema Integrado de Bibliotecas da USP

Martins Filho, Plinio.
  Manual de Editoração e Estilo – 2. ed. – Campinas: Editora da
Unicamp; São Paulo: Editora da Universidade de São Paulo; Belo
Horizonte: Editora UFMG, 2023.

  Inclui anexos.
  Inclui bibliografia.
  Inclui índice remissivo.
  978-85-268-1609-1 (Editora da Unicamp)
  978-65-5785-160-9 (Edusp)
  978-65-5858-124-6 (Editora UFMG)

  1. Editoração.   2. Produção editorial.   3. Manual de editoração e
estilo.   I. Plinio Martins Filho.   II. Título.

Direitos reservados a

Editora da Unicamp
Rua Sérgio Buarque de Holanda, 421
– 3º andar
Campus Unicamp
13083-859 – Campinas – SP
Tel.: +55 19 3521-7718 / 7728
www.editoraunicamp.com.br
vendas@editora.unicamp.br

Edusp – Editora da Universidade de São Paulo
Rua da Praça do Relógio, 109-A
Cidade Universitária
05508-050 – São Paulo – SP
Divisão Comercial: Tel.: + 55 11 3091-4008
/ 4150
www.edusp.com.br
edusp@usp.br

Editora UFMG
Av. Antônio Carlos, 6627
– CAD II / Bloco III
Campus Pampulha
31270-901 – Belo Horizonte –MG
Tel: + 55 31 3409-4650
www.editoraufmg.com.br
editora@ufmg.br

Printed in Brazil.
Foi feito o depósito legal.

Para o Livro,
que me deu néctar...

A meu pai, que escrevia na areia.

A Venusa, minha irmã mais velha,
minha mãe mais nova.

AGRADECIMENTOS ESPECIAIS A

J. Guinsburg e João Alexandre Barbosa
(in memoriam), *que me deram a*
oportunidade de aprender.

Jerusa Pires Ferreira, que me levou para a
universidade e sempre me incentivou.

Ivan Teixeira, um amigo que
foi embora muito cedo.

SUMÁRIO

APRESENTAÇÃO - *J. Guinsburg*, 9

PREFÁCIO - *Marisa Midori Deaecto*, 11

INTRODUÇÃO, 15

Parte I. O ORIGINAL, 21
1. Aspectos Formais, 23

Parte II. ESTRUTURAÇÃO DO ORIGINAL, 33
2. Pré-textuais, 37
3. Textuais, 91
4. Pós-textuais, 99
5. Elementos de Apoio ao Texto, 115

Parte III. EDIÇÃO DE ORIGINAL, 149
6. Revisão e Preparação de Texto, 151
7. Marcação de Texto, 183

Parte IV. PROJETO GRÁFICO E TIPOLOGIA, 193
8. Noções Básicas, 195
9. Classificação dos Tipos, 205

Parte V. REVISÃO, 223
10. Revisão de Provas, 225

Parte VI. NORMALIZAÇÃO TIPOGRÁFICA, 249
11. Redondo, 251

12. Itálico/Grifo, 257
13. Negrito, 265
14. Versal, Versalete e Versal-versalete, 269

Parte VII. ORTOGRAFIA, 275
15. O Novo Acordo Ortográfico na Prática, 279
16. Reduções, 285
17. Abreviaturas, 289
18. Siglas, 337
19. Símbolos, 383
20. Signos, 421
21. Translineação e Hifenização, 443
22. Maiúsculas e Minúsculas, 455
23. Numerais, 485
24. Estrangeirismos, 493

Parte VIII. LÍNGUAS ESTRANGEIRAS, 497
25. Línguas de Escrita Latina, 501
26. Alemão, 505
27. Catalão, 513
28. Dinamarquês, 517
29. Espanhol ou Castelhano, 519
30. Finlandês, 525
31. Francês, 529
32. Holandês, 535
33. Inglês, 539
34. Italiano, 545
35. Latim, 551

SUMÁRIO

36. Línguas de Escritas Diversas, 557

37. Árabe, 559

38. Chinês, 563

39. Grego, 567

40. Hebraico, 575

41. Japonês, 579

42. Russo, 583

Parte IX. PONTUAÇÃO, 591

43. Aspas, 597

44. Asterisco, 607

45. Travessão, 609

46. Parênteses, 619

47. Colchetes, 623

48. Chaves, 627

49. Barras, 629

50. Ponto de Interrogação, 633

51. Ponto de Exclamação, 635

52. Ponto e Vírgula, 637

53. Ponto-final, 639

54. Vírgula, 643

55. Dois-pontos, 647

56. Reticências, 649

57. Apóstrofo, 651

Parte X. BIBLIOGRAFIA, 653

58. Tipos de Bibliografia, 657

59. Aspectos Formais da Notação Bibliográfica, 663

60. Elementos Essenciais para a Notação Bibliográfica, 667

REFERÊNCIAS BIBLIOGRÁFICAS, 697

ÍNDICE REMISSIVO, 703

APRESENTAÇÃO

J. Guinsburg

Plinio Martins Filho me faz um convite honroso, dando-me o prazer de me expressar a respeito do belo *Manual de Editoração e Estilo* que ora publica. É um trabalho que resulta de quase cinquenta anos de prática no campo da editoração, iniciados, para o meu orgulho, na Perspectiva e que o converteram em um dos melhores professores e editores em atividade não só em São Paulo e, porque não dizê-lo, no Brasil, como evidencia a sua folha de serviços na Edusp e na Ateliê.

Se me foi dada essa oportunidade, só posso acrescentar aquilo que o leitor, especializado ou não, poderá comprovar, ao percorrer as páginas deste compêndio: tanto do ponto de vista técnico, isto é, editorial, e não menos didático, como sob o ângulo da personalidade que o concebeu, tem-se aqui uma contribuição das mais relevantes e úteis na bibliografia especializada em português.

Estou certo de que, assim sendo, ela irá servir e beneficiar com enorme proveito alunos no seu curso e profissionais no seu labor. E não poderia deixar de desempenhar esse papel, pois o seu autor imprimiu aí mais um testemunho de seu gosto pelo estudo e criação das belas coisas e dos grandes produtos da cultura e da arte que o conduziram a esse grau de domínio de seu ofício e de sua disciplina na ECA. E, em igual nível, cumpre ressaltar ainda que o organizador incluiu o aporte do saber e da perícia de profissionais de alto quilate, como Geraldo Gerson de Souza, Vera Lúcia B. Bolognani e os demais participantes do empreendimento.

Espero que, assim sendo, o tributo que presto à realização deste compêndio não seja levado à conta de um louvor gratuito. Pois, tenho certeza de que, quem quer que tenha noção do que seja o trabalho de preparação de texto, de revisão e de diagramação, há de partilhar dessa avaliação e recomendar a quem esteja nesse campo de atividade munir-se deste *Manual*. Fazendo-o, ele terá por certo em mãos uma ferramenta valiosa, tanto para o aprendizado, quanto para a prática de um mister, e mais do que isto, de uma arte, porquanto, em essência, trata-se de uma arte que é aqui praticada, e que só se pode praticar com imenso amor ao livro nas suas formas e nos seus conteúdos.

2016

PREFÁCIO

Marisa Midori Deaecto

Professora Livre Docente em História do Livro da USP

Um livro perfeitamente acabado contém uma boa doutrina, apresentada adequadamente pelo impressor e pelo revisor. É isso o que considero a alma do livro. Uma bela impressão sobre a prensa, limpa e cuidada, é o que faz com que eu possa compará-lo a um corpo gracioso e elegante.

Alonso Victor de Paredes, *Institución y Origen del Arte de la Imprenta*, c. 1680

Leitores há, de todo tipo. Há o leitor concentrado, o leitor interativo, o leitor crítico, o leitor intensivo, o leitor solidário, o leitor malcomportado... e, coisa do novo milênio, há também o leitor eletrônico. O *e-reader* dos anglo-saxões ou a *liseuse*, batizada, assim, à moda francesa, com o gênero feminino bem demarcado. Mas existe um tipo de leitor que fica escondido atrás do livro e que vê tudo o que os outros leitores não podem ver. É um leitor exigente, do tipo tinhoso, que não dorme no ponto, não salta as linhas – quiçá, as páginas! – e que deixa a casa sempre em ordem para o desfrute dos outros leitores. Esse leitor benfazejo é o editor.

A prática da edição é tão antiga quanto os primeiros volumes, ou livros em rolo. Tímon (320 a.C.-235 a.C.), o filósofo cético, referia-se à Biblioteca de Alexandria como a "gaiola das musas", onde uns "garatujadores" se punham a ler, copiar e comentar textos antigos. Conta o poeta de Fliunte que Zenódoto de Éfeso (330 a.C.-260 a.C.), o primeiro bibliotecário daquela instituição monumental, fundada na "populosa terra do Egito", procedia a interpretações e intervenções de qualidade duvidosa ao copiar os textos da *Ilíada* e da *Odisseia*, o que colocava suas edições sob suspeita.

Nos tempos de Cícero (106 a.C.-43 a.C.) o ato de editar um texto adquire sentido mais amplo. São conhecidas as cartas que o grande orador, escritor e bibliófilo romano endereçou a Ático (109 a.C.-32 a.C), o amigo abastado, de uma cultura helenista refinada, que não poupava recursos materiais e escravos – gregos, na sua maioria – para a edição e publicação de bons escritos. Ou seja, a arte da edição não se restringia mais ao estabelecimento de cópias dos registros antigos para a sua preservação nas bibliotecas. Tratava-se, agora, de tornar público um texto. Tal perspectiva explica o conteúdo semântico original do latim *editor, editoris*, ou seja, o que gera, que produz, ou aquele que causa; e, por extensão, o autor, consoante o verbo *edere*, de parir, publicar, expor, produzir, de acordo com Emanuel Araújo. Há, na verdade, duas ações em jogo: enquanto *edere* equivale a lançar um produto literário sem procurar difundi-lo amplamente, *publicare* descreve o processo pelo qual o texto se torna público, ou seja, quando ele escapa ao poder do autor. Nos dois casos a função editorial é imprescindível, tanto no aspecto da crítica ao texto quanto no que toca à cópia e reprodução do original.

A revolução de Gutenberg intensificou ainda mais a oposição entre a escrita (= original) e o texto (= impresso), na medida em que a possibilidade de reprodução mecânica do livro exigiu novos níveis de profissionalização e de padronização. A publicação de textos eruditos se torna, então, uma atividade colegiada, com ampla participação de especialistas em diferentes fases de construção do livro, desde a seleção do manuscrito, donde a importância da filologia no alvorecer da Época Moderna, passando por decisões de ordem estética, ou seja, a escolha de tipos, a definição da quadratura da página e do formato do volume, até as intervenções de natureza editorial, ou seja, a inserção de paratextos, a hierarquização das informações e, claro, a revisão do exemplar impresso. Como escreve Alonso Victor de Paredes em sua preciosa *Institución y Origen del Arte de la Imprenta*, esse ancestral raro do *Manual de Editoração e Estilo* que o leitor tem em mãos, uma bela edição traz o equilíbrio entre a alma (a boa doutrina) e o corpo (a forma) gracioso e elegante do livro.

Nesse sentido, parece correto afirmar que os editores são os verdadeiros guardiões de uma longa linhagem de leitores benfazejos que zelam pela preservação e publicação dos textos. Pode-se mesmo dizer que o editor sobreviveu a todas as revoluções que incidiram sobre a cultura escrita: a passagem do rolo ao códice, no primeiro século da era cristã; a invenção da imprensa, em meados do século xv; e a emergência do texto digital, a qual permite, nos dias atuais, a leitura em diferentes suportes ou plataformas. Se houve ou ainda há alguma dúvida quanto à sobrevivência do códice diante de uma revolução midiática em curso, não parece ter ocorrido a ninguém questionar o papel central que desempenha o editor no processo de construção do texto. No limite, é possível pensar que as novas tecnologias concorram para uma maior articulação entre as funções do autor e do editor, o que tornaria os escritores, como já ocorreu noutras épocas, editores de seus próprios escritos. Afinal, entre a escrita e o texto há muitos (des)caminhos a percorrer.

Escritores tecem como aranhas as palavras, enquanto os editores redesenham, fio a fio, o tecido de símbolos a que chamamos texto. É trabalho de artesão, dos mais refinados. Não menos artesanal e engenhosa é a construção desse *Manual de Editoração e Estilo*, cujas tramas foram desenhadas pelo maior editor brasileiro em atividade. Plinio Martins Filho o realizou com paciência, cuidado e tenacidade no fio do tempo. A construção do livro e as regras de construção do livro são aqui tão bem exemplificadas e tão bem descritas, que se torna difícil estabelecer uma distinção clara entre conteúdo e continente. O volume conquista fácil o leitor por seus atributos estéticos e pela composição harmoniosa das páginas. A mesma harmonia que se observa na estrutura dos capítulos. Primeiramente, os aspectos formais e a hierarquização das partes constituintes do livro, noutros termos, a tessitura do original. Investe-se, então, nas tramas menores: nos detalhes tipográficos, na conformação das letras e no uso dos sinais diacríticos. Nada lhe escapa. Tecer é normalizar, domar a escrita, forçar uma coerência entre as partes e o todo, e estabelecer o diálogo entre a ideia e o símbolo. Como o diz o autor e editor deste belo volume, editar é ordenar o caos.

Por tudo isso o editor é aquele leitor benfazejo, que teima em ver na filigrana o que ninguém se dá por conta. E o *Manual de Editoração e Estilo* de Plinio Martins Filho leva todas essas regras às últimas consequências. É leitura de referência para os artesãos do ramo. E passagem obrigatória para todos os tipos de leitores que encontram no livro a melhor morada para se viver.

2016

INTRODUÇÃO

Habent sua fata libelli[1].

TERÊNCIO MAURO

Por melhor que seja a apresentação gráfica de um livro, somente um texto bem cuidado pode sustentar o interesse em sua leitura. Nas empresas jornalísticas e revistas especializadas, são comuns os manuais de estilo, que orientam e determinam a característica final dos escritos a ser publicados.

No caso da publicação de livros, cada editora tem suas normas de preparação, nem sempre escritas. Essas regras visam, sobretudo, a orientar a edição dos originais segundo determinados critérios que imprimam unidade e coerência ao texto, conferindo-lhe ainda uniformidade global, mediante padrões formadores e informadores da obra, e não a ensinar ao preparador ou editor como se deve escrever. Por isso, preferimos o título *Manual de Editoração e Estilo*.

Quando uma obra é aprovada para edição, considera-se que o autor forneceu um texto correto dos pontos de vista informativo e gramatical. No entanto, dificilmente esse material apresenta coerência total no que se refere ao uso sistemático de pontuação, acentuação, maiúsculas, minúsculas, realces gráficos (itálico, negrito etc.), abreviaturas, citações, notas de rodapé, bibliografia e muitos outros elementos. Quase 100% dos originais necessitam de normalização.

Há dois tipos básicos de normalização de texto: a empírica, da editora, e a teórica, mais orientada para a área de documentação, feita pelos centros especializados. É importante ter em mente, porém, a necessidade de se evitar qualquer padrão normalizador absoluto.

O trabalho de publicação de um livro abrange, inicialmente, sua produção intelectual e, em seguida, sua produção física. Concebido por um ou mais autores, preparado por uma equipe de profissionais, um livro editado é o resultado da atividade criativa de várias pessoas.

Do ponto de vista do editor, o livro pode ser grande, médio, pequeno, grosso, fino, tendendo a diversos formatos, tais como o inglês, retangular e alongado no sentido vertical, ou o francês, quase quadrado. Portanto, em função dos diferentes aspectos das obras, um editor pode fazer toda uma tipologia do livro.

---

1. Terêncio Mauro, *De Litteris Syllabis Pedibus et Metris*, verso de 1286: *Pro captu lectoris habent sua fata libellis* (Os livros têm seu destino de acordo com a capacidade do leitor).

Fato relevante, pois envolve uma questão cada vez mais séria, se levarmos em conta o mercado e a cultura, em termos de rendimento econômico e de padronização segundo normas específicas.

O que aqui chamamos de "norma" é um aspecto imanente, intrínseco a certas situações. Deve nascer de um consenso, como um produto espontâneo da vida social. O homem sabe que regras existem e, aos poucos, observando a sociedade e a si mesmo, encontra algo que se assemelha a esse conceito de norma, a esse consenso obrigatoriamente aceito e praticado por todos, pelo menos em determinadas situações.

A norma é extremamente eficaz, pois propicia a existência da sociabilidade pacífica. Há muito, temos buscado criar normas artificiais para viver em harmonia. Há coisas que parecem aceitas naturalmente pela sociedade; outras têm de ser objeto de catequização, e até de imposição policial com o uso da força. É o lado coercitivo da normalização.

O que trazemos aqui é uma proposta de normalização na edição de livros que possa corresponder a uma unificação racional de critérios para a apresentação material e a preparação do texto. Ou seja, mantendo a capacidade de diferenciar os inúmeros objetos editoriais e as características individuais de cada obra, tais critérios devem agrupar-se em categorias, classes, espécies e gêneros, facilitando desse modo o trabalho de quem edita livros e a compreensão desse objeto pelo leitor.

Há tentativas de se fazer a normalização tanto no que se refere ao aspecto material do projeto gráfico bem como do ponto de vista textual (preparação do texto). Vale acentuar, mais uma vez, que a padronização deve ser produto da vontade coletiva, consensualmente obtida e jamais estabelecida de modo absoluto.

Assim como o projeto gráfico do livro é um elemento marcante e caracterizador de quem o edita, a edição de texto é outro aspecto do trabalho que, apesar de não ser tão visível, tem igual ou maior importância em um projeto global de editoração. Enquanto o projeto gráfico é concebido quase sempre por um único profissional e executado por poucas pessoas, a edição do texto exige o concurso de vários profissionais, todos eles envolvidos com as palavras, desde o autor, para a produção formal do original, até o revisor de provas. Daí a necessidade de um manual que, além de instrumento básico de trabalho, sirva de elemento de padronização do texto.

De fato, normalizar um texto significa dar coerência e homogeneidade aos seus elementos gráficos, além de uniformizar as diferentes grafias das palavras segundo normas preestabelecidas.

O conceito de normalização é fundamental em todo tipo de trabalho textual, sobretudo naqueles destinados a ser impressos e/ou publicados, pois afeta não só a sistematização dos elementos gráficos, como também as regras da escrita das palavras e sua disposição no material editado. Sua aplicação racional requer tanto o conhecimento dos aspectos linguísticos quanto o domínio do que aqui podemos chamar de "grafia" técnica, a ser utilizada por preparadores e revisores de texto.

A normalização de critérios de uma obra começa com o próprio escritor. Poderíamos dividi-la, do ponto de vista da criação do autor, em macronormalização e micronormalização. A primeira diz respeito à estruturação geral da obra, ao equilíbrio de conteúdo, à hierarquização das partes nas quais se divide o texto etc. A segunda relaciona-se com todos os elementos manejados pelo autor para escrever e expor o tema de sua obra: escolha de grafias e de realces gráficos, citações, bibliografia etc.

A normalização tem, portanto, um componente intelectual (estruturação do trabalho), um componente técnico (como expressá-lo graficamente) e, por fim, um componente ortográfico (escolha das grafias).

Já do ponto de vista intelectual, não seria equilibrada nem normalizada uma obra na qual uma parte importante (em função do enfoque dado à matéria) recebesse tratamento inferior ao concedido a um trecho menos importante do conjunto.

Do ponto de vista técnico, a obra tampouco seria coerente se lhe faltassem as normalizações ortográfica e gráfica, que exigem uma padronização – a ser utilizada em todo o texto – referente à dupla grafia de palavras, à acentuação, ao uso de maiúsculas e minúsculas, de itálicos, de aspas etc.

Nesse sentido, percebe-se que não é possível estabelecer um conjunto de regras de normalização tão abrangente que seja capaz de abarcar todos os tipos de originais (técnicos, religiosos, científicos, acadêmicos, didáticos etc.); o que se tenta aqui é relacionar os aspectos mais importantes que podem servir de ponto de partida.

Uma olhada à nossa volta e um instante de reflexão bastam para mostrar que nossos procedimentos e suas múltiplas possibilidades de ocorrência, em todos os sentidos, são altamente convencionados e padronizados, seja por regras estabelecidas formalmente, seja por usos e costumes que nos afetam em maior ou menor grau, inconscientemente ou não.

Por isso, é surpreendente que muitos aspectos da metodologia para a expressão gráfica dos trabalhos técnicos, científicos, literários etc. careçam de regras estabelecidas por um organismo padronizador, capaz de fixar um modelo de referência considerado mais adequado. Na falta de tal entidade organizadora, cada indivíduo ou grupo produtor de textos impressos pode converter-se em normalizador *sui generis*.

Desse modo, não é estranho advertir que os vários meios de comunicação impressa aplicam soluções diferentes – e até contrárias – na expressão dos mesmos elementos gráficos.

A preocupação com a exatidão e com a coerência da grafia, seja técnica, seja científica, deve ser uma constante, principalmente com relação ao estilo a ser adotado na apresentação dos originais, na preparação e na revisão de textos.

Os editores de livros e de jornais não raro prestam pouca atenção a essa normalização em suas publicações, mesmo sabendo que uma das principais causas de atrasos e gastos na edição é a falta de critérios nesse aspecto particular de seu trabalho. Tal problema envolve todos aqueles que trabalham com texto, desde o diagramador até o editor.

No Brasil, temos a Associação Brasileira de Normas Técnicas (ABNT), que vem desenvolvendo, embora de modo parcial e nem sempre unificado, um trabalho de normalização para os livros. No entanto, não só no Brasil como em outros países, cada centro normatizador aplica suas próprias regras, de modo que textos de diferentes editoras e publicações periódicas acabam por não obedecer aos mesmos padrões. Com respeito às revistas científicas, por exemplo, cada uma adota normas próprias de apresentação dos textos de seus colaboradores.

A questão, como se vê, afeta autores, tradutores e redatores, mas também – e de maneira muito especial – revisores e preparadores de texto, que se veem constrangidos a aplicar soluções diferentes aos mesmos problemas, de acordo com a editora responsável pela edição.

Nos últimos anos, no entanto, nota-se em alguns editores de livros, e principalmente de jornais, certa preocupação em adotar normas de preparação que procurem resolver os problemas mais cruciantes nessa área. Tais normas, porém, nem sempre coerentes e, em muitos casos, díspares, só têm tido êxito no âmbito de poucas empresas.

Consciente de que o ato de preparar e/ou normalizar é um ofício muito comprometedor, este *Manual* espera prestar alguma ajuda a escritores, editores (literários, técnicos ou científicos), preparadores de texto, revisores de provas, bem como a digitadores, *designers* e diagramadores, tão carentes das informações tipográficas que tinham os linotipistas – verdadeiros auxiliares dos autores, editores e revisores – e hoje praticamente desaparecidos.

No entanto, é importante realçar, mais uma vez, o fato de que a norma não deve obscurecer ou escravizar. Em muitos casos, existem várias maneiras de solucionar os problemas editoriais referentes à área que nos ocupa, cabendo então apelar para o bom senso a fim de orientar a melhor maneira de apresentar um original.

Na edição de trabalhos acadêmicos (dissertações de mestrado, teses de doutorado e de livre-docência etc.), por exemplo, constata-se que há uma diversidade de normas, e quase sempre o padrão adotado difere daquele utilizado nas editoras, sejam elas universitárias ou não. Tais disparidades geram um trabalho enorme e demorado por parte do preparador de texto.

Foi pensando nos orientadores de trabalhos acadêmicos e em seus orientandos, nos profissionais ligados ao mundo dos livros, nos alunos e estagiários que se iniciam no setor de revisão e preparação de texto que decidi elaborar este *Manual*, com base em muitas décadas de prática em editoras acadêmicas na área de edição e produção editorial de diferentes obras e na observação e pesquisa de publicações de outras editoras, principalmente das universitárias norte-americanas e inglesas.

PARTE I

O ORIGINAL

*A verdadeira razão para a série de defeitos nos livros e em outros materiais impressos
é a falta de tradição – ou a deliberada dispensa dela – e o arrogante desprezo
por toda e qualquer convenção. Se podemos ler satisfatoriamente qualquer coisa,
é porque respeitamos o usual, o lugar-comum. Saber ler implica obedecer
às convenções, conhecê-las e respeitá-las.*

JAN TSCHICHOLD

Meu caro Affonso,

Encargos acumulados (e ainda longe de conclusão) retardaram esta resposta. Mas acuso e agradeço agora a sua carta de 18.2, longa e repleta de observações interessantes. Pretendo, talvez em maio, passar uns dias em Minas, e, então, conversaremos pessoalmente sôbre vários tópicos que comportam detalhamento. Por enquanto, quero lhe dizer que não vejo razão para qualquer surprêsa diante do nº 4 de Invenção. Êste número, em parte, sequer é estranho ao conhecimento de Vocês aí em Minas, pois 2 dos seus trabalhos teóricos substanciais foram extraídos de conferências proferidas na Semana de Poesia de Vanguarda. Estou muito a cômodo para falar no assunto, pois tanto em meu último poema (ÁLEA I), como em minha prosa em progresso os elementos de teor participante (ao nível ideológico) são evidentes e nesse sentido já ouvi manifestações e reações xxxixxxxxxxxxxxxx de diversas fontes (inclusive a sua mesma na carta que ora respondo),tôdas comprovando, ao nível da comunicação, a eficácia dos processos e a nitidez dos intuitos visados (outro dos que se externaram nesse sentido foi, para minha satisfação, o nosso Benedito Nunes). Agora Invenção mantém, como sempre manteve, uma posição em favor da criação como liberdade fundamental, num momento em que as sobrevivências neo-stalinistas encontram campo propício para florescer, sobretudo porque à sombra de um respeitável empenho ético (que aliás não é privilégio dos que ora tentam restaurar os padrões de uma arte caduca; veja-se o caso do Moacyr Félix, exemplar). Nesse sentido, experiências em andamento foram normalmente desenvolvidas, como as do Pignatari e L.Ângelo, e é cedo ainda para avaliar as suas consequências (de qualquer maneira, representam um valioso manancial de instigações, e nunca vi o Décio ficar parado sôbre conquistas feitas). O componente ideológico em nossa poesia não nasceu com o salto participante, como V. sabe. Se V. remontar às razões da cisão poesia concreta/neo-concretismo (especialmente ao artigo de Spanudis dirigido contra nós e publicado com imenso destaque pelo Jornal de Brasil de então) 1957 verá que os móveis da cisão foram também ideológicos. E poemas há, dos mais antigos do movimento - "coca-cola" do Décio p.ex., de 57 - que exprimiam muito claramente esta visada (e não se fale em poxxxix poema isolado: produzindo programàticamente pouco, basta dizer que no noig. 4 Décio deu apenas 3 poemas, um dos quais contundentemente engajado). Acho que o sentido da Semana Nacional (e neste sentido minha interpretação coincide com o do Benedito) foi, sobretudo, o de ampliar o diálogo em comum, mas nunca o de fixar um estatuto formal para o trabalho criativo. Para mim, inclusive, sem poesia pura não se faz poesia para, o par sendo dialético e nutrindo-se das tensões que cria. Invenção 4 programou-se contra o obscurantismo, defendeu (sem ênfase retórica, mas firmemente) a liberdade de criação e publicou material nìtidamente participante ao nível ideológico quando não era fácil encontrar onde estampar dito material. Publicou também (e publicará sempre) poemas e pesquisas onde a participação xxix esteja ao nível da linguagem, ao nível do engajamente com o próprio instrumento e o seu futuro. Esta também, ao nosso ver, é uma forma (e das mais importantes) de participação: nos pelourinhos do puritanismo ideológico rola sempre a cabeça da arte criativa, se não se salvaguarda desde logo e com tôda a ênfasex a criação.
O momento que vivemos pede união mais do que divergência, mas união não significa uniformidade. Antes, a contradição é sempre fecunda e instigante. Impede a esclerose. O conformismo com o feito. Vejo, pessoalmente,no caso da sua poesia, um intinerário em progresso, no sentido da radicalização de certos processos formais, que atesta não ser V. dos que se satisfazem com a facilidade da redundância arvorada em estatuto formal. Mas isto é uma tentação para poetas menos exigentes e experientes. No meio têrmo está o confôrto. A posição de outros integrantes de Tendência nunca teve a clareza da sua. Vejo,p.ex.,pelo depoimento do Rui Mourão,que

1. ASPECTOS FORMAIS

1.1. Definição 1.2. Papel 1.3. Legibilidade 1.4. Laudas 1.5. Margens 1.6. Parágrafos 1.7. Linhas e Toques 1.8. Entrelinhamento 1.9. Numeração de Página 1.10. Formatação

Já se faz necessária, com urgência, a elaboração de um documento normativo para orientação dos autores que escrevem sem conhecimento de critérios básicos de editoração, pois tal praxe dificulta a tarefa do editor responsável por sua publicação e do próprio leitor, que, muitas vezes, se ressente da disparidade de citações incompletas e de referências não localizáveis.

Um original bem organizado é valorizado, já que uma boa apresentação, sintética, coerente e metódica em seus mínimos detalhes, constitui, para o documento original, fator condicionante para sua aceitação e leitura pelo editor ou por leitores críticos.

É necessária, portanto, uma apresentação coerente do original, tanto no que se refere à forma como ao conteúdo.

Como já afirmamos, devido aos diversos tipos de trabalhos (literários, técnicos, científicos etc.), é quase impossível obter consenso quanto a uma forma única de apresentação para todos os tipos de originais, mas é viável fazer certas recomendações a respeito da uniformização dos métodos de elaboração e das formas e normas técnicas para a apresentação de originais.

Em geral, o autor cria seu texto em folhas de papel sulfite tamanho ofício ou A4, usando um computador e impressoras a jato de tinta ou a *laser* ou, para os mais antigos, uma máquina de escrever. Nesse estado, o livro não pode ser impresso para se multiplicar por mil ou mais. Para que isso ocorra, faz-se necessária a ajuda do editor.

Página anterior:
Reprodução de uma lauda datilografada, sem alinhamento à direita e praticamente sem espaço interlinear, de Haroldo de Campos.

1.1. DEFINIÇÃO

Original – em editoração – é o termo com o qual se define qualquer texto manuscrito ou produzido mecanicamente (datilografado, digitado ou, até mesmo, já impresso), destinado à composição tipográfica. É o texto definitivo entregue à editora pelo autor para ser editado. O conteúdo de um original é um problema conceitual, mas sua parte física, a cópia, pode ser confiada a um profissional de digitação.

No entanto, essa cópia é um trabalho manual que deve ser feito com rigor. O autor é capaz de reproduzir o texto conforme seus próprios critérios, o que às vezes implica um método gráfico-expositivo suscetível até mesmo de interferir na forma definitiva do livro ou em seu conteúdo.

Assim, é pelo original que realmente começa a editoração, e não pela entrevista com o editor, na qual o autor expõe os possíveis méritos de sua obra. Embora ao editor só interesse, em princípio, o conteúdo da obra, ele é naturalmente influenciado pela apresentação material do original. E não falamos aqui de originais manuscritos! Não basta que o original tenha bom conteúdo. Cumpre que esteja em bom estado, tenha uma apresentação que facilite o trabalho do leitor crítico, do editor, do revisor, do diagramador, e apresente uma legibilidade com a qual não deixe margem a dúvidas.

Um original mal elaborado, com folhas sem numeração, mal datilografado ou mal digitado, impresso em vários formatos de papel, em máquinas diferentes, com tipos muito pequenos, com fita muito usada ou *toner* fraco, sem entrelinhamento, de difícil leitura e, no caso de ser reproduzido por impressoras matriciais, com tipos pouco legíveis e sem acentuação, til ou cedilha, quase sempre resulta num livro com problemas.

Seja qual for o tipo de original – literário, técnico, científico etc. –, ele deve atender a certos requisitos de normalização de seus aspectos, com o objetivo de facilitar as operações necessárias à edição, como a revisão de estilo, a preparação tipográfica e a composição.

Sem dúvida, um original bem planejado poupa tempo, dinheiro e muita dor de cabeça, tanto para o autor como para o editor e os profissionais encarregados da preparação do texto, da composição e das revisões de prova. Por isso, é recomendável que o autor observe, na elaboração de seu trabalho, os preceitos fundamentais aqui descritos.

Autores ou tradutores nem sempre têm consciência do processo de produção. Em função disso, certos erros, dependendo de sua sutileza, mantêm-se na preparação e nas provas subsequentes. Para evitá-los, mostra-se adequado seguir normas formais e materiais, com a finalidade de produzir um original com a melhor qualidade possível para ser editorado.

1.2. PAPEL

Recomendamos que o original seja apresentado em folhas de papel sulfite, formato A4 (210 × 297 mm) ou ofício (220 × 330 mm), de preferência na tonalidade branca opaca. Outros formatos, porém, também são aceitos, desde que todas as folhas tenham a mesma dimensão e gramatura.

O papel usado não deve ser muito fino, liso, transparente ou brilhante (tipo cuchê), nem poroso (papel-jornal). É necessário que seja consistente o bastante para não sofrer grandes estragos durante as sucessivas manipulações (correções, marcações tipográficas, composição etc.). O tipo de papel mais usado, geralmente, é o sulfite com gramatura de 75 g/m^2.

1.3. LEGIBILIDADE

É o mínimo que se espera de qualquer original. O texto deve ser totalmente digitado ou impresso, para que os profissionais da produção editorial não corram o risco de interpretar erroneamente alguma palavra, escrita em caligrafia ilegível. A apresentação deve ser limpa, sem rasuras, emendas manuscritas ou supressões de texto.

1.4. LAUDAS

O original apresentado pelo autor deve estar elaborado de modo a satisfazer às necessidades práticas do editor. Para isso, algumas normas são extremamente úteis e facilitadoras da editoração da obra:

- Imprimir o texto de um só lado do papel, em tinta preta.
- Digitar a linha normalmente, de preferência sem hifenizações, exceto as obrigatórias.
- Não colocar barra nem qualquer outro sinal gráfico para completar a linha: para quem vai compor o texto, tal elemento pode ser interpretado como algo a ser reproduzido.

Por melhor que seja a apresentação gráfica de um livro, somente um texto bem cuidado pode sustentar o interesse em sua leitura. Nas empresas jornalísticas, são comuns os manuais de estilo que orientam e determinam a característica final dos textos a serem publicados.

No caso da publicação de livros, cada editora tem suas normas de preparação, nem sempre escritas. Essas normas visam, sobretudo, a orientar a edição dos originais segundo determinados critérios que imprimam unidade e coerência ao texto, conferindo-lhe uniformidade global, mediante padrões formadores e informadores do livro, e não a ensinar ao preparador ou editor como se deve escrever. Por isso preferimos o título *Manual de Editoração e Estilo*.

Quando a edição de uma obra é aprovada, considera-se que o autor forneceu um texto correto dos pontos de vista informativo e gramatical. No entanto, dificilmente esse texto apresenta coerência total no que se refere ao uso sistemático de pontuação, acentuação, maiúsculas, minúsculas, realces gráficos (itálico, negrito etc.), abreviaturas, citações, notas de rodapé, bibliografia e muitos outros. Quase cem por cento dos originais necessitam de normalização.

Há dois tipos básicos de normalização de texto: a empírica, da editora, e a teórica, mais orientada para a área de documentação, feita pelos centros de normalização. É importante ter em mente a necessidade de evitar qualquer padrão normalizador absoluto.

O trabalho de publicação de um livro abrange, inicialmente, sua produção intelectual e, em seguida, sua produção física. Concebido por um ou mais autores, organizado por uma equipe de profissionais, um livro editado é o resultado da atividade criativa de vários indivíduos.

Lauda de original com margens laterais apropriadas para envio à editora.

ASPECTOS FORMAIS

- Nas divisões silábicas, evitar a utilização de hífen sob a letra.
- Não usar a barra de espaço para indicar o início de parágrafo. Os programas de digitação dispõem de uma régua por meio da qual é possível padronizar esse tipo de recuo (ver item 1.6).
- Ao utilizar alguns caracteres, ter cuidado para não confundi-los. Por exemplo, o número 1 (um) e a letra l (ele); o número 0 (zero) e a letra O (ó).
- Usar sempre caracteres redondos e com o mesmo corpo, sem variação de tonalidades, mantendo o itálico somente para os realces.
- Não há necessidade de grampear, colar, costurar ou encadernar o original; durante a preparação, ele será fatalmente desmanchado.
- Evitar o uso de um ou dois hifens para indicar travessão, hábito que vem da máquina de escrever, que só possuía o hífen e levava as pessoas a datilografarem -- para indicar o travessão; usar o próprio travessão eme (—) ou o travessão ene (–), com o espaçamento necessário. Na maioria dos microcomputadores, o travessão eme é obtido ao se pressionar as teclas Alt 0151, e o ene, Alt 0150.
- O autor deve entregar cópia(s) à editora, nunca seu original.
- Quando houver material iconográfico (fotos, mapas, tabelas etc.), numerá-lo e indicar com clareza o local de sua inserção.
- Determinar com rigor a hierarquização dos títulos e subtítulos de modo uniforme e inconfundível.
- Inserir sumário.

1.5. MARGENS

Em algum momento, o original precisará ser arquivado ou, às vezes, encadernado, e isso exige margens que permitam a execução desses trabalhos.

A margem mais importante é a esquerda, calculada de maneira a prever uma encadernação ou arquivamento que não interfira no original e não impeça a leitura, bem como permita a introdução de correções que não caibam nas entrelinhas.

- Margem superior: 2 a 3 cm.
- Margem inferior: 3,5 a 4 cm.
- Margem esquerda: 3 a 4 cm.
- Margem direita: 1,5 a 2 cm.

1.6. PARÁGRAFOS

São divisões de um texto, indicadas "pela mudança de linha, cuja função é mostrar que as frases aí contidas mantêm maior relação entre si do que com o restante do texto"[1], sem deixar de corroborar a unidade deste.

No original, deve-se privilegiar o uso sistemático do parágrafo comum. Um espaço de 1 a 1,5 cm a partir da margem esquerda é suficiente para caracterizá-lo. (O formato denominado parágrafo alemão ou moderno, isto é, sem o recuo inicial, costuma gerar confusão entre o início e o fim dos blocos textuais.)

Em vez de confiar na intuição do preparador ou do revisor, é recomendável que o autor indique com o máximo cuidado e clareza onde abre ou fecha o parágrafo, de maneira a não haver interferência no conteúdo pretendido.

Uma obra escrita pode apresentar vários tipos de parágrafo. Podem-se adotar as seguintes formas:

- *Parágrafo comum.* Começa sempre com recuo, podendo a última linha ser curta ou longa. É a forma mais utilizada em livros. Na composição final de uma obra, a última linha de um parágrafo, se for curta, não deve ter menor extensão que o recuo de abertura de cada divisão paragráfica. Muito menos apresentar menos de cinco letras, sem contar o ponto-final.

  Parágrafos são divisões de um texto, indicados pela mudança de linha, cuja função é mostrar que as frases aí contidas mantêm maior relação entre si do que com o restante do texto.

- *Parágrafo alemão ou moderno.* Nenhuma linha fica recuada, e a última é necessariamente curta. Caso isso não ocorra, é preciso utilizar uma entrelinha maior entre os parágrafos, pois, do contrário, a divisão entre eles desaparece. É pouco utilizado em livros de texto.

  Desse modo, não é estranho advertir que os vários meios de comunicação impressa aplicam soluções diferentes – e até contrárias – na expressão dos mesmos elementos gráficos.

  A preocupação com a exatidão e com a coerência da grafia, seja técnica, seja científica, deve ser uma constante, principalmente no que se relaciona ao estilo a ser adotado para a apresentação dos originais.

---

1. Antônio Houaiss e Mauro de Salles Villar, *Dicionário Houaiss da Língua Portuguesa*, Rio de Janeiro, Objetiva, 2009, *s.v.* PARÁGRAFO.

- *Parágrafo francês.* Tem disposição inversa à do parágrafo comum, com todas as linhas recuadas, exceto a primeira. É utilizado em dicionários, índices, glossários, bibliografias, quadros etc. Eventualmente, também pode ser usado em textos comuns e enumerativos.

  CAMARGO, Thaís Nicoleti de. *Uso da Vírgula.* São Paulo, Manole, 2005 (Série Entender o Português 1).

  CARRAMILO NETO, Mario. *Contato Imediato com Produção Gráfica.* São Paulo, Global, 1987.

- *Parágrafo blocado.* Todas as linhas têm o mesmo comprimento, inclusive a última. Pouco utilizado, pois apresenta muitos problemas de identificação textual.

  Um original mal elaborado, com folhas sem numeração, mal datilografado ou mal digitado, impresso em vários formatos de papel, em máquinas diferentes, com tipos muito pequenos, com fita muito usada ou *toner* fraco, sem entrelinhamento, de difícil leitura e, no caso de ser reproduzido por impressoras matriciais, com tipos pouco legíveis e sem acentuação, til ou cedilha, quase sempre resulta num livro com problemas.

- *Parágrafo espanhol.* Todas as linhas são do mesmo tamanho, exceto a última, que fica centralizada.

  Seja qual for o tipo de original – literário, técnico, científico etc. –, ele deve atender a certos requisitos de normalização de seus aspectos, com o objetivo de facilitar as operações necessárias à edição, como revisão de estilo, preparação tipográfica e composição [...] é recomendável que o autor observe [...] os preceitos fundamentais...

- *Parágrafo alinhado à esquerda.* Composto de linhas desiguais, alinhadas à esquerda, sem entrada de parágrafo. Não se usa hifenização.

  Um bom original poupa tempo, dinheiro e muita dor de cabeça tanto para o autor como para o editor e os profissionais encarregados da preparação do texto, da composição e das revisões de prova. Por isso, é recomendável que o autor observe, na elaboração de seu trabalho, os preceitos fundamentais aqui descritos.

- *Parágrafo alinhado à direita.* As linhas são todas alinhadas à direita. (Os espaços em ambos os alinhamentos são sempre iguais em todas as linhas e as palavras não são divididas. São usados em textos pequenos como os de quarta capa, anúncios publicitários, epígrafes etc.)

Autores ou tradutores nem sempre têm consciência do processo de produção. Em função disso, certos erros, dependendo de sua sutileza, mantêm-se na preparação e nas provas subsequentes. Para evitá-los, mostra-se adequado seguir normas formais e materiais, com a finalidade de produzir um original com a melhor qualidade possível para ser editorado.

- *Parágrafo base de lâmpada (cul-de-lampe)*. As linhas, todas centralizadas, são compostas em tamanhos diferentes, decrescendo a partir da primeira. Muito utilizado em frontispícios de livros, principalmente nos mais antigos, em colofões, finais de capítulo etc.

Quando a complexidade do quadro exige a colocação de
textos do cabeçalho na vertical, isso deve ser
feito de modo que o leitor só incline
ligeiramente o livro no sentido
horário para ler com
comodidade.

- *Parágrafo base de lâmpada invertida*. Forma uma figura oposta à anterior, com linhas crescentes a partir da primeira. Usado em frontispícios e títulos.

O conteúdo
de um original é
um problema conceitual,
mas sua parte física, a cópia, pode
ser confiada a um profissional de digitação.

- *Epigráfico*. Composto de linhas centralizadas e em diferentes tamanhos, que criam formas como copos ou jarros. Usado em frontispícios, colofões etc.

Um original bem organizado é valorizado, já
que uma boa apresentação, sintética,
coerente e metódica em seus
mínimos detalhes,
constitui,
para o documento
original, fator condicio-
nante para sua aceitação e leitura pelo editor ou por leitores críticos.

ASPECTOS FORMAIS

1.7. LINHAS E TOQUES

A lauda deve conter uma quantidade uniforme de toques (caracteres + espaços) e de linhas, a fim de facilitar o cálculo aproximado da relação original/página impressa, que varia conforme a lauda-padrão de cada editora. Para efeito de cálculos de paginação e para pagamentos de traduções e revisões, recomendamos a lauda editorial de 70 toques × 30 linhas (2 100 toques).

As laudas para jornais e revistas eram quase sempre de 70 toques × 20 linhas (1 400 toques), sem hifenização. Em textos para livros, essa exigência acarreta muitos erros na composição, pois certos cortes nas palavras dificultam a leitura e podem gerar ambiguidade. O uso sistemático do computador praticamente elimina essa imposição.

1.8. ENTRELINHAMENTO

A entrelinha do original deve ter espaço duplo ou triplo, de sorte que o marcador ou revisor disponham de espaço suficiente, entre as linhas, para fazer as indicações tipográficas pertinentes, ou mesmo para que o autor ou o revisor/preparador possam acrescentar alguma palavra ou correção que estejam faltando, sem comprometer a limpeza e a legibilidade.

1.9. NUMERAÇÃO DE PÁGINA

A disposição da numeração das páginas na obra finalizada varia de acordo com o projeto gráfico, podendo apresentar as mais diversas localizações e combinações: superior à direita, superior à esquerda, inferior à direita, inferior à esquerda, centralizada etc. No original, porém, as laudas devem ser numeradas sequencialmente no canto superior direito da página, desde as pré-textuais até o fim do texto, jamais por capítulos ou partes. Qualquer outra disposição dificulta o trabalho de editoração, como, por exemplo, a tarefa de organizar as referências, na busca de determinada lauda.

Quando as páginas do original forem numeradas manualmente diversas vezes, circular a última numeração feita: ① , ② , ③ , ④ ... ⑲⓪ .

Evitar o uso de numeração seguida de letra (22a, 22b), fazê-lo apenas em último caso.

Em algumas traduções, é muito útil colocar entre colchetes as numerações das páginas da obra original junto aos números das laudas traduzidas correspondentes. Isso facilita muito a feitura dos índices.

Algumas publicações adotam numeração romana nas páginas pré-textuais, procedimento útil em uma possível reedição do livro. Isso ocorre porque é comum acrescentar-se um prefácio à segunda ou terceira edição; nesse caso, não será preciso renumerar as páginas do miolo, o que implicaria emendar ou refazer os arquivos. Assim, quando se adotar tal critério, essa numeração deve ser prevista na preparação do original.

1.10. FORMATAÇÃO

A facilidade que a computação gráfica trouxe para a edição de texto faz com que o autor, às vezes, já entregue o original paginado. Em vez de facilitar o trabalho de edição, isso termina criando dificuldades, visto que nem sempre o projeto gráfico do autor coincide com o da editora, de modo que toda a formatação prévia terá de ser refeita. Uma solução razoável é definir estilos novos no editor de textos, nomeando-os como títulos de parte, títulos de capítulo, subtítulos, intertítulos etc., sem se preocupar com a formatação (todos podem ter exatamente a mesma disposição gráfica), para indicar a estruturação do texto.

De qualquer modo, a melhor maneira de apresentar o texto ainda é no formato de laudas em tipos grandes (corpo 12 e entrelinha 15), em Word, indicando apenas os realces gráficos (grifos, maiúsculas, parágrafos etc.).

Os autores hoje enviam seus originais por meio de *pen drives* ou mesmo por *e-mail*. Aconselhamos apenas o envio de uma cópia impressa, deixando a entrega dos dispositivos de armazenamento, com o trabalho em versão digital, somente no caso de ele ter sido aceito para publicação. Não é sempre que o editor se dispõe a ler o texto na tela do computador, e não faz parte do orçamento das editoras imprimir originais que lhes são enviados em busca de edição.

PARTE II

ESTRUTURAÇÃO DO ORIGINAL

Um axioma da produção de livros é [...] que, se se deixar que alguma coisa comece errado, há muita probabilidade de que saia errado.

HUGH WILLIAMSON

Não se exige que o preparador de texto seja também um produtor editorial, mas é importante que conheça – como qualquer outro profissional envolvido com a editoração – cada etapa da edição de um livro e possa, assim, desde o início, preparar o texto visualizando todas as fases pelas quais passará a obra até sua impressão. Desse modo, sem importar, nesse momento, qual será o projeto gráfico final, o preparador deve seguir determinada sequência na disposição das unidades que constituem o original. Para efeito didático, ele será segmentado em três partes – PRÉ-TEXTUAIS, TEXTUAIS e PÓS-TEXTUAIS –, que, por sua vez, podem conter várias subdivisões, como veremos a seguir.

Ademais os originais nunca chegam completos à editora. Desse modo, ao principiar o trabalho de editoração, o primeiro passo é inserir neles todas as páginas iniciais, ou pré-textuais, bem como as pós-textuais, e, em seguida renumerar todo o conjunto.

2. PRÉ-TEXTUAIS

2.1. Folhas de Guarda 2.2. Olho, Falsa Folha de Rosto ou Anterrosto 2.3. Verso do Olho 2.4. Frontispício ou Folha de Rosto 2.4.1. Elementos obrigatórios no frontispício 2.4.2. Elementos opcionais no frontispício 2.5. Página de Créditos 2.5.1. Título original da obra 2.5.2. *Copyright* 2.5.3. Advertências 2.5.4. Número da edição ou reimpressão 2.5.5. Ficha catalográfica 2.5.6. ISBN 2.5.7. Ano de publicação 2.5.8. Nome e endereço da editora 2.5.9. Expressões finais 2.5.10. Créditos dos profissionais 2.6. Dedicatória 2.7. Epígrafe 2.8. Agradecimentos 2.9. Sumário 2.10. Lista de Ilustrações 2.11. Lista de Abreviaturas e Siglas 2.12. Cronologia 2.13. Prefácio 2.14. Introdução 2.15. Falsa Folha de Rosto

São os componentes que antecedem o conteúdo essencial da obra. A maioria dos originais vem apenas com o nome do autor e o título do volume, mas não contém as demais laudas iniciais, denominadas pré-textuais, que o livro deve ter. Ao encetar a produção de um original, a primeira coisa a fazer é complementá-lo, por meio da inserção dessas laudas.

A parte pré-textual é constituída por elementos fixos e opcionais. Os primeiros são aqueles que todo livro moderno e bem editado deve conter obrigatoriamente: OLHO, FALSA FOLHA DE ROSTO OU ANTERROSTO; FOLHA DE ROSTO OU FRONTISPÍCIO; PÁGINA DE CRÉDITOS e SUMÁRIO. Os elementos opcionais são: FOLHAS DE GUARDA; DEDICATÓRIA; EPÍGRAFE; AGRADECIMENTOS; LISTA DE ILUSTRAÇÕES; LISTA DE ABREVIATURAS E SIGLAS; CRONOLOGIA; INTRODUÇÃO e PREFÁCIO.

A disposição dessas páginas pré-textuais, às vezes, varia de editora para editora, mas, em linhas gerais, há um consenso para um ordenamento ideal – um padrão tradicional relacionado por nós a seguir –, que só é alterado quando surgem elementos novos da prática editorial ou modificações de última hora.

Páginas *Nome*

[1/2]	Folhas de Guarda
[3]	Olho, Falsa Folha de Rosto ou Anterrosto
[4]	Verso do Olho
[5]	Frontispício ou Folha de Rosto
[6]	Página de Créditos
[7/8]	Dedicatória
[9/10]	Epígrafe
[11...]	Agradecimentos
[13...]	Sumário
[15...]	Lista de Ilustrações
[17...]	Lista de Abreviaturas e Siglas
[19...]	Cronologia
[21...]	Prefácio
[23...]	Introdução
[25...]	Falsa Folha de Rosto

A numeração inserida aqui é apenas indicativa. Nem sempre os livros possuem todos esses elementos. Quando apresentar todas essas páginas, o que não é raro em obras acadêmicas, essa é a sequência a ser adotada. Utiliza-se dupla numeração quando a frente e o verso são em branco, tal como no caso das folhas de guarda [1/2], ou nas dedicatórias [7/8] e epígrafes [9/10], para indicar que o verso deve ficar em branco. Os números ímpares serão as páginas da direita ou reto, e os pares, as páginas da esquerda ou verso. Eventualmente se pode numerar essas páginas iniciais com algarismos romanos e o restante do livro com arábicos. Na numeração final da obra, as pré-textuais devem ser contadas, mas levam os números impressos apenas a partir do sumário.

A seguir, conheça as características de cada uma dessas páginas, com a indicação dos elementos que devem constar delas.

2.1. FOLHAS DE GUARDA [1/2]

Trata-se de cada uma das folhas, geralmente sem impressão, colocadas no princípio (e no fim do livro). Às vezes, dependendo do projeto gráfico, podem receber um tratamento especial, como gravuras, textos, fotos, cor, material diferenciado etc. São mais usadas nos livros encadernados, de capa dura, em que aparecem coladas à capa ou entre esta e o olho.

Em livros mais antigos, costumava-se colocar uma foto do autor ou uma ilustração no verso da folha de guarda, defronte à página de rosto. Essa imagem recebia o nome de frontispício. Mais tarde, quando tal prática caiu em desuso, o meio editorial passou a chamar de frontispício a folha de rosto. O termo está consagrado em seu uso especializado, ainda que alguns dicionários não registrem essa acepção.

A presença das folhas de guarda revela o cuidado do editor com a obra, mas há circunstâncias nas quais elas fazem parte do livro apenas como complemento de caderno. De fato, muitas editoras as dispensam por motivos econômicos, já que sua inserção implica a adição de duas a quatro páginas ao corpo do livro e, portanto, o aumento do custo industrial de produção de cada volume.

Recomenda-se o uso de folhas de guarda em toda edição, mesmo em brochuras. Tais páginas devem ser indicadas ou inseridas já no início da preparação do original, para que não sejam esquecidas durante a produção. Em geral, não são impressas, salvo ocorrências excepcionais. Para sinalizar a folha de guarda inicial, o preparador deve usar uma única lauda em branco, numerando-a 1/2. A colocação das folhas de guarda finais vai depender da quantidade de cadernos do livro. Como estes são sempre múltiplos de quatro, às vezes pode haver duas, quatro ou mais páginas de guarda. Sua ausência só se justifica em obras muito econômicas.

2.2. OLHO, FALSA FOLHA DE ROSTO OU ANTERROSTO [3]

É a primeira página do livro em que aparece algum texto impresso. Deve conter apenas o título principal da obra, sem subtítulo, nome do autor ou do editor. O motivo de sua existência é pouco conhecido, mas o fato de apresentar muito espaço em branco faz dela o lugar ideal para as dedicatórias dos escritores nos lançamentos.

A tipologia, o corpo, a posição e o número de linhas utilizadas nessa página serão especificados em função do projeto gráfico. Quase sempre, o olho da obra finalizada é composto em corpo trinta, quarenta ou cinquenta por cento menor que o do frontispício, pois deve funcionar como um anúncio deste último. O importante é que seu peso nunca seja maior que o título da folha de rosto.

Com relação à nomenclatura, o olho é também chamado de FALSA FOLHA DE ROSTO, ANTERROSTO ou FALSO-ROSTO.

2.3. VERSO DO OLHO [4]

O verso do olho pode ficar em branco ou conter diversas indicações editoriais, tais como:

a. Relação de livros do autor.

b. Nome e número da coleção ou da série da qual o obra faz parte.

c. Créditos de tradução, revisão, diagramação, capa etc.

d. Às vezes, o nome de quem dirige a coleção ou a edição na qual o livro está inserido.

e. Dados biográficos do autor.

f. Relação de tomos ou volumes, no caso de obra completa.

g. Em obras modernas, o projeto gráfico pode ocupar esse espaço com um título de página dupla, isto é, que se estenda do verso do olho à folha de rosto propriamente dita.

h. Uma foto do autor ou um desenho, à maneira de "frontispício".

i. Créditos institucionais. Nas edições acadêmicas universitárias, essa página é reservada aos créditos da universidade e da direção da editora.

É importante observar que o verso do olho não deve conter elementos gráficos ou texto em excesso, pois isso a faria competir com a página seguinte, a folha de rosto, criando, portanto, desequilíbrio.

Recomenda-se que os itens *a* e *e* sejam colocados nas orelhas do livro, e as indicações do item *c* venham no colofão.

2.4. FRONTISPÍCIO OU FOLHA DE ROSTO [5]

Considerada a página nobre da obra. Portanto, deve-se estudá-la detalhadamente, a fim de que ofereça um conjunto agradável e facilmente legível. Também chamada de PORTADA ou FACHADA, é sempre página ímpar (5) e contém dados obrigatórios sobre o volume, acompanhados de outros dados opcionais.

É pelo frontispício e seu verso (página de créditos) que bibliotecários, livreiros, pesquisadores e leitores devem procurar as informações básicas para fichar um livro ou elaborar sua bibliografia.

Sendo a página mais importante do livro, deve receber da parte do *designer* um tratamento estético que reflita o restante do volume, de acordo com o

USP UNIVERSIDADE DE SÃO PAULO

Reitor João Grandino Rodas
Vice-reitor Hélio Nogueira da Cruz

edusp EDITORA DA UNIVERSIDADE DE SÃO PAULO

Diretor-presidente Plinio Martins Filho

COMISSÃO EDITORIAL

Presidente Rubens Ricupero
Vice-presidente Carlos Alberto Barbosa Dantas
Antonio Penteado Mendonça
Chester Luiz Galvão Cesar
Ivan Gilberto Sandoval Falleiros
Mary Macedo de Camargo Neves Lafer
Sedi Hirano

Editora-assistente Carla Fernanda Fontana
Chefe Div. Téc. Editorial Cristiane Silvestrin

Verso do olho [4]
Página de créditos
institucionais
da Edusp.

UNIVERSIDADE ESTADUAL DE CAMPINAS

Reitor José Tadeu Jorge
Coordenador Geral da Universidade Alvaro Penteado Crósta

EDITORA DA UNICAMP

CONSELHO EDITORIAL
Presidente Eduardo Guimarães
Elinton Adami Chaim
Esdras Rodrigues Silva
Guita Grin Debert
Julio Cesar Hadler Neto
Luiz Francisco Dias
Marco Aurélio Cremasco
Ricardo Antunes
Sedi Hirano

Verso do olho [4] Página de créditos institucionais da Editora da Unicamp.

UFMG UNIVERSIDADE FEDERAL DE MINAS GERAIS

Reitor Clélio Campolina Diniz
Vice-reitora Rocksane de Carvalho Norton

(EDITORAufmg) EDITORA UFMG

Diretor Wander Melo Miranda
Vice-diretor Roberto Alexandre do Carmo Said

CONSELHO EDITORIAL
Wander Melo Miranda (presidente)
Ana Maria Caetano de Faria
Flavio de Lemos Carsalade
Heloisa Maria Murgel Starling
Márcio Gomes Soares
Maria das Graças Santa Bárbara
Maria Helena Damasceno e Silva Megale
Roberto Alexandre do Carmo Said

Coordenação Editorial Maria Elisa Moreira
Assistência Editorial Eliane Sousa e Euclidia Macedo
Coordenação de Textos Maria do Carmo Leite Ribeiro

Verso do olho [4]
Página de créditos
institucionais da
Editora UFMG.

projeto gráfico da obra como um todo. A aparência do frontispício vai depender, portanto, da criatividade desse profissional.

2.4.1. Elementos obrigatórios no frontispício

1. *O nome literário do autor.* Deve ser decidido com o autor. Se este for um só, seu nome ocupará uma única linha; se forem dois, e seus nomes não apresentarem grande extensão, serão dispostos também só em uma linha unidos pela conjunção *e*. Na impossibilidade de tal arranjo, o segundo deve ser composto logo abaixo, sem a referida partícula aditiva; essa mesma distribuição é válida em obras com três ou mais autores. A ordem dos nomes pode ser decidida entre os autores ou obedecer à ordem alfabética.

De fato, aconselha-se aos autores reduzirem seu nome o máximo possível para facilitar sua memorização pelo leitor.

O nome do autor, verdadeiro ou fictício, que hoje nos parece tão natural e necessário, nem sempre foi tão relevante. Lembremos que os manuscritos antigos e medievais não reservavam lugar para ele e nem mesmo para o título da obra; sabia-se que o livro começava quando se lia a palavra latina *incipit*, inserida nas primeiras frases, ao passo que o termo *explicit* indicava o final da obra. O nome dos autores e o título só passaram a ganhar destaque por volta de 1476. O nome de Hesíodo, na *Teogonia*, está no verso 22; o de Heródoto, nas *Histórias*, é a primeira palavra; o de Virgílio só aparece nos últimos versos das *Geórgicas*.

No frontispício, o nome do autor pode ter posição e dimensões variáveis de acordo com sua notoriedade, a não ser que esse item esteja submetido a normas de uma coleção. Quanto mais conhecido for o escritor, seja por méritos literários ou não, mais evidente será seu nome.

2. *O título da obra.* O título, em geral, é composto com tipos da mesma família que os utilizados no olho, mas em corpo sempre maior.

3. *O subtítulo.* Se houver, ele não aparece necessariamente na sobrecapa nem na capa, nem mesmo no olho, mas consta obrigatoriamente do frontispício. Deve ser composto em corpo menor que o do título.

O arranjo desses elementos na página varia conforme o projeto. Podem vir centralizados, alinhados à esquerda ou à direita, compostos em uma linha ou em várias. Não há uma norma rígida para a formação e a disposição do frontispício. O *designer* tem a liberdade de apresentá-lo de acordo com seu

Fernando Giobellina Brumana

O sonho dogon

NAS ORIGENS DA ETNOLOGIA FRANCESA

TRADUÇÃO
Denis Augusto Fracalossi

Frontispício ou folha de rosto [5].

Paulo Villani Marques
Paulo José Modenesi
Alexandre Queiroz Bracarense

SOLDAGEM
FUNDAMENTOS E TECNOLOGIA

3ª edição atualizada

BELO HORIZONTE | EDITORA UFMG 2009

Frontispício ou folha de rosto [5].

Frances A. Yates

A ARTE DA MEMÓRIA

TRADUÇÃO
Flavia Bancher

EDITORA UNICAMP

Frontispício ou folha de rosto [5].

planejamento gráfico. Porém, em geral, a folha de rosto deve manter e refletir o espírito da obra, o estilo de paginação e a composição estética do livro como um todo.

Pode-se classificar os frontispícios em dois tipos principais: os tipográficos e os desenhados.

Os frontispícios tipográficos são aqueles que utilizam somente elementos de tipografia: vinhetas, linhas, bigodes, asas, timbres e logotipos. Já os frontispícios desenhados, compostos com tipos mais elaborados, eram, no início, de matriz xilográfica; em seguida, passaram a ser feitos por meio de clichês e, hoje, de *softwares* de diagramação. Ambos continham muito texto e eram quase sempre emoldurados. Hoje são cada vez mais sintéticos.

4. *Logotipo ou nome da editora ou instituição responsável pela edição.* Em geral, ocupa o pé da página. Pode também aparecer em vários lugares do livro (sobrecapa, capa, lombada, quarta capa etc.).

2.4.2. Elementos opcionais no frontispício

1. *Nome do tradutor, compilador, editor literário, prefaciador, ilustrador, organizador, revisor, diretor, número da edição* etc. (acompanhado, eventualmente, de sua respectiva qualificação). O nome do tradutor ou de qualquer um dos outros profissionais citados é colocado na folha de rosto para valorizá-lo ou para engrandecer e dar credibilidade ao trabalho. Deve ser composto com a mesma família de tipos usada nos elementos obrigatórios, mas em corpo menor do que aquele utilizado no nome do autor.

2. *Numeração da edição.* Não há necessidade de ela constar na folha de rosto, já que, obrigatoriamente, aparece na página de créditos. Editoras comerciais costumam mencioná-la no frontispício, às vezes na capa, principalmente nos *best-sellers*, nos casos de uma reimpressão ou da segunda, terceira ou quarta edição da obra; a ela não se deve acrescentar a data, pois esta já aparece na página de créditos e, eventualmente, nos prefácios ou nas notas. Às vezes se informa que se trata de uma reimpressão ou reedição revista e ampliada, atualizada etc.

3. *Ano e local da publicação.* Embora seja comum encontrar esses dados no frontispício, recomenda-se dispô-los na página de créditos (verso da folha de rosto), uma vez que já constam obrigatoriamente da ficha catalográfica; assim, evita-se que o frontispício, pré-textual cujo tratamento gráfico é bastante diferenciado, fique sobrecarregado.

2.5. PÁGINA DE CRÉDITOS [6]

Também chamada de página do *copyright*, inclui os dados legais relativos à obra. Entre as pré-textuais, é a que contém o maior número de informações. Para a composição desta página recomenda-se a seguinte ordem:

2.5.1. Título original da obra

Quando se trata de uma tradução, o título do original deve ser reproduzido nessa página, pois o nome dado à obra pela tradução pode ter sido adaptado.

Segredos e Virtudes das Plantas Medicinais
© 1999, by Reader's Digest Brasil Ltda.

Edição original
Magic and Medicine of Plants
© 1994, by The Reader's Digest (Australia) Pty Limited

2.5.2. *Copyright*

O símbolo © deve vir antes da data e do nome do detentor dos direitos autorais, que pode ser o autor, seus herdeiros, o editor, uma entidade ou uma razão social. Em seguida, coloca-se o ano da primeira edição e de todas as outras até a atual, caso elas tenham sofrido modificações importantes. Pela lei brasileira dos direitos autorais, o *copyright* pertence sempre ao autor ou a seus herdeiros.

Pela redundância da utilização da palavra *copyright* seguida do símbolo ©, é possível encontrar, muitas vezes, somente um ou outro, acompanhado do ano e do nome do autor. A preposição *by* ou sua tradução, "de", também podem ser descartadas.

Quando se tratar de uma obra traduzida, é necessário seguir o que o contrato de cessão de direitos autorais exige. Por exemplo:

Título original em inglês
Finnegans Wake
Copyright © 2000 by Estate of James Joyce

2.5.3. Advertências

Alguns editores, com a finalidade de prevenir que as obras sejam reproduzidas, parcial ou totalmente, por cópias xerográficas ou qualquer outro processo, citam o texto da legislação brasileira sobre direitos autorais, advertindo os possíveis infratores. No entanto, essa observação já está implícita no símbolo ©.

Direitos reservados e protegidos pela Lei 9.610 de 19.2.1998. É proibida a reprodução total ou parcial sem autorização, por escrito, da editora.

2.5.4. Número da edição ou reimpressão

As edições e reimpressões devem ser indicadas da forma mais completa possível, em virtude de sua grande utilidade bibliográfica, principalmente em obras acadêmicas. Como regra, na página de créditos ainda são expressas as datas de reimpressões e reedições anteriores, inclusive as referentes a outras editoras. Ademais, em obras acadêmicas, tais informações devem estar obrigatoriamente nessa página, e não no frontispício.

Tem-se uma reimpressão quando a obra tem aumentada sua tiragem inicial sem sofrer nenhuma alteração. Nos meios acadêmicos, essa informação é muito importante. Em edições comerciais, é comum a reimpressão ser denominada como nova edição.

2.5.5. Ficha catalográfica

Trata-se de um conjunto de informações que, só há pouco tempo, passou a ser utilizado por todas as editoras brasileiras. Na realidade, a ficha somente se justifica, como o próprio nome diz, para fins de catalogação. Porém, em edições acadêmicas, próprias ou em coedição, seu uso é obrigatório.

A ficha catalográfica é elaborada em formulários específicos pela Câmara Brasileira do Livro [www.cbl.org.br], em São Paulo; pelo Sindicato Nacional dos Editores de Livro [www.snel.org.br], no Rio de Janeiro; ou por bibliotecas ou bibliotecárias autorizadas.

É produzida quando o livro já está quase pronto, mas sua indicação deve ser assinalada na lauda por meio de um leiaute. Hoje, em projetos gráficos especiais, alguns *designer*s optam por colocar a ficha catalográfica no final do livro.

2.5.6. ISBN

Código internacional que identifica uma obra publicada por um editor específico. O ISBN – International Standard Book Number (Número Internacional Padronizado do Livro) – compõe-se de uma série de cinco grupos de números ou indicadores separados por hífen:

Copyright © 2010 by Edusp – Editora da Universidade de São Paulo

Título original em inglês:
Bibliographia Brasiliana: Rare books about Brazil published from
1504 to 1900 and works by Brazilian authors of the Colonial period

1ª edição 1958, Amsterdã, Colibris
2ª edição 1983, Los Angeles/Rio de Janeiro, University of California/Livraria Kosmos Editora

Em português
1ª edição 2010, São Paulo, Edusp/Fapesp

Ficha Catalográfica elaborada pelo Departamento Técnico
do Sistema Integrado de Bibliotecas da USP

Bibliographia brasiliana: livros raros sobre o Brasil publicados desde 1504
até 1900 e obras de autores brasileiros do período colonial / Rubens Borba de
Moraes; tradução Jesualdo Correia. São Paulo: Editora da Universidade de São
Paulo: Fapesp, 2010.
640 p.: il.; 17,5 x 25 cm.

Tomo I – A-L.
1ª ed. brasileira, traduzida da 2. ed. ampl. e com base no "exemplar do autor,
revisto e aumentado, preparado para uma improvável edição póstuma em qualquer
data depois do ano 2003" (R. B. M.).
ISBN 978-85-314-1232-5

1. Bibliografias – Brasil. 2. História do Brasil (Período colonial). I. Moraes,
Rubens Borba de. II. Correia, Jesualdo. III. Título: Livros raros sobre o Brasil publi-
cados desde 1504 até 1900 e obras de autores brasileiros do período colonial.
CDD-016.098103

Direitos em língua portuguesa reservados à

Edusp – Editora da Universidade de São Paulo
Av. Prof. Luciano Gualberto, travessa J, 374
6º andar – Ed. da Antiga Reitoria – Cidade Universitária
05508-010 – São Paulo – SP – Brasil
Divisão Comercial: Tel. (11) 3091-4008 / 3091-4150
SAC (11) 3091-2911 – Fax (11) 3091-4151
www.edusp.com.br – e-mail: edusp@usp.br

Printed in Brazil 2010
Foi feito o depósito legal

ISBN 978-85-7480-450-8
     a   *b*   *c*   *d* *e*

a. Código do produto, no caso o livro.

b. Código do país ou área idiomática onde se realiza a edição.

c. Código do editor (quanto maior o catálogo de uma casa editorial, menos algarismos terá este indicador). O número 7480, por exemplo, assinala uma editora pequena. Se em seu lugar estivesse o número 1, isso indicaria o estabelecimento com o maior número de publicações.

d. Código indicativo da quantidade de títulos publicados pela editora.

e. Esse quinto grupo é formado por um único número, chamado dígito de comprovação ou de verificação.

O dígito de comprovação é representado por um número de 1 a 9 ou pela letra x, para indicar o 10, o qual não poderia ser utilizado, pois, nesse caso, o ISBN totalizaria quatorze algarismos, quando, na verdade, ele pode apresentar, no máximo, treze.

A cada volume com título independente deve ser atribuído um ISBN. Nas coedições, cada editora cujo nome estiver impresso no frontispício deve apresentar um código próprio, seguido de seu respectivo nome.

Há ainda outros casos que implicam a atribuição de mais de um ISBN:

a. Se o livro é publicado em mais de um tipo de edição – em brochura, encadernado, digital etc. –, cada variação terá seu próprio ISBN.

b. Se a obra compreende mais de um volume ou tomo a ser vendido separadamente, cada item apresentará um ISBN. Essa regra não tem validade, no entanto, se os volumes forem vendidos em conjunto: o mesmo código será incluído em todos eles. Na prática, porém, somam-se os dois procedimentos: cada volume ou tomo receberá seu ISBN, e em todos constará o ISBN do título coletivo.

c. Qualquer reimpressão pela mesma editora, sem mudanças, mantém o mesmo ISBN; no entanto, se a obra for publicada por outro editor, com autorização do primeiro, deverá constar nele também o ISBN da edição original, e isso é válido para reproduções em fac-símile e traduções. Assim, todo novo trabalho que apresente mudança de formato ou de acabamento, ainda que o texto seja praticamente o mesmo, exige outro ISBN.

Nas edições acadêmicas ou em outras que optem pela inserção da ficha catalográfica, o ISBN deve ser parte integrante desta. Caso ela não seja utilizada, a disposição do ISBN varia de acordo com o projeto gráfico, mas, na preparação do original, sempre se deve prever um local para essa informação.

O ISBN era fornecido pela Biblioteca Nacional por meio de um formulário próprio. Hoje ele é fornecido pela CBL – Câmara Brasileira do Livro.

2.5.7. Ano de publicação

É a data em que o livro foi publicado. Como já foi visto, eventualmente, pode vir no frontispício. Há casos em que figura no colofão. Em edições modernas, não se admite a ausência do ano da publicação, e tal data sempre constará na ficha catalográfica, daí a opção de evitar colocá-la na folha de rosto. Em caso de obra traduzida, ou reedição, é conveniente incluir o ano da primeira e demais edições ou reimpressões.

2.5.8. Nome e endereço da editora

Deve constar a razão social, e não o nome de fantasia da editora ou instituição responsável, que deve vir antecedida pela expressão "Direitos em língua portuguesa reservados à", se se tratar de uma tradução, ou simplesmente "Direitos reservados à", no caso de original em português.

2.5.9. Expressões finais

Aparecem ainda, na página de créditos, as expressões "Printed in Brazil" e "Foi feito o depósito legal". A primeira indica o país no qual a obra foi impressa, e a segunda assinala que o livro publicado foi enviado à Biblioteca Nacional para ser incorporado a seu acervo, em cumprimento ao Decreto-lei nº 1.825, de 1907.

2.5.10. Créditos dos profissionais

Algumas editoras inserem o nome do tradutor, do revisor, do capista e de outros profissionais nessa página. Para não sobrecarregá-la, sugere-se a colocação desses créditos no colofão.

A distribuição e a tipografia de todos esses itens na página de créditos são definidas pelo programador visual em função da quantidade de elementos e da característica da obra. Recomenda-se a sequência descrita a seguir, sendo que as letras f e g devem integrar a ficha catalográfica.

a. Título original da obra

b. *Copyright*

c. Advertência

d. Número da edição

e. Ficha catalográfica

f. ISBN

g. Nome da editora (razão social) e endereços (postal, telefone, *e-mail*)

h. Printed in...

i. Foi feito depósito legal

2.6. DEDICATÓRIA [7/8]

Texto de preferência curto no qual o autor oferece a obra a uma ou mais pessoas ou instituições merecedoras de sua estima e respeito. Figura sempre em página de frente (ímpar), ficando seu verso (par) sem impressão. Seu posicionamento mais adequado precisa ser decidido pelo programador visual, mas geralmente ela vem alinhada à direita e disposta na mesma altura da abertura dos capítulos.

Recomenda-se que ela seja composta em itálico em corpo menor do que o do texto principal, ou seja, com o mesmo tamanho de letra a ser usado nas citações ou notas de rodapé. A medida também deve ser menor do que a utilizada na mancha normal do texto, geralmente dois terços ou três quartos menor, de acordo com o estilo tipográfico do livro. Essas indicações são fornecidas pelo responsável pelo projeto gráfico. Não há necessidade de incluir a expressão "Dedicado a"; é suficiente a palavra *Para...* ou *A...*

2.7. EPÍGRAFE [9/10]

Citação de um pequeno texto, em verso ou em prosa, relacionado com a matéria tratada no livro, colocada no início de obra científica ou literária, ou no começo de seções ou mesmo de capítulos a fim de realçar o tema. Pode vir em sua língua de origem ou ser traduzida.

Sua composição e posição devem acompanhar as mesmas características da dedicatória. Se a epígrafe referir-se à obra como um todo, recomenda-se que ela seja colocada em página ímpar com verso em branco, depois da dedicatória.

Caso diga respeito a uma parte ou seção, aconselha-se sua inclusão na mesma página do título da referida parte ou seção. Se é epígrafe de capítulo, costuma vir duas ou três linhas acima do texto que inicia o capítulo.

Nesse caso, geralmente, não é citada a referência bibliográfica completa; informa-se apenas o nome do autor – logo abaixo da epígrafe, realçando-o com versal, versalete ou versal-versalete –, que pode ou não vir seguido pelo título da obra.

A epígrafe é composta em itálico, normalmente alinhada à direita, na mesma posição da dedicatória quando no início do livro. Seu corpo e sua medida são reduzidos e determinados pelo projeto gráfico.

2.8. AGRADECIMENTOS [11...]

Página onde o autor ou editor expressa sua gratidão às pessoas, instituições e profissionais que colaboraram na elaboração do texto ou da edição.

Na maioria dos trabalhos acadêmicos (principalmente nas teses), esses agradecimentos são muito extensos, contendo informações que nem sempre interessam ao leitor. Quando isso ocorrer, deve-se pedir ao autor que os reduza ao máximo, tornando-os tão concisos quanto possível.

Recomenda-se a abertura de uma página específica para agradecimentos apenas quando estes tiverem a função e o peso de uma dedicatória. Nesse caso, devem vir sempre em página ímpar, com o verso em branco. Se o autor se recusar a fazer eliminações, é melhor inserir seus agradecimentos no final da apresentação ou no final do livro.

2.9. SUMÁRIO [13...]

É a relação dos títulos das principais divisões de uma obra: livros, seções, partes, capítulos, subtítulos e tópicos, na ordem em que as matérias se apresentam, incluindo a localização inicial de cada elemento no texto, com o objetivo de facilitar uma visão de conjunto do conteúdo publicado. Pode ocupar uma ou várias páginas.

Há quem prefira chamá-lo de índice, mas se recomenda o emprego do termo SUMÁRIO a fim de reservar a palavra ÍNDICE para a lista de nomes, lugares ou assuntos.

Quanto à posição do sumário no corpo da obra, alguns manuais de documentação recomendam que ele apareça depois da LISTA DE ILUSTRAÇÕES, da LISTA DE ABREVIATURAS e do PREFÁCIO, ou seja, depois de todas as páginas pré-textuais. No entanto, são comuns proêmios com até cinquenta páginas, principalmente em obras acadêmicas; portanto, não é recomendável que o sumário figure nessa posição posterior, na medida em que dificulta a consulta do leitor sobre o conteúdo e a estrutura da obra.

Ao revisor ou preparador cabe confrontar os títulos do sumário com aqueles utilizados no texto; ambos precisam ser idênticos quanto às palavras utilizadas, à pontuação e aos realces gráficos.

Caso os capítulos tenham subdivisões, deve-se decidir por sua inclusão, ou não, no sumário, conforme a característica do livro. Por exemplo, em obras de ciências, ao contrário das literárias, faz-se necessário um detalhamento maior dos subtítulos. No entanto, nem sempre há a necessidade de que todas as subdivisões de uma obra sejam citadas no sumário, principalmente daquelas que apresentam um seccionamento muito detalhado. De qualquer modo, devem figurar nele todas as partes, capítulos e pré-textuais que se encontrem em páginas numeradas (LISTA DE ILUSTRAÇÕES, LISTA DE TABELAS, AGRADECIMENTOS com textos longos, LISTA DE ABREVIATURAS etc.), bem como as pós-textuais (APÊNDICE, BIBLIOGRAFIA etc.) ou outros elementos referentes aos aspectos organizacionais ou críticos que o livro acaso contenha. A inclusão ou não de todos os itens depende da importância que venham a ter para a orientação do leitor.

Há várias maneiras de dispor a organização dos elementos do sumário. A mais tradicional é alinhar os títulos à esquerda e os números das páginas a eles correspondentes à direita, preenchendo o espaço entre uns e outros com linhas pontilhadas. Se for necessário incluir muitos itens, pode-se optar por colocá-los aglutinados em sequências, e não em linhas independentes. Além disso, o projeto gráfico do sumário, muitas vezes, é adequado ao conteúdo do livro, e sua composição recebe um tratamento gráfico igual ao das aberturas dos capítulos.

A grafia dos títulos de todas as divisões da obra – sumário, apresentação, prefácio, partes, capítulos, subtítulos, apêndices, bibliografia – deve obedecer a uma hierarquia em que fique evidente seu valor. Nas teses acadêmicas, eles costumam vir numerados:

Capítulo 1

    1.1

    1.2

    1.3

      1.3.1

      1.3.2

Na edição da obra, porém, não há necessidade de manter esses números: a hierarquia pode ser dada pelos realces gráficos: caixa-alta, itálico, caixa-alta e baixa, variação do corpo ou tonalidade.

2.10. LISTA DE ILUSTRAÇÕES [15...]

A inserção dessa lista depende do livro e do tipo de ilustrações que ele contém e deve ocorrer sempre para facilitar a consulta do leitor. Caso a obra reúna ilustrações de diversos artistas, a lista se faz necessária. Pode ser colocada no final do volume, principalmente quando contiver todas as informações bibliográficas da fonte e não apresentar apenas uma função de localização. Em princípio, no que diz respeito ao aspecto gráfico, deve ter as mesmas características do sumário. Quando houver a utilização de vários tipos de imagens, recomenda-se relacioná-las por tipo: figuras, tabelas, gráficos, mapas, quadros etc. Ilustrações de um único feitio ou somente decorativas não precisam ser arroladas em uma lista.

Dependendo da variedade das ilustrações utilizadas, é possível abrir uma página para cada tipo. Assim, teríamos: LISTA DE FIGURAS, LISTA DE TABELAS, LISTA DE QUADROS etc.

2.11. LISTA DE ABREVIATURAS E SIGLAS [17...]

A inclusão ou não dessa lista também depende das características do livro a ser editado. Em geral, ela é inserida quando se fazem necessárias abreviações novas e em quantidade, principalmente no caso de abreviaturas de nomes de periódicos científicos ou de obras de referência: dicionários, enciclopédias etc.

Deve conter a relação, em ordem alfabética, das abreviaturas e siglas utilizadas, em listas separadas, seguidas de seus significados por extenso, e iniciar sempre em página ímpar.

2.12. CRONOLOGIA [19...]

Em certas obras, como em edições de conjuntos de cartas, de biografias ou de eventos relativos a assunto histórico em que a sequência temporal é importante, pode haver a necessidade de uma cronologia ou guia cronológico que auxilie o leitor na busca de determinadas datas.

2.13. PREFÁCIO [21...]

É um texto em geral escrito por outra pessoa com reconhecida competência ou autoridade em determinada área, com a finalidade de esclarecer, comentar, justificar e tecer considerações a respeito da amplitude da pesquisa, do propósito ou do assunto focalizado no livro. Recebe também o título de NOTA, NOTÍCIA, NÓTULA, OBSERVAÇÃO, NOTA PRÉVIA, PROÊMIO, PROLEGÔMENOS, ANTELÓQUIO, PROLÓQUIO, PRÓLOGO, ADVERTÊNCIA, PRELIMINARES, APRESENTAÇÃO, PREÂMBULO, EXÓRDIO, À GUISA DE PREFÁCIO etc.

Vem sempre em página ímpar, em geral com o mesmo tratamento gráfico dado às demais aberturas de capítulo, salvo quando se quer realçá-lo. Nesse caso, costuma-se usar o itálico, recurso comum em edições francesas e norte-americanas.

Ademais, em uma mesma edição, é possível encontrar prólogo, nota e advertência. A presença de um elemento não implica a ausência dos outros, mesmo que eles apresentem valor semelhante.

Quando houver um novo prefácio para uma nova edição, ele deverá anteceder o primeiro, com o título "Prefácio à 2ª Edição", e assim por diante, caso sejam incluídos futuramente novos proêmios. O prefácio mais recente é sempre o primeiro na sequência dos prefácios acaso existentes. Deve-se datá-lo e, além disso, colocar na abertura ou no final o nome de quem o escreveu. Quando não houver data, subentende-se que ele foi escrito no ano da publicação da obra. O prefácio pode, ainda, conter os agradecimentos, principalmente quando estes forem longos.

O primeiro livro com prefácio foi a obra de Apuleio, *O Asno de Ouro*, impresso em Roma, em 1469, por Sweynheym e Pannartz, no Mosteiro de Subiaco, na Itália.

2.14. INTRODUÇÃO [23...]

Diferentemente do prefácio, a introdução em geral é escrita pelo autor. Caso a obra não tenha proêmio, a introdução ocupa o lugar deste. Nela são expostos o argumento e a finalidade da obra, bem como o modo por meio do qual será tratado o assunto.

A introdução, segundo Emanuel Araújo, "representa um discurso inicial onde o autor expõe a matéria correlata ou de preparação ao texto que [no prefácio] não teria cabimento 'natural' ou sequencial"[1], pois o proêmio, como já foi visto, tem a função de justificar ou apresentar o conteúdo do livro por meio de esclarecimentos prévios. A introdução pode se comportar como um capítulo geral em que se expõe um amplo resumo do conteúdo, seu alcance, enfoque e definição por parte do autor. Daí alguns manuais de editoração a considerarem como parte textual e não pré-textual. Em regra, deve ter o mesmo tratamento gráfico dado às aberturas de capítulos.

2.15. FALSA FOLHA DE ROSTO [25]

Caso a obra contenha muitos elementos pré-textuais, recomenda-se colocar uma nova página somente com o título da obra, com as mesmas características do olho (tipologia, corpo etc.), antes das páginas textuais.

A seguir, apresenta-se esquema completo da sequência recomendada para as pré-textuais; depois, reproduzem-se laudas pré-textuais deste livro, bem como de outras obras.

---

1. Emanuel Araújo, *A Construção do Livro: Princípios da Técnica de Editoração*, Rio de Janeiro/Brasília, Nova Fronteira/INL, 1986, p. 446.

60 ESTRUTURAÇÃO DO ORIGINAL

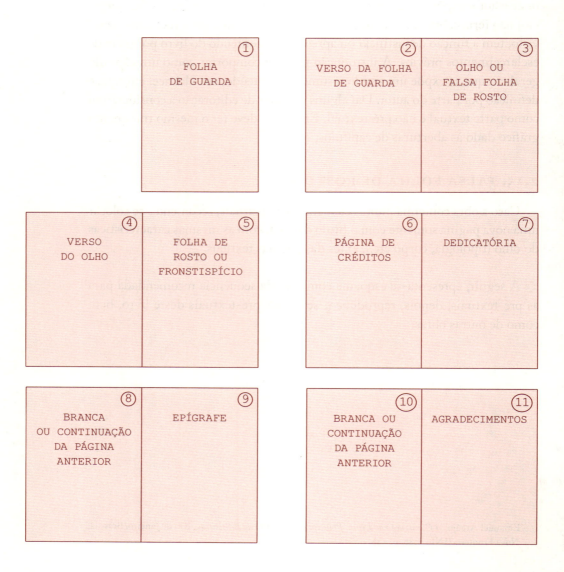

A seguir, reproduzem-se laudas pré-textuais deste livro e de outras obras, deixando sempre o verso dessas páginas em branco.

Folhas de guarda ①/②

Olho ③

Manual de Editoração e Estilo

Verso do olho ④

UNIVERSIDADE ESTADUAL DE CAMPINAS

Reitor Fernando Ferreira Costa
Coordenador Geral Edgar Salvadori De Decca

EDITORA DA UNIVERSIDADE ESTADUAL DE CAMPINAS

CONSELHO EDITORIAL
Presidente Paulo Franchetti
Christiano Lyra Filho
José A. R. Gontijo
José Roberto Zan
Luiz Marques
Marcelo Knobel
Marco Antonio Zago
Sedi Hirano
Silvia Hunold Lara

UNIVERSIDADE DE SÃO PAULO

Reitor João Grandino Rodas
Vice-reitor Hélio Nogueira da Cruz

EDITORA DA UNIVERSIDADE DE SÃO PAULO

Diretor-presidente Plinio Martins Filho

COMISSÃO EDITORIAL
Presidente Rubens Ricupero
Vice-presidente Carlos Alberto Barbosa Dantas
Antonio Penteado Mendonça
Chester Luiz Galvão Cesar
Ivan Gilberto Sandoval Falleiros
Mary Macedo de Camargo Neves Lafer
Sedi Hirano
Diretora Editorial Cristiane Tonon Silvestrin
Diretor Comercial Perseu Peixoto
Diretora Administrativa Silvana Biral
Diretora de Marketing Cinzia de Araujo
Editora-assistente Carla Fernanda Fontana

UNIVERSIDADE FEDERAL DE MINAS GERAIS

Reitor Clélio Campolina Diniz
Vice-reitora Rocksane de Carvalho Norton

EDITORA DA UNIVERSIDADE FEDERAL DE MINAS GERAIS

Diretor Wander Melo Miranda
Vice-diretor Roberto Said

CONSELHO EDITORIAL
Presidente Wander Melo Miranda
Carlos Antônio Leite Brandão
Juarez Rocha Guimarães
Márcio Gomes Soares
Maria das Graças Santa Bárbara
Maria Helena Damasceno e Silva Megale
Paulo Sérgio Lacerda Beirão

Frontispício ⑤

Plinio Martins Filho

Manual de Editoração e Estilo

Página de créditos ⑥

Copyright © 2014 by Plinio Martins Filho.
Direitos reservados e protegidos pela Lei 9.610 de 19.2.1998.
É proibida a reprodução total ou parcial deste livro sem autorização, por escrito,
das editoras e do autor.

Ficha catalográfica elaborada pelo Departamento
Técnico do Sistema Integrado de Bibliotecas da USP

Martins Filho, Plinio.
   Manual de Editoração e Estilo; – Campinas: Editora da Unicamp; São Paulo: Editora
   da Universidade de São Paulo; Belo Horizonte: Editora UFMG, 2014.

   Inclui anexos.
   Inclui bibliografia.
   Inclui índice remissivo.
   ISBN 978-85-314-xxxx-x

   1.Editoração.   2.Produção Editorial   3.Manual de editoração e estilo
   I.Plinio Martins Filho   II.Titulo.

CDD xxx.xxxx

Direitos reservados à

Editora da Unicamp	Editora da USP	Editora UFMG
Rua Caio Graco Prado, 50	Rua da Praça do Relógio, 109A	Av. Antonio Carlos, 6627
Campus Unicamp	05508-050 – São Paulo – SP	Campus Pampulha – 31270-901
13083-892 – Campinas – sp	Tel.: (11) 3091-5082	Belo Horizonte – MG
Tel./fax: (19) 3521-7718/7728	www.edusp.com.br	Tel.: (31) 3499-4657/4658
www.editora.unicamp.br	edusp@usp.br	www.editora.ufmg.br
vendas@editora.unicamp.br		vendas@editora.ufmg.br

Printed in Brazil

Foi feito o depósito legal

A meu pai, que escrevia na areia.

Epígrafe

Apenas pela palavra somos homens e nos ligamos uns aos outros.
MONTAIGNE

Dedicatória

A J. Guinsburg e João Alexandre Barbosa
(in memoriam),
que me deram a oportunidade de aprender.

A Jerusa Pires Ferreira,
que me levou para a universidade e sempre
me incentivou.

A Ivan Teixeira,
um amigo que foi embora muito cedo.

SUMÁRIO

INTRODUÇÃO, 23

Parte I.
O ORIGINAL, 27

1. ASPECTOS MATERIAIS, 29
1. Definição, 30
2. Papel, 31
3. Legibilidade, 31
4. Laudas, 31
5. Margens, 32
6. Parágrafos, 33
7. Linhas e Toques, 36
8. Entrelinhamento, 36
9. Numeração, 36
10. Formatação, 37

Parte II.
ESTRUTURAÇÃO DO ORIGINAL, 39

2. PRÉ-TEXTUAIS, 43
1. Folhas de Guarda, 44
2. Olho, 45
3. Verso do Olho, 46
4. Frontispício, 46
   a. Elementos Obrigatórios, 47
   b. Elementos Opcionais, 48
5. Página de Créditos, 49

6. Dedicatória, 53
7. Epígrafe, 54
8. Agradecimentos, 54
9. Sumário, 55
10. Lista de Ilustrações, 57
11. Lista de Abreviaturas e Siglas, 57
12. Cronologia, 57
13. Prefácio, 58
14. Introdução, 58
15. Falsa Folha de Rosto, 59

3. TEXTUAIS, 61
1. Principais Divisões do Livro, 61
   a. Partes, Livros ou Seções, 61
   b. Capítulos, 62
   c. Subtítulos e Intertítulos, 63
2. Elementos de Apoio ao Texto, 64
   a. Citações, 64
   b. Notas, 78
   c. Ilustrações, 90
   d. Quadros e Tabelas, 91
   e. Títulos correntes, 100
   f. Vinhetas, 101

LISTA DE ILUSTRAÇÕES

FOTO 1   Biblioteca da Faculdade de Direito com
         iluminação elétrica - 1890 226

FOTO 2   Sala de Leitura da biblioteca da Faculdade de
         Direito - 1905 227

FOTO 3   Contrato de venda de direito autoral 252

FOTO 4   Publicidade de Cantos e Phantasias, de
         Fagundes Varella 254

FOTO 5   Folha de rosto da edição de Bibliographie
         Bresilienne 259

FOTO 6   Foto de Anatole Louis Garraux 260

FOTO 7   Fachada da Livraria e Papelaria de A.L.
         Garraux e De Lailhacar (1862) 267

FOTO 8   Fachada da segunda Livraria Garraux (1905).267

FOTO 9   Reprodução da folha de rosto de um
         catálogo da Casa Garraux 268

FOTO 10 Charge sobre Livraria Garraux - Cabrião .. 293

FOTO 11 Charge sobre Livraria Garraux - Diabo Coxo 294

FOTO 12 Bibliothèque de Poche (Catálogo Garraux,
         1866) 311

FOTO 13 Bibliothèque pour tous (Catálogo Garraux,
         1866) 312

FOTO 14 Bibliothèque Chrétienne (Catálogo Garraux,
         1866) 313

FOTO 15 Bibliothèque Littéraire (Catálogo Garraux,
         1866) 314

FOTO 16 Anúncio de prelos tipográficos (1889) 324

LISTA DE ABREVIATURAS E SIGLAS

ALC	Arquivo Lúcio Cardoso;
AMLB	Arquivo-Museu de Literatura Brasileira;
Ampl.	Ampliado(a);
Apres.	Apresentação;
Atual.	Atualizado(a);
cf.	conforme;
Colab.	Colaborador;
Coord.	Coordenação/Coordenado(a);
Ed.(ed.)	Editora/Edição;
FCRB	Fundação Casa de Rui Barbosa;
fl(s).	folha(s);
FPD	Fundo Plínio Doyle;
Ilus.	Ilustração(ões)/Ilustrado(a);
Intr.	Introdução;
LC	Lúcio Cardoso;
ms	manuscrito;
NP	Novas Poesias;
Org(s).	Organização, Organizador(es);
p	periódico(s);
p.(pp.)	página(s);
P	Poesias;
PI	Poemas Inéditos;

CRONOLOGIA

1912

14 de agosto – nasce na rua Nova da Grota – que era a
mais antiga da cidade e a única com calçamento – em
Curvelo, Minas Gerais, Joaquim Lúcio Cardoso Filho,
filho de Joaquim Lúcio Cardoso e Maria Wenceslina
Cardoso. Lúcio era o caçula de cinco irmãos (Maria Helena Cardoso, Fausto Cardoso, Adauto Lúcio
Cardoso, Regina Cardoso de Paula Xavier e Maria de
Lourdes Cardoso de Barros); e teve por padrinhos de
batismo Pedro Netto e Alzira Netto, seus tios.

1914

A família Cardoso muda-se para Belo Horizonte, onde
Lúcio faz seus primeiros estudos no Jardim de In-
fância Bueno Brandão e no Grupo Escolar Barão do Rio
Branco.

1923

No princípio desse ano, a família Cardoso transfere-se
para o Rio de Janeiro.

PREFÁCIO

Na então Casa do Sertanista – desdobramento do esforço da Comissão do IV Centenário de São Paulo – inaugurava-se, em agosto de 1976, a exposição de artefatos xikrin-kayapó. Nesse primeiro evento museológico do novo Departamento do Patrimônio Histórico da Secretaria Municipal de Cultura, buscavam-se outra postura comemorativa e outro rigor curatorial.

O local passaria logo a ser referido como Casa do Caxingui, e a curadoria da mostra fora entregue à antropóloga, indigenista e colecionadora Lux Boelitz Vidal. Já notável, a estudiosa devota plasmou nova maneira de exibir um acervo, envolver o visitante, de lidar com nossa realidade. Divulgação séria e responsabilidade social.

A par do imenso trabalho de campo e de gabinete, impressionava sua fina sensibilidade e a plena consciência das implicações do contato com os índios. Qualidades que não cessaram ao fim de suas investigações _in loco_ e sobre a outra gente. Pelo contrário, tal perfil desdobrava-se em compromisso lúcido e decidido diante da aculturação previsível.

Trinta anos depois constitui um privilégio caro reencontrar Lux Vidal, cuja clareza e entusiasmo persis-

INTRODUÇÃO

Por melhor que seja a apresentação gráfica de um livro, somente um texto bem-cuidado pode sustentar o interesse em sua leitura. Nas empresas jornalísticas, são comuns os manuais de estilo, que orientam e determinam a característica final dos escritos a serem publicados.

No caso da publicação de livros, cada editora tem suas normas de preparação, nem sempre escritas. Essas regras visam, sobretudo, a orientar a edição dos originais segundo determinados critérios que imprimam unidade e coerência ao texto, conferindo-lhe ainda uniformidade global, mediante padrões formadores e informadores da obra, e não a ensinar ao preparador ou editor como se deve escrever. Por isso preferimos o título *Manual de Editoração e Estilo*.

Quando a edição de uma obra é aprovada, considera-se que o autor forneceu um texto correto dos pontos de vista informativo e gramatical. No entanto, dificilmente esse material apresenta coerência total no que se refere ao uso sistemático de pontuação, acentuação, maiúsculas, minúsculas, realces gráficos (itálico, negrito etc.), abreviaturas, citações, notas de rodapé, bibliografia e muitos outros elementos. Quase cem por cento dos originais necessitam de normalização.

Há dois tipos básicos de normalização de texto: a empírica, da editora, e a teórica, mais orientada para a área de documentação, feita pelos centros especializados. É importante ter em mente, porém, a necessidade de evitar qualquer padrão normalizador absoluto.

O trabalho de publicação de um livro abrange, inicialmente, sua produção intelectual e, em seguida, sua

3. TEXTUAIS

3.1. Divisão do Livro **3.1.1.** Partes, livros, seções **3.1.2.** Capítulos
3.1.3. Títulos, subtítulos e intertítulos

As partes textuais são os elementos que formam o corpo do livro. Trata-se, portanto, do texto da obra propriamente dito, que pode ser dividido em grandes seções, como PARTES, LIVROS ou TOMOS, e em seções menores, tais como CAPÍTULOS. Estes, por sua vez, podem conter vários SUBTÍTULOS e INTERTÍTULOS e os chamados ELEMENTOS DE APOIO AO TEXTO: NOTAS DE RODAPÉ, CITAÇÕES, ILUSTRAÇÕES, QUADROS, DIAGRAMAS, TABELAS, FÓRMULAS etc.

A apresentação visual dessas seções deve obedecer a um padrão gráfico que diferencie com clareza as partes do texto. Não serão abordados aqui os problemas técnicos e metodológicos que a divisão de uma obra implica. Pretende-se apenas oferecer algumas observações mais gerais, que orientem a preparação do material para a edição.

3.1. DIVISÃO DO LIVRO

3.1.1. Partes, livros, seções

Os títulos figuram em páginas ímpares, como os únicos elementos nelas apresentados, mas, às vezes, são seguidos de pequeno texto introdutório, cuja mancha, tipologia e corpo são iguais às demais aberturas de capítulos.

Ao produzir o texto, o autor pode indicar características gráficas que uniformizem e distingam as diferentes partes da obra, utilizando, por exemplo, a caixa-alta, variações no tamanho do corpo e os realces gráficos como o negrito e o itálico; ou seja, mesmo durante o processo criativo, é possível usar recursos que evidenciem a hierarquia das divisões.

PARTE I

O ORIGINAL

Um autor não faz o livro, ele o cria; quem faz o livro é o editor.
CHARTIER

PARTE II

ESTRUTURAÇÃO DO ORIGINAL

A verdadeira razão para a série de defeitos nos livros [...] é a falta de tradição — ou a deliberada dispensa dela —, e o arrogante desprezo por toda e qualquer convenção. Se podemos ler satisfatoriamente qualquer coisa, é porque respeitamos o usual, o lugar-comum. Saber ler implica obedecer às convenções, conhecê-las e respeitá-las.
JAN TSCHICHOLD

PARTE III

EDIÇÃO DE ORIGINAL

A tarefa do editor é tão diferente da de escrever como da de ler. Escrever se escreve na intimidade, na solidão como ler. O diálogo do escritor, quando escreve, é consigo mesmo. O editar, não. O editor costuma ser o primeiro leitor de um texto, sua banca examinadora. Escrever é um diálogo consigo mesmo; editar é dialogar com outro.
XXXX

PARTE IV

PROJETO GRÁFICO E TIPOLOGIA

O texto pode ser composto em dezenas de tipos diferentes, mas, somente quando o espaçamento de todos os elementos e margens forem relacionados entre si e o corpo do tipo escolhido ajustar-se com exatidão à largura da linha do texto, poderá o olho do leitor trabalhar sem esforço. O espaço na página revela a mensagem tanto quanto o espaço na cidade revela os detalhes arquitetônicos.
JOHN RYDER

PARTE V

REVISÃO

Um axioma da produção de livros é... que, se se deixar que alguma coisa comece errado há probabilidade de que saia errado.
HUGH WILLIAMSON

PARTE VI

NORMALIZAÇÃO E ESTILO TIPOGRÁFICO

Laudas de algumas das partes (grandes seções) em que está dividido este *Manual*.

Ao preparador, no entanto, cabe observar se todos os títulos de uma mesma categoria foram apresentados de modo uniforme. Se, em determinada parte da obra, ele estiver em versais, por exemplo, todas as demais seções devem seguir esse padrão. Caso um subtítulo tenha sido marcado em itálico e em caixa-alta e baixa, todos os demais receberão esses mesmos realces. Isso orientará o *designer*, durante a criação do projeto gráfico, a respeitar a hierarquia das informações atribuída pelo autor.

As partes, em geral, vêm numeradas em algarismos romanos: Parte I, Parte II; ou por extenso: Primeira Parte, Segunda Parte; ou simplesmente representadas por um número arábico ou romano. Sua posição e aspecto gráfico devem também ser coesos e padronizados.

3.1.2. Capítulos

Devem ser sempre iniciados em páginas ímpares. Também aqui o original obedecerá, para todas as aberturas, a um padrão coerente e uniforme, no qual fique evidente que se inicia um novo capítulo. Isso pode ser conseguido colocando-se o título no alto da lauda em caixa-alta, caixa-alta e baixa ou versal--versalete, ou seja, em qualquer configuração que o diferencie do restante do texto. Esteja o título do capítulo centralizado, alinhado à direita ou à esquerda, o texto em si, ou texto corrido, tem início após um espaço de oito a dez linhas.

```
        1. Revisão


    Com o original completo e
estruturado, inicia-se a se-
gunda fase da edição de tex-
to: a revisão.
    Essa fase compreende o
conjunto de trabalhos edito-
riais de normalização, re-
visão da ortografia e do
estilo (da escrita), e de
marcação do texto para sua
futura composição, bem como
a indicação de suas dife-
rentes características grá-
ficas (títulos, subtítulos,
citações, enumerações, figu-
ras, tabelas, quadros, exem-
plos e o que mais houver).
```

```
     2. Marcação de texto


    O original, seja litará-
rio, técnico ou científico,
deve cumprir certos requisi-
tos que levem à normalização
de todos os seus aspectos,
com o objetivo de facilitar
as operações de correção de
estilo, marcação tipográfica
e, por fim, as de composição.
    Mesmo que autores ou tra-
dutores possam não ter cons-
ciência disso, certos ti-
pos de erros, confusões e
dificuldades que surgem na
composição e nas provas
devem-se a falhas de mar-
cação.
```

Exemplos de abertura de capítulos em originais para publicação.

ESTRUTURAÇÃO DO ORIGINAL

Quando houver epígrafe, pode-se colocá-la entre o título e o corpo do capítulo, duas ou três linhas acima do início do texto, alinhada à direita, em itálico e em corpo menor – geralmente o mesmo utilizado nas notas – acompanhada, de preferência, apenas do nome do autor e do título da obra referida. Se houver necessidade de uma citação bibliográfica completa, esta deverá vir em nota de rodapé.

A palavra *capítulo* geralmente vem seguida de um algarismo romano ou arábico, ou ainda por um numeral escrito por extenso (Capítulo 1, Capítulo 13, Capítulo Quinze). Contudo, o emprego de tal procedimento é opcional. A marcação da hierarquia dos títulos é de responsabilidade do preparador, cabendo ao revisor de provas observar sua uniformidade na obra.

Os capítulos são numerados por parte ou em sequência em todo o livro. Esse último critério facilita as remissões internas: em vez de remeter ao Capítulo 3 da Parte II, por exemplo, pode-se simplesmente indicar "ver Capítulo 3".

Página com título, subtítulo e intertítulo presente neste *Manual*.

3.1.3. Títulos, subtítulos e intertítulos

São as titulações internas do corpo do texto. As características dessas subdivisões devem ficar evidentes mediante o uso de espaços em branco que têm a função de realçar. A quantidade de brancos acima e abaixo de títulos, subtítulos e intertítulos deve variar de acordo com a hierarquia prevista acerca da apresentação de tais elementos. Eles podem vir em negrito ou em itálico, em caixa-alta e baixa ou caixa-baixa, com alinhamento à esquerda, à direita ou centralizado. O importante é que, no original, de modo esquemático, fique clara a disposição ordenada de cada um desses itens. Sua característica tipográfica final é dada pelo projeto gráfico estabelecido para uma coleção ou é estipulada pelo editor responsável, em caso de livros que não pertençam a coleções. O preparador deve observar a uniformidade dos espaços acima e abaixo da titulação de cada subdivisão.

Com respeito à apresentação do original, sugerem-se as seguintes características:

- *Títulos*. Em maiúsculas, alinhados à esquerda, à direita ou centralizados.
- *Subtítulos*. Caso o primeiro subtítulo esteja na mesma página do título do capítulo, deve ser iniciado mais ou menos na metade da altura da lauda, com mancha distinta da do corpo do texto, fazendo-se uso de realces gráficos para destacá-lo como o versalete, o negrito ou o itálico. Além disso, ele pode obedecer ao mesmo critério de alinhamento do título ou numeração.
- *Intertítulos*. Em itálico ou redondo, desde que distintos do destaque do subtítulo. Seguem, entretanto, o mesmo alinhamento e caixa deste, variando a entrelinha superior.

Ao terminar um texto seguido por subtítulo ou intertítulo, recomenda-se deixar espaço de duas linhas brancas.

Ao começar o texto referente ao subtítulo ou intertítulo, mostra-se razoável deixar espaço de uma ou meia linha branca.

De fato, o corpo e o alinhamento final das subdivisões de uma obra são definidos pelo projeto gráfico. No original, devem-se fazer, por meio de marcações, apenas sugestões.

Nenhum título, qualquer que seja sua categoria, deve levar pontuação final.

ESTRUTURAÇÃO DO ORIGINAL

Representação de parte da sequência das páginas textuais

Falsa folha
de rosto

PARTE I

O ORIGINAL

I

ASPECTOS
FORMAIS

PARTE II

ESTRUTURAÇÃO
DO ORIGINAL

2

PRÉ-TEXTUAIS

3

TEXTUAIS

PARTE III

EDIÇÃO
DO ORIGINAL

4

REVISÃO

TEXTUAIS

5
NOVA
ORTOGRAFIA

PARTE IV
TIPOLOGIA

6
FORMAS DOS
CARACTERES
TIPOGRÁFICOS

7
FONTES
TIPOGRÁFICAS

PARTE V
NORMALIZAÇÃO
E REALCES
GRÁFICOS

8
REDONDO

9
ITÁLICO
OU GRIFO

PARTE VI
ORTOGRAFIA

4. PÓS-TEXTUAIS

4.1. Posfácio 4.2. Adendo 4.3. Anexos 4.4. Apêndices ou Suplementos 4.5. Glossário 4.6. Bibliografia 4.7. Índices 4.7.1. Tipos de índices 4.7.2. Composição dos índices 4.7.3. Entradas de nomes próprios 4.7.4. Casos especiais 4.7.5. Entradas de nomes geográficos 4.7.6. Indexação de nomes de obras 4.7.7. Como fazer o índice 4.7.8. Critérios de ordem alfabética 4.7.9. Índice onomástico 4.7.10. Índice de assunto 4.8. Lista de Coleções e Séries 4.9. Errata 4.10. Colofão

As pós-textuais formam a parte complementar da obra e são, sem dúvida, de grande importância, principalmente nos títulos acadêmicos. Tais páginas devem ser organizadas conforme as necessidades geradas pelo conteúdo do livro e constar no final do volume.

Sua ordem deve ser determinada de acordo com a lógica geral da obra. Entre os diversos elementos pós-textuais que podem ou não fazer parte do livro, este capítulo vai tratar apenas dos mais comuns.

Quando a obra exigir a presença de vários desses itens, sugere-se a seguinte sequência:

1. Posfácio
2. Adendo
3. Anexos
4. Apêndices ou Suplementos
5. Glossário
6. Bibliografia
7. Índices
8. Lista de Coleções e Séries
9. Errata
10. Colofão

É importante salientar, porém, que a presença de vários elementos pós-textuais em um livro somente se justifica quando o conteúdo da obra de fato os exige e se o editor estiver disposto a aceitar os encargos envolvidos na produção deles.

A seguir, apresentam-se as características de cada um desses itens.

4.1. POSFÁCIO

Texto escrito pelo autor ou por outros, para reforçar, esclarecer ou complementar ideias, tópicos ou partes contidas na obra. É raro aparecer em primeiras edições. Sua inclusão se justifica quando o livro já estiver composto e houver a necessidade de se acrescentar alguma informação.

A presença do posfácio não implica necessariamente a de um prefácio, e as características gráficas e tipográficas daquele são semelhantes às deste e às dos capítulos.

4.2. ADENDO

Texto, em geral, curto, que se acrescenta a uma obra para completá-la ou para corrigir certos problemas nela contidos. É diferente do anexo e do suplemento por ser mais conciso, e difere do pós-escrito, que trata de diferentes aspectos, esquecidos ou recentes, relacionados ao tema. É comum aparecer com a grafia latina *addenda*. Compõe-se em tipo menor, com o mesmo corpo das citações, mas com a abertura igual às dos capítulos.

4.3. ANEXOS

Conjunto de documentos, estatísticas, gráficos, ilustrações ou textos de outros autores, inseridos numa obra e estreitamente ligados ao assunto em questão, mas destacados do texto principal para se evitar a descontinuidade da sequência lógica das diferentes seções do livro. Em geral, os anexos são identificados por letras ou números seguidos de seu respectivo título. Sua composição e disposição seguem os mesmos critérios sugeridos para os adendos.

4.4. APÊNDICES OU SUPLEMENTOS

Trata-se da continuação ou prolongamento da obra, geralmente com a finalidade de subsidiar seu conteúdo, ao mesmo tempo que a esclarece, amplia e ratifica. Pode ser um conjunto de documentos, estatísticas, quadros, gráficos, mapas, tabelas, ilustrações ou qualquer outro tipo de texto.

A composição dos apêndices ou suplementos deve ser distinta daquela utilizada nas páginas textuais da obra, bem como apresentar o mesmo tamanho de letra utilizado nas citações, ou seja, até dois pontos menor em relação ao corpo do texto geral. Sua disposição gráfica, no entanto, deverá obedecer ao mesmo critério de abertura de capítulos.

Quando houver mais de um apêndice, eles precisam estar numerados (Apêndice 1, Apêndice 2...), e cada um deverá levar um título no qual deve constar do Sumário. Se forem de categorias diferentes, devem ser reunidos em anexos diferentes (textos, tabelas, quadros etc.).

4.5. GLOSSÁRIO

É uma lista de termos cujos significados são, supostamente, pouco comuns para o leitor. Figura numa obra para elucidar palavras não muito usadas, obscuras, dialetais, regionais etc., bem como termos ou vocábulos científicos.

Sua apresentação gráfica deve se dar em ordem alfabética e realçar os termos relacionados em versal-versalete, negrito ou até mesmo itálico, com a explicação destes vindo logo em seguida, em redondo claro.

A composição do glossário deve ser feita no mesmo corpo das citações, dos apêndices etc. e seguir a mesma mancha do restante do texto, em parágrafo francês.

4.6. BIBLIOGRAFIA

Parte do livro na qual são relacionadas as obras que servem de subsídio ao leitor – livros, artigos, periódicos etc. – recomendados pelo autor do trabalho (bibliografia) ou por ele consultados (referências bibliográficas) –, ordenadas alfabeticamente segundo os nomes de seus autores ou responsáveis – editor, compilador, organizador, entidade etc. – ou de seus títulos.

Essas listas de obras (bibliografia e refências bibliográficas) também podem aparecer ao final de cada parte ou de cada capítulo do livro, embora tal uso seja pouco comum. Para facilitar, ambas serão referidas aqui como bibliografia, pois sua organização é semelhante, apesar da diferença de escopo.

Poucos editores e mesmo escritores fazem distinção entre bibliografia e referências bibliográficas. A tendência hoje é fundir as duas listas em uma bibliografia geral, que pode adotar a distribuição dos volumes por tipo de publicação: livros, revistas, jornais; ou por categoria: obras gerais, obras específicas etc.

A bibliografia ou as referências bibliográficas devem seguir normas que raramente são observadas pelos autores, e essa padronização é uma das tarefas mais espinhosas do preparador de texto.

Muitos originais apresentam o sistema de remissão autor/data no próprio corpo do texto, principalmente em obras científicas. Nesse caso, a opção do autor deve ser respeitada.

A bibliografia ou as referências bibliográficas devem conter todos os dados necessários para a localização da obra ou do artigo citado. Não basta, como faz a maioria dos autores, citar o autor, a obra e o ano, sem mencionar o lugar e a editora. Esse é um dado importantíssimo, não só por facilitar a localização do livro e a posterior solicitação dele pelo correio ou por qualquer outro meio, mas também por valorizar quem o editou. Além disso, em atendimento à Lei de Direitos Autorais, faz-se necessário incluir tal informação.

A apresentação da bibliografia pode variar muito, dependendo do tipo de livro ou da orientação de quem o escreveu. Porém, a mais comum, e talvez a mais útil, é a que ordena os dados a partir do sobrenome dos autores em ordem alfabética. Os aspectos formais específicos, como citação de livros, revistas, jornais, artigos, capítulos, apresentação tipográfica, pontuação etc., serão tratados na Parte x – Bibliografia deste *Manual*.

4.7. ÍNDICES

Mesmo com as facilidades oferecidas pelo computador à organização de índices – e apesar da grande utilidade desses elementos pós-textuais para o estudioso ou pesquisador, principalmente nos livros acadêmicos que envolvem grande variedade temática –, são cada vez mais raros os editores dispostos a elaborá-los ou até mesmo a aproveitá-los, no caso de terem sido previamente preparados pelo autor.

São listas alfabéticas de nomes de pessoas, topônimos, acontecimentos, palavras-chave de tópicos, de documentos etc. – ou, genericamente, "assuntos" –, acompanhadas dos dados necessários à sua localização no corpo da obra.

À palavra escolhida para ser o elemento identificador do aspecto sob o qual um "assunto" entra em um índice e aos itens necessários para sua localização na obra dá-se o nome de *entrada*.

É raro o autor nacional que se dispõe a apresentar tais páginas pós-textuais em suas publicações. Cabe ao editor decidir sobre sua inclusão ou não. Mas a elaboração dos índices, principalmente os de assuntos e os analíticos, nesse caso, deve ficar a cargo do próprio autor ou de pessoa competente em indexação.

Nas traduções, sempre que houver índice na obra original, este deve ser incluído no livro traduzido. Cabe ao tradutor, e não ao preparador, fazer a versão dessa pós-textual de um idioma para o outro, pois trata-se da pessoa mais familiarizada com o texto. Tal profissional se responsabiliza ainda pela verificação de que, no índice, o termo de entrada seja o mesmo usado no volume traduzido – isto é, caso no texto tenha-se, por exemplo, "penas simbólicas", é essa a entrada que vai constar no índice, e não "penas leves"; da mesma maneira, caso a grafia de um nome seja mantida na língua original, sua versão no índice não pode ser aportuguesada ou apresentar variação. Esse cuidado é válido não apenas aos tradutores, mas igualmente aos preparadores e revisores.

É suficiente fazer a tradução do texto das entradas do índice, mantendo não apenas sua sequência – mesmo que os termos traduzidos fiquem fora da ordem alfabética –, mas também os números das páginas do original, que, para serem mais facilmente localizadas pelo preparador, podem ser marcados, por exemplo, com cor diferente na digitação. A ordem das entradas do índice será certamente alterada pela alfabetação na nova língua, ou língua de chegada, e essas páginas serão substituídas somente quando o livro na língua de chegada já estiver paginado. O preparador faz a revisão, cotejando o índice com sua referência no texto já diagramado, a fim de conferir se a correspondência está correta.

4.7.1. Tipos de índices

- *Geral*. Quando compreende toda a matéria de um livro. Geralmente é utilizado em obras de dois ou mais volumes. As entradas de um índice geral podem ser analíticas, cronológicas, onomásticas etc., isto é, mistas.
- *Analítico*. Subdivide-se segundo assuntos principais determinados.
- *Cronológico*. Aparece, em geral, em livros de história, agrupando nomes e fatos importantes sob a designação dos anos e épocas correspondentes.
- *Onomástico*. Pode ser de nomes próprios de pessoas, de lugares etc., e é utilizado em obras de história ou histórico-literárias. Além disso, resume-

-se a registrar as referências de cada nome próprio – patronímico, antropônimo, topônimo etc. –, sem as subdivisões que ocorrem no índice analítico.

Em todas essas formas, os índices representam um elemento facilitador para o leitor que deseje consultar passagens do texto em que determinado autor, tema ou conceito é citado ou abordado, sem a necessidade de se fazer uma nova leitura.

A organização de índices diferentes – por exemplo, um onomástico e outro analítico – dificulta a consulta do leitor, sendo preferível um índice remissivo geral, com todos os conceitos, nomes e assuntos agrupados em ordem alfabética e seguidos dos números das páginas em que são encontrados. Entretanto, nos livros em que há alta incidência de patronímicos e antropônimos, como os que versam sobre assuntos históricos, pode ser interessante fazer um índice onomástico separado do índice geral.

4.7.2. Composição dos índices

Os índices são dispostos geralmente em duas colunas e compostos em tipo igual ao do texto, mas seu corpo deverá ser, no mínimo, dois pontos menor, com entrelinhamento maior entre o bloco constituído por uma letra e o seguinte, que pode ser a própria letra ou um espaço em branco.

Ao final da sequência da entrada, separando-a dos números das páginas, utiliza-se vírgula. Não se coloca ponto no fim das linhas de um índice.

A melhor composição para índices é a que utiliza o parágrafo francês, porque facilita a localização da palavra.

4.7.3. Entradas de nomes próprios

- *Nomes espanhóis, hispano-americanos* e aqueles utilizados nos demais países em que o sobrenome do pai vem em primeiro lugar: começa-se por ele, seguido do restante do sobrenome, se houver, separado do nome por vírgula.

CALDERÓN DE LA BARCA, Pedro, 31, 57, 105

- *Nomes portugueses, anglo-saxões, russos* e aqueles utilizados nos demais países onde o primeiro sobrenome é o materno, e o último, o paterno: a entrada é feita pelo último sobrenome (simples ou duplo), seguido do nome e demais sobrenomes, sendo a separação entre o sobrenome de entrada e o nome feita por vírgula ou apenas por um espaço.

ANDRADE, Carlos Drummond de, 21-22, 153
ASSIS, Joaquim Maria Machado de, 301, 514-520
DIAS GOMES, Antônio, 15, 153
DI CAVALCANTI, Emiliano, 121, 135
DOSTOIÉVSKI, Fiódor Mikhailovich, 185-186
POE, Edgar Allan, 158, 402

- *Nomes franceses* e aqueles utilizados nos países onde só se herda o sobrenome do pai: faz-se a entrada pelo sobrenome (simples ou duplo), seguido do nome. Sempre se separa um do outro por vírgula.

CHIRICO, Giorgio de, 96, 117
PROUST, Marcel, 124, 186
MERLEAU-PONTY, Maurice, 33, 48

- *Nomes árabes, judeus, chineses, hindus* e aqueles utilizados pelos demais povos em que a distinção entre nome e sobrenome é, para nós, difícil – pois geralmente é o sobrenome que inicia a nomeação: quando se sabe o sobrenome, faz-se a entrada por ele; quando este é desconhecido, faz-se a entrada pela nomeação com que as personalidades são mais conhecidas ou com aquela que apareça mais vezes no texto.

AB'SÁBER, Aziz Nacib, 14, 37
BEN GURION, David, 55, 98
IBN SAUD, Abdul Aziz, 23, 75
MAO TSE-TUNG, 28, 35
OZAWA, Seiji, 58, 163
THANT, U, 88, 122

- *Nomes de santos*: faz-se a entrada pelo nome próprio, sendo posposto, entre vírgulas, o substantivo São, Santo, Santa, Beato etc. Se o nome do santo é composto de mais de uma palavra, segue-se a mesma regra.

FRANCISCO DE PAULA, São, 60, 95, 100
RITA DE CÁSSIA, Santa, 22, 30, 45
TOMÁS DE AQUINO, Santo, 98, 117-123, 150
VICENTE DE PAULO, São, 129, 139

- *Nomes de reis, imperadores e papas*: devem ser indexados pelo nome próprio, incluindo o numeral romano. Como há soberanos de várias nacionalidades com o mesmo nome, convém acrescentar de onde eles são.

> FILIPE II da Espanha, 314-320
> FILIPE II da França, 223, 227
> FILIPE II da Macedônia, 300, 304-306
> HENRIQUE II da Inglaterra, 25
> HENRIQUE II da França, 48-50, 62

Nomes de reis e imperadores que possuem epíteto (cognome, apelido, alcunha) são indexados a partir do nome, seguido do epíteto:

> ALEXANDRE MAGNO, 19, 21
> FREDERICO BARBARRUIVA, 108
> PEPINO, O BREVE, 104-106

Aqueles, porém, mais conhecidos por seu epíteto dão entrada por este último:

> CAESAR, Julius ou, aportuguesado, CÉSAR, Júlio, 128-135

A entrada de um ou outro depende se, no texto da obra, o nome encontra-se em grafia latina ou não. A opção preferível, exceto em nomes já consagrados em português, é deixá-los na grafia original.

Em obras de história, nos casos em que um duque ou príncipe chega a rei ou imperador, ou um rei abdicou o trono, assumindo outro título de nobreza, seu nome sempre é indexado como rei ou imperador, fazendo-se dupla referência, a qual inclui o nome de entrada e a repetição do título nobiliárquico depois dele.

> EDUARDO VIII (Duque de Windsor), 5, 15, 21
> GUILHERME I da Inglaterra (Guilherme, o Conquistador; Duque da Normandia), 80, 85, 60
> GUILHERME, o Conquistador, *ver* GUILHERME I da Inglaterra
> NORMANDIA, Duque da, *ver* GUILHERME I da Inglaterra
> WINDSOR, Duque de, *ver* EDUARDO VIII

- *Nomes, epítetos e pseudônimos de personalidades ou de pessoas pouco conhecidas*: mesmo quando na obra a nomeação se faz pelo epíteto, cognome etc., a regra geral é se realizar a entrada pelo sobrenome, seguido do nome.

Andreoni, João Antônio, 15, 25, 35
Guimarães, Nilcides, 86, 106, 180
Lisboa, Antônio Francisco, 8, 10, 44
Marins, José Mojica, 7, 25, 50
Melo e Souza, Júlio César de, 66-67, 122
Nascimento, Edson Arantes do, 108-115, 142
Rosa, Noel, 182

Caso o epíteto, incluindo aqui os pseudônimos, cognomes etc., seja mais conhecido do que o nome, costuma-se indexá-lo também numa entrada sem as localizações (página etc.), a qual inclui uma remissão ao nome. A regra dos sobrenomes duplos também é mantida para cognomes duplos. Se um artigo faz parte da alcunha, aquele deve vir na sequência desta, separado por vírgula:

Águia de Haia, A, *ver* Barbosa, Rui
Aleijadinho, O, *ver* Lisboa, Antônio Francisco
Pelé, *ver* Nascimento, Edson Arantes do
Poeta da Vila, O, *ver* Rosa, Noel
Tiradentes, *ver* Xavier, Joaquim José da Silva
Zé do Caixão, *ver* Marins, José Mojica

Se o pseudônimo é também um "nome", as duas entradas, pelo nome real e pelo pseudônimo, se fazem necessárias, ficando as localizações junto à entrada do nome verdadeiro.

Antonil, André João, *ver* Andreoni, João Antônio
Menezes, Glória, *ver* Guimarães, Nilcides
Tahan, Malba, *ver* Melo e Souza, Júlio César de

Nos casos em que a pessoa em questão é o objeto de estudo, podem-se tomar duas decisões (sendo que uma não exclui a outra): não incluir tal personalidade no índice, uma vez que seu nome aparece praticamente em quase todas as páginas, ou fazer uma separata especial ou uma cronologia, em que, após seu nome, se põem somente os principais acontecimentos de sua vida: nascimento, educação, juventude, casamento, feitos importantes, morte etc.

4.7.4. Casos especiais

Há autores que assinam suas obras com suas iniciais, mais o sobrenome. Nesse caso, colocam-se as iniciais, e o nome completo pode vir, em seguida, entre parênteses, pois é interessante que ele apareça no índice.

CABRERA INFANTE, G. (Guillermo), 13, 25, 42-50
LAWRENCE, D. H. (David Herbert), 88, 132, 145

Há nomes que oferecem certas dificuldades para a indexação:

OS NOMES	DEVE-SE FAZER A ENTRADA COMO
Ben-Gurion, David	GURION, David ben
De Gaulle, Charles	GAULLE, Charles de
Di Cavalcanti, Emiliano	Di CAVALCANTI, Emiliano
Ibn Saud, Abdul Aziz	SAUD, Abdul Aziz Ibn
Van Gogh, Vincent	GOGH, Vincent van
Von Braun, Werner	BRAUN, Werner von

Mas é pouco provável que os leitores os procurem assim. Por isso, uma solução é indexá-los duas vezes, remetendo da forma mais conhecida para a mais correta do ponto de vista da indexação – DE GAULLE, Charles, *ver* GAULLE, Charles de –, para ser rigoroso. A fim de não sobrecarregar o índice, no entanto, é mais comum, no entanto, que as entradas apareçam apenas no formato mais conhecido.

4.7.5. Entradas de nomes geográficos

Na indexação de nomes geográficos (topônimos etc.), os artigos que fazem parte de alguns deles, iniciando-os – principalmente em espanhol –, são postos logo após o nome, sendo dele separados por vírgula.

Alamos, Los
Angeles, Los
Salvador, El

Nomes de santos aplicados a lugares geográficos, no entanto, são indexados como substantivo composto – São Paulo, Santo Antônio do Pinhal etc. –, diferentemente do que se faz ao se indexar o nome de um santo propriamente dito.

O ordenamento das entradas vai depender da escolha do critério de colocação em ordem alfabética escolhido para o índice: *palavra por palavra* ou *letra por letra* (ver 4.7.8).

4.7.6. Indexação de nomes de obras

Obras costumam ser indexadas por seu título completo, em itálico, em caixa-alta e baixa – exceto as preposições, conjunções etc. –, na sequência em que ele se apresenta, exceto quando começa por artigo. Nesse caso, o artigo inicial deverá constar por último, separado do restante do título por vírgula. Tal artifício facilita a busca e não "congestiona" as letras *a*, *o*, *u* do índice.

> *Dicionário de Termos Gráficos*, 12, 28.
> *Deuses Chutam Lata na Consolação, Os*, 32, 46, 51.
> *Lua em Paris, Uma*, 20.
> *Reforma Agrária: O Impossível Diálogo*, 1-4, 17-19.
> *Teatro na Estante, O*, 82, 84.
> *Tocantins: O Movimento Separatista do Norte de Goiás 1821-1998*, 32, 40-43.

4.7.7. Como fazer o índice

O princípio básico para se fazer um índice é atentar para o fato de que as palavras, em todas as entradas, sejam claras, concisas, lógicas e consistentes. Para isso, há regras gerais, válidas em todos os casos, e trâmites específicos para cada tipo de índice.

Quando se tratar de uma tradução, faz-se a equivalência do original com o texto traduzido, marcando o início e o fim deste último.

4.7.8. Critérios de ordem alfabética

Há dois critérios principais de ordenação alfabética: um que se faz letra por letra, independentemente das separações entre as palavras; e outro que considera as palavras isoladamente, isto é, palavra por palavra em cada entrada.

LETRA POR LETRA	PALAVRA POR PALAVRA
New, Arthur	New, Arthur
New, Zoe	New Deal
newborn	new economics
newcomer	New England
New Deal	New Latin
new economics	new math
newel	New Testament
New England	new town
new-fashioned	New World
New Latin	New Year's Day
newlywed	New, Zoe
new math	newborn
new/old continuum	newcomer
news, lamentable	newel
newsboy	new-fashioned
news conference	newlywed
newsletter	new/old continuum
news, network, and the arts	news conference
newspaper	news, lamentable
newsprint	news, networks, and the arts
news release	news release
newt	newsboy
NEWT (Nothern Estuary Wind Tunnel)	newsletter
New Testament	newspaper
Newton, Dame Sylvia	newsprint
Newton, Isaac	newt
Newton, Lady Anne	NEWT (Nothern Estuary Wind Tunnel)
Newton, Rev. Phillip T.	Newton, Dame Sylvia
new town	Newton, Isaac
New World	Newton, Lady Anne
New Year's Day	Newton, Rev. Phillip T.

FONTE: *The Chicago Manual of Style*, 14. ed., Chicago/London, The University of Chicago Press, 1993, p. 739.

Continuando com o exemplo retirado do *The Chicago Manual of Style*, há ainda uma variação do modo letra por letra, no qual a alfabetação não considera sequer vírgulas. No exemplo anterior, *New, Zoe,* na primeira coluna, viria em último lugar, depois de *New Year's Day.*

No caso de reis, imperadores e papas, por exemplo, na indexação de vários nomes iguais seguidos de diferentes ordinais em romanos, sugere-se esta sequência alfabética:

HENRIQUE I, rei da Inglaterra,

HENRIQUE II, rei da França,

HENRIQUE II, rei da Inglaterra,

HENRIQUE III, rei da França,

HENRIQUE III, rei da Inglaterra,

HENRIQUE IV, imperador do Sacro Império e rei da Alemanha,

HENRIQUE IV, rei da França,

HENRIQUE IV, rei da Inglaterra,

4.7.9. Índice onomástico

Quando o livro já estiver definitivamente paginado, faz-se uma leitura em que os nomes a ser indexados são assinalados com marcador colorido transparente (sublinhador) de cor diversa da empregada nas correções. Feito isso, abre-se uma pequena ficha de papel na qual anota-se o nome já em sua forma correta de indexação e a página em que se encontra (não é necessário sublinhar ou anotar várias ocorrências de um nome numa mesma página, basta uma). Em seguida, colocam-se as fichas na ordem alfabética escolhida e eliminam-se aquelas nas quais o nome está repetido, passando os números das páginas para a primeira ficha do nome, ou seja, para aquela em que o número da página é o menor. Logo depois, digitam-se essas informações e faz-se uma revisão. Os números das páginas que não forem seguidos são separados por vírgula; porém, se um mesmo nome se repetir por várias páginas seguidas, assinalam-se apenas a primeira e a última página da sequência, unidas por hífen.

MARTINS, Gustavo, 31, 47, 59-80

4.7.10. Índice de assunto

Em sua composição, utilizam-se fichas em que são anotados o conceito geral e o conceito derivado.

resistência dos fluidos, 78

resistência elétrica, Medição da, 188

resistência elétrica, 158

resistência, 57

Além disso, a feitura de tal tipo de índice, bastante complexo, torna-se complicada, pois requer muito tempo de elaboração e critérios de indexação de palavras-chave tais que apenas um especialista no assunto poderá determinar. Daí ser um elemento que só o próprio autor ou organizador da obra, ou alguém que conheça muito bem o tema, pode fazer.

Uma vez marcadas todas as palavras-chave e seus respectivos complementos, as fichas são colocadas em grupos, cuja entrada é feita pela primeira palavra. Nesse processo, as fichas restantes são dispostas em ordem alfabética interna ao grupo, e cada um dos termos que se repete é substituído por um travessão. Ao final, pode-se, então, passar a limpo todo o conteúdo numa única ficha.

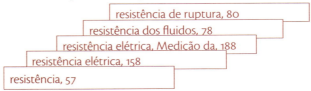

Na substituição das palavras repetidas, deve-se tomar cuidado para não se eliminar as partículas (artigos, preposições etc.), apesar de estas não serem consideradas para fins de ordem alfabética.

resistência, 57
— elétrica, 158
— — Medição da, 188
— dos fluidos, 78
— de ruptura, 80

Como se pode observar na terceira linha do exemplo, quando uma expressão é tomada por uma de suas partes que não a primeira, a sequência inicial fica por último, com a primeira palavra em caixa-alta e baixa, mesmo que ela não seja precedida de ponto.

Quando, nesse tipo de índice, incluem-se os onomásticos, os de obras etc., cada entrada se escreve com a grafia tipográfica convencionada, ou seja, nomes de pessoas em redondo ou versalete (adotar um critério único), títulos de obras em itálico e os assuntos em minúsculas e redondo, exceto no caso mostrado no parágrafo anterior.

contistas fluminenses, 129
— do Romantismo, 213
Fábulas para o Ano 2000, 89
LACERDA, Rodrigo, 113

4.8. LISTA DE COLEÇÕES E SÉRIES

Quando a obra fizer parte de uma série ou coleção, é importante que se coloque a lista dessa ao final, antes do colofão. Às vezes, dependendo do projeto gráfico, ela pode ser inserida nas orelhas do livro.

Acrescenta-se a listagem ao original no momento da preparação do texto. Nela devem constar o nome da série ou coleção, os números dos títulos, os títulos das obras (em itálico, com caixa-alta e baixa) e o nome do autor em redondo. Na separação entre o nome do livro e o do autor, usa-se vírgula.

4.9. ERRATA

É uma relação dos erros tipográficos de um livro já impresso em que são feitas as devidas correções.

A errata é mais comum em obras científicas e técnicas do que nas literárias, que só raramente a contêm. Não deve ser vista como um desleixo ou afronta ao leitor, como se tem procurado fazer crer, afinal é quase impossível editar um livro sem nenhum erro tipográfico; mas, sim, como um elemento, às vezes imprescindível, para a compreensão e o aproveitamento de um texto que, sem a errata, poderia induzir a interpretações errôneas. Aliás, apenas nesses casos ela se torna necessária. Deslizes corriqueiros podem ser corrigidos em edições posteriores e dispensam uma errata. Também não se deve usá-la para fazer modificações no texto.

Quando a composição ainda era manual, e a revisão feita durante a impressão, a errata ocupava uma ou mais páginas de uma obra. Atualmente, é feita em papelete à parte, colocado logo depois do frontispício ou junto ao colofão, de maneira. Deve ser composta em corpo menor do que o do texto normal, com a seguinte ordenação:

P. 55 – 2º parágrafo, 11ª linha, onde se lê "Pico da Bananeira", leia-se "Pico da Bandeira".

4.10. COLOFÃO

O último elemento do livro, geralmente em página ímpar, após a última página impressa, na qual costumam constar dados como: nome do órgão impressor, do revisor, do diagramador, do capista, lugar e data da impressão ou outras características técnicas e materiais do livro.

ESTRUTURAÇÃO DO ORIGINAL

Seu uso vem desde a época dos manuscritos, passando pelos incunábulos, nos quais, ao final, se registravam o nome do copista, o dos tipógrafos-editores, o local de impressão e a data exata da conclusão da obra.

De fato, o primeiro livro que apresentou colofão foi o *Psalmorum Codex* ou *Saltério de Mogúncia*, impresso por Johann Fust e Peter Schöffer, em Mogúncia, em 14 de agosto de 1457.

Em 1476, o nome do editor, o ano e o local onde o livro havia sido impresso passaram a fazer parte do frontispício. Com a separação das atividades de impressor e editor, o colofão passou a citar apenas o estabelecimento gráfico e a data de publicação da obra.

Hoje, levando em conta que as primeiras páginas devem ser apresentadas da maneira mais limpa possível, recomenda-se adotar o colofão como a página de créditos, na qual se inclui a relação dos profissionais envolvidos na execução da obra, bem como uma descrição completa do material empregado na produção do livro, detalhes de acabamento, tiragem, número de páginas e data de finalização.

Por se tratar de um texto atípico, a redação e a disposição do colofão variam conforme o projeto gráfico do livro e a vontade do editor. Todos os formatos podem resultar adequados, porém é muito comum colocá-lo em forma lapidar, em redondo, itálico, versal ou versalete, conforme o tamanho do colofão e o cuidado a ele dedicado.

Colofão do Psalmorum Codex, impresso por Johann Fust e Peter Schöffer. Datado de 1457, primeiro colofão impresso. O presente livro dos Salmos, adornado com belas letras maiúsculas e corretamente marcado com rubricas, foi assim criado por uma engenhosa invenção de impressão e estampagem sem qualquer traço de cálamo. E para a adoração de Deus foi diligentemente concluído por Johann Fust, cidadão de Magúcia, e Peter Schöffer, de Gernsheim, no ano do Senhor de 1457, na vigília da Festa da Assunção (14 de agosto).

5. ELEMENTOS DE APOIO AO TEXTO

5.1. Citações 5.1.1. Indicação das fontes 5.1.2. Tipos de citações 5.1.3. Marcação das citações 5.1.4. Citação em língua estrangeira 5.1.5. Citação de poesia 5.1.6. Citação da Bíblia 5.1.7. Omissões em citação 5.1.8. Acréscimos em citação 5.1.9. Erros em citação 5.1.10. Itálico em citação 5.1.11 Citação em nota de rodapé 5.2 Notas 5.2.1. Para que servem as notas 5.2.2. Colocação das notas 5.2.3. Chamadas das notas 5.2.4. Sequência das notas 5.2.5 Edição e revisão de notas 5.2.6. Chamadas de notas no texto 5.2.7. Chamadas de notas e pontuação 5.2.8. Grafia das notas de rodapé 5.2.9. Expressões latinas mais utilizadas em notas 5.3. Ilustrações 5.3.1. Fotos 5.4. Quadros e tabelas 5.4.1. Disposição 5.4.2. Tipos de quadros 5.5. Títulos correntes 5.6. Vinhetas 5.7. Remissões

5.1. CITAÇÕES

Palavra, expressão, parágrafo, trecho ou conceito de um autor ou obra, expresso oralmente ou por escrito, na qualidade de exemplo, ilustração ou apoio a uma ideia que está sendo desenvolvida. Os elementos reproduzidos constituem a citação, que assim incorpora a um determinado trecho um texto alheio, obtido de outra fonte, transcrito como índice de autoridade ou em função de seu caráter modelar.

As citações em livros acadêmicos, às vezes em excesso, são um dos itens que merecem atenção especial do preparador de texto.

Para não haver confusão entre o texto principal – do autor – e o da citação – de autoria de outrem, mesmo que de autor coletivo ou desconhecido –, há a absoluta necessidade de se apresentarem, de modo claro, as fontes utilizadas, por meio de sinais gráficos que marquem onde começa e termina o trecho citado. No original, as aspas são os sinais mais recomendados. A ausência dessa indicação constitui, no mínimo, um ato de displicência, podendo até ser considerado crime previsto na Lei do Direito Autoral (plágio ou apropriação indébita).

O autor que insere em seu texto uma citação, seja ela longa ou curta, tem a obrigação de indicar sua fonte (livro, artigo, matéria de jornal etc.), com as informações bibliográficas completas (nome do autor, título da obra, número da edição consultada, local, editora, data de publicação, número da página etc.), a fim de que o leitor, caso tenha interesse no assunto ou queira conferi-la, possa fazê-lo.

Não é da alçada do preparador verificar a veracidade das citações de um determinado texto. Emanuel Araújo afirma que, "do ponto de vista do preparador de originais, não há por que se preocupar com a fidedignidade das citações", e que isso é "um problema do autor, de sua honestidade intelectual, não cabendo ao editor 'proteger' o autor da desmoralização ou do descrédito científico [...]"[1]. Mesmo assim, o preparador de textos jamais deve confiar totalmente na citação e, quando tiver dúvidas, tem de procurar a fonte citada ou, no mínimo, consultar o autor antes de fazer qualquer modificação.

A grafia da citação deve ser a mais apropriada ao tipo de obra representada pelo original: técnico, literário etc. A correção de erros tipográficos e a atualização de ortografia somente devem ser feitas quando o trecho citado for desprovido de valor histórico e desimportante para o objeto de estudo, apresentando apenas valor informativo.

Nos textos poéticos, históricos ou linguísticos, as citações devem corresponder exatamente às fontes, inclusive em seus destaques gráficos, pontuação, erros ortográficos etc.

Ao editor cabe decidir que realce final dar às citações. Os autores costumam mantê-las na língua original, traduzindo-as em notas de rodapé, ou fazem o contrário disso: usam o trecho traduzido no corpo da obra e a versão primeira em pé de página. Se o texto for não literário ou apenas informativo, deve-se traduzir a citação e remeter à fonte. Em textos literários, convém reproduzir, em nota, o texto na língua de origem. Outras correções também são possíveis, sobretudo de acentuação ou de pontuação, quando o editor consegue estabelecer com certeza a forma exata de uma citação. Tais intromissões exigem cuidado, pois o autor do livro pode estar citando o mesmo texto que o editor localizou, mas em edição diferente.

---

1. Emanuel Araújo, *A Construção do Livro*, Rio de Janeiro, Nova Fronteira, 1991, pp. 96 e 97.

ELEMENTOS DE APOIO AO TEXTO

5.1.1. Indicação das fontes

1. Referência em nota de rodapé, principalmente quando se trata de autor mencionado pela primeira vez. Nesse caso, a citação vem sempre com a chamada de nota e sua respectiva informação bibliográfica em nota de rodapé.

> Para realizar uma crítica biográfica, como sabemos, são apontamentos como esses que o biógrafo costuma arrolar, desenvolvendo-os pelo confronto com fatos e documentos de outras ordens, cultural e histórica, para contextualizar o individual e o pessoal mais amplamente. Nessa direção, documentos privados e públicos tornariam possível cumprir razoavelmente bem aquilo que, segundo Virginia Woolf, se constitui no "primeiro dever de um biógrafo, que é caminhar sem olhar para a direita nem para a esquerda, sobre os rastros indeléveis da verdade; sem se deixar seduzir por flores; sem fazer caso da sombra; sempre para diante, metodicamente, até cair em cheio na sepultura, e escrever *finis* na lápide sobre as nossas cabeças"[1].
>
> [...]
>
> Nessas ocasiões, o simples dever de um biógrafo, conclui Virginia Woolf, "é expor os fatos até onde são conhecidos e depois deixar o leitor fazer com eles o que puder"[2].
>
> 1. Virginia Woolf, *Orlando*, Rio de Janeiro, Nova Fronteira, 1978, p. 37.
> 2. *Idem, ibidem.*
>
> (Em João A. Frayze-Pereira, *Arte e Dor: Inquietudes entre Estética e Psicanálise*, Cotia, SP, Ateliê Editorial, 2005, p. 252.)

2. Nome do autor, data de publicação da obra e número de páginas colocados entre parênteses após a citação. Critério utilizado em obras de caráter técnico ou científico.

3. Mencionar entre parênteses e após a citação apenas a página, a numeração ou o título do item citado. Essa forma é utilizada quando a fonte da citação está referida na própria obra, próximo ao trecho entre aspas.

5.1.2. Tipos de citações

- *Direta ou formal.* É a cópia literal ou transcrição exata das palavras do autor citado, no corpo do texto, respeitando-se a grafia, a pontuação, o uso de maiúsculas e o idioma. É usada quando um pensamento significativo foi particularmente bem expresso, ou no caso de ser absolutamente necessário transcrever o trecho.

- *Indireta ou conceitual.* Ocorre quando a reprodução das ideias de um autor é fiel, mas sem a transcrição exata dos termos originais. O "empréstimo" é totalmente incorporado ao texto, dispensando-se o uso de aspas. Deve-se, evidentemente, deixar bem claro que as ideias expostas não são de autoria de quem as cita. Uma citação indireta pode assumir a forma de uma paráfrase (expressão da ideia de outrem com as palavras próprias do autor do trabalho) ou de uma condensação (síntese dos dados extraídos de uma fonte consultada). Considera-se citação indireta, também, a incorporação de um termo, frase ou período traduzidos para outro idioma ou citados de outro livro que não a fonte original. Para deixar bem claro que o autor do texto não verificou esta última, a fim de constatar a veracidade absoluta da citação, usa-se a expressão latina *apud* (referido por, junto a), ficando qualquer erro por conta do autor intermediário.

> Em longo ensaio sobre a página de rosto, Tschichold aconselhava que "uma página de rosto apropriada deve ser composta com a mesma família de tipo usada no livro". Dizia também que somente em poucos casos excepcionais era necessário usar mais de três tamanhos de tipo num livro; ele preferia dois, não usava negrito e compunha os títulos em versal com espaçamento entre letras (Richard Hendel, 2003, p. 53).

Neste trecho, há uma citação direta, marcada pelo uso das aspas, e uma citação indireta, conceitual.

- *Citação de texto oral.* É a citação que não se encontra publicada, mas foi proferida em palestras, conferências, entrevistas, comunicações pessoais etc. O nome do autor deve ser mencionado diretamente no texto, e também a situação na qual sua fala foi expressa.

> Vale reproduzir também a frase de Monteiro Lobato numa de suas últimas entrevistas, concedida à Rádio Record: "o livro que não vende, não é bom" (Hélio Puglia Fernandes e Marilson Alves Gonçalves, 2011, p. 65).

Ao redigir o texto, o autor utiliza-se de pequenas e longas citações. Para indicá-las, recorre ao uso das aspas, recuos à esquerda ou à esquerda e à direita e, às vezes, ainda utiliza o itálico. Os recursos oferecidos pelo computador permitem novas maneiras de indicar as citações, principalmente com a redução do corpo das letras.

Nos casos em que a citação é composta de muitos parágrafos, o autor abre aspas em cada parágrafo, fechando-as apenas no último. Caso haja uma citação dentro de outra citação, recomenda-se o uso de aspas simples para indicá-la.

5.1.3. Marcação das citações

Ao iniciar seu trabalho, o preparador de texto deve procurar saber qual o critério adotado pela editora para realçar as citações. Assim, enquanto revisa o texto, vai também marcando-as conforme o critério estipulado.

ELEMENTOS DE APOIO AO TEXTO

- *Citação pouco extensa*. Para citações pouco extensas (até quatro linhas), o melhor é deixá-las no parágrafo corrido, destacando-as por meio de aspas duplas. O limite de quatro linhas é arbitrário e, em cada caso, deve-se utilizar o bom senso.

  Se a citação curta estiver separada do texto, o preparador deve indicar que ela fique no corpo do parágrafo.

  Nada se sabe ao certo sobre o papel que coube a Vicente Mendes Maciel, pai de Antônio Vicente Mendes Maciel (o Conselheiro), nesta luta deplorável. Os seus contemporâneos pintam-no como

  homem irascível mas de excelente caráter, meio visionário e desconfiado, mas de tanta capacidade que, sendo analfabeto, negociava largamente em fazendas, trazendo tudo perfeitamente contado e medido de memória, sem mesmo ter escrita para os devedores (Euclides da Cunha, 2001, pp. 263-264).

Ficando assim:

  Nada se sabe ao certo sobre o papel que coube a Vicente Mendes Maciel, pai de Antônio Vicente Mendes Maciel (o Conselheiro), nesta luta deplorável. Os seus contemporâneos pintam-no como "homem irascível mas de excelente caráter, meio visionário e desconfiado, mas de tanta capacidade que, sendo analfabeto, negociava largamente em fazendas, trazendo tudo perfeitamente contado e medido de memória, sem mesmo ter escrita para os devedores" (Euclides da Cunha, 2001, pp. 263-264).

- *Citação extensa*. Citação acima de quatro linhas merece parágrafo à parte, separado dos demais por brancos interlineares no início e no fim do bloco. O corpo do trecho citado deve ser diferente com relação ao escolhido para o texto corrido e também para as notas de rodapé. Em geral, ele é reduzido em um ou dois pontos tipográficos em relação ao corpo normal do texto (texto em corpo 12, citação em 10 e nota em 8). No entanto, recomenda-se essa redução, mantendo a mesma medida, sem recuos. Dessa maneira, a mancha tipográfica fica menos quebrada e mais harmônica. Ao adotar esse critério, eliminam-se as aspas duplas e, caso haja aspas simples, elas passarão a ser duplas.

  Cláudio representa no Brasil o trânsito da velha poesia barroca e maneirista para a poesia arcádica ou a nova poesia de "estilo simples", como escreveu no prólogo do seu volume *Obras*, publicado em 1768, onde reuniu o melhor de sua poesia lírica e bucólica. Pudera desculpar-me dizendo que o gênio me fez propender mais para o sublime, mas temendo que ainda neste me condenes o muito uso das metáforas, bastará, para

corpo
citação

X |

te satisfazeres, o lembrar-te que a maior parte destas obras foram compostas ou em Coimbra, ou pouco depois, nos meus primeiros anos, tempo em que Portugal apenas começava a melhorar de gosto nas belas letras. A lição dos gregos, franceses e italianos, sim, me fez conhecer a diferença sensível dos nossos estudos e dos primeiros mestres da poesia| (Luiz Roncari, 1995, p. 227).

Ficando assim:

Cláudio representa no Brasil o trânsito da velha poesia barroca e maneirista para a poesia arcádica ou a nova poesia de "estilo simples", como escreveu no prólogo do seu volume *Obras*, publicado em 1768, onde reuniu o melhor de sua poesia lírica e bucólica:

Pudera desculpar-me dizendo que o gênio me fez propender mais para o sublime, mas temendo que ainda neste me condenes o muito uso das metáforas, bastará, para te satisfazeres, o lembrar-te que a maior parte destas obras foram compostas ou em Coimbra, ou pouco depois, nos meus primeiros anos, tempo em que Portugal apenas começava a melhorar de gosto nas belas letras. A lição dos gregos, franceses e italianos, sim, me fez conhecer a diferença sensível dos nossos estudos e dos primeiros mestres da poesia (Luiz Roncari, 1995, p. 227).

- *Citação e abertura de parágrafo.* Quando a citação é colocada em destaque (separada do texto corrido), pode-se ou não fazer o recuo do parágrafo.

  A abertura de parágrafo tem mais função estética que gramatical. Aconselha-se o emprego de tal procedimento ao menos após as citações, de modo a deixar a página mais harmônica.

- *Espaço entre citações.* Não há necessidade de deixar linhas em branco entre os parágrafos de uma citação contínua. No entanto, tal recurso deve ser utilizado quando os parágrafos da citação forem de fontes diversas e não houver comentários intercalados.

No entanto, há visões discordantes sobre a valorização e desvalorização de professores dos anos iniciais se comparados ao professor da universidade.

Eu acho engraçado que os professores de 1ª a 5ª ganham um salário muito baixo, e os professores de ensino superior, exemplo minha mãe, ganham muito bem. Só que eu acho que deveria ser ao contrário, porque quem tá formando o cidadão são os professores de 1ª a 5ª série, os superiores já estão formados, já têm a cabeça feita, já têm seus valores, já têm seu caráter, então aí tem uma contradição que deveria ser questionada (Breno, escola pública, Curitiba).

[...] aqui no Brasil se investe bem mais no Ensino Médio, Ensino Superior do que no Ensino Fundamental que seria muito mais importante [...]. Além disso, as pessoas valorizam menos que no Ensino Médio, professor de cursinho e ensino superior, apesar de ser na minha visão mais importante o Ensino Fundamental (Fernando, escola particular, Curitiba).

(Bernardete A. Gatti *et al.*, 2010, p. 189)

Parágrafos de uma mesma fonte, mas de momentos diferentes do texto citado (isto é, que não aparecem em sequência no texto original), são separados por um sinal de reticências entre colchetes – [...] –, colocado no início da linha que divide os dois parágrafos.

Menos hesitante foi Juno, ao ver os barcos troianos se aproximarem da Itália. No entanto, ela também pediu ajuda (livro I, pp. 48 e ss.):

– Eu, diz consigo, desistir vencida!

Nem vedar posso a Itália ao rei dos Teucros!

[...]

E eu, que rainha marcho ante as deidades,

Mulher e irmã de Jove, tantos anos

Guerreio um povo! E a Juno a quem adore,

Ou súplice inda a incense, a invoque e honre?

(Rodrigues, 2005, p. 18)

5.1.4. Citação em língua estrangeira

A questão de deixar ou não a citação em outro idioma também depende da especificidade do livro editado ou do grau de complexidade da língua de origem. A não tradução é possível quando se tratar de obras de caráter estritamente literário, poético ou linguístico.

Em casos nos quais a tradução for necessária, deve-se inseri-la logo após a citação ou em nota de rodapé. Se a citação for em língua que adote caracteres de difícil obtenção (japonês, grego, hebraico, russo etc.), pode-se empregar o recurso da transliteração (grafia) ou da transcrição (fonética) para a língua do texto, a mais próxima possível, usando caracteres do alfabeto latino, desde que o editor tenha conhecimento suficiente para isso ou saiba onde e com quem obtê-lo.

Não é necessário o uso do itálico em citação longa em língua estrangeira, pois sobrecarrega o trecho, já realçado por aspas, pela redução do corpo ou pelo emprego de recuos. Nas citações em latim, entretanto, utiliza-se o itálico, sem aspas.

5.1.5. Citação de poesia

As citações de poesia devem seguir rigorosamente a mesma disposição, apresentação e, às vezes, até a mesma tipografia adotada pelo autor. Convém ainda respeitar a pontuação (ou sua ausência), bem como a grafia exata, independentemente de critérios de correção.

No caso de citação de poemas, ao contrário da citação de texto corrido, mesmo uma única linha (um verso) pode ficar em destaque.

Já na citação de mais de uma estrofe, de uma estrofe seguida de sua tradução ou de um poema inteiro, deixa-se um espaço entre os versos originais e sua tradução. Pode-se, nesse caso, usar como critério deixar os versos originais em itálico e a tradução em redondo.

> [...] Petrarca (como alguém que não ultrapassava o mundo celeste) fez o soneto que começa assim:
>
> *Quando il pianetta che distingue l'ore*
> *Ad albergar col Tauro si ritorna,*
>
> [Quando o planeta que diferencia as horas
> volta a hospedar-se com Touro,]
>
> onde diz:
>
> *Cade virtù da le celesti corna*
> *Che veste il mondo di novel colore,*
>
> [desce dos chifres em chamas a virtude
> que veste o mundo de novas cores,]
>
> [Trad. Milton José de Almeida]
> (*apud* Giulio Camillo, 1552, *apud* Almeida, 2005, p. 275)

A disposição do poema na página impressa pode ser centralizada pelo verso maior e o restante em função deste, ou alinhada pelo parágrafo do texto corrido, o que evita muitas quebras nos versos; entre as duas, esta última opção é preferível, uma vez que no primeiro caso a posição dos versos irá variar de acordo com o comprimento deles.

Quando o verso maior não couber na mancha, pode-se dividi-lo de modo a torná-lo gráfica e "gramaticalmente" melhor, levando-se em consideração o fato de que a parte mais para baixo deverá ser bem menor, alinhar-se à direita com a primeira parte do verso e ter à esquerda um colchete à sua frente, o chamado "quebra-verso". No entanto, tal recurso precisa ser evitado quando possível.

As citações de versos podem aparecer ainda das seguintes formas:

- *Dentro do parágrafo*, em texto corrido (em sequência). Deve-se respeitar a métrica original dos versos, assinalando com barra oblíqua (/) o final de cada verso e com barras duplas (//) a separação das estrofes. Colocam-se as barras após a pontuação, mantendo-se um espaço normal tanto antes quanto depois delas. Em ambos os casos, a citação deve ser iniciada e finalizada por aspas.

    Em outras palavras, *Pra Esquecer* tem por finalidade a consolidação da ruptura espacial entre sujeito e objeto, que, de sua parte, tem por condição a continuidade do vínculo temporal – a distância – entre os mesmos actantes. Em razão da ausência física da maloca (e de tudo de bom que ela representava), o sujeito refaz sua relação com o objeto, estabelecendo a conjunção num plano nostálgico, no qual recupera subjetivamente aquilo que está fora do seu alcance material: "Saudosa maloca / Maloca querida / Din-din-donde nóis passemos / Os dias feliz de nossa vida" (Luiz Tatit, 2008, p. 39).

- *Em parágrafo separado*. Aqui os versos devem ser compostos em corpo menor, o mesmo das citações em prosa (um ou dois pontos abaixo do corpo do texto), sem aspas, em tipo redondo, e alinhados pelas aberturas dos demais parágrafos.

    Em *Agora Falando Sério*, por exemplo, o poeta declara querer fazer

    Um silêncio tão doente
    Do vizinho reclamar
    E chamar polícia e médico
    E o síndico do meu tédio

    (Adélia B. de Meneses, 2002, p. 198)

- *Com omissão de um ou mais versos*. Em obras mais antigas, os versos omitidos são substituídos por uma linha de pontos com o mesmo tamanho do verso mais longo do poema. Os pontos devem ter espaço entre si. Caso a omissão ocorra quando a citação estiver inserida no texto, ou mesmo em destaque, é indicada com […].

    Sente-se que [Francisco Bernardino, em *Epístola*] invoca os estrangeiros como exemplos dessa atitude criadora; não como modelos a repetir.

ESTRUTURAÇÃO DO ORIGINAL

Imita o Anglo excelso, o Galo astuto
. . . .
Na lira entoa não ouvidas vozes,
Sublime inspiração do estro divino.
Ou se o mundo real, tudo que existe,
Te não desperta a mente, inflama o espírito,
Da longa fantasia os campos ara.
. . . .
Aí tens o belo, o encantador Ovídio,
Que te dirija os passos, aí tens o Ariosto,
Byron, Sterne, Garret, honra dos lusos.
(Antonio Candido, 1975, vol. 2, p. 329)

A Banda é o próprio cortejo dionisíaco, cuja passagem altera não só o mundo humano, mas transfigura toda a natureza, convocando-a:

A rosa triste que vivia fechada, se abriu
[...]
A lua cheia que vivia escondida, surgiu
(Adélia B. de Meneses, 2002, p. 52)

- *Em língua estrangeira*. Nesse caso, compõem-se os versos segundo os mesmos critérios da citação em português, devendo a tradução vir em rodapé ou, conforme decisão do diagramador, os versos originais são apresentados em itálico, e a tradução logo abaixo em tipo redondo. Se os versos estiverem numerados, os algarismos devem ser postos à esquerda.

Na composição de versos, em geral, não se admite a separação de quadras para a página seguinte. Cabe ao diagramador e ao revisor estarem atentos a esse critério. Em estrofes maiores, no entanto, a quebra é tolerada.

5.1.6. Citação da Bíblia

Por ser bastante comum em muitos textos, merece instruções especiais. A fonte citada é indicada pelo título do livro da Bíblia, transcrito sem itálico ou aspas, e pelo número do capítulo e do versículo em algarismos arábicos, sem espaço fino entre eles, que, no entanto, encontram-se separados por dois-pontos; a vírgula separa versículo de versículo, não seguidos; o hífen indica sequência de capítulos ou versículos; e o ponto e vírgula separa capítulos ou livros.

Três dias depois, soube Labão da fuga de Jacó. E, tomando consigo seus irmãos, perseguiu-o durante sete dias de marcha, e alcançou-o na montanha de Galaad. Deus, porém, apareceu num sonho noturno a Labão, o arameu, e disse-lhe: "Guarda-te de dizer algo a Jacó". Labão alcançou, pois, Jacó (Gênesis, 31:22-28).

Antes de julgar, procura ser justo; antes de falar, aprende.
[...]
Não te deixes levar por tuas más inclinações, e refreia os teus apetites.
[...]
O coração dos insensatos está na boca, a boca dos sábios está no coração.
Quando o ímpio amaldiçoa o adversário, amaldiçoa-se a si mesmo.
(Eclesiástico 18:19,30; 21:29-30)

5.1.7. Omissões em citação

São termos ou passagens que, do ponto de vista de quem está citando, podem ser omitidos de uma citação por não alterarem o sentido do texto. As omissões devem ser evitadas sempre que possível. Caso sejam inevitáveis, são indicadas por meio do sinal de reticências entre colchetes – [...]. Quando se tratar de um longo trecho omitido, recomenda-se abrir nova citação antecedida de expressões como: "E, mais adiante, o autor afirma", ou algo semelhante.

– Nonada. Tiros que o senhor ouviu foram de briga de homem não, Deus esteja. Alvejei mira em árvore, no quintal, no baixo do córrego. [...] Daí, vieram me chamar. Causa dum bezerro: um bezerro branco, erroso, os olhos de nem ser [...]. Cara de gente, cara de cão: determinaram – era o demo (João Guimarães Rosa, *Grande Sertão: Veredas*, Rio de Janeiro, José Olympio, 1976, p. 9).

5.1.8. Acréscimos em citação

Devem ser evitados. Quando ocorrerem, convém transcrevê-los entre colchetes.

O essencial é que apenas evocam, pois que as dimensões do real inviabilizam a recuperação daquele reino. Como bem afirma o escritor Manuel Rui:

[...] a partir do momento em que eu o [o texto oral] transferir para o espaço da folha branca, ele quase morre. Não tem árvores. Não tem ritual. Não tem crianças sentadas segundo o quadro comunitário estabelecido. Não tem som. Não tem dança. Não tem braços. Não tem olhos. Não tem bocas. O texto são bocas negras na escrita, quase redundam num mutismo sobre a folha branca (Rita Chaves, 2003, p. 79).

5.1.9. Erros em citação

Constatado um erro em determinado texto citado, e para deixar bem claro que tal deslize se deve ao autor do trecho transcrito, e não ao autor do trabalho no qual a citação se insere, usa-se a expressão latina *sic* (assim) entre colchetes e em itálico – [*sic*]. Outras intervenções (sinais de exclamação ou interrogação entre colchetes) servem para exprimir dúvida ou descrédito diante do conteúdo citado.

5.1.10. Itálico em citação

Pode-se grifar um termo ou termos num trecho que está sendo citado, a fim de se ressaltarem conceitos ou ideias que interessem, do ponto de vista argumentativo, especialmente ao autor do trabalho em que a citação se insere. Nesse caso, é necessário indicar logo em seguida, no final da citação, no corpo do texto ou remetendo ao rodapé, que o grifo não é do original citado, mediante o uso de expressões como: (grifo nosso) ou (sem grifo no original), em redondo e entre parênteses.

> "Tenha em mente a necessidade de evitar os erros de francês *e escrever num vernáculo correto e claro*" (grifo nosso).

5.1.11. Citação em nota de rodapé

Quando incluída em nota de rodapé, a citação deve vir sempre entre aspas, na falta de outros indicadores gráficos (espaçamento, mudança de corpo), independentemente de sua extensão.

4. "Mas, ao mesmo tempo, considera-se esta diversidade na estruturação dos significados precisamente como o problema fundamental da teoria da tradução ou como a principal dificuldade do traduzir, pergunta-se como se traduz 'para o francês' ou 'para o alemão' esta ou aquela palavra isolada e se continua a falar de 'palavras intraduzíveis', como al. *gemütlich* (agradável), *Leistung* (obra, resultado, poder, potência), *Sehnsucht* (saudade), *gönnen* (não invejar), port. saudade, rom. dor (nostalgia)" (cf. Eugenio Coseriu, "O Certo e o Errado na Teoria da Tradução", *O Homem e sua Linguagem*, p. 157).

5.2. NOTAS

Quaisquer observações ou esclarecimentos acrescentados a um texto são considerados notas. Podem ser bibliográficas apenas, quando se limitam a remeter a um autor, a uma obra ou a ambos, ou ter um conteúdo conceitual, ampliando ou discutindo pontos do discurso.

Toda nota deve corresponder a uma chamada e vice-versa. A chamada deve ser colocada no lugar adequado do texto corrido, ou seja, onde se quer dar a fonte ou esclarecer algo. Essa chamada, seguida da informação que se deseja apresentar, é repetida no local adequado, ou seja, no rodapé, quando se utilizam notas de rodapé; ou, no caso de notas que acompanham as chamadas nas laterais da própria página, na margem direita ou esquerda; ou no final do capítulo, da seção ou da parte; ou ainda no final do livro.

No original, é aconselhável que as notas venham agrupadas no final dos capítulos, ou mesmo do livro, facilitando dessa forma sua padronização. Na prova, porém, deverão estar no rodapé, a fim de serem revistas à medida que as chamadas apareçam no texto; dessa maneira, confirma-se, de fato, se a remissiva corresponde à nota, e vice-versa.

As notas são destacadas da mancha normal do texto e, quando estão no rodapé, costumam ser separadas do texto por uma linha em branco, podendo ou não haver um fio, que, todavia, não deve ocupar toda a extensão da mancha. A composição é feita em tipo pelo menos um ou dois pontos menor em relação ao escolhido para o texto das citações.

Onde colocar as notas ao longo do livro (no rodapé, no final do capítulo ou do livro) é decisão que compete ao editor, dependendo da quantidade de notas existentes, de sua importância e de sua extensão. A melhor maneira é colocar todas as notas no rodapé, separadas por um espaço branco, sem o fio.

As notas são, em geral, colocadas uma debaixo da outra sem espaço entre si. No entanto, caso seja necessário – principalmente quando são numerosas e curtas –, com intuito de evitar muitas quebras na mancha gráfica, podem apresentar-se seguidas, na mesma linha, e, nesse caso, sua numeração pode ter um realce gráfico.

1. *cornos:* trombetas. **2.** *deputam:* enviam em missão. **3.** *se inculcava:* se mostrava, se insinuava. **4** (14-16). Diomedes percebia mais claramente que o Rei Turno ou o Rei Latino qual o fim dessa empresa (*Ao que tenda*) e o que Eneias esperava alcançar com esta guerra (*e o que resulte*), se a fortuna o secundasse. **5.** *artesões:* adornos de figuras quadradas ou pentágonas que são colocadas nos tetos e abóbadas (arquit.). (Virgílio, 2005, p. 185).

5.2.1. Para que servem as notas

Segundo Umberto Eco (*Como se Faz uma Tese*, pp. 176-177), esses instrumentos de erudição servem aos seguintes fins:

- *Indicar as fontes das citações.* A ideia é evitar que a apreensão do conteúdo da página torne-se difícil em decorrência da inclusão de indicações bibliográficas. Existem, no entanto, vários sistemas para abreviar essas indicações. Mesmo assim, elas interrompem a leitura de modo desagradável.

- *Acrescentar ao assunto discutido no texto outras indicações bibliográficas de reforço.* "Ver também, a esse respeito, a obra tal", ou "Consultar tal autor".
- *Ampliar as afirmações que se fizeram no texto.* São chamadas "notas de conteúdo", geralmente mais extensas, nas quais o autor não cita outro texto, mas discute ou amplia seus pontos de vista, faz comentários incidentais, apresenta discussões técnicas, corolários ou afirmações adicionais, que não interferem decisivamente na intelecção do texto. Tais notas representam, na prática, a fragmentação de um texto único, dividido em partes essenciais e acessórias.
- *Corrigir as afirmações do texto.* O autor está seguro do que afirma, mas, prevendo eventuais objeções dos leitores, ou mesmo preocupado com possíveis equívocos na decifração de seus pontos de vista, insere uma nota defendendo-se de antemão das críticas ou revendo parcialmente seus pontos de vista, a fim de demonstrar lealdade científica ou generosidade diante dos interlocutores.
- *Fornecer tradução ou versão original.* Termos ou períodos citados no idioma original podem ser traduzidos em nota, a fim de poupar tempo aos leitores, e, da mesma maneira, termos ou períodos citados em tradução podem ter sua versão original apresentada em nota, a fim de que o leitor se convença da veracidade da citação.
- *Agradecimentos.* Umberto Eco chama tal gesto de "pagar as dívidas". O autor se vale de uma nota para assinalar estímulos, conversações privadas ou leituras tais que não interferiram diretamente no conteúdo do texto, mas serviram de base para lhe dar pistas ou reflexões. Nesse tipo de nota, também se incluem agradecimentos pelo acesso a bibliotecas, empréstimos de livros, cessão de materiais, conselhos etc. Trata-se de uma expressão de gratidão.

Eco acrescenta ainda que, seja qual for o tipo de nota empregado num livro, ela não deve ser excessivamente longa, do contrário não será uma *nota*, mas um *apêndice*, e, portanto, deve aparecer numerado no final da obra. Recomenda ainda um critério de coerência: ou todas as notas aparecem no rodapé das páginas, ou vão para o fim do capítulo ou do livro. Como já foi dito, tudo depende da quantidade e da extensão das notas e do modo como elas interferem no projeto gráfico.

5.2.2. Colocação das notas

- *No rodapé.* No original, somente para facilitar o trabalho de produção, é melhor que as notas não estejam no rodapé, devendo o autor colocá-las em folha(s) separada(s), após o final do capítulo ou da obra, numeradas sequencialmente por capítulo, em números arábicos (a partir de 1), num corpo e entrelinhamento iguais aos do restante do texto.

> 5. Agamêmnon, rei de Mecenas, irmão de Menelau, comanda a expedição dos aqueus contra Troia, para vingar o rapto de Helena. Leva sempre a imagem do poderoso, ciente de seu poder.
>
> 6. Aquiles, ver nota 5 do Diálogo V.
>
> 7. Idomeneu, rei de Creta, filho de Deucalion e neto de Minos; um dos pretendentes de Helena, participou da guerra de Troia. Foi um dos nove que se ofereceram para enfrentar Heitor em combate singular. Destacou-se na defesa dos navios quando do avanço dos troianos.
>
> (Luciano de Samósata, *Diálogos dos Mortos*, org. e notas Henrique G. Muracho, São Paulo, Palas Athena/Edusp, 1999, p. 76.)

Já no texto composto, as notas quase sempre estão num corpo cerca de dois a três pontos menor em relação ao corpo do texto e um ou dois pontos abaixo do corpo das citações. Isso deve ser marcado pelo preparador.

Por oferecer maior legibilidade, o rodapé da página em que aparecem é o melhor lugar para colocar as notas. Conforme o tipo de livro, elas podem ser apresentadas em outros espaços, longe das vistas do leitor: por exemplo, no final do capítulo, da parte ou da obra; nesse caso, devem ser dispostas uma após a outra, formando um texto corrido em corpo menor. Esse procedimento pode facilitar a paginação, mas não a consulta por parte do leitor.

A diagramação de parágrafo a ser adotada nas notas é determinada pelo projeto gráfico. Pode ser o parágrafo com recuo ou o francês. Este último, entretanto, permite melhor legibilidade.

As notas de rodapé podem ser separadas do texto tanto por um fio ou filete como por uma linha em branco, com o mesmo corpo do texto. A utilização deste último recurso é a mais indicada, uma vez que a diferença entre o corpo do texto e o da nota já é suficiente para fazer a distinção entre um e outro, não havendo a necessidade de se empregarem fios.

- *Marginal ou lateral.* Diferenciam-se das restantes apenas por sua colocação, pois as chamadas e a maneira de serem adotadas são iguais. Devem ficar o mais próximo possível de suas respectivas remissivas, mantendo-se um branco fixo entre o texto e o alinhamento da nota.

- *Extensão das notas.* A extensão das notas, sejam de rodapé ou laterais, acarreta uma dificuldade específica para a composição tipográfica. Às vezes, o texto de uma nota não cabe na página na qual foi iniciado, devendo "invadir" a página seguinte. Esta, por sua vez, pode conter novas notas. Isso traz um acúmulo de informação visual que convém evitar; assim, o *designer* deve verificar todas as notas antes de decidir qual diagramação e sistema adotar.

As emendas que aumentam ou diminuem o texto de uma página (por exemplo, com acréscimo ou eliminação de uma linha) podem interferir também nas notas de rodapé. É por esse motivo que, em obras com notas abundantes, estas são agrupadas no final de cada capítulo ou do livro, sobretudo se trouxerem informações complementares, prescindíveis para a compreensão imediata do texto.

As notas, quer as colocadas no rodapé quer as agrupadas à parte, estão indissoluvelmente ligadas à sua chamada, isto é, ao sistema de remissões que assinala o local do texto principal no qual o autor julgou necessário um comentário ou esclarecimento. O critério que permite ao leitor associar a chamada à nota correspondente deve ser absolutamente inequívoco, sem dar margem a dúvidas capazes de invalidar a existência da própria nota.

A seguir, examinam-se alguns aspectos relacionados às notas: os diversos sistemas de chamadas empregados na indústria editorial, os usos possíveis das notas – isto é, para que servem – e as expressões latinas comumente encontradas nesse tipo de paratexto.

5.2.3. Chamadas das notas

Vários sinais gráficos podem ser utilizados para assinalar as chamadas, isto é, os momentos nos quais o leitor (se assim o desejar) deve abandonar a leitura do texto e consultar a nota. Estes são os seguintes:

- *Números arábicos.* Por serem sucintos e de fácil identificação, é o modo mais comum de chamada. Devem ser inseridos acima (sobrescrito) da letra final do termo ou expressão que suscitou a nota, sem parênteses, num corpo bem menor do que o do texto (aaa[12]).
- *Asteriscos.* Devem ser apresentados acima (sobrescrito) da letra final de palavras ou expressões, sem parênteses, assinalando-se um, dois ou mais asteriscos, conforme a quantidade de chamadas desse tipo já existentes na

página. Quando há necessidade de muitos asteriscos numa mesma página, é conveniente substituí-los por letras em caixa-baixa.

- *Letras.* São utilizadas quando há vários tipos de chamadas, devido a diferentes intervenções feitas no texto pelo tradutor, editor crítico, revisor etc.
- *Signos.* A adaga (†), a dupla adaga (‡), as barras duplas (||), a positura (⸓), as caldeiras (∩∪), o parágrafo (¶). São raramente usados, mas podem ser necessários quando se quer assinalar vários tipos de nota, isto é, que servem para diversos fins. Nas obras anglo-saxônicas, é comum as chamadas serem feitas com signos.

A pluralidade desses sinais gráficos explica-se pelo fato de que, às vezes, o autor ou editor deseja combinar diferentes informações para o esclarecimento de um texto. Por exemplo, traduções de termos estrangeiros podem ser chamadas por meio de asteriscos, enquanto notas explicativas ou bibliográficas são associadas aos números arábicos. Outra possibilidade: os asteriscos marcam intromissões do editor ou do tradutor – geralmente indicadas por (N. do E.) ou (N. do T.) –, enquanto os números arábicos podem assinalar os comentários ou referências do próprio autor do livro.

As combinações são inúmeras. Mas, a não ser em livros extremamente técnicos ou complexos, devem ser evitadas, pois exigem demais do leitor, que não apenas tem de interromper sua leitura para consultar a nota, como ainda cabe-lhe decifrar qual tipo de nota é aquela. O mais seguro é contentar-se com os algarismos arábicos, de uso universal (embora os asteriscos também sejam frequentes) para notas de qualquer tipo, sejam as de rodapé ou as de final de capítulo, sejam as meras indicações bibliográficas.

5.2.4. Sequência das notas

Outra dificuldade no emprego das chamadas é a sua sequência, isto é, sua progressão: [1], [2], [3], [4] etc. Quando há poucas notas de rodapé num livro, o critério mais eficaz seria reiniciar a contagem a cada página: por exemplo, a nota [1] na página 15 é seguida pela nota [1] na página 16, que é seguida pelas notas [1] e [2] na página 18. Muitas notas de rodapé no mesmo livro tornam esse tipo de apresentação mais difícil, pois, quando há "estouro" (situação em que determinadas linhas de uma página têm de passar para a página seguinte), a contagem deve ser inteiramente alterada. O critério mais seguro, então, é a contagem corrida: nota [1] na página 15, nota [2] na página 16, notas [3] e [4] na página 18. Tanto para as notas apresentadas no rodapé como para as colocadas no final de um capítulo ou do livro, o melhor sistema é o da numeração corrida. No entanto, essa contagem deve ser "zerada" (reiniciada) a cada capítulo, a fim de se evitarem números de chamada muito altos, superiores a cem, por exemplo, o que graficamente começa a criar problemas de ordem estética.

5.2.5. Edição e revisão de notas

A edição e revisão das notas deve ser cuidadosa, pois é aí que se aninham as "gralhas" ou "pastéis" (isto é, erros de revisão) mais persistentes. Composta em corpo menor do que o do texto e com um valor de informação secundário ou paralelo, a nota convida à desatenção do editor ou do revisor, o que dá margem a erros de ortografia, acentuação (sobretudo de palavras estrangeiras ou em títulos de livros), assim como erros de critério (uso do itálico, de caixa-baixa ou caixa-alta e baixa, das aspas etc.) que não escapariam na edição ou revisão do texto normal.

A melhor maneira de apresentar e editar chamadas e notas deve ser decidida não somente em função de sua quantidade, mas também de sua extensão. Notas que trazem apenas uma expressão latina seguida de número de página não apresentam grandes problemas para o editor ou o revisor. Notas ou indicações do tipo "Em francês no original (N. do E.)" tampouco incomodam. O problema são as notas extensas, repletas de citações, aspas, destaques, títulos de obras, artigos etc. O revisor deve abordá-las com uma sensação de alerta: "Perigo!"

Quando as notas forem do tradutor, do organizador, do editor ou do revisor, esse dado deve constar entre parênteses, ao final de cada uma delas, na forma abreviada: (N. do T.), (N. do O.), (N. do E.), (N. do R.); e não no início, como normalmente ocorre nos jornais com as Notas de Redação. As notas do autor não devem apresentar nenhuma indicação. É exatamente isso que as caracterizará como tal.

5.2.6. Chamadas de notas no texto

Os originais podem vir com indicações de chamada como a^2, $a^{(2)}$, $a^{(2)}$, a^2), $a^{2)}$, $a(2)$. Na medida em que os parênteses não oferecem vantagem ou informação alguma, optamos pela maneira mais limpa e legível, em que as chamadas devem ser indicadas com números arábicos, sequencialmente, por capítulo e não por página, grafadas sempre em redondo – mesmo que o texto esteja grifado – e com os números elevados, em corpo pequeno, sem parênteses e bem junto às palavras a que estão ligadas.

5.2.7. Chamadas de notas e pontuação

As chamadas das notas são colocadas antes de vírgula, ponto e vírgula, dois-pontos e ponto-final. Quanto a pontos de interrogação, exclamação e reticências, a remissiva deve vir depois.

CHAMADA COLOCADA	
Antes da pontuação	Depois da pontuação
Nonono[1],	Nonono?[5]
Nonono[2];	Nonono![6]
Nonono[3]:	Nonono...[7]
Nonono[4].	

No caso de a chamada vir acompanhada de aspas e de algum outro sinal de pontuação, ela deve vir depois das primeiras e antes do segundo:

a"[1],
a"[2];
a"[3].

Já a colocação da chamada depois de aspas e de sinais de pontuação, tais como reticências, ponto de exclamação e ponto de interrogação referentes ao discurso do autor, é uma opção mais estética do que lógica, pois outra disposição ficará muito estranha quando o número da chamada possuir mais de dois algarismos.

COLOCAÇÃO DE NOTAS EM CASO DE ASPAS SEGUIDAS DE PONTO DE INTERROGAÇÃO, PONTO DE EXCLAMAÇÃO OU RETICÊNCIAS	
Melhor opção	Colocação "estranha" (antiestética)
a..."[35]	a"[35]...
a!"[370]	a"[370]!
a?"[227]	a"[227]?

Esse mesmo sistema deve ser empregado quando a chamada for representada por letras, asteriscos ou qualquer outro signo.

5.2.8. Grafia das notas de rodapé

Os dados das notas de rodapé são os mesmos e com a mesma ordem utilizada na bibliografia, com algumas diferenças em sua tipografia e pontuação. Nas notas de rodapé, o nome do autor começa pelo primeiro nome, seguido dos sobrenomes em caixa-alta e baixa (cAb) em redondo, enquanto na bibliografia a entrada é feita pelo sobrenome em caixa-alta (cA) ou versal ou em versal-versalete (Vv). Nas notas, a separação entre os elementos é feita por vírgulas, enquanto na bibliografia utiliza-se um misto de ponto-final, vírgula e, em alguns casos, dois-pontos.

A seguir, analisam-se os vários critérios adotados para as notas bibliográficas de rodapé:

1.	Northrop Frye,	*Anatomy of Criticism*,	2. ed.,	Princeton,	Princeton University Press,	1957,	p. 52.
a	*b*	*c*	*d*	*e*	*f*	*g*	*h*

a. Número da nota, sem parênteses, no mesmo nível do texto e seguido de ponto-final e "espaço".

b. Nome e sobrenome do autor, em cAb, em redondo e seguido de vírgula.

c. Título da obra em cAb, exceto artigos, preposições, conjunções e partículas, em itálico e seguido de vírgula.

d. Número da edição, seguido de ponto-final mais "espaço", a abreviatura ed. e vírgula.

e. Cidade, seguida de vírgula.

f. Nome da firma ou entidade editora, seguido de vírgula.

g. Data (ano da publicação), seguida de vírgula.

h. Página(s) abreviada(s), p. ou pp. mais "espaço", mais o(s) número(s) com todos os algarismos, seguido(s) de ponto-final.

Quando há mais de uma página citada, usa-se o hífen para indicar a sequência. Por exemplo: pp. 120-128 ou pp. 120-28. Deve-se evitar a última forma.

As notas bibliográficas podem ser apresentadas no rodapé, no próprio texto ou em um sistema misto, nota de rodapé e/ou bibliografia.

- *Em nota de rodapé.* Por meio de chamada no próprio texto e com a respectiva nota de rodapé. Se o livro cujo original está sendo preparado não apresentar bibliografia, ou se a obra citada não estiver na bibliografia do original, deve-se dar a referência bibliográfica completa.

1. André Breton, *Manifestos do Surrealismo*, São Paulo, Brasiliense, 1985, p. 98.

Se a obra cujo original está sendo preparado é acompanhada por bibliografia, a referência bibliográfica na nota não precisa ser completa. Ela pode apresentar as seguintes formas:

a. Autor + Obra + p. Se houver mais de uma obra citada de André Breton

1. André Breton, *Manifestos do Surrealismo*, p. 98.

b. Autor + p. Se esta for a única obra citada do autor

1. André Breton, p. 98.

c. Obra + p. Se o autor for mencionado no corpo do texto.

1. *Manifestos do Surrealismo*, p. 98.

- *No próprio texto.* Se a referência ocorre no texto, indica-se a fonte abreviada entre parênteses e, na bibliografia, no final do livro, de forma completa.

Autor (data: nº p.) ou (autor, data, p.).
Breton (1985: 98) ou (Breton, 1985, p. 98).

Esse tipo de notação é adotado em obras científicas com o sobrenome do autor em versal. Não se recomenda essa grafia, pois é preferível manter o nome em caixa-alta e baixa.

A referência também pode ser feita apenas no texto, de forma completa. Essa opção deve ser utilizada em textos curtos e com poucas citações.

"Tudo indica a existência de um certo ponto do espírito, onde vida e morte, real e imaginário, passado e futuro, o comunicável e o incomunicável, o alto e o baixo, cessam de ser percebidos como contraditórios. Ora, em vão se procuraria na atividade surrealista outro móvel que não a esperança de determinar esse ponto" (André Breton, *Manifestos do Surrealismo*, São Paulo, Brasiliense, 1985, p. 98).

- *Por sistema misto.* Pode-se ainda utilizar um sistema misto, com chamadas de nota no texto e notas de rodapé explicativas, apresentando-se os dados bibliográficos completos na bibliografia final.

Esse sistema de referência é bastante utilizado em edições críticas e eruditas, nas quais as notas, em geral muito extensas, aparecem em grande quantidade, e exige-se documentação precisa e rigorosa.

- *Repetição de notas.* Quando os dados da nota seguinte se diferenciam dos citados na nota anterior unicamente pelo número de página, utiliza-se *idem* ("o mesmo"). Deve-se evitar a forma abreviada: *Id.*

1. Northrop Frye, *Anatomy of Criticism*, 2. ed., Princeton, Princeton University Press, 1957, p. 52.

2. *Idem*, pp. 120-128.

ESTRUTURAÇÃO DO ORIGINAL

Quando a referência for igual à anterior no que diz respeito ao autor, à obra e à página, utiliza-se *idem, ibidem* ("o mesmo", no "mesmo lugar"), por extenso e não a forma abreviada *Id., ib.*, pois tal redução, além de proporcionar uma limitada economia de caracteres, traz dificuldades para o leitor.

1. Northrop Frye, *Anatomy of Criticism*, 2. ed., Princeton, Princeton University Press, 1957, p. 52.

2. *Idem*, pp. 120-122.

3. *Idem, ibidem*.

Caso o mesmo autor e obra sejam citados mais adiante no texto, após outras notas de outros autores, convém repetir o nome do autor e acrescentar *op. cit.* (*opus citatum*, "obra citada"), seguido do(s) número(s) da(s) página(s):

1. Northrop Frye, *op. cit.*, pp. 60-65.

Se houver mais de uma obra citada do mesmo autor, o melhor é evitar o uso do *op. cit.* e optar por inserir o nome do livro específico a que se está referindo. É importante observar a diferença quanto à colocação do nome do autor e à pontuação em notas e na bibliografia.

Em nota, ou citação no corpo do texto, recomenda-se o uso, sem inversão de nome e sobrenome, em caixa-alta e baixa, separados por vírgula do restante.

1. Northrop Frye, *Anatomy of Criticism*, 2. ed., Princeton, Princeton University Press, 1957, p. 52.

Na bibliografia, usa-se, mediante inversão, a sequência sobrenome, em versal-versalete, e nome, separados por ponto do restante da referência.

FRYE, Northrop. *Anatomy of Criticism*. 2. ed. Princeton, Princeton University Press, 1957.

5.2.9. Expressões latinas mais utilizadas em notas

Em notas, utilizam-se determinadas expressões latinas para facilitar a indicação da fonte que está sendo citada. Essas expressões podem ser abreviadas para se ganhar espaço, porém tal procedimento não é recomendável.

- *apud* (junto a, segundo, conforme, de acordo, citado por): expressão usada quando a referência não foi consultada na fonte original, sendo citada, portanto, de segunda mão. Por exemplo, Nietzsche fez menção a um trecho da obra de certo autor que se reproduz no trabalho em questão, sem que tenha sido verificada a veracidade da informação.

5. "Muitos hão de passar, mas a ciência crescerá" (Dan. 12:4). *Apud* Speiser, *Einleitung*, p. 957.

ELEMENTOS DE APOIO AO TEXTO

- *et alii* (e outros): usada quase sempre na forma abreviada *et al.*

  J. Guinsburg *et al., O Romantismo*, p. 27

- *et seqs.* (e seguintes): usada quando a citação se refere às páginas seguintes.

  4. Ver Friedrich Nietzsche, *Para Além do Bem e do Mal*, pp. 122-123 *et seqs.*

- *idem* (o mesmo): num mesmo texto, a mesma fonte pode repetir-se várias vezes.

  1. Friedrich Nietzsche, *Para Além do Bem e do Mal*, p. 152.
  2. *Idem*, p. 197.

- *ibidem* (no mesmo lugar): essa expressão pode conjugar-se com *idem* para assinalar que todas as informações da nota anterior (autor, obra, cidade, editora, página) são as mesmas da nota em questão.

  3. *Idem, ibidem.*

- *in* (em): é utilizada em citação de artigo de obra coletiva, anais, atas etc. Em notas, é preferível usar o *em*, deixando o *in* para as referências bibliográficas e bibliografias.

  25. Alfredo Bosi, "Cultura Brasileira", em D. Trigueiro Mendes (org.), *Filosofia de Educação Brasileira*, Rio de Janeiro, Civilização Brasileira, 1983.

- *loc. cit.* (*locus citatus*: local citado): pouco usual atualmente, é muitas vezes substituída por *ibidem*.

- *op. cit.* (*opus citatum:* obra citada): como as expressões *idem* e *ibidem* podem causar alguma dúvida, quando houver a repetição do mesmo autor e obra, mais à frente no texto, após outras notas de outros autores, é melhor usar *op. cit.*

  1. Friedrich Nietzsche, *Para Além do Bem e do Mal*, p. 152.
  2. Immanuel Kant, *Crítica da Razão Pura*, p. 48.
  3. Friedrich Nietzsche, *op. cit.*, p. 135.

- *passim* (aqui e ali, em diversas partes): abreviada para *pas.*, é usada quando a citação se refere a dados encontrados em passagens diversas de um mesmo livro.

- *sic* (assim é, tal qual): é a expressão mais usada em notas; confirma o conteúdo do que foi citado, ainda que possa causar estranheza por qualquer motivo.

Para outras expressões, em latim ou não, que aparecem em notas bibliográficas, veja o item 17.4. "Abreviaturas e Expressões Bibliológicas e Filológicas".

5.3. ILUSTRAÇÕES

São todas as representações de objetos, personagens, paisagens, estampas, desenhos, fotos, mapas, gráficos etc., que ornamentam ou elucidam o texto.

Nas ilustrações a traço, os fios devem estar bem definidos, de preferência traçados em cor preta. Devem ser evitados aqueles com espessura menor que 0,1 mm.

As ilustrações, tanto em cores como em preto e branco, podem ser entregues em cromos, pois oferecem melhor resultado do que as fotos convencionais.

5.3.1. Fotos

- Fotos digitais ou digitalizadas, armazenadas em arquivos digitais, devem ter no mínimo 300 dpi para que sejam bem reproduzidas em meio impresso.
- É desejável que sejam nítidas e com bom contraste.
- Se destinadas à impressão em outra cor, não podem ser coloridas. Por isso, é recomendável que se façam cópias em preto e branco.
- Devem ser feitas cópias fotográficas em formatos iguais e em papel fosco, de preferência em tamanho maior com relação ao que será utilizado no livro, pois perde-se muito menos numa redução do que numa ampliação.
- Quando possível, convém utilizar originais e não cópias impressas. Caso isso não seja possível, em vez de entregar material já impresso, devem ser fornecidas cópias fotográficas em formatos e com qualidades iguais, de preferência em um tamanho que não exija ampliação, e sim, redução.
- Quanto melhor a condição do original, melhor será a qualidade da peça impressa.
- Não se deve escrever sobre as fotos, nem na frente nem no verso.
- As fotos devem ser numeradas no verso e em sequência, usando-se para isso etiquetas preenchidas antes de serem afixadas.
- Não se usam clipes a fim de prender as fotos.
- Jamais se dobra ou enrola uma fotografia ou arte.
- Nunca se corta ou traça fios sobre a foto para indicar seu tamanho final.
- As informações bibliográficas e legendas devem constar em laudas à parte, nunca no verso da imagem ou em folhas coladas a ela. É de responsabilidade da editora obter a autorização para o uso das imagens, mas o autor pode auxiliar nesse processo.

5.4. QUADROS E TABELAS

Em geral, os quadros armazenam dados qualitativos, reservando-se às tabelas o agrupamento de dados quantitativos. Guardadas essas diferenças, porém, é importante considerar algumas normas gerais de organização das informações comuns a ambos, a fim de que tanto quadros quanto tabelas sejam desenhados de maneira harmônica e funcional. Para isso, devem-se considerar alguns aspectos ligados à forma e ao tipo de conteúdo, que, a seguir, se referem à composição de quadros, mas podem e devem ser adotados também na feitura das tabelas. Tendo em vista as devidas diferenças (quadros: fechados nas laterais; tabelas: abertas nas laterais, por exemplo), para facilitar a explicação vamos nos referir a todos os elementos como quadros.

- *Divisão*. Os quadros dividem-se em duas partes principais: *cabeçalho* e *corpo*. Essa divisão, em geral, é feita por um fio com espessura um pouco maior do que a dos demais filetes. O cabeçalho é constituído de várias divisões (*casas*), com indicação sucinta do conteúdo das colunas que encabeçam. Tais informações formam o corpo dos quadros, ou seja, o que não é cabeçalho é corpo.

Título o Mais Completo e Sucinto Possível	
Cabeçalho indica o que a coluna mostra	*(casa)* (cabeçalho da coluna)
Coluna matriz ou indicadora indica o conteúdo de cada linha e pode aparecer várias vezes	*corpo do quadro ou tabela* mostra o cruzamento das colunas e linhas

Fonte: créditos do autor e publicação da qual foram tirados os dados para a elaboração do quadro.
Nota: comenta informações sobre dados; segue os critérios das notas de rodapé.

Muitas vezes, quando há remissões a esses elementos ao longo do texto, opta-se por grafar a palavra "quadro" ou "tabela" antes de seu título. Nesse caso, recomenda-se usar um realce para o termo quadro e outro para o título, sendo desaconselhado o emprego de negrito, que pode conferir um ar "pesado" à página; além disso, os títulos de quadros não devem levar ponto.

Quadro 1. Média de Consumo de Energia
Quadro 2. Média de Consumo de Energia
Quadro 3. *Média de Consumo de Energia*
Quadro 4. Média de Consumo de Energia

- *Casas do cabeçalho*. Em geral, o conteúdo das casas do cabeçalho é composto de maneira diferente do restante do quadro. Os textos não devem levar ponto-final e, tanto nas casas quanto no corpo ou no cabeçalho, se as informações ocuparem mais de uma linha, devem ser dispostas em parágrafo francês. Recomenda-se, ainda, que as linhas duplas sejam centralizadas; no entanto, se as casas apresentarem número distinto de linhas, há três maneiras de sistematizá-las.

a. Alinhadas por cima (modelo alemão):

Matemática	Educação Física	Economia	Engenharia Naval	Medicina

b. Alinhadas por baixo (modelo inglês):

	Educação Física		Engenharia Naval	
Matemática		Economia		Medicina

c. Centralizadas (modelo espanhol):

Matemática	Educação Física	Economia	Engenharia Naval	Medicina

Se houver unidades métricas, em geral abreviadas, elas devem seguir o mesmo alinhamento adotado.

Longitude	Aceleração	Altura	Velocidade	
km	m/s^2	m	m/s	km/h

- *Notas.* As chamadas dos quadros, tabelas ou gráficos podem ser feitas com números arábicos, letras ou asteriscos, seguindo-se, para isso, o mesmo critério empregado nas chamadas das notas do texto corrido. Aconselha-se o uso de letras para diferenciá-las das demais notas. As comissivas correspondentes às remissivas ficam no pé do quadro, e não no rodapé da página.
- *Uso de fios.* Exceto os quadros sem fios, todos os outros contam com esse tipo de recurso gráfico, que pode ou não cercar totalmente o cabeçalho e o corpo, ou seja, as casas do quadro. Os fios ou filetes utilizados no corpo

do quadro podem ser finos, pretos, duplos ou de balanço, conforme o caso, mas essa distribuição não deve ser ditada, de maneira alguma, por um capricho; obedece a um critério racional, segundo a importância das divisões do cabeçalho e a dependência relativa dos conceitos, uns em relação aos outros. Os fios *finos* devem ter entre 3/4 de ponto a 1 ponto (1 pt = 0,376 mm). Espessuras menores requerem cuidados da produção gráfica, para que os fios não fiquem "invisíveis". Os fios *pretos* têm entre 1½ a 6 pontos. Já os *duplos* são compostos por dois fios finos ou dois fios pretos, ambos da mesma espessura. Por último, os fios *de balanço* usam uma linha mais espessa e outra fina.

Nas tabelas, em geral abertas nas laterais, os fios usados em cima e embaixo devem ser do mesmo tipo. Se ocupar mais de uma página, a tabela só deve ser fechada na última seção, e não nas seções parciais; por outro lado, o filete do cabeçalho deve se repetir em todas as páginas.

Fio fino	
3/4 pt	————————

Fios pretos	
1 ½ pt	————————
2 ¼ pt	————————
3 pt	————————
4½ pt	————————
6 pt	————————

Fios duplos	
3/4 pt	———————
1 ½ pt	———————
2 ¼ pt	———————
Fio de balanço	———————

5.4.1. Disposição

Um quadro não ocupa necessariamente a totalidade da medida da página. Quando seus componentes permitem, é preferível fazê-lo menor, em vez de apresentá-lo absurdamente aberto e ampliado. Em situações nas quais ocupa toda a página, deve ser composto de maneira a manter a numeração dela. Se isso não for possível, convém eliminá-la. Quando o quadro for muito grande e não couber numa página, transfere-se o seu conteúdo excedente para a página seguinte, repetindo-se o cabeçalho caso a parte trasladada mostre-se maior.

5.4.2. Tipos de quadros

Há diversos tipos de quadros, mas todos, ao serem compostos, devem prezar pela legibilidade das informações e pela harmonia com o restante da obra. O uso de fios, cores, faixas em tons diferentes, linhas pontilhadas ou outros recursos gráficos pode contribuir para facilitar a leitura e conferir riqueza visual à página. De modo geral, podem ser *simples*, *complexos*, *duplos*, *múltiplos* ou *sinóticos*.

- *Simples*. Não têm subdivisões, com cabeçalhos uniformes e casas da mesma altura.
- *Complexos*. Contam com cabeçalhos subdivididos, cujas casas também podem apresentar divisões.

- *Duplos*. Quando longos, quadros ou tabelas podem ser subdivididos em dois (ou mais…), sendo essas subdivisões colocadas lado a lado na mesma página, separadas, por exemplo, por fios duplos, com a aparência de um único quadro.
- *Múltiplos*. Quando ocupam várias páginas.
- *Sinóticos*. Apresentam um todo decomposto ou desenvolvido em suas partes. Em geral, desenvolvem-se a partir de um conceito, dividindo-se e subdividindo-se até abarcar todos os elementos com os quais representam suas diferentes porções. Estas são associadas por chaves, que podem conter uma ou mais subpartes do conceito.

QUADRO 1. *Sinóticos*

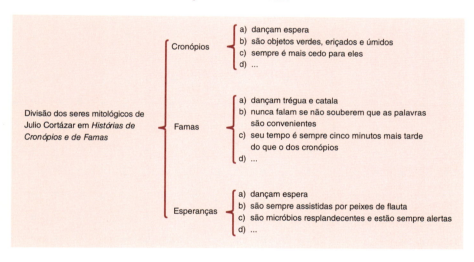

FONTE: Julio Cortázar. *Histórias de Cronópios e de Famas*, Rio de Janeiro, Civilização Brasileira, 2001. Elaborada pelo autor.

Nos quadros sinóticos, o núcleo da chave aponta sempre para os elementos mais abrangentes, ou seja, para a parte na qual há menos elementos. Quando houver mais de uma linha, usa-se o parágrafo francês.

ESTRUTURAÇÃO DO ORIGINAL

QUADRO 2. *Linhas Pontilhadas*

Mais usada em tabelas, a linha pontilhada é especialmente útil em relações numéricas muitos extensas.

OS MAIORES PAÍSES DO MUNDO		
Federação Russa	6.592.735 mi^2	17.075.200 km^2
Canadá	3.851.788 mi^2	9.976.140 km^2
EUA	3.717.792 mi^2	9.629.091 km^2
China	3.705.386 mi^2	9.596.960 km^2
Brasil	3.286.470 mi^2	8.511.965 km^2
Austrália	2.967.893 mi^2	7.686.850 km^2
Índia	1.269.339 mi^2	3.287.590 km^2
Argentina	1.068.296 mi^2	2.766.890 km^2
Cazaquistão	1.049.150 mi^2	2.717.300 km^2
Sudão	967.493 mi^2	2.505.810 km^2

FONTE: *Concise Atlas of the World*, London, Dorling Kindersley, 2003, p. 198.

QUADRO 3. *Fios*

NECESSIDADES ALIMENTARES
(POR ANIMAL E POR DIA)

O uso adequado de fios e de suas espessuras confere legibilidade e clareza no destaque às informações.

Idade do Gato	Peso (em kg) do animal	Necessidades de energia em kcal EM	Alimentos (em g) seco	Alimentos (em g) 1/2 úmido	Alimentos (em g) lata
Filhote recém-nascido	0,12	46	–	–	30
Filhote de 5 semanas	0,05	125	34	42	85
Filhote de 10 semanas	1	200	54	71	128
Filhote de 20 semanas	2	260	68	91	170
Filhote de 30 semanas	3	300	76,5	105	200
Macho adulto	4,5	360	100	130	230
Fêmea adulta	3	250	70	85	160
Fêmea prenha	3,5	350	90	122	227
Fêmea lactante	3	600	156	213	400
Macho castrado	4	320	85	113	200
Fêmea castrada	2,5	200	57	71	130

FONTE: Pierre Rousselet-Blanc (org.), *Larousse dos Gatos*, São Paulo, Larousse do Brasil, 2005, p. 51.

QUADRO 4. *Outros Recursos Gráficos*

PATINAÇÃO DE VELOCIDADE – PISTA CURTA

MASCULINO	TEMPO	NOME E NACIONALIDADE	LOCAL	DATA
● 500m	41,051s	Sung Si-Bak (Coreia do Sul)	Salt Lake City, EUA	10/2/2008
● 1.000m	123,815s	Michael Gilday (Canadá)	Calgary, Canadá	14/10/2007
● 1.500m	2min10,639s	Ahn Hyun-Soo (Coreia do Sul)	Marquette, EUA	24/10/2003
● 3.000m	4min32,646s	Ahn Hyun-Soo (Coreia do Sul)	Pequim, China	7/12/2003
● 5.000m revezamento	6min39,990s	Charles Hamelin, Steve Robillard, François-Louis Tremblay, Mathieu Turcotte (Canadá)	Pequim, China	13/3/2005

FEMININO	TEMPO	NOME E NACIONALIDADE	LOCAL	DATA
● 500m	43,216s	Wang Meng (China)	Salt Lake City, EUA	9/2/2008
● 1.000m	1min29,495s	Wang Meng (China)	Harbin, China	15/3/2008
● 1.500m	2min16,729s	Zhou Yang (China)	Salt Lake City, EUA	9/2/2008
● 3.000m	4min46,983s	Jung Eun-Ju (Coreia do Sul)	Harbin, China	15/3/2008
● 3.000m revezamento	4min09,938s	Jung Eun-Ju, Park Seung-Hi, Shin Sae-Bom, Yang Shin-Young (Coreia do Sul)	Salt Lake City, EUA	10/2/2008

Em quadros e tabelas mais extensos, o uso de fios pode "carregar" a página; outras opções gráficas, como faixas em tons diferentes, conferem leveza à página e podem contribuir para criar uma identidade gráfica em relação ao projeto geral da obra.

FONTE: *Guinness World Records*, Rio de Janeiro, Ediouro, 2008, p. 227. (Cores adaptadas ao projeto deste livro.)

5.5. TÍTULOS CORRENTES

Linha geralmente escrita na cabeça ou no pé de cada página do livro com o nome da publicação, autoria, título da obra, dos capítulos ou de outra subdivisão, em geral acompanhada de numeração.

Quando os títulos correntes trazem o nome do autor e o título da obra, aquele vai em página par (esquerda) e este em ímpar (direita). Nos outros casos, o título da parte ou subdivisão maior ficará à esquerda e o da subdivisão menor à direita. Essa foi a opção usada neste livro.

página par	*página ímpar*
NOME DO AUTOR	TÍTULO DA OBRA
TÍTULO DA OBRA	TÍTULO DO CAPÍTULO
TÍTULO DA PARTE	TÍTULO DO CAPÍTULO

Os títulos correntes também são chamados de cabeços. Hoje, porém, como sua posição pode variar (no cabeço, no pé ou nas margens), preferimos não adotar essa terminologia.

Sua forma tipográfica pode ser em caixa-alta, versal-versalete, itálico, mas sempre em corpo menor e discreto.

2 Nome do Autor

Boreperempe essuntis dellupta quam, temporeius.

Natus autesciam, quam lit audaectae vel incid ulpa adiciet everes imi, quam fugitist es eiciis estinvelent volo eaquasperro imus, sequid quae pre sitio verio. Ut volut qui sam etur a quis re alique nus pa dolut omniatem fuga. Nequi a simil est velibusae num doloris et reperibeaquo eat voluptat ipis mincimusdam que dignimo disciisit voluptam, eosa volum qui dolorum accumet lat.

Unt qui corem fuga. Et eosUtaspero int ipiet mi, arum am alicipit, cor aspe venia pore aut ma volorro et ex eos sequi acea dolendu cipsantotas dolorporum nobiscil id eumendit fugianist, omnitati cus dolore sum re doluptin prehend andempos reperum faccum ad quos eos mint vid quunt am nonempedia quam

---

Título da Obra 3

Boreperempe essuntis dellupta quam, temporeius.

Natus autesciam, quam lit audaectae vel incid ulpa adiciet everes imi, quam fugitist es eiciis estinvelent volo eaquasperro imus, sequid quae pre sitio verio. Ut volut qui sam etur a quis re alique nus pa dolut omniatem fuga. Nequi a simil est velibusae num doloris et reperibeaquo eat voluptat ipis mincimusdam que dignimo disciisit voluptam, eosa volum qui dolorum accumet lat.

Unt qui corem fuga. Et eosUtaspero int ipiet mi, arum am alicipit, cor aspe venia pore aut ma volorro et ex eos sequi acea dolendu cipsantotas dolorporum nobiscil id eumendit fugianist, omnitati cus dolore sum re doluptin prehend andempos reperum faccum ad quos eos mint vid quunt am nonempedia quam

---

Título da Obra

Boreperempe essuntis dellupta quam, temporeius.

Natus autesciam, quam lit audaectae vel incid ulpa adiciet everes imi, quam fugitist es eiciis estinvelent volo eaquasperro imus, sequid quae pre sitio verio. Ut volut qui sam etur a quis re alique nus pa dolut omniatem fuga. Nequi a simil est velibusae num doloris et reperibeaquo eat voluptat ipis mincimusdam que dignimo disciisit voluptam, eosa volum qui dolorum accumet lat.

Unt qui corem fuga. Et eosUtaspero int ipiet mi, arum am alicipit, cor aspe venia pore aut ma volorro et ex eos sequi acea dolendu cipsantotas dolorporum nobiscil id eumendit fugianist, omnitati cus dolore sum re doluptin prehend andempos reperum faccum ad quos eos mint vid quunt am nonempedia quam

2

Título do Capítulo

Boreperempe essuntis dellupta quam, temporeius.

Natus autesciam, quam lit audaectae vel incid ulpa adiciet everes imi, quam fugitist es eiciis estinvelent volo eaquasperro imus, sequid quae pre sitio verio. Ut volut qui sam etur a quis re alique nus pa dolut omniatem fuga. Nequi a simil est velibusae num doloris et reperibeaquo eat voluptat ipis mincimusdam que dignimo disciisit voluptam, eosa volum qui dolorum accumet lat.

Unt qui corem fuga. Et eosUtaspero int ipiet mi, arum am alicipit, cor aspe venia pore aut ma volorro et ex eos sequi acea dolendu cipsantotas dolorporum nobiscil id eumendit fugianist, omnitati cus dolore sum re doluptin prehend andempos reperum faccum ad quos eos mint vid quunt am nonempedia quam

3

Títulos correntes.

5.6. VINHETAS

São ornatos tipográficos, em geral baseados em elementos geométricos, flores, folhagens, seres vivos ou coisas inanimadas, que servem de enfeite e cercaduras em páginas de composição.

5.7. REMISSÕES

São indicações textuais que fazem referência ao próprio texto no qual se encontram (remissões internas) ou a outros escritos (remissões externas). Por meio delas, o leitor é enviado a uma confirmação ou a outros esclarecimentos sobre o assunto da obra que está lendo.

Consideram-se também remissões as chamadas de notas, pois fazem referências a diferentes elementos. Assim, pode-se dizer que todas as chamadas de notas indicam remissões, porém nem todas as remissões são chamadas de notas.

Normalmente, as remissões referentes ao próprio trabalho são feitas mediante a abreviatura *v.* (veja, ver), e as que remetem a outros trabalhos pela abreviatura *cf.* (confira, confronte). No entanto, é comum empregar-se indistintamente tanto o *v.* como o *cf.* com a mesma finalidade.

Já em obras como dicionários, enciclopédias etc., as remissões podem ser representadas por qualquer outro signo que, por convenção, remeta automaticamente a outro verbete como, por exemplo, o uso de uma seta [→]. Outra possibilidade é atribuir uma característica gráfica à palavra a que se está remetendo, escrevendo-a, por exemplo, em negrito ou versalete.

Não se devem fazer remissões genéricas, tais como "veja atrás" (*supra*) ou "veja mais à frente" (*infra*), pois, na medida em que elas não remetem a um lugar exato do texto, o leitor, provavelmente, não irá segui-las, resultando em perda de tempo ou, na pior das hipóteses, de informação.

Toda remissão deve ser a mais objetiva possível, indicando a página, a numeração ou o título do item a que se remete. Geralmente, as remissões internas são indicadas entre parênteses (v. cap. ii), (t. iv, p. 128), (vol. viii), (fig. 12), (cf. 3.1.2).

Em obras acadêmicas, principalmente as de caráter científico, é comum encontrar o seguinte modelo de remissão: autor, data: (ou data,) página (cf. Eco, 1993: 123) ou (Eco, 1993, p. 123), sendo esta última forma mais utilizada em publicações periódicas e científicas.

Quando a referência é feita pelo título, este pode ser abreviado (Schulz, *O Exército...*, p. 191).

Em índices, as remissões são indicadas por meio do itálico, já que as entradas estão em redondo. Exemplo:

Aspectualização, aspectual, 5, 10, 20.
Ver também Demarcação, saliência.

PARTE III

EDIÇÃO DE ORIGINAL

A tarefa do editor é tão diferente da de escrever como da de ler. Escrever se escreve na intimidade, na solidão como ler. O diálogo do escritor, quando escreve, é consigo mesmo. O editor, não. O editor costuma ser o primeiro leitor de um texto, sua banca examinadora. Escrever é um diálogo consigo mesmo; editar é dialogar com outro.

EXPLICAÇÃO	SINAL LATERAL	ERROS ASSINALADOS
Suprimir a letra (*deleatur*)		Ele abriu a janela.
Inserir espaço		Ele abriu ajanela.
Virar linha invertida		Ele abriu a janela.
Inserir letra		Ele abiu a janela.
Compor em caixa baixa		EleAbriu a janela.
Letra de outra fonte		Ele abriu a janela.
Letra quebrada. Substituir		Ele abriu ajanela.
Recompor em grifo	grifo	Ele abriu a janela
Recompor em redondo	red.	Ele abriu a janela.
Recompor em negrito	neg.	Ele abriu a janela.
Colocar ponto		Ele abriu a janela
Transpor letras ou palavras		Ele abriu janela.
Emenda sem efeito	vale	Ele abriu a janela.
Regular o espaçamento		Ele abriu a janela.
Alinhar verticalmente		Ele abriu a janela.
Descer até o ponto indicado		Ele abriu a janela.
Subir até o ponto indicado		Ele abriu a janela.
Inserir vírgula		Sim ele abriu a janela.
Inserir aspas		Ele abriu a janela.
Colocar entre parênteses		Ele abriu a janela.
Substituir por maiúscula	CA	ele abriu a janela.
Recompor em versalete	versalete	Ele abriu a janela.
Eliminar espaço		E le abriu a janela.
Salto. Ver original	salto v.o.	Ele janela. salto v.o.
Por extenso, em letras	segunda	Ele abriu a 2ª janela.
Começar novo parágrafo		janela. Ele abriu a porta.
Eliminar parágrafo, recorrer		Ele abriu a janela.
Dúvida para o autor	foi?	A prova lida por.
Alinhar		Ele abriu a janela.
Mudar letras (*pastéis*)		Ele abriu a janela.
Transposição de linhas		Ele a janela. abriu

Sinais de revisão de prova. Reproduzido de James Craig, *Produção Gráfica*, São Paulo, Mosaico/Edusp, 1980.

6. REVISÃO E PREPARAÇÃO DE TEXTO

6.1. A Preparação de Texto no Papel 6.2. Sinais Utilizados na Preparação de Original 6.2.1. Indicações tipográficas 6.2.2. Outras indicações 6.3. A Preparação de Texto no Computador 6.4. Graus de Interferência no Texto 6.4.1. Normalização 6.4.2. Estilo 6.4.3. Copidesque 6.5. Revisão de Tradução 6.5.1. O que deve ou não ser traduzido 6.5.2. O que adaptar 6.6. *Checklist* para Preparação de Original Nacional 6.7. *Checklist* para Preparação de Original Traduzido

Com o original completo e estruturado, inicia-se a segunda fase da edição do livro: a revisão de original, também chamada de preparação de texto. Em nível crescente de dificuldades, essa etapa envolve a normalização, a revisão ortográfica, a revisão de estilo (da escrita), a revisão técnica e a marcação do texto para sua futura composição/diagramação, momento no qual se indicam diferentes características gráficas (títulos, subtítulos, citações, notas, bibliografia, enumerações, figuras, tabelas, quadros, exemplos e o que mais houver), a fim de facilitar o projeto editorial; trata-se, enfim, dos passos com os quais o original é posto em condições adequadas para ser transformado em livro.

Por isso, antes de dar início à preparação do texto, o editor responsável deve fazer uma leitura de avaliação do original, a fim de orientar o tipo de preparação necessária e designar o profissional mais adequado à tarefa. No caso de livros técnicos, científicos ou muito especializados, deve-se sempre submeter o texto à revisão técnica de um especialista no assunto, principalmente no que diz respeito a questões de terminologia e conceituação.

O fato de um original aceito por uma casa editora mostrar-se completo e estruturado não significa que esteja pronto para ser composto/diagramado. É comum alguns autores, ao entregarem seus originais, afirmarem que seu texto está pronto e que não precisa de revisão. O editor jamais deverá acreditar nisso. Por mais famoso e importante que seja o autor e por mais perfeito que esteja o original, este sempre exigirá alguma preparação antes de ser composto. Haverá, em regra, a necessidade de realizar alguma interferência por parte de quem prepara/revisa o texto, seja para corrigir erros ortográficos, normalizar ou mesmo fazer determinadas marcações com o objetivo de esclarecer a estruturação do texto. Mesmo dito "perfeito", um original sempre apresenta alguns erros de datilografia ou de digitação, além de vários tipos de incorreções: ambiguidades, problemas de concordância ou regência, frases sem sentido, saltos, cacofonias, pontuação inconsistente, redundâncias etc.

6.1. A PREPARAÇÃO DE TEXTO NO PAPEL

A preparação de original pode ser feita tanto no papel como diretamente no arquivo eletrônico. Atualmente, muitas casas editoriais optam pela preparação em tela por se tratar de um processo mais ágil e menos custoso, assim o texto estará pronto para ser diagramado, não havendo a necessidade de serem digitadas todas as emendas solicitadas.

Não obstante, recomendamos fazer a preparação sempre no texto impresso, desde que composto em folhas A4, carta ou ofício, com espaçamento entre linhas no mínimo duplo e margens amplas, de modo que haja espaço suficiente para as correções e possíveis anotações do preparador. Esse modelo mais tradicional de preparação tem a grande vantagem de permitir com maior facilidade o rastreamento de todas as modificações pelas quais passam os textos, garantindo sempre que o original se mantenha preservado. Isso pode evitar confusões quando surge a necessidade de confrontar as provas de leitura com a versão entregue pelo autor.

É importante que as correções sejam assinaladas de maneira clara e objetiva, de preferência com o uso das marcas de revisão, a fim de se evitarem dúvidas durante a composição. Caso haja incertezas, é fundamental que sejam sanadas com o autor e/ou tradutor. Alterações significativas na fase das provas acarretam modificações em linhas, parágrafos, paginação e, até mesmo, no projeto gráfico da obra.

Os sinais utilizados para indicar as correções devem ser feitos no corpo do texto – daí a importância do entrelinhamento duplo – e são diferentes daqueles usados nas revisões de provas. No texto a ser preparado, o número de intervenções tende a ser maior, ao passo que, nas provas de revisão, o texto já se apresenta diagramado, segundo o projeto gráfico definido, e as marcações pontuais devem ser assinaladas nas margens. Observe na página ao lado um exemplo de lauda preparada no papel.

A seguir, conheça melhor cada um dos sinais usados na preparação de originais no papel.

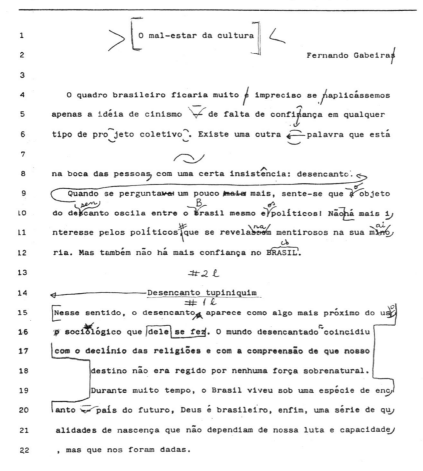

Lauda com sinais de revisão e marcação de original. Os sinais ficam todos na mancha, ao contrário dos sinais de revisão de provas.

6.2. SINAIS UTILIZADOS NA PREPARAÇÃO DE ORIGINAL

6.2.1. Indicações tipográficas

1. ─────── ou ⓘt ou ⓖr : itálico/grifo.

TEXTO	TEXTO CORRIGIDO
Desde a primeira linha, observamos que as críticas a Machado de Assis versam sobre o contraste entre o que é <u>brasileiro</u> e o que não é, sem focalizar ⓘt diretamente o estilo do escritor.	Desde a primeira linha, observamos que as críticas a Machado de Assis versam sobre o contraste entre o que é *brasileiro* e o que não é, sem focalizar diretamente o estilo do escritor.

2. ═══════ ou Ⓥ : versal, caixa-alta, maiúscula.

TEXTO	TEXTO CORRIGIDO
Desde a primeira linha, observamos que as críticas a Machado de Assis versam sobre o contraste entre o que é <u>brasileiro</u> e o que não é, sem focalizar Ⓥ diretamente o estilo do escritor.	Desde a primeira linha, observamos que as críticas a Machado de Assis versam sobre o contraste entre o que é BRASILEIRO e o que não é, sem focalizar diretamente o estilo do escritor.

3. ═══════ ou Ⓥers : versalete.

TEXTO	TEXTO CORRIGIDO
Desde a primeira linha, observamos que as críticas a Machado de Assis versam sobre o contraste entre o que é <u>brasileiro</u> e o que não é, sem focalizar Ⓥers diretamente o estilo do escritor.	Desde a primeira linha, observamos que as críticas a Machado de Assis versam sobre o contraste entre o que é ʙʀᴀsɪʟᴇɪʀᴏ e o que não é, sem focalizar diretamente o estilo do escritor.

4. ═══════ ou Ⓥ.v. : versal-versalete.

TEXTO	TEXTO CORRIGIDO
Desde a primeira linha, observamos que as críticas a Machado de Assis versam sobre o contraste entre o que é <u>brasileiro</u> e o que não é, sem focalizar Ⓥ.v. diretamente o estilo do escritor.	Desde a primeira linha, observamos que as críticas a Machado de Assis versam sobre o contraste entre o que é Bʀᴀsɪʟᴇɪʀᴏ e o que não é, sem focalizar diretamente o estilo do escritor.

REVISÃO E PREPARAÇÃO DE TEXTO

5. (red) ou (rom) : redondo, normal ou romano.

TEXTO	TEXTO CORRIGIDO
Desde a primeira linha, observamos que as críticas a Machado de Assis versam sobre o contraste entre o que é *brasileiro* e o que não é, sem focalizar diretamente o estilo do escritor.	Desde a primeira linha, observamos que as críticas a Machado de Assis versam sobre o contraste entre o que é brasileiro e o que não é, sem focalizar diretamente o estilo do escritor.

6. 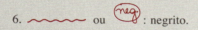 ou (neg) : negrito.

TEXTO	TEXTO CORRIGIDO
Desde a primeira linha, observamos que as críticas a Machado de Assis versam sobre o contraste entre o que é brasileiro e o que não é, sem focalizar diretamente o estilo do escritor.	Desde a primeira linha, observamos que as críticas a Machado de Assis versam sobre o contraste entre o que é **brasileiro** e o que não é, sem focalizar diretamente o estilo do escritor.

6.2.2. Outras indicações

1. ⌐ : abrir parágrafo.

TEXTO	TEXTO CORRIGIDO
Uma lei, promulgada na década de 1820, proibia a venda de uísque aos índios no Oeste. Em 1822, apenas uma pequena quantidade de álcool – para uso pessoal, e não para comércio – podia ser adquirida legalmente pelos viajantes. Não demorou, porém, para que a lei fosse transgredida, com caçadores de peles e comerciantes transportando cinquenta galões ou mais por homem para "uso particular individual".	Uma lei, promulgada na década de 1820, proibia a venda de uísque aos índios no Oeste. Em 1822, apenas uma pequena quantidade de álcool – para uso pessoal, e não para comércio – podia ser adquirida legalmente pelos viajantes. Não demorou, porém, para que a lei fosse transgredida, com caçadores de peles e comerciantes transportando cinquenta galões ou mais por homem para "uso particular individual".

2. [ ]: centralizar.

TEXTO	TEXTO CORRIGIDO
[O princípio de sua primavera]	O princípio de sua primavera
Gastarão seu distrito dilatando,	Gastarão seu distrito dilatando,
Os bárbaros cruéis e gente austera,	Os bárbaros cruéis e gente austera,
Com meio singular, domesticando.	Com meio singular, domesticando.
E primeiro que a espada lisa e fera	E primeiro que a espada lisa e fera
Arranquem, com mil meios	Arranquem, com mil meios
d'amor branco,	d'amor branco,
Pretenderão tirá-la de seu erro,	Pretenderão tirá-la de seu erro,
E senão porão tudo a fogo e ferro.	E senão porão tudo a fogo e ferro.

3. ⟳: transpor a parte circulada para o ponto indicado pela seta.

TEXTO	TEXTO CORRIGIDO
Por estar bastante enfermo, Diogo é poupado, até que se restabeleça e, bem nutrido, possa servir de alimento. Nesse ínterim, permitem-lhe os indígenas que retire pólvora da nau encalhada, balas, armas e outros objetos dos quais ignoram o uso.	Por estar bastante enfermo, Diogo é poupado, até que se restabeleça e, bem nutrido, possa servir de alimento. Nesse ínterim, permitem-lhe os indígenas que retire da nau encalhada pólvora, balas, armas e outros objetos dos quais ignoram o uso.

4. { |: alinhar o texto à direita.

TEXTO	TEXTO CORRIGIDO
No episódio da partida de Diogo e Paraguaçu para a França, ocorre a trágica morte de Moema, indígena apaixonada por Diogo e que segue a nado o barco, afogando-se na derradeira tentativa de impedir que o amado a abandone.	No episódio da partida de Diogo e Paraguaçu para a França, ocorre a trágica morte de Moema, indígena apaixonada por Diogo e que segue a nado o barco, afogando-se na derradeira tentativa de impedir que o amado a abandone.

5. | {: alinhar texto à esquerda.

TEXTO	TEXTO CORRIGIDO
Em grego, meninos, em grego e em verso, que é melhor que a nossa língua e a prosa do nosso tempo. Machado de Assis, *Esaú e Jacó*, cap. 45.	*Em grego, meninos, em grego e em verso, que é melhor que a nossa língua e a prosa do nosso tempo.* Machado de Assis, *Esaú e Jacó*, cap. 45.

6. ⤸ : compor em sequência, sem abrir novo parágrafo.

TEXTO	TEXTO CORRIGIDO
Uma lei, promulgada na década de 1820, proibia a venda de uísque aos índios no Oeste. Em 1822, apenas uma pequena quantidade de álcool – para uso pessoal, e não para comércio – podia ser adquirida legalmente pelos viajantes.	Uma lei, promulgada na década de 1820, proibia a venda de uísque aos índios no Oeste. Em 1822, apenas uma pequena quantidade de álcool – para uso pessoal, e não para comércio – podia ser adquirida legalmente pelos viajantes.

7. ⌣ ou ⌐⌐ : transpor letra, palavra ou frase.

TEXTO	TEXTO CORRIGIDO
Enquanto as instituições do mundo antigo duraram, a epopeia narrou a ação heroica de tipos ilustres, fundamentando-a em princípios absolutos, força guerreira, soberania jurídico-religiosa, virtude fecunda.	Enquanto duraram as instituições do mundo antigo, a epopeia narrou a ação heroica de tipos ilustres, fundamentando-a em princípios absolutos, força guerreira, soberania jurídico-religiosa, virtude fecunda.

Tome cuidado ao transpor trechos em que haja pontuação, para que as vírgulas, por exemplo, não sejam esquecidas, o que pode ocasionar erros gramaticais.

8. ⌡ : suprimir letra ou sílaba no meio de uma palavra ou eliminar espaço entre palavras.

TEXTO	TEXTO CORRIGIDO
Desde a segunda metade do século XVIII, a universalização do princípio da livre-concorrência burguesa que impôs a mais-valia objetiva a todos e contra todos foi mortal também para ela, pois o heroísmo é improvável e inverossímil quando o dinheiro é o equivalente universal de todos os valores.	Desde a segunda metade do século XVIII, a universalização do princípio da livre-concorrência burguesa que impôs a mais-valia objetiva a todos e contra todos foi mortal também para ela, pois o heroísmo é improvável e inverossímil quando o dinheiro é o equivalente universal de todos os valores.

9. ⌒ ou ⌣ : fechar espaço entre palavras.

TEXTO	TEXTO CORRIGIDO
As definições de tratados retóricos, de arte poética e o funcionamento objetivo do trinônimo autor-obra-público regulam a poesia antiga como imitação de autoridades ou autores, os discursos do costume (*consuetudo*), que realizam a excelência dos gêneros em que os poetas se exercitam.	As definições de tratados retóricos, de arte poética e o funcionamento objetivo do trinônimo autor-obra-público regulam a poesia antiga como imitação de autoridades ou autores, os discursos do costume (*consuetudo*), que realizam a excelência dos gêneros em que os poetas se exercitam.

10. ( ) ou (⁀) : eliminar espaço entre linhas ou parágrafos.

TEXTO	TEXTO CORRIGIDO
Quanto à duração da ação da fábula, a maioria dos preceptistas propõe que ( ) deve durar um ano, pois a epopeia é obra para ser lida e deve ser extensa. Camões, por exemplo, segue Virgílio, fazendo decorrer um ano entre o princípio da narração, com Vasco da Gama já em alto-mar, e o final, em que o herói retorna para Portugal com as notícias da Índia. ⁀ Quanto ao final feliz, é a verossimilhança que o determina. Se a ação heroica pudesse terminar comicamente com a desonra do herói, toda a fábula seria improvável e inverossímil.	Quanto à duração da ação da fábula, a maioria dos preceptistas propõe que deve durar um ano, pois a epopeia é obra para ser lida e deve ser extensa. Camões, por exemplo, segue Virgílio, fazendo decorrer um ano entre o princípio da narração, com Vasco da Gama já em alto-mar, e o final, em que o herói retorna para Portugal com as notícias da Índia. Quanto ao final feliz, é a verossimilhança que o determina. Se a ação heroica pudesse terminar comicamente com a desonra do herói, toda a fábula seria improvável e inverossímil.

11. ˅ , ˅ , ؛˅ , ؛˅ , ‿˅ : inserir pontuação.

TEXTO	TEXTO CORRIGIDO
A segunda propriedade de um poema épico – a unidade˅vai sendo tecida em torno de Diogo Álvares˅de suas façanhas, que comprovam sua qualidade de herói épico; de seu caráter reto e de sua fidelidade˅que o fazem rejeitar proposta de adesão à coroa francesa no intento de colonizar o Brasil˅da sujeição de Diogo aos princípios éticos e religiosos, que o levam a desposar Paraguaçu perante a autoridade católica˅	A segunda propriedade de um poema épico – a unidade – vai sendo tecida em torno de Diogo Álvares: de suas façanhas, que comprovam sua qualidade de herói épico; de seu caráter reto e de sua fidelidade, que o fazem rejeitar proposta de adesão à coroa francesa no intento de colonizar o Brasil; da sujeição de Diogo aos princípios éticos e religiosos, que o levam a desposar Paraguaçu perante a autoridade católica.

12. ⏜ : inserir palavra ou frase.

TEXTO	TEXTO CORRIGIDO
No que se refere às propriedades do herói, Freire recomenda que se ponham em evidência os costumes "raros", "sublimes" e "admiráveis". A bondade moral é importante porque o herói deve ser um exemplo a se copiar.	No que se refere às propriedades do herói, Freire recomenda que se ponham em evidência os costumes "raros", "sublimes" e "admiráveis". A bondade moral é importante porque o herói deve ser um exemplo a se copiar.

13. ⊢———⊣ : suprimir palavras ou frase.

TEXTO	TEXTO CORRIGIDO
Na literatura luso-brasileira do século XVIII, é o *Caramuru* um dos poemas épicos mais representativos de influência camoniana. Alinha-se, portanto, a um gênero já conhecido, que lhe garante uma comunicação mais funcional. O poeta Santa Rita Durão constrói o poema com dez cantos, com estrofes de oito decassílabos com dez cantos em esquema rítmico AB AB AB CC, ou seja, seis versos com rimas alternadas e os dois últimos com rimas emparelhadas, à semelhança de Camões em *Os Lusíadas*.	Na literatura luso-brasileira do século XVIII, é o *Carumuru* um dos poemas épicos mais representativos de influência camoniana. Alinha-se, portanto, a um gênero já conhecido, que lhe garante uma comunicação funcional. O poeta Santa Rita Durão constrói o poema com dez cantos, com estrofes de oito decassílabos em esquema rítmico AB AB AB CC, ou seja, seis versos com rimas alternadas e os dois últimos com rimas emparelhadas, à semelhança de Camões em *Os Lusíadas*.

14. # : abrir espaço normal entre letras, palavras.

TEXTO	TEXTO CORRIGIDO
Dentre os feitos narrados em *Prosopopeia*, destacam-se as guerras movidas contra os inimigos da fé católica, índios e mouros. Como se sabe, a narração de feitos guerreiros deve constituir o núcleo do poema épico, já que são sua matéria por excelência.	Dentre os feitos narrados em *Prosopopeia*, destacam-se as guerras movidas contra os inimigos da fé católica, índios e mouros. Como se sabe, a narração de feitos guerreiros deve constituir o núcleo do poema épico, já que são sua matéria por excelência.

15. 𝟙𝑙#, ½𝑙# : dar espaço de uma linha, meia linha.

TEXTO	TEXTO CORRIGIDO
Todavia, não se pode esquecer que o Vós, da dedicatória, será Francisco Xavier de Mendonça Furtardo, irmão do Ministro e que teria extraído oficialmente os índios da tutela jesuítica na região amazônica, quando era governador do Grão-Pará e Maranhão (I, vv. 10-11): Quis erguer a Ambição com surdas guerras Fantástico edifício, aéreas traves:	Todavia, não se pode esquecer que o Vós, da dedicatória, será Francisco Xavier de Mendonça Furtardo, irmão do Ministro e que teria extraído oficialmente os índios da tutela jesuítica na região amazônica, quando era governador do Grão-Pará e Maranhão (I, vv. 10-11): Quis erguer a Ambição com surdas guerras Fantástico edifício, aéreas traves:

16. ∫ : quebrar linhas.

TEXTO

Via-se a Liberdade Americana, Que, arrastando
enormíssimas cadeias,
Suspira, e os olhos, e a inclinada testa
Nem levanta, de humilde e de medrosa.

TEXTO CORRIGIDO

Via-se a Liberdade Americana,
Que, arrastando enormíssimas cadeias,
Suspira, e os olhos, e a inclinada testa
Nem levanta, de humilde e de medrosa.

17. (cit): indicar citação com destaque.

TEXTO	TEXTO CORRIGIDO
Túlio Hostílio se dirige aos Horácios, deixando-os livres para decidir; submetem a questão ao seu pai, que também os libera. Então, o primeiro deles diz: São os Curiácios, não nós, que desfizeram primeiro o vínculo familiar com seus primos; agora que o destino o quis assim, aceitaremos; tendo em vista que os Curiácios apreciaram menos o parentesco que a glória, nós, os Horácios, não teremos a família por bem mais precioso, mas valentia.	Túlio Hostílio se dirige aos Horácios, deixando-os livres para decidir; submetem a questão ao seu pai, que também os libera. Então, o primeiro deles diz: São os Curiácios, não nós, que desfizeram primeiro o vínculo familiar com seus primos; agora que o destino o quis assim, aceitaremos; tendo em vista que os Curiácios apreciam menos o parentesco que a glória, nós, os Horácios, não teremos a família por bem mais precioso, mas valentia.

Atenção: ao indicar citação com destaque, é importante eliminar as aspas que indicam seu início e seu fim.

18. - - - - - - - - - - - : invalidar correção.

TEXTO	TEXTO CORRIGIDO
Parece incrível que a crítica brasileira, de tão sugestionada pelo heroísmo romântico, não tenha percebido que o selvagem de Basílio será antes entidade sufocada pelo peso cultural da catequese do que propriamente símbolo de entusiasmo ou nativismo.	Parece incrível que a crítica brasileira, de tão sugestionada pelo heroísmo romântico, não tenha percebido que o selvagem de Basílio será antes entidade sufocada pelo peso cultural da catequese do que propriamente símbolo de entusiasmo ou nativismo.

19. (ef): indicar espaço-fino entre letras ou números, pontos, reticências e aspas.

TEXTO	TEXTO CORRIGIDO
"'Peripécia' é a mutação dos sucessos no contrário, efetuada do modo como dissemos; e esta inversão deve produzir--se, também o dissemos, verossímil e necessariamente".	"'Peripécia' é a mutação dos sucessos no contrário, efetuada do modo como dissemos; e esta inversão deve produzir--se, também o dissemos, verossímil e necessariamente".

20. **" : indicar sobrescrito e subscrito.**

Para compor um número ou letra elevado, ^{sobrescrito}, utilize o sinal de aspas *sob* o número.

TEXTO	TEXTO CORRIGIDO
Num modelo simples de evolução química do disco, podemos imaginar que ele era constituído inicialmente de gás com composição primordial – 76% da massa na forma de hidrogênio, 24% na forma de He"4 e traços de deutério, "He3, e lítio.	Num modelo simples de evolução química do disco, podemos imaginar que ele era constituído inicialmente de gás com composição primordial – 76% da massa na forma de hidrogênio, 24% na forma de He^4 e traços de deutério, He^3, e lítio.

Para compor um número ou letra como índice, $_{subscrito}$, utilize dois traços verticais *sobre* o número.

Os acentos e outros sinais diacríticos especiais podem ser colocados sobre a letra correspondente.

TEXTO	TEXTO CORRIGIDO
Um parâmetro importante no estudo da evolução química é Y"i(M), a massa de determinado elemento químico, ou de um dos isótopos desse elemento, ejetada por uma estrela de massa M, no final de sua evolução.	Um parâmetro importante no estudo da evolução química é $Y_i(M)$, a massa de determinado elemento químico, ou de um dos isótopos desse elemento, ejetada por uma estrela de massa M, no final de sua evolução.

21. : indicar que há dúvidas a resolver com o autor ou com o editor.

TEXTO
Escreva as consultas ou dúvidas em etiquetas que tenham espaço suficiente para a resposta do autor. Cole suas etiquetas no lado direito da página. Inclua o número da página em sua etiqueta e trace uma pequena seta na margem direita apontando para a(s) linha(s) em questão. Escreva suas perguntas de maneira educada e concisa. Se a passagem lhe parecer confusa, sugere-se reescrevê-la em vez de pedir ao autor que a reescreva. A passagem provavelmente parecia ter sentido para o autor no momento em que a escreveu. Terminada a revisão, faça em folha à parte uma relação com suas dúvidas indicando a lauda onde há dúvida de modo claro. Não escreva comentários no original.

REVISÃO E PREPARAÇÃO DE TEXTO

22. (V.o.) : ver original, se a dúvida for de tradução ou em provas para conferir com o original.

TEXTO	TEXTO CORRIGIDO
Em vários pontos da Bíblia, Baal e seu culto são mencionados de forma negativa. No segundo livro dos Reis, um deus chamado Baal Zebub era (V.o.) considerado o patrono da cidade de Ecron. Nos Evangelhos, Jesus dizia ter usado o poder de Belzebu para expulsar demônios.	Em vários pontos da Bíblia, Baal e seu culto são mencionados de forma negativa. No segundo livro dos Reis, um deus chamado Baal Zebub era considerado o patrono da cidade de Ekron. Segundo os Evangelhos, Jesus foi acusado de usar o poder de Belzebu para expulsar demônios.

23. _____: usado em bibliografia para evitar a repetição do nome do autor.

As bibliografias em geral são feitas com deslocamento da segunda linha (parágrafo francês). Se o nome de um autor é repetido uma ou várias vezes, deve-se usar um traço do tamanho de três travessões grandes (3-eme). Duas iniciais devem ter espaço entre elas, salvo quando usadas em adição a um prenome. Três iniciais devem vir sem espaço.

TEXTO
ABRAMS, Gerome. *Peasant Society*. Boston, Little Brown, 1966.
BRIAN, K. W. *The Golden Age in Civilization*. Berkeley, University of California Press, 1973.
_____. *Energy and Power*. Philadelphia, Morgan, 1971.

24. – / - : travessões e hifens. É comum, nos originais, a presença de dois hifens indicando travessão (herança dos textos datilografados; como não existia o travessão, colocavam-se dois hifens). Corrija substituindo os dois hifens por um traço.

Também é comum colocarem hifens em vez de travessões. Indique claramente onde for travessão e já determine qual o tamanho:

--	Dois hifens	substitua por um traço
–	travessão médio (n)	(Alt 0150) ou (Ctrl + num.–)
—	travessão grande (m)	(Alt 0151) ou (Alt + Ctrl + num.–)

25. Tabelas. Marque espaço acima e abaixo. Marque os títulos das colunas se houver, para negrito ou itálico. Se as colunas não estiverem alinhadas, faça um sinal para mostrar o alinhamento e marque "alinhar" na margem.

A imigração do Japão nesse período de quatro anos apresentou os seguintes números:

Ano	Total	Homens	Mulheres
1900	12 635	12 265	370
1901	5 269	4 902	367
1902	14 270	10 414	3 856
1903	20 041	15 990	4 051

O total dos quatro anos foi de 52 215.

26. Arte (fotos, figuras, mapas etc.). Reproduções da arte devem acompanhar o original sempre que possível. De modo geral, as ilustrações devem ser inseridas logo após a primeira menção a elas no texto. Indique as ilustrações na margem esquerda ("Fig. 6"), marcando as legendas na cópia, a fim de manter a coerência. Consulte o autor e/ou editor a respeito dos créditos das imagens usadas.

Todas as amostras foram coletadas com amostrador tipo *box corer* (Figura 6) e, neste trabalho, foram utilizadas apenas as amostras obtidas entre 0 e 2 cm de profundidade da coluna sedimentar.

As amostras de sedimento coletadas no Projeto PADCT e no Programa Revizee foram congeladas e, posteriormente, liofilizadas (secas a frio). As amostras de sedimento coletadas nos Projetos Jops-II e Bacia de Campos foram mantidas em solução de Rosa de Bengala e formol a 4%, a fim de reconhecer os espécimes de foraminíferos que estavam vivos no momento da coleta.

Salvadore Landi, *Tipografia II: Lezioni di Composizione*,
Milano, Editore Libraio Della Real Casa, 1898 (Manuali Hoepli).
Os sinais usados na revisão de provas são muito antigos e,
por isso, universais, compreendidos em todos os lugares.

SIGNES CONVENTIONNELS DE CORRECTION

mettre en :
- *petites capitales*
- *bas de casse*
- *grandes capitales*
- *italique*
- *caractère gras*
- *lettres du corps*
- *rectifier l'orthographe*
- *substituer un ou plusieurs mots*

Changer pour :

lettres ou mots
mots (même ligne)
mots (autre ligne)
lignes

Transposer

lettres, mots
lignes
blanc

Supprimer :

espaces
ligne de texte
lettres, mots

Ajouter :

Il est dimanche 26 avril; cette lettre ne partira que mercredi; Mais ceci n'est pas une lettre, c'est une relation que vient de me faire Moreuil, à votre intention, de ce qui s'est passé à chantilly touchant vatel.

Je vous écrivis vendredi qu'il s'était *poignardé* : voici l'**affaire** en détail.

Le roi arriva jeudi au soir; la chasse, les lanternes, le clair de la lune, la promenade, la collation dans un lieu tapissée de jonquilles, tort cela fut à souhait.

On dîna; il y eut quelques tables où du poisson manqua, à cause de plusieurs dîners où l'on ne s'était point attendu. Cela saisit Vatel; dit il plusieurs fois : « Je suis perdu d'honneur; voici un affront que je ne supporterai pas. » à Gourville Il dit : « La tête me tourne, il y a douze nuits, aidez-moi à donner des ordres que je n'ai dormi. » Gourville le soulagea en ce qu'il put.

Ce rôti qui avait manqué, non pas à la table toujours à la tête. Gourville le dit à Monsieur le du roi, mais aux vingt-cinquièmes, lui revenait Prince. Monsieur les Prince alla donc jusque dans sa chambre et il lui dit : « Vatel, tout va bien, rien n'était si beau que le souper du roi. » Il lui dit : « Monseigneur, à quatre heures du matin, Vatel s'en alla partout, votre bonté m'achève; je sais que le rôti a manqué à deux tables. — Point du tout, dit Monsieur le Prince, ne vous fâchez point, tout va bien. »

La nuit vient : le feu d'artifice ne réussit pas, il fut couvert d'un nuage; il coûtait seize mille francs. il trouve tout endormi, il rencontre un petit pourvoyer qui apportait seulment deux charges marée;

A quatre heures du matin, Vatel s'en va partout,

SIGNES CONVENTIONNELS DE CORRECTION

Retourner : *lettres, mots*

ligne

Divers

Passer page précédente

Corrections multiples

——— d° ———

Espaces à baisser

Espacements à égaliser

Faire suivre

Rentrer

Vérifier

Alinéa

Correction annulée

Nettoyer

Aligner (sortir)

Aligner (rentrer)

Chasser ligne suivante

Interligne { *à diminuer*

{ *à augmenter*

Mettre 1 ligne de blanc

Passer ligne précédente

Espace à réduire

Espace à supprimer

Chasser page suivante

il lui demanda : « Est-ce là tout. » Il lui dit :
« Oui, monsieur. » Il ne savait pas que Vatel avait
envoyé à tous les ports de mer.

Il attend quelque temps; les autres pour-
voyers ne vienrent poing; sa tête s'échaufait, il
croit qu'il n'ayr point d'autre marée; il proube
Gourville, et lui dit : « Monsieur, je ne survivrai pas à
cet affront-ci; j'ai de l'honneur et de la réputation à
perdre. »

Gourville se moqua de lui.

Vatel monte à sa chambre, met son épée contre
la porte, et se la passe au travers du cœur; mais
ce ne fut qu'au troisième coup, car il s'en donna
deux qui n'étaient pas mortels : il tombe mort. La
marée cependant arrive alors de tous côtés; on
cherche Vatel pour la distribuon; on va à sa
chambre; on heurte, on enfonce la porte; on le
trouve noyé dans son sang; on court à Monsieur le
Prince, qui fut au désespoir. Monsieur le Duc pleura :
c'était sur Vatel que roulait tout son voyage de Bour-
gogne. Monsieur le Prince le dit au roi fort triste-
ment : on dit que c'était à force d'avoir de l'honneur en sa manière; on le loua fort, on loua et blâ-
ma son courage.

Le roi dit qu'il y avait cinq ans qu'il retar-
dait de venir à Chantilly, parce qu'il comprenait l'ex-
cès de cet embarras. Il dit à Monsieur le Prince qu'il
ne devait avoir que deux tables et ne se point
charger de tout le reste. Il jura qu'il ne souffrirait
plus que Monsieur le Prince en usât ainsi; mais
c'était trop tard pour le pauvre Vatel.

NOTA. — *En définitive, toutes les corrections s'indiquent par combinaison de quelques signes. Les signes indiqués à l'emplacement même de la correction sont toujours répétés en marge, pour attirer l'attention du compositeur.*

Repérage : / *pour une lettre,* H *pour un groupe de lettres.*

Exécution : *supprimer,* *ajouter,* *retourner,* *transposer,* *rapprocher,* *chasser.*

6.3. A PREPARAÇÃO DE TEXTO NO COMPUTADOR

No computador, a preparação de texto deve ser feita usando-se um programa de edição adequado, no qual as correções possam ser vistas e avaliadas pelo editor. Nesse caso, as mudanças são sinalizadas por recursos gráficos próprios do programa, que indicam a supressão ou a inserção de letras, sinais, palavras ou trechos, bem como alterações no tamanho da fonte, no espaçamento entre as linhas, nos realces gráficos etc. As dúvidas dirigidas ao autor, ou mesmo ao editor, podem ser feitas por meio de comentários, inseridos via ferramenta especial do programa, ou no próprio texto entre colchetes, em **bold** e com realce marca-texto, como o editor preferir.

Dessa maneira, ele pode analisar as interferências, aceitando-as ou rejeitando-as uma a uma ou automaticamente, antes que o original seja enviado para a composição. É muito importante que todas as alterações sejam aprovadas ou recusadas, de forma a deixar o arquivo "limpo", livre das marcas de revisão, que podem prejudicar o trabalho do diagramador.

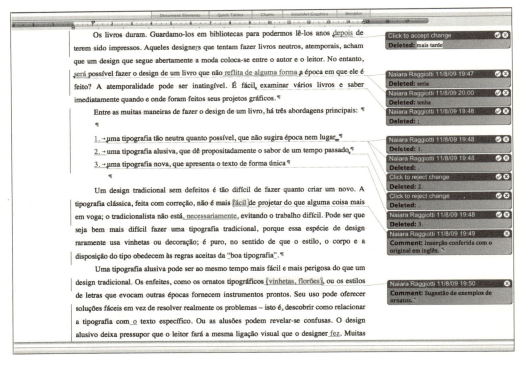

Exemplo de lauda preparada na tela do computador.

6.4. GRAUS DE INTERFERÊNCIA NO TEXTO

O preparador é o profissional encarregado por fornecer unidade e coerência ao texto que será composto. Em resumo, a preparação de texto deve compreender os seguintes pontos:

- Correção de todas as imperfeições de estilo e erros gramaticais (concordâncias verbal e nominal, grafia etc.).
- Aplicação dos realces gráficos necessários, por exemplo, itálico em palavras estrangeiras caso sua frequência no texto não seja alta.
- Correção de erros/ausências de pontuação.
- Correção de erros evidentes do original deixados pelo autor, tais como: inexatidões patentes, frases de sentido duvidoso etc.
- Adequação da redação do texto ao público ao qual se dirige a obra. Se necessário, convém inserir notas de rodapé explicativas, sempre com autorização do autor ou da editora.
- Padronização das siglas e abreviaturas a ser utilizadas. Quando forem muitas, é conveniente fazer uma lista delas.
- Padronização das notas de rodapé e da bibliografia de acordo com as normas adotadas pela editora.

Embora o preparador de texto deva ser uma pessoa cuja cultura aspire a certa abrangência, não pode pretender abarcar o mundo, tendo de aceitar a contingência de limitar-se a certos campos de interesse, ampliando-os cada vez mais com a colaboração de pessoas que, por seu conhecimento, possam ajudá-lo nos problemas conexos.

Certamente, ninguém consegue ser um preparador, ou mesmo um revisor de texto, onisciente e infalível. No entanto, algumas habilidades são imprescindíveis para o exercício dessa função, entre elas: domínio mais amplo possível da língua portuguesa; conhecimento de outros idiomas; nível cultural elevado e domínio dos códigos de revisão e preparação.

O preparador de texto é, além disso, um leitor privilegiado na medida em que ele ainda pode interferir no texto, modificando-o e melhorando-o; convém que tal profissional não se esqueça de que melhorar um texto significa torná-lo ótimo para o leitor, dar-lhe a máxima legibilidade possível, sem "atropelar" o estilo do autor com suas idiossincrasias ou preferências. Além disso, o preparador – e também o revisor – tem obrigação de entender o texto. Se ele, como leitor privilegiado, não compreender certos trechos do livro, imagine um leitor comum!

Levando em conta essas questões, o grau de interferência do preparador no texto deve ser correspondente à finalidade intrínseca de cada obra e dependerá do tipo de escrito a ele apresentado. É praticamente impossível chegar a um consenso de critérios ideais e universais, com respeito à normalização, por exemplo, que possa ser adotado nos diversos tipos de original. O preparador deve, antes de tudo, ter uma atitude de respeito pelo texto alheio: caso não tenha muito apreço pelo estilo do autor, deve evitar reescrever, sem a autorização deste, qualquer trecho do original, e muito menos fazer comentários desfavoráveis etc. Cabe-lhe, apenas, sugerir formas textuais que lhe pareçam melhores, justificando, quando for possível, essas sugestões.

É claro que interferências simples (padronizações editoriais e correções de ortografia – quando o "erro" não for uma questão proposital de estilo) podem ser feitas sem a consulta prévia ao autor (ou ao detentor dos direitos autorais, ou ao editor responsável, no caso de obra póstuma). Mas quaisquer interferências maiores, envolvendo reescrita ou copidesque, devem ser executadas apenas mediante consulta ao autor ou responsável, e posterior aprovação de um ou outro. Nunca se deve alterar um texto se não for absolutamente necessário e, para isso, é preciso ter segurança e certeza do que se está fazendo.

Em grau de interferência crescente, a função do preparador pode ir desde a normalização da escrita e das características textuais, passando por interferências no estilo, e chegar ao copidesque.

6.4.1. Normalização

Normalizar é estabelecer critérios coerentes e padronizados, a fim de que casos similares recebam soluções semelhantes e uniformes.

Mesmo que um texto não tenha questões de estilo a serem corrigidas, há certos aspectos do original nos quais geralmente existem problemas comuns e devem ser normalizados acuradamente numa boa preparação. Para tanto, entre as ações previstas, convém:

- Conferir se todos os sinais duplos – aspas, parênteses, colchetes e travessões – abrem e fecham.
- Conferir e padronizar todas as grafias de topônimos e antropônimos, principalmente nomes estrangeiros.
- Normalizar as grafias de abreviaturas, siglas, símbolos, algarismos etc.
- Estabelecer um critério coerente de padronização das palavras que devem vir em maiúsculas e em minúsculas, e mantê-lo.

- Observar a coerência e a uniformidade dos critérios usados para citações, notas de rodapé, normas bibliográficas etc.
- Observar se todos os dados estão completos: remissões internas, datas, quantidades, páginas etc.
- Verificar todos os dados concernentes à redação e às palavras com dupla grafia possível, optando pela mais utilizada pelo autor e mantendo-a em todo o trabalho.

6.4.2. Estilo

Além da normalização, há obras em que é necessária uma revisão de estilo, tarefa que também cabe ao preparador e consiste em zelar pela qualidade do texto e do idioma.

Muitos editores, em obras que julgam de pouca importância, mesmo quando há problemas em sua escrita, prescindem da revisão de estilo, e isso é um desserviço à cultura por gerar muitas edições cheias de equívocos e erros (conceituais, entre outros). Ao tomarem tal decisão, partem de uma falsa apreciação ancorada em motivos "econômicos", acreditando que, ao prescindirem desse tipo de revisão, estariam economizando alguma coisa. A experiência mostra, no entanto, que essa opção sai caro, já que os erros do original passam para as provas, e as revisões sobre estas se tornam mais onerosas do que a própria preparação. Se a importância da obra é tão "ínfima", por qual razão editá-la? Se merece publicação, autor e leitor devem ser respeitados ao garantir-se a qualidade linguística e informativa do livro a eles ofertado.

Nenhum editor que se preze, porém, deve prescindir desse requisito, não só em prol da qualidade profissional (o leitor tem direito a obras bem editadas e isenta de erros), mas em benefício próprio. Por outro lado, o diagramador responsável por compor um original cheio de problemas não produz com a mesma qualidade e rapidez, imprimindo provas repletas de erros, gerando atraso na produção.

Revisar o estilo é um trabalho difícil, comprometedor e lento. O preparador deve ter ao seu alcance várias obras de consulta (dicionários, enciclopédias, gramáticas, obras de referência sobre o assunto etc.), além de uma cultura geral ampla que o qualifique para esse labor, acompanhada de uma capacidade de atenção, memorização e discriminação privilegiada, paciência quase compulsiva, humildade para desconfiar de tudo o que sabe e saber onde encontrar informações confiáveis. Às vezes, para preparar um único livro, é necessário baixar uma prateleira inteira da biblioteca de consulta.

É claro que, atualmente, graças ao fácil acesso à internet, com arquivos inteiros a poucos cliques de distância, as possibilidades de consulta foram avultadas. É preciso frisar, porém, que as informações obtidas em meios eletrônicos não são necessariamente legítimas, sendo imprescindível, nesse sentido, retirá-las sempre de fontes rigorosas e confiáveis.

No que diz respeito ao grau de interferência, sabe-se que o estilo de um autor literário não deve ser alterado, pois, afinal, trata-se da marca registrada desse artista. Mas nem todos os autores são literários, e alguns até solicitam que o preparador interfira, pois não conseguiram expressar com a correção e clareza necessárias o que gostariam de dizer. Na revisão de estilo, dois fatores são fundamentais – o fundo e a forma –, e o preparador é responsável não só por um deles, mas por ambos ao mesmo tempo.

O fundo é a parte mais importante de tal trabalho. Trata-se do sentido, da trama, dos argumentos; enfim, de tudo o que compõe a textualidade, além da ilação e do contexto, sem perder de vista o leitor a que a obra se destina. O revisor de estilo deve seguir fielmente o desenvolvimento do texto, seja ele artístico, científico, entre outros, a fim de que não haja erros ou contradições. Caso se trate de uma tradução, ela deve ser equivalente ao original estrangeiro, mas estar isenta de interferências e contaminações da língua de onde provém. Ademais, intimamente ligada ao fundo está a forma, ou seja, o modo de se expressar, as escolhas lexicais, sintáticas, a gramática, enfim.

Toda revisão de estilo pressupõe uma normalização, mas, além dela, há interferências no léxico (na escolha de palavras mais específicas ou adequadas), na sintaxe (na ordem dos vocábulos, na adequação das regências verbal e nominal, entre outros ajustes) e na correção de informações (tais como a atualização), inserção de notas (em obras ou reedições póstumas, por exemplo) e o que mais for necessário.

Por essas características, é quase impossível listar todos os itens que uma revisão de estilo pode abarcar. Ela depende da sensibilidade e do conhecimento do preparador e de seu entrosamento com o autor (bem como da anuência deste ou do responsável), para que possam ser efetuadas as alterações necessárias. Entre outras ações possíveis, são itens básicos:

- Não corrigir diretamente algo que julga duvidoso, caso a solução não esteja ao seu alcance; nesse caso é melhor assinalar o parágrafo, linha ou palavra para posteriormente consultar o autor, o tradutor ou o editor responsável pela obra.

REVISÃO E PREPARAÇÃO DE TEXTO

- Anotar em uma folha todos os nomes de pessoas e lugares pouco conhecidos à medida que forem aparecendo, a fim de uniformizar sua grafia quando se repetirem.
- Conferir a sequência da numeração das laudas, dos números dos capítulos, dos indicadores numéricos e alfabéticos dos parágrafos etc., por mais distantes que estejam entre si. Não levar isso em conta pode implicar, por exemplo, a passagem de um item *a* para *c*, por omissão do autor ou do tradutor.
- As traduções devem ser cotejadas, sempre que possível, linha a linha com o original; as dúvidas só podem ser resolvidas mediante a consulta dessa fonte primária, sobretudo no que se refere a nomes, datas, notas etc.
- Consultar todas as palavras desconhecidas; corrigir frases de sentido ambíguo ou duvidoso; acentuar palavras e pontuar as frases corretamente.
- Cuidar de todos os detalhes de normalização, de modo que casos iguais ou similares sejam normalizados da mesma forma.
- O preparador – e todos os profissionais envolvidos com o texto – deve consultar, quantas vezes forem necessárias, dicionários e outras obras de referência adequados. Isso, além de ser importante para uma boa preparação, indica uma das melhores qualidades de um preparador ou revisor.
- Para terminar, a regra de ouro da preparação de texto é nunca corrigir por capricho, mas apenas por necessidade; e isso um bom profissional nunca esquece.

6.4.3. Copidesque

O grau máximo de interferência do preparador, quando trechos inteiros do original são reescritos, recebe o nome de copidesque.

Em algumas situações, o copidesque é quase sempre necessário, como no caso de autores estrangeiros que escrevem em português, mas com dificuldade, e acabam por produzir textos eivados de expressões que fazem sentido em sua língua materna, mas são inexistentes ou inexpressivas em português. O copidesque também se mostra imprescindível quando são feitas modificações nas características do texto, como na transformação de uma dissertação ou tese em texto de leitura mais abrangente, acessível a leitores não especializados.

Para fazer o copidesque de um texto, o grau de discernimento que se exige do preparador, principalmente no que diz respeito a conhecimentos textuais, estilísticos, discursivos e pragmáticos, é muito alto, e seu entrosamento com o autor – e a confiança deste naquele – é absolutamente necessário. A respon-

6.5. REVISÃO DE TRADUÇÃO

Nunca é demais repetir que saber uma língua não quer dizer necessariamente saber traduzir essa língua. Saber traduzir vai além do conhecimento dos idiomas envolvidos e requer do tradutor o conhecimento de técnicas específicas, do assunto a ser traduzido e da linguagem técnica e especializada relativa a tal tema entre outros.

Por isso, se o original provém de uma tradução, a preparação deve ser feita por um profissional que domine também o idioma do qual a obra foi traduzida. Toda tradução deve ser cotejada palavra por palavra, linha por linha com o original, pois, por melhor que seja o tradutor, é sempre possível que ele tenha saltado trechos, notas ou mesmo traduzido mal o conteúdo do texto.

Quando se trata de uma tradução, ela deve ser fiel ao original estrangeiro e, ao mesmo tempo, estar isenta de interferências e contaminações da língua da qual provém. Devem ser tomados cuidados especiais para livrar o texto dos falsos cognatos, ou seja, daquelas palavras ou expressões que induzem ao erro de tradução por se identificarem de maneira equivocada com termos semelhantes no idioma de chegada, como é comum, por exemplo, na tradução de quadrinhos do inglês, alguém louvar a "ingenuidade" do herói, quando o mais adequado seria enaltecer a "engenhosidade" (*ingenuity*) do personagem. O preparador deve estar atento ainda às traduções literais, ou seja, àquelas nas quais segue-se à risca a estrutura do idioma do qual provém o texto, mas que não condizem com a estrutura e a lógica de pensamento da língua portuguesa. Um exemplo disso é a profusão de pronomes e advérbios presentes na língua inglesa que, em português, quase sempre são dispensáveis para a compreensão e a elegância de um texto traduzido.

Buddhi and Siddhi

When Ganesha and his brother Karthikeya reached marriageable age, both were eager to secure a bride. So a contest was devised whereby the first to encircle the world would be the first one wed. Without a moment's hesitation, Karthikeya leapt upon his sleek blue peacock and raced off into the sky. Meanwhile, his portly brother Ganesha, rather than mounting his little rat and setting out, simply lumbered over to his parents, Shiva and Parvati, circled round them with folded hands, and insisted they declare him the victor. Perplexed, they asked him to explain. He said, "Is it not written that he who circumambulates his parents

REVISÃO E PREPARAÇÃO DE TEXTO

gains the merit of traversing the whole wide word?" Charmed by his clever ruse, they married him to the two daughters of Prajapati (the creator of the world). Their names were Buddhi ("wisdom") and Siddhi ("fullfillment") and by them Ganesha had two sons, Kshema ("prosperity") and Laabha ("profit").

Essential Visual History of World Mythology. Washington, D.C., National Geographic, 2008, p. 305.

Buddhi e Siddhi

Quando Ganesha e seu irmão Karthikeya atingiram a idade para se casar, ambos estavam ansiosos para garantir uma noiva. Foi planejada então uma competição: o primeiro que desse a volta ao mundo seria o primeiro a se casar. Sem hesitar, Karthikeya saltou sobre seu macio pavão azul e correu em direção ao céu. Enquanto isso, seu corpulento irmão, Ganesha, em vez de montar em seu pequeno rato e iniciar a disputa, simplesmente se arrastou em direção aos seus pais, Shiva e Parvati, deu a volta ao redor deles com as mãos juntas e insistiu que eles o declarassem vencedor. Perplexos, eles pediram-lhe para explicar. Ele disse: "Não está escrito que aquele que andar ao redor de seus pais ganha o mérito de atravessar o mundo todo?" Atraídos por sua artimanha inteligente, eles o casaram com as duas filhas de Prajapati (o criador do mundo). Seus nomes eram Buddhi ("sabedoria") e Siddhi ("realização/satisfação") e com elas Ganesha teve dois filhos, Kshema ("prosperidade") e Laabha ("lucro").

Buddhi e Siddhi

Quando Ganesha e o irmão Kartikeya atingiram idade para casar, estavam ansiosos: queriam garantir uma noiva. Foi então que planejaram uma competição: o primeiro que desse a volta ao mundo seria o primeiro a se casar. Sem hesitar, Kartikeya montou seu pavão azul e galopou em direção ao céu. Enquanto isso, o corpulento irmão, Ganesha, em vez de montar o seu pequeno rato e iniciar a disputa, simplesmente se arrastou em direção aos pais, Shiva e Parvati, deu a volta ao redor deles com as mãos juntas e insistiu para que o declarassem vencedor. Perplexos, os deuses pediram-lhe que se explicasse. "Não está escrito que aquele que andar ao redor de seus pais ganha o mérito de atravessar o mundo todo?", perguntou Ganesha. Seduzidos por essa inteligente artimanha, os pais o casaram com as duas filhas de Prajapati (o criador do mundo) – Buddhi ("sabedoria") e Siddhi ("realização/satisfação"). Com elas, Ganesha teve dois filhos, Kshema ("prosperidade") e Laabha ("lucro").

Observe em cima a sequência de pronomes no texto traduzido e, embaixo, as soluções adotadas pelo preparador.

É tarefa do preparador também, embora o tradutor deva ser orientado a respeito disso pela editora, atentar para o que deve ou não ser traduzido e o que pode ou precisa ser adaptado.

6.5.1. O que deve ou não ser traduzido

1. Como norma geral, é traduzido tudo o que está escrito – e produz o sentido do texto no idioma original da obra cuja tradução se está preparando – e que tenha equivalente em português:

EDIÇÃO DE ORIGINAL

For a considerable period in Latin transcriptions there were no gaps between words either, if you can credit such madness [...]. However, the scriptio continua system (as it was called) had its defenders at the time. One fifth-century recluse called Cassian argued that if a text was slow to offer up its meaning, this encouraged not only healthy meditation but the glorification of God [...][1].

1. Lynne Truss, *Eats, Shoots & Leaves*, New York, Gotham Books, 2003, p. 76.

Nas transcrições latinas, por um período considerável, não havia brancos entre uma palavra e outra, se você pode dar crédito a tal loucura [...]. Entretanto, o sistema de *scriptio continua* (como era chamado) tinha seus defensores na época. Um eremita do século V, de nome Cassiano, argumentava que, se um texto fosse lento em ofertar seu significado, isso estimularia não só à meditação saudável mas também à glorificação de Deus [...] [tradução M.C.M.][1].

1. Lynne Truss, *Eats, Shoots & Leaves*, New York, Gotham Books, 2003, p. 76.

Observe que a expressão latina não foi traduzida e nem deve ser.

2. Também se traduzem antropônimos clássicos, com forma tradicional estabelecida em português:

Cícero, Homero, Platão, Sófocles, Sócrates, Xenofonte.

3. Nomes de reis, imperadores, príncipes, papas e congêneres geralmente são traduzidos:

Henrique VIII, Filipe II, Carlos Magno, Bento XVI; mas Elizabeth II, Príncipe Charles, Príncipe Albert.

4. Se existe em português o nome de personagens históricas ou lendárias (com nomes conhecidos em várias línguas), é a forma traduzida que costuma ser empregada:

Perceval, Rolando, Artur, Lancelote; mas Guinevère.

5. Nos antropônimos em geral, sejam nomes reais ou da ficção, a grafia empregada costuma ser sempre a da língua do original. Esses nomes não se traduzem (o que não vale para casos literários específicos, em que o signifi-

REVISÃO E PREPARAÇÃO DE TEXTO

cado do nome da personagem é importante para a identificação de seu caráter, ou quando já existe um nome traduzido e muito popular); no máximo eles são transliterados, caso o alfabeto original não seja o latino. Também não se traduzem palavras que estejam em outra que não a língua desse original:

Giulio Camillo Delminio (manutenção da grafia original)

Candide (da obra de Voltaire) ⇒ *Cândido* (tradução).

Doolittle (G. B. Shaw, *Pygmalion*) ⇒ Garapa (G. B. Shaw, *Pigmalião*, trad. Miroel Silveira) (adaptação) (em alusão à vagabundagem da personagem, pelo nome que soa como "faz nada" em inglês).

Mas Donald Duck ⇒ Pato Donald.

Yō'ēl ⇒ Joel.

6. **Nomes de estilos** e, entre outros, movimentos artísticos típicos de uma cultura, quando não existe termo correspondente em português do Brasil, são mantidos na grafia de sua língua original:

Jugendstil (alemão), Art Nouveau (francês), Arte Nova (português de Portugal).

7. Costumam ser traduzidos os topônimos já existentes e tradicionais em português, exceto quando em bibliografias e citações bibliográficas:

Nova Iorque ou Nova York (híbrido), Moscou, Londres, Milão, Filadélfia.

Em notações bibliográficas, a grafia dos topônimos deve seguir a grafia original: Madrid, New York, London, Milano, Valencia, Geneva etc.

AMSDEM, Alice Hoffenberg. *International Firms and Labour in Kenya: 1945-1970*. London, Frank Cass, 1971.

8. **Nomes de instituições**, a fim de serem entendidos mais facilmente pelo leitor médio, podem ser traduzidos; mas os nomes empresariais (razão social), jamais:

Universidade de Nova Iorque ou Nova York, Museu Britânico; mas General Motors, Japan Air Lines.

9. Também não se traduzem os nomes de barcos, aviões, satélites artificiais:

Endeavour, Mirage, Gemini.

10. No mesmo caso estão incluídos os títulos em geral – de livros, de trabalhos científicos em publicações periódicas, de filmes etc. – ainda não traduzidos para o português. Se já houver tradução destes, usa-se a forma em língua portuguesa, colocando entre colchetes o título original em itálico. Quando o alfabeto do idioma de origem não for o latino, translitera-se e/ou traduz-se, colocando-se entre colchetes o nome da língua original.

> KARAVAEV, Aleksandr Petrovich. *Brasil: Passado e Presente do "Capitalismo Periférico"* [Título em russo]. Moscou, Progresso, 1987.
>
> MOUTSOPOULOS, N. K. *Thessaloniki, 1900-1917* [*Tessalônica, 1900-1917*]. Thessaloniki, Molho, 1981 [em grego].

11. Títulos de revistas e jornais são mantidos na língua original, exceto quando o alfabeto desta não for o latino. Nesse último caso, translitera-se, e coloca-se entre parênteses a tradução e o nome da língua original.

> CAP, Leon. "L'astronomie au Brésil". *Gazette Astronomique,* 16 (185):25-31, maio 1929.
>
> KAMIÊNSKI, Vassíli. "Jelesbetônaia Poema" [Poema de Concreto Armado]. *Ptérvii Jurnal Rúskikh Futuristov* [*Primeira Revista dos Futuristas Russos*], n. 1-2, Moscou, 1914 [em russo].

12. São mantidos na língua em que se encontram os aforismos e as locuções (ou quaisquer outras expressões utilizadas) escritos pelo autor em língua distinta do original.

> *laissez-faire* (em texto que não seja francês), *eppur se muove* (em texto que não seja italiano), *Got sei dank!* (em texto que não seja alemão) etc.

6.5.2. O que adaptar

1. Unidades de medida são convertidas para seus valores em unidades do Sistema Internacional (SI):

acre [acre]	para unidade de área	metro quadrado (m^2) e múltiplos
pound [libra]	para unidade de peso	grama e múltiplos (g)
ounce [onça]	para unidade de peso	grama e múltiplos (g)
inch [polegada]	para unidade de extensão linear	centímetro/metro (cm/m)
mile [milha]	para unidade de extensão linear	quilômetro (km)

2. Graus Fahrenheit (°F) em graus Celsius (°C):

Inglês	Português
°F	°C
Fahrenheit para Celsius:	Celsius para Fahrenheit:
$T_C = \dfrac{5\,(T_F - 32)}{9}$	$T_F = \dfrac{9\,T_C + 32}{5}$

3. As vírgulas nos numerais em inglês são substituídas por espaço fino (e.f.), e não por ponto:

Inglês	Português
3,352,200	3 352 200
	~~3.352.200~~

4. Substituir o ponto dos decimais em inglês pela vírgula:

Inglês	Português
9.15	9,15

5. Algarismos romanos escritos em minúsculas devem ser colocados em versal (ou versalete):

Inglês	Português
i	I (ɪ)
ii	II (ɪɪ)
iii	III (ɪɪɪ)
v	V (ᴠ)
x	X (x)
l	L (ʟ)
c	C (ᴄ)
d	D (ᴅ)
m	M (ᴍ)

6. Enumerações – de parágrafos, itens etc. – nas quais os algarismos venham entre parênteses. Nelas convém eliminar o parêntese de abertura e substituir o de fechamento por um ponto; trata-se de um critério para melhorar esteticamente a apresentação dos elementos na página:

(1)	*1.*
(2)	*2.*
(3)	*3.*
(4)	*4.*

EDIÇÃO DE ORIGINAL

7. Recomenda-se a adoção de aspas inglesas. Quaisquer outros estilos de aspas são substituídos por estas:

«aspas francesas»
„aspas alemãs"
'aspas simples'
"aspas inglesas"

8. Nos diálogos, intercalados ou não em textos narrativos, as aspas comumente usadas para demarcar falas de interlocutores são, por exigência gramatical do português, substituídas por um dos dois tipos de travessão: travessão eme [—]; travessão ene [–], este mais usual em português.

"It doesn't make sense", he finnaly said.
"Which part?"

– Não faz sentido – disse finalmente.
– Que parte?

Dan Brown, *The Da Vinci Code*, New York, Doubleday, 2004, p. 162 (Special illustrated edition).

6.6. *CHECKLIST* PARA PREPARAÇÃO DE ORIGINAL EM PORTUGUÊS

CHECKLIST PARA PREPARAÇÃO DE ORIGINAL NACIONAL

Início: _____/_____/_____

Final: _____/_____/_____

Título: _____

☐ Corrigir erros gramaticais (concordância verbal, regência verbal e nominal, acentuação, ortografia etc.).

☐ Fazer emendas, de preferência, apenas quando tiver certeza, respeitando o estilo do autor.

☐ Se estiver preparando no papel, assinalar a lápis palavras, frases ou trechos sem sentido, à margem da lauda, encaminhando as dúvidas e sugestões ao autor e/ou editor, com as respectivas páginas, em lauda à parte; se a preparação estiver sendo feita no computador, use o recurso "comentários".

☐ Corrigir erros de digitação e/ou datilografia.

☐ Garantir o padrão gráfico-formal da editora nas chamadas de notas, nas notas de rodapé, nas referências bibliográficas e/ou bibliografias.

☐ Usar itálico, quando cabível, em todas as palavras estrangeiras. Deixar, contudo, em redondo, entre aspas, quando a citação consistir de: verso ou versos de poesia, trechos longos etc., seja no texto ou no rodapé.

☐ Transformar em itálico tudo o que, no original, estiver em negrito (a critério do editor, este item não é válido em originais como textos técnicos e científicos, em que palavras estrangeiras se repetem com frequência).

☐ Fazer a marcação do texto adequadamente, hierarquizando títulos de partes, títulos de capítulos, subtítulo 1, subtítulo 2, subtítulo 3 etc., e aplicando os realces de alta ocorrência: citações, itálico, versal/versalete (nos sobrenomes das referências bibliográficas e/ou bibliografias). Se a marcação for feita em original impresso, anotar em lauda à parte (folha de marcação) os códigos e/ou cores utilizados.

Preparador: _____

6.7. *CHECKLIST* PARA PREPARAÇÃO DE ORIGINAL TRADUZIDO

CHECKLIST PARA PREPARAÇÃO DE ORIGINAL TRADUZIDO

Início: ____ / ____ / ____
Final: ____ / ____ / ____

Título: _____

Fazer leitura cotejada da tradução com o original estrangeiro.

Corrigir erros gramaticais (concordância verbal, regência verbal e nominal, acentuação, ortografia etc.) e de tradução, se houver:

☐ a) Fazer emendas somente quando tiver certeza, respeitando o estilo do autor estrangeiro e conferir se o tradutor em língua portuguesa fez o mesmo.

☐ b) As emendas (correções) devem ser claras; se estiver preparando no papel, use letra legível.

☐ c) Em caso de dúvida, assinalar palavra, frases ou trechos sem sentido remetendo-os à(s) (p)p. do original estrangeiro. Em lauda à parte, ou por meio de comentário, encaminhar problemas de salto de tradução, dúvidas etc., sempre indicando a(s) página(s) correspondente(s) em português do original estrangeiro, ao tradutor ou à editora.

☐ Corrigir erros de digitação e/ou datilografia.

☐ Atribuir o padrão gráfico-formal da editora nas chamadas de notas, nas notas de rodapé, nas referências bibliográficas e/ou bibliografia.

☐ Usar itálico em todos os estrangeirismos quando adequado (em nomes próprios, não). Deixar, contudo, em redondo, entre aspas, quando a citação consistir de: verso ou versos de poesia, trechos longos etc., seja no texto ou no rodapé.

☐ Transformar em itálico tudo o que, no original, estiver em negrito (a critério do editor, este item não é válido em originais como textos técnicos e científicos, em que palavras estrangeiras se repetem com frequência).

☐ Fazer a marcação do texto adequadamente, hierarquizando títulos de partes, títulos de capítulos, subtítulo 1, subtítulo 2, subtítulo 3 etc., e aplicando os realces de alta ocorrência: citações, itálico, versal/versalete (nos sobrenomes das referências bibliográficas e/ou bibliografias). Se a marcação for feita em original impresso, anotar em lauda à parte (folha de marcação) os códigos e/ou cores utilizados.

Preparador: _____

7. MARCAÇÃO DE TEXTO

7.1. A Marcação de Texto no Papel **7.1.1.** Folha de marcação de original
7.2. A Marcação de Texto no Computador

O original, seja literário, técnico ou científico, deve cumprir certos requisitos que levem à normalização de todos os seus aspectos, com o objetivo de facilitar as operações de correção de estilo, marcação tipográfica e, por fim, as de diagramação.

Mesmo que autores ou tradutores possam não ter consciência disso, certos tipos de erros, confusões e dificuldades que surgem na diagramação e nas provas devem-se a falhas de marcação.

Por isso, após a edição geral do texto, em que as dúvidas de conteúdo foram sanadas, tem início outra fase da preparação – a marcação –, que consiste em inserir todas as informações necessárias à composição. Nesse momento, são marcadas todas as características gráficas do texto – os realces apontados (itálico, negrito, versal, versal-versalete etc.), bem como todos os títulos, subtítulos, epígrafes, dedicatórias, citações, notas de rodapé, legendas, bibliografia – para que o *designer* tenha uma versão da obra estruturada e possa indicar tipologia, corpo, entrelinha, medidas e outras informações importantes para o projeto gráfico e a composição.

Para que o preparador de texto faça um trabalho de marcação adequado, não é necessário que ele conheça o sistema de composição a ser utilizado na obra; basta que use os códigos convencionais, seja em meio impresso, seja em meio eletrônico, a fim de que o *designer* os interprete corretamente.

Caso o preparador não esteja apto a fazer a marcação, o editor pode entregar a tarefa a outro profissional qualificado. É importante, porém, que essa etapa não seja eliminada do processo. O trabalho adequado e competente realizado pelo marcador, acompanhado de um bom projeto gráfico, resultará numa composição e paginação excelentes.

De modo geral, o preparador ou a pessoa encarregada de fazer a marcação do texto deverá sempre:

- Numerar todas as páginas. Caso o original já esteja numerado, é necessário conferir a numeração.
- Assinalar, utilizando os sinais convencionais ou com diferentes cores, os realces gráficos a serem empregados.
- Assinalar as letras, os números e os símbolos especiais que, muitas vezes, dependem de famílias de fontes específicas ou precisam ser desenhados.
- Conferir a sequência de numeração das partes, capítulos, subcapítulos etc.
- Assinalar as remissões internas, a fim de que sejam conferidas quando o livro já estiver paginado.
- Indicar no texto o local no qual as ilustrações, quadros, tabelas e mapas devem entrar.

7.1. A MARCAÇÃO DE TEXTO NO PAPEL

Para se fazer a marcação de um original preparado no papel, deve-se utilizar uma folha de marcação que contenha todas as especificações técnicas do *designer* e todos os elementos do livro assinalados em cores diversas ou indicados por abreviaturas. Com a folha de marcação e o original marcado em mãos, o diagramador poderá compor o texto com segurança, segundo os critérios gráficos e editoriais estabelecidos.

Veja os exemplos a seguir.

7.1.1. Folha de marcação de original

Título: _____ Manual de Editoração e Estilo

Autor(es): _____ Plinio Martins Filho

Coleção: _____ Sem coleção _____ Formato: _____ 18 × 23,4 _ cm

Mancha: _____ 12 × 18,3 __ cm

_____ caracteres da página   Nº de laudas: _____   Nº pág. previsto: _____

ABREVIATURAS	DESCRITIVO	TIPOLOGIA/CORPO/ENTRELINHA/MEDIDA
TO	Título do Olho	Bodoni Std / 12,5 / 14,5
VO	Verso do Olho	Adobe Caslon Pro / 6 / 8
TL	Título do Livro	Bodoni Std / 14,5 / 14,5
A	Autor(es)	Adobe Caslon Pro / 12 / 14,5
Pc	Página de créditos	Adobe Caslon Pro / 7 / 10
SU	Sumário	Bodoni Std / Adobe Caslon Pro / 8,5 / 9 / 9,5
E	Epígrafe(s)	Adobe Caslon Pro / 11 / 14,5
D	Dedicatória	Adobe Caslon Pro / 11 / 14,5
Ag	Agradecimentos	Adobe Caslon Pro / 11 / 14,5
TP	Título de Parte	Adobe Caslon Pro / 11 / 14,5
TC	Título de Capítulo	Bodoni Std / 13,5 / 14,5
Ac	Autor do Capítulo	
T	Texto	Adobe Caslon Pro / 11 / 14,5
S_1	Subtítulo 1	Adobe Caslon Pro / 14,5 / 14,5
S_2	Subtítulo 2	Adobe Caslon Pro / 11 / 14,5
S_3	Subtítulo 3	
S_4	Subtítulo 4	
Cit.	Citações	
N	Notas	
Ap	Apêndices	
An	Anexos	
B	Bibliografia	Adobe Caslon Pro / 10,5 / 14,5
I	Índice	
C	Colofão	Adobe Caslon Pro / 6 / 8
L	Legenda	Helvética Lt Std / 7,5 / 13
F	Fonte	
Tab	Tabelas	Adobe Caslon Pro / 9 / 12
Q	Quadros	Adobe Caslon Pro / 9 / 13

OBS. _____
_____
_____

3

(TC) ASPECTOS E FUNDAÇÃO DA NOÇÃO DE CLAREZA NA
POÉTICA SETECENTISTA

(SU) A Ilustração Perante Góngora, 133
Metáfora Clara, 141
Clareza Funcional, 158

(S1) **A ilustração perante Góngora**

Por ocasião do tricentenário da morte de Góngora, em 1927, no prefácio à sua edição das *Soledades*, texto que marca a reabilitação do poeta cordovês perante a sensibilidade do século XX, Dámaso Alonso indignava-se contra a crítica tradicional da Espanha, que praticamente proibia a circulação da poesia gongórica, sob acusação de pobreza narrativa, de mau gosto e obscuridade:

(cit) ¿Como nos puede admirar que las *Soledades* hayan sido durante três siglos la piedra de escándalo de la literatura europea? // Dos han sido los puntos que la crítica ha elegido para su ataque: de un lado le ha reprochado a Góngora la escasa consistencia de la trama; de otro, se le ha afeado sistemáticamente la extraordinaria oscuridad de los versos, y no ha faltado quien llegara a decir que eran totalmente incomprensibles. [...] todos los que aman a Góngora son unos extravagantes, unos locos: la erudición sabe muy bien eso porque la erudición sabe todas las cosas (1927, 8-9).

Mais precisamente, onde e quando se teria firmado esse preconceito – não só contra Góngora, mas também contra o princípio de que a essência da língua poética consiste no discurso engenhoso, na agudeza sensorial e na metáfora obscura? Descontadas as polêmicas em vida do próprio Góngora, o primeiro ataque sistemático contra o estilo agudo, de que ele é o maior representante, surgiu com o livro *Della Perfetta Poesia Italiana*, de Lodovico Antonio Muratori, editado em 1706.

Colocando-se a favor da nova poesia italiana, instaurada sob a égide da Arcádia Romana em 1690, esse livro combatia, em tom mais didático que polêmico, a poesia de Marino e suas derivações na Itália seiscentista. Antes da censura de Muratori contra os seiscentistas italianos, houvera a célebre polêmica de alguns franceses contra a Itália, sobretudo Bouhours, Rapin, Fontenelle e Boileau (Ruschioni: 1971, 14). Sob o pretexto de combater o estilo ornamental do Seiscentismo, esses autores acusaram toda a poesia italiana, inclusive a de Petrarca e

Tasso. O *Della Perfetta Poesia Italiana* foi parcialmente concebido para desqualificar esse ataque francês contra as letras italianas.

O ensaio, agora, volta-se para o exame do ataque de Boileau contra os italianos, desferido em sua *Arte Poética*, de 1674. Ao defender as letras italianas dessa agressão, Muratori transcreve em *Della Perfetta Poesia Italiana* apenas a metade do verso 43 e todo o verso 44 do canto primeiro da *Arte Poética*, reproduzidos integralmente a seguir, acompanhados da tradução do Conde de Ericeira para o português (1860, 92; 1818, 6):

> Evitons ces excès. Laisson à l'Italie
> De tous ces faux brillans l'éclatante folie.
>
> Sem excesso deixai este aparato
> Da louca Itália ao falso luzimento.

Ferido em seu orgulho de herdeiro direto das origens do Renascimento europeu, Muratori dedicou todo o terceiro capítulo do livro primeiro de sua obra à demonstração de que o insulto dos franceses não tinha fundamento[1]. A primeira parte desse capítulo consta de uma breve história da poesia italiana, em que domina Petrarca como símbolo de bom gosto e perfeição. Muratori defende também a ideia de que a altitude da poesia petrarquista não se repete apenas em Dante, mas também em Guido Guinizelli e Guido Cavalcante. Por outro lado, partilha da convicção de Petrarca, exposta por este em seu *Il Trionfo d'Amore*, de que a poesia europeia em língua vulgar surgira na Sicília, e não na Provença, o que indica adesão à tese da primazia da poesia italiana sobre a francesa. Na época, havia incertezas quanto ao local de origem da poesia europeia em língua vulgar, polêmica referida tanto por Francisco José Freire (1759, 16-17), em Portugal, quanto por Luzán (1974, 76), na Espanha. Muratori não deixa também de relacionar casos posteriores de apropriação da poesia italiana pela francesa.

Ao chegar, na cronologia de sua breve história da poesia italiana, ao século XVII, Muratori detém-se no exame de Marino. Esclarece, então, que esse poeta, afastando-se de Petrarca, desviara-se do verdadeiro padrão italiano de bom gosto e criara um estilo estranho ao espírito da língua italiana.

---

1 Vejam-se os trechos em que Muratori transcreve as outras passagens *contrárias à poesia italiana*: "Quasiché i nostri Poeti non avessero giammai assaporato il Buono, e non si fosse dalla loro saputa l'Arte del far versi, o non avesse l'Italia alcum Poeta degno di lode, grida il P. Bouhours nella Maniera di ben pensare, che *les Poetes Italiens ne sont guere naturels, ils far dent tout*" (1971, vol. I, 71). "Ciò altresí fu scritto dal P. Rapin nelle Riflessioni sopra la Poetica moderna con tali parole: C'est le vice ordinaire des Espangnols, et des Italiens, qui cherchent toûjours à dire les choses trop finement" (1971, vol. I, 71). "Il Signor di Fontenelle anch'egli nel suo Ragionamento intorno alla natura dell'Egloga scrive in questa maniera: Pour les Auteurs Italiens, ils sont toûjours si remplis de pointes, et fausses pensees, qu'il semple qu'on doive leur passer ce stile comme leur Langue naturelle etc." (1971, vol. I, 72).

Levado pelo aplauso fácil, esse poeta se dedicara aos *pensamentos engenhosos, aos conceitos floridos e aos ornamentos vistosos,* o que se constituíra numa espécie viciosa de agudeza, incompatível com a verdadeira poesia da Itália (1971, vol. I, 69).

Figura 220 (Mecenato) – Retrato em gravura de Boileau-Despréaux.

Boileau-Despréaux.

Figura 221 (Mecenato) – Capa ou frontispício da Arte Poética, de Boileau.

Arte Poética de Boileau. Tradução do Conde da Ericeira, 1818.

7.2. A MARCAÇÃO DE TEXTO NO COMPUTADOR

Além de ser feita no papel, a marcação também pode ser realizada em meio eletrônico. De modo geral, os programas de edição de texto contam com recursos visuais que facilitam a marcação e a hierarquização dos elementos de uma obra, minimizando os problemas gráficos e de edição nas provas e diminuindo o tempo de produção.

Além de facilitar a inserção de realces gráficos, como negritos e itálicos, e contar com sistemas de buscas e substituições automáticas, a marcação no computador permite o emprego da paleta de estilos – recurso com o qual se substitui a tradicional folha de marcação de modo ágil e claro para o diagramador. Com a utilização dos estilos, eliminam-se o excesso de abreviaturas e os diversos problemas que o uso de canetas coloridas pode causar. Na paleta de estilos dos programas de edição, é possível escrever os nomes dos elementos por extenso e diferenciá-la ainda pela tipologia, corpo, cor ou por meio de realces – como sublinhados, tracejados, maiúsculas, minúsculas etc. No caso do uso das cores, a paleta eletrônica é mais versátil e comum a todos os usuários do programa, ou seja, oferece maior número de colorações e evita equívocos no uso diferentes de tonalidades por possíveis colaboradores externos à editora. Além disso, ela permite também o envio do texto preparado, com marcas, ao autor em formato de arquivo PDF, preservando textos de alterações sem visibilidade.

Preparação em meio eletrônico dos originais do livro de Ivan Teixeira, *Mecenato Pombalino e Poesia Neoclássica*, São Paulo, Edusp, 1999.

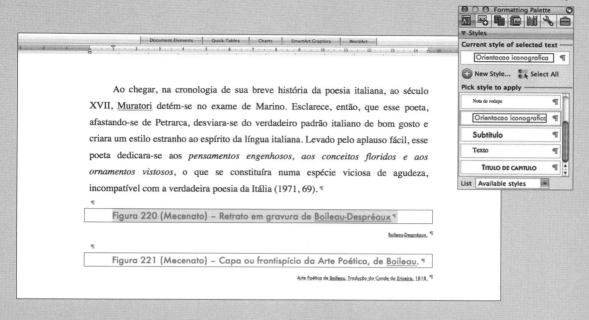

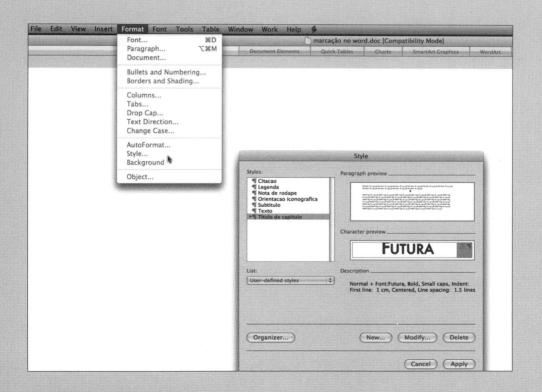

PARTE IV

PROJETO GRÁFICO E TIPOLOGIA

O texto pode ser composto em dezenas de tipos diferentes, mas, somente quando os espaçamentos de todos os elementos e margens forem relacionados entre si e o corpo do tipo escolhido ajustar-se com exatidão à largura da linha do texto, poderá o olho do leitor trabalhar sem esforço. O espaço na página revela a mensagem tanto quanto o espaço na cidade revela os detalhes arquitetônicos.

JOHN RYDER

8. NOÇÕES BÁSICAS

8.1. Forma dos Caracteres Tipográficos 8.1.1. Anatomia 8.1.2. Inclinação
8.1.3. Largura 8.1.4. Tonalidade 8.1.5. Uso ortográfico e gráfico 8.2. Fontes
Tipográficas 8.3. A Escolha dos Caracteres

Com o texto preparado e marcado, resta saber o visual que o livro terá. Essa tarefa cabe ao *designer*, encarregado por fazer o projeto mais adequado a cada obra. Já a escolha de quem pode melhor realizar tal trabalho cabe ao editor, que, ao receber um original e aprová-lo para publicação, já deve ter em mente a forma final do projeto e a pessoa que, entre os vários profissionais que conhece, poderá melhor concebê-lo.

Ao receber o texto preparado e marcado, o *designer* inicia o trabalho de criação, que consiste basicamente em decidir o formato, a mancha tipográfica e os tipos utilizados em cada elemento do livro – título, nome do autor, subtítulos, títulos correntes, numeração, citações, notas, bibliografia, entre outros –, adequando o visual à obra em questão, ao tipo de suporte, ao processo de impressão e ao público a que ela se destina.

Como se vê, muitos aspectos permeiam a criação de um projeto gráfico bem-sucedido, mas, sem dúvida, boa parte deles depende da escolha acertada dos tipos, relacionados diretamente, por exemplo, com o tamanho da mancha, o entrelinhamento, o comprimento da linha e, portanto, com a legibilidade do texto – aspecto primordial do livro impresso.

A seguir, são apresentadas noções básicas sobre a forma dos caracteres tipográficos, as fontes, seus usos e sua classificação.

8.1. FORMA DOS CARACTERES TIPOGRÁFICOS

O vocabulário utilizado para a descrição dos vários elementos constituintes de uma letra compõe-se de uma série de termos conhecidos há muito tempo, muitos dos quais se assemelham aos utilizados para descrever as partes do corpo humano. Assim, os caracteres têm braços, pernas, olhos etc. Esses vocábulos variam nos livros sobre tipografia e *design*. Procurou-se aqui usar aqueles que possam constituir uma boa base para compreensão e conhecimento das diferentes partes de uma letra.

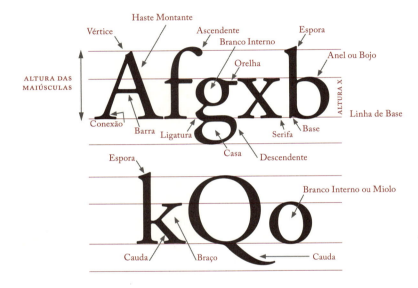

8.1.1. Anatomia

- *Altura das maiúsculas*. É a altura das letras de caixa-alta de uma fonte, tomada desde a linha de base até a parte superior do caractere.
- *Altura x*. É a altura das letras em caixa-baixa, excluindo os ascendentes e os descendentes.
- *Anel ou bojo*. Traço curvo fechado que cerca o branco interno nas letras b, p, q e o.
- *Ascendente*. Haste da letra de caixa-baixa que se eleva acima da altura x, como nos caracteres b, d, f, h, l e t.
- *Barra ou trava*. Traço horizontal em letras como o A, o H, o f ou o t. Também chamada de haste transversal.

NOÇÕES BÁSICAS

- *Base*. Projeção que às vezes se vê na parte inferior do b ou do G.
- *Braço*. Parte terminal projetada horizontalmente ou para cima e que está incluída no caractere, como ocorre no E, no K ou no L.
- *Branco interno ou miolo*. Espaço branco contido dentro de um anel ou bojo.
- *Casa*. Porção fechada da letra g que fica abaixo da linha de base. Quando aberto, chama-se simplesmente cauda.
- *Cauda*. Haste oblíqua pendente de algumas letras como o R e o K.
- *Cauda curva*. Haste curva que se apoia sobre a linha de base no R e no K, ou sob esta, no Q.
- *Conexão*. Traço curvo (ou poligonal) de união entre a haste e a serifa.
- *Corpo*. Dimensão pela qual se mede e especifica o tipo. Nos tipos em metal, era a altura do paralelepípedo metálico em que estava montado o caractere.
- *Descendente*. Haste da letra de caixa-baixa abaixo da linha de base, como no g, j, p, q e y.
- *Espora*. Terminação triangular que aparece em vários tipos de letra, também chamada serifa inclinada.
- *Hastes*. Traços principais da letra que definem suas formas principais; sem elas, o caractere não existiria.
- *Haste montante*. São as hastes principais, verticais ou oblíquas, como nas letras L, B, V, A.
- *Haste ondulada*. É o traço principal do S (caixa-alta) ou do s (caixa-baixa).
- *Inclinação*. É o ângulo do eixo imaginário sugerido pela modulação da espessura dos traços de uma letra. O eixo pode ser vertical, com diferentes

Nesta composição, o jogo de hastes descendentes "une" homem e mulher, fazendo a anatomia da letra interagir com a interpretação dos sentidos. Décio Pignatari, "Man, Woman, Man", 1968, *Typoésie*, Paris, Imprimerie Nationale, 1993.

A anatomia de uma letra revela o quanto ela pode ser viva e dinâmica, conferindo movimento e leveza a uma composição. Jérome Peignot, "Police de Caractères Grandjean c. 16", 1992, *Typoésie*, Paris, Imprimerie Nationale, 1993.

AAAAAAÀÀÀÀÂÂÂÂÄÄÄÄÆÆÆÆBBBB
CCCCÇÇÇÇDDDDEEEEEEEEEEÉÉÈÈÈÈ
ÊÊÊÊËËËËFFFFGGGGHHHHIIIIÎÎÎÎÏÏÏÏJJJJ
KKKKLLLLMMMMNNNNOOOOÔÔÔÔ
ÖÖÖÖŒŒŒŒPPPPQQQQRRRRRR
SSSSSSTTTTTUUUUÙÙÙÙÛÛÛÛÜÜÜÜ
VVVVVWWWWWXXXXXXYYYYZZZZZZ

AAAAAAAÀÀÀÀÂÂÂÂÄÄÄÄÆÆÆÆBBBBCCCCÇÇÇÇ
DDDDEEEEÉÉÉÉÈÈÈÈÊÊÊÊËËËËFFFFGGGGHHHH
IIIIÎÎÎÎÏÏÏÏJJJJKKKKLLLLMMMMNNNNOOOOÔÔÔÔ
ÖÖÖÖŒŒŒŒPPPPPPQQQQRRRRRSSSSSTTTTTUUUU
ÙÙÙÙÛÛÛÛÜÜÜÜVVVVVWWWWWXXXXYYYYZZZZZZ
aaaaaaaàààààâââââääääbbbbbcccccçççççctctctctct
dddddddeeeeeeeééééèèèèêêêêëëëë&&&&&&&
fffffffffffffflfflfflfflfififififififlflflflggggggghhhhh
iiiiiîîîîïïïïïïïïïjjjjjjjkkkkkllllllllllmmmmnnnnnnnn
 oooooôôôôöööööœœœœppppppqqqqqrrrrrrsssssss ttttt
uuuuùùùùùûûûûüüüüüvvvvvvwwwwwxxxxxyyyyzzzzzzz
I I I I 2 2 2 2 3 3 3 3 3 4 4 4 4 5 5 5 5 6 6 6 6 7 7 7 7 8 8 8 8
9 9 9 9 0 0 0 8 0 0 . . . . , , , , , , , , ; ; ; ; : : : : : ———————————" " " " , , , ,
*******SSSS((((((()))))))[[[[[]]]]]!!!!!!!!!!!??????????« « « « » » » »

graus de inclinação. Tem grande importância na determinação do estilo dos caracteres.

- *Ligatura.* Traço que une a parte de cima com a parte de baixo de uma letra, como no g; ou reunião, num só tipo, de duas ou mais letras unidas: Æ, œ, ff, ffi.
- *Linha de base.* Linha sobre a qual se apoia a letra x.
- *Olho.* Parte do tipo que, recebendo a tinta, transmite a impressão da letra para o papel.
- *Orelha.* Pequeno traço terminal que às vezes se acrescenta ao anel de algumas letras, como o g, ou à haste de caracteres como o r.
- *Serifa.* Traço terminal de uma haste, braço ou cauda. Em alguns alfabetos, é um realce indispensável para a definição do caractere.
- *Vértice.* Ponto externo de encontro entre dois traços, como na parte superior de um A ou no pé de um M.

8.1.2. Inclinação

Os caracteres apresentam-se em redondo ou *itálico*.

Redondo:

a b c d e f g h i j k l m N O P Q R S T U V W X Y Z

Itálico:

a b c d e f g h i j k l m N O P Q R S T U V W X Y Z

Diversamente do itálico, o redondo tem mais legibilidade.

Quanto maior for a inclinação de um caractere, menor será seu grau de legibilidade. O itálico deve ser utilizado apenas para destaque, sendo seu uso desaconselhável em textos muito extensos.

8.1.3. Largura

Dependendo da proporção dos pretos entre brancos internos e externos dos caracteres, eles são considerados estreitos, meio estreitos, normais, largos ou larguíssimos.

nave	nave	nave	nave	nave
estreitos	meio estreitos	normais	largos	larguíssimos

PROJETO GRÁFICO E TIPOLOGIA

```
            o v o
          n o v e l o
        novo    no    velho
        o   filho  em  folhos
        na  jaula  dos  joelhos
        infante   em   fonte
          f e t o   f e i t o
            d e n t r o   d o
              centro


              nu
          des  do  nada
          a t e   o   h u m
          a n o  m e r o  n u
          m e r o   d o   z e r o
          crua   criança   incru
          stada  no  cerne  da
            carne   viva   en
              fim   nada


                o
            p o n t o
          onde  se  esconde
          lenda  ainda  antes
          e n t r e v e n t r e s
          quando    queimando
          o s   s e i o s   s ã o
            p e i t o s   n o s
              dedos


              n o
            turna  noite
          em  torno  em  treva
          turva   sem   contorno
          morte  negro  nó  cego
          sono  do  morcego  nu
          ma  sombra  que  o  pren
          dia  preta  letra  que
              s e   t o r n a
                sol
```

Programas de computador podem simular diferentes larguras de letras e, assim, usá-las na construção de textos imagéticos. Augusto de Campos, *Viva Vaia. Poesia – 1949-1979*, Cotia, SP, Ateliê, 2000, p. 94.

8.1.4. Tonalidade

Quanto à tonalidade, a classificação dos caracteres é determinada pela força (intensidade do tom e espessura) de suas hastes. Nesse sentido, eles apresentam-se em negritos ou pretos (*extra bolds*), *medium* (*bold*), normais, claros (*lights*) e *extra lights*.

extra bold   **bold**   normais   light   extra light

É considerado preto o caractere cujas hastes predominam sobre seus brancos internos. A utilização de letras claras ou pretas está restrita às normas de legibilidade do texto. O excesso de caracteres com várias tonalidades pode quebrar a harmonia de uma composição.

8.1.5. Uso ortográfico e gráfico

Os caracteres podem estar em:

- caixa-alta (cA), versal (V) ou maiúsculas
  A HARMONIA DE UMA COMPOSIÇÃO

- caixa-baixa (cb) ou minúsculas
  a harmonia de uma composição

- caixa-alta e baixa (cAb)
  A Harmonia de uma Composição

- versalete
  A HARMONIA DE UMA COMPOSIÇÃO

- versal-versalete (Vv)
  A Harmonia de uma Composição

- redondo (red.) ou normal
  A harmonia de uma composição

- itálico (it.) ou grifo (gr.)
  A harmonia de uma composição

- negrito (neg.) ou bold
  A harmonia de uma composição

8.2. FONTES TIPOGRÁFICAS

Os vocábulos *tipo* e *fonte* frequentemente são tomados como sinônimos; no entanto, *tipo* é o desenho de caracteres unificados por propriedades visuais uniformes, enquanto *fonte* – termo que surgiu com o advento da informática – é o jogo completo de caracteres em qualquer desenho, corpo e estilo. As fontes incluem letras em caixa-alta e caixa-baixa, números, versaletes, frações, ligaturas, pontuação, signos matemáticos, acentos, símbolos e grafismos (adornos, vinhetas, fios, entre outros).

8.3. A ESCOLHA DOS CARACTERES

Além da legibilidade, outros fatores devem ser levados em conta pelo *designer* na escolha dos tipos, entre eles:

- *A medida ideal de uma linha de texto.* É aquela suficiente para comportar, aproximadamente, de uma vez e meia a duas, o alfabeto em caixa-baixa da fonte escolhida.
- *O corpo ideal.* Está diretamente relacionado com a faixa etária do leitor. Apesar de não haver norma específica, geralmente se usa a seguinte relação entre o corpo da letra e a idade do leitor:

IDADE	CORPO	CARACTERES POR LINHA
menores de 7 anos	24	30
7 a 8 anos	18	38
8 a 9 anos	16	45
9 a 10 anos	14	52
10 a 12 anos	12	58
acima de 12	11	60

- *O suporte.* Trata-se do material que recebe a impressão: papel, couro, tecido, acetato etc. Sua escolha apropriada é fundamental para o êxito de uma publicação, totalmente prejudicada se, por exemplo, o papel adotado absorver muita tinta ou refletir muito a luz.

Mapa de caracteres da fonte Bodoni XT. O exame do mapa de caracteres de uma fonte permite ao *designer* saber o quanto ela é adequada a determinado uso, levando-se em consideração a existência de acentos, a forma dos numerais ou a presença de caracteres especiais – muitas vezes necessários em algumas composições.

No passado, o "mapa de caracteres" se resumia à caixa de tipos fundidos em chumbo. Jérome Peignot, *Typoésie*, Paris, Imprimerie Nationale, 1993.

9. CLASSIFICAÇÃO DOS TIPOS

9.1. Góticos e Civilités 9.2. Humanísticos 9.3. Garaldes 9.4. Transicionais
9.5. Didones 9.6. Egípcios 9.7. Incisos 9.8. Lineares (Humanísticos e Geométricos)
9.9. Manuscritos

A classificação dos tipos serve para aclarar as sutis diferenças entre as diversas classes de letras, além de ajudar a explicar a razão de tais variações. Também auxilia o *designer* a escolher o tipo mais apropriado, já que as referências históricas e culturais inerentes a uma determinada categoria de letra costumam proporcionar uma importante dimensão adicional a um texto.

No entanto, os vários nomes das classes básicas de tipos, inclusive a classificação adotada aqui (*góticos e civilités, humanísticos, garaldes, transicionais, didones, egípcios, incisos, lineares* e *manuscritos*), baseada na divisão criada em 1954 pelo ilustrador e teórico francês Maximilien Vox, são imprecisos. Ao longo da história da tipografia, foram feitas inúmeras tentativas de organizar os tipos segundo suas principais características, seja mudando-se os nomes das classes, seja acrescentando-se subclasses. De qualquer maneira, a categorização dos tipos tem como objetivo facilitar o estudo da tipografia, não constituindo uma finalidade em si.

Antes da Revolução Industrial existiam basicamente três estilos de desenho de tipos, que representavam os principais desenvolvimentos de uma evolução lenta, porém importante. Eram os chamados *antigos, de transição* e *modernos*.

Os primeiros livros impressos (a *Bíblia de 42 Linhas* de Gutenberg data de 1455) utilizavam estilos das letras desenhados especificamente para imitar os livros escritos à mão que precederam a invenção dos tipos móveis. Em outras palavras, foram concebidos a fim de parecerem um "livro", segundo a definição da época e, evidentemente, todas as obras da Europa do século XV eram, na denominação atual, "manuscritos".

Antes da tipografia, as letras cênicas, por exemplo, eram produzidas artesanalmente para compor capitulares e outros adereços nos antigos manuscritos. Iniciais S e Q. H. Saint Grégoire, *Moralia in Job*, século XII, Dijon, França, Biblioteca Municipal, *La Lettre et L'image*, p. 45.

Havia um negócio florescente de livros, devido, em grande parte, à fundação de universidades, no começo do Renascimento (século XIV). Para atender à demanda, a produção de tais obras se organizava na forma de linha de "montagem", na qual os textos lidos em voz alta eram copiados simultaneamente por vários escribas. Quando se fala desses manuscritos, quase sempre eles são imaginados como objetos de grande beleza, mas muitos eram repletos de erros e, sem dúvida, muito caros. A invenção de Gutenberg não só marcou o começo de um novo ofício, mas também estabeleceu as bases de uma nova era do saber. A maioria dos primeiros impressores era composta, sobretudo, por homens de letras que, quando precisavam, contratavam especialistas para assegurar a exatidão da interpretação e da tradução dos textos.

O tipo criado por Gutenberg, classificado como gótico, durou só um breve período, até ceder lugar ao *old style*. Todavia, continuou a ser utilizado na Alemanha até 1945, podendo ser visto ainda hoje, de vez em quando, nas ocasiões nas quais se considera adequado ressaltar "valores tradicionais".

À medida que se desenvolvia a imprensa, desaparecia o ofício do calígrafo. Desde então, os impressores e encadernadores ficaram livres para desenvolver suas próprias convenções. Durante os três séculos seguintes, o desenho de caracteres evoluiu muito lentamente. Os tipos antigos de Caslon e seus antecessores eram baseados na espessura variável dos traços (finos nos lados, grossos de cima para baixo), conseguida por meio de uma pluma grossa. Com o advento do Iluminismo, os tipos ganharam independência: da letra escrita evoluíram para formas racionais que refletiam os avanços nas habilidades e nas técnicas de produção.

Na Inglaterra, durante o século XVIII, John Baskerville, conhecedor dos desenvolvimentos tipográficos franceses, realizou avanços significativos rumo a um enfoque mais racional do desenho de seu tipo, proporcionando no período de transição, antes de Firmin Didot, na França, passos decisivos para se deixar de lado qualquer referência às letras manuscritas. Pouco depois, Bodoni fez o mesmo na Itália.

As fontes modernas caracterizam-se por uma acentuada modulação vertical e contraste abrupto entre os traços grossos e finos. As serifas nem sempre estão unidas, e seus traços são delgados e retos. Esses tipos quebraram as regras de legibilidade, o objetivo preferencial de Didot e de Bodoni. Ambos conseguiram produzir alguns dos livros mais belos jamais impressos, desenhados para serem vistos e admirados, além de lidos.

PROJETO GRÁFICO E TIPOLOGIA

Matrizes diferentes do mesmo caractere foram usadas na *Bíblia de 42 Linhas*, publicada por Gutenberg em 1455. Claudio Rocha, *Projeto Tipográfico: Análise e Produção de Fontes Digitais*, 2. ed. revisada e ampliada, São Paulo, Rosari, 2002, p. 28.

CLASSIFICAÇÃO DOS TIPOS

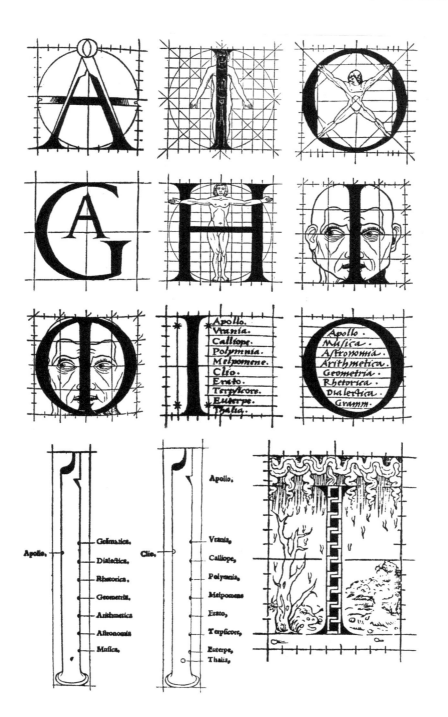

Iniciais de Geoffroy Tory, tipógrafo renascentista francês, para sua obra *Champ Fleury*. Numa homenagem a Vitrúvio, Tory se rende ao desenho dos caracteres com base na geometria e nas proporções do corpo humano, conferindo-lhes significados alegóricos. A letra O, por exemplo, encerra as sete artes, e a letra I, as nove musas.

No outro extremo, o impressor era conduzido para uma direção muito diferente à medida que os desenvolvimentos mecânicos e de fabricação, os quais propiciaram a Revolução Industrial, começaram a surtir efeito. Isso significou que as máquinas impressoras passaram a ser capazes de imprimir com muito mais rapidez e a baixo custo, abrindo então novas oportunidades de uso da imprensa, que, por sua vez, criou a necessidade de uso bem mais amplo dos tipos. Como se sabe, antes eles eram empregados quase que exclusivamente na impressão de livros.

A florescente indústria publicitária foi responsável pelo aparecimento de diversos tipos desenhados sob a influência das letras pintadas à mão ou esculpidas uma a uma, presentes nas marcas comerciais ou em fachadas de edifícios, elaborados para competir pela atenção do público frente a outros estilos de caracteres cada vez mais exóticos.

Uma das táticas era desenhar os mais complicados ou estranhos tipos possíveis. Também existia a alternativa de criar tipos mais simples para o uso publicitário: eliminava-se grande parte dos detalhes necessários aos caracteres destinados ao texto corrido. Mais adiante, durante a primeira metade do século XX, os *designers* começaram a readaptar tais fontes, introduzindo nelas características que os incentivaram a considerá-las como passíveis de um uso bem mais amplo.

A importância dos tipos grotescos não parou de crescer durante o século XX. Suas primeiras versões não eram adequadas ao texto contínuo, ainda que funcionassem perfeitamente bem em textos curtos ou de apoio, sobretudo em corpos menores. No entanto, mais recentemente, alguns *designers* têm lhes acrescentado algumas qualidades associadas aos tipos antigos mais caligráficos com a intenção de estabelecer os caracteres sem serifa como um tipo contemporâneo e, ao mesmo tempo, altamente legível.

Hoje em dia, com a tecnologia digital, a criação de um tipo de letra requer dedicação e tempo. Mas, embora desde meados dos anos 1980 tenham sido desenhados e comercializados milhares de tipos novos *industriais*, o número de tipos novos *de texto* permanece relativamente baixo. Uma fonte completa, em geral, inclui cerca de 250 caracteres, que representam, por sua vez, apenas uma fração de todo o trabalho, o qual pode abranger diversas versões em redondo, itálico, versalete, além de números, ligaturas, frações, acentos, signos e símbolos etc. Além disso, os caracteres devem dispor virtualmente de *kerning* correto, e isso faz com que a produção de um caractere possa demorar anos. Trata-se, portanto, de uma empreitada que requer um compromisso que poucos estão dispostos a aceitar.

9.1. GÓTICOS E CIVILITÉS

Os tipos góticos e os civilités são aqueles que caracterizam a produção escrita medieval. A letra gótica é aquela mais formal, cujas maiúsculas carregam suaves adornos caligráficos. Usadas nos antigos códices pelos monges copistas, destacavam-se pelas formas quebradas ou geométricas e hastes descendentes bastante reduzidas, o que permitia escrever mais letras por linha e mais linhas por página – receita que ajudava os mosteiros a economizar pergaminho.

Entre as inúmeras variantes do tipo gótico, a rotunda talvez tenha sido a que mais se destacou durante os séculos XIII e XIV. Inspirada na letra carolíngia, ela se caracterizava pela forma arredondada e traços mais grossos, que lhe conferiam boa legibilidade.

Já a letra civilité, inaugurada por Robert Granjon em 1557, era mais flexível e dinâmica. Inspirada na caligrafia popular, também chamada "bastarda", foi usada numa das primeiras traduções de um dos *best-sellers* de Desiderius Erasmus, *De civilitate morum puerilium libellus*, ou *Um Pequeno Livro para Crianças sobre o Comportamento Civilizado*. Advém daí o nome civilité, pelo qual ficou conhecido esse tipo gótico itálico.

Tipos góticos e civilités.

9.2. HUMANÍSTICOS

Os tipos humanísticos caracterizam-se pela forma arredondada, no estilo romano, com pouco contraste entre as variações de espessura, altura x pequena e serifas quase sempre apoiadas e côncavas. As maiúsculas são inspiradas nas inscrições lapidares latinas; as minúsculas lembram a escrita carolíngia; já a cursiva se inspira na escrita da chancelaria papal, com terminações cujos traços imitam a escrita manual. A letra do francês Nicolas Jenson (1420-1480) é um exemplo de tipo humanístico. Depois de trabalhar como aprendiz na oficina de Gutenberg, Jenson passou a dominar a técnica alemã da impressão mecânica com tipos móveis, mas, já em Veneza, foi buscar inspiração na estética italiana, criando um tipo que integrava minúsculas e maiúsculas e lhes conferia o mesmo peso e as mesmas proporções de forma absolutamente harmônica.

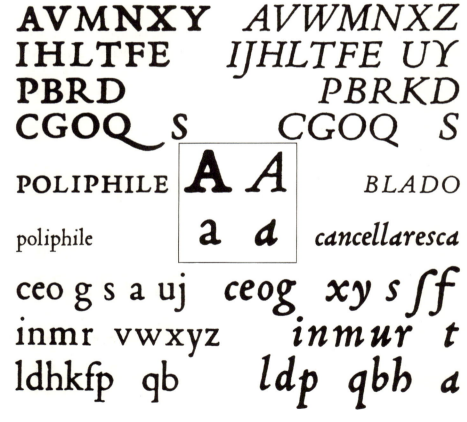

Tipos humanísticos.

9.3. GARALDES

   Esses tipos estão relacionados ao italiano Aldo Manuzio (1450-1515), editor e tipógrafo renascentista responsável pelos novos padrões estéticos que dominariam a tipografia dos séculos XV e XVI, e ao gravador francês Claude Garamond (1500-1561), que, inspirado em Manuzio, criou desenhos de caracteres ainda mais refinados. As maiúsculas apresentam contraste mais acentuado entre os traços finos e os grossos, característica que mantém também o equilíbrio e a harmonia das minúsculas. Já a cursiva acompanha um traçado caligráfico, com bastante movimento, mostrando-se mais estreita que as redondas.

Garaldes.

9.4. TRANSICIONAIS

Com serifas mais finas e planas, esses tipos apresentam maior variação na espessura das hastes que os garaldes; seu eixo é vertical ou levemente inclinado. O marco histórico desses tipos foi a Romain du Roi, criada na França em 1702 por Philippe Grandjean, a pedido de Luís XIV, e de uso exclusivo da Imprimerie Royale. Desenhada matematicamente, a Romain du Roi era regular, uniforme e geométrica, separando-se ao máximo da caligrafia. A Baskerville, criada pelo tipógrafo inglês John Baskerville (1706-1775), é um exemplo dessa categoria de desenho de caracteres, chamada transicional por se situar, historicamente, entre dois estilos marcantes: o humanista e o didone.

Tipos transicionais.

9.5. DIDONES

Com serifas finas, lineares e perpendiculares às hastes, esses tipos estão ligados ao trabalho de dois tipógrafos: o francês Firmin Didot (1764-1836) e o italiano Giambattista Bodoni (1740-1813).

Os tipos didones foram desenvolvidos segundo rígidas proporções matemáticas e, por isso, são desprovidos de características manuscritas. O eixo é extremamente centrado, e as variações de espessura, bastante acentuadas. A Didot, a Bodoni e a Walbaum são as principais representantes desse estilo, e, segundo o que tipógrafo e *designer* Robert Bringhurst afirma, "o fantasma de Firmin Didot pode ser apalpado na Frutiger de Adrian Frutiger, o de Bodoni assombra a Futura de Paul Renner, e o espírito de Walbaum comparece em alguns dos últimos trabalhos de Hermann Zapf"[1]. E considera: "No entanto, todas essas encarnações implicaram um verdadeiro salto criativo, não imitação"[2].

Didones.

1. Robert Bringhurst, *Elementos do Estilo Tipográfico*, São Paulo, Cosac Naify, 2005, p. 246.
2. *Idem, ibidem*.

9.6. EGÍPCIOS

Também chamados de mecânicos, surgiram durante a Revolução Industrial, no Reino Unido. Até o século XVIII, tais tipos tinham como principal finalidade servir à impressão de livros. Com o advento da indústria e da consequente necessidade de vender os novos produtos colocados no mercado, desenhos de caracteres mais exagerados, com formas extravagantes e sem a sofisticação dos didones, ganharam espaço. As serifas, nesse sentido, são espessas e quadradas; os traços, uniformes e isentos de contrastes. Uma das famílias tipográficas representantes dessa categoria é a Égizio, desenhada em 1954 por Aldo Novarese (1920-1995).

Tipos egípcios.

9.7. INCISOS

Com ares de "clássicos e modernos", esses tipos se inspiram nas inscrições de monumentos romanos da Antiguidade. Segundo Maximilien Vox, nos incisos as serifas, triangulares, alargam-se a partir da espessura das hastes. As minúsculas possuem terminações pouco marcadas, e as cursivas, como é de praxe nas sem serifa, apresentam uma sutil inclinação. A Albertus e a Optima são exemplos representativos dessa categoria.

Incisos.

9.8. lineares (humanísticos e geométricos)

Não recomendados para textos longos, os tipos lineares apresentam-se sem serifa e se subdividem em *geométricos* e *humanísticos*.

Nos geométricos, o signo é reduzido à sua "essência", ao seu "esqueleto". As maiúsculas remetem às antigas formas fenícias e gregas. Nas minúsculas, prevalece a linha reta, com olho grande. Não há constraste entre as hastes. A Futura, desenhada em 1927 pelo alemão Paul Renner, e a Avant Gard são exemplos dessa subdivisão.

Embora sem serifas, os tipos lineares humanísticos mantêm certo contraste nos traços, lembrando, nas maiúsculas, as lapidares romanas e, nas minúsculas, a estética dos garaldes. A Antique Oliva, desenhada na França, por Roger Excoffon, em 1967, é um exemplo dessa subcategoria.

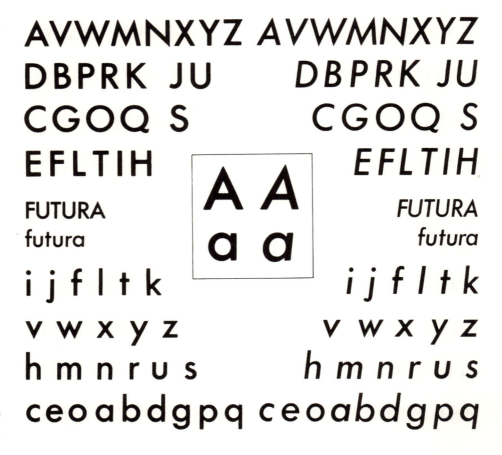

Lineares geométricos.

CLASSIFICAÇÃO DOS TIPOS

AVWYMN
KXZ
BPRDJU
IHEFTL
OQGCS

ANTIQUE OLIVE

antique olive

bpdqgjf
vwxyzk
ilhrmnu
ast ceo

A A
a a

AVWYMN
KXZ
BPRDJU
IHEFTL
OQGCS

ANTIQUE OLIVE

antique olive

bpdqgjf
vwxyzk
ilhrmnu
ast ceo

Lineares humanísticos.

9.9. MANUSCRITOS

Inspirados na escrita caligráfica, são, em geral, tipos mais decorativos, destinados principalmente à produção de logotipos, cartazes ou anúncios publicitários. Tal como na caligrafia, variam bastante quanto à forma. Às vezes, simples, assemelham-se aos caracteres lineares; outras vezes, podem se apresentar extremamente adornados. Os tipos usados em histórias em quadrinhos, como as do belga Hergé (criador do herói Tintim), e a fonte Inglesa, de Didot, são dois exemplos dessa categoria bastante ampla.

Tipos manuscritos.

Qorpo Estranho, Criação Intersemiótica, São Paulo, nº 2, set.-dez. 1976.

Maiúsculas lavradas na Coluna de Trajano, Roma, *c.* 114 d.C. David Jury, *Tipos de Fuentes: Regreso a las Normas Tipograficas*, Barcelona, Index Book, 2002.

PARTE V
REVISÃO

Na leitura, deve-se notar e acariciar os detalhes.

VLADIMIR NABOKOV

Não consigo imaginar um destino pior do que andar por aí o resto da vida portando um erro tipográfico.

ANNE FADIMAN

(De um sujeito que teve tatuada a expressão *Fighing Irish* sem o "t" e processou o patrão do tatuador em 250 mil dólares.)

Seção de revisão de provas da Imprensa Nacional, no Rio de Janeiro, em 1911. Ademar A. de Paula e Mario Carramillo Neto, *Artes Gráficas no Brasil: Registros 1746-1941,* São Paulo, Laserprint, 1989.

10. REVISÃO DE PROVAS

10.1. O Revisor de Provas e o Texto 10.2. Signos de Correção de Provas 10.2.1. Chamadas e marcadores 10.2.2. Emendas 10.2.3. Sinais 10.3. As Provas de Revisão 10.3.1. Correção de primeiras provas 10.3.2. Segunda e terceira provas 10.4. Erros Ortográficos e Gramaticais 10.5. Erros de Composição Gráfica 10.6. Erros de Padronização e Paginação

Com o projeto gráfico aprovado, envia-se o texto para a diagramação. Uma vez composto, o livro segue para um estágio fundamental da edição – a revisão de provas. Constituída em geral por três fases, essa etapa requer o trabalho de um profissional imprescindível no processo de edição de qualquer impresso: o revisor de provas. Com ótimo grau de instrução, cultura geral, bons conhecimentos técnicos de composição gráfica, boa capacidade de atenção e concentração, noções básicas de grego, latim e das principais línguas modernas (inglês, espanhol, francês, alemão etc.), mas, sobretudo, amplo domínio da língua portuguesa, esse profissional tem como função prezar não apenas pela correção ortográfica e gramatical do texto, mas também por sua harmonia com o projeto visual do livro.

Feito para durar, o livro deve receber todo o cuidado possível, a fim de que não escapem erros que se eternizem. Desse modo, recomenda-se que as provas – no mínimo três, ou quantas forem necessárias – sejam lidas por revisores diferentes. Caso a obra tenha sido digitada ou escaneada, o ideal é que a leitura seja feita por dois revisores: enquanto um lê a prova, o outro a acompanha pelo original, cotejando e conferindo uma com o outro linha a linha, com o intuito de assinalar erros de digitação, saltos, omissões, repetições, interpretações erradas, troca e transposição de letras, hifenização etc. Em caso de obras traduzidas, é desejável que pelo menos um dos revisores envolvidos na edição tenha conhecimentos, mesmo que gerais, do idioma do qual provém a tradução.

Em princípio, o revisor de provas não está autorizado a fazer alterações no texto: caso tenha dúvidas, deve consultar o editor ou o autor. No entanto, é importante que desenvolva o hábito da pesquisa e consulta, principalmente a dicionários, enciclopédias e, atualmente, *sites* confiáveis e de referência para sanar dúvidas mais comuns, contribuindo para agilizar o processo de edição.

10.1. O REVISOR DE PROVAS E O TEXTO

De modo geral, cabe ao revisor de provas apontar erros ortográficos e gramaticais que porventura ainda existam no texto, além de conferir se a composição obedece ao original preparado e marcado e aos critérios gerais estabelecidos pelo projeto gráfico, observando, por exemplo, o entrelinhamento, a hierarquia dos títulos, a numeração, a regularidade das manchas, entre outros aspectos, a fim de evitar problemas comuns de composição que depõem contra uma boa edição, como caminhos de rato, forcas e viúvas.

A marcação dos erros deve ser suficientemente clara, para, com isso, não surgirem dúvidas ou ambiguidades no momento da correção. Devem ser utilizados os sinais convencionais de maneira correta, de preferência com caneta vermelha. As dúvidas devem ser assinaladas a lápis e entregues, em uma relação à parte, ao chefe da revisão ou ao autor, que as resolverão.

Antes de começar a leitura de uma prova, o revisor deve anotar as particularidades a levar em conta para a obra que tem diante de si, sobretudo quando faz revisão de vários livros ao mesmo tempo. Também deve ter em mãos o manual de editoração e estilo da editora para conhecer e seguir os padrões e as normas adotados por ela. É importante que o local de trabalho seja isolado e silencioso e ofereça todo o material de consulta necessário: enciclopédias, dicionários, gramáticas etc.

Nenhuma prova pode ser lida sem o original. Prova e original devem ser colocados lado a lado na mesa. Lenta e progressivamente, sílaba por sílaba, o revisor de provas deve estar sempre atento, fixando-se nas palavras, a fim de verificar se estão compostas corretamente, se não há caracteres a mais ou a menos e se não houve alteração no tipo ou no corpo das letras, assinalando de modo adequado todos os signos utilizados no texto, inclusive os de pontuação.

Especial atenção deve ser dada à normalização de todos os aspectos do texto: nomes de obras e autores, citações, notas de rodapé, realces gráficos (itálicos, negritos, versais etc.), de modo a tornar clara a unicidade de padronização ao longo de todo o livro.

O revisor de provas não deve confiar demasiadamente no original: por mais bem preparado que esteja, por mais revisto que tenha sido, este ainda pode conter erros que devem ser eliminados. Em geral, o revisor de provas não pode deixar que passem, conscientemente, um erro gramatical, uma redação confusa, barbarismos etc. Sua missão básica é, além de conferir todas as emendas feitas no original, corrigir tudo aquilo que de fato ainda estiver errado e, nos casos de dúvida, consultar seu superior, mas sem jamais se omitir.

Caso haja muitas dúvidas ou questões a ser feitas ao editor ou autor, recomenda-se anotá-las em folha à parte e anexá-las à prova. Desse modo, pode-se enviar ao diagramador um conjunto mais limpo de provas finais depois que os questionamentos tiverem sido resolvidos. O revisor não deve hesitar em fazer perguntas, mas deve fazê-las de maneira concisa, clara e oportuna.

Se houver incoerências cuja resolução não esteja prevista no manual de editoração e estilo da editora, convém utilizar os padrões mais usuais. No entanto, se algo foi "padronizado" diferentemente em todo o livro – por exemplo, em caixa-alta na primeira metade da obra e em caixa-baixa no restante –, consulte o editor antes de optar por uma dessas padronizações.

10.2. SIGNOS DE CORREÇÃO DE PROVAS

De uso internacional, com pouquíssimas diferenças no emprego que deles é feito por um país ou outro, os signos de revisão de provas são anteriores à invenção da imprensa e foram criados pelos primeiros revisores de manuscritos para corrigir o trabalho dos copistas, mediante a marcação, nas margens, dos signos que indicavam as emendas.

Muito numerosos na época da composição manual, foram pela primeira vez sistematizados na França, em 1773, por Pierre François Didot, responsável por unificar uma série de signos convencionais – um verdadeiro sistema gráfico – utilizados nas oficinas gráficas para facilitar a indicação das correções e garantir que elas fossem executadas.

Com o desenvolvimento da composição mecânica e informatizada, alguns desses signos desapareceram; entretanto, a maior parte deles, mais ou menos modificada, atravessou os séculos com o mesmo significado e deve ser muito bem conhecida por preparadores, revisores, digitadores, diagramadores, bem como por outros profissionais relacionados à atividade editorial, como escritores e tradutores.

REVISÃO

Os signos de correção de provas são classificados em *chamadas e seus marcadores*, *emendas* ou *signos de emenda*, e *sinais*.

10.2.1. Chamadas e marcadores

As chamadas são as mais utilizadas na revisão de provas. Praticamente para qualquer modificação, o primeiro passo é marcar com uma chamada. Cada revisor costuma usar os marcadores com os quais está familiarizado. Os mais utilizados atualmente são:

Cada uma dessas chamadas serve para assinalar, no texto, uma letra, palavra ou frase que precise de correção. Uma vez indicada no texto, repete-se na margem o mesmo marcador, seguido, à sua direita, pela letra, palavra ou frase que substitui o erro ou acréscimo a que a chamada se refere. Nesse caso, pode-se repetir esta última quantas vezes forem necessárias.

> Uma vez indicada no texto, repete-se na margem o mesmo marcador, seguido, em sua direita, pela letra, palavra ou frase que substitui o erro ou acréscimo a que a chamada se refere. Neste caso, pode-se repetir a chamada quantas vezes forem necessárias.

10.2.2. Emendas

Recomenda-se atenção redobrada para os casos nos quais pretende acrescentar uma letra a uma palavra, por exemplo, ou trocar um caractere por outro. Em vez de apenas incluir a letra que está faltando ou simplesmente substituí-la por outra, é preferível marcar toda a sílaba, pois, ao tentar assinalar somente um caractere em espaço tão exíguo, corre-se o risco de, inadvertidamente, cortar outra letra e provocar mais confusão.

As emendas devem ser feitas, de preferência, com caneta vermelha; se houver dúvida quanto à correção, deve-se fazê-la a lápis, instrução que também vale no caso do apontamento de sugestões.

10.2.3. Sinais

Nas provas, as correções são sempre indicadas nas margens; muitos sinais interlineares usados na preparação de texto também são usados na revisão. Entretanto, o revisor de provas conta com um conjunto maior de indicadores, que não apenas sinalizam erros gramaticais, mas também de composição.

MUDANÇA	SIGNO NA PROVA	SIGNO NA MARGEM	PROVA CORRIGIDA
Suprimir letras, palavras ou frases X ou ϕ	Erros de diggitação	|X	Erros de digitação
Inserir letra, palavra, frase ou pontuação | | | L	Faltou o ponto-fina mas sobraram vírgulas.	|al,	Faltou o ponto-final, mas sobraram vírgulas.
Ignorar emenda	Se errar, anule a emenda.	vale	Se errar, anule a emenda.
Unir letras ou sílabas de uma palavra	Junte letras ou sílabas separadas com esse sinal.	|~	Junte letras ou sílabas separadas com esse sinal.
Separar letras e palavra ou corrigir entrelinhamento	Separe letras ou palavras e corrija o entrelinhamento.	|# ‹#	Separe letras ou palavras e corrija o entrelinhamento.
Reduzir espaço	Para eliminar espaços excedentes, use este signo.	|~	Para eliminar espaços excedentes, use este signo.
Inverter	Com signo este, invertem-se letras ou palavras.		Com este signo, invertem-se letras ou palavras.
Caixa-alta ≡ ou cA	É fácil indicar que se deve compor em caixa-alta: três traços embaixo da palavra ou um círculo.	|≡ |cA	É fácil indicar que se deve compor em CAIXA-ALTA: três traços embaixo da palavra ou um CÍRCULO.
Caixa-baixa cb	Para a caixa-baixa, basta circular a PALAVRA.	|cb	Para a caixa-baixa, basta circular a palavra.
Caixa-alta e baixa cAb	Quando é preciso indicar maiúscula e minúscula, recorre-se a este signo: "O rio de Janeiro continua lindo".	||cAb	Quando é preciso indicar maiúscula e minúscula, recorre-se a este signo: "O Rio de Janeiro continua lindo".
Versalete ‾ ou V	Para compor em versalete, usam-se dois traços ou circula-se a palavra.	|≡ |V	Para compor em VERSALETE, usam-se dois traços ou circula-se a PALAVRA.

Tabela de revisão.

REVISÃO

MUDANÇA	SIGNO NA PROVA	SIGNO NA MARGEM	PROVA CORRIGIDA
Versal-versalete ≡ ou (v.v.)	A mesma lógica serve para indicar o versal-versalete.	≡ / (v.v.)	A mesma LÓGICA serve para indicar o VERSAL-versalete.
Negrito ou bold ~ ou (neg.)	Para compor em negrito, opta-se pelo sublinhado ou círculo.	~ / (neg.)	Para compor em **negrito**, opta-se pelo sublinhado ou **círculo**.
Redondo (red.)	O redondo é indicado circulando-se a palavra.	(red.)	O redondo é indicado circulando-se a palavra.
Itálico ___ e (it.)	Para indicar o itálico, faz-se um traço sob a palavra a ser destacada.	(it.)	Para indicar o *itálico*, faz-se um traço sob a palavra a ser destacada.
Negrito itálico ~~~~ e (it. neg)	O negrito itálico é indicado com uma linha reta e outra ondulada, ou circulando-se a palavra.	/ (it. neg)	O ***negrito itálico*** é indicado com uma linha reta e outra ondulada, ou circulando-se a ***palavra***.
Versalete negrito ou (v. neg)	O versalete negrito é indicado com dois traços retos e um ondulado, ou circulando-se a palavra.	(v. neg)	O **VERSALETE NEGRITO** é indicado com dois traços retos e um ondulado, ou circulando-se a **PALAVRA**.
Verificar fonte (v.f.)	Em caso de fonte errada, pede-se verificar.	(v.f.)	Em caso de fonte errada, pede-se verificar.
Abrir linha)— #	Linhas muito apertadas comprometem a harmonia da mancha.	)—	Linhas muito apertadas comprometem a harmonia da mancha.
Fechar linha)	O mesmo ocorre quando as linhas estão muito abertas.	)	O mesmo ocorre quando as linhas estão muito abertas.
Desfazer parágrafo	Às vezes, é preciso unir parágrafos. Por exemplo, os muito curtos.		Às vezes, é preciso unir parágrafos. Por exemplo, os muito curtos.
Abrir parágrafo [	Quando se quer abrir um parágrafo, indica-se exatamente o ponto em que o novo parágrafo deve começar. Os diagramadores devem conhecer todos os sinais de revisão.	[[	Quando se quer abrir um parágrafo, indica-se exatamente o ponto em que o novo parágrafo deve começar. Os diagramadores devem conhecer todos os sinais de revisão.

MUDANÇA	SIGNO NA PROVA	SIGNO NA MARGEM	PROVA CORRIGIDA
Evitar repetição de palavras no início ou fim de duas linhas consecutivas	A repetição de palavras ou partes de palavras no início ou fim de duas linhas consecutivas também compromete o visual da mancha.		A repetição de palavras ou partes delas no início ou no fim de duas linhas consecutivas também compromete o visual da mancha.
Passar para a linha seguinte	Mesmo quando não há repetição, às vezes é necessário mover palavras para a linha seguinte.		Mesmo quando não há repetição, às vezes é necessário mover palavras para a linha seguinte.
Desfazer caminho de rato	Tal como ocorre com os chamados "caminhos de rato", que prejudicam não só a estética, mas também a leitura.		Tal como ocorre com os chamados "caminhos de rato", que prejudicam não só a estética, mas também a leitura.
Centralizar	Em relação ao posicionamento do texto, pode-se centralizá-lo.		Em relação ao posicionamento do texto, pode-se centralizá-lo.
Alinhar à direita	Para indicar alinhamento à direita, usa-se um reta do lado direito do texto.		Para indicar alinhamento à direita, usa-se um reta do lado direito do texto.
Alinhar à esquerda	Se o texto deve ser composto à esquerda, a linha reta aparece à esquerda.		Se o texto deve ser composto à esquerda, a linha reta aparece à esquerda.
Compor blocado	Se é preciso indicar uma composição blocada, as duas linhas, à direita e à esquerda, devem aparecer.		Se é preciso indicar uma composição blocada, as duas linhas, à direita e à esquerda, devem aparecer.
Alinhar	Se houver necessidade de recuo, coloca-se o sinal apenas na linha em que o espaço deve aparecer.		Se houver necessidade de recuo, coloca-se o sinal apenas na linha em que o espaço deve aparecer.

MUDANÇA	SIGNO NA PROVA	SIGNO NA MARGEM	PROVA CORRIGIDA
Suprimir recuo	Caso seja necessário eliminar um recuo, basta inserir o sinal inverso ao anterior.		Caso seja necessário eliminar um recuo, basta inserir o sinal inverso ao anterior.
Por extenso	A indicação de que um número, por exemplo 300, deve ser escrito se faz por meio dessa abreviatura.		A indicação de que um número, por exemplo trezentos, deve ser escrito se faz por meio dessa abreviatura.
Verificar original	Dúvidas ou problemas de tradução são indiciados e devem ser verificados.		Dúvidas ou problemas de tradução são indicados e devem ser verificados.
Indicar sobrescrito	Em livros acadêmicos são muito comuns as chamadas de notas. Para indicar que elas devem ser compostas elevadas 1, colocam-se dois traços embaixo.		Em livros acadêmicos são muito comuns as chamadas de notas. Para indicar que elas devem ser compostas elevadas[1], colocam-se dois traços embaixo.
Indicar subscrito	Faz-se o inverso quando letras a e números devem ser compostos como índice.		Faz-se o inverso quando letras a e números devem ser compostos como índice.

10.3. AS PROVAS DE REVISÃO

As provas de revisão devem ser impressas em papel branco, em formato A4 ou A3, usando-se preferencialmente apenas a frente da folha. Recomenda-se que sejam mantidas visíveis as linhas de corte, para que o revisor possa facilmente observar o tamanho da mancha e possíveis disparidades entre uma página e outra.

Em geral, as provas de revisão se classificam em:

- Primeira prova.
- Segunda prova.
- Terceira prova.
- Última prova ou prova totalmente paginada.

No entanto, todo livro deveria ter quantas provas fossem necessárias para que fossem eliminados, ao máximo, os erros que sempre surgem, mesmo após várias leituras. Além disso, obras de referência, como dicionários, enciclopédias e outras, exigem quase sempre mais de três provas de revisão. Assim, essa classificação pode ser considerada padrão, não devendo o editor admitir que um livro passe por menos de duas leituras e uma conferência de emendas, sob pena de comprometer a qualidade da edição.

Para melhor controle, deve-se indicar em todas as provas o dia de sua impressão, a etapa da correção – 1ª, 2ª ou 3ª – e a data em que o trabalho será entregue pelo revisor. Recomenda-se ainda que este profissional rubrique todas as páginas e assine a prova.

10.3.1. Correção de primeiras provas

Quando os livros ainda eram compostos em linotipos, as primeiras provas costumavam ser impressas sem paginação. Hoje elas já vêm paginadas e com todos os elementos que compõem a página: títulos correntes, numeração, ilustrações e notas de rodapé. Com relação a estas últimas, é desejável que estejam em sua posição definitiva, para que sejam lidas juntamente com o texto, e possa ser conferida a exatidão entre elas e suas respectivas chamadas.

A correção das primeiras provas é uma das mais importantes, porque ela pode ser mudada, receber acréscimos, ou, ainda, passar pelo processo de normalização. O ideal é que seja feita por duas pessoas, uma lendo-a, e a outra seguindo o original. A leitura deve indicar todos os realces gráficos (cA, cAb, itálico, versalete...) e pontuação (, ; : ? ! ...) que o texto contenha.

É bom ressaltar que, por melhor que seja o revisor, ele é incapaz de encontrar todos os erros de uma primeira prova. Mesmo com um original bem preparado e por mais competentes que sejam não só o revisor, mas também o diagramador, ainda sobrará um número razoável de erros para ser encontrados nas etapas seguintes: isso é humano; se não fosse assim, não seriam necessárias mais provas.

10.3.2. Segunda e terceira provas

Revisada, a primeira prova retorna ao diagramador, que deve inserir as correções no arquivo e imprimir a segunda prova.

Jérôme Peignot, "Mémento des signes de correction typographique", 1992. *Typoésie*, Paris, Imprimerie Nationale, 1993, pp. 120-121. De modo geral, os sinais usados nas revisões de provas não se alteram, independentemente do idioma. Neste exemplo, o poeta transformou duas laudas revisadas em francês num "tipoema" – brincadeira entre imagem e letra.

MÉMENTO DES SIGNES

Centrer la ligne

Changer une lettre — Changer un mot — Ajouter une lettre — Ajouter un mot — Supprimer une lettre — Supprimer un mot

L'Imprimerie nationale compte assurément parmi les plus vieilles institutions de France. L'éritage du passé et les promesses de l'avenir manifestent par un cabinet des poinçons historiques classés et par un équipement très moderne.

Corrections multiples — Correction annulée — Faire un alinéa — Composer en lettres du corps — Composer en romain — Composer en italique — Composer en grandes capitales

Elle dapuit de la conjonction d'une volonté royale et de celle, plus éclairée sans doute, d'un érudit. C'est en effet François Ier qui, à l'instigation de Guillaume Budé, savant helléniste dont le crédit avait contribué à la *création* du Collège de France, transforma en une charge officielle le titre d'*Imprimeur du Roi* qui n'avait été que purement honorifique sous Charles VIII.

Baisser l'interligne — Augmenter l'interligne — Diminuer l'interligne — Espace à créer ou à augmenter — Espace à supprimer ou à diminuer — Espace à baisser — Espaces à régulariser — Ajouter une ligne — Chasser à la page suivante

Les imprimeurs du Roi n'occupaient pas de local administratif. Tenant chacun boutique entre la rue Saint-Jacques et la rue de la Harpe, ils conservaient leur marque personnelle pour les travaux courants, réservant le label collectif propre à la fonction pour les publications faites au moyen des caractères qui étaient la consistait en un basilic à tête de salamandre s'enroulant avec un rameau propriété de la Couronne. Ce label

...et donc

DE CORRECTION

[ ]

Vérifier l'état
du caractère

Composer en
petites capitales

Composer en gras

Composer en
lettres supérieures

Composer en
bas de casse

Supprimer et espacer

Supprimer et coller

Intervertir
des lignes

Intervertir
des mots

Intervertir
des lettres

Retourner
une lettre

Retourner un mot

Redresser la ligne

Lier deux lettres

Placer ailleurs

Faire passer à la
ligne précédente

Chasser à la
ligne suivante

Faire suivre le texte

Aligner (sortir)

Aligner (rentrer)

d'olivier sur une pique, en dessous figu-
raient la devise grecque Au roi/bon et
VALEUREUX PAR LES ARMES et la mention
Regis /Typi. Robert Estienne, successeur
de Conrad Néobar comme imprimeur du
Roi, avait incité François Ier à faire les
frais d'une typographie grecque digne
des Œuvres à éditer. Claude GARAMOND,
qui demeure le premier de nos « tailleurs
de lettres », en fut l'auteur. Il apparaît
poinçon qui, en gravant dans l'acier,
comme le modèle de ces joailliers du
firent preuve de même maîtrise que la
l'orfèvre ciselant dans les mutaéx rares.
Ainsi se constituera la collection dite des
« grecs du roi », pour laquelle Garamond
n'hésita pas, en orsg, à recourir à un
usage déjà périmé. En effet, aux premiers
temps de l'imprimerie, afin de se concilier
les bibliophiles manuscrit d'alors pour
qui seul le volume et enluminé avait une
véritable valeur, on chercha à maintenir
un compromis entre la lettre typographique et celle des copistes.

Imitant l'écriture cursive du Crétois
employé comme *scriptor* pour le grec à

de politesse.

Linotipo. Ottmar Mergenthaler inventou o linotipo em 1886. A máquina compunha linhas-
-bloco com matrizes reunidas a partir de um teclado. Frederico Porta, *Dicionário de Artes Gráficas*, Porto Alegre, Globo, 1958, p. 238.

O revisor que fará a leitura da segunda prova deverá, de preferência, ser outro. Além de conferir se as emendas solicitadas na primeira prova foram feitas corretamente, deve reler todo o texto.

Nessa etapa, recomenda-se ainda que o revisor use a técnica do decalque, como meio de identificar saltos de palavras ou mesmo de parágrafos. Tal procedimento é feito colocando-se a primeira prova sobre a segunda. Em seguida, aperta-se com a mão esquerda a primeira folha, que, depois, com a mão direita, deve ser levantada e abaixada rapidamente. Dessa maneira, é possível observar quando o texto da segunda prova recorreu ou está diferente.

Em relação à normalização, o revisor de segunda prova deve respeitar os critérios já adotados e uniformizados quer pela preparação, quer pelo revisor da primeira prova. No entanto, caso haja ainda incoerências nesse sentido, é importante que o editor seja comunicado.

Se a revisão da primeira prova é importante, a da segunda não o é menos, uma vez que, *a priori*, esta deveria ser a última releitura integral do texto. Portanto, ela deve receber atenção redobrada.

10.4. ERROS ORTOGRÁFICOS E GRAMATICAIS

Um bom revisor não deve se privar de consultar um grande número de obras de referência. Dicionários, enciclopédias, gramáticas, atlas e outros materiais são indispensáveis a sua atividade. Mesmo que tenha amplo domínio sobre a gramática e a ortografia da língua portuguesa, dúvidas e incertezas podem surgir, fazendo-se necessário que ele recorra, muitas vezes, a mais de uma fonte.

- *Grafia*. Em geral opta-se pela grafia dada como preferencial na edição mais recente do dicionário de maior circulação no país. No entanto, não se altera a escrita aceitável de um termo por outra que seja escolhida, por capricho, pelo revisor. Se uma palavra consta no dicionário, é considerada graficamente correta, a menos que haja duas grafias aceitáveis pelo mesmo dicionário, e que uma delas seja mais recorrente no texto; nesse caso, opta-se por aquela que seja da preferência do autor.
- *Gramática*. Problemas de concordância e regência são comuns e costumam causar muitas dúvidas, mesmo entre profissionais experientes. Além do uso contínuo do dicionário, recomenda-se ainda que o revisor tenha acesso a obras específicas que enfoquem tais questões.

- *Clareza.* Cabe ao revisor consultar o editor a respeito de passagens obscuras ou se suspeitar de que falta algum trecho do livro. Ele deve, então, indicar o número da página na margem do texto, apontando para a linha em questão. O revisor de provas pode inserir uma palavra ou passagem faltante, mas nunca reescrever o conteúdo da obra, a menos que seja a lápis e em caráter de sugestão.

10.5. ERROS DE COMPOSIÇÃO GRÁFICA

Além de corrigir os erros ortográficos e gramaticais, o revisor de provas deve observar ainda aspectos referentes à composição gráfica. Elencam-se a seguir os problemas mais comuns nesse sentido, a fim de que o livro publicado seja o mais correto possível não só textualmente, mas também do ponto de vista estético-visual.

- *Viúva ou forca.* É a linha final de um parágrafo colocada no início de uma página ou coluna. Um bom paginador sabe que isso jamais deve acontecer. Ao revisor, cabe indicar tal problema (ver p. 243).
- *Órfã.* Trata-se de uma linha que, no final de uma página, inicia um novo parágrafo. Ela só é aceita se não houver recurso para evitá-la (ver p. 243).
- *Hifenização.* O revisor deve verificar se as divisões, nos fins de palavra, estão hifenizadas corretamente, de acordo com a regra prevalecente na língua na qual o termo está grafado. É aconselhável evitar a quebra de hiatos (ver p. 242).

  O último vocábulo de um parágrafo não deve ser hifenizado, pois isso resulta em palavra fragmentada. Vale lembrar que, com o Novo Acordo Ortográfico da Língua Portuguesa – em vigor desde janeiro de 2009 –, uma nova regra passou a ser empregada no que diz respeito à hifenização: quando uma palavra hifenizada é separada no final de uma linha exatamente no ponto em que está o hífen, este deve ser repetido na linha seguinte. O revisor deve ainda ficar atento para que não ocorram mais de três hifens seguidos, a fim de não comprometer visualmente a mancha (ver p. 243).
- *Repetição de letras, hifens, sílabas ou palavras no final ou começo de linhas.* Convém evitar que duas ou mais linhas seguidas sejam iniciadas ou acabem com letras, sílabas ou palavras iguais (ver p. 242).

  Ao fazer a página de estilo, o diagramador pode até mesmo especificar quantos hifens seguidos devem aparecer ao final de cada linha.

Se sílabas de duas letras que se repetem diferem em maiúscula/minúscula – como em *De* e *de*, *Lá* e *lá*, *Do* e *do* –, não é necessário marcar, pois tais elementos não são exatamente iguais. No entanto, se a sílaba repetida tiver mais de dois caracteres, então deverá ser assinalada, pois, esteticamente, já há pelo menos duas letras iguais superpostas. Esse mesmo problema pode ocorrer também no interior da página. Caso ele se manifeste, deve ser assinalado mediante a colocação das palavras idênticas dentro de um retângulo.

- *Uniformização tipográfica.* Ao encontrar letras em tipologia ou corpo diferente do estabelecido para as diferentes partes, o revisor deve assinalá-las para que o compositor proceda à correção (ver p. 243).
- *Caminhos de rato.* Devem-se evitar os caminhos de rato – linhas brancas em forma de zigue-zague, oblíquas ou verticais, que se formam aleatoriamente na composição. Elas são resultado da quase coincidência de espaços entre palavras que o acaso coloca uns sob os outros, em linhas consecutivas, produzindo efeito estético desagradável. Tal problema pode ser corrigido por meio da alteração dos espaços entre as palavras nas linhas afetadas. Quando ocorrem caminhos de rato, todo o trecho no qual eles aparecem deve ser assinalado, chamando-se a atenção na margem direita, com o mesmo sinal usado no texto (ver p. 243).
- *Tamanho das colunas.* Em textos com duas colunas, ambas devem ter a mesma medida. Caso isso não seja possível – quando existe um número ímpar de linhas –, a segunda coluna deve ficar com uma linha a menos em comparação com a primeira, nunca a mais (ver p. 245).
- *Finais e começos de linhas com palavras que gerem significados obscenos ou cacófatos.* Nunca devem ficar, em começo ou final de linha, restos de palavras que gerem significados obscenos ou cacófatos (ver p. 242).
- *Abreviaturas, siglas, números.* Convém evitar abreviaturas e números desnecessários ou mal colocados, seja em início ou em final de linha (ver p. 242).
- *Linhas muito curtas.* Nunca devem ser deixadas linhas com tamanho menor do que o branco dos parágrafos ou com menos de cinco letras, exceto em composições com manchas muito pequenas (linhas ladronas) (ver p. 243).
- *Uniformidade das linhas.* Deve-se conferir mais de uma vez se há linhas que estão muito apertadas ou muito frouxas (ver p. 242).
- *Linhas frouxas.* Linha na qual os espaços entre as palavras ou mesmo entre letras são irregulares. Ela acontece principalmente quando a composição é feita sem hifenização (ver p. 243).

- *Linhas apertadas.* Trata-se de linhas nas quais as letras ou as palavras estão com pouco espaço entre si (ver p. 242).
- *Partes, livros, seções, capítulos, subtítulos, itens.* É preciso prestar muita atenção às correlações, bem como às características gráficas (tipo de letra, corpo, caixa-alta, negrito, itálico, caixa-alta e baixa), empregadas em cada um destes elementos constituintes da obra. Elas deverão estar subordinadas umas às outras, conforme sua importância hierárquica. O revisor deve observar se todos os capítulos se iniciam em páginas ímpares, como manda um bom projeto gráfico. Se o capítulo anterior tiver terminado em página ímpar, a página seguinte, par, ficará em branco.
- *Aberturas de capítulos.* O revisor deve verificar se todas as páginas de abertura estão com as mesmas características (numeração, altura, posição do título etc.).
- *Mancha tipográfica.* É importante conferir se as manchas tipográficas estão com as mesmas medidas.
- *Brancos.* Um bom revisor não atenta apenas para o texto, mas também para os trechos da obra nos quais não há palavras: os brancos. Nesse quesito, é preciso checar as aberturas de capítulos e os espaçamentos entre o texto e os subtítulos etc., tendo em conta que, ao longo de todo o livro, eles devem ser sempre os mesmos em cada caso. Mais especificamente, o espaço entre os subtítulos e o texto deve ser pequeno para deixar claro que pertencem um ao outro. Não é correto, salvo em casos excepcionais, reduzir brancos para ganhar linhas, e, menos ainda, fazer isso em aberturas de capítulo.
- *Salto.* Se a passagem faltante é curta, o revisor pode reproduzi-la na margem, em posição horizontal, para que o diagramador faça a correção sem a necessidade de recorrer ao original. Se o trecho saltado for longo, deve ser assinalado no texto da prova a lauda na qual aparece no original, bem como se deve assinalar no original a página em que falta o trecho na prova. Desse modo, caso uma ou outra se extravie, não haverá dúvida sobre o ajuste a ser realizado.
- *Parágrafos.* O branco do parágrafo (ou endentação) é determinado previamente pelo projeto gráfico em função do comprimento da linha e do corpo do tipo empregado. Todavia, como não é raro acontecer variação no uso deste elemento, ele exige um controle especial. Os parágrafos devem ter sempre os mesmos recuos, ainda que o corpo da composição mude, como no caso das citações que seguem a mesma medida da composição do texto.

Convém ainda observar que recuos muito grandes de parágrafo provocam muitas linhas curtas.

- *Entrelinhamento.* É preciso observar com atenção o entrelinhamento, que deve ser uniforme.

- *Realces gráficos.* Versais, versaletes, versais-versaletes, itálicos, negritos devem ser observados pelo revisor rigorosamente, a fim de notar se o uso destes elementos está coerente tanto no texto como nos títulos dos capítulos, nos subtítulos, nas obras citadas etc.

- *Ilustrações, tabelas, quadros e legendas.* É importante revisar cuidadosamente o conteúdo dos títulos, a numeração e as legendas que acompanham as ilustrações, mapas, tabelas etc., além de verificar a coerência (padronização) na apresentação das informações das legendas e créditos das imagens. O revisor deve certificar-se ainda de que esses elementos estejam diagramados corretamente: ilustrações, principalmente reproduções de arte, podem estar invertidas, ou em lugar trocado. Se houve remissões internas a textos ou figuras, é preciso conferir todas elas.

- *Citações.* O revisor deve observar se o critério adotado para destacar as citações foi seguido em todo o livro.

MISSA DO GALO

Nunca pude entender a conversação que tive com uma senhora, há muitos anos, contava eu dezessete, ela trinta. Era noite de Natal. Havendo ajustado com um vizinho irmos à missa do galo, preferi não dormir; combinei que eu iria acordá-lo à meia-noite.

A casa em que eu estava hospedado era a do escrivão Meneses, que fora casado, em primeiras núpcias, com uma de minhas primas. A segunda mulher, Conceição, e a mãe desta acolheram-me bem, quando vim de Mangaratiba para o Rio de Janeiro, meses antes, a estudar preparatórios. Vivia tranquilo, naquela casa assobradada da Rua do Senado, com os meus livros, poucas relações, alguns passeios. A família era pequena, o escrivão, a mulher, a sogra e duas escravas.

Costumes velhos. Às 10 horas da noite toda a gente estava nos quartos; às dez e meia a casa dormia. Nunca tinha ido ao teatro, e mais de uma vez, ouvindo dizer ao Meneses que ia ao teatro, pedi-lhe que me levasse consigo. Nessas ocasiões, a sogra fazia uma careta, e as escravas riam à socapa; ele não respondia, vestia-se, saía e só tornava na manhã seguinte. Mais tarde é que eu soube que o teatro era um eufemismo em ação. Meneses trazia amores com uma senhora, separada do marido, e dormia fora de casa uma vez por semana. Conceição padecera, a princípio, com a existência da comborça; mas afinal, resignara-se, acostumara-se, e acabou achando que era muito direito.

Boa Conceição! Chamavam-lhe "a santa", e fazia jus ao título, tão facilmente suportava os esquecimentos do marido. Em verdade, era um temperamento moderado, sem extremos, nem grandes lágrimas, nem grandes risos. No capítulo de que trato, dava para maometana; aceitaria um harém, com as aparências salvas. Deus me perdoe, se a julgo mal. Tudo nela era atenuado e passivo. O próprio rosto era mediano, nem bonito nem feio. Era o que chamamos uma pessoa simpática. Não dizia mal de ninguém, perdoava tudo. Não sabia

REVISÃO DE PROVAS 243

odiar; pode ser até que não soubesse amar.

Naquela noite de Natal foi o escrivão ao teatro. Era pelos anos de 1861 ou 1862. Eu já devia estar em Mangaratiba, em férias; mas fiquei até o Natal para ver "a missa do galo na Corte". A família recolheu-se à hora do costume; eu meti-me na sala da frente, vestido e pronto. Dali passaria ao corredor da entrada e sairia sem acordar ninguém. Tinha três chaves a porta; uma estava com o escrivão, eu levaria outra, a terceira ficava em casa.

– Mas, Sr. Nogueira, que fará você todo esse tempo? – perguntou-me a mãe de Conceição.

– Leio, D. Inácia.

Tinha comigo um romance, *Os Três Mosqueteiros*, velha tradução creio do *Jornal do Comércio*. Sentei-me à mesa que havia no centro da sala, e à luz de um candeeiro de querosene, enquanto a casa dormia, trepei ainda uma vez ao cavalo magro de D'Artagnan e fui-me às aventuras. Dentro em pouco estava completamente ébrio de Dumas. Os minutos voavam, ao contrário do que costumam fazer, quando são de espera; ouvi bater onze horas, mas quase sem dar por elas, um acaso. Entretanto, um pequeno rumor que ouvi dentro veio acordar-me da leitura.

Eram uns passos no corredor que ia da sala de visitas à de jantar; levantei a cabeça; logo depois vi assomar à porta da sala o vulto de Conceição.

– Ainda não foi? – perguntou ela.

– Não fui, parece que ainda não é meia-noite.

– Que paciência!

Conceição entrou na sala, arrastando as chinelinhas da alcova. Vestia um roupão branco, mal apanhado na cintura. Sendo magra, tinha um ar de visão romântica, não disparatada com o meu livro de aventuras. Fechei o livro; ela foi sentar-se na cadeira que ficava defronte de mim, perto do canapé. Como eu lhe perguntasse se a havia acordado, sem querer, fazendo barulho, respondeu com presteza:

– Não! qual! Acordei por acordar.

Fitei-a um pouco e duvidei da afirmativa. Os olhos não eram

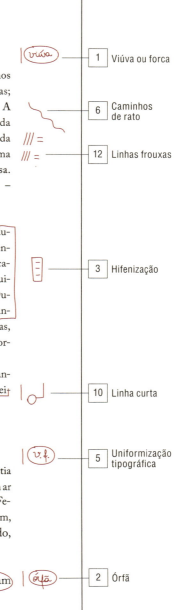

1 Viúva ou forca
6 Caminhos de rato
12 Linhas frouxas
3 Hifenização
10 Linha curta
5 Uniformização tipográfica
2 Órfã

afligir ou aborrecer. Já disse que ela era boa, muito boa.

– Mas a hora já há de estar próxima – disse eu.

– Que paciência a sua de esperar acordado, enquanto o vizinho dorme! E esperar sozinho! Não tem medo de almas do outro mundo? Eu cuidei que se assustasse quando me viu.

– Quando ouvi os passos estranhei; mas a senhora apareceu logo.

– Que é que estava lendo? Não diga, já sei, é o romance dos Mosqueteiros.

– Justamente: é muito bonito.

– Gosta de romances?

– Gosto.

– Já leu a Moreninha?

– Do Dr. Macedo? Tenho lá em Mangaratiba.

– Eu gosto muito de romances, mas leio pouco, por falta de tempo. Que romances é que você tem lido?

Comecei a dizer-lhe os nomes de alguns. Conceição ouvia-me com a cabeça reclinada no espaldar, enfiando os olhos por entre as pálpebras meio cerradas, sem os tirar de mim. De vez em quando passava a língua pelos beiços, para umedecê-los. Quando acabei de falar, não me disse nada; ficamos assim alguns segundos. Em seguida, vi-a endireitar a cabeça, cruzar os dedos e sobre eles pousar o queixo, tendo os cotovelos nos braços da cadeira, tudo sem desviar de mim os grandes olhos espertos.

"Talvez esteja aborrecida", pensei eu.

E logo alto:

– D. Conceição, creio que vão sendo horas, e eu...

– Não, não, ainda é cedo. Vi agora mesmo o relógio, são onze e meia. Tem tempo. Você, perdendo a noite, é capaz de não dormir de dia?

– Já tenho feito isso.

– Eu, não; perdendo uma

MISSA DO GALO   15

noite, no outro dia estou que não posso, e, meia hora que seja, hei de passar pelo sono. Mas também estou ficando velha.

– Que velha o quê, D. Conceição?

Tal foi o calor da minha palavra que a fez sorrir. De costume tinha os gestos demorados e as atitudes tranquilas; agora, porém, ergueu-se rapidamente, passou para o outro lado da sala e deu alguns passos, entre a janela da rua e a porta do gabinete do marido. Assim, com o desalinho honesto que trazia, dava-me uma impressão singular. Magra embora, tinha não sei que balanço no andar, como quem lhe custa levar o corpo; essa feição nunca me pareceu tão distinta como naquela noite. Pouco a pouco, tinha-se reclinado; fincara os cotovelos no mármore da mesa e metera o rosto entre as mãos espalmadas. Não estando abotoadas as mangas, caíram naturalmente, e eu vi-lhe metade dos braços, muito claros, e menos magros do que se poderiam supor.

7 | Tamanho de coluna

10.6. ERROS DE PADRONIZAÇÃO E DE PAGINAÇÃO

Além dos erros ortográficos, gramaticais e de composição, questões de padronização e de paginação também devem ser observadas pelo revisor. Entre elas, destacam-se:

- *Remissão das figuras.* Se houver remissão a ilustrações, deve-se procurar colocá-la o mais próximo da imagem a qual ela se refere; mas, se tiver apenas uma função alegórica, pode perfeitamente aparecer em outro lugar.
- *Remissões internas.* Como as remissões internas são feitas sempre quando a prova já está com a paginação definitiva, recomenda-se que o revisor anote sempre a observação referente a elas (cf. paginadas).
- *Chamadas e notas.* É importante assegurar-se de que as remissivas, de fato, correspondem às suas respectivas notas de rodapé. Se as notas estiverem no final dos capítulos, das partes ou mesmo do livro, convém ver se o número da chamada é o mesmo da nota e se não há falta ou repetição de informações.
- *Chamadas de notas e citações.* Deve-se conferir se a chamada está de acordo com a nota e com o texto que lhe é correspondente. É ainda importante observar com cuidado as relações entre as chamadas e a pontuação, e assegurar-se de que as notas estão normalizadas de acordo com o padrão utilizado pela editora.
- *Sumário.* Faz-se necessário conferir se há correspondência entre os números de páginas expressos no sumário e as partes do livro a que tais indicações se referem; verificar se a redação dos títulos está igual tanto no sumário quanto no texto.
- *Índices.* Observar se a ordem alfabética está correta e se os números remetem à página certa.
- *Chamadas, pontuação e aspas.* Convém verificar se estão de acordo com os usos autorizados pelo manual da editora em todas as suas particularidades, indicando quando a pontuação – ponto-final, ponto de exclamação, de interrogação, ponto e vírgula, dois-pontos, reticências – deve aparecer fora ou dentro das aspas ou parênteses.
- *Parênteses e colchetes.* É importante verificar se os parênteses e colchetes abrem e fecham corretamente.
- *Pré e pós-textuais.* Essas páginas exigem o máximo de atenção da parte do revisor, pois os erros aqui são imperdoáveis. Além de serem relidas e conferidas, a correta sequência delas deve ser observada, bem como faz-se

necessário conferir se os elementos essenciais de cada uma foram devidamente empregados.

- *Páginas de crédito.* Mostra-se necessário conferir todos os itens obrigatórios que devem constar dessa página: *copyright*, título original da obra, ficha catalográfica, ISBN, razão social, endereço da editora etc.

- *Créditos institucionais.* É importante que o revisor confira com cuidado essa página, principalmente a grafia dos nomes, checando também se não houve omissão de algum crédito: revisão, tradução, capa, fotos etc.

- *Bibliografia.* O revisor deve ter à mão o manual da editora, com os critérios adotados para a confecção da bibliografia. A ordem dos elementos, os recuos e os realces gráficos devem estar padronizados.

- *Uso de cAb, cb e cA.* O revisor deve estar atento aos títulos de obras, artigos, periódicos, entre outros, observando se o padrão adotado para o livro está de acordo com manual da editora e uniformizado ao longo do texto.

- *Colofão.* Deve-se conferir se todas as informações presentes nesta página pós-textual estão corretas.

PARTE VI

NORMALIZAÇÃO TIPOGRÁFICA

11. REDONDO

11.1. Usos do Redondo sem Aspas 11.2. Usos do Redondo com Aspas
11.3. Marcação do Redondo

O tipo redondo, também chamado de romano, regular ou normal, caracteriza-se pela forma arredondada e pelo eixo vertical do traçado. Essa designação, porém, nem sempre corresponde ao desenho exato da letra. É mais seguro definir redondo como o tipo habitual de caractere, aquele que não desperta no leitor nenhuma sensação de destaque, realce ou exceção. É o tipo encontrado no texto corrido da maior parte das publicações – livros, revistas e jornais, por exemplo, além dos meios eletrônicos.

Aa Aa Aa Aa Aa

11.1. USOS DO REDONDO SEM ASPAS

- Títulos de leis, decretos, tratados, impostos, textos ou códigos de autoria coletiva e/ou caráter extremamente genérico, obras normativas que enunciam seu próprio conteúdo.

  Lei de Imprensa, Decreto-Lei nº 149, Artigo 13, IPTU, Código Civil, CLT.

- Nomes de partes de livro.

  Apresentação, Introdução, Capítulo, Apêndice, Índice.

O texto contido no título dessas partes, muitas vezes, vem em itálico. Nesses casos, o redondo pode ser utilizado como realce.

- Nomes de livros sagrados.

  Bíblia, Corão, Vedas, Talmud, Novo Testamento, Gênesis, Vulgata, Doze Tábuas, Cântico dos Cânticos.

- Cognomes em geral, como epítetos, apelidos, pseudônimos, alcunhas etc.

  Ivan, o Terrível; Pedro, o Grande; Filipe, o Belo; Pelé; Garrincha; Vavá; Tostão; Stanislaw Ponte Preta; Tristão de Ataíde; Julinho de Adelaide.

- Nomes de entidades, empresas, instituições, teatros, cinemas, centros de comemorações, museus etc.

  Academia Brasileira de Letras, Cine Bijou, Columbia University, Dvir-Bialik Institute, Fundo Monetário Internacional, Pinacoteca do Estado, Sesc-Pompeia, Teatro Municipal, Universidade de São Paulo, Xerox do Brasil.

Nomes como esses, mesmo em língua estrangeira, não devem ser grafados em itálico.

- Nomes de companhias de balé e teatro, grupos musicais, orquestras, corais etc.

  Balé Bolshoi, Grupo Tapa, Led Zeppelin, Orquestra Sinfônica Municipal, Coral Paulistano.

- Nomes de edifícios.

  Edifício Joelma, Edifício Martinelli, Edifício Itália, Empire State Building.

- Nomes de personagens ficcionais.

  Capitu, Bentinho (*Dom Casmurro*); Ulisses, Penélope (*Odisseia*); Scarlett O'Hara (*...E o Vento Levou*); D. Vito Corleone (*O Poderoso Chefão*); Leporello (*D. Giovanni*).

- Nomes de objetos históricos ou lendários.

  Santo Graal, Santo Sudário, Excalibur, Arca da Aliança.

- Marcas (tipos) de veículos, equipamentos ou outros itens produzidos em série.

  Fiat Uno, Volkswagen, B-52, F-14, F-111, Refrigerador Consul Frost Free, Conjunto System Vision.

REDONDO

- Nomes de etnias, nacionalidades, tribos etc.

  Alemães, franceses, ingleses; negros, caucasianos, amarelos, sioux, xavantes, caraíbas.

- Nomes ou apelidos de equipamentos construídos pelo homem: navios, satélites, aviões, ônibus espaciais etc.

  Titanic, Sputnik, Tom Cat, Enola Gay, Challenger.

- Ocupações, profissões, títulos hierárquicos e nobiliárquicos seguidos de nomes próprios.

  O pedreiro José da Silva, O cirurgião Ivo Pitanguy, O ministro Simonsen, O papa João Paulo II, O rei Henrique VII.

- Nomes próprios de acidentes geográficos, ruas e logradouros, cidades, países (mesmo quando não têm sua grafia aportuguesada, por mais "exótica" que nos pareça a redação original).

  Broadway, Kurfürstendamm, Place Pigalle, Rua Aurora.

- Nomes de fantasia de estabelecimentos comerciais.

  Companhia das Letras, Ponto Frio, Carrefour, Pão de Açúcar.

- Nomes de animais, raças e plantas em geral etc.

  Leão, foca, girafa, dogue alemão, pastor belga, rottweiler, labrador, cavalo árabe, égua quarto de milha, alecrim, ipê.

11.2. USOS DO REDONDO COM ASPAS

- Títulos de partes de obras ou publicações diversas: capítulos, artigos, reportagens, peças musicais, árias, partes de uma obra visual (painéis de um retábulo etc.), contos e poemas (quando fazem parte de uma coletânea).

  O capítulo "O Emplasto" de *Memórias Póstumas de Brás Cubas*, de Machado de Assis.

  A reportagem "Fui Eu" da *Veja*.

  A seção "As Origens do Homem e as Culturas Primitivas" do *Atlas da História do Mundo*.

  "Prelúdio e Fuga em Dó Maior" de *O Cravo Bem-temperado*, de Bach.

  A ária "Nessun Dorma" da ópera *Turandot*, de Puccini.

> O conto "O Burrinho Pedrês", que abre o livro *Sagarana*, de Guimarães Rosa.
>
> O "Inferno", o "Purgatório", o "Paraíso" da *Divina Comédia*, de Dante.

O problema é que, às vezes, partes integrantes de uma obra podem ser apresentadas de forma isolada, independentemente do conjunto maior no qual estão inseridas: o "Paraíso" de Dante, a "Missa do Galo" de Machado de Assis ou um ensaio de Walter Benjamin podem ser publicados em forma de livro.

Nesse caso, cabe usar o bom senso e, sobretudo, ater-se à uniformidade. Se, num livro de teoria literária, o autor se refere a "A Metamorfose", conto de Franz Kafka, entre outros contos do mesmo autor coligidos em suas *Obras Completas*, vale a distinção: título de conto em redondo com aspas. Mas, quando se tratar de *A Metamorfose* como obra autônoma, publicada separadamente, e não considerada parte integrante de um todo, emprega-se o itálico.

Existem casos mais complexos. Exceções devem ser cuidadosamente assinaladas em prol da uniformidade, sempre o nosso critério final.

- Nomes de episódios ou assuntos de programas de rádio ou televisão.

> "Impressões de Bellini" (*Bulevar Cultura*), "A Salvação da Humanidade" (*Arquivo X*), "África Indomada" (*Planeta Terra*).

- Títulos de cursos dados em colégios ou universidades.

> "Redação Editorial", "Introdução à Semiótica", "Inglês Instrumental", "Língua Portuguesa III".

- Citações em língua portuguesa ou estrangeira.

> As citações *ipsis litteris* do original devem vir em redondo e entre aspas, tenham ou não mais de cinco linhas.

11.3. MARCAÇÃO DO REDONDO

O redondo tem valor neutro. Seu emprego implica essencialmente uma ausência de realce. Nesse sentido, ele opõe-se aos demais tipos e a outros recursos gráficos (aspas, maiúsculas e minúsculas etc.). Por ser norma, é encontrado com maior frequência e, por isso, dispensa a marcação em originais ou provas tipográficas. No entanto, convém ressaltar algumas exceções nas quais a marca se faz necessária.

Em um texto original em língua portuguesa, sobretudo de autor consagrado, deve-se evitar a padronização com base nos critérios da editora, mantendo-se em redondo o termo ou termos que normalmente seriam apresentados em itálico, negrito, versal-versalete etc.

Quando houver necessidade de destacar uma palavra ou palavras encontradas em trechos compostos com realces gráficos, por exemplo, em itálico ou negrito, a expressão técnica que corresponde a esse caso é chamada de *destaque*. Por exemplo: se numa nota de rodapé, composta em itálico, aparece um termo em inglês, este deve ser apresentado com *destaque* em redondo. Para marcar tal correção, basta circular o referido item e escrever, na margem, *red.*

Ainda quanto à realização de ajustes, caso o vocábulo a ser destacado apareça em uma prova de composição, cujo trecho em questão está em negrito, deve-se também circular o termo e escrever, na margem, *red.* ou *red. claro*, considerando-se que esta última indicação serve para enfatizar a oposição ao negrito.

Se uma palavra aparecer em um original erroneamente <u>sublinhada</u>, cabe eliminar o traço com o corretivo (ou riscá-lo com um linha em zigue-zague), circular o termo e escrever, na margem, *red.*

12. ITÁLICO/GRIFO

12.1. Usos do Itálico 12.2. Marcação do Itálico (Grifo)

O *itálico* ou *grifo* é um desdobramento do tipo romano. Surgido como forma independente, terminou por subordinar-se ao redondo, não por outra razão hoje o vemos incorporado como simples variante em qualquer família de tipos, não sendo aconselhado para textos longos em função de sua má legibilidade.

Na realidade, trata-se de um tipo romano de feição cursiva. Graficamente, o itálico consiste num realce que é identificado pelo fato de as letras aparecerem inclinadas, geralmente para a direita (ou, mais raramente, para a esquerda).

Aa **Aa** *Aa* *Aa* **Aa**

O grifo é o realce mais comum em tipografia. Enumeram-se a seguir as situações nas quais deve-se empregá-lo. Em muitos desses casos, ele entra em competição com as aspas como modo de indicar os itens em destaque. Cada editora adota normas ligeiramente diferentes para definir quando uma ou outra opção deve ser utilizada. O importante é procurar manter a uniformidade na obra como um todo. Assim, uma ou várias palavras que aparecem em itálico em determinada parte de um texto devem apresentar o mesmo realce nas demais situações, quando o critério que motivou seu uso for o mesmo.

Justamente por existir uma pequena variação quanto ao uso do itálico por parte das editoras, é preciso atentar para os casos nos quais se considera obrigatório o emprego desse realce.

12.1. USOS DO ITÁLICO

De modo geral, o itálico serve para chamar a atenção para determinado vocábulo ou período. Os motivos pelos quais se justificam esse realce podem ser os mais variados. No entanto, é preciso fazer algumas observações, como as seguintes:

- *A não alteração do itálico de um original.* Num texto original em língua portuguesa, sobretudo de autor consagrado ou de teor literário, deve-se respeitar a utilização do itálico, quando empregado para efeitos estilísticos ou expressivos, mesmo quando ela se opõe aos critérios da editora, a não ser que o uso seja flagrantemente contraditório num mesmo texto ou se possa imaginar que tal destaque tenha sido inserido pelos digitadores ou revisores, sem se respeitar a vontade do autor. Quando se editam textos, por exemplo, de Machado de Assis, Sílvio Romero, Mário de Andrade ou Antonio Candido, para citar alguns exemplos, o mais prudente é manter inalterado o emprego do itálico ou de qualquer outro realce gráfico. Por outro lado, pode-se optar por "modernizar" a apresentação do texto por conta e risco do editor. Mesmo em originais contemporâneos, os parâmetros para determinar que palavras e expressões merecem ênfase cabem exclusivamente ao autor do livro. No caso de uma frase como "Ele repetiu *insistentemente* que era inocente", não cabe ao editor julgar em que medida o termo merece realce. Entretanto há autores que abusam desse recurso. Convém ao preparador de texto analisar cada caso e negociar as alterações com o autor. O uso excessivo do itálico termina não surtindo o efeito desejado pois deixa de funcionar como marca estilística. É como bater em porta aberta.

- *O itálico em textos traduzidos.* Em textos traduzidos, sobretudo literários e de autores consagrados, cabe o mesmo princípio do item anterior: respeitar a vontade do autor, mesmo quando contraria os padrões da editora. No entanto, é importante fazer aqui uma ressalva. Em livros impressos em língua estrangeira, há casos em que o uso do itálico não se deve a uma decisão específica ou idiossincrasia do autor, mas a um critério comum no idioma do país em que a obra foi publicada.

  Em originais de língua inglesa, por exemplo, é hábito assinalar falas ou diálogos com o uso do itálico, quando em português o normal é adotar o redondo com aspas ou travessões. Entre estes dois sinais de pontuação, aconselha-se usar o segundo em vez do primeiro.

Outro procedimento comum é assinalar citações e termos que já apareceram ou aos quais se atribui uma conotação de ironia em itálico. Em português, o redondo com aspas é o mais apropriado para esses casos, por exemplo, na tradução da frase "O 'doutor' não sabia soletrar o próprio nome". A alteração, aqui, não fere uma intenção específica do autor ou uma característica especial do texto. Levar ao pé da letra tais critérios, comuns em outros países, seria confundir o leitor brasileiro. As mudanças, portanto, devem ser feitas com bom senso e com a mente alerta, tendo em vista a diferenciação das situações nas quais o emprego do itálico é neutro, isto é, transcende o texto ou o autor, ou marca uma decisão voluntária, consequentemente, de valor estilístico.

- *Títulos*. Adota-se o formato em itálico em títulos de:

LIVROS: *O Ateneu, O Cortiço, Os Miseráveis, Madame Bovary, Crime e Castigo, Guerra e Paz.*

Poemas e contos, quando se apresentarem de forma autônoma, ou seja, sem relação com a obra da qual fazem parte, também devem vir em itálico: *Invenção de Orfeu, Cobra Norato, Avenida Nevski, O Nariz.*

REVISTAS: *Veja, Time, Caras, Contigo.*

JORNAIS: *O Estado de S. Paulo, Jornal do Brasil, New York Times, Folha de S. Paulo, Diário do Comércio.*

(A grafia do título deve vir tal qual aparece no próprio periódico: *O Estado de S. Paulo* e não *O Estado de São Paulo*.)

ENCICLOPÉDIAS: *Barsa, Mirador, Enciclopédia Eletrônica Larousse, Enciclopédia Agrícola.*

DICIONÁRIOS: *Dicionário Aurélio, Webster's Dictionary, Dicionário Escolar Latino-português.*

ALMANAQUES: *Almanaque Abril, Sumário Perpétuo, Almanaque Borda d'Água*

CATÁLOGOS: *Catálogo Coletivo Regional de Livros de São Paulo, Guia das Bibliotecas Cooperativas, Catálogo Internacional de Doenças.*

BOLETINS: *Sociedades em Transformação.*

ANUÁRIOS: *Anuário Astronômico, Anuário Estatístico da USP.*

ANAIS: *Anais do Museu Paulista, Anais do Seminário Internacional sobre a Inserção do Semiárido Latino-americano no Congresso de Globalização da Economia Mundial, Anais do Arquivo Público do Pará.*

GUIAS: *Guia do Ouvinte, Guia Quatro Rodas.*

ENCÍCLICAS: *Redemptor Hominis (Redentor do Homem), Dives in Misericordia (Rico em Misericórdia), Slavorum Apostoli (Apóstolos dos Eslavos).*

PEÇAS TEATRAIS: *Pluft, o Fantasminha, As Três Irmãs, A Falecida.*

BALÉS: *O Quebra-nozes, Romeu e Julieta, O Lago dos Cisnes.*

FILMES: *Cidadão Kane, ...E o Vento Levou.*

PROGRAMAS DE TELEVISÃO: *Roda Viva, Programa do Jô, Opinião Nacional.*

OBRAS DE ARTE (quadros, esculturas, instalações multimídia etc.): *Mona Lisa, O Grito, O Pensador, O Beijo.*

OBRAS MUSICAIS (canções, óperas, sonatas, sinfonias etc.): *Desafinado, O Guarani, Sonata nº 2 em Lá Maior, Nona Sinfonia.*

Não se deve esquecer, porém, que "partes integrantes" de uma obra devem ser compostas em redondo e entre aspas, contrapondo-se ao título, sempre em itálico.

Alguns manuais fazem distinção entre títulos de obras publicadas – compostos em itálico – e títulos de obras inéditas – colocando-os entre aspas. Este *Manual* opta por colocar qualquer título de obra, publicada ou não, em itálico.

- *Palavras e expressões de outro idioma.* Adota-se o uso do itálico nos seguintes casos:

TERMOS NÃO APORTUGUESADOS: *laissez-faire, mise-en-scène, know-how, apartheid, release, silk screen.*

EXPRESSÕES LATINAS: *de facto, a priori, a posteriori, ipsis litteris, versus, op. cit., ad hoc, apud, alma mater* etc.

NOMES CIENTÍFICOS (das espécies zoológicas e botânicas): *Mura sapientum* L., *Tapirus americanus* Briss, *Homo sapiens, Tyrannossaurus rex, Aedes aegypti.*

Observe que, nos dois primeiros exemplos do item acima, a inicial ou abreviatura que indica o autor da classificação vai em redondo e sem vírgula. Nomes não científicos (populares) devem vir sem realce, com ou sem parênteses. Para evitar confusão, é preferível utilizar estes últimos.

- *Rubricas, descrições de cenário, indicações cenográficas ou de caráter técnico (didascália)*. Adota-se o itálico em rubricas de textos teatrais, radiofônicos ou para televisão, para indicar expressão ou frase realçada, mas que não deve ser lida em voz alta, pois apenas assinala o modo como a fala é entoada ou como o ator deve comportar-se em cena.

> IVÁNOV [*vendo Bórkin, leva um susto e pula da cadeira*]. – Meu Deus, Micha... Que susto! Já não ando muito bem, e você ainda vem com essas brincadeiras idiotas. [*Senta.*] E o pior é que acha graça.

> BÓRKIN [*dá uma gargalhada*]. – Tá, tá, desculpe. [*Senta ao lado dele.*] Não faço mais. [*Tira seu boné de pala.*] Estou exausto! Imagine que andei dezessete verstas em apenas três horas... Quer ver como o meu coração está batendo...
> (Anton Tchekhov, 1998.)

- *Recursos mnemotécnicos*. Para o bem da clareza ou da coerência, o editor pode destacar em itálico termos que o autor não considerou dignos de realce. Em textos didáticos, por exemplo, grifa-se uma palavra ou expressões quando aparecem pela primeira vez, a fim de atribuir-lhes uma importância especial. É um recurso mnemotécnico, ou seja, que contribui para a memorização de dados, informações ou conceitos. Vale ressaltar, porém, que tal procedimento, muitas vezes, implica, para fins de padronização, o uso do itálico em todos os termos-chave de determinado texto.

> A língua falada pelos índios desta região é o *guarani*, embora em algumas o *tupi* seja o idioma dominante.

- *Grafias erradas*. Em transcrições orais, termos com grafia intencionalmente errada também podem ser compostos em itálico, mesmo quando o autor desprezou tal recurso.

> Mas não foi isso o que nós *disse* para a senhora?

Nos casos de citação ou reprodução de textos escritos, ao aparecer termo ou termos que causem estranheza, ou mesmo incorretos, deve-se utilizar a expressão latina *sic*, entre colchetes.

Dobraram a curva do caminho e eram muitas raparigas. Vinham cantando pela estrada, e o som das suas vozes era felizes [*sic*]. Elas não sei o que seriam. Escutei-as um tempo de longe, sem sentimento próprio. Uma amargura por elas sentiu-me no coração.
(Fernando Pessoa, *Livro do Desassossego*, São Paulo, Companhia das Letras, 2006, p. 59)

- *Termos ou expressões de caráter instrumental.* O editor pode também optar pelo itálico nos casos de elementos meramente instrumentais, como letras ou algarismos, sobretudo em legendas, gráficos, textos científicos etc.

  A figura acima se compõe de:
  1. raiz;   *2.* caule;   *3.* folhas.
  a. raiz   *b.* caule   *c.* folhas

- *Termos ou expressões que se repetem* (ou outras indicações de uso, procedência, categoria, procedimento etc.). Tais elementos podem ser realçados em itálico como meio de poupar tempo ao leitor, que apreende o conteúdo do texto com maior facilidade.

  Para dar partida: enfie a chave no contato e gire-a para a direita.

  Para soltar o breque de mão: pressione a extremidade dele com o polegar e empurre-o para baixo.

- *Comentários adicionais ao texto original.* Em edições críticas, são escritas em itálico as letras, palavras, frases etc. que não pertencem ao texto original, mas que foram introduzidas pelo editor. Tais introduções devem ser indicadas em notas de rodapé ou diretamente no corpo do texto. Neste último caso, as citações devem ser feitas entre colchetes, o que já indica a interferência do editor/organizador.

Há muitos outros casos de uso do itálico. No entanto, convém não esquecer que o grifo, em oposição ao redondo, é compreendido pelo leitor como uma exceção. Dessa maneira, o ideal é lançar mão desse recurso o mínimo possível. Textos com excesso de palavras em itálico tornam-se cansativos e de leitura difícil. A própria mancha do texto na página impressa torna-se antiestética. Não se deve esquecer também que, empregado em excesso, tal elemento deixa de ter o valor de realce.

Por fim, vale relembrar que alguns escritos são compostos em itálico, como prefácios, notas de rodapé ou outros tipos de *sides* (textos paralelos formados por conteúdos subsidiários, de caráter secundário, inseridos lado a lado na página de jornal, que, às vezes, são compostos em itálico, por decisão do autor ou do editor, para facilitar a visualização). Nesses casos, o redondo adquire a função de realce e passa a ser utilizado nas situações nas quais se recomenda o itálico.

12.2. MARCAÇÃO DO ITÁLICO (GRIFO)

Na preparação de texto feita no papel, o modo mais simples de marcar o itálico é sublinhar o termo em questão. Se no original houver muitos recursos de destaque a serem utilizados, pode-se estabelecer uma tabela de cores passando-se marca-textos diferentes sobre as palavras, títulos, subtítulos ou expressões que serão salientados para indicar os realces. A preparação feita no computador dispensa o traço: basta selecionar a palavra, a expressão ou o trecho a destacar e, em seguida, escolher a opção desejada (itálico, redondo, negrito etc.).

Nas provas tipográficas, o itálico (grifo) é indicado com um traço sob a palavra ou expressão que se quer realçar, acompanhado de chamada, na margem direita, a indicar recurso que se deseja / itálico ou / grifo ou, de forma abreviada, / it. ou / gr.

13. NEGRITO

13.1. Usos do Negrito   13.2. Marcação do Negrito

O negrito ou bold é um recurso gráfico em que a letra, embora conserve aproximadamente o mesmo tamanho (altura) e formato do tipo redondo ou itálico, apresenta traços acentuadamente mais grossos, com maior uso de tinta. Comparado ao itálico, o negrito é um recurso visual mais chamativo. Ele salta aos olhos, não pela inclinação dos caracteres, mas pelo maior emprego de tinta. Trata-se de um destaque muito "pesado".

Aa Aa Aa Aa **Aa**

13.1. USOS DO NEGRITO

Por ser um tipo de destaque "pesado", o negrito deve ser evitado. Convém utilizá-lo apenas como último recurso. A seguir, apresentam-se os casos mais comuns de uso desse modo de realce.

- Na composição de títulos, itens e subitens de capítulos. Nesses casos, o espacejamento – isto é, o espaço em branco entre caracteres – alia-se ao negrito para marcar o destaque.
- Em função de seu forte poder de destaque, o negrito costuma ser mais comum em gráficos, tabelas, mapas e ilustrações.
- Em livros didáticos, científicos, de divulgação ou ligados à vida prática, o negrito é utilizado ao longo do texto para ressaltar termos-chave, letras ou algarismos, ou permitir ao leitor uma identificação rápida do roteiro de lei-

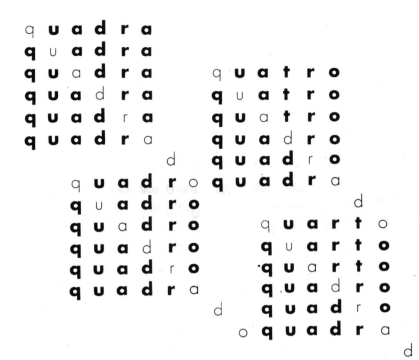

Augusto de Campos,
Viva Vaia. Poesia –
1949-1979, Cotia,
SP, Ateliê Editorial,
2014, p. 105.

tura a ser seguido (função que o itálico também pode desempenhar, mas de forma muito mais discreta). Nas obras em que há uma hierarquia de realces, o negrito deve ser reservado para os casos mais importantes.

Em jornais ou revistas, o negrito é um recurso muito frequente, reservado principalmente à composição de *sides* (textos laterais), substituindo, muitas vezes, as funções de destaque que comumente cabem ao itálico.

Textos publicitários, panfletos, folhetos ou cartazes podem ser inteiramente compostos em negrito, no intuito de atrair ao máximo a atenção do leitor, mas sob o risco de se tornarem cansativos devido ao caráter "pesado" da mancha.

O contrário do negrito é o claro ou normal (da mesma maneira que o itálico se opõe ao redondo). Como indica o próprio termo, o claro é uma letra de traços finos, ligeiramente mais tênues que os do redondo comum. Num trecho ou frase compostos em negrito, é usado pelos mesmos motivos que levam à adoção do itálico num texto em redondo: para marcar palavras estrangeiras, nomes científicos, enfim, os itens a serem destacados.

13.2. MARCAÇÃO DO NEGRITO

Na preparação de originais feita no papel, deve-se sublinhar a palavra com linha ondulada ou cobri-la com caneta hidrocor, com base numa tabela de cores previamente estipulada. Na preparação feita no computador, basta selecionar a opção negrito – chamada *bold* na paleta da maioria das fontes.

Em provas tipográficas, o recurso mais prudente é circular o termo ou termos em questão e fazer uma chamada correspondente, na margem direita, na qual se indica / *negrito*, / *bold*, ou na forma abreviada, / *neg.*, ou ainda utilizar uma linha ondulada sob a palavra que se deseja destacar. Para marcar o claro, o procedimento é semelhante: circular a palavra e escrever na margem direita / *claro*.

14. VERSAL, VERSALETE E VERSAL-VERSALETE

14.1. Usos do Versal e do Versalete 14.2. Usos do Versal-versalete
14.3. Marcação do Versal-versalete

O tipo conhecido como VERSAL é a letra em CAIXA-ALTA, isto é, a letra maiúscula. O VERSALETE é um caractere maiúsculo, mas com a altura, no texto, correspondente à parte mais alta das minúsculas. Já o VERSAL--VERSALETE, combinação desses dois elementos, é um recurso de realce especialmente elegante pois, ao contrário do negrito, não polui demais a página e garante um destaque eficaz.

MEU TIO CLÁUDIO, o único dos irmãos que era meio literato, não tinha lá grande admiração por Machado de Assis. Isso por volta de 1900. Um dia, aborrecido com aquele estilo que Sílvio Romero chamou de gago, proclamou enfático à mesa de jantar: – "Resolvi não ler mais Machado de Assis!" Ao que meu tio Neco, sem levantar os olhos do prato, aparteou: "Ele há de se importar muito com isso!"

Há porém no *Memórias Póstumas de Brás Cubas* uma frase que meu tio Cláudio decorou e gostava de repetir alto. É aquela:

Grande lascivo, espera-te a voluptuosidade do nada!

Por aí se está vendo que meu tio Cláudio era um danunziano.

[29.III.1961]

(Manuel Bandeira, *Poesia Completa e Prosa*, organizado pelo autor, 3. ed., Rio de Janeiro, Aguilar, 1974, p. 694.)

14.1. USOS DO VERSAL E DO VERSALETE

O versal e o versalete podem ser usados sobretudo em títulos, legendas, siglas, especialmente nas de menor extensão (USP, BID, CAC), e em números romanos indicadores de milênios, séculos, dinastias etc., até mesmo quando tais elementos aparecem no interior de textos corridos. No entanto, uma frase ou trecho inteiramente destacado em versal (bulas de remédio ou telegramas), ou mesmo em versalete, dificulta a leitura, pois não permite a identificação imediata das maiúsculas.

Siglas em VERSAL:

O *Manual de Editoração e Estilo*, de Plinio Martins Filho, é uma publicação das editoras da Unicamp, da USP e da UFMG.

Siglas em VERSALETE:

O *Manual de Editoração e Estilo*, de Plinio Martins Filho, é uma publicação das editoras da Unicamp, da USP e da UFMG.

Por isso, o mais comum é combinar o versal com o versalete. Nesse caso, o destaque ocorre de forma mais discreta e elegante, facilitando a leitura, na medida em que permite ao leitor reconhecer as letras que seriam maiúsculas ou minúsculas quando compostas em tipo normal. Como o versal sobressai muito na composição de um texto, recomenda-se o uso do versalete nas siglas.

14.2. USOS DO VERSAL-VERSALETE

De modo geral, o versal-versalete pode ser utilizado em títulos de capítulos, itens ou subitens, nas entradas de bibliografias, legendas e mapas, casos em que compete com o negrito. A distinção, feita pelo editor, deve considerar o recurso que mais se adapta a cada tipo de livro. Quando ocorre uma hierarquia de realces, o versal-versalete é usado para dar destaque máximo a frases e palavras, seguido do negrito e do itálico, em ordem de importância. Veja a seguir outros casos nos quais o versal-versalete pode ser usado.

- Siglas de mais de três letras, cuja dicção é soletrada.

BNDES, CPFL etc. (deve-se preferir, porém, somente o versal ou somente versalete).

Siglas nas quais a dicção é corrente grafam-se, de modo geral, em caixa-alta e baixa.

Embrapa, Fapesp, Capes, Petrobras.

- Em sobrenomes de autores nas bibliografias, o versal-versalete é o critério mais indicado, mas pode ser utilizado somente o versal, ou somente o versalete.

MARTINEZ, F. G. *Textos de Qumran*. Petrópolis, Vozes, 1995.

MEISELES, I. *Shirat haRokeach, pyutei Rabi Eleazar ben Yehuda meWormaiza* (*The Poems of Rabbi Eleazar ben Yehuda of Worms*). Jerusalem, I. Meiseles, 1993.

MELLINKOFF, R. *Antisemitic Hate Signs in Hebrew Illuminated Manuscripts from Medieval Germany*. Jerusalem, Center for Jewish Art, 1999.

MENTRÉ, M. "Images juives et images chrétiennes du Moyen Âge liées au Livre de Daniel, étude d'iconographie biblique". *L'Art juive au Moyen Âge*. Paris, Berg, 1988.

- Ainda nas bibliografias, em títulos de obras nas quais não consta o autor (o critério, em geral, é usar versal-versalete, mas se pode empregar somente o versal ou somente o versalete).

IGERET HA-NECHAMA (*Epístola da Consolação de Maimon ben Joseph*). Trad. B. KLAR. Jerusalem, 1945.

BRASIL. PRESIDÊNCIA DA REPÚBLICA. *Manual de Redação da Presidência da República*. 2. ed. rev. Brasília, Presidência da República, 2002.

- Nos títulos correntes dos livros.

- Em peças teatrais, no nome da personagem que encabeça o diálogo.

TIA – Ismael.
ISMAEL (*erguendo a lanterna*) – Quem é?
TIA – Eu.
ISMAEL – Depois de tanto tempo, voltaste.

- Nos nomes próprios em índices onomásticos, especialmente se aparecerem com outros termos (índices mistos).

Os demais usos do versal-versalete ficam por conta da decisão do editor, que deve sempre manter a uniformidade acima de tudo, e evitar cansar o leitor, orientando-se pela seguinte regra de ouro: quanto menos destaques em um livro, melhor!

14.3. MARCAÇÃO DO VERSAL-VERSALETE

Novamente, na preparação de originais no papel, o mais sensato é estabelecer uma tabela de cores para a marcação de todos os realces, incluindo o versal-versalete. Quando se usa caneta comum, no original, deve-se colocar, embaixo de cada palavra que receberá esse destaque, três traços para o versal e dois para o versalete; nas provas, deve-se circundar os termos em vez de sublinhá-los – recurso normalmente associado ao itálico. Em seguida, escreve-se na margem direita: *versal-versalete* ou, de forma abreviada /*V.v.*

Nesse tipo de marcação (que diz respeito a dois tipos de letras empregados conjuntamente), quando se quer distinguir o versal do versalete, deve-se circundar também, com círculos menores, porém visíveis, as letras que permanecem em versal. Tal distinção pode ser necessária quando um trecho inteiro, repleto de nomes próprios, é composto em versal-versalete.

Uma palavra composta em caixa-alta e baixa, no tipo redondo normal, pode ser transformada em versal-versalete da seguinte maneira: circunda-se cuidadosamente o termo, deixando do lado de fora do círculo a letra inicial maiúscula, e escreve-se / *versalete* na margem. O diagramador compreenderá que esse elemento deve ser composto em versal-versalete. Tal marcação deve ser evitada quando se tratar de uma frase ou trecho inteiro, para não dar margem a confusão ou a incorreções.

Podem-se estipular ainda outros critérios para a marcação dos principais destaques: itálico, negrito ou versal-versalete. Um deles é a quantidade de traços que sublinham a palavra: um traço para o itálico, dois para o negrito, três para o versal-versalete (ou para o versal simples, isto é, a caixa-alta). Indispensável, aqui, é deixar bem claros os critérios de marcação numa folha anexa à pasta que contém os originais ou provas tipográficas. Não são muitas as casas editoriais brasileiras que possuem um departamento de composição próprio, e funcionários de outras empresas nem sempre estão a par do sistema de marcação gráfica adotado pela editora.

Embora tais sistemas possam variar bastante, todos têm sempre o mesmo objetivo: a clareza e a inteligibilidade. Na preparação de originais feita no computador, os realces versal, versalete e, consequentemente, versal-versalete estão disponíveis em comandos como: <formatar> → <fonte> → <caixa alta> (*sic*).

[AONDE VAIS NA NOITE ESCURA?]

– Aonde vais na noite escura?
– Ao encontro daquele por quem meu coração anseia
– E sendo formosa e jovem e insegura
não tens medo de ir sozinha?
– Sozinha? Não. Armado de arco e de flechas
o amor faz-me companhia

AMARU, ÍNDIA, SÉC. V D.C.

(Jorge Souza Braga (org.), *O Vinho e as Rosas. Antologia de Poemas sobre a Embriaguez*, Lisboa, Assírio & Alvim, 1995, p. 74.)

PARTE VII

ORTOGRAFIA

Ortografia vem do grego *orthos*, "correto", e *gráphō*, "escrever". Significa, portanto, a maneira "correta" de escrever as palavras. Com esse termo designa-se o conjunto de normas e regras que estabelecem a grafia a ser seguida para a melhor representação dos vocábulos de uma mesma língua. Esses princípios, evidentemente, são convencionais e fixados oficialmente por um órgão público. Isso ocorre porque, mesmo que a maioria dos alfabetos ocidentais, diferentemente do silabismo de países do Oriente, busque ser fonética, é impossível encontrar a correspondência completa entre os sons da fala e sua representação gráfica. Daí a necessidade de uma normatização, ainda que arbitrária, para se estabelecer a forma de escrita comum a todos os membros de uma dada sociedade, pois, se cada pessoa tivesse a liberdade de escrever como bem entendesse, tal modalidade de comunicação acabaria por tornar-se impossível. A ortografia oficial responde a essa necessidade de regramento do idioma escrito.

O caráter convencional da ortografia, no entanto, não elimina a existência de grafias variantes – como *quatorze* e *catorze* ou *cotidiano* e *quotidiano*. Nesse caso, a escolha da forma a ser adotada varia de pessoa para pessoa, de acordo com a inclinação de cada uma. Entretanto, as editoras costumam determinar critérios, explicitados em manuais de redação e de estilo, a fim de que todos os autores ou colaboradores escrevam de modo uniforme. De maneira geral, recomenda-se o uso da grafia considerada a mais aconselhável pelos dicionários de maior aceitação no Brasil. Vale lembrar, no entanto, que é preciso levar em conta o tipo de obra a ser editada. A reedição de livros antigos, por exemplo, pode exigir, em alguns casos, que se mantenha a ortografia da época da primeira publicação, dependendo do tipo de conteúdo ou da função da obra. É o caso também da reprodução de textos orais. Em alguns casos, faz-se pertinente manter a variabilidade ortográfica, ou mesmo romper com o uso oficial das normas.

ORTOGRAFIA

A correção ortográfica – e suas variantes – deve ser observada e analisada pelo preparador de originais, figura a quem cabe ainda atentar para outros aspectos da escrita – não apenas do idioma em questão, mas também de idiomas estrangeiros que porventura apareçam no texto –, como acentuação, reduções (abreviaturas, siglas, símbolos, signos etc.), divisão de palavras, pontuação, uso de maiúsculas e dos numerais. Em janeiro de 2009, entrou em vigor no Brasil o Novo Acordo Ortográfico da Língua Portuguesa, que procura unificar a ortografia dos países lusófonos. Veja a seguir um resumo das principais mudanças propostas pelo acordo que devem ser observadas por editores, preparadores e revisores de texto.

15. O NOVO ACORDO ORTOGRÁFICO NA PRÁTICA

15.1. Regras Gerais 15.2. Acentuação 15.3. Uso do Hífen 15.3.1. Usa-se hífen
15.3.2. Não se usa hífen

15.1. REGRAS GERAIS

- O alfabeto é formado por 26 (vinte e seis) letras. Foram acrescentados o *k*, o *w* e o *y*.
- O trema desaparece definitivamente das palavras em português. Permanece apenas naquelas originadas de outras línguas: Müller, mülleriano; Hübner, hübneriano; Bröckelmann, bröckelmanniano, por exemplo.

15.2. ACENTUAÇÃO

Deixam de ser acentuados:

- os ditongos abertos tônicos *-ei* e *-oi* nas palavras paroxítonas:

  ideia, geleia, apoio (forma verbal), boleia, trapezoide, heroico.

- os hiatos *ee* e *oo*:

  formas verbais leem, deem, veem, creem e seus compostos; e voo, enjoo, povoo etc.

- a forma verbal *para*.

  O mundo não para para ninguém.

- os substantivos *pelo(s)* e *polo(s)*.

  Pelos pelos de meu corpo! Nada de depilação!

- as vogais tônicas *i* e *u* em palavras paroxítonas, se precedidas de ditongo:

  baiuca, feiura.

- as sílabas *gue*, *gui*, *que*, *qui* pronunciadas com *u* tônico:

  averigue, argui, apazigue.

15.3. USO DO HÍFEN

15.3.1. Usa-se hífen

1. Depois dos prefixos ante-, aero-, agro-, anti-, arqui-, auto-, contra-, eletro-, entre-, extra-, geo-, hidro-, bio-, infra-, intra-, macro-, maxi-, micro-, mini-, multi-, neo-, pluri-, proto-, pseudo-, retro-, semi-, sobre-, supra-, tele-, ultra- etc.:

- se a segunda palavra começar com *h*:

  anti-higiênico, extra-humano, pré-história, sub-humano, super-homem;

- se a palavra começar com a mesma vogal com que termina o prefixo ou falso prefixo:

  anti-ibérico, contra-almirante, supra-auricular, arqui-inimigo, auto-observação, micro-onda, semi-interno.

  Atenção: o prefixo co- sempre se aglutina ao segundo elemento: cooperar

  2. Com os prefixos circum- e pan-, se a segunda palavra começar com vogal, *h*, *m* ou *n*: circum-escolar, circum-navegação; pan-africano, pan-mágico, pan-helenismo.

  3. Com os prefixos hiper-, inter- e super-, caso a segunda palavra começar com *r*: hiper-requintado, inter-resistente, super-revista.

  Atenção: Com todos os outros prefixos, com exceção de ab-, ad-, ob-, sob- e sub- (ver abaixo o item 7), o hífen não é usado nesse caso: antirreligioso, contrarregra, autorretrato, biorritmo.

4. Com os prefixos ex-, sota-, soto-, vice- e vizo-, qualquer que seja a letra com que se inicia o segundo elemento: ex-almirante, ex-diretor, ex-hospedeira, ex-presidente, ex-primeiro-ministro, ex-rei; sota-piloto, soto-mestre, sota-vento, soto-pôr, vice--presidente, vice-reitor, vizo-rei.

5. Com os prefixos pré-, pós- e pró- tônicos, se a segunda palavra tiver tonicidade e significado próprios: pré-operatório, pré-história, pré-escola.

6. Após *além*, *aquém*, *recém* e *sem*: além-fronteiras, aquém-mar, recém-chegado, sem-cerimônia.

7. Com os prefixos ab-, ad-, ob-, sob- e sub-:

- se a segunda palavra começar com *r*:

    ab-reação, ad-renal, sob-roda, sub-região, sub-reptício.

- se a segunda palavra começar com a consoante com que termina a palavra anterior:

    sub-bloco, sub-base, ad-digital.

15.3.2. Não se usa hífen

1. Nas palavras derivadas por prefixação, depois de prefixo ou falso prefixo terminado em vogal diferente daquela que inicia o elemento seguinte: antiaéreo, coedição, extraescolar, aeroespacial, autoestrada, autoaprendizagem, semiárido.

2. Depois de prefixos ou falsos prefixos que antecedam qualquer palavra iniciada por *s*, sendo que esta letra deve ser duplicada: antissemita, contrassenha, infrassom, minissaia, biossatélite, microssistema.

3. Após o advérbio *não*: não aromático, não nulo, não contraditório.

Atenção:

- Segundo o Novo Acordo Ortográfico, algumas palavras compostas perderam o hífen porque seus elementos constituintes não apresentavam mais significado próprio, ou seja, não eram vistos mais como itens lexicais independentes que se uniam para compor um novo vocábulo portador de significado único e autônomo. São exemplos de tais termos:

    paraquedas, paraquedista, mandachuva, madressilva, pontapé.

Repare que, além de perder o hífen, essas palavras também perderam o acento e grafam-se aglutinadas.

- Também perderam o hífen as palavras compostas intermediadas por preposição ou conjunção, desde que não sejam designação de espécies da flora ou da fauna, bem como de gentílicos etc.

ANTES	AGORA
pé-de-moleque	pé de moleque
ponto-e-vírgula	ponto e vírgula
azul-da-prússia	azul da prússia

MAS	AGORA
joão-de-barro	joão-de-barro
manacá-da-serra	manacá-da-serra
são-pedrense-do-sul	são-pedrense-do-sul

- O Novo Acordo destaca ainda que, quando as palavras hifenizadas são separadas no final de uma linha exatamente no ponto no qual está o hífen, deve-se repetir tal sinal na linha seguinte.

Ibus, aditio volecte mporem reped ea dolor andus doluptam que veri ommod **guarda--chuva.**

Ibus, aditio volecte mporem reped ea dolor andus doluptam que veri ommod **vendê--lo.**

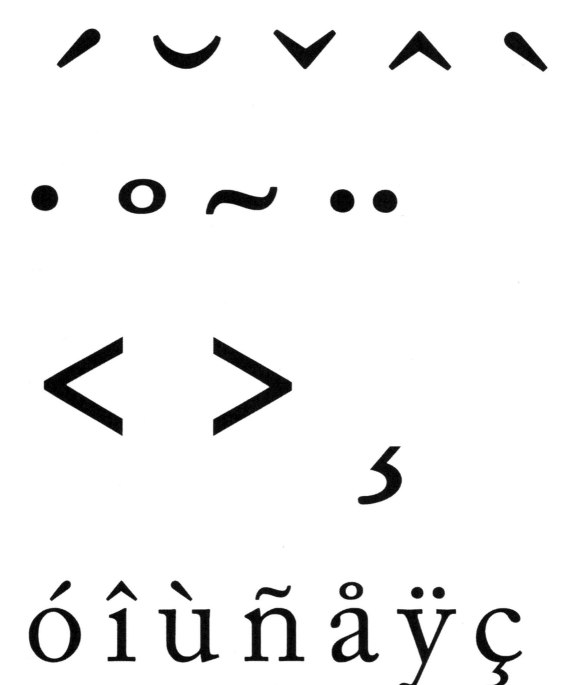

Acentos agudo, breve, caron, circunflexo, grave, ponto elevado, anel, til, trema, antilambda, diple e cedilha.

16. REDUÇÕES

16.1. Braquigráficas   16.2. Ideográficas   16.3. Normas de Abreviação

O emprego de reduções de palavras e expressões constitui um dos problemas mais comuns na normalização ortográfica. A ocorrência ou não de tal estratégia dá-se em função da especificidade da obra: em algumas ele se faz necessário e em outras não.

Chama-se redução qualquer representação gráfica que permita economizar espaço ou tempo na escrita de uma palavra ou de um grupo de palavras. São caracterizadas pela omissão de certas letras ou por suas representações mediante signos convencionais.

Segue-se aqui a classificação usada por Antônio Houaiss, em *Elementos de Bibliologia*, que subdivide as reduções em dois grandes grupos:

16.1. BRAQUIGRÁFICAS

São reduções das sílabas iniciais das palavras que compõem nomes próprios intitulativos. Fazem parte desse grupo:

- abreviações
- abreviaturas
- siglas
- acrografias
- símbolos

16.2. IDEOGRÁFICAS

São representações de ideias por sinais gráficos e incluem:

- signos
- sinais
- ideogramas mistos.

Sempre que possível, o uso das reduções deve ser evitado, até mesmo de nomes de autores em bibliografias, como meio de evitar confusão.

Caso seu uso seja necessário, principalmente no que se refere às siglas ou símbolos, tais itens devem ser acompanhados de explicação entre parênteses ou travessões.

Ainda segundo Houaiss, as abreviações "são reduções literais, geralmente de uso circunstancial, variáveis de obra para obra, de autor para autor"[1], usadas em função da frequência com a qual certos vocábulos são empregados em enciclopédias, dicionários, glossários, vocabulários, obras técnicas etc.

Quando seu uso se torna geral e padronizado, passam para a categoria de abreviaturas.

Deve-se evitar:

- usar abreviaturas diferentes para palavras iguais e vice-versa:

    volume: vol.; e não v.
    v. = ver ou verso; e não volume.

- abreviar palavras que não proporcionem algum tipo de economia, quando suprimem apenas uma ou duas letras:

sapóleo	→	~~sapól.~~
claro	→	~~clar.~~
maio	→	~~mai.~~
infra	→	~~inf.~~

- abreviar palavras que aparecem com pouca frequência.

---

1. Antônio Houaiss, *Elementos de Bibliologia*, Rio de Janeiro, Ministério da Educação e Cultura/INL, 1967, vol. 1, p. 121.

16.3. NORMAS DE ABREVIAÇÃO

Deve-se usar ponto-final para indicar em qual lugar ocorre a abreviação e, em certos casos, elevar as letras restantes na palavra:

D.   =   dona
s.   =   seguinte
Sr.   =   senhor
V.S.ª =   Vossa Senhoria

Quando se usam letras elevadas, a pontuação vem antes delas, mas tal artifício caiu em desuso na maioria dos casos. Atualmente, recomenda-se que o ponto seja colocado no final da palavra.

PALAVRA	ABREVIATURA EM DESUSO	RECOMENDADA
acordo	ac.^{do}	acdo.
comandante	com.^{te}	comte.
número	n.^{o}	n. ou nº
requerente	req.^{te}	reqte.

O plural das abreviações se faz duplicando a letra abreviada ou acrescentando a ela a letra *s*.

p. – pp., ou pág. – págs. – página(s); s. – ss., ou seg. – segs. – seguinte (s).

Na abreviação de nomes considerados próprios, o costume é manter apenas a maiúscula inicial da palavra grafada por extenso. Em alguns nomes que se iniciam por dígrafo, mantêm-se a maiúscula inicial e a letra seguinte em minúscula.

Charles: Ch.; Maria: M.; mas; Aparecida: Ap.

Quando existentes, os hifens são mantidos nas abreviações de palavras compostas.

anglo-saxão – ang.-sax.

Palavras com quatro ou menos caracteres só devem ser abreviadas se puderem ser reduzidas a uma letra sem gerar ambiguidade.

v. – ver/veja/vede/*vide* ou verso

Sinais arcaicos para água. Fonte: Adrian Frutiger, *Sinais e Símbolos: Desenho, Projeto e Significado*, São Paulo, Martins Fontes, 2007, p. 89.

Mesopotâmia

Egito

China

Símbolos em Tóquio, no México, em Munique e em Grenoble para esportes. Fonte: Adrian Frutiger, *Sinais e Símbolos: Desenho, Projeto e Significado,* São Paulo, Martins Fontes, 2007, pp. 322-323.

Tóquio

México

Munique

Grenoble

17. ABREVIATURAS

17.1. Regras para a Grafia de Abreviaturas 17.2. Abreviaturas Astronômicas
17.3. Abreviaturas dos Livros da Bíblia 17.4. Abreviaturas e Expressões Bibliológicas
e Filológicas 17.5. Abreviaturas Comerciais, Industriais e Afins 17.6. Abreviaturas
Cronológicas 17.7. Abreviaturas Forenses 17.8. Abreviaturas de Formas de Tratamento 17.9.
Abreviaturas Médicas e Farmacológicas 17.10. Abreviaturas dos Meses 17.11. Abreviaturas
Musicais 17.12. Abreviaturas Náuticas 17.13. Abreviaturas de Cargos, Funções e
Profissões 17.14. Abreviaturas Teatrais 17.15. Abreviaturas de Títulos
17.16. Abreviaturas Religiosas 17.17. Abreviaturas Variadas

Abreviaturas são representações reduzidas de uma palavra ou expressão. É útil empregá-las quando os termos em questão aparecem com muita frequência em um determinado texto, desde que esse uso não provoque ambiguidade ou confusão.

Diferenciam-se das abreviações em geral por serem formas já estabelecidas, padronizadas e usadas tradicionalmente.

As abreviaturas podem ser agrupadas em três grandes grupos:

1. O das reduções latinas, originadas da tradição manuscrita da Antiguidade e da Idade Média, devido, provavelmente, às dificuldades relacionadas com o ato de escrever e às vantagens que a forma abreviada oferecia. Esse fator, somado à escassez de tinta e do suporte da escrita, pode ter sido a causa da proliferação das abreviaturas.

2. O das relacionadas com as formas de tratamento, títulos nobiliárquicos, profissionais, eclesiásticos etc.

3. O daquelas ligadas a áreas especializadas, tais como as abreviaturas bibliológicas, as filológicas, as comerciais, as musicais etc.

17.1. REGRAS PARA A GRAFIA DE ABREVIATURAS

Convém utilizar o menor número possível de abreviaturas, evitando seu uso em textos corridos (salvo se elas forem empregadas entre parênteses). A única abreviatura que se usa sistematicamente é o etc. (*et cætera*, "e as demais coisas").

As abreviaturas devem ser sempre seguidas de um ponto-final, chamado de ponto abreviativo.

Geralmente, o ponto abreviativo é colocado depois da primeira consoante ou após a última consoante do primeiro encontro consonantal da palavra, e o restante do termo é suprimido.

fem. (feminino), al. (alemão), adj. (adjetivo), compl. (complemento) etc.

Algumas abreviaturas técnicas modernas têm o ponto abreviativo depois de vogal ou após a primeira consoante de encontro consonantal. São reduções fixadas pela Associação Brasileira de Normas Técnicas (Norma 83, 5, 52):

ago. (agosto), Anu. (Anuário), Anún. (Anúncio), Ci. (Ciência), ci. (científico), Téc. (Técnica) etc.

Nas abreviaturas em que são suprimidos elementos de dentro do vocábulo, mas mantido seu final, utilizam-se diversos critérios, sendo preferido aquele de pontuar no local exato do corte e grafar a(s) letra(s) final(is) em corpo menor e sobreposto:

am.º (amigo), C.el (coronel), n.º (número), Ex.mo (Excelentíssimo), Ex.cia (Excelência) etc.

Porém, a tradição consagrou formas que contrariam essa colocação dos elementos:

aportg. (aportuguesamento), btl. (batalhão), fls. (folhas), Dr.a (Doutora), Sr.a (Senhora) etc.

Da prática se deduz que não se devem usar abreviaturas como am.º, C.el, D.ra, S.ra. A solução para isso foi grafar amo., Cel., Dra., Sra., procedimento que se baseia na abreviatura Cia., popularíssima e oficial, pois se acha registrada ao lado de C.ia no *PVOLP* (*Pequeno Vocabulário Ortográfico da Língua Portuguesa*), já na 1ª edição (1943). A edição recente do *Volp* (2009) só registra Cia.

Abreviaturas de numerais ordinais, nas formas masculina e feminina e em seus plurais, ocorrem de modo numeral-literal:

1.º, 2.os, 3.ª, 4.as ou: 1º, 2os, 3ª, 4as

Note-se: ao usar a convenção 1º etc., suprime-se o ponto.

Algumas abreviaturas apresentam variantes. Nesse sentido, pode haver diferentes formas de abreviar uma mesma expressão ou palavra, algo atribuído a uma confusão já consagrada.

a. C., A. C. [para antes de Cristo; mas A. C. (em itálico) é *anno Christi*, portanto, o mesmo que A. D., *anno Domini*, a época corrente]

f., fl., fol. (para folha; mas para *folio* grafa-se em itálico)

p., pág. (página)

Também pode haver o inverso: uma abreviatura para várias palavras.

A.D. (aguarda deferimento; A. D. (em itálico), *anno Domini*)

f. (feminino; folha; forma(s); fonte; frase; se em itálico, *folio*)

p (palmo(s); pé (pés); sem ponto e sem plural, por ser símbolo de medidas)

p. (página; pronominal)

v. (vapor; veja, ver; verbo; verbal; verso; você)

Tais práticas não devem ser seguidas numa mesma edição.

Quando houver muitas abreviações e abreviaturas, ou elas forem muito específicas ou pouco conhecidas, coloca-se no início da obra uma lista, que as explique.

O plural das abreviaturas costuma formar-se pelo acréscimo da letra *s* ou pela duplicação de sua última letra.

AA. (autores)

caps. (capítulos)

Dras. (Doutoras)

fls. ou ff. (folhas)

mss. (manuscritos)

am^{os} (amigos)

pp. ou págs. (páginas)

SS. AA. (Suas Altezas)

ss. ou segs. (seguintes)

Nota: As letras dobradas também podem indicar superlativos:

DD. (Digníssimo), MM. (Meritíssimo), SS. (Santíssimo) etc.

ORTOGRAFIA

Os hifens e acentos gráficos presentes na escrita das palavras por extenso são mantidos na forma abreviada de tais termos, apesar de o *Volp* registrar exceções.

cap.-ten. (capitão-tenente), m.-q.-perf. (mais-que-perfeito), g.-m. ou g. m. (guarda-marinha), séc. (século)

- A Conferência de Geografia (Rio de Janeiro, 1926) estabeleceu que "não serão usadas abreviaturas de nomes geográficos" mas essa restrição não vale para as siglas que representam as unidades da federação. Assim:

AM (Amazonas), CE (Ceará), RR (Roraima), SE (Sergipe), RO (Rondônia), RS (Rio Grande do Sul)

Coronel Fabriciano (MG)	e não	Cel. Fabriciano (MG)
Governador Valadares (MG)	e não	Gov. Valadares (MG)
São Paulo (SP)	e não	S. Paulo (SP)
Santa Rita do Passa Quatro (SP)	e não	S.ta Rita do Passa Quatro (SP)
		S.ta Rita do Passa Quatro (SP)
Rio de Janeiro (RJ)	e não	R. de Janeiro (RJ);

Nota: Atenção, pois a sigla SP (e, por extensão, as similares) refere-se a São Paulo enquanto unidade da Federação, e não à cidade (cuja referência segue o determinado na Conferência de Geografia).

Para facilitar a consulta, seguem-se listas de abreviaturas agrupadas por temas. Foram tomadas como base as abreviaturas contidas no livro *Elementos de Bibliologia*, de Antônio Houaiss.

17.2. ABREVIATURAS ASTRONÔMICAS

Em 1922, as constelações receberam seus nomes latinos, que, em função disso, são grafados em itálico. As grafias das abreviaturas baseiam-se na forma latina e foram adotadas pela União Astronômica Internacional. Porém, normalmente, usa-se a tradução em língua portuguesa; assim, elas não são realçadas em itálico.

As estrelas de uma constelação são identificadas com letras do alfabeto grego seguidas pelo nome da constelação em genitivo latino. Ex.: *Centauri.* A letra grega α (alfa, primeira do alfabeto grego), anteposta ao nome da constelação, indica que se trata da estrela mais brilhante de tal conjunto. A segunda mais luminosa será identificada pela letra β (beta, a segunda do alfabeto grego), e assim sucessivamente.

α Cen. (*Alfa Centauri*; gen.: "de Centauro"), β Cen. (*Beta Centauri*; gen.: "de Centauro") etc.

ABREVIATURA	CONSTELAÇÃO (nominativo)	(genitivo)	NOME EM PORTUGUÊS
And.	*Andromeda*	*Andromedae*	Andrômeda
Ant.	*Antlia*	*Antliae*	Máquina Pneumática
Aps.	*Apus*	*Apodis*	Ave-do-paraíso
Aqr.	*Aquarius*	*Aquarii*	Aquário
Aql.	*Aquila*	*Aquilae*	Águia
Ara.	*Ara*	*Arae*	Altar ou Ara
Ari.	*Aries*	*Ariétis*	Carneiro
Aur.	*Auriga*	*Aurigae*	Cocheiro
Boo.	*Bootes*	*Bootis*	Boieiro
Cae.	*Caelum*	*Caeli*	Buril
Cam.	*Camelopardalis*	*Camelopardalis*	Girafa
Cnc.	*Cancer*	*Cancri*	Câncer ou Caranguejo
CVn.	*Canes Venatici*	*Canum Venaticorum*	Cães de Caça
CMa.	*Canis Major*	*Canis Majoris*	Cão Maior
CMi.	*Canis Minor*	*Canis Minoris*	Cão Menor
Cap.	*Capricornus*	*Capricorni*	Capricórnio
Car.	*Carina*	*Carinae*	Carena
Cas.	*Cassiopeia*	*Cassiopeiae*	Cassiopeia
Cen.	*Centaurus*	*Centauri*	Centauro
Cep.	*Cepheus*	*Cephei*	Cefeu
Cet.	*Cetus*	*Ceti*	Baleia
Cha.	*Chamaeleon*	*Chamaeleontis*	Camaleão
Cir.	*Circinus*	*Circini*	Compasso
Col.	*Columba*	*Columbae*	Pomba
Com.	*Coma Berenices*	*Comae Berenices*	Cabeleira de Berenice
CrA.	*Corona Australis*	*Coronae Australis*	Coroa Austral
CrB.	*Corona Borealis*	*Coronae Borealis*	Coroa Boreal
Crv.	*Corvus*	*Corvi*	Corvo

ORTOGRAFIA

Crt.	*Crater*	*Crateris*	Taça
Cru.	*Crux*	*Crucis*	Cruzeiro do Sul ou Cruzeiro
Cyg.	*Cygnus*	*Cygni*	Cisne
Del.	*Delphinus*	*Delphini*	Delfim
Dor.	*Dorado*	*Doradus*	Dourado
Dra.	*Draco*	*Draconis*	Dragão
Eql.	*Equuleus*	*Equulei*	Cavalo Menor
Eri.	*Eridanus*	*Eridani*	Erídano
For.	*Fornax*	*Fornacis*	Forno
Gem.	*Gemini*	*Geminorum*	Gêmeos
Gru.	*Grus*	*Gruis*	Grou
Her.	*Hercules*	*Herculis*	Hércules
Hor.	*Horologium*	*Horologii*	Relógio
Hya.	*Hydra*	*Hydrae*	Hidra Fêmea
Hyi.	*Hydrus*	*Hydri*	Hidra Macho
Ind.	*Indus*	*Indi*	Índio
Lac.	*Lacerta*	*Lacertae*	Lagarto
Leo.	*Leo*	*Leonis*	Leão
LMi.	*Leo Minor*	*Leonis Minoris*	Leão Menor
Lep.	*Lepus*	*Leporis*	Lebre
Lib.	*Libra*	*Librae*	Balança
Lup.	*Lupus*	*Lupi*	Lobo
Lyn.	*Lynx*	*Lyncis*	Lince
Lyr.	*Lyra*	*Lyrae*	Lira
Men.	*Mensa*	*Mensae*	Mesa
Mic.	*Microscopium*	*Microscopii*	Microscópio
Mon.	*Monoceros*	*Monocerotis*	Unicórnio
Mus.	*Musca*	*Muscae*	Mosca
Nor.	*Norma*	*Normae*	Régua ou Esquadro
Oct.	*Octans*	*Octantis*	Oitante
Oph.	*Ophiuchus*	*Ophiuchi*	Ofiúco ou Serpentário
Ori.	*Orion*	*Orionis*	Órion
Pav.	*Pavo*	*Pavonis*	Pavão
Peg.	*Pegasus*	*Pegasi*	Pégaso

Per.	*Perseus*	*Persei*	Perseu
Phe.	*Phoenix*	*Phoenicis*	Fênix
Pic.	*Pictor*	*Pictoris*	Pintor
Psc.	*Pisces*	*Piscium*	Peixes
PsA.	*Piscis Austrinus*	*Piscis Austrini*	Peixe Austral
Pup.	*Puppis*	*Puppis*	Popa
Pyx.	*Pyxis (Males)*	*Pyxidis*	Bússola
Ret.	*Reticulum*	*Reticuli*	Retículo
Sge.	*Sagitta*	*Sagittae*	Flecha
Sgr.	*Sagittarius*	*Sagittarii*	Sagitário
Sco.	*Scorpius*	*Scorpii*	Escorpião
Scl.	*Sculptor*	*Sculptoris*	Escultor
Sct.	*Scutum*	*Scuti*	Escudo
Ser.	*Serpens*	*Serpentis*	Serpente
Sex.	*Sextans*	*Sextantis*	Sextante
Tau.	*Taurus*	*Tauri*	Touro
Tel.	*Telescopium*	*Telescopii*	Telescópio
Tri.	*Triangulum*	*Trianguli*	Triângulo
TrA.	*Triangulum Australe*	*Trianguli Australis*	Triângulo Austral
Tuc.	*Tucana*	*Tucanae*	Tucano
UMa.	*Ursa Major*	*Ursae Majoris*	Ursa Maior
UMi.	*Ursa Minor*	*Ursae Minoris*	Ursa Menor
Vel.	*Vela*	*Velorum*	Vela
Vir.	*Virgo*	*Virginis*	Virgem
Vol.	*Volans*	*Volantis*	Peixe Voador
Vul.	*Vulpecula*	*Vulpeculae*	Raposa

17.3. ABREVIATURAS DOS LIVROS DA BÍBLIA

Seja com relação aos livros do Antigo Testamento ou aos do Novo Testamento, há casos nos quais há uma forma única de abreviar (tradicional ou curta). Quando forem mencionados apenas livros e capítulos da Bíblia, recomenda-se escrevê-los por extenso e sem itálico.

Na Primeira Epístola aos Coríntios, no capítulo 13, ...

Mas, quando são citados tanto os capítulos quanto os versículos, os nomes dos livros devem ser abreviados. Nesse caso, são utilizados algarismos arábicos para os números de capítulos, separados por dois-pontos (:) dos versículos [no caso de referência a mais de um versículo, deve-se indicar o primeiro e o último, separando-os por hífen (-)].

Sal. 7: 9-10; Sal. 49: 8-10 etc.

Se forem livros numerados, usa-se, por exemplo, a forma 1 Cor. 3:12.

Vale ressaltar que, além das reduções aqui apresentadas, há outras formas de abreviaturas dos nomes bíblicos, que variam de acordo com a versão da Bíblia utilizada.

1. Bíblia Judaica – Antigo Testamento (AT)

FORMA TRADICIONAL	FORMA CURTA	NOME COMPLETO
Ageu	Ag.	Ageu
Amós	Am.	Amós
Cânt.	Cn.	Cântico dos Cânticos
1 Crôn.	1 Crn.	1 Crônicas
2 Crôn.	2 Crn.	2 Crônicas
Dan.	Dn.	Daniel
Deut.	Dt.	Deuteronômio
Ecles.	Ecl.	Eclesiastes
Esdr.	Esd.	Esdras
Ester	Est.	Ester
Êxod.	Êx.	Êxodo
Ezeq.	Ez.	Ezequiel
Gên.	Gn.	Gênesis
Hab.	Hb.	Habacuc
Isa.	Is.	Isaías
Jer.	Jr.	Jeremias
Jó	Jó	Jó
Joel	Jl.	Joel
Jon.	Jn.	Jonas
Jos.	Js.	Josué

Juiz.	Jz.	Juízes
Lam.	Lam.	Lamentações
Lev.	Lv.	Levítico
Mal.	Ml.	Malaquias
Miq.	Mq.	Miqueias
Naum	Na.	Naum
Neem.	Neem.	Neemias
Núm.	Nm.	Números
Obad.	Ob.	Obadias
Oseias	Os.	Oseias
Prov.	Prov.	Provérbios
1 Reis	1 Rs.	1 Reis
2 Reis	2 Rs.	2 Reis
Rute	Rt.	Rute
Sal.	Sl.	Salmos
1 Sam.	1 Sm.	1 Samuel
2 Sam.	2 Sm.	2 Samuel
Sof.	Sf.	Sofonias
Zac.	Zc.	Zacarias

2. Apócrifos*

FORMA TRADICIONAL	FORMA CURTA	NOME COMPLETO
–	–	Aditamento a Baruc (Epístola de Jeremias)
–	–	Adições a Daniel (Oração do Azariah, das Três Crianças Sagradas, História de Hermes, Bel e o Dragão.)
–	–	Aditamentos ao Livro de Ester
Bar.	Bar.	Baruc
Eclo.	–	Eclesiástico (Livro de Sirac)
1 Esd.	–	1 Esdras
2 Esd.	–	2 Esdras

* Os livros apócrifos estão incluídos nas Bíblias católica romana e ortodoxa, mas não nas versões hebraicas e na maioria das protestantes. Os aditamentos não têm abreviatura.

Jud.	Jd.	Judite
1 Mac.	1 Mc.	1 Macabeus
2 Mac.	2 Mc.	2 Macabeus
Or. de Man.	–	Oração de Manassés
Sab.	Sb.	Sabedoria
Tob.	Tb.	Tobias

3. *Novo Testamento* (NT)

FORMA TRADICIONAL	FORMA CURTA	NOME COMPLETO
Apoc.	Apoc.	Apocalipse
Atos	Atos	Atos dos Apóstolos
Col.	Col.	Colossenses
1 Cor.	1 Cor.	1 Epístola aos Coríntios
2 Cor.	2 Cor.	2 Epístola aos Coríntios
Efes.	Ef.	Efésios
Fil.	Fil.	Filipenses
Filêm.	Fm.	Filêmon
Gál.	Gál.	Gálatas
Heb.	Heb.	Hebreus
João	Jo.	João
1 João	1 Jo.	1 Epístola de João
2 João	2 Jo.	2 Epístola de João
3 João	3 Jo.	3 Epístola de João
Judas	Jd.	Judas
Lucas	Lc.	Lucas
Marc.	Mc.	Marcos
Mat.	Mt.	Mateus
1 Ped.	1 Pd.	1 Epístola de Pedro
2 Ped.	1 Pd.	2 Epístola de Pedro
Rom.	Rom	Romanos
1 Tess.	1 Tess.	1 Epístola aos Tessalonicenses
2 Tess.	2 Tess.	2 Epístola aos Tessalonicenses

Tiag.	Tg.	Tiago
1 Tim.	1 Tm.	1 Epístola a Timóteo
2 Tim.	2 Tm.	2 Epístola a Timóteo
Tito	Tt.	Tito

FONTE: Kate L. Turabian, *A Manual for Writers of Research Papers, Theses, and Dissertations*, 7. ed., Chicago/London, The University of Chicago Press, 2007, pp. 341-343.

17.4. ABREVIATURAS E EXPRESSÕES BIBLIOLÓGICAS E FILOLÓGICAS

No quadro a seguir, note-se que, se a expressão original estiver em itálico, a abreviatura deve apresentar-se também em itálico; e que, em inglês, as abreviações costumam dispensar o ponto. Já as expressões separadas por ponto e vírgula (;) indicam que há acepções diferentes para a mesma abreviatura. Nos casos em que se utiliza o travessão m (—), o item dispensa abreviatura ou não deve ser abreviado.

ABREVIATURA	EXPRESSÃO	OBSERVAÇÕES
a., aa.	assinado(a), assinados(as)	
A., AA.	autor, autores; Ano, Anos	A., enquanto abreviatura de autor, só deve ser usada no final de uma nota do autor na expressão (N. do A.)
a. i.	*ad interim*	"provisoriamente", "neste meio tempo"
a. l.	*alia lectio*	"variante", "outra leitura"
AA. ou VV. AA.	autores ou vários autores	deve ser usada apenas em bibliografias e antes do título de uma obra realizada por diversos autores, na qual todos tenham a mesma importância na realização do trabalho
ab init.	*ab initio*	"desde o início", "logo no início"
abrev.	abreviatura, abreviação	
AC	Autograph Card	"cartão de próprio punho ou autógrafo"
ACS	Autograph Card Signed	"cartão autoassinado"
acep.	acepção	
AD	Autograph Document	"documento autógrafo"

ORTOGRAFIA

ADS	Autograph Document Signed	"documento autoassinado"
adapt.	adaptação	
add.	*addenda*	"os itens que vão ser acrescentados"
ad fin.	*ad finem*	"até o fim", "no fim"
ad inf.	*ad infinitum*	"até o infinito"
ad lit.	*ad litteram*	"ao pé da letra"
ad loc.	*ad locum*	"ao lugar", "para o lugar"
adic.	adicionador	
aed. pag.	*aedes pagina*	"na mesma página"
al.	*alias, aliter*	"por outras (palavras, maneiras…)", "de outro modo"
al.	*alii*	"outros"
ALS	Autograph Letter Signed	"carta autoassinada"
AMs	Autograph Manuscript	"manuscrito autógrafo"
AMsS	Autograph Manuscript Signed	"manuscrito autoassinado"
amp., ampl.	ampliada	para edição que recebeu acréscimo
AN.	anais	
an.	anexo	
AN	Autograph Note	"nota autógrafa"
ANS	Autograph Note Signed	"nota autoassinada"
anag.	anagrama	
anep.	anepígrafo	"que perdeu a inscrição"; trata-se de inscrição apagada geralmente em cópia ou impressão anastática
anast.	anastático(a)	reproduzido por transporte público
anôn.	anônimo	
anot.	anotado	
ant.	antologia	
ap.	*apud*	"em", "referido por", "junto a"

apênd.	apêndice	
apócr.	apócrifo	
apógr.	apógrafo	cópia de manuscrito
apost.	apostila	
arc.	arcaísmo	
art. cit.	artigo citado	
art.	artigo	em estatutos ou textos de lei; deve ser escrito por extenso na primeira vez em que aparece e abreviado nas seguintes
aum.	aumentada	usa-se para a expressão "edição aumentada"
atual.	atualizada	usa-se para a expressão "edição atualizada"
bibl.	bibliografia, bibliográfico ou biblioteca	
B.N.	Biblioteca Nacional	
bol.	boletim	
br.	branca	página em branco
broc.	brochura	
c	*card*	"cartão" (o papel, o próprio cartão)
c.	canto	Canto, enquanto parte de poema, pode vir em maiúscula: Ca. XX
c., ca.	*circa*	"cerca de", "por volta de": usa-se para indicar datas aproximadas
cA.	caixa-alta	
cAb.	caixa-alta e baixa	
cad.	caderno	
cap., caps.	capítulo, capítulos	
cart.	cartonado	
cat.	catálogo	
cb.	caixa-baixa	
cet. par.	*ceteris paribus*	"sendo iguais, semelhantes, equivalentes"
cett.	*cetere*	manuscritos acrescentados em apoio a uma dada leitura

ORTOGRAFIA

cf. ou cfr.	*confer*	"confira", "verifique", "compare", seu uso deve ser reservado às citações
c.f.	*cum figuris*	"com figuras", "ilustrado", "ilustrações"
charta cons.	*charta consumpta*	"papel rasgado"
cíc.	cícero	medida tipográfica = 12 pontos
cir.	*circiter, circa, circum*	"cerca de", "por volta de"
cit.	citação, citado	
cit.	*citatus, citata, citatum*	"citado", "citada" (adjetivo)
coaut.	coautor	antes da atual reforma ortográfica era grafada com hífen
cód.	códice	
coed.	coedição	antes da atual reforma ortográfica era grafada com hífen
col.	colaborador; coleção; coluna	
colig.	coligido	
com.	comentário	
comp.	compilador, compêndio	
compl.	*completur*	"complete-se"
con.	contra, em oposição	
cont.	continuação	
coord.	coordenador	
cop.	copiado	
corr.	*corrigita, correctum*	"correção", "corrigido"
corr. ex.	*correctum ex*	"corrigido de"
cp.	compare	tem função similar à abreviatura cf.
crôn.	crônica	
curs.	cursiva	
D*	Document	"documento"
ded.	dedicatória, dedicado	

ABREVIATURAS

del.	*deleatur;* *delineavit*	"apaga-se", "elimina-se"; "rasura-se"
des.	desenho	
dic.	dicionário	
dipl.	diplomática	referente ao tipo de edição
Dir.	diretor	maiúscula só na abreviatura
dir.	dirigido por, direção	
dis.	dissertação	
doc.	documento	
dout.	doutoramento	
DS	Document Signed	"documento assinado"
dupl.	duplicado	
e.g.	*exempli gratia*	"por exemplo", "em razão do exemplo"
ead. pag.	*eadem pagina*	"na mesma página"
écl.	écloga	
E., EE.	editor(es)	E. só deve ser utilizada no final de uma nota do editor na forma (N. do E.); nos demais casos, usa-se ed. ou eds.
ed.	edição	
ed., eds.	edição e editor(es)	essa grafia deve ser utilizada apenas para as expressões "editado por" e "editor", com sentido não editorial, e sim edótico, isto é, referindo-se àquele que se encarregou de preparar o texto: usa-se ed. quando houver um só responsável, e eds. quando forem dois ou mais editores
ed. ampl.	edição ampliada	
ed. aum.	edição aumentada	
ed. cit.	edição citada	
ed. corr.	edição corrigida	
ed. crít.	edição crítica	
ed. dipl.	edição diplomática	
ed. facs.	edição fac--símile	

ORTOGRAFIA

ed. fon.	edição fonética	
ed. il.	edição ilustrada	
ed. lit.	edição literária	
ed. mod.	edição moderna	
ed. modern.	edição modernizada	
ed. orig.	edição original	
ed. pal.	edição paleográfica	
ed. princ.	edição príncipe ou principal	
ed. refor.	edição reformada	
ed. rev.	edição revisada	
edit.	editora	
eds.	editores	
enc.	enciclopédia; encadernação	
ep.	epígrafe	
epíl.	epílogo	
epíst.	epístola	
esg.	esgotado	
esp.	especial	
esq.	esquema	
est. cit.	estudo citado	
est.	estudo; estância (poema); estante; estrofe	
estabel. tip.	estabelecimento tipográfico	
et al.	*et alii*	"e outros"; usa-se em notações bibliográficas de obras que têm mais de dois autores. *Nota*: observar que, por extenso, é com dois *ii*, e não com dois *ll*, confusão cada vez mais comum, talvez por influência do inglês
et pas.	*et passim*	"e em diversas partes", "e aqui e ali"

et seq., seqs.	*et sequens*	"e seguinte", "seguintes"; tem o mesmo valor de s., ss., seg., segs.
etc.	*et cœtera*	"e os outros", "e as demais coisas"; interrompe a enunciação de uma série, de cuja sequência se presume que o leitor tenha conhecimento; não é precedida de vírgula por já conter a conjunção coordenativa; há os que usam vírgula antes de etc., como antes de "e", possibilidade gramaticalmente aceitável, por liberdade prosódica. Por já ser considerada uma forma aportuguesada, a abreviatura não se apresenta em itálico.
ex.	exemplo(s)	
ex-lib.	*ex-libris*	"livros de…", "livros [pertencentes] a"
extr.	extraído, extrato	
explic.	*explicit*	"explicitar"; nas antigas obras, indicava onde terminava o livro.
ex typ.	*ex typographia*	"da tipografia de"
f., ff.	*folium, folia*	"folha", "folhas"; "fólio", "fólios"
f., fl.	folha, fólio	
f.r.	*folio recto*	lado ímpar do fólio; página ímpar
f.v.	*folio verso*	lado par do fólio; página par
fasc.	fascículo	
fec.	*fecit*	"fez", indica o artífice; como em *Giordanus fecit*.
fig.	figura	
fin.	*finem*	na expressão *ad finem*, "ao fim"
fl., flor.	*floruit*	à abertura, segue-se a indicação de determinada data para localizar no tempo o período em que uma pessoa atingiu o ápice de sua atividade, ou "floresceu"; usa-se para indicar morte e nascimento não conhecidos
folh.	folheto(s)	
fon.	fonético	
fot.	fotografia	
frag.	fragmento	
front.	frontispício	
f.-s.	fac-símile(s), fac-similado(a)	

glos.	glossário	
grav.	gravura	
h.e.	*hic est, hoc est*	"isto é"
h.l.	*hic locus*	"esta passagem", "este trecho"
h.v.	*haec verba*	"estas palavras"
hom.	homilia	
i.e.	*id est*	"isto é", "quer dizer"
i.é	isto é	substitui *i.e.*, sendo sempre empregado entre vírgulas e sem o ponto depois do "é"
i.q., id. q.	*idem quo*	"o mesmo que"
ib., ibid.	*ibidem*	"ali mesmo", "no mesmo lugar"; indica a mesma obra de um mesmo autor antes referida na mesma página; quando se trata da mesma obra, mas não da mesma página, usa-se *idem* ou *op. cit.*, seguidos do número da página a que se faz referência
id.	*idem*	"o mesmo", ou seja, mesmo autor e obra antes referidos
il., ils.	ilustrada, ilustrador, ilustração, ilustrações	na expressão "edição ilustrada"
imp.	*imprimatur*	"imprima-se"
impr.	impressão	
in	"em"	usa-se esta expressão em referências bibliográficas; o capítulo ou parte de um texto que vier citada antes do *in* faz parte da obra maior (a que vem após tal elemento); nunca é utilizada em notações de artigos publicados em jornais e revistas; em notas de rodapé, deve-se usar a forma em língua portuguesa "em"
incip.	*incipit*	"começa aqui"; usada nos livros manuscritos e incunábulos para indicar o ponto em que a obra começava
i.f.	*in fine*	"no fim"; usa-se em citações para facilitar a localização do término de um texto
in-f.°	*in-folio*	"em folhas", em referências aos códices manuscritos

in loc.	*in loco*	"no lugar", "nesse mesmo lugar"
in marg.	*in margine*	"à margem", "igual a margem" (do manuscrito)
in med.	*in medio*	"no meio"
in-p.	in-plano	
in-4	in-quarto	caderno de 4
in-8	in-octavo	
in-12	in-doze	
in-16	in-dezesseis	
in-24	in-vinte e quatro	
in-32	in-trinta e dois	
in-64	in-sessenta e quatro	
in princ.	*in principio*	"no começo"
inc.	incunábulo	
incl.	incluído, inclusive	
incog.	*incognito*	"desconhecido", "ignorado", "não conhecido"
incompl.	incompleto	
índ.	índice	
índ. alf.	índice alfabético	
inf.	*infra*	"abaixo"; usada como remissão interna a um trecho que ainda está por ser lido; deve-se evitar a abreviatura e utilizar a forma por extenso
inic.	iniciais	
init.	*initio*	"no início"
ínt.	íntegra	"inteira", "sem cortes"; usa-se para caracterizar as edições
interp.	*interposuit, interpositum*	"intercalou", "intercalado"; "interpolou", "interpolado"
introd.	introdução (de)	quando abreviada em bibliografia, não precisa de preposição
ip. lit.	*ipsis litteris*	"literalmente", "com as mesmas letras"
ip. v.	*ipsis verbis*	"textualmente", "com as mesmas palavras"; também é utilizada, como *ipsis litteris*, para enfatizar a fidelidade das palavras reproduzidas

ORTOGRAFIA

—	*ipso facto*	"por essa mesma razão", "por isso mesmo", "por esse fato mesmo"; convém não abreviar esta expressão
it.	item	
l.	lugar; letra; linha; livro	usa-se em *itálico* para que não se confunda com o número 1 (um)
l.c.	*loco citato*	ver *loc. cit.*
l. cit.	*loco citato*	tem o mesmo valor de *loc. cit.*, *l.c.*; ver *loc. cit.*
l. gót.	letra gótica	
L	*letter*	"carta"
L., *lib.*	*liber*	"livro"
l. rom.	letra romana	
lâm.	lâmina	
—	*lato sensu*	"em sentido amplo", "em sentido lato"; o contrário de *stricto sensu*; não convém abreviar esta expressão
lin.	*linea subducta*	linha abaixo
lit.	*littera, liter, literalmente*	o mesmo que *ipsis litteris*; não precisa ser usada em *itálico* devido à equivalência a "literalmente"
litog.	litografia	
liv.	livro	
livr.	livraria	não confundir com *library* (ing.), que significa "biblioteca"
loc. cit.	*loco citato, locus citatus*	"no lugar citado" ou "lugar citado"; empregada quando se cita sucessivamente o mesmo autor, na mesma página do mesmo volume da mesma obra referida anteriormente
loq.	*loquitur*	"disse", "vale dizer"
LS	*letter signed*	"carta assinada"
m.	morto	
m. tip.	marca tipográfica	
maiúsc.	maiúscula	
marg.	*in margine*	o mesmo que "na margem"
melh.	melhorada	em referência ao tipo de edição
mem.	memento, lembrete	

mod.	moderna	em referência ao tipo de edição
ms, ms., MS.	manuscrito	as formas no plural (MSS., mss.) só devem ser usadas quando for imperativo fazer a distinção
mús.	música	
n.	nascido; nota	utilizada com bastante frequência em dicionários
n., n.°, n̲º̲	número (algarismo)	empregada quando antecede algarismo; no caso de se referir a flexão gramatical, deve ser abreviada para *núm*. Se o *o* estiver sublinhado (n̲º̲), convém não usar ponto
N.B., *n.b.*	*nota bene*	"note-se bem"
N.B., n.b.	note bem	
N. da D.	Nota da Direção	
N. do E.	Nota do Editor	
N. da R.	Nota da Redação ou Nota da Revisão	aconselha-se colocar a abreviatura dessas identificações de notas entre colchetes ou parênteses
N. do A.	Nota do Autor	
N. do R.	Nota do Revisor	
N. do T.	Nota do Tradutor	
n. l.	*non liquet*	"não está claro"
n. s.	nova série	
n.v.	*ne varietur*	"sem variante", em caso de edição definitiva
neg.	negativo	
negr.	negrito	
N.N.	*non nominatus*	"não designado pelo nome"
non seq.	*non sequitur*	"não segue"
num.	numerado	
núm.	número	só quando número gramatical (sing., plur.)
O.C.	Obras Completas	(em cAb)
o.c.	obras completas	(em cb)
O.D.C. ou *o.d.c.*	*offert, dedicat, consecrat*	"oferece", "dedica", "consagra"; usada em dedicatórias impressas de um livro
o.m.q.	o mesmo que	igual a *id.q.*
ob.	obra(s)	

ob.	*obiit*	"morreu"; quando se tratar de cristãos, usa-se a adaga
ob. cit.	obra citada	o mesmo que *op. cit.*
obs.	observação	
om.	*omittit, omissum*	"omite", "omisso" ou "omitido"
op.	*opus, opera*	"obra", "obras"
op. cit.	*opere citato* ou *opus citatum*	"na obra citada" ou "a obra citada"; remete a livro já citado de um autor
op. omn.	*opera omnia*	obras completas
opúsc.	opúsculo	
org.	organizador da edição	usada entre parênteses nas bibliografias
orig.	original	
P.	pergunta	usada em entrevistas
p., pp.	página, páginas	
p. corr.	*post correctione*	"depois da emenda"
p. ex.	por exemplo	
P.S.	*post-scriptum*	"escrito depois", "escrito no final"
pag.	paginação	
pág., págs.	página, páginas	(ver p. e pp.)
pág. dupl.	paginação duplicada	
pag. var.	paginação variável	
pal.	paleógrafo; palavra	
par.	parágrafo	
pass.	*passim*	"aqui e ali", "em diversas partes"
p/b. ou PB.	preto e branco	
perg.	pergaminho	
periód.	periódico	
pl.	plural	
poligr.	poligráfico	
pos.	positivo	
pr.	*prius*	"antes"; o que estava no manuscrito antes da emenda

ABREVIATURAS

pr.	prancha	
pref.	prefácio de	
pról.	prólogo	
pseud.	pseudônimo	mas, para indicar que sua atribuição a um autor é discutível, escreve-se, sem se abreviar, pseudônimo...
pt.	ponto	
pte.	parte	
publ., publs.	publicação, publicações	
q.	quadro	
q.v.	*quod vide*	"veja isto", "que se vê", "o que vemos"
r.	*recto*	página ou folha de frente
R.	Resposta; livro um pouco raro	indica a resposta em entrevistas; o acréscimo de erres aumenta o caráter raro da obra; ver Rr
rad.	*radix*	raiz
recomp.	recompilador, recompilação, recensão	
red.	redondo (letra ou tipo); redator	
reed.	reedição	
ref.	referência	
refor.	reformada	em referência ao tipo de edição
refund.	refundido(a)	
reg.	registro	
reimpr.	reimpressão	
rem.	remissivo	
reprod.	reprodução	
Rr	livro raro	
Rrr	livro raríssimo	
res.	resumo, resumidor	
retr.	retrato	
rev.	revisado, revisões (edição); revista	usa-se na expressão "edição revista"
rúst.	rústica	

s., ss.	seguinte, seguintes	grafar com a conjunção *e*. Ex.: pp. 31 e ss.; não pp. 31 ss.
s.a.	sem ano (de publicação)	
s.d.	sem data (de publicação)	
s.ed.	sem editor	
s. front.	sem frontispício	
s.f.	sem ficha	pode ser abreviatura de "substantivo feminino"
s.l.	sem local (de edição)	
s.l.e.a.	*sine loco et anno*	"sem lugar (de edição) nem ano"
s.l.n.f.	sem lugar nem ficha (de edição)	
s.l.i.	sem lugar de impressão	
s.l.n.a.	sem lugar nem ano (de edição)	
s.l.n.d.	sem lugar nem data	
s.n.	*sine nomine*	"sem nome" (do editor, no sentido editorial)
s.n.t.	sem notas tipográficas	isto é, sem imprenta
s.p.i.	sem pé de imprenta	
s.pag.	sem paginação	
s.t.	sem nome do tipógrafo	
s.v., s.vv.	*sub voce, sub vocibus*	na palavra ou nas palavras sob o verbete (que se indica); usada em referências a enciclopédias e dicionários
sc., scil.	*scilicet*	"a saber", "convém saber", "subentende-se"
seç.	seção	em estatutos e constituições, é escrita por extenso na primeira vez e abreviada nas seguintes
séc.	século	

seg., segs.	seguinte, seguintes	(ver s., ss.)
sel.	seleção	
sem.	semestre	
sep.	separata	
seq.	*sequitur*	"seguinte"; na frase *non sequitur*, tem-se "não segue"
—	*sic*	"assim", "deste modo"; usada em citações para indicar que, apesar de alguma palavra ou expressão causar estranheza, é a forma empregada na obra utilizada como fonte; nesse caso, deve vir sempre entre colchetes e em itálico. Ex.: [*sic*]
—	*stricto sensu*	"em sentido restrito", opõe-se a *lato sensu*
subt.	subtítulo	
sum.	sumário	
supl.	suplemento	
supra	acima	usada como remissão interna a um trecho que já foi lido
t.	tomo, termo	
T.	tradutor	usada somente na forma [N. do T.]; nos demais casos, deve-se utilizar trad.
tab.	tabela	quando seguida de um número, deve-se grafá-la em cAb (Tab. 1)
TC	Typewritten card	"cartão datilografado"
TCS	Typewritten card signed	"cartão datilografado assinado"
TD	Typewritten document	"documento datilografado"
TDS	Typewritten document signed	"documento datilografado assinado"
tip.	tipografia, tipográfico	
tít.	título	
tít. orig.	título original	
TL	Typewritten letter	"carta datilografada"

TLS	Typewritten letter signed	"carta datilografada assinada"
TMs	Typewritten manuscript	"manuscrito datilografado"
TMsS	Typewritten manuscript signed	"manuscrito datilografado assinado"
trad.	tradutor, tradução de	
transcr.	transcritor	
trat.	tratado	
v.	veja, verso	
v.	*vide*	"ver", "vede", "vê", "veja", "veja-se", "vejam"
v., vv.	verso, versos	verso de página; verso(s) em citações de poesia
v.a.	veja adiante	
v.A.	ver autor	usada em revisão de texto ou prova, quando há dúvidas que só o autor pode resolver
v.g.	*verbi gratia*	por exemplo, "em razão da palavra"
v.l.	*varia lectio*	"leitura vária" (variante textual)
v.t.	veja também	
V.T.	Velho Testamento	
v.°	verso	página de trás de um fólio
var.	variante	
var. lect.	*varia lectio*	"em outra lição", ou "versão"
vers., V.	versal	
vid.	*videlicet*	"convém ver", "vale conhecer", "fácil de ver", "notadamente"
vol., vols.	volume(s)	
vs.	*versus*	"contra", "contrastante", "em oposição a"; estabelece cotejo
Vv.	versal-versalete	
xil.	xilogravura	

17.5. ABREVIATURAS COMERCIAIS, INDUSTRIAIS E AFINS

ABREVIATURA	EXPRESSÃO	OBSERVAÇÕES
a. ou arr.	arroba(s)	
a.c.	ano corrente	
a/c.	a cargo, à conta	
ad. val.	*ad valorem*	"pelo valor"
amo., am.º	amigo	
ato., at.o	atento, atencioso	
at.te	atenciosamente	
a/v	à vista	
B/L	*bill of lading*	"nota de embarque"
ba.	barrica	
bal.	balanças	
banc.	bancário	
bl.	barril	
b.to	bruto	
c.	cento	
c/	com; conta	
c/a	conta aberta	
c/c	conta corrente	
cent.	centavo(s)	
CGC	Cadastro Geral de Contribuinte	
C.G.S.	centímetro-grama--segundo	
Cia.	companhia	
CIF ou cif	*cost insurance freight*	"custo, seguro e frete" (usado em transportadoras)
Co.	*company*	"companhia"; diferente de outras abreviaturas em inglês, é com ponto (.)
cód.	código	
corr.	corrente	
cro., cr.o	criado	
c.ta	comandita	
c/u	cada um(a)	

cx.	caixa
circ.	circular
civ.	civil
com.	comércio
Cons.	Conselho
Contab.	Contabilidade
contad.	contadoria
coop.	cooperativa
cor.	coroas (moeda)
corresp.	correspondência
créd.	crédito
cump.to	cumprimento
Cx. ou cx	caixa
D., d.ᵉ	deve
d.	dinheiro
d/	dias
d/d	dias de data
d/v	dias de vista
déb.	débito
desc.	desconto
desp.	despesa
Diret.	Diretoria
Diretr.	Diretrizes
Div.	Divisão
díz.	dízimo
d.º	dito
doc.	documento
dr.º	dinheiro
dupl.	duplicata
dz.	dúzia
Econ. Pol.	Economia Política
econ.	econômico
emb.	embalagem
emol.	emolumentos
emp.	empresa

esc.	escudo	
estat.	estatístico	
export.	exportação	
ext.	exterior	
fat.	fatura	
fd.	fardo	
Fo.	Filho	(em razão comercial)
fin.	finanças	
finan.	financeiro	
fl.	florim	
FOB ou fob	*free on board*	"posto a bordo" (usado em transportadoras)
func.	funcionário	
garr. ou gf.	garrafa	
G/P	ganhos e perdas	
gr.	grosa	
h.	haver	
hon.	honorários	
imob.	imobiliários	
imov.	imóveis	
import.	importação	
Ind.	Indústria	
industr.	industrial	
inter.	intercâmbio	
invent.	inventário	
l.	lançado	
lav.	lavoura	
Ltda.	Limitada	(sociedade comercial)
m.	mês	
m/	meu(s), minhas(s)	
m/a	meu aceite	
m/c	minha conta	
m/d	meses de data	
m/dupl.	minha duplicata	
m/l	minha letra	

ORTOGRAFIA

m/o	minha ordem
m/p	meses de prazo
m/v	meses de vista
Manuf.	manufatura
máq.	máquina
n/c	nossa conta; nossa carta; nossa casa (comercial)
n/ch.	nosso cheque
n/dupl.	nossa duplicata
n/fat.	nossa fatura
n/l	nossa(s) letra(s)
n/o	nossa ordem
n/s	nosso saque
neg.	negócios
o/	ordem
obr.^{mo}, obr.mo	obrigadíssimo
obr.°, obr.o	obrigado
p/	por, para
p.b.	peso bruto
p/c	por conta
p.c.	preço corrente
p.d.	por dia
p.l.	peso líquido
p.p.	por procuração; próximo passado
pc.	pacote(s)
pç.	peça(s)
pg.	pago
prop.	proprietário(s), propriedade
prot.	protocolo
ql.	quilate(s)
quinz.	quinzenal
rec.	receita
rec.°	recebido

reg.	registro
reg.º	registrado
rem.ᵗᵉ	remetente
rs	réis
s/	seu(s), sua(s); sobre (antes da palavra cheque)
s/a	seu aceite
S.A.	Sociedade Anônima
S.A.R.L.	Sociedade Anônima de Responsabilidade Limitada
s/c	sua carta (ou casa, ou conta) (comercial)
s.d.	sem data
s/dupl.	sua duplicata
S.E.O.	salvo erro ou omissão
Serv.	serviço
s/f	seu favor
s/l	sua letra; seu lançamento sobreloja
s/o	sua ordem
sc., scs.	saco, sacos
s.r.	sua residência
Soc.	sociedade
Suc.	Sucessor
T.	tara
tel.	telefone
trim.	trimestre
trimstr.	trimestral
v/	vosso, vossa, vossos, vossas
v/c	vossa carta
v/dupl.	vossa duplicata
v/o	vossa ordem
v/s	vosso saque

17.6. ABREVIATURAS CRONOLÓGICAS

ABREVIATURA	EXPRESSÃO	OBSERVAÇÕES
A.C.	*Anno Christi*	"na era de Cristo"
a.C.	antes de Cristo	
A.D.	*Anno Domini*	"no ano do Senhor, na Era Cristã"
A.H.	*Anno Hegirae*	"no ano da Hégira", "na Era Islâmica"
a.H.	antes da Hégira	na cronologia muçulmana
A.M.	*anno mundi*	"no ano do mundo", segundo a exegese bíblica
a.m.	*ante meridiem*	"antes do meio-dia"
A.U.C.	*anno urbe condita* ou *ab urbe condita*	"no ano da fundação da cidade" ou "a partir da fundação da cidade"
ad. int.	*ad interim*	"interinamente", "neste meio tempo"
bid.	*bis in die*	"duas vezes ao dia"
bien.	bienal	
bimens.	bimensal	
bimest.	bimestral	
c.	*circa*	"cerca de", "em torno de", "por volta de" (ano)
calend.	calendário	
d.C.	depois de Cristo	
E.C.	Era Cristã	
p.f.	próximo futuro	(em relação ao mês)
p.m.	*post meridiem*	"depois do meio-dia"
p.p.	próximo passado	(em relação ao mês)
pro temp.	*pro tempore*	"para o tempo em que for oportuno"
prox.	*proximo (mense)*	no próximo mês
q.i.d.	*quater in die*	quatro vezes ao dia
qs.i.d.	*quinquies in die*	cinco vezes ao dia
s.i.d.	*sexties in die*	seis vezes ao dia
s.n.	*sine die*	sem dia
séc.	século	
t.i.d.	*ter in die*	três vezes ao dia
temp.	*tempore*	"no tempo", "quando de"
ult.	*ultimo (mense)*	no mês passado

17.7. ABREVIATURAS FORENSES

ABREVIATURA	EXPRESSÃO	OBSERVAÇÕES
a.m.a.	*ad multos annos*	"por muitos anos"; usada em felicitações
a/c, A/C	aos cuidados	
at.ᵗᵉ	atenciosamente	
B.F.	Boas Festas	
c.c.	confere, conforme	
Corresp.	correspondência	
D.G.	Deus guarde	
doc.	documento	
docs.	documentos	
e.c.f.	é cópia fiel	
E.D.	espera deferimento	
E.M.	em mãos	
E.M.P.	em mãos próprias	
E.R.	espera resposta	
E.R.M.	espera receber mercê	
G.P.	*Gloria Patri*	"Glória ao Pai"
obr.ᵐᵒ, obr.mo	obrigadíssimo	
obr.º, obr.o	obrigado	
O.K.	*all correct*	"tudo bem", "tudo certo"
P.E.F.	por especial favor	
P.E.O.	por especial obséquio	
p.f.	por favor	
p.f.v.	por favor, volte	
P.M.	Prefeitura Municipal ou Polícia Militar	
P.M.E.	por mercê especial	
P.M.O.	por muito obséquio	
P.O.M.	por obsequiosas mãos	
P.R.	*populus romanus*	"povo romano"
P.R.J.	por recebimento e justiça	
Q.G.	quartel-general	
R.	*rex, regina*	"rei", "rainha"
R.E.I, REI	*rex et imperator; regina et imperatrix*	"rei e imperador"; "rainha e imperatriz"

ORTOGRAFIA

R.S.V.P.	*répondez, s'il vous plaît*	"responda, por favor"
s.e.o., S.E.O.	salvo erro ou omissão	
s.f.f.	se faz favor	(usado em Portugal)
s.m.j., S.M.J.	salvo melhor juízo	
S.P.	serviço público	
S.P.Q.R.	*senatus populusque romanus*	"o senado e o povo romano"
s.r., s/r,	sem residência	
S.V.P.	*s'il vous plaît*	"por favor"
V.	visto, vista, vistos, vistas	
v.s.f.f.	volte, se faz favor	(usada em Portugal)
W.C.	*water closet*	"banheiro"

17.8. ABREVIATURAS DE FORMAS DE TRATAMENTO

ABREVIATURA	EXPRESSÃO
D.	dom, dona; digno (usa-se a inicial maiúscula somente na forma abreviada)
DD.	Digníssimo
Em.ª	Eminência
Emmo.	Eminentíssimo
Exa.	Excelência
Exma.	Excelentíssima
Exmo.	Excelentíssimo
Exmo. Sr.	Excelentíssimo Senhor (forma de tratamento endereçada a militares de alta patente e a figuras de destaque da hierarquia civil. Ex.: presidente da República, ministros, governadores, secretários estaduais, desembargadores, deputados, senadores – forma direta e indireta)
Ilma.	Ilustríssima
Ilmo.	Ilustríssimo
M., MM.	*Monsieur, Messieurs* [senhor(es), do francês]
M.D.	Mui Digno
MM.	Meritíssimo (tratamento de juízes de direito)
Mlle	*Mademoiselle* (senhorita, em francês; note que não há ponto depois de *Mlle* e *Mme*)
Mme	*Madame* (senhora, em francês)

ABREVIATURAS

Mr.	*Mister, Messers* (senhor, senhores, em inglês; ambas com a mesma abreviatura)
Mrs.	*Mistress* (senhora, em inglês)
Rev.	Reverendo
Revmo.	Reverendíssimo
S.A.	Sua Alteza (tratamento indireto endereçado a soberanos)
S.A.C.	Sua Alteza Cristianíssima
S.A.F.	Sua Alteza Fidelíssima
S.A.I.	Sua Alteza Imperial
S.A.R.	Sua Alteza Real
S.A.S.	Sua Alteza Sereníssima
S. Carid.	Sua Caridade
S. Em.ª Revma.	Sua Eminência Reverendíssima (tratamento indireto dirigido a cardeais)
S. Exa.	Sua Excelência (tratamento endereçado a militares de alta patente e a figuras de destaque da hierarquia civil. Ex.: presidente da República, ministros, governadores, secretários estaduais, desembargadores, deputados, senadores – forma indireta)
S. Exa. Revma.	Sua Excelência Reverendíssima (tratamento indireto dirigido a bispos e arcebispos – forma indireta)
S.G.	Sua Graça, Sua Grandeza
S.H.	Sua Honra
S. Ilma.	Sua Ilustríssima
S.M.	Sua Majestade (tratamento indireto endereçado a soberanos)
S.M.F.	Sua Majestade Fidelíssima
S.M.I.	Sua Majestade Imperial
S.ᵒʳ	Sênior
S.P.	Sua Paternidade, Santo Padre
S. Rev.ª	Sua Reverência (tratamento endereçado a sacerdotes em geral – forma indireta)
S. Rev.ᵐᵃ	Sua Reverendíssima (tratamento utilizada para se referir a sacerdotes em geral – forma indireta)
S.S.	Sua Santidade
S. Sa.	Sua Senhoria (tratamento endereçado a funcionários públicos graduados, oficiais até coronel, pessoas de cerimônia – forma indireta)

Sr.	senhor (usa-se a inicial maiúscula somente na forma abreviada)
Sra.	senhora (usa-se a inicial maiúscula somente na forma abreviada)
Srta.	senhorita (usa-se a inicial maiúscula somente na forma abreviada)
SS.	Santíssimo, Santíssima
V.A.	Vossa Alteza (tratamento direto endereçado a soberanos)
V. Carid.ᶜ	Vossa Caridade
V. Em.ᵃ	Vossa Eminência
V. Em.ᵃ Revma.	Vossa Eminência Reverendíssima (tratamento direto dirigido a cardeais)
V. Ilma.	Vossa Ilustríssima
V. M.ᶜᵉ	Vossa Mercê
V. Mag.ᵃ	Vossa Magnificência (tratamento direto endereçado a reitores)
V. Exa.	Vossa Excelência (tratamento endereçado a militares de alta patente e a figuras de destaque da hierarquia civil. Ex.: presidente da República, ministros, governadores, secretários estaduais, desembargadores, deputados, senadores – forma direta)
V. Exa. Revma.	Vossa Excelência Reverendíssima (tratamento direto utilizado em referência a bispos e arcebispos – forma direta)
V.G.	Vossa Graça
V.H.	Vossa Honra
V.M.	Vossa Majestade (tratamento direto a soberanos)
V.P.	Vossa Paternidade
V. Rev.ᵃ	Vossa Reverência (tratamento endereçado a sacerdotes em geral – forma direta)
V. Rev.ᵐᵃ	Vossa Reverendíssima (tratamento endereçado a sacerdotes em geral – forma direta)
V.S.	Vossa Santidade (tratamento destinado ao papa – forma direta)
V. S., V. Sa.	Vossa Senhoria (tratamento endereçado a funcionários públicos graduados, oficiais até coronel, pessoas de cerimônia – forma direta)
V.Sa.Ilma.	Vossa Senhoria Ilustríssima
vm.ᶜᵉ	vosmecê

ABREVIATURAS

17.9. ABREVIATURAS MÉDICAS E FARMACOLÓGICAS

ABREVIATURA	EXPRESSÃO	OBSERVAÇÕES
ãã ou aná	em partes iguais	quantidade igual de cada substância
ad. lib.	ad libitum	"à vontade", "a gosto"
anat.	anatomia	
clí.	clínica	
clín.	clínico	
coef.	coeficiente	
coq.	coquatur	"coza-se"
DE_{50}	dose efetiva	mediana
DI_{50}	dose infectante	
DL_{50}	dose letal	
DLM	dose letal mínima	
DMM	dose mínima mortal	
DP_{50}	paralisia, dose medicinal	
ECG	eletrocardiograma	
EEG	eletroencefalograma	
f.	forma	(só em taxonomia)
fam. n.	família nova	(taxonomia)
farm.	farmacêutico	
Farm.	farmácia	
Hosp.	hospital	
i.v.	intravenoso	
nom. cons.	nomen conservandum	(taxonomia)
nom. n.	nomen novum	(taxonomia)
nom. rejic.	nomen rejiciendum	(taxonomia)
o.d.	olho direito	
o.d.	outside diameter ou oculus dexter	"fora de diâmetro"; "olho direito"
o.e.	olho esquerdo	
p.a.	pró-análise	(utilizada após o nome da droga)
p.i.	partes iguais	
Q ou q	quociente metabólico	
q.b.	quantidade bastante	

q.l.	*quantum libet*	"quanto queira"
q.p.	*quantum placet*	"à vontade"
q.s.	*quantum satis*	"quanto baste"
q.v.	*quantum vis*	"quanto queira"
QR	quociente respiratório	
quant. suff.	*quantum sufficit*	"quanto seja suficiente"
R. ou R.ᵉ	*recipe*	"recebe", "toma"
rec.	receita	
RES, SRE	*reticuloendothelial system*	Sistema Retículoendotelial
s.c.	subcutâneo	
SN	se necessário(a)	(em requisição de exames histológicos)
SNC	Sistema Nervoso Central	
sp.	espécie	(taxonomia)
spp.	espécies	
u.e.	uso externo	
u.i.	uso interno	
var. n.	variedade nova	(só em taxonomia)

17.10. ABREVIATURAS DOS MESES

Não se abreviam os meses (marcados com *) cujos nomes têm quatro letras ou menos. Em alemão e inglês, os nomes dos meses, assim como suas abreviaturas, são grafados com inicial em maiúscula.

PORTUGUÊS	ESPANHOL	FRANCÊS	ITALIANO	ALEMÃO	INGLÊS
jan.	ene.	jan.	gen.	Jan.	Jan.
fev.	feb.	fév.	feb.	Feb.	Feb.
mar.	mar.	mars*	mar.	März*	Mar.
abr.	abr.	avr.	apr.	Apr.	Apr.
maio*	mayo*	mai*	mag.	Mai*	May*
jun.	jun.	juin*	giug.	Juni*	June*
jul.	jul.	juil.	giugl.	Juli*	July*
ago.	ag.	août*	ago.	Aug.	Aug.

PORTUGUÊS	ESPANHOL	FRANCÊS	ITALIANO	ALEMÃO	INGLÊS
set.	set.	sept.	set.	Sept.	Sept.
out.	oct.	oct.	ott.	Okt.	Oct.
nov.	nov.	nov.	nov.	Nov.	Nov.
dez.	dic.	déc.	dec.	Dez.	Dec.

17.11. ABREVIATURAS MUSICAIS

ABREVIATURA	EXPRESSÃO	OBSERVAÇÕES
abb.	*abbassamento (di voce)*	"diminuição da sonoridade da voz"
accel.	*accelerando*	"acelerando"
adag.	*adagio*	"lentamente", "devagar"
and.	*andante*	"andante"
arp.	*arppeggio*	"arpejo"
c.	*cito, celeriter*	"depressa" (neumas medievais)
c.f.	*cantus firmus*	"canto firme" (cantochão)
cresc.	*crescendo*	"aumentando de intensidade", "crescente", "em crescendo"
d.c.	*da capo*	"do início", "repetir a partir do início"
decresc.	*decrescendo*	"diminuindo de intensidade", "decrescente", "em decrescendo"
dim.	*diminuendo*	"diminuindo"
f.	*forte*	"forte"
ff.	*fortissimo*	"fortíssimo"
m.f.	*mezzo forte*	"meio forte"
mod.	*moderato*	"moderado"
p.	*piano*	"docemente"
p.f.	*piu forte*	"mais forte"
pizz.	*pizzicato*	"mordiscado"
pp.	*pianissimo*	"dulcíssimo"
q.l.	*quod libet*	"a gosto"
rall.	*rallentando*	"ficando progressivamente mais vagaroso"
rit.	*ritardando*	"ficando progressivamente mais lento"
sf.	*sforzando*	"imprimindo progressivamente mais força"

sost.	*sostenudo*	"sustentado", "mantido"
stac.	*staccato*	"destacado", "com parada súbita"
trem.	*tremolo*	"trêmulo", "trinado"

17.12. ABREVIATURAS NÁUTICAS

ABREVIATURA	EXPRESSÃO
B.B. ou BB.	bombordo
b.m. ou bm.	baixa-mar
B.V. ou BV.	barlavento
E.B. ou EB.	estibordo
Náut.	Náutica
p.m. ou pm.	preamar
S.V. ou SV.	sotavento

17.13. ABREVIATURAS DE CARGOS, FUNÇÕES E PROFISSÕES

ABREVIATURA	EXPRESSÃO
agrôn.	agrônomo
alm.	almirante
asp.	aspirante
av.	aviador
brig.	brigadeiro
c.-alm.	contra-almirante
cap.	capitão
cap. corv.	capitão de corveta
cap. frag.	capitão de fragata
cap. m. g.	capitão de mar e guerra
cap.-ten.	capitão-tenente
carp.	carpinteiro
cav.º	cavaleiro
cel., cor.	coronel
comdor.	comendador

comte.	comandante
cons.	conselheiro
cor.	(ver cel.)
des.	desembargador
dipl.	diplomata, diplomacia
Dr.	doutor (usa-se a inicial maiúscula somente na forma abreviada)
Dra.	doutora (usa-se a inicial maiúscula somente na forma abreviada)
ed.	*editor*; equivalente somente ao organizador da obra, não à casa editorial
emb.	embaixador
enf.	enfermeiro
eng.	engenheiro
g.-m.	guarda-marinha
gal., gen.	general
gen.	(ver gal.)
maj.	major
méd.	médico
méd.-vet.	médico-veterinário
min.	ministro
parl.	parlamentar
pref.	prefeito
pres.	presidente
Prof., Profs.	professor, professores (usa-se a inicial maiúscula somente na forma abreviada)
Prof.ª, Profa.	professora (usa-se a inicial maiúscula somente na forma abreviada)
Prof.ᵃˢ, Profas.	professoras (usa-se a inicial maiúscula somente na forma abreviada)
sarg.	sargento
sarg.-aj.	sargento-ajudante
secr.	secretário
secr.-ger.	secretário-geral
serr.	serralheiro
ten.	tenente

ten.-cel.	tenente-coronel
tes.	tesoureiro
v.-alm.	vice-almirante
vet.	veterinário

17.14. ABREVIATURAS TEATRAIS

ABREVIATURA	EXPRESSÃO
D	direita
DA	direita alta
DB	direita baixa
E	esquerda
EA	esquerda alta
EB	esquerda baixa
F	fundo
NN	*nemo*; abreviatura com que se oculta um nome no teatro (e em obras etc.)

17.15. ABREVIATURAS DE TÍTULOS

ABREVIATURA	EXPRESSÃO	OBSERVAÇÕES
A.B.	*Artium Baccalaureus*	Bacharel em Artes (título universitário medieval; o mesmo que *B.A.*)
A.M.	*Artium Magister*	Mestre em Artes (título universitário medieval; o mesmo que *M.A.*)
B.A.	*Baccalaureus Artium*	o mesmo que *A.B.*
B.^{cis}	bacharéis	
B.^{el}	bacharel	
B.Lit. B.Litt.	*Baccalaureus Litteratum*	Bacharel em Letras (título universitário medieval)
BFA	Bachelor of Fine Arts	Bacharel em Belas-artes
BD	Bachelor of Divinity	Bacharel em Teologia
BS	Bachelor of Science	Bacharel em Ciências
C.B.	*Chirurgiae Baccalaureus*	Bacharel em Cirurgia (título universitário medieval)

Ch.M.	*Chirurgiae Magister*	Mestre em Cirurgia (título universitário medieval)
D.D.	*Divinitatis Doctor*	Doutor em Teologia
D.Lit., *D.Litt.*	*Doctor Litteratum*	Doutor em Letras (título universitário medieval; o mesmo que *Lit.D., Litt.D.*)
DDS	Doctor of Dental Surgery	Doutor em Cirurgia Dentária
D.M.	Doctor Magister	Doutor em Medicina
D Min	Doctor of Ministry	Doutor em Sacerdócio
DO	Doctor of Osteopathy	Doutor em Osteopatia
Dr.	doutor	(usa-se a inicial maiúscula somente na forma abreviada)
Dra.	doutora	(usa-se a inicial maiúscula somente na forma abreviada)
DVM	Doctor of Veterinary Medicine	Doutor em Medicina Veterinária
Esq.	Esquire	Ilustríssimo Senhor
FAIA	Fellow of the American Institute of Architects	Membro do Instituto Americano de Arquitetos
FRS	Fellow of the Royal Society	Membro da Sociedade Real
I.D.	*Iuris* ou *Iurum Doctor*	Doutor de Direito, em Direito (título universitário medieval; o mesmo que *J.D.*)
J.D.	*Juris* ou *Jurum Doctor*	o mesmo que *I.D.*
JP	Justice of the Peace	Justiça da Paz
L.do, L.da, Lic.	licenciado, licenciada	
L.H.D.	*Litterarum Humaniorum Doctor*	Doutor em Humanidades
Lit.D., *Litt.D.*	*Litteratum Doctor*	o mesmo que *D.Lit., D.Litt.*
LL.B.	*Legum Baccalaureus*	Bacharel em Leis (título universitário medieval)

LL.D.	*Legum Doctor*	Doutor em Leis (título universitário medieval)
M.A.	*Magister Artium*	o mesmo que *A.M.*
M.B.	*Medicinae Baccalaureus*	Bacharel em Medicina (título universitário medieval)
M.D.	*Medicinae Doctor*	Doutor em Medicina (título universitário medieval)
M.S., M.Sc.	*Magister Scientiae*	Mestre em Ciência (título universitário medieval, o mesmo que *S.M.)*
MBA	Magister of Business Administration	Mestre em Administração de Empresas
MFA	Master of Fine Arts	Mestre em Belas-artes
MP	Member of Parliament	Membro do Parlamento
Mus. B.	*Musicae Baccalaureus*	Bacharel em Música (título universitário medieval)
Mus.D.	*Musicae Doctor*	Doutor em Música (título universitário medieval)
P.R.	príncipe real	
Ph.B.	*Philosophiae Baccalaureus*	Bacharel em Filosofia (título universitário medieval)
Ph.D.	*Philosophiae Doctor*	Doutor em Filosofia (título universitário medieval)
PhD	Doctor of Philosophy	
PhG	Graduate in Pharmacy	Graduado em Farmácia
R.	Rei	
R.ª	Rainha	
S.B., Sc.B.	*Scientiae Baccalaureus*	Bacharel em Ciência (título universitário medieval)
S.D., Sc.D.	*Scientiae Doctor*	Doutor em Ciência (título universitário medieval)
S.M., Sc.M.	*Scientiae Magister*	Mestre em Ciência (título universitário medieval)
S.T.B.	*Sacrae Theologiae Baccalaureus*	Bacharel em Teologia Sacra

17.16. ABREVIATURAS RELIGIOSAS

ABREVIATURA	EXPRESSÃO	OBSERVAÇÕES
A.M.	Ave-Maria	
A.M.D.G.	*ad majorem Dei gloriam*	"para maior glória de Deus"
Ab., Ab.ᵉ	abade	
arc.º	arcebispo	
AT	Antigo Testamento	
B.	beato	
B.M.V.	Bem-aventurada Virgem Maria	
B.V.M.	Beata Virgem Maria	
card.	cardeal	
cl.	clérigo	
côn.	cônego	
C.SS.R.	Congregação do Santíssimo Redentor	
D.G.	Deus Grande	
D.N.S.	Deus Nosso Senhor	
D.s, D'us	Deus	em textos judaicos
F.M.S.	*Fratres Maristae Scholarum*	referentes aos irmãos Maristas
F.S.C.	*Fratres Scholarum Christianorum*	referentes aos irmãos Lassallistas
fr.	frei	
G.P.	*Gloria Patri*	"Glória ao Pai"
I. ou Ir.	Irmão ou Irmã	(em congregações e institutos religiosos)
I.C.T.U.S.	*Iesus Christos Theon Uios Soter*	Jesus Cristo, Filho de Deus Salvador
I.H.S.	*Iesus Hominum Salvator*	Jesus, Salvador dos Homens
Imac.ª	Imaculada	
I.N.R.I.	*Iesus Nazarenus Rex Iudaeorum*	Jesus Nazareno, Rei dos Judeus

ORTOGRAFIA

J.C.	Jesus Cristo	
J.M.J.	Jesus, Maria, José	
M.ª	madre	
mons.	monsenhor	
M.R.P.M.	Muito Reverendo Padre-Mestre	
N.S.	Nosso Senhor	
N.S.ª	Nossa Senhora	
N.S.J.C.	Nosso Senhor Jesus Cristo	
N.S.P.	Nosso Santo Padre	
N.SS.P.	Nosso Santíssimo Padre	
N.T.	Novo Testamento	
O.F.M.	*Ordo Fratrum Minorum*	referente à ordem dos padres franciscanos
O.F.M.Cap.	*Ordo Fratrum Minorum Capuccinorum*	referente à ordem dos padres capuchinhos
O.P.	*Ordo Praedicatorum*	referente à ordem dos padres dominicanos
O.S.B.	*Ordo Sancti Benedicti*	referente à ordem dos monges beneditinos
P.N.	Padre-Nosso	
P.N.A.M.	Padre-Nosso e Ave-Maria	
P.r	Pastor	
P.S.M.	*Pia Societas Missionum*	Pia Sociedade das Missões
pár.º	pároco	
pe.	padre	
presb.º	presbítero	
Rab.	Rabino, Rabi	
R.I.P.	*Requiescat in pace*	Descanse em Paz
Rev., Revdo.	Reverendo	
s.	são	tratamento hagiológico
S.A.C.	*Societas Apostolatus Catholici*	referente à congregação dos padres palotinos

S.A.t.g.	Santo Antônio te guie	
S.J.	*Societatis Jesu*	referente a Companhia de Jesus, aos jesuítas
S.P.	Santo Padre, Sua Paternidade	
S.S.	Sua Santidade	no tratamento endereçado ao papa – forma indireta
S.S.S.	*Societas Sanctissimi Sacramenti*	referente à congregação dos padres sacramentinos
sac.	sacerdote	
sór.	sóror	
sta., sto.	santa, santo	
sub.	subdiácono	
V.O.T.	Venerável Ordem Terceira	
V.P.	Vossa Paternidade	
V.T.	Velho Testamento	
vig.	vigário	
X.P.T.O.	Cristo	abreviação medieval da palavra grega Χριστός (= Christos = Cristo)

17.17. ABREVIATURAS VARIADAS

ABREVIATURA	EXPRESSÃO	OBSERVAÇÕES
am°, amª	amigo, amiga	
Col.	Colégio	
com.ᵉ	comadre	
comp.ᵉ	compadre	
compl.	complemento	
cr.°, cr.ª	criado, criada	
F.°	filho	
h.c.	*honoris causa*	"por motivo de honra", "por causa honorífica"
Jr.	Júnior ou *Iunior*	o mais jovem (geralmente em sobrenomes)
v.ª	viúva	

18. SIGLAS

18.1. Uso das Siglas **18.2.** Países, Territórios e suas Siglas
18.3. Siglas dos Estados Brasileiros e do Distrito Federal **18.4.** Siglas dos Estados Norte-
-americanos **18.5.** Siglas Internacionais e Estrangeiras **18.6.** Siglas de Organizações
Internacionais e Estrangeiras **18.7.** Siglas de Organizações e Partidos Políticos
18.8. Siglas Nacionais Variadas

Siglas ou acrogramas são reduções ou abreviaturas de uma expressão ou de um grupo de palavras que, na escrita, resumem tais elementos lexicais a um único elemento. Seu princípio de composição forma-se, basicamente: pela junção das letras iniciais de cada uma das palavras do conjunto (United Nations Educational, Scientific and Cultural Organization: Unesco – uma organização da ONU que promove a disseminação de conhecimento para a paz entre as nações); ou pela união das sílabas iniciais de cada palavra (*velours crochet*: Velcro® – marca registrada de um tecido de tiras duplas aderentes); ou por uma combinação deles (Universidade de Brasília: UnB); ou ainda de acordo com outros parâmetros (Conselho Nacional de Pesquisas: CNPq; sigla que se mantém, apesar de o nome da instituição ter mudado para Conselho Nacional de Desenvolvimento Científico e Tecnológico). Interessam-nos aqui as siglas consideradas *siglônimos*, isto é, termos, geralmente intitulativos, que nomeiam, de modo abreviado, instituições públicas ou privadas, indústrias, empresas comerciais ou prestadoras de serviço, marcas de fábrica etc., formados por esse processo e capazes de ter, ou não, o caráter de palavra.

Assim, segundo esse critério gramatical – de formação ou não de uma "palavra" –, as siglas podem ser classificadas em *sigloides* e *siglemas*:

- *Sigloide.* Sigla que não se caracteriza como uma palavra, ou não tem caráter de palavra; isto é, devem ser lidas separadamente ("soletradas") as letras que a constituem, como é o caso de CNPq ("ceenepequê") e OAB ("oabê"). São outros exemplos de sigloides:

ABI, ABNT, CGC, CMTC, IAA, ISS, RFFSA

- *Siglema*. Sigla que se caracteriza como uma palavra, ou tem caráter de palavra, isto é, deve ser lida como tal, como é o caso de Unesco e de Velcro®, itens cujas sílabas são pronunciadas.

IEB, MAC, MIS, ONU, PUC, USP

ou

Edusp, Unicamp, Abifarma, Sesi, Fapesp, Ibama

Sejam sigloides ou siglemas, na grafia os siglônimos são indivisíveis, não são hifenizáveis, não devem ser translineados, o que exige muito cuidado na composição e na revisão.

18.1. USO DAS SIGLAS

- Siglas pouco conhecidas e que aparecem pela primeira vez no texto devem vir com a forma por extenso do nome que ela representa:

Os separatistas do ELK (Exército de Libertação de Kosovo) travaram...
Os separatistas do Exército de Libertação de Kosovo (ELK) travaram...

- Siglas oficiais devem obedecer a sua grafia peculiar, transcrevendo-se fielmente maiúsculas, minúsculas, acentos. A manutenção ou não de pontos intercalados, em siglas, fica a critério da normalização adotada pela editora.

EXPRESSÃO	USO OFICIAL	PADRÃO ACADÊMICO
Ministério da Aeronáutica	M.Aer.	MAer
Depósito de Sobressalentes para Navio	DepSn	DepSn
Conselho Nacional de Desenvolvimento Científico e Tecnológico	CNPq	CNPq

- O uso oficial das siglas mais antigas prevê a utilização de pontos entre as letras, tal como nas abreviaturas. Modernamente, porém, opta-se por eliminá-los:

EXPRESSÃO	USO OFICIAL	TENDÊNCIA MODERNA	PADRÃO ACADÊMICO
Departamento Administrativo do Serviço Público	D.A.S.P.	DASP ou Dasp	Dasp
Força Aérea Brasileira	F.A.B.	FAB	FAB
Companhia Municipal de Transportes Coletivos	C.M.T.C.	CMTC	CMTC

- Sigloides devem ser escritos em caixa-alta ou em versalete:

  AB, ABDR, BB, CMTC, FFLCH, IPTU, CVV, CNBB

- Os siglemas com até três letras são escritos em caixa-alta ou em versalete; os com quatro letras ou mais, em caixa-alta e baixa:

  USP, COI, Fupe, Edusp, Unicef, Febraban

- Por serem elementos indivisíveis, deve-se evitar a hifenização das "sílabas" no final das linhas, mesmo nos siglemas:

TRANSLINEAÇÃO	
CORRETA	INCORRETA
..............Fapesp,	..............Fa-
....	pesp,............
..............Unicef,	..............Uni-
....	cef,............
............Febraban,	..............Fe-
....	braban,..........
	ou
	...........Febra-
	ban,............

- Mas usa-se o hífen ao associarem-se siglas, e não o travessão ou barra, pois tais sinais de pontuação indicam separação:

EXPRESSÃO	CORRETO	INCORRETO
Faculdade de Filosofia, Letras e Ciências Humanas da Universidade de São Paulo	FFLCH-USP	FFLCH—USP
	FFLCH-USP	FFLCH – USP

Como em qualquer normalização, o critério adotado em cada caso deve ser mantido sem variação no mínimo em cada texto (em obras de mais de um autor, ou em escritos de um mesmo autor coletados num mesmo volume) ou no livro inteiro (um só texto, um só autor).

Seguem-se listas de siglas agrupadas por temas, com a respectiva normalização a ser adotada.

18.2. PAÍSES, TERRITÓRIOS E SUAS SIGLAS

A ideia inicial deste quadro é trazer o nome pelo qual o país é conhecido em português do Brasil, mas não se trata necessariamente de seu nome oficial. O nome antecede a sigla (código) para facilidade de consulta.

PAÍS	SIGLAS		CAPITAL	ESTATUTO	LÍNGUAS
Afeganistão	AF	AFG	Cabul	república	pushru, dari (dialeto persa)
África do Sul	ZA	ZAF	Pretória	república	africâner, inglês, línguas nativas
Åland	AX	ALA	Marienhamn	província insular autônoma da Finlândia	finlandês, sueco
Albânia	AL	ALB	Tirana	república	albanês
Alemanha	DE	DEU	Berlim	república	alemão
Andorra	AD	AND	Andorra la Vella	principado sob soberania franco--espanhola	catalão, castelhano, francês
Angola	AO	AGO	Luanda	república	português, línguas e dialetos nativos
Anguilla	AI	AIA	The Walley	território dependente do Reino Unido	inglês
Antártica	AQ	ATA	nenhuma	regime de cooperação internacional (Sistema do Tratado da Antártica)	

Antígua e Barbuda	AG	ATG	St. John's	Estado da Comunidade Britânica	inglês
Arábia Saudita	SA	SAU	Riad	monarquia absoluta	árabe
Argélia	DZ	DZA	Argel	república	árabe, francês, berbere
Argentina	AR	ARG	Buenos Aires	república	castelhano
Armênia (Ajastan)	AM	ARM	Ierevan	república	armênio, russo
Aruba (ex--integrante das Antilhas Holandesas)	AN	ANT	Willemstad	área autônoma do reino da Holanda	alemão, neerlandês, castelhano, inglês, papiamento
Ascensão	SH	SHN	Georgetown	Estado insular autônomo, juntamente com Santa Helena e Tristão da Cunha, do Reino Unido	inglês
Austrália (Comunidade da Austrália)	AU	AUS	Camberra	Estado da Comunidade Britânica	inglês
Áustria	AT	AUT	Viena	república	alemão
Azerbaijão	AZ	AZE	Baku	república	azeri (dialeto turco), armênio, russo
Bahamas (Comunidade das Bahamas)	BS	BHS	Nassau	Estado da Comunidade Britânica	inglês
Bahrein	BH	BHR	Manama	emirado	árabe, inglês
Bangladesh	BD	BGD	Dacca	república	bengali, bihari, hindu, inglês
Barbados	BB	BRB	Bridgetown	Estado da Comunidade Britânica	inglês
Belarus (Bielorrússia)	BY	BLR	Minsk	república	bielorrusso, russo
Bélgica	BE	BEL	Bruxelas	monarquia constitucional	francês, flamengo (holandês), alemão
Belize	BZ	BLZ	Belmopan .	Estado da Comunidade Britânica	inglês, castelhano, maia, guarifuma

Benin (ex-Daomé)	BJ	BEN	Porto Novo	república	francês, fon, adja
Bermudas	BM	BMU	Hamilton	colônia britânica	inglês
Bioko (Fernando Pó)	GQ	GQN	Malabo	província insular da Guiné Equatorial	espanhol, fang, bubi
Bolívia	BO	BOL	La Paz	república	castelhano, quíchua, aimará
Bósnia-Herzegóvina	BA	BIH	Sarajevo	república	sérvio, croata
Botsuana	BW	BWA	Gaborone	república	setswana, inglês
Brasil	BR	BRA	Brasília	república	português
Brunei Darussalam	BN	BRN	Bandar Seri Begawan	sultanato	malaio, inglês, chinês
Bulgária	BG	BGR	Sófia	república	búlgaro, turco
Burkina Faso (ex-Alto Volta)	BF	BFA	Uagadugu	república	francês, mossi, dyula
Burundi	BI	BDI	Bujumbura	república	francês, kirundi, swahili
Butão	BT	BTN	Timphu	monarquia constitucional	dzongkha, nepalês, inglês
Cabo Verde	CV	CPV	Praia	república	português, crioulo cabo-verdiano
Camarões	CM	CMR	Laundé	república	inglês, francês
Camboja	KH	KHM	Phnom Penh	monarquia constitucional	khmer
Canadá	CA	CAN	Ottawa	Estado da Comunidade Britânica	inglês, francês
Catar (Qatar)	QA	QAT	Doha	emirado	árabe, inglês
Cazaquistão	KZ	KAZ	Alma-ata	república	cazaqui, russo
Ceuta	ES-CE		Ceuta (cidade autônoma)	província exterior espanhola	castelhano
Chade	TD	TCD	Ndjamena (ex-Fort-Lamy)	república	francês, árabe sara, sango, dialetos locais
Chechênia (Noxçiyçö)	CC		Grózni	república (não reconhecida por nenhum país), parte da federação russa	russo, checheno

Chile	CL	CHL	Santiago	república	castelhano
China	CN	CHN	Pequim	república popular	chinês, seus dialetos (mandarim etc.), idiomas locais
Chipre	CY	CYP	Nicósia	república	grego, turco, inglês
Cingapura	SG	SGP	Cingapura	república	malaio, chinês (mandarim), tâmil, inglês
Colômbia	CO	COL	Bogotá	república	castelhano, línguas nativas
Congo (ex-Brazzaville)	CG	COG	Brazzaville	república	francês, línguas e dialetos locais (kongo, teke, sanga)
Congo (-Kinshasa) (ex-Zaire)	CD	COD	Kinshasa	república (democrática)	francês, kiswahili, tshiluba, kicongo, lingala
Coreia do Norte	KP	PRK	Pyongyang	república popular	coreano
Coreia do Sul	KR	KOR	Seul	república	coreano
Córsega	FR-CO		Ajácio	região insular da França	corso, francês
Costa do Marfim	CI	CIV	Yamoussoukro	república	francês, línguas nativas
Costa Rica	CR	CRI	San José	república	castelhano
Creta	GR		Iráclio	região insular da Grécia	grego
Croácia (Hrvatska)	HR	HRV	Zagreb	república	croata
Cuba	CU	CUB	Havana	república popular	castelhano
Curaçao	CW		Willemstad	ilha autônoma de Aruba (Antilhas Holandesas)	holandês, papiamento
Dinamarca	DK	DNK	Copenhague	monarquia constitucional	dinamarquês
Djibuti	DJ	DJI	Djibuti	república	árabe
Dominica	DM	DMA	Roseau	Estado da Comunidade Britânica	inglês, patois (dialeto francês)
Egito	EG	EGY	Cairo	república	árabe, berbere, núbio, inglês, francês
El Salvador	SV	SLV	San Salvador	república	castelhano

Emirados Árabes Unidos (Abu Dhabi, Ajman, Dubai, Fujairah, Ras al-Khaimah, Charjah, Umm al-Qaiwain)	AE	ARE	Abu Dhabi	federação de emirados	árabe, inglês
Equador	EC	ECU	Quito	república	castelhano, quíchua, línguas nativas
Eritreia	ER	ERI	Asmara	república	árabe, tigrinia, ajar, amárico, italiano, tigre, kunama
Escócia	GB	GBR	Edimburgo	país constituinte do Reino Unido	gaélico, inglês
Eslováquia	SK	SVK	Bratislava	república	eslovaco, húngaro
Eslovênia	SI	SVN	Liubliana	república	esloveno
Espanha	ES	ESP	Madri	monarquia constitucional	castelhano, catalão, galego, basco
Estados Unidos	US	USA	Washington	república	inglês, castelhano
Estônia	EE	EST	Talinn	república	estoniano, russo
Etiópia	ET	ETH	Adis Abeba	república	amárico, inglês, árabe
Fiji	FJ	FJI	Suva	república	fijiano, inglês, hindi
Filipinas	PH	PHL	Manila	república	filipino, inglês, castelhano, cebuano
Finlândia (Suomi)	FI	FIN	Helsinque	república	finlandês, sueco
França	FR	FRA	Paris	república	francês
Gabão	GA	GAB	Libreville	república	francês, dialetos nativos, banto, fang
Gâmbia	GM	GMB	Banjul	república	inglês, malinka, fulani, wolof
Gana	GH	GHA	Acra	república	inglês, línguas nativas
Geórgia (Sarkatvelo)	GE	GEO	Tblissi	república	georgiano, armênio, russo

Gibraltar	GI	GIB	Gibraltar	colônia britânica	inglês, castelhano, italiano
Granada	GD	GRD	Saint George's	Estado da Comunidade Britânica	inglês, patois (dialeto francês)
Grécia	GR	GRC	Atenas	república	grego
Groenlândia	GL	GRL	Nuuk (ex- -Godthaab)	região insular autônoma da Dinamarca	kalaallisut, dinamarquês, inglês
Guadalupe	GP	GLP	Basse-Terre	departamento ultramarino da França	francês, crioulo (patois)
Guam	GU	GUM	Agaña	território dos EUA	chamorro, chinês, coreano, inglês, japonês
Guernsey (Ilhas do Canal)	GG	GGY	Saint Peter Port	dependência britânica	inglês, francês, dialeto local
Guatemala	GT	GTM	Cidade da Guatemala	república	castelhano, línguas nativas
Guiana	GY	GUY	Georgetown	república	inglês, hindi, urdu, línguas nativas
Guiana Francesa	GF	GUF	Caiena	departamento ultramarino da França	francês, crioulo
Guiné	GN	GIN	Conacri	república	francês, susu, manika, línguas nativas
Guiné-Bissau	GW	GMB	Bissau	república	português, dialetos portugueses e nativos
Guiné Equatorial	GQ	GNQ	Malabo	república	castelhano, fang, bubi, línguas nativas
Haiti	HT	HTI	Porto Príncipe	república	creole (dialeto francês), francês
Holanda (Nederland)	NL	NLD	Amsterdã	monarquia constitucional	holandês
Honduras	HN	HND	Tegucigalpa	república	castelhano, línguas nativas
Hong Kong	HK	HKG	Victoria	região administrativa especial da China	chinês (cantonês), inglês
Hungria	HU	HUN	Budapeste	república	húngaro
Iêmen	YE	YEM	Sanaa	república	árabe
Ilha de Man	IM		Douglas	dependência britânica	inglês, gaélico (manx)

Ilha Natal	CX	CXR	Flying Fish Cove	território externo da Austrália	inglês
Ilha Norfolk	BF	NFK	Kingston	território externo da Austrália	inglês, norfuk (mescla de inglês e taitiano antigos)
Ilha Reunião	RE	REU	Saint-Denis	departamento ultramarino da França	francês, crioulo
Ilha de Wrangel			nenhuma (Chukotka)	santuário natural protegido pela ONU, pertencente à Rússia	
Ilhas Aleutas			nenhuma (Juneau)	território americano do Alasca, no mar de Bering	aleúte (esquimó das Aleutas)
Ilhas Canárias	ES-IC		Tenerife	unidade federada insular da Espanha	espanhol
Ilhas Caimã	KY	CYM	Georgetown	território dependente do Reino Unido	inglês
Ilhas Cocos (Keeling)	CC	CCK	Ilha d'Oeste	território externo da Austrália	inglês, malaio
Ilhas Comores	KM	COM	Moroni	república	francês, árabe, comorense
Ilhas Cook	CK	COK	Avarua	território ultramarino autônomo associado à Nova Zelândia	inglês, maori
Ilhas do Canal (Jersey)	JE	JEY	Saint Helier	dependências britânicas	inglês, francês, dialetos locais
(Guernsey)	GG	GGY	Saint Peter Port		
Ilhas do Mar de Coral	CR		nenhuma (Camberra)	território externo da Austrália	
Ilhas Færoës	FO	FRO	Thorshaven	região insular autônoma da Dinamarca	dinamarquês, færoense
Ilhas Falkland (Malvinas)	FK	FLK	Port Stanley	colônia do Reino Unido	inglês
Ilhas Galápagos			Puerto Baquiriza	província do Equador (quase desabitada)	castelhano, quiché
Ilhas Marianas do Norte			Saipan	território autônomo dos EUA	inglês, chamorro

Ilhas Marshall	MH	MHL	Majuro	Estado autônomo compacto, com associação livre aos EUA	inglês, japonês, dialetos marshalleses
Ilhas Pitcairn	PN	PCN	Adams Town	dependência do Reino Unido	inglês, taitiano
Ilhas Salomão	BP		Honiara	Estado da Comunidade Britânica	inglês, pidgin, bugotu
Ilhas Seychelles	SC	SYC	Victoria	república	inglês, francês, dialeto francês (crioulo)
Ilhas Tokelau (Ilhas da União)	TK	TKL	Nukunonu (Wellington)	território da Nova Zelândia	tokelauano, inglês
Ilhas Turks e Caicos	TC	TCA	Cockburn Town	dependência do Reino Unido	inglês
Ilhas Virgens	VI	VIR	Charlotte Amalie	território externo dos EUA	inglês, castelhano, crioulo
Ilhas Virgens Britânicas	VG	VGB	Road Town	dependência do Reino Unido	inglês
Ilhas Wallis e Futuna	WF	WLF	Mata-Utu	território ultramarino autônomo da França	francês, wallisiano, futunês (fakauvea)
Índia	IN	IND	Nova Delhi	república	hindi, inglês, línguas regionais
Indonésia	ID	IDN	Jacarta	república	bahasa, indonésio, holandês
Inglaterra (Grã-Bretanha)	GB	GBR	Londres	país constituinte do Reino Unido	inglês
Irã	IR	IRN	Teerã	república islâmica	farsi (persa), línguas túrquicas, curdo, árabe, balúchi
Iraque	IQ	IRQ	Bagdá	república	árabe, curdo, turcomano
Irlanda (Eire)	IE	IRL	Dublin	república	irlandês, inglês
Irlanda do Norte (Ulster)	IU	IRN	Belfast	país constituinte do Reino Unido	irlandês, inglês
Islândia	IS	ISL	Reykjavik	república	islandês
Israel	IL	ISR	Tel Aviv	república	hebraico, árabe, ídiche
Itália	IT	ITA	Roma	república	italiano, alemão e francês

Jamaica	JM	JAM	Kingston	Estado da Comunidade Britânica	inglês, dialetos nativos
Jan Mayen	JN		Olonkinbyen (Oslo)	território insular da Noruega (quase desabitado)	norueguês
Japão	JP	JPN	Tóquio	monarquia constitucional	japonês
Jersey (Ilhas do Canal)	JE	JEY	Saint Helier	dependência britânica	inglês, francês, dialetos nativos
Jordânia	JO	JOR	Amã	monarquia constitucional	árabe
Kiribati	KI	KIR	Tarawa	república	inglês, gilbertês
Kuwait	KW	KWT	Cidade do Kuwait	emirado	árabe, inglês
Laos	LA	LAO	Vientiane	república popular	lao, francês, línguas nativas
Látvia (ou Letônia)	LV	LVA	Riga	república	letão, lituano, russo
Lesoto	LS	LSO	Maseru	monarquia constitucional	lesoto, inglês
Líbano	LB	LBN	Beirute	república	árabe, francês, inglês
Libéria	LR	LBR	Monróvia	república	inglês, línguas nativas
Líbia	LY	LBY	Trípoli	república	árabe, italiano, inglês
Liechtenstein	LI	LIE	Vaduz	principado	alemão, alemanish (dialeto local)
Lituânia	LT	LTU	Vilna	república	lituano, russo, polonês
Luxemburgo	LU	LUX	Luxemburgo	monarquia constitucional	luxemburguês, francês, alemão
Kosovo	KO		Pristina	república (disputada pela Sérvia), que se encontra sob supervisão internacional	albanês (gheg), sérvio, turco
Macau	MO	MAC	Macau	região administrativa especial da China	chinês (cantonês), português
Macedônia	MK	MKD	Skopje	república	macedônio
Madagascar	MG	MDG	Antananarivo	república	malgaxe, francês, inglês

Madeira		MAD	Funchal	região insular autônoma de Portugal	português
Malásia	MY	MSY	Kuala Lumpur	monarquia	malaio (bahasa), inglês
Sabah (Malásia Peninsular)			Kota Kinabalu	unidade federada da Malásia	javanês, malaio, chinês
Sarawak (Malásia Peninsular)			Kuching	unidade federada da Malásia	iban, malaio, chinês
Malaui	MW	MWI	Lilongwe	república	chicheua, inglês
Maldivas (Ilhas de Malé)	MV	MDV	Malé	república	dhivehi
Mali	ML	MLI	Bamako	república	francês, línguas nativas
Malta	MT	MLT	Valleta	república	maltês, inglês, italiano
Marrocos	MA	MAR	Rabat	monarquia constitucional	castelhano e dialetos berberes
Martinica	MQ	MQT	Fort-de--France	departamento ultramarino da França	francês, crioulo (patois)
Maurício	MU	MUS	Port Louis	Estado da Comunidade Britânica	inglês, dialeto francês, hindi, bhojpuri
Mauritânia	MR	MRT	Nouakchott	república islâmica	árabe, francês
Mayotte	YT	MYT	Mamoutzou	dependência insular francesa	francês
Melilla	ES-ML		Melilla (cidade autônoma)	província exterior espanhola	castelhano
México	MX	MEX	Cidade do México	república	castelhano e línguas nativas
Micronésia	FM	FSM	Polikir	Estados federados autônomos (associados aos EUA)	inglês, turco, ponapeano
Moçambique	MZ	MOZ	Maputo	república	português e línguas nativas
Moldávia	MD	MDA	Quichinau (Chişinău)	república	russo, moldávio (romeno), ucraniano, gagauiz (dialeto turco)
Mônaco	MC	MCO	Cidade de Mônaco	principado	francês, monegasco, italiano, inglês

Mongólia	MN	MNG	Ulan Bator	república	mongol, khalkha, cazaque
Montenegro	ME	MNE	Podogorica	república	montenegrino, sérvio
Montserrat	MS	MSR	Plymouth	colônia britânica	inglês
Mianmar (ex-Birmânia)	MM	MMR	Naypydao	república	birmanês, karen, cachin, chin, chinês
Namíbia	NA	NAM	Windhoek	república	africâner, alemão, inglês, línguas nativas
Nauru	NR	NRU	Yaren	república	nauruano, inglês
Nepal	NP	NPL	Kathmandu	república	nepalês, maithir, bhojpuri
Nicarágua	NI	NIC	Manágua	república	castelhano
Níger	NE	NER	Niamey	república	francês, haussa, línguas locais
Nigéria	NG	NGA	Abuja	república	inglês, haussa, ioruba, hisso
Niue	NU	NIU	Niamei	território ultramarino autônomo associado à Nova Zelândia	inglês, polinésio
Noruega	NO	NOR	Oslo	monarquia constitucional	norueguês (bokmal, nynorske), lapão
Nova Caledônia	NC	NCL	Numea	país ultramarino da França	francês, línguas melanésias locais
Nova Zelândia	NZ	NZL	Wellington	Estado da Comunidade Britânica	inglês, maori
Omã	OM	OMN	Mascate	sultanato	árabe, inglês
País de Gales	GB-WAL		Cardiff	principado que faz parte do Reino Unido	inglês, galês
Palau	PW	PLW	Melekeok	república (associada aos EUA)	inglês, palauano
Palestina	PS	PSE	Ramalah (Autoridade Palestina)	território autônomo sob disputa	árabe
Panamá	PA	PAN	Cidade do Panamá	república	castelhano, inglês
Papua-Nova Guiné	PG	PNG	Port Moresby	Estado da Comunidade Britânica	inglês, dialetos e línguas nativas
Paquistão	PK	PAK	Islamabad	república islâmica	urdo, punjabi, cindi, pushtu, saraiki, inglês
Paraguai	PY	PRY	Assunção	república	castelhano, guarani

Peru	PE	PER	Lima	república	castelhano, quíchua, aimará
Polinésia Francesa	PF	PYF	Papeete	território ultramarino da França	francês, taitiano
Polônia	PL	POL	Varsóvia	república	polonês
Porto Rico	PR	PRI	San Juan	Estado associado aos EUA	castelhano, inglês
Portugal	PT	PRT	Lisboa	república	português
Quênia	KE	KEN	Nairóbi	república	kiswahili, inglês, kikuyu, luo
Quirguistão	KG	KGZ	Bishkeke	república	quirguiz, russo
Reino Unido	UK		Londres	união política de nações constituintes, monarquia	inglês, gaélico, galês e córnico
República Centro--Africana	CF	CAF	Bangui	república	francês, sago
República Dominicana	DO	DOM	Santo Domingo	república	castelhano
República Tcheca	CZ	CZE	Praga	república	tcheco
Romênia	RO	ROU	Bucareste	república	romeno, húngaro, alemão
Ruanda	RW	RWA	Kigali	república	francês, kinayarwanda (banto), dialetos locais
Rússia (Federação Russa)	RU	RUS	Moscou	federação de repúblicas	russo, línguas locais
Samoa Ocidental	WS	WSM	Apia	Estado da Comunidade Britânica	inglês, samoano
Samoa Oriental (Samoa Americana)	AS	ASM	Pago Pago	território americano	inglês, samoano
San Marino	SM	SMR	San Marino	república	italiano
Santa Helena	SH	SHN	Jamestown	Estado insular autônomo, juntamente com Ascensão e Tristão da Cunha, do Reino Unido	inglês

Santa Lúcia	LC	LCA	Castries	Estado da Comunidade Britânica	inglês, patois (dialeto francês)
São Cristóvão e Névis	KN	KNA	Basseterre	Estado da Comunidade Britânica	inglês
São Tomé e Príncipe	ST	STP	São Tomé	república	português, fang
São Vicente e Granadinas	VC	VCT	Kingston	Estado da Comunidade Britânica	inglês, patois (dialeto francês)
Sardenha		SRD	Cagliari	região autônoma da Itália	italiano, sardo
Senegal	SN	SEN	Dacar	república	francês e línguas locais
Serra Leoa	SL	SLE	Freetown	república	inglês, krio
Sérvia	RS	RSE	Belgrado	república	sérvio
Síria	SY	SYR	Damasco	república	árabe
Somália	SO	SOM	Mogadíscio	república	somali, árabe, inglês, italiano
Sri Lanka (ex-Ceilão)	LK	LKA	Colombo	república	sinhala, tamil, inglês
Suazilândia	SZ	SWZ	Mbabane/ Lobamba	reino tribal	inglês, siswati
Sudão	SD	SDN	Cartum	república	árabe, línguas locais
Sudão do Sul	SS	SSD	Juba	república	inglês, árabe, línguas locais
Suécia	SE	SWE	Estocolmo	monarquia constitucional	sueco, finlandês, lapão
Suíça	CH	CHE	Berna	república	alemão, francês, italiano, romanche
Suriname	SR	SUR	Paramaribo	república	holandês, inglês, castelhano, surinamês (sranang tongo), hindi, entre outras
Tadjiquistão	TJ	TJK	Duchambe	república	russo, uzbeque, tadjique, pesa (farsi)
Tailândia	TH	THA	Bangcoc	monarquia constitucional	tailandês
Taiti (Polinésia Francesa)	PF		Papeete	principal ilha da Polinésia Francesa	francês, taitiano

Taiwan	TW	TWN	Taipé	governo republicano chinês em Formosa	chinês (mandarim), taiwanês (min), dialetos hakka
Tanzânia	TZ	TZA	Dodoma	república	inglês, swahili
Timor-Leste	TL	TLS	Díli	república	português, tétum
Togo	TG	TGO	Lomé	república	francês, kabre, ewe
Tonga	TO	TON	Nuku'alofa	monarquia absoluta	inglês, tonganês
Trinidad e Tobago	TT	TTO	Port of Spain	república	inglês
Tristão da Cunha	SH	SHN	Edimburgh of the Seven Seas	Estado insular autônomo, juntamente com Santa Helena e Ascensão, do Reino Unido (quase desabitada)	inglês
Tunísia	TN	TUN	Túnis	república	árabe, francês
Turcomenistão	TM	TKM	Ashkhabad	república	turcomeno, russo
Turquia	TR	TUR	Ancara	república	turco, curdo
Tuvalu	TV	TUV	Funafuti	Estado da Comunidade Britânica	tuvaluano, inglês
Ucrânia	UA	UKR	Kiev	república	ucraniano, russo
Uganda	UG	UGA	Campala	república	inglês, línguas locais
Uruguai	UY	URY	Montevidéu	república	castelhano
Uzbequistão	UZ	UZB	Tachkent	república	uzbeque, russo, ídiche
Vanuatu	VU	VUT	Port Vila	república	bislama, inglês, francês, línguas melanésias
Vaticano (Estado do)	VA	VAT	Cidade do Vaticano	Estado eclesiástico	italiano, latim
Venezuela	VE	VEM	Caracas	república	castelhano, línguas ameríndias locais
Vietnã	VN	VNM	Hanói	república popular	vietnamita, francês, chinês, khmer, línguas e dialetos locais
Zâmbia	ZM	ZMB	Lusaka	república	inglês, línguas locais
Zimbábue	ZW	ZWE	Harare	república	inglês, chisbona, sindbele, línguas e dialetos locais

18.3. SIGLAS DOS ESTADOS BRASILEIROS E DO DISTRITO FEDERAL

ESTADOS E DISTRITO FEDERAL	SIGLA	CAPITAL
Acre	AC	Rio Branco
Alagoas	AL	Maceió
Amapá	AP	Macapá
Amazonas	AM	Manaus
Bahia	BA	Salvador
Ceará	CE	Fortaleza
Distrito Federal	DF	Brasília
Espírito Santo	ES	Vitória
Goiás	GO	Goiânia
Maranhão	MA	São Luís
Mato Grosso	MT	Cuiabá
Mato Grosso do Sul	MS	Campo Grande
Minas Gerais	MG	Belo Horizonte
Pará	PA	Belém
Paraíba	PB	João Pessoa
Paraná	PR	Curitiba
Pernambuco	PE	Recife
Piauí	PI	Teresina
Rio de Janeiro	RJ	Rio de Janeiro
Rio Grande do Norte	RN	Natal
Rio Grande do Sul	RS	Porto Alegre
Rondônia	RO	Porto Velho
Roraima	RR	Boa Vista
Santa Catarina	SC	Florianópolis
São Paulo	SP	São Paulo
Sergipe	SE	Aracaju
Tocantins	TO	Palmas

18.4. SIGLAS DOS ESTADOS NORTE-AMERICANOS

ESTADO	SIGLA	CAPITAL	NOME EM PORTUGUÊS
Alaska	AK	Juneau	Alasca

Alabama	AL	Montgomery	Alabama
Arkansas	AS	Little Rock	
Arizona	AZ	Phoenix	Arizona
California	CA	Sacramento	Califórnia
Colorado	CO	Denver	Colorado
Connecticut	CT	Hartford	
District of Columbia	DC	Washington	Distrito de Colúmbia
Delaware	DE	Dover	
Florida	FL	Tallahassee	Flórida
Georgia	GA	Atlanta	Geórgia
Hawaii	HI	Honolulu	Havaí
Iowa	IA	Des Moines	
Idaho	ID	Boise	
Illinois	IL	Springfield	
Indiana	IN	Indianapolis	Indiana, Indianápolis
Kansas	KS	Topeka	
Kentucky	KY	Frankfort	
Louisiana	LA	Baton Rouge	
Massachusetts	MA	Boston	
Maryland	MD	Annapolis	
Maine	ME	Augusta	
Michigan	MI	Lansing	
Minnesota	MN	Saint Paul	
Missouri	MO	Jefferson City	
Mississippi	MS	Jackson	Mississipi
Montana	MT	Helena	
North Carolina	NC	Raleigh	Carolina do Norte
North Dakota	ND	Bismarck	Dakota do Norte
Nebraska	NE	Lincoln	
New Hampshire	NH	Concord	
Nevada	NV	Carson City	
New Jersey	NJ	Trenton	Nova Jersey
New Mexico	NM	Santa Fe	Novo México, Santa Fé
New York	NY	Albany	Nova York (ou Nova Iorque)

Ohio	OH	Columbus	
Oklahoma	OK	Oklahoma City	
Oregon	OR	Salem	
Pennsylvania	PA	Harrisburg	Pensilvânia
Rhode Island	RI	Providence	
South Carolina	SC	Columbia	Carolina do Sul
South Dakota	SD	Pierre	Dakota do Sul
Tennessee	TN	Nashville	
Texas	TX	Austin	Texas
Utah	UT	Salt Lake City	
Virginia	VA	Richmond	Virgínia
Vermont	VT	Montpelier	
Washington	WA	Olympia	
Wisconsin	WI	Madison	
West Virginia	WV	Charleston	Virgínia Ocidental
Wyoming	WY	Cheyenne	

18.5. SIGLAS INTERNACIONAIS E ESTRANGEIRAS

As siglas internacionais e estrangeiras geralmente aparecem em textos técnicos ou científicos. Apesar de ainda não terem sido incorporadas à nomenclatura padronizada e oficialmente aceita por convenções globais, recomenda-se adotar sua forma original, sem traduzi-la, pois é este o uso mais generalizado. Ex.: Alcoa, ALA etc.

Quando aparecer pela primeira vez no texto, a sigla deve vir seguida de sua forma por extenso em língua estrangeira, e de sua tradução, em redondo, ambas entre parênteses, separadas por travessão ene: WHO (World Health Organization – Organização Mundial de Saúde).

SIGLA	EXPRESSÃO
ABC	American Broadcasting Company/Corporation
Abdacom	American, British, Dutch and Australian Comand – Comando Unificado Norte-americano, Britânico, Holandês e Australiano
Acnur	Alto Comissariado das Nações Unidas para os Refugiados
AFL	American Federation of Labor
AFL-CIO	American Federation of Labor & Congress of Industrial Organizations

Aiba	Association Internationale de Boxe Amateur
AID	Agência Internacional de Desenvolvimento
Aids	Acquired Immunological Deficiency Syndrome – Síndrome da Imunodeficiência Adquirida
Aiea	Agence Internationale de l'Energie Atomique (ONU)
ALA	American Library Association
Alca	Área de Livre-comércio das Américas
Alcoa	Aluminium Company of America
Alfal	Associação de Linguística e Filologia da América Latina
AMB	Associação Mundial de Boxe
ANC	African National Congress
Ansa	Agência Nacional de Imprensa Associada
Anzac	Australian and New Zeland Arm Corps
Aoac	Association of Official Agricultural Chemists (EUA)
AP	Associated Press
APC	All People's Congress
Aramco	Arabian-American Oil Company
ASA	American Standard Association – Associação Norte-americana de Normalização
ASCII	American Standard Code for Information Interchange – Código-padrão Americano para Intercâmbio de Informação
Asean	Association of South-East Asian Nations – Associação dos Países do Sudeste Asiático
ASTM	American Society for Testing Materials – Sociedade Americana para Materiais de Teste
ATS	Application Technology Satellite – Satélite de Aplicação Tecnológica
AUC	*anno urbis conditae* (no ano da fundação da cidade [de Roma])
BAPCO	Bahrein Petroleum Company
BBC	British Broadcasting Corporation
Bird	Banco Internacional de Reconstrução e Desenvolvimento
BMW	Bayerische Motoren Werke – Fábrica de Motores da Baváriaa
CBC	Canadian Broadcasting Corporation
CBS	Columbia Broadcasting System
CDU	Classificação Decimal Universal
CEE	Comunidade Econômica Europeia

CEO	Chief Executive Officer – Chefe Executivo do Escritório
CIA	Central Intelligence Agency – Agência Central de Inteligência (EUA)
Ciam	Congressos Internacionais de Arquitetura Moderna
Ciap	Comissão Interamericana de Aliança para o Progresso – Congresso Interamericano da Aliança para o Progresso
Cida	Comitê Interamericano de Desenvolvimento Agrário
Ciespal	Centro Internacional de Estudios Superiores de Periodismo para la América Latina
CIF	Cost, Insurance, Freight (Custo, seguro e frete)
Cime	Cinematográfica Mexicana Exportadora
Cina	Comissão Internacional de Navegação Aérea
Citeja	Comité Internationale Technique d'Experts Juridiques Aériens – Comitê Técnico Internacional de Peritos Jurídicos Aeronáuticos
CMB	Conselho Mundial de Boxe
CNN	Cable News Network (Rede de Notícias a Cabo)
COI	Comitê Olímpico Internacional
Comecon	Council for Mutual Economic Assistence – Conselho Econômico de Assistência Mútua (Europa Oriental)
Consat	Communications Satellite Corporation
Ecla	Economic Comission for Latin America – Cepal
ERP	Ejército Revolucionario del Pueblo – Exército Revolucionário do Povo (Argentina, El Salvador)
ESPN	Entertainment and Sports Programming Network
ETA	Euskadi Ta Askatasuna – Pátria Basca e Liberdade
FBI	Federal Bureau of Investigation – Polícia Federal Norte-americana
FIA	Fédération Internationale de l'Automobile – Federação Internacional de Automobilismo
FIB	Federação Internacional de Boxe
Fifa	Fédération Internationale de Football Association – Federação Internacional de Futebol
Fisa	Fédération Internationale du Sport Automobile – Federação Internacional de Automobilismo Esportivo
Fisa	Foreing Intelligence Surveillance Act
FMI	Fundo Monetário Internacional
FMLN	Frente Farabundo Martí de Libertación Nacional
Foca	Formula One Constructors' Association – Federação dos Construtores de Fórmula 1

FOB	free on board – livre a bordo, posto a bordo
Fora	Federación Obrera Regional (Argentina)
FSB (ex-KGB)	Federal Security Service – Serviço Federal de Segurança da Federação Russa
Gestapo	Geheime Staatspolizei – Polícia Secreta do Estado da Alemanha
GMT	Greenwich Meridien Time – tempo (hora) do meridiano de Greenwich
HIV	Human Immunodeficiency Virus
Iapo	International Association of Physical Oceanography
Iata	International Air Transport Association – Associação Internacional de Transporte Aéreo
Intelsat	International Telecomunications Satellite Consortium – Consórcio Internacional de Telecomunicações por Satélite
Interpol	International Police (Polícia Internacional)
IPA	International Association for the Child's Right to Play – Associação Internacional pelo Direito de a Criança Brincar
IPA/AFI	International Phonetic Alphabet/Association – Alfabeto Fonético Internacional
IPCC	Intergovernmental Panel on Climate Change – Painel Intergovernamental sobre Mudanças Climáticas
IRA	Irish Republican Army – Exército Republicano Irlandês
KGB	Komiteh Gosudarstvennoi Bezopasnosti – Polícia Secreta Soviética
MBA	Master in Business Administration – Mestrado em Administração de Empresas
MCCA	Michigan Community College Association
MIR	Movimiento de Izquierda Revolucionaria – Movimento Revolucionário de Esquerda (Peru, Chile)
MNR	Movimiento Nacionalista Revolucionario – Movimento Nacionalista Revolucionário
MoMa	Museum of Modern Art – Museu de Arte Moderna
MRTA	Movimiento Revolucionario Tupac Amaru – Movimento Revolucionário Tupac Amaru
MTV	Music Television
Nafta	North America Free Trade Agreement – Acordo de Livre-Comércio da América do Norte
Nasa	National Aeronautics and Space Administration – Administração Nacional da Aeronáutica e do Espaço
Nasdaq	National Association of Securities Dealers Automated Quotation – Cotação Automatizada da Associação Nacional de Vendedores de Títulos

Nato (Otan)	North Atlantic Treaty Organization – Organização do Tratado do Atlântico Norte
Nefa	North-East Frontier Agency – Agência da Fronteira Norte-Leste
Noaa	National Oceanic & Atmospheric Administration – Administração Oceânica e Atmosférica Nacional (EUA)
NTSC	National Television System Committee – Comitê do Sistema Nacional de Televisão
Odeca	Organización de Estados Centroamericanos – Organização de Estados Centro-americanos
OEA	Organização dos Estados Americanos
OLP	Organização para Libertação da Palestina
OMB	Organização Mundial de Boxe
ONU	Organização das Nações Unidas
Opep	Organização dos Países Exportadores de Petróleo
PABX	Private Automatic Branch Exchange – Troca Automática de Ramais Privados
PAL	Phase Alternation by Line – Alternação de Fase por Linha
PhD	*Philosophiae Doctor* – Doutor em Filosofia
PS	*Postscriptum* – Pós-escrito
RPG	Role Playing Games – Jogos de Interpretação de Papéis
SIDA, AIDS Sida, Aids	Acquired Imune Deficiency Syndrome – Síndrome da Imunodeficiência Adquirida
SOS	Save Our Soul ou Save Our Ship, em apelo de socorro
Swat	Special Weapon Armed Team – Equipe Armada com Equipamento Especial
UCR	Unión Cívica Radical – União Cívica Radical (Argentina)
UFO	Unidentified Flying Object – Objeto Voador Não Identificado
Unesco	United Nations Educational, Scientific and Cultural Organization – Organização das Nações Unidas para a Educação, a Ciência e a Cultura
Unicef	United Nations Children's Fund – Fundo das Nações Unidas para a Infância
Upadi	Unión Panamericana de Asociaciones de Ingenieros – União Pan-americana de Associação de Engenheiros
WC	Water Closet – Quarto de Águas ou Banheiro
WCT	World Champions Tours

| Yahoo | Yet Another Hierarchical Officious Oracle – Uma outra forma hierárquica para os dados |
| YMCA (ACM) | Young Men's Christian Association – Associação Cristã de Moços |

18.6. SIGLAS DE ORGANIZAÇÕES INTERNACIONAIS E ESTRANGEIRAS

SIGLA	EXPRESSÕES ORIGINAIS OU TRADUZIDAS
AAA	Agricultural Adjustment Act
Aeca	Associação Econômica Centro-americana
Aelc	Associação Europeia de Livre-comércio
Aladi	Associação Latino-americana de Integração
Alalc	Associação Latino-americana de Livre-comércio
Anzus	Pacto de Segurança da Austrália, Nova Zelândia e Estados Unidos
Asean	Associação de Países do Sudeste Asiático
AUTM	Association of University Technology Managers
BID	Banco Interamericano de Desenvolvimento
Bird	Banco Internacional de Reconstrução e Desenvolvimento
Caricom	Mercado Comum do Caribe
CDIM	Companhia do Desarmamento Infantil Mundial
Ceao	Comunidade Econômica da África Ocidental
Cecla	Comissão Especial de Coordenação Latino-americana
CEE	Comunidade Econômica Europeia
CEI	Comunidade dos Estados Independentes
Celam	Conselho Episcopal Latino-americano
CFA	Comunidade Financeira Africana
CFP	Comunidade Francesa do Pacífico
CIA	Central Intelligence Agency – Agência Central de Inteligência (EUA)
Clasc	Confederação Latino-americana dos Sindicatos Cristãos
CNA	Conselho Nacional Africano
COB	Confederação Operária Boliviana
Com. Br.	Comunidade Britânica (*Commonwealth*)
Comecom	Council for Mutual Economic Assistance – Conselho para Assistência Econômica Mútua
Crom	Confederação Regional Operária Mexicana

CTM	Confederação dos Trabalhadores Mexicanos
Efta	European Free Trade Association – Associação Europeia de Livre-comércio
Euratom	Europa Atômica (Comunidade Europeia de Energia Atômica)
Eximbank	Export and Import Bank – Banco de Exportação e Importação
FAO	Food and Agriculture Organization – Organização de Alimentação e Agricultura, da ONU
FBI	Federal Bureau of Investigation – Polícia Federal Norte-americana
Feinu	Força Expedicionária Internacional das Nações Unidas
FMI	Fundo Monetário Internacional
G7	Grupo dos 7 Países Mais Ricos do Mundo (Alemanha, Canadá, Estados Unidos, França, Itália, Japão e Reino Unido)
Gatt	Acordo Geral de Tarifas e Comércio
IBM	International Business Machines Corporation (internacional)
Interpol	International Police
ITC	Concessão de Comércio Internacional dos EUA
MCCA	Mercado Comum Centro-africano
MCE	Mercado Comum Europeu
Mercosul	Mercado Comum do Sul
MIT	Massachusets Institute of Technology
Naca	National Associated Chemical Agriculture
Nafta	North-American Free Trade Agreement – Acordo de Livre--comércio Norte-americano
Nasa	National Aeronautics and Space Administration
Nato (Otan)	North Atlantic Treaty Organization – Organização do Tratado do Atlântico Norte
OCDE	Organização para Cooperação e Desenvolvimento Econômico
Ocei	Organização para a Cooperação Econômica Internacional
OEA	Organização dos Estados Americanos
Oiea	Organização Internacional de Energia Atômica
OIT	Organização Internacional do Trabalho
Olas	Organização Latino-americana de Solidariedade
OMS	Organização Mundial de Saúde
ONU	Organização das Nações Unidas
Opep	Organização dos Países Exportadores de Petróleo
Otase	Organização do Tratado do Sudeste Asiático

OUA	Organização da Unidade Africana
Plan. Col.	Plano Colombo para o Desenvolvimento Cooperativo no Sul e Sudeste da Ásia
Sela	Sistema Econômico Latino-americano
Supa	Society of University Pateul Administrators
Tiar	Tratado Interamericano de Assistência Recíproca
Trips	Agreement on Trade-Related Aspects of Intellectual Property Rights – Acordo sobre Aspectos dos Direitos de Propriedade Intelectual Relacionadas ao Comércio
UE	União Europeia
UEO	União da Europa Ocidental
Unesco	United Nations Educational, Scientific and Cultural Organization – Organização das Nações Unidas para a Educação, Ciência e Cultura
Unicef	United Nations International Children's Emergency Fund – Fundo das Nações Unidas para a Infância
Unrra	United Nations Relief and Rehabilitation Administration – Administração de Assistência e Reabilitação
UPI	United Press International
Upov	União Internacional de Proteção de Novas Variedades de Plantas
Usaf	United States Air Force – Força Aérea dos Estados Unidos
Usaid	United States Agency for International Development – Agência dos Estados Unidos para o Desenvolvimento Internacional
Usis	United States Information Service – Serviço de Informação dos Estados Unidos
WHO	World Health Organization – Organização Mundial da Saúde
Wipo (Ompi)	World Intellectual Property Organization – Organização Mundial da Propriedade Intelectual
WMO	Organização Mundial de Meteorologia

18.7. SIGLAS DE ORGANIZAÇÕES E PARTIDOS POLÍTICOS

SIGLA	EXPRESSÃO
AIB	Ação Integralista Brasileira
ALN	Ação Libertadora Nacional
ANL	Aliança Nacional Libertadora
AP	Ação Popular

APML	Ação Popular Marxista-Leninista
Apra	Aliança Popular Revolucionária Americana (Peru)
Arena	Aliança Renovadora Nacional
CAM	Clube dos Artistas Modernos
Capes	Coordenação de Aperfeiçoamento de Pessoal de Nível Superior
CBA	Comitê Brasileiro pela Anistia
CCC	Comando de Caça aos Comunistas
CEB	Comunidades Eclesiais de Base
Cert	Comissão Especial de Regime de Trabalho-USP
CGG	Comando Geral de Greve
CGT	Comando Geral dos Trabalhadores
CNP	Conselho Nacional de Petróleo
CNPq	Conselho Nacional de Desenvolvimento Científico e Tecnológico
CNRS	Centre National de la Recherche Scientifique – Centro Nacional para a Pesquisa Científica (França)
Colina	Comando de Libertação Nacional
Corrente	Corrente Revolucionária de Minas Gerais
CPC	Centros Populares de Cultura
CPE	Coordenação de Política Especial
CSR	Conselho de Solidariedade Revolucionária
DC	Democracia Cristã
DEM	Democratas
DVP	Dissidência VAR-Palmares
ERP	Ejército Revolucionario del Pueblo – Exército Revolucionário do Povo (Argentina, El Salvador)
ETA	Euskadi Ta Askatasuna – Pátria Basca e Liberdade
Faln	Forças Armadas de Libertação Nacional
FAP	Frente Armada Popular
FBT	Fração Bolchevique Trotskista
FDR	Frente Democrática Revolucionária
Finep	Financiadora de Estudos e Projetos
FLN	Frente de Libertação Nacional
FLNE	Frente de Libertação do Nordeste
FMLN	Frente Farabundo Martí de Libertación Nacional – Frente Farabundo Martí de Libertação Nacional
Fora	Federación Obrera Regional Argentina – Federação Operária Regional Argentina

JAC	Juventude Agrária Católica
JEC	Juventude Estudantil Católica
JIC	Juventude Independente Católica
JOC	Juventude Operária Católica
JUC	Juventude Universitária Católica
M3G	Marx, Mao, Marighela e Guevara
MAR	Movimento de Ação Revolucionária
MCR	Movimento Comunista Revolucionário
MDB	Movimento Democrático Nacional
MEB	Movimento de Educação de Base
MEL	Movimento Estudantil Libertário
MEP	Movimento de Emancipação do Proletariado
MIM	Movimento Independência ou Morte
MIR	Movimiento de Izquierda Revolucionaria – Movimento Revolucionário de Esquerda (Chile)
MNR	Movimento Nacional Revolucionário
MNR	Movimiento Nacionalista Revolucionario – Movimento Nacionalista Revolucionário (Bolívia)
Molipo	Movimento de Libertação Popular
MR-21	Movimento Revolucionário 21 de Abril
MR-26	Movimento Revolucionário 26 de Março
MR-8	Movimento Revolucionário 8 de Outubro
MRM	Movimento Revolucionário Marxista
MRT	Movimento Revolucionário Tiradentes
MST	Movimento dos Trabalhadores Rurais Sem Terra
NOVO	Partido Novo
OCML-PO	Organização de Combate Marxista-Leninista – Política Operária
Olas	Organização Latino-americana de Solidariedade
OP-COR	Organização Partidária – Classe Operária Revolucionária
Opep	Organização dos Países Exportadores de Petróleo
PAN	Partido dos Aposentados da Nação
PC do B	Partido Comunista do Brasil
PCB	Partido Comunista Brasileiro
PCBR	Partido Comunista Brasileiro Revolucionário
PCO	Partido da Causa Operária
PCR	Partido Comunista Revolucionário
PDC	Partido Democrata Cristão

PDN	Partido Democrata Nacional
PDS	Partido Democrata Social
PDT	Partido Democrático Trabalhista
PFL	Partido da Frente Liberal
PGT	Partido Geral dos Trabalhadores
PHS	Partido Humanista da Solidariedade
PICD	Plano Institucional de Capacitação Docente
PL	Partido Liberal
MDB	Movimento Democrático Brasileiro
PMN	Partido da Mobilização Nacional
PND	Programa Nacional de Desburocratização
POC	Partido Operário Comunista
Pode	Podemos
Polop	Organização Revolucionária Marxista-Política Operária
Port	Partido Operário Revolucionário Trotskista
PPB	Partido Progressista Brasileiro
PPD	Partido Progressista Democrático
PPS	Partido Popular Socialista
PRI	Partido Revolucionário Institucional (México)
PRN	Partido da Reconstrução Nacional
Prona	Partido da Reedificação da Ordem Nacional
PRP	Partido Republicano Progressista
PRT	Partido Revolucionário dos Trabalhadores
PRTB	Partido Renovador Trabalhista Brasileiro
PSB	Partido Socialista Brasileiro
PSC	Partido Social Cristão
PSD	Partido Social Democrático
PSDB	Partido da Social Democracia Brasileira
PSDC	Partido Social Democrata Cristão
PSL	Partido Social Liberal
PSOL	Partido Socialismo e Liberdade
PSP	Partido Social Progressista
PST	Partido Social Trabalhista
PSTU	Partido Socialista dos Trabalhadores Unificado
PT	Partido dos Trabalhadores

PTB	Partido Trabalhista Brasileiro
PTC	Partido Trabalhista Cristão
PT do B	Partido Trabalhista do Brasil
PTN	Partido Trabalhista Nacional
PV	Partido Verde
RAN	Resistência Armada Revolucionária
Rede	Rede Sustentabilidade
Seplan	Secretaria de Planejamento
Sphan	Serviço do Patrimônio Histórico e Artístico Nacional
TL-ALN	Tendência Leninista da Ação Libertadora Nacional
Ubes	União Brasileira dos Estudantes Secundaristas
UCR	Unión Cívica Radical – União Cívica Radical (Argentina)
UDN	União Democrática Nacional
UDR	União Democrática Ruralista
UEE	União Estadual de Estudantes
UNE	União Nacional de Estudantes
União	União Brasil
UP	União Popular
VAR-Palmares	Vanguarda Armada Revolucionária Palmares
VPR	Vanguarda Popular Revolucionária

18.8. SIGLAS NACIONAIS VARIADAS

No trabalho editorial lida-se com textos de todos os tempos; assim, aqui se contemplam também algumas siglas cujos órgãos já estão extintos, pois essas são as informações menos acessíveis.

SIGLA	EXPRESSÃO
ABC	Academia Brasileira de Ciências
ABC	Santo André, São Bernardo do Campo e São Caetano do Sul
ABCD	Santo André, São Bernardo do Campo, São Caetano do Sul e Diadema
Abdib	Associação Brasileira de Defesa da Indústria de Base
ABDR	Associação Brasileira de Direitos Reprográficos
ABEBD	Associação Brasileira de Escolas de Biblioteconomia e Documentação
Abert	Associação Brasileira de Emissoras de Rádio e Televisão

ABI	Associação Brasileira de Imprensa
Abief	Associação Brasileira da Indústria de Embalagens Plásticas Flexíveis
Abifa	Associação Brasileira de Fundição
Abifarma	Associação Brasileira da Indústria Farmacêutica
Abifer	Associação Brasileira da Indústria Ferroviária
Abimaq	Associação Brasileira da Indústria de Máquinas e Equipamentos
Abin	Associação Brasileira de Inteligência
Abinee	Associação Brasileira da Indústria Elétrica e Eletrônica
ABL	Academia Brasileira de Letras
ABNT	Associação Brasileira de Normas Técnicas
ABPI	Associação Brasileira da Propriedade Internacional
ABPO	Associação Brasileira do Papelão Ondulado
Abramge	Associação Brasileira de Medicina de Grupo
Abrapp	Associação Brasileira das Entidades Fechadas de Previdência Complementar
Abrasce	Associação Brasileira de Shopping Centers
Abrasem	Associação Brasileira de Sementes e Mudas
Abrinq	Associação Brasileira de Fabricantes de Brinquedos
ACB	Aeroclube do Brasil
ACB	Automóvel Clube do Brasil
ACE	Alto Comando do Exército
ACF	Associação Cristã Feminina do Brasil
ACM	Associação Cristã de Moços
AD	Artilharia Divisionária
Adeflora	Associação de Defesa da Flora e da Fauna
Adesg	Associação dos Diplomados da Escola Superior de Guerra
AIAA	Associação das Indústrias de Açúcar e de Álcool
Aila	Aliança Internacional do Animal
AM	Arsenal da Marinha
Aman	Academia Militar das Agulhas Negras
AMB	Associação dos Magistrados do Brasil
AMB	Associação Médica Brasileira
AMB	Associação Mundial de Boxe
AMFNB	Associação dos Marinheiros Fuzileiros Navais do Brasil
AN	Agência Nacional
Anac	Agência Nacional de Aviação Civil

Anateba	Associação Nacional de Técnicas de Basquetebol
Anatel	Agência Nacional de Telecomunicações
Anbid	Associação Nacional dos Bancos de Investimentos
Anda	Associação Nacional para Difusão de Adubos
Anecc	Associação Nacional de Empresas Credenciadas em Câmbio
Anfavea	Associação Nacional dos Fabricantes de Veículos Automotores
ANFPC	Associação Nacional dos Fabricantes de Papel e Celulose
Anip	Associação Nacional da Indústria de Pneumáticos
Anpuh	Associação Nacional de História
Antaq	Agência Nacional de Transportes Aquaviários
APA	Associação Protetora dos Animais
Apae	Associação de Pais e Amigos dos Excepcionais
Apase	Sindicato de Supervisores de Ensino do Magistério Oficial no Estado de São Paulo
Apeoesp	Sindicato dos Professores do Ensino Oficial do Estado de São Paulo
APM	Associação de Pais e Mestres
ATP	Associação dos Tenistas Profissionais
Bacen	Banco Central do Brasil
Basic	Brasil, África do Sul, Índia e China (bloco de países emergentes alinhados diplomaticamente)
BC	Batalhão de Caçadores
BE	Batalhão de Engenharia
BG	Batalhão de Guardas
BIB	Batalhão de Infantaria de Blindados
BID	Banco Interamericano de Desenvolvimento
BM&F	Bolsa de Mercadorias & Futuros
BN	Biblioteca Nacional
BNCC	Banco Nacional de Crédito Cooperativo
BNDES	Banco Nacional de Desenvolvimento Econômico e Social
BO	Boletim de Ocorrência
Bope	Batalhão de Operações Especiais
Bovespa	Bolsa de Valores de São Paulo
BPM	Batalhão de Polícia Militar
Bric	Brasil, Rússia, Índia e China (bloco de principais países emergentes alinhados diplomaticamente – ver Basic)
BTN	Bônus do Tesouro Nacional

BV	Bolsa de Valores
BVRJ	Bolsa de Valores do Rio de Janeiro
Cacex	Carteira de Comércio Exterior do Banco do Brasil
Cade	Conselho Administrativo de Defesa Econômica
Cades	Campanha de Aperfeiçoamento e Difusão do Ensino Secundário
Cafe	Comissão de Assistência a Fundações Educacionais
Camex	Câmara de Comércio Exterior
Casa	Fundação Centro de Atendimento Socioeducativo ao Adolescente
CAU	Conselho de Arquitetura e Urbanismo
CBA	Confederação Brasileira de Atletismo
CBA	Confederação Brasileira de Automobilismo
CBB	Confederação Brasileira de Basquetebol
CBC	Confederação Brasileira de Ciclismo
CBD	Confederação Brasileira de Desportos
CBDA	Confederação Brasileira de Desportos Aquáticos
CBEE	Companhia Brasileira de Energia Elétrica
CBDU	Confederação Brasileira de Desportos Universitários
CBF	Confederação Brasileira de Futebol
CBH	Confederação Brasileira de Hipismo
CBJ	Confederação Brasileira de Judô
CBL	Câmara Brasileira do Livro
CBM	Confederação Brasileira de Motociclismo
CBN	Confederação Brasileira de Natação (transformou-se em CBDA)
CBP	Confederação Brasileira de Pugilismo
CBT	Confederação Brasileira de Tênis
CBTM	Confederação Brasileira de Tênis de Mesa
CBTU	Companhia Brasileira de Trens Urbanos
CBV	Confederação Brasileira de Voleibol
CCE	Comitê Central de Estatais
CCIH	Comissão de Controle de Infecção Hospitalar
CDB	Certificado de Depósito Bancário
CDC	Conselho de Desenvolvimento Comercial
CDHU	Companhia de Desenvolvimento Habitacional e Urbano
CDL	Clube dos Diretores Lojistas
CE	Comunidade Europeia

Ceagesp	Companhia de Entrepostos e Armazéns Gerais de São Paulo
Ceasa	Centrais Estaduais de Abastecimento S.A.
Cebrae	Centro Brasileiro de Apoio à Pequena e Média Empresa (atual Sebrae)
Cebrap	Centro Brasileiro de Análise e Planejamento
CEE	Conselho Estadual de Educação
CEF	Caixa Econômica Federal
CEI	Comissão Especial de Inquérito
Celf	Centrais Elétricas Fluminenses (atual Companhia Brasileira de Energia Elétrica)
Cemar	Centrais Elétricas do Maranhão
Cemar	Centro de Estudos para a Conservação Marinha
Ceme	Central de Medicamentos
Cemig	Centrais Elétricas de Minas Gerais
Cenimar	Conselho de Informação da Marinha
Cenpes	Centro de Pesquisas e Desenvolvimento Leopoldo Américo Miguez de Mello
CEP	Código de Endereçamento Postal
Cesgranrio	Centro de Seleção de Candidatos ao Ensino Superior do Grande Rio
Cesp	Companhia Energética de São Paulo
CET	Companhia de Engenharia de Tráfego
Cetesb	Companhia Ambiental do Estado de São Paulo
CFC	Conselho Federal de Cultura
CFN	Corpo de Fuzileiros Navais
CGC	Cadastro Geral dos Contribuintes
CGI	Comissão Geral de Informações
CGIPM	Comissão Geral de Inquérito Policial Militar
CGT	Central Geral dos Trabalhadores
CIC	Cartão de Identificação do Contribuinte (atual CPF)
CIC	Coordenadoria de Intercâmbio Comercial
CIE	Centro de Informações do Exército
CIEE	Centro de Integração Empresa-Escola
Ciesp	Centro das Indústrias do Estado de São Paulo
CIP	Conselho Interministerial de Preços
Cira	Cooperativa Integrada de Reforma Agrária
Cisa	Centro de Informações e Segurança da Aeronáutica

CJM	Circunscrição Judiciária Militar
Clar	Confederação Latino-americana de Religiosos
CM	Clube Militar
CMB	Conselho Mundial de Boxe
CMI	Conselho Mundial de Igrejas
CMN	Conselho Monetário Nacional
CMTC	Companhia Municipal de Transportes Coletivos
CN	Clube Naval
Cnae	Classificação Nacional de Atividades Econômicas
CNBB	Conferência Nacional dos Bispos do Brasil
CNC	Conselho Nacional do Comércio
CNE	Conselho Nacional de Educação
Cnen	Comissão Nacional de Energia Nuclear
Cnexo	Centro Nacional para Exploração dos Oceanos (França)
CNH	Carteira Nacional de Habilitação
CNI	Confederação Nacional da Indústria
CNN	Cable News Network (Rede de Notícias a Cabo)
CNP	Conselho Nacional do Petróleo
CNPJ	Cadastro Nacional de Pessoas Jurídicas
CNRH	Centro Nacional de Recursos Humanos
CNTur	Conselho Nacional de Turismo
CNUCD	Convenção das Nações Unidas para o Combate à Desertificação
CNUCED	Conferência das Nações Unidas sobre Comércio e Desenvolvimento
Codema	Conselho Municipal de Defesa do Meio Ambiente
Coderj	Companhia de Desenvolvimento do Rio de Janeiro
Codesp	Companhia Docas do Estado de São Paulo
Cofins	Contribuição para o Financiamento da Seguridade Social
Cohab	Companhia de Habitação Popular
COI	Comitê Olímpico Internacional
Colted	Comissão do Livro Técnico e do Livro Didático
Conar	Conselho Nacional de Autorregulamentação Publicitária
Condephaat	Conselho de Defesa do Patrimônio Histórico, Arqueológico, Artístico e Turístico
Contel	Conselho Nacional de Telecomunicações

Copam	Companhia de Petróleo da Amazônia
Copom	Comitê de Política Monetária
Coren	Conselho Regional de Enfermagem
Cosim	Companhia Siderúrgica de Mogi das Cruzes
Cosipa	Companhia Siderúrgica Paulista
CPD	Central de Processamento de Dados
CPF	Cadastro de Pessoa Física
CPI	Comissão Parlamentar de Inquérito
CPMF	Contribuição Provisória sobre Movimentação Financeira
CPOR	Centro de Preparação de Oficiais da Reserva
CPPM	Código de Processo Penal Militar
CPTM	Companhia Paulista de Trens Metropolitanos
Crea	Conselho Regional de Engenharia e Agronomia
CRM	Conselho Regional de Medicina
CRO	Conselho Regional de Odontologia
CRP	Conselho Regional de Psicologia
CSN	Companhia Siderúrgica Nacional
CSN	Conselho de Segurança Nacional
CST	Companhia Siderúrgica de Tubarão
CTBC	Companhia Telefônica da Borda do Campo
CTBC	Companhia Telefônica do Brasil Central
CUB	Custo Unitário Básico
CUT	Central Única dos Trabalhadores
CVM	Comissão de Valores Mobiliários
CVRD	Companhia Vale do Rio Doce (atual Vale)
DAC	Departamento de Aviação Civil
DAC	Diretoria de Aeronáutica Civil
DAEE	Departamento de Águas e Energia Elétrica
Daesp	Departamento Aeroviário do Estado de São Paulo
Darf	Documento de Arrecadação da Receita Federal
Dasp	Departamento de Administração do Serviço Público
DDD	Discagem Direta a Distância
DDI	Discagem Direta Internacional
DE	Delegacia de Estrangeiros
Decad	Departamento de Documentação, Estatística, Cadastro e Informações Industriais

Decon	Departamento de Economia
Decon	Departamento Estadual do Consumidor
Deic	Departamento de Investigações Criminais
DEN	Diretoria de Engenharia Naval
Deops	Departamento Estadual de Ordem Política e Social
DER	Departamento de Estradas de Rodagem
Dersa	Desenvolvimento Rodoviário S.A.
Detran	Departamento Estadual de Trânsito
DGEN	Diretoria-geral do Ensino Naval
DGPC	Departamento Geral de Polícia da Capital
DI	Depósito Interbancário
DI	Divisão de Infantaria
Dieese	Departamento Intersindical de Estatística e Estudos Socioeconômicos
DMM	Diretoria de Marinha Mercante
DNAEE	Departamento Nacional de Águas e Energia Elétrica
DNC	Departamento Nacional de Combustíveis
DNER	Departamento Nacional de Estradas de Rodagem
DNOCS	Departamento Nacional de Obras contra a Seca
DOI-Codi	Destacamento de Operações de Informações-Centro de Operações de Defesa Interna
Dops	Departamento de Ordem Política e Social
DOU	Departamento de Orçamento da União
DP	Delegacia de Polícia
DP	Departamento Pessoal
DPF	Departamento de Polícia Federal
DPM	Divisão de Polícia Marítima
DRE	Departamento de Repressão a Entorpecentes
DRP	Delegacia Regional de Polícia
DSN	Doutrina de Segurança Nacional
EBCT	Empresa Brasileira de Correios e Telégrafos
EFCB	Estrada de Ferro Central do Brasil
EFL	Estrada de Ferro Leopoldina
EFS	Estrada de Ferro Sorocabana
EFSJ	Estrada de Ferro Santos-Jundiaí
Eletrobras	Centrais Elétricas Brasileiras Sociedade Anônima

Eletropaulo	Eletricidade de São Paulo Sociedade Anônima (atual Enel Distribuição São Paulo)
Embraer	Empresa Brasileira de Aeronáutica
Embraesp	Empresa Brasileira de Estudos de Patrimônio
Embratel	Empresa Brasileira de Telecomunicações
EME	Estado Maior do Exército
Emfa	Estado Maior das Forças Armadas
EN	Escola Naval
Enem	Exame Nacional do Ensino Médio
ESA	Escola de Sargentos das Armas
ESG	Escola Superior de Guerra
ETE	Escola Técnica do Exército
F1	Fórmula 1
FAB	Força Aérea Brasileira
FAF	Fundo de Aplicação Financeira
Fapesp	Fundação de Amparo à Pesquisa do Estado de São Paulo
FBSP	Fundação Bienal de São Paulo
FCESP	Fundação e Centro do Comércio de São Paulo
FEB	Força Expedicionária Brasileira
Febem	Fundação Estadual do Bem-estar do Menor (atual Fundação Casa)
Febraban	Federação Brasileira de Bancos
Fenapro	Federação Nacional de Agências de Propaganda
Fenaseg	Federação Nacional das Empresas de Seguros Privados e de Capitalização
Fenit	Feira Nacional da Indústria Têxtil
FGTS	Fundo de Garantia por Tempo de Serviço
FGV	Fundação Getúlio Vargas
FIA	Federação Internacional de Automobilismo
FIFA	Federação Internacional de Futebol
FIBGE	Fundação Instituto Brasileiro de Geografia e Estatística
Fiesp	Federação das Indústrias do Estado de São Paulo
Fifusa	Federação Internacional de Futebol de Salão
Finame	Agência Especial de Financiamento Industrial
Finsocial	Fundo de Investimento Social
Fiocruz	Fundação Instituto Oswaldo Cruz

Fipe	Fundação Instituto de Pesquisas Econômicas
Fisa	Federação Internacional de Automobilismo Esportivo
FIT	Federação Internacional de Tênis
FND	Fundo Nacional de Desenvolvimento
FNM	Fábrica Nacional de Motores
FPF	Federação Paulista de Futebol
Fronape	Frota Nacional de Petroleiros
Funabem	Fundação Nacional do Bem-estar do Menor
Funai	Fundação Nacional do Índio
Funarte	Fundação Nacional das Artes
Funbec	Fundação Brasileira para o Desenvolvimento do Ensino de Ciências
Fundef	Fundo de Manutenção e Desenvolvimento do Ensino Fundamental e de Valorização do Magistério
Fupe	Federação Universitária Paulista de Esportes
GCM	Guarda Civil Metropolitana
Gertraf	Grupo de Erradicação do Trabalho Forçado
GP	Grande Prêmio
HC	Hospital das Clínicas
HCE	Hospital Central do Exército
HCM	Hospital Central da Marinha
HM	Hospital Militar
IAPB	Instituto de Aposentadorias e Pensões dos Bancários
IAPC	Instituto de Aposentadorias e Pensões dos Comerciários
IAPEE	Instituto de Aposentadorias e Pensões dos Empregados de Estiva
IAPETC	Instituto de Aposentadorias e Pensões dos Empregados em Transporte de Carga
IAPFESP	Instituto de Aposentadorias e Pensões dos Ferroviários e Empregados em Serviços Públicos
IAPI	Instituto de Aposentadorias e Pensões dos Industriários
IAPM	Instituto de Aposentadorias e Pensões dos Marítimos
Ibad	Instituto Brasileiro de Ação Democrática
Ibama	Instituto Brasileiro do Meio Ambiente e dos Recursos Naturais Renováveis
IBC	Instituto Brasileiro do Café
IBDF	Instituto Brasileiro de Desenvolvimento Florestal
Ibef	Instituto Brasileiro de Executivos Financeiros
IBGE	Instituto Brasileiro de Geografia e Estatística

Ibope	Instituto Brasileiro de Opinião Pública e Estatística
IBS	Instituto Brasileiro de Siderurgia
ICMS	Imposto sobre Circulação de Mercadorias e Serviços
ICV	Índice do Custo de Vida
ID	Infantaria Divisória
Idec	Instituto de Defesa do Consumidor
IDTR	Índice Diário de Taxa de Referência
IEGV	Instituto de Economia Gastão Vidigal
IGP	Índice Geral de Preços
IGP-M	Índice Geral de Preços-Mercado
IHGB	Instituto Histórico e Geográfico Brasileiro
IML	Instituto Médico Legal
INA	Indicador de Nível de Atividades
Inamps	Instituto Nacional de Assistência Médica da Previdência Social [depois Suds (Sistema Único e Descentralizado de Saúde), hoje SUS]
INCC	Índice Nacional de Custo de Construção
Incra	Instituto Nacional de Colonização e Reforma Agrária
Infraero	Empresa Brasileira de Infraestrutura Aeroportuária
INL	Instituto Nacional do Livro
Inmetro	Instituto Nacional de Metrologia, Qualidade e Tecnologia, antigo Instituto Nacional de Metrologia, Normalização e Qualidade Industrial
INPC	Índice Nacional de Preços ao Consumidor
Inpe	Instituto Nacional de Pesquisas Espaciais
Inpi	Instituto Nacional da Propriedade Intelectual
Inpi	Instituto Nacional de Propriedade Industrial
INPM	Instituto Nacional de Pesos e Medidas
INPS	Instituto Nacional de Previdência Social (atual INSS)
INSS	Instituto Nacional de Seguridade Social
IOF	Imposto sobre Operações Financeiras
IPA	Índice de Preços por Atacado
Ipase	Instituto de Previdência e Assistência dos Servidores do Estado
Ipea	Instituto de Pesquisa Econômica Aplicada
Ipem	Instituto de Pesos e Medidas
Ipen	Instituto de Pesquisas Energéticas e Nucleares
Ipes	Instituto de Pesquisa e Estudos Sociais
IPI	Imposto sobre Produtos Industrializados

IPM	Inquérito Policial Militar
IPTU	Imposto Predial e Territorial Urbano
IPV	Índice de Preços no Varejo
IPVA	Imposto sobre Propriedade de Veículos Automotores
IR	Imposto de Renda
ISN	Índice de Salários Nominais
ISS	Imposto sobre Serviços
ITA	Instituto Tecnológico da Aeronáutica
ITRD	Índice de Taxa de Referência Diária
IVC	Índice de Verificação de Circulação
IVV	Instituto da Vinha e do Vinho
Labre	Liga de Amadores Brasileiros de Radioemissão
LBA	Legião Brasileira de Assistência
LDB	Lei de Diretrizes e Bases da Educação Nacional
Libre	Liga Brasileira de Editoras
LOJM	Lei de Organização Judiciária Militar
LSM	Lei de Segurança Militar
MA	Ministério da Agricultura
MAC	Museu de Arte Contemporânea
MAE	Ministério da Aeronáutica
MAE	Museu de Arquitetura e Etnologia
MAM	Museu de Arte Moderna
Masp	Museu de Arte de São Paulo
ME	Ministério da Economia
ME	Ministério do Exército
MEC	Ministério da Educação
MF	Ministério da Fazenda
MHN	Museu Histórico Nacional
MIC	Ministério da Indústria e Comércio
Minc	Ministério da Cultura
MIS	Museu da Imagem e do Som
MM	Ministério da Marinha
MME	Ministério das Minas e Energia
MN	Museu Nacional
Mobral	Movimento Brasileiro de Alfabetização
MPB	Música Popular Brasileira

MPS	Ministério da Previdência Social
MTE	Ministério do Trabalho e Emprego
NDB	Núcleo de Divisão Blindada
Novacap	Companhia Urbanizadora da Nova Capital (do Brasil)
OAB	Ordem dos Advogados do Brasil
Oban	Operação Bandeirante
Ogmo	Órgão Gestor de Mão de Obra
OMB	Ordem dos Músicos Brasileiros
ONG	Organização Não Governamental
ODI	Operações de Defesa Interna
OSB	Orquestra Sinfônica Brasileira
Pasep	Programa de Formação do Patrimônio do Servidor Público
PB, P/B	preto e branco
PCC	Primeiro Comando da Capital (facção criminosa)
PE	Polícia do Exército
PEA	População Economicamente Ativa
Petrobras	Petróleo Brasileiro Sociedade Anônima
PIB	Produto Interno Bruto
PIC	Pelotão de Investigações Criminais
PIS	Programa de Integração Social
PM	Polícia Militar
PM	Prefeitura Municipal
PNB	Produto Nacional Bruto
PND	Programa Nacional de Desestatização
Polinter	Polícia Interestadual
PRF	Polícia Rodoviária Federal
Procon	Coordenadoria de Proteção e Defesa do Consumidor
Prodoeste	Programa de Desenvolvimento do Centro-Oeste
Prodoeste	Programa de Desenvolvimento da Região Sudoeste do Tocantins
Provale	Fundo para a Preservação do Patrimônio Histórico do Vale do Paraíba
PUC	Pontifícia Universidade Católica
QG	Quartel-General
QM	Quartel de Marinha
RA	Regimento de Artilharia

RAA	Regimento de Artilharia Antiaérea
RC	Regimento de Cavalaria
RDE	Regulamento Disciplinar do Exército
REI	Regimento Escola de Infantaria
RFFSA	Rede Ferroviária Federal Sociedade Anônima
RG	Registro Geral
RI	Regimento de Infantaria
RM	Região Militar
Rota	Rondas Ostensivas Tobias de Aguiar
RP	Rádiopatrulha
Sbacem	Sociedade Brasileira de Autores, Compositores e Escritores de Música
Sbat	Sociedade Brasileira dos Autores Teatrais
SBBA	Sociedade Brasileira de Belas-artes
SBPC	Sociedade Brasileira para o Progresso da Ciência
SBT	Sistema Brasileiro de Televisão
SCPC	Serviço Central de Proteção ao Crédito
Seade	Fundação Sistema Estadual de Análise de Dados
Sebrae	Serviço Brasileiro de Apoio às Micro e Pequenas Empresas
Senac	Serviço Nacional de Aprendizagem Comercial
Senai	Serviço Nacional de Aprendizagem Industrial
Serpro	Serviço Federal de Processamento de Dados
Sesc	Serviço Social do Comércio
Sesi	Serviço Social da Indústria
Sest	Secretaria de Controle de Empresas Estatais
Sest	Serviço Social do Transporte
SFH	Sistema Financeiro de Habitação
SGE	Serviço Geográfico do Exército
Sindipeças	Sindicato Nacional da Indústria de Componentes para Veículos Automotores
Sinduscon-SP	Sindicato da Indústria da Construção Civil do Estado de São Paulo
Sinicesp	Sindicato da Indústria da Construção Pesada do Estado de São Paulo
SNI	Serviço Nacional de Informação
SNIC	Sindicato Nacional da Indústria do Cimento
SNMM	Superintendência Nacional da Marinha Mercante
SOE	Serviço de Operações Especiais

SPC	Serviço de Proteção ao Crédito
STF	Supremo Tribunal Federal
STJ	Superior Tribunal de Justiça
STJD	Superior Tribunal de Justiça Desportiva
STM	Superior Tribunal Militar
Sudam	Superintendência do Desenvolvimento da Amazônia
Sudeco	Superintendência do Desenvolvimento do Centro-oeste
Sudene	Superintendência do Desenvolvimento do Nordeste
Sudepe	Superintendência do Desenvolvimento da Pesca
SUDS	Sistema Unificado e Descentralizado de Saúde (depois SUS)
SUS	Sistema Único de Saúde
Suframa	Superintendência da Zona Franca de Manaus
Sunab	Superintendência Nacional do Abastecimento
Taib	Teatro de Arte Israelita Brasileiro
Tasp	Teatro de Arena de São Paulo
Tasp	Tribunal Arbitral de São Paulo
TBC	Teatro Brasileiro de Comédia
TC	Tribunal de Contas
TCE	Tribunal de Contas do Estado
TCM	Tribunal de Contas do Município
TCU	Tribunal de Contas da União
Telebras	Telecomunicações Brasileiras Sociedade Anônima
Telesp	Telecomunicações de São Paulo Sociedade Anônima
TFP	Tradição, Família e Propriedade
TFR	Tribunal Federal de Recursos
TJD	Tribunal de Justiça Desportiva
TJM	Tribunal de Justiça Militar
TRE	Tribunal Regional Eleitoral
TRT	Tribunal Regional do Trabalho
TSE	Tribunal Superior Eleitoral
TST	Tribunal Superior do Trabalho
Tuca	Teatro da Universidade Católica
Tusp	Teatro da Universidade de São Paulo
UBC	União Brasileira de Compositores
UBE	União Brasileira de Escritores
Ubes	União Brasileira dos Estudantes Secundaristas

Udemo	Sindicato de Especialistas de Educação do Magistério Oficial do Estado de São Paulo
UEB	União dos Escoteiros do Brasil
Uefa	União das Federações Europeias de Futebol
Ufesp	Unidade Fiscal do Estado de São Paulo
Ufir	Unidade Fiscal de Referência
UFM	Unidade Fiscal do Município
Uipa	União Internacional Protetora dos Animais
Unctad	United Nations Conference on Trade and Development – Conferência das Nações Unidas sobre Comércio e Desenvolvimento
UNE	União Nacional dos Estudantes
UPC	Unidade Padrão de Capital
Varig	Viação Aérea Rio-grandense
Vasp	Viação Aérea São Paulo

19. SÍMBOLOS

19.1. Símbolos de Metrologia **19.1.1.** Sistema Internacional de Unidades – SI **19.1.2.** Grandezas e unidades **19.2.** Múltiplos e Submúltiplos de Grandezas **19.2.1.** Prefixos de múltiplos e submúltiplos do Sistema Internacional de Unidades (SI) **19.2.2.** Símbolos SI (múltiplos) **19.3.** Símbolos dos Elementos Químicos **19.3.1.** Símbolos químicos **19.3.2.** Símbolos químicos, bioquímicos e biomédicos **19.4.** Outros Símbolos **19.4.1.** Símbolos de moedas **19.4.2.** Símbolos dos pontos cardeais, colaterais e subcolaterais **19.4.3.** Símbolos trigonométricos **19.4.4.** Símbolos matemáticos

Os símbolos são uma espécie de redução fixada por convenções internacionais para unidades de medida, normalmente utilizados em livros e textos técnicos. Devem ser usados sem ponto abreviativo: 5 g, 10 kg, 3 atm, 50 cm, e não ~~5 g., 10 kg., 3 atm., 50 cm.~~ Medidas não decimais, como, por exemplo, palmo (p) e pé (p), são também representadas por símbolos e não levam ponto. Todavia, por hábito, légua (lég.) e polegada (pol.) só são empregadas de modo abreviado (com ponto) e, assim, fazem plural: léguas (légs.) e polegadas (pols.). No entanto, sendo o símbolo gramaticalmente invariável, não se lhe acrescenta o *s* indicativo de plural: 20 g, 100 cm, 85 m, e não ~~20 gs, 12 kgs, 10 cms, 85 ms~~. Em caso de padronizações especiais, deve-se consultar alguma fonte oficial de normalização e utilização de símbolos.

19.1. SÍMBOLOS DE METROLOGIA

19.1.1. Sistema Internacional de Unidades – SI

Esse sistema, conhecido pela sigla SI, é formado por dezesseis prefixos (múltiplos e submúltiplos), sete unidades de base e uma série de unidades derivadas, sendo que algumas apresentam nomes especiais.

ORTOGRAFIA

Para que esses símbolos sejam grafados corretamente, devem-se ter em conta as seguintes normas:

- A grafia internacionalmente conhecida deve ser mantida tanto nos símbolos dos prefixos como nos das unidades, seja qual for a combinação.
- Os símbolos devem ser grafados sempre com letras redondas (nunca em negrito ou itálico).
- Não se deve misturar nome com símbolo nas unidades compostas.

CERTO   ERRADO
quilômetro por hora   ~~quilômetro/h~~
km/h   ~~km/hora~~

- No caso de não haver uma cifra que a anteceda, escreve-se o nome da unidade por extenso, não se usando o símbolo.

Percorri alguns quilômetros a pé.
Joguei fora quilos de papel.

- Em textos que não sejam técnicos ou científicos, depois da cifra pode-se escrever a unidade por extenso. Nesse caso, porém, a cifra também deve vir por extenso.

Percorri cem quilômetros.
E não: Percorri 100 quilômetros.

- A palavra grama, enquanto "unidade de medida", pertence ao gênero masculino e, ao ser grafada por extenso, obedece às normas de concordância verbo-nominal.

Pediu dois quilogramas de papel.
O livro tinha duzentos e dez gramas.
Foram usados novecentos e um gramas da substância.

- As medidas de tempo devem ser grafadas de acordo com o uso correto dos símbolos para hora, minuto e segundo.

CERTO   ERRADO
8 h 35 min 6 s   ~~8:35~~
                       ~~8h 25' 6'''~~

SÍMBOLOS

- Atenção: os símbolos (') e (") representam, respectivamente, minuto e segundo em unidades de ângulo plano, e não de tempo.

19.1.2. Grandezas e unidades

COMPRIMENTO		
km	quilômetro	(1 000 m)
m	metro	(1 m)
cm	centímetro	(0,01 m)
mm	milímetro	(0,001 m)
μm	mícron	(0,000 001 m)
mμ	milimícron	(0,000 000 001 m)
Å	angstrom (unidade de comprimento de onda)	10^{-10} m
mima	milha marítima (1' de meridiano terrestre)	1 852 m
nm	milha náutica	1 852 m
mite, ML	milha terrestre	1609,34 m
R⊕	raio equatorial terrestre	6 378 136 m
UA	unidade astronômica de comprimento	$1,495979 \times 10^{11}$ m
pc	parsec. É a distância de uma estrela cuja paralaxe é de	$3,085678 \times 10^{16}$ m
al	ano-luz (distância percorrida pela luz em um ano)	$9,461 \times 10^{15}$ m
ly	*light-year* (ing.)	$9,461 \times 10^{15}$ m

SUPERFÍCIE		
m^2	metro quadrado	
ha	hectare = $10^4\,m^2$	
a	are = $10^2\,m^2$	
b	*barn* = $10^{-28}\,m^2$	

VOLUME		
m^3	metro cúbico	
l	litro = $10^{-3}\,m^3$ (0,001 m^3)	
ml	mililitro = $10^{-6}\,m^3$ (0,000001 m^3)	
μl	microlitro = $10^{-9}\,m^3$ (0,000000001 m^3)	

ÂNGULOS PLANOS, SÓLIDOS E ARCOS	
rd	radiano
sr	esterradiano ou esterorradiano
'	minuto = 1/60 do grau
"	segundo = 1/60 do minuto

UNIDADES DE MASSA	
kg	quilograma
t	tonelada 1 t = 10^3 kg
g	grama 1 g = 10^{-3} kg
K	quilate 1 K = 2×10^{-4} kg = 200 mg = 2 dg
u	unidade (unificada) de massa atômica; equivale a 1/12 da massa atômica de um átomo de carbono -12

TEMPO		
s	segundo	
min	minuto	1 min = 60 s
h	hora	1 h = 60 min = 3 600 s
d	dia	1 d = 24 h = 86 400 s
a	ano	1 a = 365 d

GRANDEZAS E UNIDADES MECÂNICAS		
Força		
N	newton	
dyn	dina	$1 \text{ dyn} = 10^{-5} \text{ N}$
kgf	quilograma-força	
kp	"quiloponde"	
Energia ou Trabalho		
J	joule	
eV	elétron-volt	$1 \text{ eV} = 1{,}602 \times 10^{-19} \text{ J}$
cal	caloria	
calth	caloria termoquímica	
calIT	caloria internacional	
fg	frigoria	
Wh	watt-hora	
kgm/s	quilogrâmetro por segundo	
kWh	quilowatt-hora	
cv	cavalo	
cvh	cavalo-hora	
McalIT	megacaloria internacional	
VAs	volt-ampère-segundo	
Ws	watt-segundo	
Potência		
W	watt	
CV	cavalo-vapor	
hp	*horsepower*, cavalo de força	
Pressão		
N/m^2	newton por metro quadrado	
atm	atmosfera	
bar	bar	10^5 N/m^2

Pa	pascal	
mH$_2$O	metro de água	
mmHg	milímetro de mercúrio	
torr	torricelli (é igual a 1 mmHg)	
kgf/cm²	quilograma-força por centímetro quadrado	
mbar	milibar	
dbar	decabar	
μbar	microbar	
Viscosidade Dinâmica		
Ns/m²	newton segundo por metro quadrado	
P	poise	0,1 Ns/m²
Pl	poiseuille	(raramente usado)
Viscosidade Cinemática		
m²/s	metro quadrado por segundo	
st	stokes	10⁻⁴ m²/s

GRANDEZAS E UNIDADES TÉRMICAS OU CALORÍFICAS

Temperatura Termodinâmica	
°	Grau
°C	Grau Celsius
°F	Grau Fahrenheit
K	Kelvin
°Cl	Grau Clausius
°R ou °Ra	Grau Rankine
°R ou °Re	Grau Réaumur

Nota: O símbolo (°) precede imediatamente a letra e separa-se por espaço do algarismo anterior: 1 °C

GRANDEZAS E UNIDADES ELÉTRICAS

Intensidade de Corrente	
A	ampère

Quantidade de Eletricidade	
C	coulomb
Ah	ampère-hora
F	faraday

Tensão Elétrica	
V	volt

Resistência Elétrica	
Ω	ohm
μΩ	micro-ohm
MΩ	mega-ohm

GRANDEZAS E UNIDADES ÓPTICAS	
Intensidade Luminosa	
cd	candela
Fluxo Luminoso	
lm	lúmen

GRANDEZAS E UNIDADES ACÚSTICAS	
Nível de Potência	
B	bel
dB	decibel

GRANDEZAS E UNIDADES FÍSICAS DIVERSAS		
Atividade		
Ci	curie	
Exposição a radiação		
R	röntgen ou roentgen	$1\,R = 2,58 \times 10^{-4}\,C/kg$
Dose Absorvida		
J/kg	joule por quilograma	
rad	radiação	

19.2. MÚLTIPLOS E SUBMÚLTIPLOS DE GRANDEZAS

A relação dos múltiplos e submúltiplos das grandezas vistas anteriormente é apresentada a seguir, conforme os prefixos adotados pelo Sistema Internacional de Unidades (si), usado no Brasil a partir do Decreto n. 240, de 28 de fevereiro de 1967.

19.2.1. Prefixos de múltiplos e submúltiplos do Sistema Internacional de Unidades (si)

PREFIXO	ABREVIATURA	FATOR PELO QUAL A UNIDADE É MULTIPLICADA	
exa	E	10^{18}	1 000 000 000 000 000 000
peta	P	10^{15}	1 000 000 000 000 000
tera	T	10^{12}	1 000 000 000 000
giga	G	10^{9}	1 000 000 000
mega	M	10^{6}	1 000 000
quilo	k	10^{3}	1 000
hecto	h	10^{2}	100
deca	da	10	10
deci	d	10^{-1}	0,1

centi	c	10^{-2}	0,01
mili	m	10^{-3}	0,001
micro	μ	10^{-6}	0,000001
nano	n	10^{-9}	0,000000001
pico	p	10^{-12}	0,000000000001
femto	f	10^{-15}	0,000000000000001
atto	a	10^{-18}	0,000000000000000001

19.2.2. Símbolos SI (múltiplos)

SÍMBOLO	EXPRESSÃO	SÍMBOLO	EXPRESSÃO
A	ampère	as	attossegundo
a	atto (10^{18})	aS	attossiemens
aA	attoampère	asr	attoesterorradiano
abar	attobar	aSv	attossievert
aBq	attobecquerel	aT	attotesla
aC	attocoulomb	aUA	attounidade astronômica
acd	attocandela	au	attounidade de massa atômica
aeV	attoelétron-volt	aV	attovolt
aF	attofarad	aW	attowatt
ag	attograma	aWb	attoweber
aGy	attogray	bar	bar
aH	attohenry	Bq	becquerel
aHz	attohertz	C	Coulomb
aJ	attojoule	c	candela
aK	attokelvin	cA	centiampère
alm	attolúmen	cbar	centibar
alx	attolux	cBq	centibecquerel
am	attômetro	cC	centicandela
amol	attomol	ccd	centicoulomb
aN	attonewton	cd	centi (10^{2})
aΩ	atto-ohm	ceV	centielétron-volt
aPa	attopascal	cF	centifarad
apc	attoparsec	cg	centigrama
arad	attorradiano	cGy	centigray

cH	centihenry	daH	decahenry
cHz	centihertz	daHz	decahertz
cJ	centijoule	daJ	decajoule
cK	centikelvin	daK	decakelvin
clm	centilúmen	dalm	decalúmen
clx	centilux	dalx	decalux
cm	centímetro	dam	decâmetro
cmol	centimol	damol	decamol
cN	centinewton	daN	decanewton
cΩ	centiohm	daΩ	decaohm
cPa	centipascal	daPa	decapascal
cpc	centiparsec	dapc	decaparsec
crad	centirradiano	darad	decarradiano
cs	centissegundo	das	decassegundo
cS	centissiemens	daS	decassiemens
csr	centiesterorradiano	dasr	decaesterorradiano
cSv	centissievert	daSv	decassievert
cT	centitesla	daT	decatesla
cu	centiunidade de massa atômica	dau	decaunidade de massa atômica
cUA	centiunidade astronômica	daUA	decaunidade astronômica
cV	centivolt	daV	decavolt
cW	centiwatt	daW	decawatt
cWb	centiweber	daWb	decaweber
d	deci (10^{-1})	dbar	decibar
da	deca (10^1)	dBq	decibecquerel
dA	deciampère	dC	decicoulomb
daA	decampère	dcd	decicandela
dabar	decabar	deV	decielétron-volt
daBq	decabecquerel	dF	decifarad
daC	decacoulomb	dg	decigrama
dacd	decacandela	dGy	decigray
daeV	decaelétron-volt	dH	decihenry
daF	decafarad	dHz	decihertz
dag	decagrama	dJ	decijoule
daGy	decagray	dK	decikelvin

dlm	decilúmen	Em	exâmetro
dlx	decilux	Emol	examol
dm	decímetro	EN	exanewton
dmol	decimol	EΩ	exaohm
dN	decinewton	EPa	exapascal
dΩ	deciohm	Epc	exaparsec
dPa	decipascal	Erad	exarradiano
dpc	deciparsec	Es	exassegundo
drad	decirradiano	ES	exassiemens
ds	decissegundo	Esr	exaesterorradiano
dS	decissiemens	ESv	exassievert
dsr	deciesterorradiano	ET	exatesla
dSv	decissievert	Eu	exaunidade de massa atômica
dT	decitesla	EUA	exaunidade astronômica
du	deciunidade de massa atômica	eV	eletrovolt
dUA	deciunidade astronômica	EV	exavolt
dV	decivolt	TeV	teraelétron-volt
dW	deciwatt	EW	exawatt
dWb	deciweber	EWb	exaweber
E	exa (10^{18})	F	farad
EA	exampère	f	femto (10^{15})
Ebar	exabar	fA	femtoampère
EBq	exabecquerel	fbar	femtobar
EC	exacoulomb	fBq	femtobecquerel
Ecd	exacandela	fC	femtocoulomb
EeV	exaelétron-volt	fcd	femtocandela
EF	exafarad	feV	femtoelétron-volt
Eg	exagrama	fF	femtofarad
EGy	exagray	fg	femtograma
EH	exahenry	fGy	femtogray
EHz	exahertz	fH	femtohenry
EJ	exajoule	fHz	femtohertz
EK	exakelvin	fJ	femtojoule
Elm	exalúmen	fK	femtokelvin
Elx	exalux	flm	femtolúmen

flx	femtolux	Gm	gigâmetro
fm	femtômetro	Gmol	gigamol
fmol	femtomol	GN	giganewton
fN	femtonewton	GΩ	gigaohm
fΩ	femto-ohm	GPa	gigapascal
fPa	femtopascal	Gpc	gigaparsec
fpc	femtoparsec	Grad	gigarradiano
frad	femtorradiano	Gs	gigassegundo
fs	femtossegundo	GS	gigassiemens
fS	femtossiemens	Gsr	gigaesterorradiano
fsr	femtoesterorradiano	GSv	gigassievert
fSv	femtossievert	GT	gigatesla
fT	femtotesla	Gu	gigaunidade de massa atômica
fu	femtounidade de massa atômica	GUA	gigaunidade astronômica
fUA	femtounidade astronômica	GV	gigavolt
fV	femtovolt	GW	gigawatt
fW	femtowatt	GWb	gigaweber
fWb	femtoweber	Gy	gray
g	grama	H	Henry
G	giga (10^9)	h	hecto (10^2)
GA	gigampère	hA	hectoampère
Gbar	gigabar	hbar	hectobar
GBq	gigabecquerel	hBq	hectobecquerel
GC	gigacoulomb	hC	hectocoulomb
Gcd	gigacandela	hcd	hectocandela
GeV	gigaeletrovolt	heV	hectoelétron-volt
GF	gigafarad	hF	hectofarad
Gg	gigagrama	hg	hectograma
GGy	gigagray	hGy	hectogray
GH	gigahenry	hH	hectohenry
GHz	gigahertz	hHz	hectohertz
GJ	gigajoule	hJ	hectojoule
GK	gigakelvin	hK	hectokelvin
Glm	gigalúmen	hlm	hectolúmen
Glx	gigalux	hlx	hectolux

hm	hectômetro	klx	quilolux
hmol	hectomol	km	quilômetro
hN	hectonewton	kmol	quilomol
hΩ	hecto-ohm	kN	quilonewton
hPa	hectopascal	kΩ	quilo-ohm
hpc	hectoparsec	kPa	quilopascal
hrad	hectorradiano	kpc	quiloparsec
hs	hectossegundo	krad	quilorradiano
hS	hectossiemens	ks	quilossegundo
hsr	hectoesterorradiano	kS	quilossiemens
hSv	hectossievert	ksr	quiloesterorradiano
hT	hectotesla	kSv	quilossievert
hu	hectounidade de massa atômica	kT	quilotesla
hUA	hectounidade astronômica	ku	quilounidade de massa atômica
hV	hectovolt	kUA	quilounidade astronômica
hW	hectowatt	kV	quilovolt
hWb	hectoweber	kW	quilowatt
Hz	hertz	kWb	quiloweber
J	joule	M	mega (10^6)
K	Kelvin	MA	megampère
k	quilo (10^3)	Mbar	megabar
kA	quiloampère	MBq	megabecquerel
kbar	quilobar	MC	megacoulomb
kBq	quilobecquerel	Mcd	megacandela
kC	quilocoulomb	MeV	megaelétron-volt
kcd	quilocandela	MF	megafarad
keV	quiloelétron-volt	Mg	megagrama
kF	quilofarad	MGy	megagray
kg	quilograma	MH	megahenry
kGy	quilogray	MHz	megahertz
kH	quilohenry	MJ	megajoule
kHz	quilohertz	MK	megakelvin
kJ	quilojoule	Mlm	megalúmen
kK	quilokelvin	Mlx	megalux
klm	quilolúmen	Mm	megâmetro

Mmol	megamol	mN	milinewton
MN	meganewton	mΩ	miliohm
MPa	megapascal	mol	mol
Mpc	megaparsec	mPa	milipascal
Mrad	megarradiano	mpc	miliparsec
Ms	megassegundo	mrad	milirradiano
MS	megassiemens	ms	milissegundo
Msr	megaesterorradiano	mS	milissiemens
MSv	megassievert	msr	miliesterorradiano
MT	megatesla	mSv	milissievert
Mu	megaunidade de massa atômica	mT	militesla
MUA	megaunidade astronômica	mu	miliunidade de massa atômica
MV	megavolt	mUA	miliunidade astronômica
MΩ	megaohm	mV	milivolt
MW	megawatt	mW	miliwatt
MWb	megaweber	mWb	miliweber
m	metro	μ	micro (10^6)
m	mili (10^3)	μA	microampère
mA	miliampère	μbar	microbar
mbar	milibar	μBq	microbecquerel
mBq	milibecquerel	μC	microcoulomb
mC	milicoulomb	μcd	microcandela
mcd	milicandela	μeV	microelétron-volt
meV	milielétron-volt	μF	microfarad
mF	milifarad	μg	micrograma
mg	miligrama	μGy	microgray
mGy	miligray	μH	microhenry
mH	milihenry	μHz	microhertz
mHz	milihertz	μJ	microjoule
mJ	milijoule	μK	microkelvin
mK	milikelvin	μlm	microlúmen
mlm	mililúmen	μlx	microlux
mlx	mililux	μm	micrômetro
mm	milímetro	μmol	micromol
mmol	milimol	μN	micronewton

SÍMBOLOS

μΩ	micro-ohm	nPa	nanopascal
μPa	micropascal	npc	nanoparsec
μpc	microparsec	nrad	nanorradiano
μrad	microrradiano	ns	nanossegundo
μs	microssegundo	nS	nanossiemens
μS	microssiemens	nsr	nanoesterorradiano
μsr	microestereorradiano	nSv	nanossievert
μSv	microssievert	nT	nanotesla
μT	microtesla	nu	nanounidade de massa atômica
μu	microunidade de massa atômica	nUA	nanounidade astronômica
μUA	microunidade astronômica	nV	nanovolt
μV	microvolt	nW	nanowatt
μW	microwatt	nWb	nanoweber
μWb	microweber	Ω	ohm
N	newton	P	peta(10^{15})
n	nano (10^9)	Pa	pascal
nA	nanoampère	PA	petampère
nbar	nanobar	Pbar	petabar
nBq	nanobecquerel	PBq	petabecquerel
nC	nanocoulomb	PC	petacoulomb
ncd	nanocandela	Pcd	petacandela
neV	nanoelétron-volt	PeV	petaelétron-volt
nF	nanofarad	PF	petafarad
ng	nanograma	Pg	petagrama
nGy	nanogray	PGy	petagray
nH	nanohenry	PH	petahenry
nHz	nanohertz	PHz	petahertz
nJ	nanojoule	PJ	petajoule
nK	nanokelvin	PK	petakelvin
nlm	nanolúmen	Plm	petalúmen
nlx	nanolux	Plx	petalux
nm	nanômetro	Pm	petômetro
nmol	nanomol	Pmol	petamol
nN	nanonewton	PN	petanewton
nΩ	nano-ohm	PΩ	petaohm

PPa	petapascal	ppc	picoparsec
Ppc	petaparsec	prad	picorradiano
Prad	petarradiano	ps	picossegundo
Ps	petassegundo	pS	picossiemens
PS	petassiemens	psr	picoesterorradiano
Psr	petaesterorradiano	pSv	picossievert
PSv	petassievert	pT	picotesla
PT	petatesla	pu	picounidade de massa atômica
Pu	petaunidade de massa atômica	pUA	picounidade astronômica
PUA	petaunidade astronômica	pV	picovolt
PV	petavolt	pW	picowatt
PW	petawatt	pWb	picoweber
PWb	petaweber	rad	radiano
p	pico (10^{12})	s	segundo
pA	picoampère	S	siemens
pbar	picobar	sr	esterorradiano
pBq	picobecquerel	Sv	siévert
pc	parsec	T	tera (10^{12})
pC	picocoulomb	T	tesla
pcd	picocandela	TA	terampère
peV	picoelétron-volt	Tbar	terabar
pF	picofarad	TBq	terabecquerel
pg	picograma	TC	teracoulomb
pGy	picogray	Tcd	teracandela
pH	picohenry	TF	terafarad
pHz	picohertz	Tg	teragrama
pJ	picojoule	TGy	teragray
pK	picokelvin	TH	terahenry
plm	picolúmen	THz	terahertz
plx	picolux	TJ	terajoule
pm	picômetro	TK	terakelvin
pmol	picomol	Tlm	teralúmen
pN	piconewton	Tlx	teralux
pΩ	pico-ohm	Tm	terâmetro
pPa	picopascal	Tmol	teramol

TN	teranewton	Tu	teraunidade de massa atômica
TΩ	teraohm	TUA	teraunidade astronômica
TPa	terapascal	TV	teravolt
Tpc	teraparsec	TW	terawatt
Trad	terarradiano	TWb	teraweber
Ts	terassegundo	u	unidade de massa atômica
TS	terassiemens	UA	unidade astronômica: serve para avaliar os eixos das órbitas dos planetas
Tsr	teraesterorradiano	V	volt
TSv	terassievert	W	watt
TT	teratesla	WB	weber

Dessas unidades podem derivar ainda, entre outras:

A/m	ampère por metro	indução magnética
cd/m²	candela por metro quadrado	luminância
J/K	joule por kelvin	capacidade térmica
J/(kg.K)	joule por quilograma kelvin	calor específico
kg/m³	quilograma por metro cúbico	massa específica
m²	metro quadrado	área
m³	metro cúbico	volume
m/s	metro por segundo	velocidade
m/s²	metro por segundo ao quadrado	aceleração
mol/m³	mol por metro cúbico	concentração molar
nmol/l	nanomol por litro	concentração molar
Pa.s	pascal segundo	viscosidade dinâmica
rad/s	radiano por segundo	velocidade angular
rad/s²	radiano por segundo ao quadrado	aceleração angular
m^{-1}	um por metro	número de ondas
s^{-1}	um por segundo	atividade (fonte radioativa)
W/sr	watt por esterorradiano	intensidade térmica
W/(m.K)	watt por metro kelvin	condutividade térmica
V/m	volt por metro	intensidade de campo elétrico

19.3. SÍMBOLOS DOS ELEMENTOS QUÍMICOS

Nos tratados de química, os elementos são indicados por letras ou símbolos de uso internacional, devendo sempre ser compostos em redondo, mesmo nas linhas assinaladas em itálico, e sem ponto abreviativo. Esses símbolos, cuja relação é apresentada em quadro a seguir, podem vir acompanhados, nas fórmulas, de um índice numérico que mostra quantos átomos de um elemento entram para formar a molécula de um composto. Assim, por exemplo, a fórmula do ácido sulfúrico, SO_4H_2, informa que a molécula dessa substância compreende um átomo de enxofre (S), quatro de oxigênio (O) e dois de hidrogênio (H). A colocação de um algarismo antes do composto, como em $3SO_4H_2$, aponta o número de moléculas de tal ácido que entraram numa dada reação (nesse caso, três). Quando há radicais, isto é, grupos atômicos que se comportam de modo particular, estes vão encerrados entre parênteses, como em $C_6H_4(CH_3)_2$.

Em todos os casos apontados, não se põe nenhum espaço entre as letras e os números presentes nas fórmulas, que vão colados, como foi apresentado aqui. As fórmulas ligam-se entre si pelos sinais de mais (+), menos (–), igual (=) ou flechas (→), para indicar as reações a que estão sujeitas. Esses itens, como em matemática, são precedidos e seguidos de espaço fino. Por exemplo, para mostrar que uma molécula de bióxido de manganês, ao se juntar a quatro de ácido clorídrico, dá origem a uma de cloreto de manganês, uma de cloro e duas de água, escreve-se:

$$MnO_2 + 4HCl \rightarrow MnCl_2 + Cl_2 + 2H_2O,$$

podendo-se usar o sinal de igualdade em lugar da flecha. Duas flechas em sentidos contrários indicam reação reversível. A seguinte equação química

$$NaNO_3 + NH_4Cl \rightleftarrows NaCl + NH_4NO_3$$

significa que o nitrato de sódio e o cloreto de amônio formam e são formados pelo cloreto de sódio e pelo nitrato de amônio. Uma flecha dirigida para baixo ou para cima mostra que, na reação, o elemento por ela assinalado torna-se, respectivamente, num precipitado ou num gás. Assim, em

$$AgNO_3 + HCl = AgCl\downarrow + NHO_3$$

observa-se que houve formação de um precipitado de cloreto de prata (AgCl), enquanto na equação

$$Mg_3N_2 + 6H_2O = 3Mg(OH)_2 + 2NH_3\uparrow$$

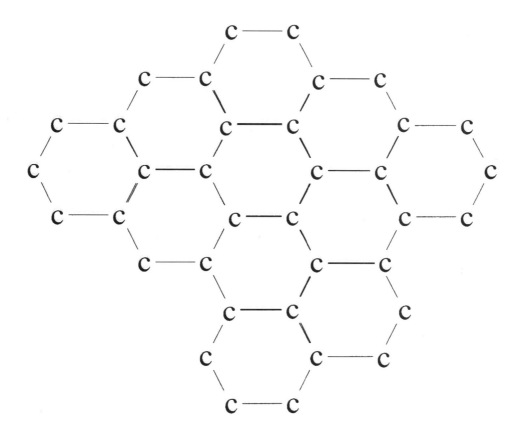

"Alvéolos". Jérôme Peignot, em *Typoésie*, Paris, Imprimerie Nationale, 1993, p. 158.

nota-se o desprendimento de gás amoníaco (NH_3). Finalmente, há fórmulas baseadas no conceito estrutural da molécula, e que em função disso podem apresentar as mais variadas disposições, como a que se vê a seguir:

Os símbolos dos elementos químicos são formados por uma ou duas letras. Quando forem representados por um só caractere, este deve estar em caixa-alta; se forem dois, o primeiro grafa-se em caixa-alta, e o segundo, em caixa-baixa.

Esses símbolos nunca devem aparecer com ponto abreviativo e nem no plural. Neles se utiliza o tipo redondo (sem itálico ou negrito).

19.3.1. Símbolos químicos

ELEMENTO QUÍMICO	SÍMBOLO	NÚMERO ATÔMICO	MASSA ATÔMICA	ELEMENTO QUÍMICO	SÍMBOLO	NÚMERO ATÔMICO	MASSA ATÔMICA
Actínio	Ac	89	227	Césio	Cs	55	132,9
Alumínio	Al	13	27,0	Chumbo	Pb	82	207,2
Amerício	Am	95	243	Cloro	Cl	24	52,0
Antimônio	Sb	51	121,8	Cobalto	Co	27	58,9
Argônio	Ar	18	39,9	Cobre	Cu	29	63,5
Arsênico	As	33	74,9	Copérnico	Cn	112	277
Astatínio	At	85	210	Criptônio	Kr	36	83,8
Bário	Ba	56	137,3	Cromo	Cr	24	52,0
Berilo	Be	04	9,0	Cúrio	Cm	96	247
Berquélio	Bk	97	247	Darmstádio	Ds	110	281
Bismuto	Bi	83	209,0	Disprósio	Dy	66	162,5
Boro	B	05	10,8	Dúbnio	Db	105	262
Bromo	Br	35	79,9	Einstênio	Es	99	252
Cádmio	Cd	48	112,4	Enxofre	S	16	32,1
Cálcio	Ca	20	40,1	Érbio	Er	68	167,3
Califórnio	Cf	98	251	Escândio	Sc	21	45,0
Carbono	C	06	12,0	Estanho	Sn	50	118,7
Cério	Ce	58	140,1	Estrôncio	Sr	38	87,6

ELEMENTO QUÍMICO	SÍMBOLO	NÚMERO ATÔMICO	MASSA ATÔMICA	ELEMENTO QUÍMICO	SÍMBOLO	NÚMERO ATÔMICO	MASSA ATÔMICA
Európio	Eu	63	152,0	Nitrogênio	N	07	14,0
Férmio	Fm	100	257	Nobélio	No	102	254
Ferro	Fe	26	55,8	Ósmio	Os	76	190,2
Flúor	F	09	19,0	Ouro	Au	79	197,0
Fósforo	P	15	31,0	Oxigênio	O	08	16,0
Frâncio	Fr	87	223	Paládio	Pd	46	106,4
Gadolínio	Gd	64	157,3	Platina	Pt	78	195,1
Gálio	Ga	31	69,7	Plutônio	Pu	94	242
Germânio	Ge	32	72,6	Polônio	Po	84	210
Háfnio	Hf	72	178,5	Potássio	K	19	39,1
Hássio	Hs	108	269	Praseodímio	Pr	59	140,9
Hélio	He	02	4,0	Prata	Ag	47	107,9
Hidrogênio	H	01	1,0	Promécio	Pm	61	145
Hólmio	Ho	67	164,9	Protactínio	Pa	91	231,0
Índio	In	49	114,82	Rádio	Ra	88	226,0
Iodo	I	53	126,9	Radônio	Rn	86	222
Irídio	Ir	77	192,2	Roentgênio	Rg	111	272
Itérbio	Yb	70	173,0	Rênio	Re	75	186,2
Ítrio	Y	39	88,9	Ródio	Rh	45	102,9
Lantânio	La	57	138,9	Rubídio	Rb	37	85,5
Laurêncio	Lr	103	257	Rutênio	Ru	44	101,1
Lítio	Li	03	6,9	Rutherfórdio	Rf	104	261
Lutécio	Lu	71	175,0	Samário	Sm	62	150,4
Magnésio	Mg	12	24,3	Seabórgio	Sg	106	263
Manganês	Mn	25	54,9	Selênio	Se	34	79,0
Mendelévio	Md	101	256	Silício	Si	14	28,1
Mercúrio	Hg	80	200,6	Sódio	Na	11	23,0
Molibdênio	Mo	42	95,9	Tálio	Tl	81	204,4
Neodímio	Nd	60	144,2	Tântalo	Ta	73	180,9
Neônio	Ne	10	20,2	Tecnécio	Tc	43	98,9
Netúnio	Np	93	237	Telúrio	Te	52	127,6
Nióbio (Colúmbio)	Nb	41	92,9	Térbio	Tb	65	158,9
				Titânio	Ti	22	47,9
Níquel	Ni	28	58,7	Tório	Th	90	232,0

ORTOGRAFIA

ELEMENTO QUÍMICO	SÍMBOLO	NÚMERO ATÔMICO	MASSA ATÔMICA
Túlio	Tm	69	168,9
Tungstênio ou Volfrâmio	W	74	183,8
Urânio	U	92	236,0

ELEMENTO QUÍMICO	SÍMBOLO	NÚMERO ATÔMICO	MASSA ATÔMICA
Vanádio	V	23	50,9
Xenônio	Xe	54	131,3
Zinco	Zn	30	65,4
Zircônio	Zr	40	91,2

19.3.2. Símbolos químicos, bioquímicos e biomédicos

SÍMBOLO	EXPRESSÃO
Ab	*antibody*, anticorpo
Ac	actínio
Ac	acetil
Acil-CoA	coenzima A, derivados acilados
ACTH	adrenocorticotrófico
Ade	adenina
Ado	adenosina
ADP	adenosina 5'-difosfato ou difosfato de adenosina
Ag	prata
Ala	alanina
Ala	alauil
AMP	adenosina 5'-monofosfato ou
AMP	monofosfato de adenosina
AMP	5'-fosfato de ribosil adenina
GMP	5'-fosfato de ribosil guanina
IMP	5'-fosfato de ribosil hipoxantina
UMP	5'-fosfato de ribosil uracilo
CMP	citosina
Arg	arginina
Arg	argiuil
ArgaNH$_2$	aspargiuil
Asp	aspartil
ATP	adenosina 5'-trifosfato ou trifosfato de adenosina

SÍMBOLOS

SÍMBOLO	EXPRESSÃO
ATPase	trifosfato de adenosina (enzima)
BAL	2, 3-dimercapto-1-propanol
BCG	bacilo de Calmette e Guérin
BOD	demanda bioquímica de oxigênio
bp	*boiling point*, ponto de ebulição
Bq	becquerel
C	coulomb
cd	candela
CDP	citidina 5'-difosfato
CMP	citidina 5'-monofosfato
CNS	sistema nervoso central
CoA	coenzima A
CPM	ciclos por minuto
CTP	citidina 5'-trifosfato
Cyd	citidina
CyS	cistil (metade)
CySH	cisterinil
Cyt	citosina
dAMP	5'-fosfato de 2-desoxirribosil-adenina
DDP	difosfato de adenosina
DDT	1, 1, 1-tricloro-2, 2-di(p-clorofenil)-etano
DDt	dicloro-difenil-tricloroetano
DEAE-C	celulose, dietilaminoetil
DNA	ácido desoxirribonucleico
DNase	desoxirribonucleico (enzima)
dUMP	deoxiuridina
ECG	eletrocardiograma
EDTA	etilenodiaminaotetracetato
EEG	eletroencefalograma
Et	etil
F	farad
FAD	flavina-adenina-dinucleotídeo
$FADH_2$	flavina-adenina-dinucleotídeo (forma reduzida)

SÍMBOLO	EXPRESSÃO
FMN	flavina mononucleotídeo
g	gravidade
Gdn	guanidina
GDP	guanosina 5'-difosfato
Glu	glutamil
$GluNH_2$	glutaminil
Gly	glicil
GSH	glutationa (forma reduzida)
Gua	guanina
Guo	guanosina
H	henry
Hb	hemoglobina
HbO_2	hemoglobina oxigenada
His	histidina
Hp	heptil-
Hx	hexil-
Hylys	hidroxilisina
Hypro	hidroxiprolina
Hz	hertz
IDP	inosina 5'-difosfato
Ileu	isolencil
IR	infravermelho
IU	*international unity*, unidade internacional
J	joule
K	kelvin
kg	quilograma
km	quilômetro
l	litro
Leu	lencil
Leu	lucil
lm	lúmen
lx	lux
Lys	lisina
Lys	lisinil

SÍMBOLO	EXPRESSÃO
m	massa
m-	meta
m	metro
M	molar (concentração)
Me	metil
meq	miliequivalente
Met	metionina
Met	metronil
min	minuto
MLD	*minimum lethal dosis*, dose letal mínima
mol.	molécula, molecular
mp	*melting point*, ponto de fusão
mRNA	ácido ribonucleico mensageiro
Mur	muriaticeum
N	newton
N	normal (concentração)
NAD	difosfopiridina – nucleotídeo
NAD	nicotinamida-adenina-dinucleotídeo
NADH	difosfopiridina-nucleotídeo
NADH	nicotinamida-adenina-dinucleotídeo (forma reduzida)
NADP	nicotinamida-adenina-dinucleotídeo-fosfato
NAOPH	nicotinamida-adenina-dinucleotídeo-fosfato (forma reduzida)
NMN	nicotinamina-monucleotídeo
NMR	ressonância magnética nuclear
NPN	nitrogênio não proteico
o(-)	orto
Orn	ornitina
OSM	osmol: unidade padrão de pressão osmótica baseada numa concentração de um íon numa solução
p-	para-
P	probabilidade
Pa	pascal
PFU	unidades formadoras de placa
Ph	fenil

SÍMBOLO	EXPRESSÃO
pH	concentração hidrogeniônica ou potencial hidrogeniônico
Phe	fenilalanina
Pi	ortofosfato
Pk	constante de dissociação
PPi	pirofosfato
Pro	prolina
Pur	purina
R	Roentgen ou Röntgen
rad	radiano
RES, SRE	*reticuloendothelial system*, sistema reticuloendotelial
Rib	ribose
RNA	ácido ribonucleico
Rnase	ribonuclease
rpm	revolução por minuto
RQ	quociente respiratório
rRNA	ácido ribonucleico ribossômico
s	segundo
S	siemens
SD	*Standard Deviation*, desvio padrão
SEM	*scanning electron microscope*, microscópio eletrônico de varredura
Ser	serial
SGOT, TGO	*serum glutamic-oxalocetic transaminase*, transaminase glutâmico--oxalocética, em serum
sp gr	*specific gravity*, gravidade específica
sr	esterradiano, esferorradiano
STP	*Standard Temperature and Pressure*, temperatura e pressão padrões
t	temperatura
T	tesla
Thr	treonina
TMV	*tobacco mosaic virus*, vírus mosaico do tabaco
TNT	trinitrotolueno
Tris ou THAM	tris(hidroximetil)aminometano
tRNA	ácido ribonucleico transferido

SÍMBOLO	EXPRESSÃO
Trp	triptofano
Tyr	tirosina
UDP	uridina 5'-difosfato
Ura	uracila
USP	*United States Pharmacopeia*, farmacopeia americana
UV	ultravioleta
V	volt
V	volume
Val	valina
W	watt
Wb	weber
WBC	*white blood cells*, células brancas do sangue (leucócitos)
Xan	xantina
Xao	xantosina
XDP	xantosina 5'-difosfato
xyl	xilose
Ω	ohm

19.4. OUTROS SÍMBOLOS

Outras áreas do conhecimento, como a economia e a matemática, também fazem uso de símbolos adotados universalmente.

19.4.1. Símbolos de moedas

ESTADOS E TERRITÓRIOS	MOEDA	SÍMBOLO	
Abu Dhabi	dirrã dos Emirados Árabes	AED	
Afeganistão	afegane	AFA	AF
África do Sul	rand	ZAR	R
Ajman	dirrã dos Emirados Árabes	AED	DH, Dhs
Åland (ilhas)	marco finlandês	FMK	
Albânia	lek novo	ALL	L
Alemanha	marco alemão (euro)	DEM	DM/€
Andorra	euro e peseta espanhola (euro)	EUR e ADP	

ESTADOS E TERRITÓRIOS	MOEDA	SÍMBOLO	
Angola	novo cuanza	AOA	Kz
Anguilla	dólar do Caribe Oriental	XCD	EC$
Antígua e Barbuda	dólar do Caribe Oriental	XCD	EC$
Antilhas Holandesas	florim das Antilhas Holandesas	ANG	F.Ant.
Arábia Saudita	rial saudita	SAR	SRls
Argélia	dinar argelino	DZD	DA
Argentina	peso argentino	ARS	A$
Armênia	dram	RUR	
Aruba	florim de Aruba	AWG	Af.
Ascensão	libra de Santa Helena	SHP	£
Austrália	dólar australiano	AUD	A$
Áustria	xelim / euro	ATS	S / €
Azerbaijão	manat arzebaijano	AZN	
Bahamas	dólar das Bahamas	BSD	B$
Bahrein	dinar de Bahrein	BHD	BD
Bangladesh	taca	BDT	Tk
Barbados	dólar de Barbados	BBD	Bds$
Belarus	rublo bielorrusso	BYB	BR
Bélgica	franco belga / euro	BEF	BF / €
Belize	dólar de Belize	BZD	BZ$
Benim (ex-Daomé)	franco CFA (ocidental)	XOF	CFAF
Bermudas	dólar de Bermudas	BMD	Bd$
Bioko (Fernando Pó)	franco CFA (central)	XAF	£
Bolívia	peso boliviano	BOB	$B
Bósnia-Herzegóvina	marco conversível / euro	BAM	KM / €
Botsuana	pula	BWP	P
Brasil	real	BRL	R$
Brunei	dólar de Brunei	BND	B$
Bulgária	lev	BGN	Lv
Burkina Faso	franco CFA (ocidental)	XOF	CFAF
Burundi	franco do Burundi	BIF	FBV
Butão	ngultrum	BTN	Nu
Cabo Verde	escudo de Cabo Verde	CVE	CVEsc
Camarões	franco CFA (central)	XAF	CFAF

ESTADOS E TERRITÓRIOS	MOEDA	SÍMBOLO	
Camboja	riel	KHR	CR
Canadá	dólar canadense	CAD	Can$
Catar/Qatar	rial do Catar	QAR	BR
Cazaquistão	tengue cazaque	KZT	
Ceuta	peseta	ESP	
Chade	franco CFA (central)	XAF	CFAF
Charjah	dirrã dos Emirados Árabes	AED	
Chile	peso chileno	CLP	Ch$
China	iuan	CNY	Y
Chipre	libra cipriota / lira turca / euro	CYP/TRY/ EUR	£C €
Cidade do Vaticano	lira italiana	ITL	£
Cingapura	dólar de Cingapura	SGD	S$
Colômbia	peso colombiano	COP	Col$
Congo (antigo Zaire)	franco congolês	CDF	
Coreia do Norte	won norte-coreano	KPW	Wn
Coreia do Sul	won sul-coreano	KRW	W
Córsega	euro	EUR	€
Costa do Marfim	franco CFA (ocidental)	XOF	CFAF
Costa Rica	colón costarriquenho	CRC	
Creta	dracma	GRD	
Croácia	kuna	HRK	Cu$
Cuba	peso cubano	CUP	
Curaçao	florim das Antilhas Holandesas	ANG	
Dinamarca	coroa dinamarquesa	DKK	Kr
Djibuti	franco de Djibuti	DJF	DF
Dominica	dólar do Caribe Oriental	XCD	EC$
Dubai	dirrã dos Emirados Árabes	AED	DH, Dhs
Equador	sucre	ECS	S/
Egito	libra egípcia	EGP	£E ou £EG
El Salvador	colón salvadorenho	SVC	
Emirados Árabes Unidos	dirrã dos Emirados Árabes	AED	DH, Dhs
Eritreia	nakfa	ERN	Nfa

ESTADOS E TERRITÓRIOS	MOEDA	SÍMBOLO	
Escócia	libra	GBP	£
Eslováquia	coroa eslovaca / euro	SKK	Sk / €
Eslovênia	tolar / euro	SIT	SIT / €
Espanha	peseta espanhola / euro	ESP	Ptas / €
Estados Unidos	dólar norte-americano	USD	US$
Estônia	coroa / euro	EEK	KR / €
Etiópia	birr	ETB	Br ou E$
Fiji	dólar de Fiji	FJD	F$
Filipinas	peso filipino	PHP	
Finlândia	marco finlandês / euro	FMK	nek Euo / €
França	franco francês / euro	FRF	F / €
Fujairah	dirrã dos Emirados Árabes	AED	
Gabão	franco CFA (central)	XAF	
Gâmbia	dalasi	GMD	D
Gana	cedi novo	GHC	¢
Geórgia	lari	GEL	
Gibraltar	libra	GIP	£G
Granada	dólar do Caribe Oriental	XCD	EC$
Grécia	dracma / euro	GRD	Dr / €
Groenlândia (Dinamarca)	coroa dinamarquesa	DKK	Kr
Guadalupe (França)	euro	EUR	€
Guam (EUA)	dólar americano	USD	US$
Guatemala	quetzal	GTQ	Q
Guiana Francesa (França)	euro	EUR	
Guiana	dólar guianense	GYD	G$
Guiné Equatorial	franco CFA (central)	XAF	
Guiné	franco guineano	GNF	FG
Guiné-Bissau	peso da Guiné-Bissau	GWP	
Haiti	gourde	HTG	G
Hokaido	iene	YEN	¥
Holanda	florim / euro	NGL	f. / €
Honduras	lempira	HNL	L
Hong Kong (Kowloon e os Novos Territórios)	dólar de Hong Kong	HKD	HK$

SÍMBOLOS

ESTADOS E TERRITÓRIOS	MOEDA	SÍMBOLO	
Honshu	iene	JPY	¥
Hungria	forint	HUF	ft
Iêmen	rial iemenita	YER	YRIS
Ilha de Man (Reino Unido)	libra esterlina	GBP	£
Ilha de Pitcairn	dólar da Nova Zelândia	NZD	NZ$
Ilha de Wrangel	rublo	RUB	
Ilha Norfolk (Austrália)	dólar australiano	AUD	A$ / $
Ilha Reunião	euro	EUR	€
Ilhas Aleutas	dólar americano	USD	US$
Ilhas Canárias	peseta espanhola / euro	ESP	Pts / €
Ilhas Cayman	dólar das Ilhas Cayman	KYD	
Ilhas Christmas	dólar australiano	AUD	A$/$
Ilhas Cocos (Keeling)	dólar australiano	AUD	A$/$
Ilhas Comores	franco comorense	CMF	
Ilhas Cook	dólar da Nova Zelândia	NZD	NZ$
Ilhas do Canal	libra esterlina	GBP	£
Ilhas do Mar de Coral	dólar australiano	AUD	A$/$
Ilhas Falkland (Malvinas)	libra das Ilhas Falkland	FKP	LF
Ilhas Faroes	coroa de Faroe	DKK	
Ilhas Galápagos	sucre	ECS	S/
Ilhas Marianas do Norte	dólar americano	USD	US$
Ilhas Marshall	dólar americano	USD	US$
Ilhas Salomão	dólar das Ilhas Salomão	SBD	S$
Ilhas Seychelles	rúpia de Seychelles	SCR	SR
Ilhas Tokelau	dólar da Nova Zelândia	NZD	NZ$
Ilhas Turks e Caicos	dólar americano	USD	US$
Ilhas Virgens Americanas (EUA)	dólar americano	USD	US$
Ilhas Virgens Britânicas (EUA)	dólar americano	USD	US$ US$
Ilhas Wallis e Futuna	franco CFP	Rs	
Índia	rúpia indiana	INR	
Indonésia	rúpia indonésia	IDR	Rp
Inglaterra	libra esterlina	GBP	£

ESTADOS E TERRITÓRIOS	MOEDA	SÍMBOLO	
Irã	rial iraniano	IRR	RI, RIS
Iraque	dinar iraquiano	IQD	ID
Irlanda (Eire)	libra irlandesa / euro	IEP	£ / €
Irlanda do Norte	libra	GBP	£
Islândia	coroa islandesa	ISK	IKr
Israel	shekel novo	ILS	NIS
Itália	lira italiana / euro	ITL	Lit ou L / €
Jamaica	dólar jamaicano	JMD	J$
Jan Mayen	coroa norueguesa	NOK	Nkr
Japão	iene	JPY	¥
Jordânia	dinar jordaniano	JOD	JD
Kiribati (Austrália)	dólar australiano	AUD	
Kuwait	dinar do Kuwait	KWD	KD
Laos	quipe novo	LAK	KN
Lesoto	loti	LSL	L
Letônia	lat	LVL	
Líbano	libra libanesa	LBP	$
Libéria	dólar liberiano	LRD	LD
Líbia	dinar líbio	LYD	
Liechtenstein	franco suíço	CHF	
Lituânia	lita	LTL	Lit
Luxemburgo	franco luxemburguês / franco belga / euro	LUF / BEF / EUR	luxF / €
Macau	pataca	MDP	P
Macedônia	dinar macedônico	MKD	
Madagascar	ariary	MGA	
Madeira	escudo / euro	PTE	$ / €
Malásia Peninsular	ringgit malaio	MYR	
Malásia	ringgit malaio	MYR	
Malaui	kwacha	MWK	MK
Maldivas	rúfia	MVR	Rf
Mali	franco CFA (ocidental)	XOF	CFAF
Malta	lira maltesa	MTL	£n
Marrocos	dirrã marroquino	MAD	

SÍMBOLOS

ESTADOS E TERRITÓRIOS	MOEDA	SÍMBOLO	
Martinica (França)	euro	EUR	€
Maurício	rúpia mauriciana	MUR	
Mauritânia	uguia	MRO	
Mayotte	euro	EUR	€
Melilla	peseta espanhola / euro	PST / EUR	€
México	peso mexicano	MXN	Mex$
Mianmar (Birmânia)	quiate	MMK	K
Micronésia (EUA)	dólar americano	USD	US$
Moçambique	nova metical	MZN	
Moldávia	leu	MDL	
Mônaco (França)	franco francês / euro	FRF / EUR	€
Mongólia	tugrik	MNT	Tug
Montenegro	dinar	YUM	
Montserrat	dólar do Caribe Oriental	XCD	EC$
Namíbia	dólar namibiano	ZAR	N$
Nauru (Austrália)	dólar australiano	AUD	A$ / $
Nepal	rúpia nepalesa	NPR	NRs
Nicarágua	córdoba	NIO	C$
Níger	franco CFA ocidental	XOF	CFAF
Nigéria	naira	NGN	N
Niue (Nova Zelândia)	dólar neozelandês	NZD	NZ$
Noruega	coroa norueguesa	NOK	Nkr
Nova Bretanha	kina	PGK	K
Nova Caledônia	franco CFP	XPF	
Nova Guiné	kina	PGK	K
Nova Zelândia	dólar da Nova Zelândia	NZD	NZ$
Omã	rial omani	OMR	RO
País de Gales	libra	GBP	£
Palau (EUA)	dólar americano	USD	US$
Panamá	balboa e dólar americano	PAB / USD	B / US$
Papua-Nova Guiné	kina	PGK	K
Paquistão	rúpia paquistanesa	PKR	Rs
Paraguai	guarani	PYG	G
Peru	novo sol	PEN	S/.

ESTADOS E TERRITÓRIOS	MOEDA	SÍMBOLO	
Polinésia Francesa	franco CFP	XPF	$
Polônia	zloti	PZN	Z
Porto Rico (EUA)	dólar americano	USD	US$
Portugal	escudo / euro	ESC	Esc / €
Quênia	xelim queniano	KES	Ksh
Quirguistão	som quirguiz	KGS	
Ras al-Kkhaimah	dirrã dos Emirados Árabes	AED	
Reino Unido	libra esterlina	GBP	£
República Centro-Africana	franco CFA (central)	XAF	
República Dominicana	peso dominicano	DOP	RD$
República Tcheca	coroa tcheca	CZK	Ke
Romênia	novo leu romeno	RON	L
Ruanda	franco de Ruanda	RWF	RF
Rússia	rublo	RUB	R
Sabah	ringgit malaio	MYR	
Samoa Ocidental	tala	WST	WS$
Samoa Oriental	dólar americano	USD	US$
San Marino (Itália)	lira italiana e moedas de San Marino / euro	ITL	L / €
Santa Helena	libra de Santa Helena	SHP	
Santa Lúcia	dólar do Caribe Oriental	XCD	EC$
São Cristóvão e Névis	dólar do Caribe Oriental	XCD	EC$
São Tomé e Príncipe	dobra	STD	DB
São Vicente e Granadinas	dólar do Caribe Oriental	XCD	EC$
Sarawak	ringgit malaio	MYR	
Sardenha	lira italiana / euro	ITL	L / €
Senegal	franco CFA (ocidental)	XOF	
Serra Leoa	leone	SLL	Le
Sérvia	dinar sérvio	RSD	
Síria	libra síria	SYP	£S
Somália	xelim somaliano	SOS	So.Sh.
Sri Lanka (Ceilão)	rúpia cingalesa	LKR	SLRS
Suazilândia	lilangeni e rand sul-africano	SZL e ZAR	L
Sudão	libra sudanesa	SDD	£
Sudão do Sul	libra sul-sudanesa	SSP	£

ESTADOS E TERRITÓRIOS	MOEDA	SÍMBOLO	
Suécia	coroa sueca	SEK	Sk
Suíça	franco suíço	CHF	Swf
Suriname	dólar do Suriname	SRD	$
Tadjiquistão	somoni	TJS	
Tailândia	bath	THB	
Taiti	franco CFP	XPF	
Taiwan (Formosa)	novo dólar de Taiwan	TWD	NT$
Tanzânia	xelim tanzaniano	TZS	Tsh
Terra de Francisco José	rublo	RUB	
Timor-Leste	dólar americano	USD	US$
Togo	franco CFA (ocidental)	XOF	CFAC
Tonga	paanga	TOP	T$ ou PT
Trinidad e Tobago	dólar de Trinidad e Tobago	TTD	TT$
Tristão da Cunha	libra de Santa Helena	SHP	
Tunísia	dinar tunisiano	TND	TD
Turcomenistão	novo manat turcomeno	TMT	
Turquia	nova lira turca	TRY	LT
Tuvalu (Austrália)	dólar australiano e dólar tuvaluano	AUD	
Ucrânia	hryvnia	UAH	Uak
Uganda	xelim de Uganda	UGX	Ush
Umm al-Qaiwain	dirrã dos Emirados Árabes	AED	
Uruguai	peso uruguaio	UYU	U$
Uzbequistão	som ubesque	UZS	
Vanuatu	vatu	VUV	VT
Venezuela	bolívar	VEB	Bs
Vietnã	dongue novo	VND	D
Zâmbia	guacha zambiano	ZMK	ZK
Zimbábue	dólar zimbabuano	ZWD	Z$

19.4.2. Símbolos dos pontos cardeais, colaterais e subcolaterais*

SÍMBOLO	EXPRESSÃO	SÍMBOLO	EXPRESSÃO
Cardeais		*Colaterais*	
N	Norte	NE	Nordeste
S	Sul	SE	Sudeste
E	Leste	NO ou NW	Noroeste
W	Oeste	SO ou SW	Sudoeste
Subcolaterais			
NNE	Nor-Nordeste	SSO ou SSW	Su-Sudoeste
ENE	És-Nordeste	OSO ou WSW	Oés-Sudoeste
ESE	És-Sudeste	ONO ou WNW	Oés-Noroeste
SSE	Su-Sudeste	NNO ou NNW	Nor-Noroeste

* *Nota:* Enquanto "direção", são grafados em caixa-baixa: norte etc.

19.4.3. Símbolos trigonométricos

ABREVIATURA	EXPRESSÃO
arc	arco
arc cos	arco cosseno
arc ctg	arco cotangente
arc sen	arco seno
arc tg	arco tangente
arg ch	argumento cosseno hiperbólico
arg ctgh	argumento cotangente hiperbólica
arg sh	argumento seno hiperbólico
arg tgh	argumento tangente hiperbólico
colog	cologaritmo
cos	cosseno
cosec	cossecante
cos vers	cosseno verso
Ch, ch	cosseno hiperbólico
ctg, cotg	cotangente
ctgh, coth	cotangente hiperbólica
e	base (2,718) dos logaritmos naturais ou neperianos
exp	função exponencial
l, ln	logaritmo natural ou neperiano

ABREVIATURA	EXPRESSÃO
lim	limite
log	logaritmo decimal
$\log_a$	logaritmo de base a
mod	módulo
sec	secante
sen	seno
sen vers	seno verso
Sh, sh	seno hiperbólico
tg	tangente
Th, tgh	tangente hiperbólica

19.4.4. Símbolos matemáticos

As obras de matemática estão entre os mais difíceis trabalhos de tipografia, tendo em vista o desafio de fornecer ao original uma fiel tradução em letra de forma e, às fórmulas, uma paragonagem perfeita. Eis algumas normas que todos devem conhecer:

- As letras que indicam quantidades, linhas ou pontos vão em grifo nas composições em redondo e em redondo nas marcadas com grifo. Os algarismos ficam sempre em redondo. Exemplo:

$$A_n = \frac{3(x^{n-1} + a^2)}{p_1 p_2};$$

- Em muitos livros de matemática, as letras versais vão sempre compostas em redondo, dependendo do uso feito delas pela diagramação ou da vontade do autor. O fatorial (!) nunca será em grifo: $n!$ (e não $n!$).
- A letra f, indicativa de *função*, e que também pode figurar em maiúscula (F) ou ser substituída pelo caractere grego ϕ, vai em grifo ou em redondo, de acordo com o realce das letras da fórmula, e colada ao parêntese: $f(x)$, f(x,y).

- As abreviaturas como log (logaritmo), sen (seno), cot (cotangente) etc., que jamais levam ponto, vão sempre em redondo e separadas por espaço fino ou médio das letras ou números a elas adjacentes, salvo quando se tratar de um expoente que afete o próprio símbolo:

$\log 2788{,}7 = 3{,}44540;$

$3 \operatorname{tg}2 x + 5 = 7;$

$\log \operatorname{sen} x = 1{,}80293;$

$a \operatorname{sen} B = b \operatorname{sen} A.$

- No cálculo vetorial, usam-se letras em negrito para indicar os vetores, que, de outro modo, deveriam ser assinalados por uma pequena flecha sobreposta, como o são normalmente. Vejam-se, como exemplo, as seguintes fórmulas:

$V = B - A;$

$U = \alpha V + \beta W;$

$K + Li + Mj + Nk.$

que também podem ser representadas:

$V = B - A;$

$U = \alpha V + \beta W;$

$K + Li + Mj + Nk.$

- Os sinais $+, -, \times, ,, =, >, <, \pm, {}^3, @$ etc., que ligam os termos das expressões matemáticas, devem ser precedidos e seguidos de espaço fino. Não se pode, porém, interpor qualquer espaço entre as letras e os algarismos que constituem um termo algébrico. Exemplo:

$(a + b)^2 = a^2 + 2ab + b^2;$

$3^2ab^3x^1$ (e não: $3^2\,ab^3x^1$ ou $3^2\,a\,b^3\,x^{-1}$).

Somente no cálculo diferencial, a letra d, usada como símbolo especial (d = diferencial), e não como expressão de quantidade, deve separar-se da precedente por espaço fino:

$am\,d ex + bn\,dy; 4ar\,dx\,dy; f(u)\,du.$

- Nas expressões fracionárias, o fio que separa o numerador do denominador deve sempre ter a largura do termo mais extenso:

$$\frac{a + b}{ab + ac + bc}\,; \qquad \frac{am + a2n - a3x}{3ay}.$$

As fórmulas centradas levam, no fim, a pontuação que lhes caberia se estivessem em continuação de linha, embora alguns autores costumem suprimi-la nesse caso.

- A partição das fórmulas, quando excederem a largura da linha, faz-se de preferência nos sinais de igualdade (=), ou nos de +, − ou ×, que devem ser repetidos no começo da linha seguinte, assim:

$\log S = 2 \log a + \log \operatorname{sen} B + \log \operatorname{sen} C +$
$+ \operatorname{colog} \operatorname{sen} A + \operatorname{colog} 2.$

Deve-se evitar a partição de quaisquer expressões encerradas entre parênteses ou chaves.

- Em obras de matemática, é desaconselhável o uso de letras ou algarismos elevados como chamadas de nota (remissivas), pois eles podem ser confundidos com os números usados para as potências. Deve-se preferir, nesses casos, o emprego do asterisco.

20. SIGNOS

20.1. Signos Astronômicos 20.2. Signos Biológicos 20.3. Signos Botânicos
20.4. Signos Utilizados nos Códices 20.5. Signos de Cruzes 20.6. Signos de Diagramas
20.7. Signos Editoriais 20.8. Signos dos Elementos 20.9. Signos Elétricos 20.10. Signos
Estelares 20.11. Signos de Flechas 20.12. Signos Farmacêuticos e de Alquimia 20.13. Signos
Genealógicos 20.14. Signos de Organogramas e Computação 20.15. Signos Lexicográficos
e Linguísticos 20.16. Signos Matemáticos e Afins 20.17. Signos Cartográficos 20.18.
Signos Meteorológicos 20.19. Signos de Mineralogia 20.20. Signos Musicais 20.21. Signos
Químicos 20.22. Signos Cristãos 20.23. Signos Variados

Quando a notação das reduções em vez de letras usa ideogramas, como ocorre com os signos do zodíaco, tem-se o que Houaiss, na tradição tipográfica, chama de signos "frequentemente representados por verdadeiras pictografias"[1].

20.1. SIGNOS ASTRONÔMICOS

1. *Nebulosas e galáxias*

⌬	nebulosa galáctica
◎	nebulosa planetária
⊕	nebulosa globular
⬭	galáxia

2. *Estrelas*

○ ou ☉	Sol
✳	estrela

3. *Planetas*

☿	Mercúrio
♀	Vênus
♁ ⊖ ⊕	Terra
♂	Marte
♃	Júpiter
♄ ♄	Saturno
♅	Urano
♆ ⛢ ♆	Netuno

---

1. Antônio Houaiss, *Elementos de Bibliologia*, 1967, vol. I, pp. 186-187.

ORTOGRAFIA

4. *Satélites*

☽☾	Lua
⚶⚶	Vesta
⚵	Juno
⚳	Ceres
⚴	Palas

5. *Cometa*

☄	cometa

6. *Equinócios*

♎	outono
♈	primavera

7. *Fases da Lua* (Hemisfério Sul)

🌑 ● 🌑	lua nova
☾ ◑ ◑	quarto crescente
🌕 ○ ○	lua cheia
🌗 ◐ ●	quarto minguante

8. *Aspectos*

☌	conjunção (distância angular entre dois planetas 0º)
☍	oposição (distância angular entre dois planetas 180º)
△	trígono (distância angular entre dois planetas 60º)
□	quadratura (distância angular entre dois planetas 90º)
✳	sextil (distância angular entre dois planetas 30º)
☊	nodo ascendente ou cabeça do dragão (passagem do planeta, em seu movimento orbital, do hemisfério sul para o hemisfério norte)
☋	nodo descendente ou cauda do dragão (passagem do planeta, em seu movimento orbital, do hemisfério norte para o hemisfério sul).

9. *Zodíaco*

♈	Áries	♎	Libra
♉	Touro	♏	Escorpião
♊	Gêmeos	♐	Sagitário
♋	Câncer	♑	Capricórnio
♌	Leão	♒	Aquário
♍	Virgem	♓	Peixes

10. *Signos especiais*

δ	declinação (delta minúsculo)
Δ	distância (delta maiúsculo)
λ	longitude (lambda minúsculo)
$\varnothing$	ângulo de excentricidade

20.2. SIGNOS BIOLÓGICOS

♂ □	macho	◇	sexo desconhecido ou não determinado
♀ ○	fêmea	⌧	morte (de macho)
⚲	neutro	□─○	acasalamento
♂̄	hermafrodita neutro	□─○	acasalamento consanguíneo
◧	herança autossômica	□─○	acasalamento com progênie macho
⊙	herança ligada ao sexo	⌂	gêmeos dizigóticos (machos)
✕	acasalado com	⌂	gêmeos monozigóticos (machos)

20.3. SIGNOS BOTÂNICOS

Nas obras de botânica, os nomes científicos das plantas, de forma alatinada, compõem-se com grifo, levando inicial maiúscula o primeiro termo, que indica o gênero, e minúscula o segundo, designativo da espécie, tal como, por exemplo, *Rosa caroliniana*, *Quercus pedunculata*, *Aconitum wilsoni*. O nome do autor da classificação, abreviado, vai a seguir, em redondo, sem ser separado do elemento anterior por vírgula: *Trichilia caatigoa* St.-Hil., *Viola odorata* L.

1. *Gerais*

○	sol	∧	proteção invernal
◐	meia-sombra	⚼	planta venenosa
●	sombra	⚗	adorno de fruto
⟂	planta de hifasma	?	dúvida
▽	jardim de pedra	!	certeza, segurança
⑪	planta palustre	✱	descrição do natural
≋	planta aquática	0	depois de signo ou nome, indica nulidade
⚡	planta pendente	00	indefinidos
⚡	planta trepadeira	+	presença ou existência de órgão ou parte orgânica
⌇	planta rasteira	∼ ∽	vários
⌀	diâmetro	∞	muitos
⚔	resistência à fumaça	†	planta tóxica ou pouco conhecida

|:	bordadura, cercadura vegetal, nas divisões ou canteiros de um jardim; orla	Y	árvore
		⋎	arbusto
		⋎	mato ou arvoredo

2. *Constituição*

♀	simples, de haste não ramificada
)	(posposto a outro signo) pêndula sinistrorsa
‿	(posposto a outro signo) trepadeira ascendente
(	(posposto a outro signo) dextrorsa sinistrorsa
⌢	(posposto a outro signo) trepadeira decumbente
—	(sob outro signo) provida de raízes fulcradas
♃	planta estranguladora
♂	planta bulbosa
●	planta suculenta
( )	(incluindo um signo) planta anã
( )	(incluindo vários signos) concrescência de diversos órgãos

3. *Posição e simetria*

⊕ ⊕	actinomorfo (qualquer órgão vegetal ou parte de uma planta que tenha simetria adiada, isto é, que permita passar ou traçar vários planos de simetria. Opõe-se a zigomorfo)
·|· ∕	zigomorfo (qualquer órgão vegetal ou parte de uma planta que só admite um plano de simetria. É, pois, uma simetria bilateral)
◉ ◎	helicoidal

4. *Ciclo evolutivo e duração*

○ ⊙	planta monocárpica
① ⊙ ○ ☀	planta de duração anual
⓶ ○²/₂	planta de duração semestral ou semianual
② ⊙⊙ ♂ ⊙⊙ ☽	planta de duração bienal
⊖ ♂	planta de duração plurianual
○∞ ∞	planta de duração multianual
△	planta sempre verde
♃	planta perene

5. *Situação geográfica*

✳	planta do hemisfério boreal	▽	planta aquática
⚹	planta do hemisfério austral	◡	(sob um signo) planta parasita
⁑	planta de ambos os hemisférios	⌒	epífito
△	planta alpina		

6. *Construção ou natureza*

♂♀ ou ♁♀	planta ou flor unissexual	☿♁♀	planta polígama
♂ ou ♁	planta ou flor masculina	h	flor neutra
♀	planta ou flor feminina	×	híbrido ou hibridado
♁-♀	planta monoica	(×)	híbrido fixo ou estável
♁:♀	planta dioica	V, △ ou ♃	verde o ano todo ou sempre-viva
☿, ⚥, ☿ ou ⚦	planta ou flor hermafrodita	○»	planta que tem os cotilédones conduplicados e a radícula dorsal
○=	planta que tem os cotilédones acumbentes e a radícula lateral	○‖	planta que tem os cotilédones acumbentes e a radícula dorsal

20.4. SIGNOS UTILIZADOS NOS CÓDICES

ϒ	*Âncora inversa*: signo de notação com que se chamava a atenção para passagens muito importantes de uma obra. Se ele estivesse na posição normal, indicaria que haveria no texto algum trecho repugnante ou inoportuno.
ȳ	*Antígrafo*: signo de notação usado para diferenciar trechos que apresentavam versões diferentes.
Ↄ ͻ	*Antissigma*: signo de notação utilizado para indicar que se devia alterar a ordem dos versos.
ͻ·	*Antissigma, periestigmeno*: indicava a pluralidade de versos que, com o mesmo sentido, apresentavam variações no texto.
✳ ⋇ ⋇	*Asterisco*: indicava passagens em que se havia observado alguma omissão importante.
⚹ Ѱ ⊤	*Ceráunio*: indicava longos trechos de versos supérfluos nos códices.
⚹ ⁂ ⸭	*Coronis*: indicava o fim de uma obra.
⳩ ⳩ ⳩	*Crismão*: signo com que se chamava a atenção para um ponto qualquer do texto; monograma do nome de Cristo, empregado nos documentos medievais, composto pelas letras X e P (na verdade ksi e rô, primeiras letras do nome Cristo em grego).

⏝ *Cryhia*: criia. Indicava, na margem, os textos que não podiam ser interpretados devido à sua obscuridade.

ℰ *Deleatur*: geralmente representado pela letra grega dzeta (ξ), mas que originalmente era um delta (δ) e, às vezes, era substituído pela letra fi (φ); é utilizado na correção de provas para indicar supressão de um caractere, palavra, frase ou mesmo de um parágrafo.

⊳ *Diplo*: em obras de escritores consagrados, indicava citações de personagens das Sagradas Escrituras. Aristarco o utilizava para denotar versos sobre os quais fazia alguma observação importante. Com um óbelo no centro, marcava as diferentes personagens em diálogos dramáticos.

φ *Frontis*: servia para advertir que o texto deveria ser lido devagar, por ser de difícil entendimento.

÷ ⁒ *Lemnisco*: indicava passagens retiradas das Escrituras, porém não literalmente; sinalizava, nos códices, os textos, também não literais, interpretados ou mesmo vertidos para diferentes línguas.

⟶ *Óbelo* ou *obelisco*: indicava as palavras ou frases repetidas inutilmente e passagens notoriamente falsas. Se seguido de um asterisco, representava os vocábulos que estavam fora de lugar.

ſ *Parágrafo*: apresentava-se no início de um parágrafo, indicando sua separação do anterior.

ʕ *Positura*: indicava o parágrafo seguinte.

20.5. SIGNOS DE CRUZES

✛	grega		✠	de Malta ou de Jerusalém
✝	latina ou da paixão		⳨	forquilhada, com braços que terminam em forquilha
✕	de Santo André		⳦	ancorada (heráldica) (cruz com as extremidades em forma de âncora)
⊤	de Santo Antônio		✤	de São Lázaro, trevolada, trifólia, trifoliada ou trilobada
Ψ	em tau ou bífida		✙	potenciada
✝	amputada		✚	de Jerusalém
✜	patada ou pátea		✣	recruzada
✤	de Tolouse, de Tolosa		☦	russa
✛	ponteada		♰	de cardeal
✛	de nó		✛	de Santiago

✠	espinada	✠	de Alcântara
✝	de asa ou egípcia	✠	de Calatrava
✚	de Lorena	✚	celta
✚	patriarcal	✚	espiral
✚	papal	✚ 卐	gamada, geminada, esvástica ou suástica

20.6. SIGNOS DE DIAGRAMAS

○	operação	▭	espera, detenção
→	transporte	△	armazenamento
□	inspeção		

20.7. SIGNOS EDITORIAIS

† *Adaga*: em tipografia, sinal em forma de cruz latina que indica ano de falecimento e chamada de nota de rodapé; é também denominada cruz ou obelisco.

‡ *Adaga dupla*: em tipografia, sinal em forma de cruzes superpostas que indica sede de arcebispado ou chamada de nota de rodapé; é também denominada cruz dupla.

* *Asterisco*: sinal gráfico em forma de estrelinha que remete a uma nota.

// *Barras duplas ou paralelas*: sinal gráfico que indica separação de estrofe e é representado por dois traços verticais.

₡ *Caldeirão*: sinal de pontuação, usado em paleografia. Trata-se de um C cortado por uma barra vertical que, nos livros antigos, indicava uma nova

⌒ unidade de texto ou parágrafo (em notação musical é um sinal de suspensão em forma de ponto encimado por um semicírculo).

§ *Parágrafos*: sinal que introduz abertura de parágrafo no texto.

⁊ *Positura*: ver página anterior.

20.8. SIGNOS DOS ELEMENTOS

○	fogo	⊙	ar
⊖	água	⊕	terra

20.9. SIGNOS ELÉTRICOS

○	nêutron	⊖	corrente contínua
⊕	próton	⊘	corrente alternada
⊖	négatron	⊗	universal
.	íon positivo	Ⓐ	amperímetro
,	íon negativo	Ⓥ	voltímetro
Ψ ou Ψ	antena	Ⓦ	wattímetro
⏚ ⏛	terra		

20.10. SIGNOS ESTELARES

✳	radiada	✡ e ★	de seis pontas
✦ e ◆	de quatro pontas	✶ e ✳	de oito pontas
☆ e ★	de cinco pontas ou de Salomão	✡	de davi

20.11. SIGNOS DE FLECHAS

→	direta	↙	descendente sudoeste
←	inversa	↠	com cauda
↑	ascendente	↶ e ↷	em arco
↓	descendente	↗	em raio
↗	ascendente nordeste	↻	em círculo
↖	ascendente noroeste	⇩	vazias
↘	descendente sudeste	⬇	cheias

20.12. SIGNOS FARMACÊUTICOS E DE ALQUIMIA

℔	libra	✕✕	hora
℥	onça	∧	sublimado
ℨ	dracma	☉	tintura-mãe
℈	escrúpulo	☽	cristal, vidro
℞	receita	♀	volátil
♃	porção, dose	♂	ouro

▽	água	☿	prata
	precipitado	◁○	cobre
	pó	♄	ferro
ρρ	açúcar	♀	mercúrio
+	ácido	♃	nitro, salitre
⊖	sal	♂	chumbo
Ω	espírito	♠	fósforo
⊠	estanho	⊡	tártaro
	antimônio	⊕	vitríolo
⊕	enxofre		

20.13. SIGNOS GENEALÓGICOS

∗	nascimento	†	morte
∼	batismo	⋈	caído em guerra
∞	casamento	☐ ou ⌂	enterro
o|o	divórcio		

20.14. SIGNOS DE ORGANOGRAMAS E COMPUTAÇÃO

☐	processo	⬒	pacote de cartões
☐	operação auxiliar	⌓	fita perfurada
▽	operação manual	○	fita magnética
⊏	entrada manual	⬓	tambor magnético
▽	intercalar	⬚	disco magnético
△	extrato	⊡	memória de núcleo, armazenamento interno (CPT)
⊠	ligar, agrupar	⬠	apresentação
⦂	classificar	→	linha de fluxo
▱	entrada, saída	⇢	linha de transporte
⊐	memória em linha, dados armazenados	⇝	ligação de comunicação
▽	memória fora de linha	○	conector
⊔	documento	♀	conector de entrada

⊏⊐	cartão perfurado	♂	conector de saída
⊏⊐	arquivo de cartões	⊣[	comentário, anotação
◇	decisão	—	sincronização em paralelo
⊡	processo pre-definido	⊬	fracionamento
⬭	preparação	⊬⊬	conexão
⊣	confluência	⊬⊬⊬	divisão de sincronização
⊂⊃	terminal, interrupção		

Nota: A presente edição não trabalha apenas com atualidades; as convenções antigas às vezes se tornam inacessíveis e por isso são apresentadas aqui.

20.15. SIGNOS LEXICOGRÁFICOS E LINGUÍSTICOS

*	item agramatical
‖ // ∣ / ■ □ ● ○	fronteira de acepção
⸱ ⸯ ⸰ ⸱	mudança de grafia na palavra a que tal elemento se liga
— ~	substituição de palavra
— *	nascido (antes de um topônimo ou de uma data);
↖ ← ↙	veja-se (pospõe-se este signo à palavra a que ele se liga)
↗ → ↘	veja-se (antepõe-se este signo à palavra a que ele se liga)
†	morto, arcaísmo
[]	transcrição fonética (entre colchetes)
//	transcrição fonológica (entre barras)
∅	formante zero (ausência de suporte material)
*	forma hipotética reconstituída, forma agramatical ou oposta às regras ortográficas vigentes (antepõe-se à palavra presumida)
<	a palavra precedente é historicamente derivada da seguinte
>	a palavra precedente transforma-se na seguinte ou dá origem a ela
※	fronteira de palavra
.	fronteira de sílaba
~	se opõe (linguisticamente) a
=	o termo anterior é igual ao seguinte
≠	o termo anterior é diferente do seguinte
+	soma de elementos
&	e, et, y, and, und ... *ampersand*

ſ	s longo		
&c.	*et cœtera*		

20.16. SIGNOS MATEMÁTICOS E AFINS

$+$	mais	$\div$	progressão geométrica
$-$	menos	$\div$	progressão aritmética
$\pm$	mais ou menos	$\perp$	múltiplo
$\mp$	menos ou mais	$\simeq$	diferença
$\pm$	mais ou igual	$\backsim$	soma
$\pm\infty$ ou $\pm\infty$	mais ou menos infinito	$[\ ]\ \vert\ \vert$	colchete
$\times$ ou $\cdot$	multiplicado por	$\{\ \}$	chaves
$:$ ou $/$	dividido por	$(\ )\ \Vert\ \Vert\ \langle\ \rangle$	parênteses
$\therefore$	portante	$\infty,\ \infty$ ou $\propto$	variação
$\because$	então	∞	infinito
$\ldots$	e assim sucessivamente	$\propto$	infinito periódico; varia como
$\triangleq$	por definição	$*$	complexo conjugado
$=$ ou $\neq$	igual ou diferente	$\vert$	vertical; tal que
$\equiv$	idêntico	$\backslash$	inclinado
$\neq$ ou $\not\equiv$	não idêntico	$\Vert$	paralelo
$\sim$	semelhante	$\nparallel$	não paralelo
$\approx, \simeq$ ou $\cong$	aproximadamente	$/\!/$	paralelo ascendente diagonal
$\cong$	congruente	$\backslash\!\backslash$	paralelo descendente diagonal
$<$	menor que	$\ll$	muito menor que
$\not<$	não é menor que	$\gg$	muito maior que
$>$	maior que	$\lesseqgtr$ ou $\lesseqgtr$	igual ou menor que
$\not>$	não é maior que	$\gtreqless$ ou $\gtreqless$	igual ou maior que
$\gtrless, \lessgtr$ ou $><$	maior ou menor que	$/\!/$	números primos entre si
$\lessgtr$	menor ou maior que	$\not/\!/$	números não primos
$\leqq$ ou $\leqslant$	menor que ou igual a	$\#$	iguais e paralelos
$\geqq$ ou $\geqslant$	maior que ou igual a	$\perp$	perpendicular a
$\bowtie$ ou $<>$	equivalente	$\vdash$	afirmação
$\gtreqless$	igual, maior ou menor	$\measuredangle$	ângulo
$:$	razão aritmética (lê-se "e a")	$\square$	retângulo

ORTOGRAFIA

::	proporção (lê-se "como")	⫫	paralelogramo
%	por cento	▱	rombo
‰	por mil	▱	romboide
$\lvert z \rvert$	módulo (de z)	⊞	cúbico
!	fatorial	⟁	cúbico triangular
$\lvert x \rvert$	valor absoluto de x	⬠	cubo
d	derivada total	○	circunferência
∂	derivada parcial	⊙	círculo
Δ	diferença finita, incremento	⌒	semicírculo
Δx	incremento de x	↔	setor circular, segmento
∇	operador nabla	⪢	bissetriz
∇^2	operador laplaciano	⌢	arco
$\mathcal{L}$	símbolo operacional de Laplace	∅	diâmetro
∠	ângulo agudo	⊖	intersecção
∟	ângulo reto	⊙	centro
⦦	ângulo obtuso	⊗	produto de tensores, produto de Kronecker
⦨	ângulo maior que dois retos	⊠	ponto de troca
≌	ângulo igual	⊖	pressão decrescente
⦼	ângulo de elevação, azimute	⊗	pressão crescente
⊼ ou ⩞	projetivo, ângulo de projeção	⊕, + ou o	soma direta
∧	produto exterior, produto de Grassman	°	grau
≙	corresponde a	′	minuto
∟	ângulos complementares	″	segundo
⋀	ângulos adjacentes	<	ordem
⋝	ângulos suplementares	Σ	somatório
⊏	tão grande como	π	pi
⊐	tão pequeno como	Π	produto
△	triângulo	√	raiz quadrada
		$\sqrt[3]{}$	raiz cúbica
		$\sqrt[n]{}$	raiz de ordem n
		∫	integral
		∬	integral dupla
		↔	correspondência recíproca

□	quadrado	↑↑	paralelas dirigidas para o mesmo sentido
∫∫∫	integral tripla		
∮	integral sobre uma curva fechada e orientada	↓↑	paralelas em sentidos contrários
≐ ou →	tende a, se aproxima de	↖ ↗	crescente
→	vetor	↙ ↘	decrescente

20.17. SIGNOS CARTOGRÁFICOS

Localidades

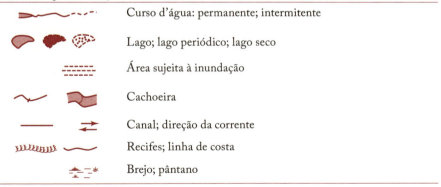

⊙	Capital
⊚	Cidade
•	Vila
⊙	Povoado, núcleo
▫	Propriedade rural, lugarejo
⚇	Aldeia indígena

Hidrografia e vegetação (Com exceção da representação de recifes, todos os outros signos devem ser, por convenção, indicados em azul.)

	Curso d'água: permanente; intermitente
	Lago; lago periódico; lago seco
	Área sujeita à inundação
	Cachoeira
	Canal; direção da corrente
	Recifes; linha de costa
	Brejo; pântano

Hipsografia (Por convenção, bancos de areia e curvas batimétricas devem ser indicadas em azul; curvas de nível, falésias, escarpas, depressões e dunas são representadas em marrom.)

	Banco de areia
	Curva batimétrica: mestra; intermediária; aproximada

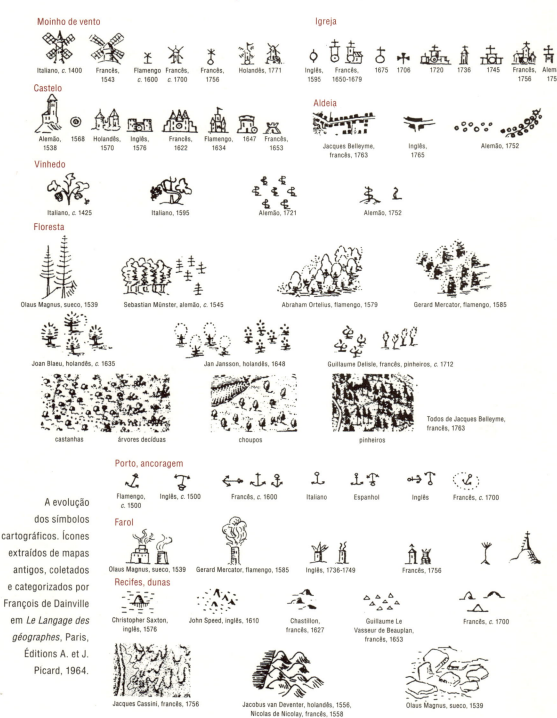

~100 ~ ~ ...	Curva de nível: mestra; intermediária; aproximada
	Falésia; escarpa; depressão; duna

Obra

Aᴾ Aᴳ ⚒	Campo de petróleo; campo de gás; mina
← ← → →	Oleoduto; gasoduto; adutora

Sistema de transportes (Convencionalmente, as estradas são indicadas em vermelho; as vias férreas, em preto. Os limites de navegação ficam em azul.)

BR-316	Autoestrada
- - - - -	Autoestrada em construção
─────	Estrada pavimentada
- - - -	Estrada pavimentada em construção
- - - -	Estrada não pavimentada
→··←	Túnel
─┼─┼─	Via férrea
─┼─ ─┼─	Via férrea em construção
─┼─■─┼─	Estação ferroviária
⚓ ⚓ ⌐	Limite de navegação: marítima; fluvial
✈ ⊕ ⛴	Aeroporto doméstico; aeroporto internacional; porto

Limites (Por convenção, as bacias hidrográficas são indicadas em azul.)

▲	Marco de fronteira
▬▬▬▬	Internacional
────	Estadual
■ ■ ■ ■	Área em litígio
────	Municipal
········	Unidades de conservação
········	Bacias hidrográficas

20.18. SIGNOS METEOROLÓGICOS

Para indicar as condições atmosféricas e os fenômenos celestes que interessam à meteorologia, usam-se sinais internacionalmente válidos.

ORTOGRAFIA

1. *Gerais*

◐	coroa solar	⌒	arco-íris	𐀀	luz zodiacal
⊕	halo solar	⌒⌒	arco-íris duplo	⏝	aurora boreal
∪	coroa lunar	∪∪	corrente alta		
▽	halo lunar	⌒⌒	corrente baixa		

2. *Chuva*

◉	chuva	▽̇	aguaceiro de chuva forte
◉°	gotas ou chuva desprezível	⦂	chuva moderada intermitente
.	chuva fraca intermitente	∴	chuva moderada contínua
..	chuva fraca contínua	⦙	chuva forte intermitente
, ou ◉	chuvisco	∴	chuva forte contínua
⌁	chuvisco fraco e gelado	▽ ou ▽	aguaceiro de granizo fraco
▽	aguaceiro	▽	aguaceiro de granizo forte
▽ ou ▽̇	aguaceiro forte	▽	aguaceiro de neve fraca
∨ ou ∧	aguaceiro de vento	▽	aguaceiro de neve forte
⋀	aguaceiro de vento forte	▽	aguaceiro de chuva e neve fraca
▽̇	aguaceiro de chuva fraca	▽	aguaceiro de chuva e neve forte

3. *Neve e gelo*

✳	neve	∾	chuva gelada, nevasca
✳	cristais de gelo isolados	△	granizo
△	grão de gelo	▲ ou ⧌	chuva de granizo; pedrinhas de gelo
✳	água de neve	∨	chuva de gelo
▣	solo coberto de neve	∨	chuva densa
✲	precipitação de água e neve	⌣	chuva de gelo; superfície congelada
← ou ↔	agulhas de gelo no ar	⌒	granizo novo
✳ ou △	neve granulada	∞	névoa seca

4. *Névoa*

Símbolo	Descrição	Símbolo	Descrição
≡	névoa	⹀	névoa fraca, neblina
≡	névoa com céu claro	= =	neblina baixa
≡¡	névoa úmida (com chuvisco)	= =	neblina baixa em bancos
≡:	névoa baixa e úmida	∨	névoa fraca gelada
≡	névoa densa	∞	bruma; névoa baixa do rio
=·=	névoa em bancos	≡ v.	névoa somente no vale
⩩	névoa densa com orvalho		
⩩	névoa com orvalho que deixa visível o céu		

5. *Vento*

a. Direção de onde provém

Símbolo	Direção	Símbolo	Direção
↓	norte	↙	nordeste
↑	sul	↘	noroeste
←	leste	↗	sudoeste
→	oeste	↖	sudeste

b. Força

Símbolo	Força	Símbolo	Força
⌐	1	⌐ı	5
⌐	2	⌐ıı	6
⌐	3	⌐ııı	7
⌐	4	⌐ıııı	8

6. *Situação do mar*

Símbolo	Descrição
∿	marulhinho
≋	leve agitação das ondas do mar; marulho
≋	mar agitado

7. *Tormentas*

Símbolo	Descrição	Símbolo	Descrição
∨	trovoada	ʀ̌	tormenta forte
⊤	trovão sem relâmpago	ʌ̂	tormenta forte com granizo
‹	relâmpago; raio	⧜	poeira; redemoinho
ʀ	tormenta	⟆	tempestade de poeira ou de areia
ʀ̌	tormenta moderada	⟆ı	tempestade de poeira ou de areia acalmando
ʀ̂	tormenta moderada com granizo		

ORTOGRAFIA

⊦ϛ	linha de tempestade de poeira ou de areia aumentando	⊉	temporal: nevada baixa e forte
ϛϛ	linha de tempestade de poeira ou de areia	⊉	temporal: nevada alta e forte
⊥	temporal: nevada baixa de fraca a moderada	⊐⊏	tornado; tromba
		ϭ	tempestade ciclônica ou tropical
⊥	temporal: nevada alta de fraca a moderada	ϭ	furacão

---

8. *Aspectos do céu*

○	céu claro, limpo	⬤	coberto com claros
◔	indício	⊕	coberto
◑	nublado (0,1 ou menos)	●	totalmente coberto
◔	nublado (0,2-0,3)	⊗	oculto por névoa ou poeira
◑	nublado (0,4)	⋔	oculto por fumaça
◑	nublado (0,5)	⬭	visibilidade limitada por fumaça ou poeira
◕	parcialmente coberto (0,6)		
⊖	parcialmente coberto (0,6-0,8)	◗	visibilidade boa
◐	parcialmente coberto (0,9)	⋊	visibilidade excessiva, imagem refletida

---

9. *Nuvens*

a. Geral

—	estratos ou fractostratos	⌣	estratos-cúmulos
⌐	cirros	⫽	nimbos-estratos
⊋	cirros-estratos	⌒	cúmulos ou fractos-cúmulos
⊋	cirros-cúmulos	⌂	cúmulos-nimbos
⌣	altos-cúmulos	⌂	cúmulos e estratos-cúmulos
∠	altos-estratos		

---

b. Altas

⌐	cirros finos	⌐	banco de cirros invadindo o horizonte (+ 45°)
⌐	cirros finos sem formar camadas contínuas	ꝛc	véu de cirros cobrindo todo o céu
⊐	cirros densos em bigorna	⌐	cirros que não aumentam e nem cobrem todo o céu
⌐	cirros tênues aumentando		
⌐	banco de cirros invadindo o horizonte (− 45°)	⌐	cúmulos-cirros predominantes com alguns cirros

SIGNOS | 439

c. Médias

∠	altos-estratos delgados, finos	𝒢	altos-cúmulos associados com altos-estratos
⟋	altos-estratos espessos		
∿	altos-cúmulos ou altos-estratos	M	altos-cúmulos ameados (com ameias)
⟋	altos-cúmulos separados em bandas		
⟋	altos-cúmulos em bandas	𝒢	altos-cúmulos em céu de aspecto caótico
⋈	altos-cúmulos; evolução dos cúmulos		

d. Baixas

⌒	cúmulos de bom tempo	---	fractos-nimbos
⌂	grandes cúmulos sem bigorna	⩒	cúmulos de tempo bom e estratos-cúmulos
⌂	cúmulos-nimbos		
⟃	estratos-cúmulos; evolução de cúmulos	⌂	grandes cúmulos (ou cúmulos--nimbos) e estratos-cúmulos
⌣	camada de estratos ou de estratos-cúmulos	⌂	grandes cúmulos (ou cúmulos--nimbos) e fractos-nimbos

10. *Frentes*

⌒⌒⌒	quente no alto	▼▼▼	frio na superfície
▲▲▲	quente na superfície	▲▲▲▲	obstruído na superfície
▽▽▽	frio no alto	▲⌣⌣	estacionário na superfície

11. *Terreno*

☐	seco	⊡	parcialmente coberto de neve fundente
⊡	úmido		
⊡	inundado	⊡	não gelado, mas coberto de camada de neve de menos de 15 cm
⊟	endurecido pelo gelo		
⊡	parcialmente coberto de neve ou granizo	⊡	gelado e coberto de camada de neve de menos de 15 cm
⊡	coberto de camada escorregadia de gelo	⊡	coberto de camada de neve de mais de 15 cm

12. *Barômetro*

⋀	subindo, depois baixando	∠	firme ou subindo
⟋	subindo firme	⋁	baixando, depois subindo
⌇	subindo de modo irregular	⟍	baixando com tendência a subir
⟍	baixando firme	⟍	baixando
⌇	baixando de modo irregular	⋀	subindo firme, depois baixando

20.19. SIGNOS DE MINERALOGIA

♁, ♁, ♂ ou ♂	aço	F, ♂ ou ♂	ferro
Φ ou ♁	antimônio	☿	mercúrio
∞	arsênico	♂	níquel
♄ ou ♄	bismuto	☉	ouro
♄	chumbo	☽	platina
♀	cobre	☾	prata
♌ ou ♌	enxofre	Z ou ♁	zinco
♃	estanho		

20.20. SIGNOS MUSICAIS

	acorde		clave de sol
	arpejo		colcheia(s)
	atacar com vigor e atenuar		compasso binário
	barra dupla de final		compasso quaternário
	bequadro (anula acidente do tom básico ou do compasso)		crescendo
	bemol		crescendo e diminuindo
	clave de dó (dependendo da linha, indica a voz)		diminuindo (dim.)
	clave de fá		dó bequadro e dó sustenido (retomada de um acidente da escala básica ou do compasso que havia sido anulado pelo bequadro)
	segno (em repetições indica o início)		pausa de mínima
	duplo bemol		ponto indicador de *stacatto* (não ligado)
	duplo sustenido		repetir (o trecho colocado entre os pontos)
	fermata		símile (repetir a passagem anterior)
	glissando		semibreve

	legato (ligadura)		semínima
	ligadura de prolongamento		semicolcheia(s)
	compassos de espera (indica por quantos compassos se deve manter a pausa)		sustenido
	mínima		traço indicador de *tenuto*
	mordente (inferior)		trinado
	pausa de colcheia		trinado
	pausa de semibreve		*triplet* de colcheia (dura uma semínima)
	pausa de semicolcheia		tresquiáltera são três notas com o tempo de duas. São sempre de um mesmo tipo, ou três semínimas ou três colcheias etc.
	pausa de semínima		

20.21. SIGNOS QUÍMICOS

\	diagonal ascendente	•	elétron solitário
/	diagonal descendente	+	carga positiva
|||	tríplice vertical	–	carga negativa
⇄ ou ⇌	reação reversível	—	ligação única
→	sentido da reação	= ou ⁄⁄	ligação dupla
↑	gás expelido	≡, ⫴, ou ⋮	ligação tríplice
↓	precipitação		
Δ	aplicar calor		

20.22. SIGNOS CRISTÃOS

IHS	Jesus		Ave-maria
M	Maria		*christus*, antífona

ORTOGRAFIA

20.23. SIGNOS VARIADOS

©	*copyright*; direitos reservados	@	arroba
®	registrado; marca registrada	@@	arrobas
℗	postal; imprensa	℔	libras (pressão)
Ⓢ	serviço		

21. TRANSLINEAÇÃO E HIFENIZAÇÃO

21.1. Translineação 21.2. Hifenização em Palavras Compostas 21.3. Outros Usos do Hífen
21.4. Lista das Principais Dificuldades de Hifenização

O hífen (-) é um sinal diacrítico usado para ligar elementos de palavras compostas, separar um vocábulo em duas partes ao fim de uma linha (translineação) ou, ainda, em francês e português, por exemplo, unir pronomes átonos a verbos.

PALAVRAS COMPOSTAS	TRANSLINEAÇÃO	PRONOME ÁTONO E VERBO
beija-flor	...................ara-	*parlez-moi* (fr.)
guarda-chuva	raúna.................	*y-a-t'il* (fr.)
laranja-pera	...............parale-	dar-te-ia
maria-fumaça	lepípedo.............	dizer-lhes
		dizemo-lo

21.1. TRANSLINEAÇÃO

Na diagramação, a divisão das palavras e expressões segue regras que escapam ao domínio da gramática e dizem respeito à translineação, isto é, ao ato de passar de uma linha à outra em obras impressas etc. A seguir, transcrevem-se as principais regras, em português e outras línguas, referentes a essa prática, contidas no *Dicionário de Artes Gráficas*, de Frederico Porta.

- Em um texto diagramado, não se admitem mais de três linhas seguidas com o sinal de divisão no fim. Em trabalhos muito bem-cuidados e de medida larga, esse limite é de duas linhas.

ORTOGRAFIA

> Na diagramação a divisão das palavras e expressões segue regras que escapam ao domínio da gramática e dizem respeito à translineação, isto é, ao ato de passar de uma linha à outra em obras impressas etc.

- Quando possível, sem ferir as normas do bom espacejamento, deve-se fazer cair a divisão o mais próximo possível do meio da palavra ou no ponto de junção de seus elementos componentes: descon- / trolado, ante- / cipar, super- / lativo é melhor que descontro- / lado, anteci- / par, superla- / tivo.

- Nas palavras compostas e nos verbos acompanhados de pronomes enclíticos e mesoclíticos, deve-se fazer a divisão coincidir com o hífen: porta- / - lápis, escrever- / - nos, contar- / - lhe-emos. Quando, em medidas estreitas, não for possível seguir rigorosamente esse preceito, é preciso ao menos evitar que a separação silábica fique muito próxima do hífen obrigatório: obe- / deci-lhe é preferível a obede- / ci-lhe.

- Quando as palavras compostas são separadas no final de uma linha, exatamente no ponto em que está o hífen, deve-se repeti-lo na linha seguinte: quebra- / - mar, levar- / - me etc. Os programas de diagramação ainda não são totalmente precisos nesse tipo de divisão; assim, nesses casos, o hífen é colocado manualmente pelo diagramador, o que requer atenção redobrada dos revisores de prova.

> Quando as palavras compostas são separadas no final de uma linha exatamente no ponto em que está o hífen, deve-se repeti- -lo na linha seguinte.

- Não se deve separar vogais, ainda que pertencentes a sílabas diversas: gai- / ola, ca- / ótico são divisões tipograficamente incorretas, embora certas do ponto de vista gramatical. Tratando-se, porém, de palavras compostas ou formadas por derivação prefixal, pode dar-se a divisão do encontro vocálico: pre- / ocupar, radio- / elétrico, micro- / ampère, eletro- / ímã, tele- / impressor.

- A não ser em medida estreita, é incorreto passar para a linha seguinte uma sílaba final de apenas duas letras, como em inscien- / te. Além disso, devem evitar-se tais sílabas em final de linha, tal qual em de- / claração. Consequentemente, os dissílabos de quatro ou cinco caracteres, como, por exemplo, ca- / sa, noi- / te, nunca se partem em linha de tamanho normal.

- A sílaba inicial com uma só letra nunca se divide: a- / tento, i- / deia.

- Não se divide palavra quando dessa iniciativa resulte expressão ridícula ou inconveniente: após- / tolo, trans- / pirado, enros- / cadela, exceto se for a intenção do autor.

- Sob nenhum pretexto se pode dividir uma abreviatura, como: ar- / quit. (arquitetura), me- / trol. (metrologia) ou sigla Sufra- / ma etc., pois tais elementos se comportam como ícones.

- Se um número muito extenso não couber inteiramente em uma linha, completa-se esta com pontos de condução, passando-se o número para a linha seguinte: ...agricultura, durante todo o ano, tendo a exportação alcançado... 235 459,50 t, sem contar toda a mercadoria enviada até o momento.

- É incorreto terminar a linha com abreviatura de formas de tratamento, profissionais ou honoríficas, seguindo o nome na linha seguinte: Sr. / José Pires, Dr. / Luís de Freitas, S. S. / Pio XII e, ainda mais, S. / S. Pio XII.

- Não se pode separar o número cardinal ou ordinal da palavra ou abreviatura que ele completa: Dom Pedro / II, página / 135, vol. / IX, n. / 15, 3. / capítulo, 140 / kg etc. A chamada de nota (número, letra ou sinal) sempre deve ficar junto à palavra a que se refere, não se admitindo que apareça isolada no começo da linha seguinte.

- A última linha de um parágrafo não pode ser constituída apenas pela abreviatura "etc.", nem por palavra ou por fração de palavra que não ocupe um espaço um pouco superior, ao menos, ao claro de abertura (recuo) dos parágrafos. Alguns manualistas muito rigorosos não admitem, nesse caso, nem mesmo fração de palavra, dizendo que a linha final do parágrafo deve compreender pelo menos um vocábulo inteiro.

- Em títulos de destaque, centralizados, como em capas, frontispícios e outros trabalhos, nunca deve uma partícula ficar no final de uma linha, salvo em casos especiais, passando-se tal elemento para o princípio da linha seguinte. Em lugar de:

REPÚBLICA DOS ESTADOS UNIDOS DO
BRASIL

é preciso alterar para:

REPÚBLICA DOS ESTADOS UNIDOS
DO BRASIL

21.2. HIFENIZAÇÃO EM PALAVRAS COMPOSTAS

Nas palavras compostas, só se ligam por hífen os elementos que mantêm entre si a noção da composição, isto é, aqueles que permanecem independentes foneticamente, conservando sua própria acentuação, mas formam no conjunto uma só unidade de sentido. Veja no quadro a seguir as diversas maneiras por meio das quais se estruturam as palavras compostas.

SUBSTANTIVO + SUBSTANTIVO:	decreto-lei, médico-cirurgião, tio-avô, navio-escola etc.
SUBSTANTIVO + DE + SUBSTANTIVO:	água-de-colônia, arco-da-velha, cor-de-rosa, víbora-do-deserto, arco-de-pipa, vinha-d'alhos etc.
SUBSTANTIVO + ADJETIVO:	açúcar-cande, amor-perfeito, cabra-cega, guarda-noturno, lugar-comum, obra-prima etc.
ADJETIVO + ADJETIVO:	amarelo-fosco, anglo-germânico, greco-latino, azul-turquesa, verbo-nominal, verde-amarelo etc.
ADJETIVO + SUBSTANTIVO:	alto-relevo, belas-artes, bom-dia, grã-cruz, mau-caráter, primeiro-ministro etc.
ADVÉRBIO + ADJETIVO/PARTICÍPIO:	abaixo-assinado, bem-amado, bem-vindo, mal-educado, meio-médio, sempre-viva, todo-poderoso etc.
FORMA VERBAL + FORMA VERBAL:	corre-corre, puxa-puxa, treme-treme, ruge-ruge etc.
FORMA VERBAL + SUBSTANTIVO:	abre-alas, cata-vento, conta-gotas, finca-pé, guarda-comida, porta-estandarte etc.

Há ainda outras combinações, mais específicas, como as listadas a seguir:

- *Em nomes gentílicos* e outros derivados de nomes próprios: santa-cruzense, são-bento-nortense, espírito-santense, porto-alegrense, rio-pardense etc.

TRANSLINEAÇÃO E HIFENIZAÇÃO

447

- *Nos compostos* em que o primeiro elemento é forma apocopada, adverbial ou verbal: bel-prazer, nor-nordeste, recém-chegado, el-rei, arranha-céu etc.

- *Nos nomes dos dias da semana*: segunda-feira, terça-feira, quarta-feira, quinta-feira, sexta-feira. Obs.: "fim de semana", sem hífen.

- *Em nomes de santos* ou substantivos próprios compostos que se tornaram substantivos comuns: santo-antônio, são-caetano, dom-joão, gonçalo-alves, sancho--pança etc.

- *Em nomes próprios* que tenham elementos ligados por artigos ou pronomes: Trás-os-Montes, Não-me-Toques.

- *Em nomes próprios* que tenham como primeiro elemento a palavra grã ou grão: Grã-Bretanha, Grão-Pará.

- *Em nomes próprios* que tenham combinações simétricas, indicando relação, acordo: Brasil-Portugal, Áustria-Hungria, Dicionário Grego-Francês etc.

- *Em combinações substantivas* cujo segundo elemento é indicador de tipo, forma, finalidade: palavra-chave, café-concerto, escola-modelo, jardim-escola, menino--prodígio, navio-fantasma etc.

- *Entre quaisquer palavras* que se unem para constituir um todo semântico distinto dos significados particulares de cada componente, os quais conservam, entretanto, a mesma estrutura e acento anteriores à união: acaba--novenas, espia-marés, amor-perfeito, seca-gás etc.

- *Antes dos pronomes enclíticos; antes e depois dos mesoclíticos*: damos-lhe, vendê-lo, dize-me, dir-te-ei, devolver-lhos-ei, eis-me, no-lo, ei-lo, dão-nas, dizemo-lo etc.

- *Nos vocábulos* cujo primeiro elemento seja uma forma adjetiva, como anglo, greco, histórico, ínfero, latino, lusitano, luso etc.: anglo-brasileiro, greco-romano, histórico-comparativos, luso-brasileiro, latino-americano etc.

- Após a palavra *bem*, quando o termo que a segue tem vida autônoma na língua ou quando a pronúncia do 'm' requer o emprego do hífen: bem-ditoso, bem-aventurança etc.

- Após a palavra *mal*, quando o termo que a segue tem vida autônoma na língua ou quando a pronúncia do "l" requer o emprego do hífen: mal-amado, mal-educado, mal-humorado, mal-intencionado etc.

- Quanto ao uso ou não de hífen depois de certos *prefixos* e *falsos prefixos*. Ver o item 15.3, do Capítulo 15 da presente obra.

21.3. OUTROS USOS DO HÍFEN

O hífen ainda pode ser usado:

a. Para escandir versos e indicar as sílabas métricas:

"fi-caaal-ma,-aa-tô-ni-taal-ma / a-tô-ni-ta-pa-ra-ja-mais" (M. Bandeira, "Boi Morto", *Opus 10*, Rio de Janeiro, Hipocampo, 1952).

b. Para indicar que um elemento citado é prefixo, sufixo ou fonema medial:

ad-, -dade, -z-.

c. Nas partições de vocábulos, quando da escansão de sílabas, ou em final de linha. Se o hífen for o último elemento de uma linha, deve-se repeti--lo na linha seguinte apenas nos casos das palavras compostas:

tungs-tê-nio, ins-truiu, circuns-/crição, guarda-/-chuva, roubou-/-lhe.

Atenção: observe que, nas formas verbais, embora o uso do hífen seja obrigatório nos casos de divisão coincidente em final de linha, deve-se, por questões estéticas, evitar esse tipo de composição, seja passando o verbo para a linha debaixo, seja levando o pronome para a linha de cima.

- Como recurso estilístico ou grafia pessoal e subjetiva, fugindo das regras ortográficas. Na tentativa de transmitir ao leitor certas realidades e experiências complexas, o escritor moderno faz uso desse recurso. Essa hifenização é aceitável, desde que vise à clareza e à força de expressão:

Pégaso-ferro-em-brasa das minhas ânsias...

Pelo grande cobertor não-cobrindo-nada das aparências...
Fernando Pessoa

a Maria-Que-Morreu-antes

as finas-e-meigas palavras...
Carlos Drummond de Andrade

TRANSLINEAÇÃO E HIFENIZAÇÃO

21.4. LISTA DAS PRINCIPAIS DIFICULDADES DE HIFENIZAÇÃO

Embora as regras sejam úteis, consulte sempre o dicionário para saber se uma palavra é ou não hifenizada. Veja a seguir uma lista de termos e expressões que costumam causar dúvidas quanto à existência ou não de hífen.

A

abaixo-assinado (documento)

abaixo assinado (signatário)

á-bê-cê ou abecê (abecedário)

abre-alas

água com açúcar (fácil)

alto-astral

alto-relevo

amigo da onça

ano-base

ano letivo

arco-da-velha

ar-condicionado (aparelho)

arrasta-pé

arte-final

à toa

avant-garde

avant la lettre

avant-première

B

baby-sitter

balão de ensaio

balão de oxigênio

balão-sonda

bangue-bangue

bê-a-bá ou beabá

belas-artes

belas-letras

bel-prazer

bem feito (sequência do advérbio "bem" e do particípio "feito"; expressão que manifesta satisfação por algo de mau ocorrido a outra pessoa por culpa dela própria)

bem-feito (adjetivo)

best-seller

black tie

boa noite (forma de saudar)

boa-noite (o cumprimento)

bom grado (boa vontade)

bom-sucesso

bom-tom

bon vivant

bossa-nova (inovador)

Bossa Nova (o movimento musical)

bye-bye

bypass

C

cabeça fria

cabeça-dura

cara de pau

cara-metade

cardeal-bispo

carta aberta

carta-bomba

cartão-postal

cata-vento

cê-cedilha

ORTOGRAFIA

checkup

close-up

codireção

coedição

coisa à toa

coisa-feita

coisa-ruim

conto do vigário

cooptação

corpo a corpo (luta)

corre-corre

D

dedo-duro

dente de leite

desmancha-prazeres

dia a dia

docente-livre

dois-pontos

dolce far niente

dom-juan (*Don Juan*) (sedutor)

Dom Quixote (subst. próprio)

dom-quixote (subst. comum)

dona de casa

double face

drag queen

drive-in

drive-thru

E

elétron-volt

entra e sai

empresa-fantasma

equivalente-grama

ex-líbris

exceção

excerto

exegese

extrema-direita (futebol)

extrema direita (política)

extrema-unção

F

fã-clube

fac-símile

fast-food

faz de conta

faz-tudo

fora da lei

fim de século

fim de semana

G

gentil-dona

gentil-homem

gravata-borboleta

greco-latino

H

habeas corpus

habeas data

hot dog

house organ

I

ibero-americano

in absentia

infanto-juvenil

in loco

in memoriam

input

in-quarto

inter-racial

intrauterino

TRANSLINEAÇÃO E HIFENIZAÇÃO

in vitro

ítalo-brasileiro

J

jam session

jeca-tatu

jet ski

joão-ninguém

jogo da velha

K

kafkiano

kibutz

kibutzim (pl.)

know-how

L

layout

leão de chácara

leão-marinho

lesa-ciência

lesa-majestade

leva e traz

lero-lero

livre-arbítrio

livre-docência

lua de mel

M

mais-valia

mão-aberta

mão de obra

maria-fumaça

maria-mole

mass media

mau-caráter

mau-olhado

maus-tratos

mea-culpa

médico-cirurgião

médico-legista

meia-idade

meio-quilo (pessoa)

meio-tom

mesa-redonda (reunião)

misto-quente

mosca-morta (sonso ou pateta)

N

natureza-morta

navio-escola

neoliberal

norma-padrão

noz-moscada

O

objeto-símbolo

offset

off-the-record

off-line

office boy

ouvidor-mor

outdoor

P

pai de família

pai de santo

pai dos burros

palavra-chave

pão-duro

papel-alumínio

papel-arroz

papel-bíblia

papel-carbono

papel-celofane

ORTOGRAFIA

papel-cuchê

papel-filtro

papel-jornal

papel-manteiga

papel-moeda

papel-título

pé de moleque (o doce)

pé-frio (azarado)

pega-ladrão

pega-rapaz

pé na cova

pente-fino

peso-galo

peso leve

peso leve ligeiro

peso médio

peso meio pesado

peso-mosca

peso-pena

peso-pesado

pife-pafe

pinta-brava

playback

playboy

ponta-cabeça

ponta-seca

ponto de venda

ponto de vista

ponto e vírgula

ponto-final

pôr do sol

post mortem

postscriptum

pouca-vergonha

pouco-caso

preaquecer

preencher

preestabelecer

prêt-à-porter

preto e branco

prime rate

público-alvo

pulo do gato

Q

quadro-negro

quá-quá-quá

quarta de final

quarta proporcional

quartel-general

quase contrato

quase delito

quase nada

quebra-ventos

quiproquó

quid pro quod

R

relações públicas (atividade)

relações-públicas (profissional)

regra-três

rhythm and blues

rock and roll

roda-viva

romeu e julieta (sobremesa)

rosa dos ventos

S

sabe-tudo

saci-pererê

samba-enredo

TRANSLINEAÇÃO E HIFENIZAÇÃO

são-joanino

são-joão (o dia 24 de junho)

savoir-faire

self-service

sem-fim

sem-vergonha

sete e meio

show business

showroom

silkscreen

sine qua non

T

tão só

tão somente

tapa-olho

teco-teco

tête-à-tête

tia-avó

tique-taque

tiquetaquear

topless

top model

traveler's check

U

unha de fome

urbi et orbi

uva-passa

V

vaga-lume

vaivém

via-crúcis

via-sacra

vice-versa

vira e mexe

vista-d'olhos

W

walkie-talkie

walkman

watt-hora

watt-minuto

watt-segundo

weekend

X

xeque-mate

xeque-xeque

xícara-e-pires (planta)

xiquexique (planta)

xixi de anjo

Y

yin-yang

Z

zás-trás

zen-budismo

zé-pereira

zé-povinho

zero-quilômetro

zigue-zague

ziguezaguear

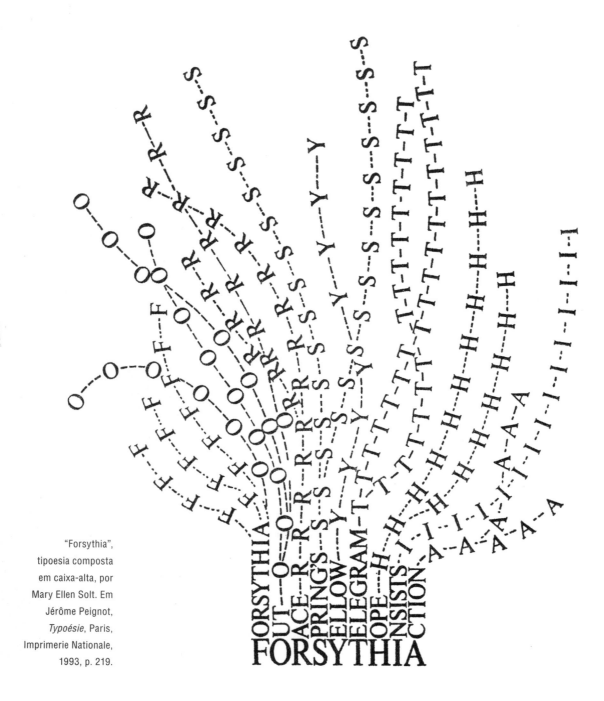

"Forsythia", tipoesia composta em caixa-alta, por Mary Ellen Solt. Em Jérôme Peignot, *Typoésie*, Paris, Imprimerie Nationale, 1993, p. 219.

22. MAIÚSCULAS E MINÚSCULAS

22.1. Uso das Maiúsculas 22.2. Uso das Minúsculas 22.3. Grafia de Nomes Próprios 22.3.1. Antropônimos 22.3.2 Topônimos 22.4. Macro e Microtopônimos 22.5. Anacronismos Toponímicos 22.6. Topônimos que Podem Gerar Dúvidas

22.1. USO DAS MAIÚSCULAS

As letras maiúsculas (também chamadas de caixa-alta, versal ou capital) têm altura maior e desenho diferente em comparação às letras minúsculas (nomeadas de caixa-baixa). Uma palavra na qual apenas a primeira letra é maiúscula, sendo as demais minúsculas, é composta em caixa-alta e baixa (ou simplesmente alto e baixo, no jargão dos revisores).

Com relação ao uso dessas diferentes opções, antes de tudo, é preciso ter em mente um dos critérios de edição mais sensatos: o de evitar destaques em demasia. Portanto, maiúsculas devem ser evitadas sempre que possível. Umberto Eco observa que "sublinhar muito é como gritar 'fogo' a todo instante: ninguém mais dá atenção"[1]. O mesmo vale para o emprego de maiúsculas.

No entanto, em autores medievais ou barrocos, em livros religiosos ou legais, em textos e discursos políticos, de oratória, editoriais, ressaltam-se com maiúsculas, dando-lhes estatuto de nomes próprios, certos substantivos abstratos aos quais se confere especial relevo ou proeminência no discurso, tais como Honradez, Destino, Causa, Mocidade, Inspiração etc. Trata-se de uma opção estilística que deve ser respeitada no caso de obras de autores clássicos nacionais ou traduzidos, mas em outras produções, desde que não desvirtue o original, o editor pode permitir a supressão dessas maiúsculas,

---

1. Umberto Eco, *Como se Faz uma Tese*, São Paulo, Perspectiva, 1983, p. 149.

uma vez que, geralmente, a própria carga semântica dos termos é suficiente para ressaltá-los.

Em alguns casos, o uso ou não das maiúsculas é óbvio; em outros, porém, pode causar dúvidas. A seguir estão listadas as regras gerais para a utilização da caixa-alta e baixa, estabelecidas com base na premissa de que se deve evitar destaques em demasia.

- Nomes próprios, que podem ser antropônimos, topônimos etc. Um nome próprio distingue, identifica, individualiza, aponta para um único elemento entre seus semelhantes, e pode ter sido conferido com a intenção de exaltar e honrar alguém considerado único ou visto como tal, ou obedecer a um protocolo técnico-científico. Também há, evidentemente, convenções para grafar com letra inicial maiúscula começos de período, frase, verso ou citação direta.

Luz do Sol, quanto és formoso,
Quem te goza não conhece;
Mas, se desce a noite fria,
Principia a suspirar.
> Silva Alvarenga, "A Luz do Sol", *Obras Poéticas de Silva Alvarenga*,
> São Paulo, Martins Fontes, 2005, p. 130.

No entanto, já em alguns poetas do século XIX, e, sobretudo, na poesia moderna, empregam-se poucas maiúsculas, apenas nos casos em que o verso introduz uma frase ou período, às vezes nem isso.

E sigo. E vou sentindo,
a inquieta alacridade da invernia,
como um gosto de lágrimas na boca…
> Mario de Andrade, "Paisagem N. 1", *Pauliceia Desvairada*, São Paulo,
> Edusp, s.d., p. 65.

- Designativos de divindades, como qualquer nome próprio, são escritos com iniciais maiúsculas.

o Ser Supremo, o Todo-Poderoso, o Onipotente, o Padre Eterno, o Filho, o Espírito Santo, Jeová, Adonai, Buda etc.

MAIÚSCULAS E MINÚSCULAS

- Nomes de festividades ou comemorações cívicas, religiosas etc. e de fatos históricos são grafados com iniciais em caixa-alta.

  o Sete de Setembro, o Quinze de Novembro, o Natal, a Quaresma, o Yom Kippur, a Hégira, as Saturnais, o Carnaval, o Dia das Mães, o Descobrimento da América, o Bicentenário da Morte de Mozart etc.; mas são-joão (o dia), a festa de São João, fazer um carnaval.

- Em obras mais antigas, termos como País, Nação, Federação, República etc., sobretudo quando designavam o Brasil, eram convencionalmente compostos com a letra inicial em maiúsculas. Em obras atuais, reserva-se tal destaque para o termo "Estado" apenas quando este designa nação politicamente organizada e para distingui-lo do substantivo comum "estado".

- Instituições como Exército, Marinha, Aeronáutica, com suas subdivisões e corpos paralelos, assim como a Igreja (por oposição a "igreja", edifício), por convenção vêm com a primeira letra maiúscula. Porém, outros termos que designam instituições genéricas (isto é, que não têm característica de nome próprio), ou ainda que designam altos cargos, graus hierárquicos ou nobiliárquicos, devem ser grafados em caixa-baixa. Não há razão para ressaltar com inicial maiúscula palavras como território, município, papado, monarquia, e, pelo mesmo motivo, grafam-se com minúsculas aldeia, tribo, campesinato ou comunismo.

- Atos oficiais. Em textos oficiais, os nomes (títulos) de documentos e atos do poder público grafam-se em caixa-alta e baixa:

  Lei do Imposto de Renda, Decreto-Lei 4.024, Medida Provisória 601/2012, Consolidação das Leis de Trabalho etc.

  Embora haja certo exagero no uso de maiúsculas em textos oficiais, a melhor atitude é respeitar a escrita convencionada. Todavia, ao referir-se a esses atos sem nomeá-los especificamente, usam-se iniciais minúsculas.

- Em assuntos políticos:

  o Executivo, o Judiciário, o Congresso, a Câmara Federal, o Senado, o Gabinete etc.

  Observa-se também o uso de inicial maiúscula para o "Governo" (no sentido de supremo poder político).

- Apresentados com inicial maiúscula, certos substantivos têm características de nomes próprios, como no caso dos períodos históricos, eras geológicas, escolas, estilos, certos grupos de pessoas:

Barroco, Romantismo, Cambriano, Renascença, Grupo dos Seis, Cenáculo etc.

É evidente que, quando se faz referência ao "romantismo" de uma canção ou a um "grupo de seis" qualquer, o termo ou os termos comportam-se como substantivos comuns, dispensando o uso da inicial maiúscula. Em um texto sobre o Romantismo, por exemplo, não se justifica usar a palavra sempre em caixa-alta e baixa, pode-se grafá-la apenas em caixa-baixa.

- Grafam-se com iniciais maiúsculas (e em itálico) os títulos de obras: livros, manifestos, filmes, peças de teatro, quadros, obras musicais etc. Ou seja, considera-se que o título de uma obra equivale a um nome próprio, pois designa um objeto que não se confunde com os outros. Em língua portuguesa, ficam em caixa-baixa as preposições, as conjunções, os artigos, as contrações, e também os pronomes pessoais átonos. Os nomes (substantivos e adjetivos), advérbios e verbos são apresentados em maiúsculas.

A Obra de Arte na Era de Sua Reprodutibilidade Técnica,
Quem Tem Medo de Virginia Woolf?,
Scorsese por Scorsese,
Procura-se Susan Desesperadamente

- Os pontos cardeais como tais e as indicações de regiões do planeta ou de um país são apresentados com suas iniciais em maiúsculas:

Norte, Sul, Leste, Oeste, Oriente, Ocidente etc.

Quando indicarem direção, apresentam-se em caixa-baixa.

- Abreviaturas de expressões de tratamento escrevem-se segundo a normalização adotada:
Maiúsculas duplicadas:

MM. (Meritíssimo), DD. (Digníssimo).

Maiúsculas-minúsculas:

Mmo. (Meritíssimo), Digmo. (Digníssimo).

- Depois de um pronome de reverência, o nome do cargo também vai em caixa-alta e baixa por uma questão de coerência: Excelentíssimo Senhor Presidente da República, Sua Majestade Imperial, Sua Alteza Real.

Excetuando-se esse caso específico, todos os substantivos que indiquem cargos ou profissões devem ser grafados em minúsculas.

- Quando um título nobiliárquico torna-se parte do nome pelo qual é conhecido um indivíduo, precisa iniciar com inicial maiúscula:

Barão de Itararé (nome pelo qual se fez conhecer Aparício Torelly), Marquês de Pombal, Visconde de Taunay, Barão do Rio Branco, Conde D'Eu.

Em referência a um determinado indivíduo portador de título nobiliárquico, barão de Roca, por exemplo, quando se omite a expressão "de Roca", estando explícito que se trata do mesmo indivíduo, também podemos usar Barão (com inicial maiúscula) apenas para não confundi-lo com qualquer outro barão. Assim também, pelo mesmo motivo, diz-se presidente Garcia e, ao omitir-se o nome de tal político, por estar claro que se faz menção a essa mesma pessoa, pode-se escrever "o Presidente foi deposto" (com inicial maiúscula).

- Nos nomes científicos (taxonomias), o gênero ou o subgênero (substantivos latinos ou alatinados) são grafados com iniciais em maiúscula, e a espécie ou a subespécie (adjetivos latinos ou alatinados) são grafadas em caixa-baixa, por exemplo: *Eucalyptus tereticornis.*

- No caso de divisões do Exército ou de outra força armada, quando especificadas, grafa-se a expressão toda com iniciais maiúsculas:

Quarta Zona Aérea, Sexto Distrito Naval, Segunda Região Militar etc.; mas os batalhões de infantaria da Segunda Região Militar.

De modo geral, porém, grafa-se distrito naval, zona aérea, região militar do Rio Grande do Sul etc. em minúsculas.

- Entidades astronômicas (planetas, satélites, cometas, estrelas, constelações, galáxias, asteroides, acidentes físico-astronômicos) são grafadas com iniciais em maiúscula.

Sol, Lua, Io, Europa, Sírio, Cometa de Halley, Via Láctea, Aquário, Escorpião, Mar da Tranquilidade, Cratera de Hércules.

Porém, tomados os designativos sol e lua em suas acepções meteorológicas, referindo-se aos raios, à luz, ao calor ou clarão, devem ser grafados em caixa-baixa.

COM INICIAL MAIÚSCULA	COM MINÚSCULAS
o eclipse do Sol,	banho de sol, calor do sol
satélites da Lua	clarão da lua, fases da lua
diâmetro da Terra	"nada de novo na face da terra"
atração da Terra	
viagem Terra-Lua	

- Intitulativos (nomes de empresas e estabelecimentos comerciais, industriais e bancários; estabelecimentos para o cuidado da saúde, educação e ensino; repartições públicas; entidades políticas, culturais, sociais, esportivas, religiosas; associações de classe; obras literárias ou artísticas; publicações periódicas, partes de um trabalho e trabalhos avulsos; nomes de veículos; marcas comerciais registradas) são grafados com iniciais em maiúsculas ao serem empregados como tais. Quando usados como designação genérica, são substantivos comuns e devem ser escritos com minúscula, como nos seguintes casos:

  cálice de cinzano [bebida da (fábrica) Cinzano® (marca registrada)], tratamento com terramicina [o antibiótico Terramycin® (marca registrada)], cinta de lycra, cobertor de acrilan, pudim de maisena [amido de milho da Maizena® (marca registrada)] e outros.

- Nomes de bichos domésticos de estimação e nomes atribuídos a outros animais (cavalos de corrida, galos de briga, animais de circo, de zoológico etc.) para efeito de registro em órgãos de controle genético etc.

- Nomes de santos e outras expressões hagiológicas (santo, santíssimo, venerável, beato, apóstolo, doutor, mártir, virgem, inocente, profeta) devem ser grafados com inicial maiúscula somente nos seguintes casos:

  - São, Santo, Santa, quando precedem imediatamente o nome que qualificam: Santa Maria, São Paulo, São José, Santo Antônio etc.
  - Virgem, em toda e qualquer expressão que designe a mãe de Jesus: Virgem Maria Santíssima, Virgem Santa Mãe de Deus etc.
  - Em expressões antonomásticas referentes aos santos: Santa Catarina, Virgem e Mártir; São Paulo, o Apóstolo dos Gentios etc.
  - Nos apelidos de alguns santos: São João Batista, São João Evangelista, São Tiago Maior etc.

- Grafam-se ainda com maiúsculas:

a. Em antropologia e etnologia, existem normas convencionadas para a escrita dos nomes de tribos brasileiras, mas, fora dos textos específicos desses dois ramos do saber, tais grafias devem ser utilizadas com critério. Pelas regras das referidas áreas, por exemplo, usaríamos os Mawé, no lugar de os maués, os Tupinikin, em vez de os tupiniquins. É aconselhável, entretanto, o aportuguesamento dos diversos tipos de estrangeirismo, procurando-se com isso ampliar o acesso de leitores à obra (ver Emprego das Iniciais Maiúsculas, título XVI, artigo 49, parágrafo 2, em "Instruções para a Organização do Vocabulário Ortográfico da Língua Portuguesa", *Volp*, São Paulo, Global, 2009, p. LXXI), exceto em publicações especializadas.

b. Em geologia:

era Cenozoica, Paleozoica; período Pré-Cambriano, Devoniano; época Paleocena, Pleistocena; o Cenozoico, o Paleozoico, o Pleistoceno etc.

c. Em botânica e zoologia:

reino Vegetal, divisão das Traqueófitas, classe das Angiospermas, subclasse das Dicotiledôneas, ordem das Campanuladas, família das Compostas, gênero *Lactuca;* mas em minúsculas os adjetivos que indicam espécie, *sativa,* e subespécie, *longifolia.*

Observe-se que, em textos científicos, os termos de classificação sistemática costumam vir em latim ou alatinados, por isso devem ser grafados em itálico e sem acentos:

Plantae, Tracheophyta, Angiospermae, Dicotiledoneae, Campanulales, Compositae, Lactuca sativa longifolia.

22.2. USO DAS MINÚSCULAS

- Nomes de personagens fictícias como Pantagruel, Tartufo, Dom Quixote, Pierrô etc., quando tomados numa construção em que não se refira à personagem propriamente dita, mas ao que ela representa, devem vir em minúsculas:

fantasia de pierrô, valente como um dom-quixote etc.

- É inútil – e antidemocrático – distinguir cargos ou profissões com base em critérios hierárquicos, uma vez que os seres humanos são mortais e falíveis, por mais altos que sejam seus cargos, e tais distinções servem apenas para engrossar a lista de critérios, sem com isso facilitar a leitura do texto (ao contrário, às vezes até emperrando-a, pois a função exercida tende a confundir-se com o nome próprio). Assim, são escritos com minúsculas os títulos de cargos, profissões, graus honoríficos (mesmo quando seguidos de nome grafado em maiúscula, fato que se encarrega de destacar a particularidade do indivíduo em questão, sem que seja necessário sobrecarregar a obra e sem lhe dar um ar panegírico ou encomiástico):

  cavaleiro, senhor, comendador, barão, conde, visconde, marquês, duque, arquiduque, príncipe, rei, vice-rei, imperador, xeque, emir, califa, inca, imame, sultão, cardeal, monsenhor, *sir*, lorde, presidente Dutra, secretário Darcy Ribeiro, reitor Lobo, seu Manuel, dona Esperança, pedreiro José da Silva, professor Roberto, capitão de mar e guerra Osmar Mendonça, jornalista Silio Boccanera etc.

- Acidentes geográficos, seguidos ou não de topônimos. Aqui o critério aconselha o uso de minúsculas, exceto quando o nome genérico do acidente estiver incorporado ao nome próprio:

  rio Pium, rio Tocantins, rio Amazonas, ilhas dos Mares do Sul, os oceanos Índico e Pacífico, mas Península Ibérica, Serra Pelada, Mar Morto etc.

- O mesmo se aplica a cidades, bairros, regiões, exceto quando o local é conhecido habitualmente pela expressão composta por seu nome genérico mais nome próprio, como costuma acontecer com praças e ladeiras:

  cidade de São Paulo, bairro do Limão, território dos tapuias, região de Serra Pelada, mas Praça da República, Praça da Alfândega, Praça Onze, Ladeira da Glória.

- Carreiras, ciências, disciplinas, matérias de estudo:

  Ele é formado em geografia.
  Nós, os profissionais de medicina.
  Ele é um luminar no mundo da música.
  Você não domina as mais comezinhas noções de direito.
  Estou cursando o segundo grau.
  Não é fácil entrar na universidade.

- Instituições genéricas (que, na prática, representam carreiras):

  polícia, advocacia, magistério etc.

- Dias da semana, meses, estações do ano e termos semelhantes.

  na segunda-feira, 15 de janeiro, em pleno verão

- Indicativos de nacionalidade ou idioma, que, por outro lado, em inglês ou francês, são obrigatoriamente apresentados com inicial maiúscula:

  sueco, norueguês, inglês, espanhol, banto, português, tuaregue etc.

- Os itens fulano de tal, beltrano, sicrano e quaisquer outras expressões que substituem nomes de pessoas desconhecidas ou que não se deseja mencionar explicitamente.

- Substantivos que perderam a acepção original de nomes próprios por entrarem na composição de vocábulos compostos que são substantivos comuns:

  deus-dará, castanha-do-pará, erva-de-santa-maria, bálsamo-do-peru, joão-de-barro, santo-antônio (cabeçote de sela), azul da prússia, fogo de bengala etc.

Sempre que possível, é mais aconselhável "abaixar" a caixa das palavras, tornando a apresentação gráfica do texto mais discreta e elegante. Obras com excesso de maiúsculas (iniciais ou não) sugerem critérios mais antigos de edição, como algo de retórica pomposa. O leitor deve decidir por si mesmo quais os termos de maior impacto. De outro lado, há recursos de ênfase menos agressivos que as maiúsculas, tais como: itálico, aspas, negrito etc.

22.3. GRAFIA DE NOMES PRÓPRIOS

Neste item, não se pretende sistematizar minuciosamente os diferentes tipos de antropônimos e topônimos, o que compete às gramáticas ou aos tratados de bibliologia. Como se viu, o emprego de inicial maiúscula assinala qualquer tipo de nome próprio, termo que designa ou aponta para um indivíduo ou objeto à parte, único de sua espécie, inconfundível com qualquer outro, que se caracteriza por mudar de acepção se for grafado no plural.

E deixe os portugais morrerem à míngua, "minha pátria é minha língua" (Caetano Veloso, "Língua", *Velô*, Philips, 1984).

ORTOGRAFIA

A seguir, apresenta-se a classificação de Antônio Houaiss (*Elementos de Bibliologia*, 1967, vol. 1, pp. 103-114) para os diversos usos dos antropônimos e topônimos.

22.3.1. Antropônimos

Segundo as "Instruções para a Organização do Vocabulário Ortográfico da Língua Portuguesa", os substantivos que designam nomes próprios personativos, locativos e de qualquer natureza, sendo portugueses ou aportuguesados, estão sujeitos às mesmas regras ortográficas estabelecidas para os substantivos comuns.

No entanto, para salvaguardar direitos individuais, quem o quiser manterá em sua assinatura a forma consuetudinária. Ao mesmo tempo, poderá também ser mantida a grafia original de quaisquer firmas, sociedades, títulos e marcas que se achem inscritos em registro público (*Volp*, 2009, p. LXXVI).

Tendo em vista essa última determinação, prefere-se que a grafia de nomes próprios seja escrita sempre na forma original, sendo aportuguesada somente quando as fontes de referência se esgotarem. Assim, modernamente, escreve-se Luís; mas grafa-se Escola Superior de Agricultura Luiz de Queiroz (Esalq).

Antropônimos são "nomes próprios designativos individuais, atribuídos a um ser humano, humanizado ou equiparado a ser humano, vivo, morto, existente, existido, imaginado, admitido, suposto, encoberto" (Antônio Houaiss, *Elementos de Bibliologia*, 1967, vol. 1, p. 103). Definição essa que abrange as personagens fictícias. Assim, tem-se:

- *Prenome*: na linguagem coloquial simplesmente "nome": Carlos, Júlio, Túlio, Washington, Francisco, Paul, Saul, Jefferson, Fuad, Sônia, Sandra, Leandro etc. Não é um critério respeitoso e muito menos correto a mania de "traduzir" prenomes de línguas estrangeiras, como se faz com tanta frequência em Portugal, onde se aportuguesa para Isabel II o nome de Elizabeth II, ou se tem João Sebastião Bach no lugar de Johann Sebastian Bach. Tal aportuguesamento é apenas admissível em casos consagrados, como Abelardo e Heloísa, Santo Agostinho, Napoleão e tantos outros, que podem ser localizados nas enciclopédias. O mesmo vale para as traduções de topônimos, que devem ser admitidas apenas em casos consagrados.

- *Sobrenome*: Monteiro, Ferreiro, de Graça, dos Santos, da Silva.
  (note que a preposição que liga prenome e sobrenome vem em caixa-baixa).

- *Cognome* ou aposto: em geral de caráter nobilitador, agregado a um nome genérico que passa a ter valor de mero prenome: Manuel, o Venturoso; Filipe, o Belo; Ricardo, Coração de Leão; Henrique, o Navegador etc.

  É possível considerar cognomes também os homônimos de linha sanguínea: Neto, Sobrinho, Filho, Júnior etc.

- *Alcunha* ou apelido:

  Chacal, Alemão (quando não se trata de indicação real quanto à nacionalidade), Pelé, Mão-Ligeira, Sete-Dedos.

  Observe-se que o nome seguinte ao hífen sempre se apresenta com inicial maiúscula.

- *Hipocorístico*, ou seja, apelido que resulta da redução do prenome a algumas sílabas, uma ou duas, e apresenta certo tom infantilizante:

  Zé, Zezé, Tintim, Vavá, Chico, Juca, Pati, Malu.

- *Antonomástico*: espécie de alcunha que denota consagração, fama, sucesso, nobilitação, proeminência; pode também indicar ironia ou caráter pejorativo:

  a Águia de Haia (Rui Barbosa), o Patriarca da Independência (José Bonifácio), a Dama de Ferro (Margareth Thatcher), a Vênus Platinada (Jean Harlow), Aleijadinho (Antônio Francisco Lisboa).

- *Pseudônimos*: nomes fictícios que designam uma pessoa real:

  Stendhal (Henri Beyle), Voltaire (François-Marie Arouet), George Sand (Aurore Dupin), Antonil (Giovanni Antonio Andreoni), Marques Rebelo (Edi Dias da Cruz), João do Rio (Paulo Barreto).

  Nunca é demais repetir as duas exceções, entre tantas outras, na lista dos antropônimos, que podem constituir dificuldades durante a preparação ou revisão de um texto:

- Substantivos comuns compostos, mesmo que "contenham" nomes próprios, não apontam para indivíduos nem designam entidades específicas, e devem ser grafados em minúsculas:

  joão-de-barro, maria-rosa (palmeira), joão-ninguém.

Certos antropônimos metaforizaram-se e viraram substantivos comuns, como mecenas, tartufo, sósia. Essa transposição, entretanto, não é de conhecimento geral, e tais elementos são escritos com minúsculas, como todo nome comum.

23.3.2. Topônimos

Os topônimos são nomes próprios que designam lugares, cidades, acidentes geográficos, ruas e logradouros etc. Pode-se classificá-los da seguinte maneira:

- *Corônimos* (nomes de países, continentes, regiões, estados, províncias): Brasil, Savoia, Triângulo Mineiro, Ceará.

- *Nesônimos* (nomes de ilhas): Madeira, Marajó, Chipre, Sardenha, Córsega, Sicília.

- *Orônimos* (nomes de montes, montanhas, maciços, cordilheiras): Apeninos, Alpes, Himalaia, Andes, Serra do Mar.

- *Politônimos* (nomes de cidades): Paris, Londres, Rio de Janeiro, São Paulo, Madrid.

- *Potamônimos* (nomes de rios): Amazonas, Nilo, Mississipi, Tejo, Mondego, Sena, Tibre.

- *Limnônimos* (nomes de lagos): Titicaca, Azul, Lago de Genebra, Lago dos Quatro Cantões, Ontário.

- *Crenônimos* (nomes de fontes): Hipocrene, dos Amores, de Trevi.

- *Eremônimos* (nomes de desertos): do Saara, de Gobi, da Arábia.

- *Talassônimos* (nomes de oceanos e mares): Mediterrâneo, Báltico, Jônio, Egeu, Mar das Antilhas, Mar dos Sargaços, Atlântico, Pacífico, Índico, Mar Morto, Mar Vermelho.

- *Outros*: Península do Peloponeso, Península Itálica, Península Ibérica, Estreito de Gibraltar, Estreito de Behring, Planalto Brasileiro, Planalto Central, Fossa de Sonda, Depressão do Mar Morto.

- *São grafados em minúsculas*, no entanto, topônimos que se incorporaram a substantivos comuns compostos, casos normalmente registrados pelos dicionários: água-de-colônia, pinho-do-paraná; ou deram origem a substantivos simples: damasco, xantungue.

- *O epíteto de topônimos* permanece em caixa-baixa: alto Nilo, médio Nilo, além-Ganges, Brasil meridional, Brasil central.

Porém, isso não é válido quando os epítetos se integram aos topônimos, como, por exemplo, em: Trás-os-Montes, África Equatorial Francesa, Confederação Helvética etc.

- Em ruas ou logradouros, o substantivo comum genérico que designa o tipo de logradouro costuma vir em caixa-baixa: rua José Maria Lisboa, praça 15 de Novembro, avenida Brigadeiro Luís Antônio, rua Machado de Assis etc.

Quando o substantivo comum genérico torna-se parte do nome pelo qual é conhecida a rua ou praça, ele precisa estar em caixa-alta e baixa: Ladeira da Memória, Rua das Marrecas, Rua do Ouvidor, Praça Onze, Praça da Sé, Praça Quinze, Praça da República etc.

22.4. MACRO E MICROTOPÔNIMOS

O aportuguesamento dos topônimos é tão desaconselhado quanto a tradução de qualquer nome próprio; no entanto, alguns nomes de países, por tradição, recebem uma "tradução fonética" ou uma transliteração para a língua portuguesa. Tais substantivos são considerados macrotopônimos. Os diferentes topônimos no interior de um país são classificados como microtopônimos. Estes, caso ainda não tenham nome consagrado em língua portuguesa, devem ser escritos com sua grafia original, ou mediante transcrição ou transliteração nos casos de idiomas que não utilizam o alfabeto latino ou são considerados ágrafos.

Assim, os problemas de redação se circunscrevem quase que exclusivamente à adaptação dos macrotopônimos para o nosso idioma, pois eles podem proceder ou de uma língua que usa alfabeto latino ou de uma que usa outro tipo de alfabeto (árabe, grego, cirílico etc.), ou mesmo de uma língua sem tradição literária, ou ainda de uma cujo sistema não é alfabético (chinês ou japonês).

22.5. ANACRONISMOS TOPONÍMICOS

Entende-se por anacronismo toponímico o topônimo caído em desuso por razões políticas. Um exemplo recente é o fim da União Soviética, denominação que se tornou anacrônica.

Grafa-se somente a forma antiga do topônimo quando o texto se referir ao período no qual foi usado.

22.6. TOPÔNIMOS QUE PODEM GERAR DÚVIDAS

Quando os topônimos e outros nomes estrangeiros são citados em bibliografias e referências bibliográficas, devem ser indicados na forma como aparecem na ficha catalográfica da publicação. Porém, quando figuram no texto, deve-se preferir a forma utilizada na lista a seguir, que contém os casos que apresentam maior número de dúvidas.

A

Abadã ou Abadan (Irã)
Aberdeen (Escócia)
Abidjã ou Abidjan (Costa do Marfim)
Abilene (Texas, EUA)
Abruzos (região da Itália)
Abu Dhabi ou Abu Dabi (Emirados Árabes Unidos)
Abuja (Nigéria)
Abuquir (Egito)
Ashkhabad (Turcomenistão)
Acra (Gana)
Adamstown (Ilha de Pitcairn, entre outros)
Ádige (rio da Itália)
Adis-Abeba ou Adis-Ababa (Etiópia)
Agadir (Marrocos)
Agaña (Guam)
Alaska ou Alasca (aport.) (EUA)
Albany (Nova York, EUA)
Álbion (antigo nome da Grã-Bretanha)
Alentejo (Portugal)
Alepo (Síria)
Algeciras (Espanha)
Al Kuwait (Kuwait)
Allahabad (Índia)
Alma-Ata (Casaquistão)
Alofi (ilha de Niue, Nova Zelândia)
Amã (Jordânia)

Amambaí (Brasil)
Amambay (Paraguai)
Amoy ou Xiamen (China)
Amsterdam ou Amsterdã (Holanda)
Ancara ou Ankara (Turquia)
Anchorage (Alasca)
Anderlecht (Bélgica)
Andorra la Vella (Andorra)
Angoulême (França)
Antananarivo (ant. Tananarive, Madagascar)
Antígua (Antilhas)
Antióquia (turco Antakich, Turquia)
Antuérpia (fr. Anvers, Bélgica)
Apia (Samoa Ocidental)
Aqaba, Ácaba ou Ákaba (golfo de)
Aragão (Espanha)
Ardenas (Europa)
Arezzo (Itália)
Argel (Argélia)
Arizona (EUA)
Arkansas (EUA)
Armagnac (França)
Ascot (Inglaterra)
Asmara (Eritreia)
Assam (Índia)
Assuã ou Assuan (Egito)
Assunção (Paraguai)
Astracã (Rússia)

Astúrias (Espanha)

Atenas (Grécia)

Atlantic City (EUA)

Auckland (Nova Zelândia)

Augsburgo (Alemanha)

Auschwitz (pol. Oswiencim, Polônia)

Austerlitz (tch. Slavkov, República Tcheca)

Avellaneda (Argentina)

Avignon ou Avinhão (aport.) (França)

Ayacucho (Peru)

Azerbaijão (Ásia)

B

Babi Yar (Ucrânia)

Badajoz (Espanha)

Baden-Baden (Alemanha)

Bagatelle (França)

Bagdá ou Bagdad (Iraque)

Bahía Blanca (Argentina)

Baku (Azerbaidjão)

Bali (Indonésia)

Baltimore (EUA)

Baluchistão ou Beluchistão (Ásia)

Bamako (Mali)

Bandar Seri Begawan (Borneo, Brunei)

Bandung ou Bandoeng (Java, Indonésia)

Bangcoc ou Bangkok (Tailândia)

Bangui (República Centro-Africana)

Banjul (ant. Bathurst, Gâmbia)

Barajas (Espanha)

Bari (Itália)

Basileia (fr. Bâle, al. Basel, Suíça)

Basra ou Bassora (Iraque)

Basse-Terre (ilha de Guadalupe)

Basseterre (Saint Kitts e Nevis, São Cristóvão e Névis)

Baton Rouge (EUA)

Baviera (al. Bayern, Alemanha)

Bayeux (França)

Bayonne (EUA, França)

Bayreuth (Alemanha)

Béarn (França)

Beirute ou Beirut (Líbano)

Beja (Portugal)

Belfast (Irlanda do Norte)

Belgrado (Becgrad, Iugoslávia)

Belmopan (Belize)

Bengasi (Líbia)

Bérgamo (Itália)

Bergen (Noruega)

Berkshire (Inglaterra)

Berlim (Alemanha)

Bermudas (ilhas no Oceano Atlântico)

Berna (Suíça)

Besançon (França)

Bhopal ou Bopal (Índia)

Biarritz (França)

Bichkek (Quirguistão ou Quirguizistão)

Bien Hoa (Vietnã ou Vietname)

Bilbao (Espanha)

Birkenau (pol. Brzezinka, Polônia)

Birmânia (atual Mianmar)

Birmingham (Inglaterra e EUA)

Biscaia (Espanha)

Bissau (Guiné-Bissau)

Blantyre (Malawi)

Bogotá (Colômbia)

Bolonha (Itália)

Boston (EUA)

Botsuana ou Botswana (antiga Bechuanalândia, África)

Brandemburgo (Alemanha)

ORTOGRAFIA

Bratislava (Eslováquia)

Brazzaville (Congo)

Brêmen (Alemanha)

Brescia (Itália)

Bridgetown (Barbados)

Brisbane (Austrália)

Bristol (Inglaterra)

Brno (al. Brünn, República Tcheca)

Bruges (Bélgica)

Brunswick (Alemanha)

Bruxelas (Bélgica)

Buaquê (Costa do Marfim)

Bucareste (Romênia)

Buchanan (Libéria)

Budapeste (Hungria)

Buenos Aires (Argentina)

Buffalo (vários, EUA)

Bujumbura (Burundi, antigo Urundi, África)

Bulawayo (Zimbábue ou Zimbabwe)

C

Cabul ou Kabul (Afeganistão)

Cádiz (Espanha)

Cagliari (Sardenha, Itália)

Caiena (Guiana Francesa)

Caimãs ou Cayman (Ilhas, Caribe)

Cairo (Egito)

Calábria (Itália)

Calais (França)

Calcutá (Índia)

Cali (Colômbia)

California ou Califórnia (aport.) (EUA)

Callao (Peru)

Camagüey (Cuba)

Camberra (Austrália)

Campânia (Itália)

Campoformio (Itália)

Canossa (Itália)

Cantão (Guangzhu ou Kuang-Tchen, China)

Cápua (Itália)

Caracas (Venezuela)

Carcassonne (França)

Cardiff (Gales)

Carnac (França)

Carson City (EUA)

Cartagena (Espanha, Colômbia)

Cartum ou Khartum (Sudão)

Casablanca (ár. Dar El-Beida, Marrocos)

Cascais (Portugal)

Castries (Santa Lúcia, Antilhas)

Catai (nome da China na Idade Média)

Catalunha (Espanha)

Catânia (Itália)

Catanzaro (Itália)

Catar, preferível a Qatar ou Katar (país da Península Arábica)

Cauca (Colômbia)

Caucásia (região das estepes russas)

Cáucaso (montanhas, do mar Cáspio ao mar Negro)

Caxemira (Índia)

Chapultepec (México)

Charente (região da França)

Charleston (Carolina do Sul, EUA)

Charlotte (Carolina do Norte, EUA)

Charlotte Amalie (Saint Thomas, Ilhas Virgens Norte-Americanas)

Charlottetown (Canadá)

Cherburgo (fr. Cherbourg, França)

Chichén Itzá (México)

MAIÚSCULAS E MINÚSCULAS

Chiclayo (Peru)

Chihuahua (México)

Chisinau (ant. Kichniev, Moldávia)

Chongjin (Coreia do Norte)

Chonju (Coreia do Sul)

Chuí (RS)

Chuy (Uruguai)

Cíclades (Grécia)

Cidade da Guatemala (Guatemala)

Cidade do México (México)

Cidade do Panamá (Panamá)

Cienfuegos (Cuba)

Cincinnatti (Ohio, EUA)

Cingapura (capital da República de
    Cingapura)

Circássia (antigo nome da região ao
    norte do Cáucaso)

Civitavecchia (Itália)

Cleveland (Ohio, EUA)

Coblença (al. Koblenz, Alemanha)

Cochabamba (Bolívia)

Cochinchina

Cockoburn Town (Ilhas Turks e
    Caicos)

Cognac (França)

Colombey-les-Deux-Églises (França)

Colombo (Sri Lanka)

Cólquida (Ásia)

Columbia (Carolina do Sul, EUA)

Conacri (Guiné)

Concepción (Chile, Paraguai)

Congo (República Democrática do; ou
    Congo Kinshasa, ant. Zaire)

Connecticut (EUA)

Copenhague (din. København,
    Dinamarca)

Córdoba ou Córdova (aport.)
    (Argentina, Espanha, entre outros)

Corfu (gr. Kérkyra, ant. Córcira,
    Grécia)

Corinto (Grécia)

Cork (Irlanda)

Corrientes (Argentina)

Cosenza (Itália)

Costa del Sol (Espanha)

Cotonu (Benim)

Coventry (Inglaterra)

Covilhã (Portugal)

Cracóvia (pol. Krakow, Polônia)

Cremona (Itália)

Cúcuta (Colômbia)

Cuenca (Espanha, Equador)

Curdistão (Ásia)

Cuzco ou Cusco (Peru)

D

Daca (Bangladesh)

Dacar ou Dakar (Senegal)

Dachau (Alemanha)

Dallas (Texas, EUA)

Dalmácia (Croácia)

Damasco (Síria)

Da Nang (Vietnã ou Vietname)

Danzig ou Dantzig (nome alemão de
    Gdansk, Polônia)

Daomé (atual Benim)

Dar Es-Salam ou Dar Es-Salaam
    (Tanzânia)

Darmstadt (Alemanha)

Dartmouth (Canadá)

Davao (Filipinas)

Debreczen (Hungria)

Delaware (EUA)

ORTOGRAFIA

Denver (Colorado, EUA)

Derby (Inglaterra)

Des Moines (Iowa, EUA)

Devonshire (Inglaterra)

Dien Bien Phu (Vietnã ou Vietname)

Díli (Timor)

Djajapura (antiga Sukarnopura, ant. Hollandia, Indonésia)

Djibuti (Djibouti)

Dnieper (rio da Europa que deságua no mar Negro)

Dniester (rio da Europa que deságua no mar Negro)

Dodoma (Tanzânia)

Doha (Catar)

Donetsk (ant. Stalino, Ucrânia)

Dortmund (Alemanha)

Douglas (Ilha de Man, Grã-Bretanha)

Dover (EUA, Inglaterra)

Dresden (Alemanha)

Dublin (Irlanda)

Duchanbe (ant. Stalinabad, Tadjiquistão)

Duluth (EUA)

Dundee (Escócia)

Durazzo (it.) ou Durrês (ant. Epidamnus, Albânia)

Durban (ant. Porto Natal, África do Sul)

Düsseldorf (Alemanha)

Dzandzi (capital do território francês de Mayotte, arq. das Comores)

E

Edimburgo, Edinburgh (Escócia)

Edmonton (Canadá)

Eilat, Eilath, Elat, Elath (Israel)

Eindhoven (Holanda)

Eisenach (Alemanha)

El-Alamein (Egito)

Elche (Espanha)

El Paso (EUA)

Entebe (Uganda)

Epsom (Inglaterra)

Erevan, Ierevan ou Yerevan (Armênia)

Erfurt (Alemanha)

Erie (EUA)

Eslováquia (República Europeia)

Eslovênia (República Europeia)

Esmirna, Izmir (ant. Smirna, Turquia)

Essen (Alemanha)

Essex (Inglaterra)

Esslingen (Alemanha)

Estocolmo (Suécia)

Estrasburgo (França)

Estremadura (Portugal)

Eton (Inglaterra)

Évora (Portugal)

F

Fairbanks (Alasca)

Famagusta (Chipre)

Fez (Marrocos)

Fidji ou Fiji (ilhas)

Flandres (Europa)

Florida (Uruguai, entre outros)

Florida ou Flórida (aport.) (EUA)

Fontainebleau (França)

Fort-de-France (Martinica)

Fort Worth (EUA)

Frankfurt (Frankfurt am Main, Alemanha)

Frankfurt an der Oder (Alemanha)

Frascati (ant. Tusculum, Itália)

Freetown (Serra Leoa)

Friuli (região da Itália)

Fuji-Yama ou Fujiama (aport.) (vulcão do Japão)

Fukuoka (Kyushu, Japão)

Fukushima (Japão)

Funabashi (Honshu, Japão)

Funafuti (Ilhas de Tuvalu, ant. Ilhas Ellice, Polinésia)

G

Gabão (África)

Gaberone (Botsuana ou Botswana)

Galiza, Galicia (esp.) (Espanha)

Gâmbia (África)

Gana (África)

Gand ou Gent (flam.) (Bélgica)

Garapan (Ilhas Marianas do Norte)

Garonne (França)

Gasconha (França)

Gaza (Oriente Médio)

Gdansk (Polônia)

Genebra (Suíça)

Gênova (Itália)

George Town (Ilhas Caimãs ou Cayman)

Georgetown (Guiana, ant. Guiana Inglesa)

Geórgia (aport.) (EUA, República Europeia)

Gettysburg (EUA)

Gironda (França)

Gizé (Egito)

Glasgow (Escócia)

Gloucester (Inglaterra)

Gobi (deserto, China e Mongólia)

Gondwana (Índia)

Gotemburgo (Suécia)

Graz (Áustria)

Grenoble (França)

Gstad (Suíça)

Guadalupe (rio da Espanha)

Guadalupe (México, Antilhas, entre outros)

Guantánamo (Cuba)

Guayaquil, Guaiaquil (aport.) (Equador)

Guernica (Espanha)

Guipúzcoa (Espanha)

H

Haia (fr. La Haye, ing. The Hague, Holanda)

Haifa (Israel)

Haiphong (Vietnã)

Halle (Alemanha)

Hamá (Síria)

Hamburgo (al. Hamburg, Alemanha)

Hamilton (Bermudas e outros)

Hanói (Vietnã ou Vietname)

Hannover ou Hanôver (aport.) (Alemanha)

Harare (ant. Salisbury, Zimbábue ou Zimbabwe)

Hastings (Inglaterra)

Havana (Cuba)

Hedjaz (região da Península Arábica)

Heidelberg (Alemanha)

Hélade (Grécia)

Helsinki ou Helsinque (aport.) (Finlândia)

Ho Chi Minh (ant. Saigon, Vietnã)

Holguín (Cuba)

Homs (ant. Êmesa, Síria)

Hong Kong, Hongkong ou Hongcong (China)

ORTOGRAFIA

Honiara (Ilhas Salomão)

Houston (EUA)

Hué (Vietnã)

Hyderabad, Haiderabade (aport.)
(Índia/Paquistão)

Hyères (ilhas no Mediterrâneo, França)

I

Iaundê ou Iaundé (Camarões)

Ibadan ou Ibadã (Nigéria)

Ibiza (Espanha)

Idaho (EUA)

Iena (al. Jena, Alemanha)

Ierevan, Erevan ou Yerevan (Armênia)

Illinois (EUA)

Imola ou Ímola (aport.) (Itália)

Inchon (ant. Chemulpo, Coreia)

Indianapolis, Indianápolis (aport.)
(Indiana, EUA)

Innsbruck (Áustria)

Iowa (EUA)

Ipoh (Malásia)

Iquique (Chile)

Iquitos (Peru)

Irrawaddy (rio de Mianmar, ant.
Birmânia)

Irkutsk (Rússia)

Ischia (Itália)

Iseo (lago da Itália)

Isère (França)

Islamabad (Paquistão)

Ismaília (Egito)

Ispahan, Ispaã (aport.) (Irã)

Ístria (Croácia)

J

Jacarta (ant. Batávia, Indonésia)

Jacksonville (Flórida, EUA)

Jaén (Espanha)

Jaipur (Índia)

Jalisco (México)

Jamestown (Santa Helena)

Jerez de la Frontera (Espanha)

Jerusalém (Israel)

Jidá, Jeddah (Arábia Saudita)

Jodhpur (Índia)

Jijel (ant. Djidjelli, Argélia)

Johannesburgo (África do Sul)

Jujuy (Argentina)

Juneau (Alasca)

K

Kampala (Uganda)

Kampucheia (ant. nome do Cambodja
ou Camboja)

Kandahar ou Cawnpore (Afeganistão)

Kano (Nigéria)

Kanpur (Índia)

Kansas (EUA)

Karachi ou Carachi (aport.) (Paquistão)

Karame (Emirados Árabes)

Karlovy Vary (República Tcheca)

Karlsruhe (Alemanha)

Karnak (Egito)

Kassel (Alemanha)

Katmandu, Kathmandu, Catmandu
(aport.) (Nepal)

Kentucky (EUA)

Kharkov (Ucrânia)

Khmer (ant. Cambodja)

Kíev (Ucrânia)

Kigali (Ruanda)

Kimberley (África do Sul)

Kingston (Jamaica)

Kingstown (Saint Vincent-Grenadines,
São Vicente e Granadines (aport.),
Antilhas)

MAIÚSCULAS E MINÚSCULAS

Kinshasa (ant. Léopoldville, Zaire, ant. Congo Kinshasa)

Kobe (Japão)

Kuala Lumpur (Malásia)

Kuwait (Arábia)

Kyoto, Kioto, Quioto (Honshu, Japão)

L

La Coruña (Espanha)

Lagos (Nigéria)

Lahore ou Laore (aport.) (Paquistão)

Lahti (Finlândia)

Lajas (Cuba)

Lâmia (Grécia)

Lancashire (Inglaterra)

Lancaster (Inglaterra)

Languedoc (França)

La Paz (Bolívia)

La Plata (Argentina)

La Rioja (Argentina)

Larissa (Grécia)

Lausanne ou Lausana (aport.) (Suíça)

Lecce (Itália)

Lecco (Lombardia, Itália)

Leeds (Inglaterra)

Leek (Holanda)

Leicester (Inglaterra)

Leipzig (Alemanha)

Lesbos (Grécia)

Leyte (Filipinas)

Lhasa, Lhassa (Tibet, Tibete)

Libreville (Gabão)

Lídice (República Tcheca)

Liège (Bélgica)

Lille (França)

Lilongwe [Malaui (aport.), Malawi, ant. Niasalândia ou Niassalândia]

Lima (Peru)

Limassol (Chipre)

Limoges (França)

Linz (Áustria)

Liubliana (esl. Ljubljana, Eslovênia)

Livorno (Itália)

Lobamba (Suazilândia ou Ngwane)

Lob-Nor (China)

Lodi (Itália)

Lodz (Polônia)

Loire (França)

Loiret (França)

Loir-et-Cher (França)

Loja (Equador)

Lomé (Togo)

Londonderry (Irlanda do Norte)

Londres (ing. London, Grã-Bretanha)

Long Beach (EUA)

Loreto (Itália)

Lorient (França)

Los Alamos (EUA)

Los Angeles (EUA)

Lot (França)

Lot-et-Garonne (França)

Louisiana (EUA)

Lourdes (França)

Louvre (museu, França)

Lovaina (fr. Louvain, neerl. Leuven, Bélgica)

Luanda (Angola)

Lübeck (Alemanha)

Lubumbashi (ant. Elizabethville, Congo Kinshasa)

Lublin (Polônia)

Lucca (Itália)

Lugansk (ant. Vorochilovgrad, Ucrânia)

ORTOGRAFIA

Lusaka (Zâmbia)
Luxemburgo (Luxemburgo)
Luxor (Egito)
Lyon ou Lião (aport.) (França)
Lvov (Ucrânia)
Lyallpur (Paquistão)

M

Maastricht (Holanda)
Macau (Macau)
Machupicchu, Machu Picchu (Peru)
Madeleine (França)
Madrid ou Madri (aport.) (Espanha)
Magdeburgo (Alemanha)
Magenta (Itália)
Maharashtra (Índia)
Maine (EUA)
Maine-et-Loire (França)
Maiorca (esp. Mallorca, Espanha)
Maipo ou Maipú (planície do Chile)
Malabo (Guiné Equatorial)
Malaca (Malásia)
Málaga (Espanha)
Malarios (Chipre)
Malaui, Malawi (África)
Malé (Maldivas)
Malmö, Malmoe (Suécia)
Manágua (Nicarágua)
Manama (Bahrein)
Mandalay (Mianmar, ant. Birmânia)
Manila (Filipinas)
Manizales (Colômbia)
Mannheim (Alemanha)
Mântua (Itália)
Manzanillo (Cuba)
Maputo (Moçambique)
Maracaibo (Venezuela)

Maracay (Venezuela)
Mar del Plata (Argentina)
Marrakesh, Marrakech (Marrocos)
Marsala (Itália)
Marselha (fr. Marseille, França)
Maryland (EUA)
Masada ou Massada (fortaleza a oeste do Mar Morto)
Mascate (ing. Muscat, Omã)
Maseru (Lesoto, Lessoto, ant. Basutolândia)
Massachusetts (EUA)
Mata-Utu (Wallis e Futuna, Polinésia Francesa)
Matanzas (Cuba, Venezuela)
Maurícia (Canadá)
Mauritânia (África)
Mayagüez (Porto Rico)
Mayenne (França)
Mayerling (Áustria)
Mbabane (Suazilândia ou Ngwane)
Medellín (Colômbia)
Medici (palácio, Roma, Itália)
Medina (Arábia Saudita)
Mekong (rio do Vietnã)
Melbourne (Austrália)
Melilla (Espanha)
Memphis (EUA)
Mendoza (Argentina)
Mênfis (Egito)
Metz (França)
Meurth (França)
Mezzogiorno (as regiões meridionais da Itália)
Mianmar (ant. Birmânia)
Michigan (EUA)

Middlessex (Inglaterra)

Milano, Milão (aport.) (Itália)

Milwaukee (EUA)

Mindanao (ilha das Filipinas)

Minneapolis (EUA)

Minnesota (EUA)

Minorca (Espanha)

Minsk (Belarus, ant. Bielo-Rússia)

Miskolc (Hungria)

Mogadício, Mogadiscio (Somália)

Mogúncia (al. Mainz, Alemanha)

Mombassa, Mombasa, Mombaça (Quênia)

Monaco-Ville, Cidade de Mônaco (aport.) (Mônaco)

Mönchengladbach (Alemanha)

Monróvia (Libéria)

Montana (EUA)

Montecarlo (Mônaco)

Monte Cassino (it. Montecatini, Itália)

Monterrey (México)

Montevidéu (esp. Montevideo, Uruguai)

Montgomery (Alabama, EUA)

Montmorency (França)

Montpellier (França)

Montreal, Montréal (Canadá)

Montreux (Suíça)

Montserrat (Espanha)

Mopti (Mali)

Morbihan (França)

Moroni (Ilhas Comores)

Moscou (Rússia)

Moselle ou Mosela (aport.) (França)

Mount Vernon (EUA)

Munique ou Munich (al. München, Alemanha)

Münster (Alemanha)

Munster (França, entre outros)

Múrcia (Espanha)

Murmansk (Rússia)

Mushie (República Democrática do Congo, Congo Kinshasa, ant. Zaire)

Mushin (Nigéria)

N

Nagasaki, Nagasáqui (aport.) (Kyushu, Japão)

Nagoya (Japão)

Nairóbi (Quênia)

Nanchang, Nan-Tchang (China)

Nanchong, Nan-Tchong (China)

Nancy (França)

Nanquim, Nanking, Nan-Jing (China)

Nantes (França)

Nan-Tong, Nantung (China)

Narbonne (França)

Narvik (Noruega)

Nashville (Tennessee, EUA)

Nassau (Bahamas)

Nauru (Polinésia, Oceania)

Navarra (Espanha)

N'Djamena (Tchad)

Nebraska (EUA)

Neuchâtel (lago da Suíça)

Newark (EUA)

Newcastle (Austrália)

New Haven (Connecticut, EUA)

New Orleans (EUA)

Ngwane ou Suazilândia (África)

Niagara Falls (EUA/Canadá)

Niamey (Níger)

Niassa (Moçambique)

Niassalândia (ant. nome do Malawi, África)

Nicósia (Chipre)

ORTOGRAFIA

Niigata (Honshu, Japão)

Nîmes (França)

Nínive (Antiguidade, Assíria)

Norfolk (Inglaterra, EUA)

Northampton (Inglaterra)

Northumberland (Inglaterra)

Notre-Dame (Paris)

Nottingham (Inglaterra)

Nova Brunswick (província do Canadá)

Nova Delhi, Nova Déli (Índia)

Nova Escócia (Canadá)

Nova Jersey (ing. New Jersey, EUA)

Nova York ou Nova Iorque (ing. New
York, EUA)

Nova Zelândia (Oceania)

Novgorod (Rússia)

Novo México (ing. New Mexico, EUA)

Nuakchott ou Nuakchote (Mauritânia)

Nukualofa (Tonga)

Numeia ou Numea (Nova Caledônia)

Nuremberg (Alemanha)

Nuuk (Groenlândia)

O

Oahu (antigas Ilhas Sandwich, Havaí)

Oakland (EUA)

Oberammergau (Alemanha)

Oberhausen (Alemanha)

Obi (Nigéria)

Obo (República Centro-Africana)

Odense (Dinamarca)

Offenbach (Alemanha)

Ogbomosho (Nigéria)

Ohio (EUA)

Oise (França)

Oka (rio da Rússia)

Okayama (Honshu, Japão)

Okazaki (Honshu, Japão)

Oklahoma (EUA)

Okynawa (Ryukyu, Japão)

Omã (Oriente Médio)

Omaha (EUA)

Ondurmã (Sudão)

Ontário (Canadá)

Opéra (teatro de Paris)

Orã (Argélia)

Oregon (EUA)

Orléans (França)

Oruro (Bolívia)

Osaka (Japão)

Oshogbo (Nigéria)

Osijek (Croácia)

Oslo (Noruega)

Ostia ou Óstia (aport.) (Itália)

Ostrava (ant. Moravska-Ostrava,
República Tcheca)

Ottawa (Canadá)

Oxford (Inglaterra)

P

Pádua (it. Padova, Itália)

Palma de Mallorca ou Maiorca (aport.)
(Espanha)

Pankow (Alemanha)

Panteon ou Panteão (aport.) (templo de
Roma)

Panthéon ou Panteão (aport.) (templo
de Paris)

Papeete (Taiti, Polinésia Francesa,
Oceania)

Papua-Nova Guiné (Oceania)

Paramaribo (Suriname)

Paris (França)

Pasadena (Califórnia, EUA)

MAIÚSCULAS E MINÚSCULAS

Pasárgada (Pérsia)

Pavia (Itália)

Paysandú (Uruguai)

Pedro Juan Caballero (Paraguai)

Peenemünde (Alemanha)

Peñafiel (Espanha)

Penafiel (Portugal)

Pendjab (região da Ásia)

Pensilvânia (EUA)

Pequim, Beijing, Peiping (China)

Pérgamo (Ásia)

Périgord (França)

Perm (ant. Molotov, Rússia)

Perpignan (França)

Perth (Austrália)

Perúgia (Itália)

Peshawar (Paquistão)

Petach Tikvah, Petash Tikvah, Petah
Tiqva (Israel)

Petrogrado (atual São Petersburgo, ant.
Leningrado, Rússia)

Phnom Penh (Cambodja)

Phoenix (Arizona, EUA)

Piacenza (Itália)

Picadilly (Inglaterra)

Pigalle (Paris)

Pilsen (tch. Plzen, República Tcheca)

Piltdown (Inglaterra)

Pinar del Río (Cuba)

Pireu (Grécia)

Pisa (Itália)

Pittsburgh (EUA)

Plovdiv (ant. Filipópolis, Bulgária)

Plymouth (Montserrat)

Pointe-Noire (República Democrática
do Congo)

Poitiers (França)

Pomerânia (Polônia)

Port Elizabeth (África do Sul)

Portland (EUA, entre outros)

Port Louis (Maurício)

Port Moresby (Papua-Nova Guiné)

Port of Spain (Trinidad e Tobago)

Port Said (Egito)

Port Stanley (Ilhas Malvinas)

Port-Vila (Vanuatu, ant. Novas Hébridas)

Porto-Novo (Benin)

Porto Príncipe (Haiti)

Posadas (Argentina)

Potomac (rio dos EUA)

Potosí (Bolívia)

Potsdam (Alemanha)

Poznan (al. Posen, Polônia)

Pretória (África do Sul)

Princeton (EUA)

Praga (tch. Praha, República Tcheca)

Praia (Cabo Verde)

Provença (fr. Provence, França)

Puerto Montt (Chile)

Punta Arenas (Chile)

Punta del Este (Uruguai)

Pusan (Coreia do Sul)

Pyongyang, Piongiang ou Piongiangue
(aport.) (Coreia do Norte)

Pyrénées ou Pirineus (aport.) (França)

Q

Qom (Irã)

Quartier Latin (bairro de Paris)

Quebec (Canadá)

Quênia ou Kenya (África)

Querétaro (México)

Quirguízia (nome do atual Quirguistão
ou Quirguizistão na época da URSS)

Quito (Equador)

ORTOGRAFIA

R

Rabat (Marrocos)

Rangum (ant. nome de Yangun, Mianmar, ant. Birmânia)

Ratisbona (al. Regensburg, Alemanha)

Ravena (it. Ravenna, Itália)

Ravensburg (Alemanha)

Recklinghausen (Alemanha)

Reykjavik (Islândia)

Rhode Island (EUA)

Riad ou Riyad (Arábia Saudita)

Richmond (EUA)

Riga (Letônia)

Rimini (Itália)

Rivoli (Itália)

Road Town (Ilhas Virgens Britânicas)

Rochdale (Inglaterra)

Rochester (EUA; Inglaterra)

Rodes, Rhodes (gr. Rhódos, Grécia)

Rodésia (antigo nome do Zimbabwe, África)

Roma (Itália)

Rosario ou Rosário (aport.) (Argentina)

Roseau (Dominica)

Roseta (ár. Rachid, Egito)

Rotterdam (Holanda) ou Roterdã (aport.)

Ruanda (África)

S

Sabadell (Espanha)

Saida (ant. Sídon, Líbano)

Saint-Denis (França)

Saint George's (Granada)

Saint John's (Antígua e Barbuda)

Saint Louis (EUA)

Saint Paul (EUA)

Salem (EUA)

Salisbury (Inglaterra)

Salt Lake City (EUA)

Salzburg ou Salzburgo (aport.) (Áustria)

Samarkand ou Samarcanda (aport.) (Uzbequistão)

Sana (Iêmen, Yemen)

San Antonio (EUA)

San Cristóbal (República Dominicana)

San Diego (EUA)

San Francisco (EUA)

San Isidro (Argentina)

San José (Costa Rica)

San Juan (Porto Rico)

San Marino (San Marino)

San Miguel (El Salvador)

San Remo (Itália)

San Salvador (El Salvador)

San Sebastián (Espanha)

Santander (Espanha)

São Domingos ou Santo Domingo (República Dominicana)

São Petersburgo, Sankt-Peterburg (ant. Petrogrado, ant. Leningrado, Rússia)

São Tomé (São Tomé e Príncipe)

Saporo (Japão)

Saragoça (esp. Zaragoza, Espanha)

Serajevo ou Sarajevo (Bósnia-Herzegovina)

Sardenha (Itália)

Savannah (EUA)

Savoia (França)

Schleswig-Holstein (Alemanha)

Seattle (EUA)

Sebastopol (Ucrânia)

Sedan (França)

Segovia ou Segóvia (aport.) (Espanha)

MAIÚSCULAS E MINÚSCULAS

Serra Leoa (África)

Sérvia (Europa)

Sevilha (esp. Sevilla, Espanha)

Sèvres (França)

Sfax (Tunísia)

Sheffield (Inglaterra)

Shkodra ou Shkodër (it. Scutari, ser.-cro. Skadar, Albânia)

Sídon (Fenícia; atual Saida, Líbano)

Siena (Itália)

Sin-Kiang, Xinjiang ou Sinquião (aport.) (Turquestão chinês, China)

Sintra (Portugal)

Siracusa (Sicília, Itália)

Sófia (Bulgária)

Solferino (Itália)

Solingen (Alemanha)

Somerset (Inglaterra)

Somme (França)

Sorbonne (França)

Sorrento (Itália)

Southampton (Inglaterra)

Spa (Bélgica)

Spoleto (Itália)

Springfield (EUA)

Sri Lanka (ant. Ceilão, Ásia)

Stanford (Califórnia, EUA)

Stanford (Inglaterra)

Stratford on Avon (Inglaterra)

Stuttgart (Alemanha)

Suábia (al. Schwaben, Alemanha)

Surabaya, Surabaia ou Soerabaya (Indonésia)

Sussex (Inglaterra)

Suva (Fidji ou Fiji)

Swansea (Inglaterra)

Sydney (Austrália)

Sylt (Alemanha)

Syracuse (EUA)

T

Tabriz (Irã)

Tachkent ou Taškent (Uzbequistão)

Tacuarembó ou Taquarembó (aport.) (Uruguai)

Taipé ou Tai-Pei (Taiwan)

Taiwan (ant. Formosa, Ásia)

Tai-Yuan (ant. Yang-Ku, China)

Tadjiquistão (Ásia)

Tallahassee (Flórida, EUA)

Tallin ou Tallinn (ant. Reval ou Revel, Estônia)

Tanganica (África)

Tânger (Marrocos)

Taormina (Itália)

Tarn (rio da França)

Tarragona (Espanha)

Tbilissi (Geórgia)

Teerã (Irã)

Tegucigalpa (Honduras)

Tel Aviv ou Tel-Aviv (Israel)

Tennessee (EUA)

Tenochtitlán (México)

Teotihuacán (México)

The Valley (Anguilla)

Thorshavn (Ilhas Färoë)

Tibet ou Tibete (aport.) (Ásia)

Tien-Tsin ou Tianjin (China)

Tilsit (atual Sovietsk, Rússia)

Timphu (Butão)

Tirana (Albânia)

Tívoli (ant. Tibure, Itália)

Tobruk (ár. Tubruk, Líbia)

ORTOGRAFIA

Tonquim (Vietnã)

Topeka (Kansas, EUA)

Tóquio (ant. Edo ou Yedo, Honshu, Japão)

Toulon (França)

Toulouse (França)

Touraine (França)

Tours (França)

Transkei (África)

Transvaal (África do Sul)

Trípoli (Líbia)

Trondheim (ant. Nidaros, Noruega)

Troyes (França)

Tsaritsyn (hoje Volgogrado, ant. Stalingrado, Rússia)

Tsushima (arquipélago do Japão)

Tübingen (Alemanha)

Tucson (Arizona, EUA)

Tucumán (Argentina)

Tulsa (Oklahoma, EUA)

Túnis (Tunísia)

Turcomenistão (Ásia)

Turim (Itália)

Turíngia (Alemanha)

Turku (Finlândia)

Turquestão (Região Asiática)

U

Uagadugu (Burkina Fasso)

Ucrânia (Europa Oriental)

Údine (it. Udine, Itália)

Ulan-Bator (ant. Urga, Mongólia)

Ulster (o mesmo que Irlanda do Norte)

Umtata (Transkei)

Upsala (sueco Uppsala, Suécia)

Urundi (ant. nome do Burundi, África)

Ushuaia (Argentina)

Ussuriisk (ant. Vorochilov, Rússia)

Utah (EUA)

Utrecht (Holanda)

Uzbequistão (Ásia)

V

Vaduz (Liechtenstein)

Valdívia (Chile)

Val-d'Oise (França)

Valência (esp. Valencia, Espanha)

Valladolid (Espanha)

Valletta ou La Valeta (Malta)

Valparaíso (Chile)

Vancouver (Canadá)

Varsóvia (pol. Warszawa, Polônia)

Veneza (Itália)

Veracruz (México)

Verdun (França)

Vermont (EUA)

Vichy (França)

Vicenza (Itália)

Victoria (Austrália, entre outros)

Vientiane (Laos)

Vilnius, Vilnyus (ant. Vilna ou Vilno, Lituânia)

Viña del Mar (Chile)

Virginia ou Virgínia (aport.) (EUA)

Viseu (Portugal)

Vladimir (Rússia)

Vladivostok (Rússia)

Vltava (nome do Moldau, Bohemia, República Tcheca)

Volgogrado (atual Tsaritsyn, ant. Stalingrado, Rússia)

Vorochilov (atual Ussuriisk, Rússia)

Vorochilovgrad (atual Lugansk, Ucrânia)

W

Wagram (Áustria)

Washington (EUA)

Wellington (Nova Zelândia)

West Point (EUA)

Willemstad (Antilhas Holandesas, Curaçau)

Windhoek (Namíbia)

Winnipeg (Canadá)

Wisconsin (EUA)

Wittemberg (Alemanha)

Wolfsburg (Alemanha)

Worcester (Inglaterra, entre outros)

Wroclaw (al. Breslau, Polônia)

Württemberg (Alemanha)

Wyoming (EUA)

X

Xangai (ingl. Shangai, China)

Y

Yale (universidade, New Haven, EUA)

Yamagata (Honshu, Japão)

Yamoussoukro (Costa do Marfim)

Yangun (ant. Rangum, Mianmar)

Yellowstone (EUA)

Yemen ou Iêmen (aport.) (Oriente Médio, Ásia)

Yeso (Japão)

Yezd ou Yazd (Irã)

Yokohama ou Iocoama (aport.) (Honshu, Japão)

York (Inglaterra)

Yorkshire (Inglaterra)

Yosemite (EUA)

Yucatán ou Iucatã (aport.) (península localizada no México)

Yukon (rio da América do Norte, entre outros)

Z

Zagreb (Croácia)

Zaire (antigo nome da República Democrática do Congo ou Congo Kinshasa, África)

Zâmbia (antiga Rodésia do Norte, África)

Zanzibar (Tanzânia, África)

Zimbabwe (África) ou Zimbábue (aport.)

Zurique (al. Zürich, Suíça)

Zwickau (Alemanha)

Zuzhu ou Siu-Tcheu (China)

23. NUMERAIS

23.1. Grafia por Extenso   23.2. Algarismos Arábicos   23.3. Algarismos Romanos
23.4. Frações   23.5. Porcentagem   23.6. Ordinais   23.7. Idade   23.8. Datas   23.9. Horários

Exceto em obras de caráter científico (matemática, astronomia, estatística etc.), na maioria dos trabalhos comuns, especialmente nos de literatura, é preciso evitar, sempre que possível, o uso de algarismos na representação dos números, escrevendo-os de preferência com palavras. A seguir, listam-se algumas regras que servem de balizas para a utilização de tais elementos.

23.1. GRAFIA POR EXTENSO

- Dos numerais que podem ser enunciados com uma única palavra (todas as unidades e algumas dezenas "quebradas"): um, dois, três, quatro, cinco, seis, sete, oito, nove, dez, dezesseis, dezenove etc.

- Das dezenas e centenas redondas: dez, vinte, trinta..., cem, duzentos.

- Quando a forma por extenso expressa melhor a concordância: dois carros, duas cadeiras, um anel, dois reais.

- Quando os numerais fazem parte de nomes de plantas, cidades: Três Rios (cidade), cinco-folhas (planta).

- Em frases de efeito, expressões populares:

  Oito ou oitenta.
  Com mil e um diabos.
  Ele é um amigo cem por cento.

Tipoema "La roue des chiffres", em Jérôme Peignot, *Typoésie*, Paris, Imprimerie Nationale, 1993, p. 327.

- Em início de frases ou em versos e letras de canções:

  Era um, era dois, era cem
  Era o mundo chegando e ninguém
  Edu Lobo e Capinam, *Ponteio*, Duchess Music/Warner-Brasil, 1967.

- Quando forem substantivos: dois de paus, nove de ouros (cartas do baralho); dois-pontos, duas-peças.

- Em textos hieráticos, dogmáticos, solenes, altamente formais, como convites de casamento, encíclicas papais etc.
  a realizar-se às vinte horas do dia dez de agosto de dois mil e dez, na Capela [...]

- Em nomes de episódios históricos e títulos de obras artísticas. Exceto nos casos em que o número representa data ou qualquer outra expressão normalmente escrita com algarismos, ou quando se trata de títulos assim grafados por seus autores: Revolução de 9 de Julho; *2001: Uma Odisseia no Espaço*; *1984*.

- Em textos não técnicos ou não científicos, a partir do número dez, costuma-se também usar a forma por extenso. Porém, em ficção, quando o autor menciona um horário específico em que a personagem olha para o relógio, por exemplo, o numeral deve ser grafado com algarismos: Tadeu olhou para o relógio da estação: 15h 23.

Nesse caso, o uso dos algarismos aproxima o leitor da situação vivida pela personagem, de modo que é válido esteticamente utilizar tal forma.

23.2. ALGARISMOS ARÁBICOS

- No caso de se fazer referência a hora ou tempo:

  A corrida terminou depois de 1h 25min 03 s – 1:25:63 h.

- Quando os números se referem a um problema ou enunciado matemático:

$$\Delta = b^2 - 4ac; \; x = \frac{-b \pm \sqrt{\Delta}}{2a}.$$

- Em nomes de ruas, quando a data for histórica:

  Rua 13 de Maio, Avenida 9 de Julho, Praça 15 de Novembro.

- Em qualquer texto no qual o número se apresente como dado matemático, expressão científica e técnica. Altura, área, densidade, volume, frequência, pressão, resistência, números e pesos atômicos, pontos de fusão e ebulição, latitude, longitude, temperatura, tonelagem, peso, lotação etc.:

  80 km/h, 3 m, 24 m³, 15 mph, 12 V, 56 mm, 20 g.

- Quando os números expressarem valores monetários:

  A seleção brasileira gastou 11,500 milhões de reais (ou R$ 11 500 000,00).
  Uma viagem aos Estados Unidos custa 3 500 dólares (ou U$ 3 500).

- Ao indicar números que constam em tabelas, relatórios ou quadros estatísticos, numeração de páginas etc.

- As classes acima de três algarismos devem vir separadas por espaço fino, e não por ponto:

  CERTO   ERRADO
  3 650 363   ~~3.650.363~~

- Quando for o caso, os números devem estar sempre acompanhados dos respectivos símbolos de medida, fazendo-se necessário manter o espaço entre tais elementos.

  26 km, 300 kg, 20 ºC.

Note-se que o símbolo de grau (º) acompanha a letra, não o número.

23.3. ALGARISMOS ROMANOS

Os algarismos romanos são escritos com o auxílio de letras e usados como números ordinais junto ao nome de papas e reis, na indicação de partes, volumes, termos, seções e capítulos de livros, leis e regulamentos, atos e cenas de peças teatrais, na seriação dos anos e séculos; e como cardinais na numeração das partes eventuais de uma obra. As notações utilizadas podem ser compostas em letras maiúsculas, versaletes ou minúsculas, sendo I = 1, V = 5, X = 10, L = 50, C = 100, D = 500 e M = 1 000.

Em obras antigas, o número 500 pode aparecer representado por IↃ, 1 000 por CIↃ, ∞, entre outros.

Um número com um traço em cima tem seu valor multiplicado por mil: $\overline{V}$ = 5 000, $\overline{LX}$ = 60 000, $\overline{M}$ = 1 000 000.

Algarismos Arábicos e Romanos

ARÁBICO	ROMANO	ARÁBICO	ROMANO	ARÁBICO	ROMANO
1	I	16	XVI	90	XC
2	II	17	XVII	100	C
3	III	18	XVIII	200	CC
4	IV	19	XIX	300	CCC
5	V	20	XX	400	CD
6	VI	21	XXI	500	D
7	VII	22	XXII	600	DC
8	VIII	23	XXIII	700	DCC
9	IX	24	XXIV	800	DCCC
10	X	30	XXX	900	CM
11	XI	40	XL	1 000	M
12	XII	50	L	2 000	MM
13	XIII	60	LX	3 000	MMM
14	XIV	70	LXX	4 000	$\overline{IV}$
15	XV	80	LXXX	5 000	$\overline{V}$

Do ponto de vista da normalização tipográfica, adotam-se as seguintes regras:

- Com os nomes próprios, que começam com maiúsculas, usam-se letras em versal para os algarismos romanos: Elizabeth II, Carlos V, Henrique VIII, Pio X; com os nomes comuns, prefere-se o versalete ou mesmo, raramente, a caixa-baixa: tomo IV, século XIX, ato III, página ciii (103), ano liv (54). Quando as páginas pré-textuais forem numeradas em romanos, é preferível empregar o versalete ou a caixa-baixa. Há casos em que, quando aparecem dois ou três "is" juntos, o último é substituído por um "j": p. xviij.

- Quando os algarismos romanos são usados como números ordinais, não devem levar o ponto abreviativo, nem letra elevada. É considerado erro do ponto de vista tipográfico escrever Henrique ~~VIIIº~~, vol. ~~XIIº~~, ~~IV.~~ Centenário de São Paulo.

"Analogia Pictórica?", em Adrian Frutiger, *Sinais e Símbolos*, São Paulo, Martins Fontes, 1999, p. 174.

ORTOGRAFIA

- Em termos de alinhamento, recomenda-se alinhar os algarismos romanos sempre à direita ou à esquerda; não convém centralizá-los.

  VI
  VII
  VIII
  IX
  X
  XVIII

- A fim de facilitar a leitura, é usual encontrar, principalmente em livros de arte e mais raro em obras modernas, a data da edição em romano, separada por ponto ou espaço: M.DCCC.XLI (1841).

  Além desses casos, os números romanos podem ser usados em:
- Séculos: século I d.C., século X etc.
- Nomes de reis, imperadores, papas: Henrique IV, João Paulo II etc.
- Grandes divisões das Forças Armadas: II Exército, III Distrito de Cavalaria etc.
- Seminários, reuniões e acontecimentos periódicos: XI Bienal do Livro, II Congresso de Informática etc.
- Não se aplica essa regra a episódios que não sejam periódicos, por exemplo: Primeira Guerra Mundial, Quarta República.
- Dinastias reais: II Dinastia, IV Dinastia etc.
- Eventualmente na numeração das páginas pré-textuais.

23.4. FRAÇÕES

Devem ser representadas com o numerador sobre o denominador $\frac{17}{32}$, $\frac{x}{b^2}$, exceto quando ambos os elementos que as constituem forem representados por números de um a dez: três terços, um quinto, três sétimos etc. Por facilidade de edição, pode-se substituir o fio pela barra (/): 17/32, x/b². As frações decimais, em qualquer caso, devem ser escritas com algarismos: 0,4; 15,35 etc.

23.5. PORCENTAGEM

Sempre podem ser indicadas por algarismos, seguidos do símbolo próprio: 10%, 30%; ou, dependendo do tipo de texto, por extenso, como ocorre com os livros da área de ciências humanas.

A forma por extenso é utilizada, também, em expressões: "Sicrano é um sujeito cem por cento". O símbolo % deve vir junto ao número, sem espaço.

23.6. ORDINAIS

De modo geral, excetuando-se os casos em que se usam algarismos romanos, do primeiro ao décimo, devem ser escritos por extenso. Os demais são apresentados em algarismos: primeiro, segundo..., oitavo, décimo, 11º, 12º, 13º ...

23.7. IDADE

Com relação à idade das pessoas, é melhor usar algarismos, seguindo o mesmo critério válido para a grafia dos números: as unidades e dezenas "inteiras" por extenso e os números "quebrados" em algarismo:

Vera, 34 anos de idade, editora.
Tomás fez vinte anos em 2001.

Quando se tratar de um lapso de tempo (duração), devem-se grafar os números por extenso:

Esperei vinte anos por este dia.

23.8. DATAS

O dia deve vir em algarismo, o mês por extenso, e o ano em algarismo; ou dia, mês e ano em algarismos e separados por pontos:

18 de junho de 1999; 18.6.1999.

Convém evitar o uso do zero e as separações por hífen ou barras:

CORRETO	INCORRETO
1.3.2004	~~01.03.2004~~
	~~1-3-2004~~
	~~1/3/2004~~

Em documentos, coloca-se o # para evitar falsificações antes do 1 e do 2.

23.9. HORÁRIOS

São indicados em algarismos, com dois-pontos separando as horas dos minutos. Além disso, tal conjunto deve ser acompanhado do símbolo h, como em 9:00 h, 13:00 h etc. Pode-se também usar a redução h para separar as horas dos minutos. Ex.: 9h00, 13h00 etc.

24. ESTRANGEIRISMOS

24.1. Como Utilizar os Estrangeirismos **24.2.** Formas Aportuguesadas

O empréstimo de vocábulos estrangeiros é admitido como procedimento normal em todas as línguas vivas, principalmente em textos especializados (científicos, técnicos, moda, artes, esportes etc.). O uso desnecessário de palavras estrangeiras, entretanto, torna-se de mau gosto. Exceto por exigência expressa do autor, elas devem ser evitadas.

24.1. COMO UTILIZAR OS ESTRANGEIRISMOS

- Os vocábulos estrangeiros já aportuguesados devem ser escritos na forma assimilada e apresentada pelos dicionários, sem o uso do itálico:

  bar, detalhe, jipe, leiaute, manchete, maiô, ofsete, nuance, videoteipe, lêiser.

- Os vocábulos estrangeiros que não apresentam forma aportuguesada devem ser escritos em itálico:

  design, flash, know-how, feedback, insight, marketing, jazz, trailer, tweed, sursis, mise-en-scène, leitmotiv, impeachment etc.

- Se o assunto principal do texto for *marketing* ou *design*, por exemplo, não há necessidade de destacar, em itálico, essas palavras e outras que apareçam de modo frequente.

- Vocábulos ou locuções latinas também devem vir em itálico. Dispensa-se o uso do hífen, quando empregados em sentido original. Porém, se há o aportuguesamento, mantêm-se as regras da língua portuguesa:

ORTOGRAFIA

> *deficit* ou déficit (aport.), *superavit* ou superávit (aport.), *status, idem, ibidem, sic, passim, ex libris* ou ex-líbris (aport.), *ad hoc, ex officio, causa mortis, in vivo, per capita, modus vivendi, et alii, loc. cit.*

- Vocábulos estrangeiros que não são utilizados frequentemente e para os quais não há uma forma aportuguesada, ou, quando ela existe, seu uso sofre resistência, devem ser substituídos por uma palavra da língua portuguesa com o mesmo significado. Caso isso não seja possível, o estrangeirismo deve vir em itálico:

> *tour de force, hors d'œuvre, boudoir, champignon, checkup, garçonnière, glamour, parti pris, playboy.*

- Os vocábulos estrangeiros em processo de assimilação podem ser usados na forma aportuguesada. Porém, deve-se respeitar a preferência do autor; caso ele prefira a grafia original, os estrangeirismos devem vir em itálico:

> drinque, náilon, jóquei, estande, boate (nunca buate)
> *drink, nylon, jockey, stand, boîte*

- Termos intraduzíveis por serem nomes de coisas peculiares de um lugar, povo ou cultura (acidentes topográficos, eventos meteorológicos, plantas, animais, meteoros, vestes, bebidas etc.) devem ser transliterados (caso estejam em alfabeto não latino), grafados em itálico e ter seu significado explicado no próprio contexto ou em nota de rodapé, logo na primeira vez em que forem mencionados. No caso de nomes próprios, não se usa itálico.

> Zugspitz (al.) [montanha suíça, nome próprio, sem itálico], *fog* (ing.), *love-in-a-mist* (ing.) [*Nigella damascena*, flor de jardim], *blobfish* (ing.) [*Psychrolute marcidus*, espécie de peixe], *kilt* (ing.), *smörgåsbord* (sueco), *Kirsch(wasser)* (al.) [cAb, em itálico, por ser um substantivo em alemão].

24.2. FORMAS APORTUGUESADAS

Há muitas divergências por parte dos especialistas quanto à grafia dos estrangeirismos. Os antropólogos brasileiros, por exemplo, seguem normas criadas por pesquisadores estrangeiros na década de 1950, as quais determinam o emprego de letras de pouco uso em nosso sistema ortográfico (k, w, y etc.) e não preveem a realização do plural.

ESTRANGEIRISMOS

De acordo com essas normas, os nomes das tribos não podem variar: os Karajá, os Urueuauau etc. Recomenda-se que tal padrão de escrita seja respeitado em citações; no texto corrido, deve-se usar a grafia aportuguesada dos termos indígenas, de preferência aquela que já esteja dicionarizada.

Nomes de tribos indígenas dicionarizados

Aicanã	Canoê	Fulniô
Amanaié	Cantaruré	Galibi-maruorno
Aparaí	Carajá	Guajá
Apiacá	Carajá do norte	Guajajara
Apinajé	Carapanã	Guarani
Apurinã	Caripuna	Guató
Aranã	Caripuna do amapá	Iaminaua
Arapaço	Cariri-xocó	Ianomâni
Arara	Catuquina	Iaualapiti
Araueté	Catuquina-pano	Iauanauá
Aruá	Caxarari	Iecuana
Aueti	Caxinauá	Ingaricó
Avá-canoeiro	Caxixó	Iranxe
Bacairi	Caxuiana	Iudjá
Baniua	Chiquitano	Jamamadi
Bará	Cinta-larga	Javaé
Barasana	Cocama	Jenipapo-canindé
Baré	Coripaco	Juma
Bororo	Corubo	Macu
Cadiuéu	Craó	Macurape
Caiabi	Crenaque	Macuxi
Caiapó	Cricati	Marubo
Caingangue	Cubeo	Matipu
Caixana	Cuicuro	Matis
Calapalo	Culina	Matsé
Camaiurá	Curuaia	Maxacali
Cambeba	Deni	Meinaco
Canamari	Desana ou Desano	Menqui
Canela	Enauenê-nauê	Miranha

ORTOGRAFIA

Miriti-tapuia	Siriano	Tupari
Mundurucu	Suruí-paíter	Tupiniquim
Mura	Tapeba	Uaiana
Nambiquara	Tapirapé	Uaimiri-atroari
Nauquá	Tapuia	Uaiuai
Nuquini	Tariana	Uapixana
Ofaié	Tembé	Uarequena
Palicur	Tenharim	Uari
Pancararu	Terena	Umutina
Paracanã	Ticuna	Urueuauau
Paraná	Timbira	Xacriabá
Pataxó	Tingui-botó	Xavante
Pataxó hã hã hãe	Tirió	Xerente
Paumari	Torá	Xetá
Pirarrã	Tremembé	Xingu
Piratupaia	Trucá	Xipaia
Pitaguari	Trumai	Xoclengue
Potiguara	Tucano	Xucuru
Quasa	Tuiuca	Zoé
Quiriri	Tumbalalá	Zoró

PARTE VIII

LÍNGUAS ESTRANGEIRAS

Quem trabalha em tarefas ligadas à edição de textos sabe o quanto é útil algum conhecimento de línguas estrangeiras. Embora os preparadores e revisores técnicos sejam incumbidos de se aprofundar nesse assunto, outros profissionais da área costumam ter dúvidas relativas ao uso de determinados signos, sinais e expressões nos mais diversos idiomas – principalmente quando se trata da edição de livros universitários.

Nesses casos, porém, não é necessário ter um conhecimento extenso do assunto e, muito menos, ser um especialista em questões de estilo. Bastam algumas noções gerais de cada língua, como caracteres especiais, características de escrita e pronúncia, transliteração e transcrição, uso de maiúsculas e minúsculas, abreviaturas, acentuação, entre outras, dependendo do idioma. Por isso, esta parte não tem a pretensão de ser um guia completo de todas as línguas faladas no mundo. Além de apresentar normas gerais a respeito do latim e do grego – obrigatórias para os profissionais do texto –, optou-se por dar destaque aos idiomas mais traduzidos no Brasil, como o alemão, o castelhano, o francês, o italiano e o inglês, e a alguns que, mesmo sendo pouco frequentes no país, têm aparecido bastante com a ampliação das pesquisas universitárias – é o caso do árabe, do hebraico, do chinês e do russo. A título de informação, noções de outras línguas – como o finlandês, o holandês, o dinamarquês e o catalão – também são apresentadas.

Para facilitar a consulta, as línguas foram divididas em dois grupos: as de escrita latina e as de escritas diversas.

25. LÍNGUAS DE ESCRITA LATINA

25.1. Alfabeto Latino 25.2. Sinais Diacríticos
25.3. Caracteres Especiais Usados com o Alfabeto Latino

25.1. ALFABETO LATINO

Além das atuais 26 letras do português, o alfabeto latino compreende outros caracteres. Embora muito usada nos primórdios do latim, a letra *k* foi mais tarde substituída pelo *c*, perdurando apenas em duas palavras, *kalendae* e Kaeso, sendo esta nome próprio. O *y* aparece nos vocábulos de origem grega, com o valor de *i*; o mesmo som deste tem o *j*, motivo pelo qual modernamente já não é usado, escrevendo-se *Iulius, iustitia* em lugar de *Julius, justitia*. O *u* e o *v* eram representados antigamente pelo mesmo sinal, e ainda hoje tal prática se conserva em alguns casos, principalmente nas inscrições de monumentos e de medalhas: QVARTVS, QVO (*Quartus, quo*).

As palavras em latim, como em português, dividem-se por silabação, devendo considerar-se os seguintes pontos:

- Quando duas consoantes (incluindo-se as geminadas) encontram-se entre vogais, elas podem ser separadas: *mag-nus, reg-num, Cha-ryb-dis, re-duc-tus, prae--scrip-tus, prop-ter, om-nis, gram-ma-ti-cus, pos-sum, sic-cus, tol-le-re.*
- Havendo três ou mais consoantes entre vogais, a divisão se faz considerando os grupos do segundo item como uma só consoante, e levando em conta também a pronúncia e a formação da palavra: *Beth-lae-us, tri-um-pho, tem-plum, ad-emp-tus, sanc-tus, post-sce-ni-um, trans-mis-sio.*

- Os prefixos – *ab, ante, circum, cis, con, de, ex, extra, in, inter, intro, ob, per, prae, praeter, per, post, pro(d), propter, re(d), sub, super, supra, trans* – constituem sílaba autônoma e conservam-se intatos: *sub-ac-tio, post-hu-mus*.
- O *x* sempre fica com a sílaba que o precede: *dix-it, ex-em-plum*.

Não custa repetir que, ao longo da composição ou diagramação, a regra de não separar as vogais de um ditongo na translineação também é válida para o latim.

25.2. SINAIS DIACRÍTICOS

São sinais que se acrescentam às letras do alfabeto latino com a finalidade de caracterizar um valor próprio, sobretudo de natureza fonética. Os mais usados nas línguas europeias e asiáticas escritas em alfabeto latino são:

´	acento agudo
∧	acento circunflexo
`	acento grave
ç	cedilha
~	til
ü	trema
—	macron (longa)
¬, ˘	breve

Esses diacríticos, somados às letras e a outros elementos, dão origem a alguns caracteres especiais do alfabeto latino, apresentados no quadro a seguir.

25.3. CARACTERES ESPECIAIS USADOS COM O ALFABETO LATINO

Á	á	Ḥ	ḥ	Œ	œ
À	à	Í	í	Ŗ	ŗ
Ä	ä	Ì	ì	R̄	r̄
Â	â	Ï	ï	Ř	ř
Ã	ã	Î	î	Ś	ś
Ā	ā	Ī	ī	Ṣ	ş
Ă	ă	Ĭ	ĭ	Š	š
Å	å	Į	į	Ş	ş
Ą	ą	Ķ	ķ	ẞ	ß
Æ	æ	Ł	ł	Ţ	ţ
Ǽ	ǽ	Ļ	ļ	Ť	ť
Ć	ć	Ḹ	ḷ	Ṭ	ţ
Ç	ç	Ṃ	ṃ	Þ	þ
Č	č	Ń	ń	Ù	ù
Ḍ	ḍ	Ñ	ñ	Ü	ü
Ď	ď	Ň	ň	Ű	ű
Đ	đ	Ṇ	ṇ	Û	û
Ð	ð	Ṅ	ṅ	Ū	ū
É	é	Ŋ	ŋ	Ŭ	ŭ
È	è	Ó	ó	Ú	ú
Ë	ë	Ò	ò	Ų	ų
Ê	ê	Ö	ö	Ů	ů
Ē	ē	Õ	õ	Ý	ý
Ĕ	ĕ	Ȭ	ȭ	Ź	ź
Ě	ě	Ō	ō	Ż	ż
Ė	ė	Ŏ	ŏ	Ž	ž
Ę	ę	Ǒ	ǒ	Ʒ	ʒ
Ğ	ğ	Ø	ø		
Ĝ	ĝ	Ǫ	ǫ		

FONTE: *The Chicago Manual of Style – The Essential Guide for Writers, Editors, and Publishers*, 15. ed., Chicago, The University of Chicago Press, 2003, p. 404.

26. ALEMÃO

26.1. Noções Gerais 26.2. Alfabeto Alemão Gótico e Manuscrito 26.3. Caracteres Especiais 26.4. Maiúsculas e Minúsculas 26.5. Acentuação 26.6. Pontuação 26.7. Separação Silábica 26.8. Abreviaturas

26.1. NOÇÕES GERAIS

O alfabeto alemão compreende 26 letras. Na diagramação de jornais e obras literárias, usam-se os caracteres conhecidos como Fraktur, uma variedade bastante simples do gótico, cujo traçado original é atribuído a Dürer, ao passo que se costuma, ou costumava-se, utilizar para os livros de ciência, o romano (*antiqua*), muito mais claro e legível. Também o manuscrito se apresenta sob duas formas diversas: a comum, conhecida por todos; e outra de traçado peculiar à escrita alemã.

26.2. ALFABETO ALEMÃO GÓTICO E MANUSCRITO

GÓTICO		MANUSCRITO		CARACTERES LATINOS		NOME
𝔄	a	𝒜	a	A	a	á
𝔅	b	ℬ	b	B	b	bê
ℭ	c	𝒞	c	C	c	tsê
𝔇	d	𝒟	d	D	d	dê
𝔈	e	ℰ	e	E	e	ê
𝔉	f	ℱ	f	F	f	éff(e)
𝔊	g	𝒢	g	G	g	guê

ℌ	h		h	H	h	há
ℑ	i		i	I	i	i
ℑ	j		j	J	j	yótt(e)
ℛ	f		k	K	k	ká
ℒ	l		l	L	l	él(e)
𝔐	m		m	M	m	ém(e)
𝔑	n		n	N	n	én(e)
𝔒	o		o	O	o	ô
𝔓	p		p	P	p	pê
𝔔	q		q	Q	q	ku
ℜ	r		r	R	r	êrr(e)
𝔖	s		s	S	s	éss(e)
𝔗	t		t	T	t	tê
𝔘	u		u	U	u	u
𝔙	v		v	V	v	fáu
𝔚	w		w	W	w	vê
𝔛	x		x	X	x	iks
𝔜	ŋ		y	Y	y	ipsilonn(e)
ℨ	z		z	Z	z	tsett(e)

No gótico é preciso muito cuidado para não confundir letras semelhantes, como 𝔄 e 𝔘 (A, U), 𝔅 e 𝔓 (B, P), ℭ e 𝔈 (C, E), 𝔇, 𝔒 e 𝔔 (D, O, Q), ℜ e ℛ (R, K), b e h (b, h), f, t e ſ (f, t, s alongado), ℑ e ℑ (I e J). Usa-se o esse alongado (ſ) no começo e no meio das palavras (ſingen, *singen*; Eiſen, *Eisen*), enquanto o redondo (s) vai no fim dos vocábulos, simples ou em composição (das, *das*; dasjenige, *dasjenige*; haus, *Haus*). Dois esses, ao se encontrarem, seguem a regra anterior, podendo transformar-se em ß (sz, *eszett*), dois longos (ſſ), ou dois redondos (ss), isso pelas regras antigas da ortografia (Wasser, *Waſſer*; groß, *groß*; großartig, *großartig*; dass, dass).

17

Der Tragödie
erster Theil.

Nacht.

Fauſt

(in einem hochgewölbten, engen, gothiſchen Zimmer unruhig auf ſeinem
Seſſel am Pulte).

Habe nun, ach! Philoſophie,
Juriſterei und Medicin,
Und, leider! auch Theologie
Durchaus ſtudirt, mit heißem Bemühn.
Da ſteh' ich nun, ich armer Thor!
Und bin ſo klug, als wie zuvor;
Heiße Magiſter, heiße Doctor gar,
Und ziehe ſchon an die zehen Jahr,
Herauf, herab, und quer und krumm,
Meine Schüler an der Naſe herum —
Und ſehe, daß wir nichts wiſſen können!
Das will mir ſchier das Herz verbrennen.
Zwar bin ich geſcheidter als alle die Laffen,
Doctoren, Magiſter, Schreiber und Pfaffen;
Mich plagen keine Scrupel noch Zweifel,
Fürchte mich weder vor Hölle noch Teufel.
Dafür iſt mir auch alle Freud' entriſſen,
Bilde mir nicht ein, was Rechts zu wiſſen,
Bilde mir nicht ein, ich könnte was lehren,
Die Menſchen zu beſſern und zu bekehren.
Auch hab' ich weder Gut noch Geld,

Goethe, Fauſt.   2

Página de *Fausto*,
em alemão, em uma
edição de 1854.

26.3. CARACTERES ESPECIAIS

As diferenças em relação ao português restringem-se ao *ß*, que pode ser substituído por *ss*, ou *sz*, em caso de ambiguidade (*Masse*, massa/*Masze*, medida), e às vogais com trema *Ä ä, Ö ö, Ü ü*, que podem dar lugar, respectivamente, a *Ae ae, Oe oe, Ue ue*.

Na composição de palavras, quando ocorrerem consoantes triplas seguidas de uma vogal ou consoante surda, elas permanecem triplas, conforme a ortografia reformada (na clássica, eram reduzidas a duas): *Schiff* + *fahrt* = *Schifffahrt*; *Schritttempo*.

Quanto à pronúncia, para transcrições fonéticas, veja o quadro a seguir.

GRAFIA		PRONÚNCIA
ä, æ	→	*é*
ö, oe	→	som entre *ó* e *é*
ü, eu	→	som entre *u* e *i*
äu, eu	→	*ói*
ei	→	*ai*
ch	→	*kh* (*r* gutural, próximo de dois *rr*) na maior parte dos casos, exceto antes de *e* e *i*
s	→	*z*, no início ou meio de uma palavra
sch	→	*ch*
sp	→	*chp*, quando no início de uma palavra
st	→	*cht*, quando no início de uma palavra
ie	→	*i:* pronunciado de modo mais longo
j	→	*i*
g	→	sempre como em *guê*, independentemente da vogal seguinte
v	→	*f*
w	→	*v*
z	→	*ts*

26.4. MAIÚSCULAS E MINÚSCULAS

Em alemão, todos os substantivos, mesmo os comuns, começam com letra maiúscula, assim como os pronomes referentes à pessoa a quem o enunciador se dirige: *das Buch*, o livro; *der Mann*, o homem; *Sie*, o senhor (V. S.ª); *Ihr*, o seu. No mais, não há diferenças muito sensíveis em relação ao uso de tal destaque em português.

Convém ressaltar que, na versão de 2004 da nova ortografia alemã, pronomes de tratamento começaram a ser escritos com minúsculas. Mas a versão de 2006 restaurou as maiúsculas, possibilitando, no entanto, que, em cartas, os pronomes *du (Du)* e *ihr (Ihr)* etc. se iniciem tanto com maiúscula como com minúscula. Por essas e outras duplicidades, são esperadas novas mudanças na ortografia alemã.

26.5. ACENTUAÇÃO

O alemão não tem letras acentuadas. Apenas o *a*, *o*, *u*, com muita frequência, levam o trema sobreposto, que lhes modifica o som, mas tais vogais só são substituídas por *ae*, *oe*, *ue* quando o sistema de composição não permitir o uso do referido diacrítico. Na diagramação desentrelinhada, na qual esse sinal, nas maiúsculas, avança sobre a rebarba da linha superior, com risco de quebrá-la, é permitido mudar *Ä*, *Ö*, *Ü* para, respectivamente, *Ae*, *Oe*, *Ue*.

26.6. PONTUAÇÃO

O apóstrofo é usado para indicar a elipse de uma vogal:

wie geht's   was gibt's   hab'ich.

E ainda, para sinalizar a omissão do *s*, marca de genitivo, em nomes próprios terminados em *s*, *ß*, *x* ou *z*:

Jaspers' Philosophie   Leibniz' Meinung

As aspas apresentam a seguinte disposição: „aspas alemãs". Não é raro também ver as aspas francesas empregadas com abertura e fechamento ao contrário do uso comum: »aspas francesas no uso alemão«.

Outra diferença que merece destaque é o uso do hífen para evitar repetições em palavras compostas ligadas por conjunção. Em vez de Wochenblatt und Wochenschrift, por exemplo, pode-se escrever Wochenblatt und -schrift.

26.7. SEPARAÇÃO SILÁBICA

- O princípio fundamental de separação silábica, na medida do possível, é a divisão depois de vogal:

Fa-brik   hü-ten

- Se houver duas ou mais consoantes entre as vogais, a divisão ocorre antes da última consoante:

Karp-fen   Klir-ren   Ver-wand-te

Klemp-ner   Rit-ter   Was-ser.

- Os encontros consonantais *ch, sch, ph, st* e *th* são separados apenas quando pertencentes a sílabas diferentes:

Hä-scher   Philoso-phie   Morgen-stern

Häus-chen   Klapp-hut   Reichs-tag.

Se for preciso dividir *ck*, deve-se alterar a grafia para *k–k*:

Deckel → Dek-kel.

- Em palavras que não são de origem germânica, encontros consonantais de *b, d, g, k, p* e *t* com *t, r* e *l* permanecem ligados:

Hy-drant   Me-trum   Pu-bli-kum.

26.8. ABREVIATURAS

As regras de pontuação nas abreviações em alemão são idênticas às do português: pontuam-se abreviaturas, mas não símbolos e siglas. A única ressalva é que a utilização de uma redução em língua estrangeira em texto alemão (a qual os alemães não pontuariam, porque a pronunciam de modo abreviado) deve ser pontuada (*Wahrig Deutsches Wörterbuch*, p. 39).

ABREVIATURA	EXPRESSÃO	OBSERVAÇÕES
A.	Auflage, Ausgabe	"edição"
Abdr.	Abdruck, Abdrücke	"cópia, exemplar, edição"
Abk.	Abkürzung	"abreviatura"

ALEMÃO

Abt.	Abteilung	"seção, parte"
Anm.	Anmerkung	"nota, glosa"
Art.	Artikel	"artigo"
Aufl., Ausg.	Auflage, Ausgabe	"edição"
B.	Buch	"livro"
Bd., Bde.	Band, Bände	"volume", "volumes"
Bearb.	Bearbeiter	"editor"
bearb.	bearbeitet	"compilado, adaptado"
Beil.	Beilage	"acréscimo, suplemento"
bezw. ou bzw.	beziehungsweise	"respectivamente"
Br.	Bruder	"irmão"
ca.	cirka	"cerca de"
cbm	Kubikmeter	"metro cúbico"
ccm	Kubikzentimeter	"centímetro cúbico"
d. h.	das heisst	"isto é"
d. i.	das ist	"isto é"
E. V.	Eingang vorbehalten	"direitos reservados"
Einl. ou Einltg.	Einleitung	"introdução"
Erg.	Ergänzungsheft	"suplemento"
f., ff.	folgend, folgende	"seguinte", "seguintes"
Forts.	Fortsetzung	"continuação"
Fr.	Frau	"Senhora"
Frl.	Fräulein	"Senhorita"
geb.	geboren	"nascido"
hds. ou hdschr.	handschrift	"manuscrito" (adj.)
Hft.	Heft	"fascículo"
Hr., Hrn.	Herr, Herren	"Senhor", "Senhores" (forma de tratamento)
Hrsg. ou Hsgbr.	Herausgeber	"editor"
hrsg. ou hsgb.	herausgegeben	"editado"
i. a.	in allgemeinen	"em geral"
J.	Jahr	"ano"
Kap.	Kapitel	"capítulo"
Lfg. ou Lfrg.	Lieferung	"número", "edição" (de periódico)
Ms., Mss.	Manuskript, Manuskripte	"manuscrito", "manuscritos"

n. A.	neue Ausgabe	"nova edição"
n. Chr.	nach Christus	"depois de Cristo"
n. F.	neue Folge	"nova série"
o. J., o. O.	ohne Jahr, ohne Ort	"sem indicação de ano, de lugar"
Red.	Redakteur, Redaktion	"redator", "redação"
S. ou Ste.	Seite	"página"
s.	siehe	"veja"
Skt.	Sankt	"Santo"
Tl., Tle.	Teil, Teile	"parte", "partes"
übers.	übersetzt	"traduzido"
umgearb.	umgearbeitet	"revisado"
v. Chr.	vor Christus	"antes de Cristo"
VBl.	Verordnungsblatt	"Diário Oficial"
verb.	verbesserte	"corrigido"
Verf.	Verfasser	"autor"
vgl.	vergleiche	"compare"
z. B.	zum Beispiel	"por exemplo"
Zg., Ztg.	Zeitung	"jornal"
Zs. ou Ztschr.	Zeitschrift	"revista, periódico"
zw.	zwischen	"entre"

27. CATALÃO

27.1. Maiúsculas e Minúsculas 27.2. Acentuação 27.3. Sinais Diacríticos das
Vogais em Catalão 27.4. Pontuação 27.5. Separação Silábica

O catalão (*català, llengua catalana*) é uma língua românica que se desenvolveu por volta do século IX, a partir do latim vulgar. Sua escrita é latina, alfabética e consta de 26 letras. Escreve-se da esquerda para a direita, na horizontal.

Ocupa o posto de língua oficial de Andorra e de língua oficial regional de três regiões autônomas da Espanha: Catalunha, Valência (onde é chamado valenciano) e Ilhas Baleares.

27.1. MAIÚSCULAS E MINÚSCULAS

O uso de maiúsculas e minúsculas segue regras semelhantes às do português. Cabem, no entanto, algumas observações.

Em topônimos e corônimos: Tortosa, Puigcerdà, la Safor, el País Basc, Països Catalans (mas països bàltics, països escandinaus, països eslaus), la República Txeca (mas Estat espanyol, la república de Venècia), la Costa Brava, l'Orient Pròxim, l'Àsia Menor (mas l'Àsia central), el Tercer Món.

Os artigos, preposições e conjunções que participam dos topônimos e corônimos catalães ou catalanizados são escritos em minúscula:

Vilanova i la Geltrú; Castellar de n'Hug; Sant Llorenç prop Bagà; el Caire; la Manxa.

As denominações genéricas que acompanham os topônimos também são grafadas em minúscula, exceto se tiverem sido incorporadas ao nome:

l'avinguda Diagonal; la mar Roja; el delta de l'Ebre; l'estany Rodó; la plaça del Diamant; la ronda de Dalt; el raval de Santa Anna (mas *Mar de Barberans, Castell-Platja d'Aro*).

SEGUNDA PARTE

DE LA CRÓNICA UNIVERSAL

DEL

PRINCIPADO DE CATALUÑA.

POR EL

Dr. *GERÓNIMO PUJADES.*

LIBRO SÉPTIMO.

CAPÍTULO PRIMERO.

En el cual se prosiguen las victorias de los Alarabes pasando á la Galia Narbonense y Languedoque; y concertados con Eudo llegan á la Aquitania donde se quedan con Nimes, Agde, Aviñon y Montpeller.

Vencido por los bárbaros Alarabes el infelice y desdichado D. Rodrigo último Rey de los Visogodos de España, en aquella fiera y crudelísima batalla del año setecientos catorce de nuestra salud: apoderados aquellos enemigos de la mayor parte de España y de las fuerzas de la tierra; quedando señores de todo lo bueno que habia en Cataluña: concertados con Moños señor de Cerdaña, como quedó dicho en los últimos capítulos de la primera parte; mudó Cataluña de señor y estado. Y yo mudé de libro; no sé sí amedrentado del estruendo de las armas, que en semejantes ocasiones dá miedo y espanto. Aquellos que mas prometen echar de sí las perturbaciones y temores, suelen ser los mas tímidos, desleidos y espantados, y dejan en la necesidad padres, deudos, parientes, amigos y las cosas mas caras y preciadas por salvarse á sí mismos, como á cada uno mas convenga y halle lugar y refugio mas apto y acomodado: que el pellejo y otro tanto dará el hombre y cuanto tiene mas preciado, por guarecer su alma y vida: bien que se me puede fiar haber sido mi hecho no cobarde; mas sí de

Job. cap. II.

TOMO I.

Os artigos de topônimos não catalães nem catalanizados trazem a inicial em maiúscula:

O Grove, Las Hurdes, La Spezia; Le Havre, Los Angeles

Usa-se maiúscula nas formas protocolares de tratamento: el Molt Honorable Senyor President de la Generalitat (no uso comum, tem-se simplesmente el president de la Generalitat). Convém notar também as formas de tratamento não catalãs:

Don Joan, Lady Macbeth, Lord Byron, Madame Curie, Sir Arthur Conan Doyle

27.2. ACENTUAÇÃO

Para além do acento agudo ou grave, que podem modificar as vogais, maiúsculas ou minúsculas, usam-se ainda outros três diacríticos: o trema, que marca a diérese nas letras *u* e *i*, o ponto elevado (*punt volat*) entre os *ll* duplicados *l·l* (*ela geminada*) e o *c* cedilhado.

Com relação ao uso do trema, observam-se alguns exemplos: *llaüt, circuït, veïna, diürn, lingüista, eloqüent.*

A "letra" *l·l* (*ela geminada*) indica que as palavras que a empregam não seguiram a evolução normal do catalão (*ll* com som de *lh*), estando ligadas diretamente ao latim escrito: *il-lustració, capil-lar, intel-ligència, cal-ligrafia, paral-lel*. Opõe-se a *ll*, como em *patilla, illot, mamella, aparell, cabell, Llull.*

Já o *ç* está presente em palavras como *fiança, coneixença, esquinç, braç, calç.*

27.3. SINAIS DIACRÍTICOS DAS VOGAIS EM CATALÃO

DIACRÍTICO	VOGAIS	EXEMPLOS
	e	*amén, rebéreu, llémena*
ACENTO	i	*dofí, caníbal, física*
AGUDO	o	*fusió, furóncol, fórmula*
	u	*canesú, túnel, angúnia*
ACENTO	a	*demà, àcid, àrea*
GRAVE	e	*perquè, èxit, esfèrica*
	o	*però, apòstrof, podòmetre*
DIÉRESE	i	*raïm, veïna, fluïdesa*
	u	*saüc, diürnal, diürètic; següent, obliqüitat, lingüística, qüestionar*

27.4. PONTUAÇÃO

Em catalão, podem-se usar simultaneamente três tipos de aspas (*cometes*): baixas (« »), altas (" ") e simples (' '). As duas últimas são utilizadas quando se quer ressaltar um termo em uma citação dentro de outra:

Li vaig dir: «El professor ha dit que "film vol dir 'pel·lícula'"».

27.5. SEPARAÇÃO SILÁBICA

Costumam-se dividir as palavras, quando necessário, conforme a estrutura silábica, de modo que a divisão não separe letras que representem sons de uma mesma sílaba fônica:

te-la, ca-bra, cos-tat, neu-la, no-ia.

No entanto, convém notar o seguinte:

a. Os componentes dos dígrafos (*d* antes de consoante e de *gu, ll, ny, qu* e *ig*) podem ser separados:

ad-junt, ad-sorció, jut-ge, llot-ja, pot-ser, ràt-zia, quei-xa, ter-ra, tas-sa.

b. O *h* e o *x* não palatal não se separam da vogal que os sucede.

alco-hol, tot-hom; bo-xa, te-xans.

c. O grupo *l·l* é separado ao translinear-se, substituindo-se o ponto elevado por hífen.

cel-la, col-legi.

A partição em fim de linha costuma aproveitar o hífen existente em palavras compostas (*gira-sol*) e procura evitar que uma das partes se reduza a uma só vogal (*a-vió, avi-ó*). Também se mostra recorrente separar os prefixos ou os radicais que compõem um vocábulo quando são evidentes.

ben-estant, vos-altres.

28. DINAMARQUÊS

28.1. Caracteres **28.2.** Maiúsculas e Minúsculas **28.3.** Separação Silábica

O dinamarquês é um idioma germânico do ramo escandinavo oriental, que se desenvolveu por volta de 800 a 1100 d.C. (período *viking*). Seu primeiro documento escrito conhecido data de *c.* 1200. A escrita do dinamarquês é latina, alfabética e consta de 29 letras. É muito parecida com a do norueguês e do sueco. É a língua oficial da Dinamarca, e uma das línguas oficiais da União Europeia, além de língua minoritária protegida na Alemanha.

28.1. CARACTERES

A ordem alfabética dos caracteres é a mesma do português. Os três itens especiais *Æ æ, Ø ø, Å å* encontram-se dispostos nessa mesma ordem, após a letra *z*. Para acessá-los no processador de textos Word, podem-se utilizar os seguintes atalhos:

LETRA	ATALHO	LETRA	ATALHO
Æ	alt + 146	æ	alt + 145
Ø	alt + 0216	ø	alt + 0248
Å	alt + 143	å	alt + 134
Ö	alt + 153	ö	alt + 148

Caso queira substituí-los por caracteres comuns ao nosso idioma, veja a seguir a equivalência entre a escrita atual e a antiga escrita dinamarquesa, que também os utilizava:

LETRA	ESCRITA ANTIGA
Æ, æ	Ae, ae
Ø, ø	Oe, oe; Ö, ö
Å, å	Aa, aa

Quanto à pronúncia, veja o quadro a seguir, que também vale para outras línguas escandinavas, como o sueco e o norueguês.

GRAFIA		PRONÚNCIA
å	→	*ó* ou *ô*
æ, ä	→	*é*
ø, ö	→	som entre *ó* e *é*
j	→	*i*

28.2. MAIÚSCULAS E MINÚSCULAS

Como no alemão, os substantivos em dinamarquês escrevem-se com a letra inicial em maiúscula. Os pronomes pessoais de tratamento *De, Dem, Deres* e o *I* familiar também são grafados com seu primeiro (ou único) caractere em caixa-alta.

28.3. SEPARAÇÃO SILÁBICA

A respeito da separação de sílabas, ou translineação, devem-se levar em conta as seguintes observações:

- Devem restar no mínimo três letras para a linha seguinte.
- Palavras compostas são divididas segundo suas partes componentes, sendo os prefixos e sufixos mantidos intactos.
- Uma consoante entre duas vogais acompanha a segunda vogal.
- Os dígrafos *Sk sk, Sp sp, St st* não devem ser hifenizados e acompanham a vogal que os segue. Contudo, pode haver hífen entre duas consoantes que não representam dígrafos.

29. ESPANHOL OU CASTELHANO

29.1. Caracteres 29.2. Maiúsculas e Minúsculas 29.3. Acentuação 29.4. Pontuação
29.5. Separação Silábica 29.6. Abreviaturas

O espanhol ou castelhano é uma língua românica que vem se desenvolvendo desde o século x. Sua escrita é latina, alfabética e consta de 27 caracteres, mas apenas o *Ñ ñ* não está presente em nosso alfabeto.

Ocupa atualmente a posição de terceiro idioma mais falado no mundo e é língua oficial de: Argentina, Bolívia, Chile, Costa Rica, Cuba, Equador, El Salvador, Espanha, Guatemala, Guiné Equatorial, Honduras, México, Nicarágua, estado do Novo México (EUA), Panamá, Paraguai, Porto Rico (EUA), República Dominicana, Uruguai e Venezuela. É uma das línguas oficiais da União Europeia.

29.1. CARACTERES

A língua castelhana tratava, até 1997, *ch* e *ll* como letras distintas de *c, h* e *l*, dando como correta a ordem: *cinco, credo, chispa* e *lomo, luz, llama.* Em 1997, quando a Real Academia Espanhola adotou uma forma mais convencional de organizar a sequência dos caracteres, tal disposição se modificou, e agora *ll* aparece entre *li* e *lo,* e *ch* entre *ce* e *ci.* A única questão de ordenação própria do espanhol é o *ñ (eñe),* considerada uma letra diferente, que vem depois do *n.*

Quanto à pronúncia, observe-se o quadro a seguir.

GRAFIA		PRONÚNCIA
ch	→	*tch*
g + a, o, u	→	*guê*, como em português (*ga, go, gu*)
g + e, i	→	*kh* (*r* gutural, próximo de dois *erres*)
j	→	*kh*
ñ	→	*nh* (como na palavra manhã)
ll	→	*i* ou *j* (dependendo da região)
z	→	*th* (como na palavra em inglês *think*) ou *ss* (dependendo da região)

29.2. MAIÚSCULAS E MINÚSCULAS

Usam-se iniciais maiúsculas em nomes próprios, alcunhas, títulos honoríficos, pronomes de tratamento em correspondência formal, nomes de periódicos:

el Océano Pacífico, el Caballero de la Triste Figura, Vuestra Majestad, *El Clarín, Revista de Filología Española.*

Usam-se minúsculas em:
a. nomes genéricos em um aposto – *la ciudad de Madrid, la calle de la Infanta.*
b. nomes dos meses e dos dias da semana – *enero, febrero, março etc. lunes, martes* etc.

Já em outros títulos que não os de jornais e revistas, a tendência é seguir as regras gerais, isto é, só a letra inicial vai em maiúscula, bem como o primeiro caractere de algum nome próprio que acaso nele ocorra: *Antología de la poesía moderna de Córdoba.* Mas se encontram títulos de livros nos quais as iniciais de todos os verbos, substantivos, adjetivos e advérbios são grafadas em caixa-alta: *Antología de Poesía Española.* O importante, por exemplo, em uma lista de referências bibliográficas, é manter um critério único.

29.3. ACENTUAÇÃO

Usa-se apenas o acento agudo, que pode recair sobre qualquer uma das vogais, e o til, o qual encima o *n* (*ñ* = *eñe*), quando este tem o som do *nh* português. Diversamente do que ocorria em espanhol medieval e clássico, já não se usa o *c* cedilhado. Costuma-se, ainda, omitir o acento sobre letras maiúsculas, especialmente nos jornais, e nos sobrenomes em caixa-alta nas bibliografias. Na América hispânica, isso é menos frequente em comparação com a Espanha.

29.4. PONTUAÇÃO

O castelhano adota um uso próprio dos pontos de interrogação e de exclamação. Numa oração interrogativa e/ou exclamativa, o primeiro sinal aparece invertido:

Si no hablas a tu madre, ¿Quién lo ha dicho?
Pero, ¡Dónde fuiste a pedir dinero!
¡No te imaginas cuán ridículo estás así!

29.5. SEPARAÇÃO SILÁBICA

A translineação não oferece muita dificuldade para os falantes de português, exceto por algumas diferenças. Seu princípio básico é a divisão após uma vogal ou grupo de vogais: *au-tor, fue-go, pre-fe-rir, tie-ne, cam-biáis*.

As sílabas dos prefixos *anti, bis, circum, cis, des, inter, mal, pan, sub, super, trans* e *tras* nunca são divididas: anti-*e-mé-ti-co*, bis-*a-nuo*, circum-*am-bi-en-te*, cis-*an-di-no*, des--*u-nión* etc. Com relação aos outros prefixos, pode haver alguma discordância no uso comum (alguns são separados, outros não, como em: *ab-u-sar*, ou *a-bu-sar*). Também não devem ser translineados *nos* e *vos* em *nos-o-tros, vos-o-tros*.

Os dígrafos *ch, ll, rr* nunca são separados (vão sempre para a linha seguinte). Exemplos: *mu-*cho, *ca-ba-*llo, *des-a-rro-*llar, *he-rre-*ro, *ci-ga-*rro.

Por outro lado, separam-se as consoantes dobradas *cc* e *nn*: ac-ce-so-rio, in-no-var.

Na maioria dos outros casos, a hifenização é idêntica ao português, principalmente se se levar em conta que, como aqui, não se podem separar os ditongos, mas se separam os hiatos:

a-é-reo, exa-mi-nar, inclu-í-do, ins-pi-rar, pa-í-ses, a-ve-ri-güeis, bue-nos.

Mesmo sendo gramaticalmente válida, a hifenização que deixa uma vogal sozinha no fim ou no início de uma linha deve ser evitada. Assim, por exemplo, no processo de translineação, a palavra *aéreo* não é dividida como *a–é–reo*, mas sim como *aé-reo*. Aliás, a tendência é não deixar menos de três caracteres na linha seguinte, exceto se houver pouquíssimo espaço.

29.6. ABREVIATURAS

ABREVIATURA	EXPRESSÃO	OBSERVAÇÕES
(a)	*alias*	"aliás"
A.	*autor*	
ab.	*abad*	"abade"
art., art.o	*artículo*	"artigo"
arz.	*arzobispo*	"arcebispo"
B. L. M.	*besa la mano*	"beija a mão"
Bmo. P.	Beatísimo Padre	"Beatíssimo Padre"
cap., cap.o	*capítulo*	
cat.	*catálogo*	
C. M. B.	*cuya mano beso*	"cuja mão beijo"
col.	*columna*	"coluna"
D., D.a	Don, Doña	"Dom", "Dona"
dcha.	*derecha*	"direita"
ed.	*edición*	"edição"
Emmo.	Eminentísimo	"Eminentíssimo"
Excmo.	Excelentísimo	"Excelentíssimo"
fasc.	*fascículo*	
fx. tít.	*falso título*	"falso-título", "anterrosto"
grab.	*grabado*	"gravura"
Iltmo., Iltre.	Ilustrísimo, Ilustre	"Ilustríssimo", "Ilustre"
izq.	*izquierda*	"esquerda"
lib.	*libro*	"livro"
M. P. S.	Muy Poderoso Señor	"muito poderoso Senhor"
ob.	*obispo*	"bispo"
p., pp.	*página, páginas*	
pbro.	*presbítero*	
pr.	*párrafo*	"parágrafo"
pral.	*principal*	
Q. B. S. M.	*que besa su mano*	"que beija sua mão"
Q. D. G.	*que Dios guarde*	"que Deus guarde"
rev.	*revista*	"revisada"
R. P.	Reverendo Padre	
s. f.	*sin fecha*	"sem data"

S. M. C.	Su Majestad Católica	"Sua Majestade Católica"
S. S. S.	*su seguro servidor*	"seu criado certo"
supl.	*suplemento*	
t.	*tomo*	
tab.	*tabla*	"tábua", "quadro"
teléf.	*teléfono*	"telefone"
tít., tit.o	*título*	
trad.	*traducción*	"tradução"
V. ou Vd., Vdes	*usted, ustedes*	"Vossa Mercê", "Vossas Mercês"
viñ.	*viñeta*	"vinheta"
vol.	*volumen*	"volume"

30. FINLANDÊS

30.1. Caracteres 30.2. Maiúsculas e Minúsculas 30.3. Separação Silábica

O protofínico, isto é, a forma originária do finlandês, pertence ao grupo de línguas balto-fínicas. Era falado nas duas margens do golfo da Finlândia, atual Finlândia Meridional e Estônia, já antes de Cristo. Os dialetos balto-fínicos da parte setentrional do golfo da Finlândia começaram a dar origem à língua finlandesa somente por volta de 1200 d.C. O finlandês escrito formou-se a partir do século XVI, com base no dialeto do sudeste da região da atual Turku.

A escrita do finlandês é latina, alfabética e consta de 29 letras. O finlandês é uma língua fonética, isto é, cada grafema representa um som que só pode ser representado por esse grafema. A duplicação indica maior duração (no caso das vogais e consoantes constritivas), ou pequena pausa (no caso das consoantes oclusivas). Além do *a* e do *o*, existem as vogais *ä* e *ö*, que são indicadas por meio do trema. O *u* posteriorizado (semelhante ao *u* francês), em vez de receber tal diacrítico, é substituído pelo *y*.

Escreve-se da esquerda para a direita, na horizontal. É da mesma família do húngaro e do estoniano. É língua oficial da Finlândia e um dos idiomas oficiais da União Europeia.

30.1. CARACTERES

O alfabeto finlandês compõe-se das seguintes letras:
A, B, C, D, E, F, G, H, I, J, K, L, M, N, O, P, Q, R, S, (Š), T, U, V W, X, Y, Z (Ž), Å, Ä, Ö.
As principais particularidades desse alfabeto são:

- As três vogais com diacríticos: Å, Ä e Ö. A letra Å, chamada de "*o sueco*", aparece principalmente em nomes próprios de origem sueca: *Åbo, Åström*. Ä e Ö são inerentes ao finlandês: contrariamente a seus equivalentes alemães, a *umlaut* e o *umlaut*, Ä e Ö são consideradas duas letras distintas de A e O e ocupam lugar próprio no dicionário.
- No alfabeto completo, há grafemas que só aparecem em empréstimos estrangeiros não assimilados – c, q, w, x, z, å –, como, por exemplo: *celsius, quickstep, watti, xerokopio* e *zulu*.
- A letra W foi substituída por V e não é mais utilizada atualmente. Pode ser encontrada, todavia, em textos anteriores a 1900 e em nomes de cidades. Em dicionários, W é considerado equivalente a V, mostrando-se correta, por exemplo, a seguinte ordem alfabética: Vaaja, Wellamo, Virtanen.
- Š e Ž (pronunciam-se /ch/ e /j/) são letras utilizadas apenas em empréstimos linguísticos: Tšaikovski (Tchaikóvski), Gorbatšov (Gorbachov), Tšetšenia (Chechênia), Tšekki (Tcheca), Azerbaidžan (Azerbaijão). As duas letras são consideradas equivalentes a S e Z e substituídas por Sh e Zh na tipografia.

Quanto à pronúncia, valem as mesmas observações descritas para o dinamarquês.

30.2. MAIÚSCULAS E MINÚSCULAS

Além de ser usada em começo de frase, a letra maiúscula serve também para assinalar os nomes próprios de pessoas (Heikki, Anna, Katariina, Jussi), de países (Suomi, Espanja, Ranska), continentes (Eurooppa, Afrikka, Amerikka, Aasia), empresas (Nokia, Metso, Sonera) etc. Para distinguir os países de seus idiomas correspondentes, usam-se maiúsculas e minúsculas (Espanja / espanja, respectivamente, Espanha / espanhol).

Também se escrevem em minúscula os gentílicos (*suomalainen,* finlandês; *espanjalainen,* espanhol), os dias da semana (*maanantai, tiistai, keskiviikko*... segunda-feira, terça-feira, quarta-feira...), os meses (*tammikuu,* janeiro) e, em geral, os nomes dos órgãos administrativos, ministérios, tribunais etc., a não ser que se trate claramente de nomes próprios.

Ainda que, em geral, os pronomes pessoais e os de tratamento se escrevam em minúscula, a maiúscula pode ser usada como sinal de respeito e cortesia, especialmente em correspondências.

30.3. SEPARAÇÃO SILÁBICA

A divisão silábica é uma parte muito importante da gramática do finlandês, na medida em que torna mais fácil perceber onde ocorre a gradação consonantal – característica própria dessa língua e que afeta as letras *k*, *p* e *t* nos finais de sílabas. Há dois tipos de sílaba diferentes em finlandês. Uma que termina em vogal *e* é chamada "sílaba aberta", e outra que termina em consoante *e* é chamada "sílaba fechada". Isso se evidencia depois da separação silábica, conforme quatro diferentes modos pelos quais uma palavra pode ser dividida:

- Entre vogal e consoante (~V-CV): *ky-lä*, Lii-sa, *sei-nä*.
- Entre duas consoantes (~VC-CV): Mat-ti, *met-sä, ih-me, kyl-lä*.
- Entre a segunda e a terceira consoantes em um encontro consonantal triplo (~VCC-CV): Tans-ka, *kart-ta, munk-ki*.
- Entre duas vogais não consideradas ditongo ou vogal longa (~V-V): *rus-ke-a, ra-di-o*.

31. FRANCÊS

31.1. Caracteres **31.2.** Maiúsculas e Minúsculas **31.3.** Separação Silábica
31.4. Acentuação **31.5.** Nomes Próprios **31.6.** Abreviaturas

O francês é uma língua românica que começou a se desenvolver por volta do século VI d.C. com a vulgarização do latim sobre um substrato gaulês. Seu primeiro documento escrito (bilíngue) conhecido é *Serments de Strasbourg* (*Juramentos de Strasbourg*), datado de 842, no qual dois netos de Carlos Magno, usando o critério linguístico – língua francesa *versus* língua germânica –, dividem o território do império carolíngio. O alfabeto francês consta de 26 letras.

Há uma lista extensa de países nos quais o francês ocupa a posição de língua oficial: Bélgica, Burkina Faso, Burundi, Camarões, Canadá (Québec), Comores, Costa do Marfim, Djibuti, França, Gabão, Guadalupe, Haiti, Luxemburgo, Madagascar, Mali, Martinica, República Centro-Africana, República Democrática do Congo, Ruanda, Seychelles, Senegal, Suíça, Togo e Vanuatu. Também é uma das línguas oficiais da União Europeia.

31.1. CARACTERES

As letras do alfabeto francês são as mesmas 26 do português. Quanto aos dígrafos e ligaturas, veja-se a tabela a seguir:

LÍNGUAS ESTRANGEIRAS

Dígrafos e Ligaturas

ch	tem a mesma pronúncia que em português, salvo em palavras de origem grega e hebraica, em que, geralmente, soa como. *k*
gn	correspondente ao nosso *nh*
ph, rh, th	em palavras derivadas do grego equivalem, respectivamente, a *f, r, t*
qu	tem a mesma sonoridade que em português
æ	*a* arredondado, não pode ser separado em *a e* (precede o ditongo *ae* nas listagens alfabéticas); na grafia moderna pode ser escrito como *é*
œ	*o* arredondado, não pode ser separado em *o e*; e não se altera na grafia moderna

Quanto à pronúncia, observe-se o quadro a seguir.

GRAFIA		PRONÚNCIA
é	→	*ê*
è	→	*é*
eu	→	som entre *é* e *ó*
au, eau, aux, eaux	→	*ô*
oi	→	*uá*
ou	→	*u*
u	→	som entre *u* e *i*
in, im, ein, eim, en, ain, aim	→	*é* nasal (*e*) – in = *ãn*
un, um	→	similar ao fonema francês *eu*, mas com a pronúncia nasalizada
an, am, aen, em, en, aon	→	*a* nasal (*ã*)
on, om	→	*ô* nasal (*õ*)
gn	→	*nh*
ll	→	*l* ou *i*

31.2. MAIÚSCULAS E MINÚSCULAS

Não há grandes diferenças no uso das maiúsculas entre o francês e o português. Em nomes de instituições, títulos de livros e periódicos e em algumas outras expressões, a tendência é escrever somente a letra inicial da primeira palavra em caixa-alta, e todas as outras em minúscula, exceto se entre elas houver nomes próprios: em francês, como em português, estes sempre são escritos com inicial maiúscula.

Se o título de uma obra começar com um artigo, geralmente leva a inicial maiúscula também a palavra que se segue a tal partícula. Por exemplo, em *L'Année terrible, Le Collier de la reine, Une Folle aventure de Marie.* Em *Le Lion et le Rat, Conseil d'État,* as palavras *Lion, Rat, État* são substantivos próprios. Os nomes que designam coletivamente povos ou raças (etnônimos) começam com caixa-alta: *les Anglais, les Brésiliens, les Jaunes.*

Já em nomes de meses e dias da semana, utiliza-se a inicial minúscula: *janvier, avril; lundi, mardi.*

31.3. SEPARAÇÃO SILÁBICA

A separação silábica em francês, como em qualquer outra língua, deve ser feita nas últimas sílabas da palavra em vez de nas primeiras. Quanto mais ao final do vocábulo, menor a chance de erro na compreensão. Recomenda-se ainda evitar divisões que provoquem sílabas de duplo sentido, formando, por exemplo, "palavras" de baixo calão; qualquer translineação de grupos numéricos, com a separação dos números das unidades que os acompanham (especificamente em francês e línguas que os utilizam), bem como a colocação do hífen entre as palavras e os apóstrofos que as antecedem.

Em termos compostos, a quebra se faz, de preferência, após o hífen, desde que a segunda parte do termo não comece por vogal; aliás, não se inicia uma linha com vogal translineada. Assim, por mais gramaticalmente correta que seja a divisão do trissílabo *mon-si-eur*, na translineação só é possível a divisão *mon-sieur*. Também não se deixa sozinha sílaba de uma só vogal, e deve-se evitar passar para a outra linha uma sílaba com menos de três letras. Assim, mesmo sendo correta a divisão *a-ban-don-né*, graficamente a única possibilidade é *aban-donné*.

Além disso, devem ser levados em conta os seguintes critérios:

a. a divisão silábica em francês segue basicamente as sílabas fonéticas, mas tem também "um pé" na etimologia. Uma sílaba, em geral, é composta de uma consoante ou um dígrafo e uma vogal ou grupo de vogais (ditongos etc.);

b. dígrafos nunca se dividem, nem ditongos; o mesmo ocorre com as ligaturas *æ* e *œ*:

a-li-gner (gram.)	*com-pa-gnon*	*en-rhu-mé*	*mé-tho-de*	*æ-pyor-nys* (gram.)
ali-gner (tip.)				*é-pyor-nys* (gram.)
				æpyor-nys (tip.)
bi-pha-sé	*cro-chet*	*har-gneux*	*phi-lo-so-phie*	*œ-cu-mé-nis-me* (gram.)
				œcu-mé-nis-me (tip.)

c. pode-se fazer a divisão entre as consoantes duplas (*ll*, *mm*, *nn*, *ss*); e entre *g* e *n* (pronúncia *gn*) quando, em palavras derivadas do grego e do latim, não formam o dígrafo *gn* (pronúncia *nh*):

al-ler   *aban-don-né*   *com-mis-sion-ner*   *ig-ni-tion*   *diag-nos-ti-quer*

d. jamais se separam por mudança de linha:

- um número escrito em algarismos e a palavra que o segue e identifica;
- a chamada de uma nota e a palavra que a precede;
- a pontuação e a palavra que a precede;
- o símbolo % e o número que o precede;
- a abreviatura etc. e a palavra que a precede.

e. Não se divide uma expressão antes ou depois de um apóstrofo:

certo	aujour / d'hui	Légion d'hon / neur	pres / qu'île
errado	~~aujourd / 'hui~~	~~Légion d / 'honeur~~	~~presqu / 'île~~
errado	~~aujourd' / hui~~	~~Légion d' / honeur~~	~~presqu' / île~~

31.4. ACENTUAÇÃO

Há em francês as seguintes letras acentuadas: *à, â, é, è, ê, ë, î, ï, ô, ù, û.*

Como se vê, apenas o acento circunflexo pode aparecer sobre qualquer uma das vogais, indicando geralmente som longo (esse diacrítico é sinal de que, antigamente, depois da vogal, era grafado um *s*, que caiu em desuso). O acento agudo põe-se sobre o *e* (*é*) para indicar som fechado, como o do *ê* em português, ao passo que o grave torna aberta a pronúncia do *e* e não tem influência na articulação do *a* e do *u*, sendo antes um sinal distintivo na grafia de certos homônimos. O trema denota que duas vogais consecutivas não formam ditongo.

Em geral, não se costuma pôr acento sobre a preposição *à*, quando maiúscula, e em começo de período, visto não haver possibilidade de confundi-la,

FRANCÊS

assim, com *a*, presente do indicativo do verbo *avoir*, que jamais aparece nessa posição. O francês tem o *c* cedilhado (ç), mas desconhece o uso do til.

31.5. NOMES PRÓPRIOS

Os nomes próprios em francês (como em qualquer outra língua) não devem ser traduzidos, e, mesmo na formação de adjetivos, convém respeitar sua grafia: *les plages merleau-pontyanas*.

Devem respeitar-se todas as características particulares da escrita francesa. A tradição mandava não acentuar as maiúsculas. Dessa maneira, não se tinha *école*, mas *Ecole*. Hoje, entretanto, aconselha-se a não fazer tal distinção. Assim, qualquer que seja o acento (agudo, grave ou circunflexo), e mesmo o trema e a cedilha, são mantidos quando se usam versais. O motivo da mudança é manter a marca da tonicidade e desfazer ambiguidades. Por exemplo, só o acento permite diferençar entre «Un homme tue» ("Um homem mata") e «Un homme tué» ("Um homem morto"). Siglas, no entanto, jamais levam tal diacrítico, mesmo que as iniciais das palavras que as formam sejam acentuadas, como, por exemplo, Ensam (École Nationale Supérieure d'Arts et des Métiers).

31.6. ABREVIATURAS

Os franceses não usam o ponto nas abreviaturas que terminam com letras elevadas. Exemplo: Mis (*Marquis*, Marquês), N^{nt} (*négociant*, comerciante), Vve (*veuve*, viúva), 1er (*premier*, primeiro), 8bre (*octobre*, outubro). Na prática, em face da dificuldade decorrente da intercalação de caracteres elevados, particularmente na composição mecânica, é comum ver-se escrito Vve, 8bre etc., também sem ponto nesses casos, que só é utilizado se as letras fizerem parte do começo da palavra abreviada, e não do seu fim. Note-se, assim, Mad. e Mme como abreviaturas da mesma palavra, Madame.

ABREVIATURA	EXPRESSÃO	OBSERVAÇÕES
A.	Altesse	"Alteza"
art.	*article*	"artigo"
Bon	Baron	"Barão"
bull.	*bulletin*	"boletim"
ch. ou chap.	*chapitre*	"capítulo"

c.-à-d.	*c'est-à-dire*	"isto é"
Cie	Compagnie	"Companhia"
Cte	Comte	"Conde"
do	*dito*	"o que foi dito"
Dr	Docteur	"Doutor"
Ém.	Éminence	"Eminência"
ff.	*feuillets*	"folhetos"
fo	*folio*	"fólio"
j. ou jnl.	*journal*	"jornal"
l. ou liv.	*livre*	"livro"
LL. AA.	Leurs Altesses	"Suas Altezas"
LL. MM.	Leurs Majestés	"Suas Majestades"
M. ou Mr	Monsieur	"Senhor"
Mgr	Monseigneur	"Monsenhor"
Mlle	Mademoiselle	"Senhorita"
Mad. ou Mme	Madame	"Senhora"
MM.	Messieurs	"Senhores"
p., pp.	*page, pages*	"página", "páginas"
P. C. C.	*pour copie conforme*	"conforme à cópia"
p. p.	*publié par*	"publicado por"
p. p. c.	*pour prendre congé*	"para se despedir"
qq.	*quelque*	"alguma"
qqf.	*quelquefois*	"alguma vez"
S. ou St, Ste	Saint, Sainte	"Santo", "Santa"
s. v. p.	*s'il vous plaît*	"por favor"
t.	*tome*	"tomo"
t. s. v. p.	*tournez, s'il vous plaît*	"volte [a página] por favor"
v. ou v/	*votre*	"vosso"
V. ou vol.	*volume*	"volume"
V., voy.	*voir, voyez*	"ver", "veja"
vx.	*vieux*	"antigo", "antiquado"

32. HOLANDÊS

32.1. Caracteres   32.2. Maiúsculas e Minúsculas   32.3. Separação Silábica

O holandês ou neerlandês é uma língua indo-europeia do ramo ocidental da família germânica. Sua escrita é alfabética e latina, compondo-se de 26 letras.

O holandês é a língua oficial da Holanda (Países Baixos) e da Bélgica, sendo falado também na África do Sul, na Alemanha, nas Antilhas Holandesas, em Aruba, na França, na Indonésia e no Suriname. A denominação oficial moderna – *nederlands,* neerlandês – é muito recente e ainda não teve êxito em vencer as designações populares como *hollands* (holandês) e *vlaams* (flamengo), usadas nos Países Baixos e na Bélgica, respectivamente.

32.1. CARACTERES

A possibilidade de se utilizar o dígrafo *ij* para grafar a letra *y* pode causar algum tipo de dificuldade. Em palavras de origem estrangeira, como lyceum, baby, em vez de ij usa-se *y*, "Griekse y" (de *i graeca,* nome dado pelos romanos ao *y*), geralmente pronunciado como "ie". Este é também usado como alternativa ao *ij* em grafia internacional.

Por ser considerado uma única letra, em início de frase ou de nome próprio, o *ij* grafa-se em caixa-alta, como em IJsselmeer, ou lago IJssel (na grafia alternativa: lago Yssel). Quanto à pronúncia, observam-se os seguintes casos.

GRAFIA		PRONÚNCIA
aa	→	*a:* pronunciado de modo mais longo
ee	→	*e:* pronunciado de modo mais longo
ij	→	*ei* ou *ai*
oe	→	*u*

32.2. MAIÚSCULAS E MINÚSCULAS

As partículas *van, van den, van der,* normalmente, são escritas com letras minúsculas; mas com iniciais em caixa-alta quando no começo de "frase" ou acompanhadas de sobrenome (em bibliografias, em entradas de índices onomásticos etc.):

Vincent van Gogh, mas VAN GOGH, Vincent.

Frits van den Berghe, mas VAN DEN BERGHE, Frits.

Rogier de la Pasture van der Weyden, mas VAN DER WEYDEN, Rogier de la Pasture.

32.3. SEPARAÇÃO SILÁBICA

Devem-se seguir as seguintes observações:

a. Se houver duas vogais separadas por uma única consoante, o hífen é colocado após a primeira vogal.

moeten	*moe-ten*	ter de
maken	*ma-ken*	fazer
zeuren	*zeu-ren*	reclamar

b. Se as vogais são separadas por mais de uma consoante, o hífen é colocado após a primeira consoante.

paarden	*paar-den*	cavalos
dingen	*din-gen*	coisas
wennen	*wen-nen*	acostumar-se
venster	*ven-ster*	janela
enclave	*en-clave*	enclave
obstinaat	*ob-sti-naat*	obstinado

HOLANDÊS 537

c. No caso de termos compostos, a divisão é semelhante à da língua alemã. Separam-se as partes na fronteira das palavras componentes – se absolutamente necessário, aplicam-se as regras de separação silábica em cada parte.

waarom	*waar-om*	~~waa-rom~~	por quê?
meeteenheid	*meet-een-heid*	~~mee-teen-heid~~	unidade de medida
broodoven	*brood-oven*	~~broo-do-ven~~	forno de pão
koopakte	*koop-akte*	~~koo-pak-te~~	contrato de venda
huurauto	*huur-auto*	~~huu-rau-to~~	autolocadora

d. Observa-se divisão fonética quando a segunda sílaba de uma palavra começa com consoantes duplas ou com uma sequência consonantal difícil de se pronunciar (*rts, mbt, lfts, rwt*). Nesse processo, uma consoante (ou mais, se necessário) fica na sílaba anterior. Trata-se, na verdade, de uma divisão etimológica provocada por dificuldade de pronúncia.

startten	*start-ten*	~~star-tten~~	começamos (nós)
koortsig	*koort-sig*	~~koor-tsig~~	febril
ambtenaar	*amb-te-naar*	~~am-bte-naar~~	funcionário público
erwten	*erw-ten*	~~er-wten~~	ervilhas
Delftse	*Delft-se*	~~delf-tese, Delf-tse~~	de Delft

33. INGLÊS

33.1. Maiúsculas e Minúsculas **33.2.** Pontuação
33.3. Separação Silábica **33.4.** Abreviaturas

O inglês é uma língua indo-europeia e participa do ramo ocidental da família germânica. Originária da Inglaterra, é língua oficial do Reino Unido, Estados Unidos, Canadá, República da Irlanda, Austrália, Nova Zelândia, África do Sul e de parte do Caribe.

A língua inglesa possui as mesmas letras do português; nenhuma consoante, no entanto, é modificada por sinal diacrítico, como é o caso, por exemplo, de nosso *ç* e do *ñ* em espanhol. Quanto à pronúncia, observam-se os casos a seguir.

GRAFIA	PRONÚNCIA
a	*ei*, *a* ou *é*
e	*i* ou *e*
u	*u* ou *â*
o	*ôu*
i, *ie*	*ai* ou *i*
ai	*ei* ou *é*
aw	*ó:* pronunciado de modo longo
ow	*au*
ou	*au* ou *ou*
ay	*ei*
ee	*i:* pronunciado de modo longo
ea	*é*, *i:* longo ou *ei*
oo	*u:* pronunciado de modo longo

g	*guê* ou *dj*
h	aspirado
s	*ss, z* ou *j*
w	*u*
j	*dj*
th	*d* ou *t* pronunciado com a língua entre os dentes

33.1. MAIÚSCULAS E MINÚSCULAS

O inglês, mais do que o português, propende para o uso das maiúsculas, embora, nesse caso, não haja diferenças de vulto entre as duas línguas. O pronome que representa a primeira pessoa do singular – *I* – sempre vai em maiúscula, assim como a inicial dos nomes dos meses e dos dias da semana – *July, Sunday* – e dos adjetivos que indicam nacionalidade – *French, Italian, Portuguese* etc. Com exceção de algumas partículas (artigos, certas preposições etc.), todas as palavras que constituem o nome de livros, jornais, folhetos, documentos, revistas, bem como o título de capítulos, artigos, poesias etc., devem ser grafadas em caixa-alta e baixa.

The Elements of Typographic Style
Finer Points in the Spacing and Arrangment of Type
The Form of Book: Essays on the Morality of Good Design

33.2. PONTUAÇÃO

Quando se compõe em inglês, o travessão não deve ser precedido nem seguido de espaço, como aqui se vê:

Most popular section–la Grande Galerie–a seemingly endless corridor

Também não se pode usá-lo em começo de parágrafo para indicar a mudança de interlocutor, como se faz nas línguas neolatinas. Para tanto, empregam-se aspas em forma de vírgulas viradas (") no começo e de duplo apóstrofo (") no fim de uma citação. Se esta estiver encerrada noutra, lança-se mão das aspas simples: *"John said 'No'"*.

Depois de ponto, e continuando o período na mesma linha, era costume, na Inglaterra e nos Estados Unidos, pôr-se um espaço de quadratim como separação entre um e outro elemento. Essa prática, que entre nós está sendo imitada por alguns compositores, é hoje pouco seguida mesmo nos países de origem, por ser antiestética, pois é prejudicial à regularidade do espacejamento, criando "dentes de cão" (ou "caminhos de rato", "currais", "dentes de coelho") que desagradam à vista. Também não se usa mais ponto depois dos ordinais romanos, como era costume generalizado, em inglês, noutros tempos.

O apóstrofo usa-se antes ou depois do *s* final, para expressar o genitivo saxônico, ou, noutros casos, para indicar a supressão de letras em linguagem familiar; por exemplo: *soldier's,* do soldado; *soldiers',* dos soldados; *I'd, I'm,* em lugar de, respectivamente, *I had, I am.*

Emprega-se a vírgula para separar um número em classes e o ponto para assinalar sua parte decimal (como em: 1,341,233.02): ou seja, o contrário do uso que se faz em português. Recomenda-se, porém, utilizar pontuação (,) apenas para separar a parte decimal; as divisões do número inteiro são feitas com espaço fino tal qual, por exemplo, em 1 341 233,02.

33.3. SEPARAÇÃO SILÁBICA

Sem dúvida, nos trabalhos em língua inglesa, o diagramador encontrará dificuldades na correta divisão das palavras, que, aliás, não é nada fácil mesmo para aqueles que têm proficiência no idioma. Nos Estados Unidos, acerca desse aspecto, sobretudo a pronúncia é que serve de guia, ao passo que na Inglaterra dá-se muita importância à etimologia. Visto que em ambos os países há numerosos dicionários que indicam uma divisão vocabular coerente, toda boa editora deveria adotar um deles quando tivesse de fazer composições em inglês, o que facilita a tarefa do diagramador e do revisor. Aqui vão algumas observações que podem ser úteis na prática:

a. Quando uma consoante estiver entre duas vogais, geralmente acompanha a segunda na divisão silábica: *de-sert, cre-dence, beau-ti-ful, co-lo-ni-al, pro-duct.*
Observação: nas palavras que começam por prefixo, este se mantém inteiro, embora tal norma esteja em desacordo com o princípio descrito anteriormente: *dis-avow, for-ever, en-abled, circum-ambient, over-age, un-even.*
Os principais prefixos de origem saxônica são: *be, down, for, fore, how, mis, out, ever, to, un, under, up, with.*

Os de origem latina e grega são facilmente identificáveis por quem está habituado com o português: *ab, circum, con, dis, sub, anti, epi, hypo, meta, syn,* e numerosíssimos outros. Mais adiante, ainda serão destacados alguns outros casos que podem invalidar a regra exposta neste item.

b. Se duas consoantes estiverem entre vogais, em geral elas são separadas: *ac-tion, cym-bal, hem-pen, In-dian, pho-tog-ra-phy.*
Enquadram-se aqui os casos de separação das consoantes geminadas: *des-sert, ex-ces-sive, gram-mar, pro-fes-sor.*
Observação: tratando-se de dígrafos, isto é, de grupos de duas letras que valem por um único fonema, como *ch, gh, ph, sh, th* e *ck*, estes são conservados, ligando-se à vogal antecedente ou à subsequente, de acordo com a pronúncia: *bro-chure, duch-ess, high-est, soph-ism, fash-ion, nei-ther.* O *ck* normalmente fica com a primeira vogal: *reck-on, lock-age.* Também não sofrem divisão duas consoantes contíguas, das quais a segunda é um *r*: *a-pron, re-gress, pro-tract.*

c. Três ou mais consoantes postas entre vogais dividem-se de acordo com a pronúncia ou a estrutura da palavra, considerando-se que nenhuma sílaba pode começar por grupo que não conste em início de palavra: *cam-bric* (não se dividirá *ca-mbric*, porque não há vocábulo algum que comece por *mbr*), *diph-thong, gas-tric, child-hood* (*child*, criança + suf. *hood*), *con-sti-tute* (pref. *con* + *institute*, que não se divide por ser o *e* final mudo, como se explica adiante), *tempt-ing, in-ex-pres-sive.*

d. As terminações *ing, en, ed, er, est* separam-se da palavra a que pertencem, salvo quando seguirem consoante geminada, assim como *c* ou *g* brandos: *whirl-ing, lead-ing, beat-en, round-ed, low-er, eld-est*; mas: *run-ning, bild--ding, for-cing, ran-ging, for-bid-den, lat-ter.*
Observação: como em francês, em inglês não se podem dividir termos que apresentem sílabas mudas. Logo, palavras como *beat-en, ship-ped, pa-se, pi-le*, embora dissílabas, na prática não se devem separar, uma vez que a pronúncia não o permite: *bit'n, xip'd, pêiss, páil.* Nesse sentido, dos exemplos dados na regra *d*, somente os termos com as terminações *ing, cing, ging* poderão partir-se na composição tipográfica. Assim como em português, não se admite em inglês sílaba de uma só letra em final de linha, como as que resultariam, por exemplo, da partição de *a-mong, e-nough* etc.

INGLÊS   543

e. As terminações *able, ible* também podem ser separadas de seus radicais, indo para a linha seguinte, como se vê em *read-able, convert-ible.* O *x* nunca pode começar, nem o *j* pode terminar qualquer sílaba.

f. Duas vogais que não formem ditongo podem separar-se (os ditongos em inglês são *oi, oo, ou, ow, oy*): *di-al, buoy-ant, cow-ard, so-ci-e-ty.*

33.4. ABREVIATURAS

Em inglês, as abreviaturas são indicadas por maiúsculas com ou sem ponto (P.T.O., PTO), ou por letras minúsculas, nas quais é menos comum a ausência de ponto (mas pode haver) [*i.e., e.g., (ie, eg)*].

Formas encurtadas (abreviações) das palavras geralmente levam ponto (Prof.), embora isso não seja necessário se a redução termina com a última letra do vocábulo (Dr).

Uma vantagem do inglês é a ausência de letras elevadas nas abreviaturas. Nesse sentido, escrevem-se, por exemplo, *Jr* (Júnior), *Govt* (Government), *No, no* (número). Podem, entretanto, aparecer elementos de uso internacional, como in-8º (*in-octavo*). Os números ordinais são representados com a terminação *th*, exceto os três primeiros: *1st* (*first*), *2nd* (*second*), *3rd* (*third*), *4th* (*fourth*), *5th* (*fifth*) e assim por diante. Note-se ainda que, se duas ou mais palavras abreviadas formam uma só expressão, não vai espaço entre os elementos constituintes desta, ou, no máximo, alguns tipógrafos costumam utilizar um espaço fino entre os caracteres que a compõem. Exemplo: HRE (*Holy Roman Empire*, Sacro Império Romano), RV (*Revised Version*), DSc. (*Doctor of Science*), USA (*United States of America*). Eis mais algumas abreviaturas.

ABREVIATURA	EXPRESSÃO	OBSERVAÇÕES
abp.	*archbishop*	"arcebispo"
A.M. ou AM	*Artium Magister*	"diplomado em Letras ou Filosofia"
b. ou bk	*book*	"livro"
bp	*bishop*	"bispo"
Bt	Baronet	"Baronete" (título honorífico)
CE	*Civil Engineer*	"engenheiro civil"
ch. ou chap	*chapter*	"capítulo"
cop.	*copy*	"cópia", "original", "exemplar"

dbl.	*double*	"duplo"
D.C.L. ou DCL	*Doctor of Civil Law*	"Doutor em Direito"
D.D. ou DD	*Divinitatis Doctor*	"Doutor em Teologia"
D.Ph. ou DPh.	*Doctor Philosophiae*	"Doutor em Filosofia"
D.T., Dr DTh.	*Doctor of Theology*	"Doutor em Teologia"
eng. ou engr	*engraved, engraver* ou *engraving*	"gravado", "gravador" ou "gravura"
Esq.	*Esquire*	"Cavalheiro" (título honorífico)
fo.	*folio*	"fólio"
fold.	*folded* ou *folding*	"dobrado" ou "dobra"
g.	*gilt*	"dourado"
hb., hb ou hfdb	*half-bound*	"em meia-encadernação"
l., ll.	*leaf, leaves*	"folha", "folhas"
lib.	*library*	"biblioteca"
Lit.D.	*Literarum Doctor*	"Doutor em Letras"
LL.D. ou LLD	*Legum Doctor*	"Doutor em Direito"
M.D. ou MD	*Medicinae Doctor*	"Doutor em Medicina"
mo.	*month* ou *monthly*	"mês" ou "mensal"
Mr, Messrs	Mister, Messieurs	"Senhor", "Senhores"
Mrs	Mistress	"Senhora"
pl.	*plate*	"estampa", "gravura", "clichê"
pub. ou publ.	*published* ou *publisher*	"editado" ou "editor"
rm.	*ream*	"resma"
t.o.	*turn over*	"vire, volte (a página)"
t.p.	*title page*	"página de rosto", "frontispício"
wdct. ou wdct	*woodcut*	"xilogravura"
y. ou yr	*year*	"ano"

34. ITALIANO

34.1. Maiúsculas e Minúsculas 34.2. Acentuação 34.3. Pontuação
34.4. Separação Silábica 34.5. Abreviaturas

O alfabeto italiano compõe-se de 21 letras, sendo os caracteres *j, k, w, x* e *y* empregados apenas na grafia de nomes estrangeiros. O *j* semiconsonantal (*i lungo* ou *iota*) já foi utilizado para substituir o *i* antes de outra vogal: *jodo, gioja*, em vez de *iodo, gioia*, mas tal prática revela-se hoje inteiramente abandonada.

Os erros mais comuns na composição de textos em italiano – e na transcrição destes, quando um autor abona citações sem dominar muito bem o idioma – têm por causa as letras geminadas (*doppia*), cujo emprego influi não apenas na pronúncia, mas muitas vezes no próprio significado das palavras, como se pode ver em *annotare* (anotar) e *annottare* (anoitecer), *camino* (chaminé) e *cammino* (caminho), *capello* (cabelo) e *cappello* (chapéu), *bruto* (bruto) e *brutto* (feio), *stima* (estima) e *stimma* (estigma), para somente se fazer referência a uns poucos exemplos. A flexão gramatical é outra causa de enganos frequentes. Na língua italiana, as variações, não só de gênero, como de número, indicam-se com a mudança da vogal final: *bello, bella, belli, belle* (belo, bela, belos, belas), e isso, por vezes, confunde leigos, tentados a uniformizar determinados vocábulos.

Quanto à pronúncia, observam os seguintes casos.

GRAFIA	PRONÚNCIA
c + a, o, u	*k*
c + e, i	*tch*, como em tchau
ch	*k*
g	como em português, sua pronúncia varia em função da vogal seguinte

DEL PURGATORIO.

CANTO PRIMO.

Uscito Dante dalla sotterranea caverna, sente ricrearsi dall' aer puro e dalla vista di fulgentissime stelle. Catone uticense, che sta a guardia dell'isola, si fa incontro ai due Poeti, e domanda ragione del lor cammino; ed intesala, gl'istruisce di ciò che far debbano, prima di mettersi su pel monte.

Per correr miglior acqua alza le vele
Omai la navicella del mio ingegno,
Che lascia dietro a sè mar sì crudelo:
E canterò di quel secondo regno,
Ove l'umano spirito si purga,   5
E di salire al ciel diventa degno.
Ma qui la morta poesia risurga,
O sante Muse, poi che vostro sono;
E qui Calliopea alquanto surga,
Seguitando il mio canto con quel suono,   10
Di cui le Piche misere sentiro
Lo colpo tal, che disperâr perdono.
Dolce color d'oriental zaffiro,

1-3. Come per *mar crudele* dee intendersi l'Inferno, cosi per *miglior acqua* dee intendersi il Purgatorio; non perchè questo presenti materia meno difficile a trattarsi, ma perchè sia un subietto meno terribile e spaventoso dell'altro.

6. Il Purgatorio è nel senso proprio, come ognun sa, il luogo, ove le anime purgano le reliquie de'lor peccati, finchè diventin degne di salire al cielo. Nel senso allegorico significa la via, dapprima faticosa, poscia più agevole, ed in fine dilettosa, che l'uomo deve percorrere per giungere alla pace ed alla felicità; cioè, mortificando le prave inclinazioni, correggendosi degli errori, e convertendosi dal vizio alla virtù.

7. *Ma la morta poesia*, la lugubre poesia, che cantò de' morti alla grazia, *qui risurga*, qui ritorni lieta, e canti de' vivi.

8. *poichè vostro sono*, poichè son cosa vostra, son dedito a voi, siccome tutto consacrato alla poesia.

9. *Calliopea* o *Calliope* è quella delle nove Muse, che presiede allo stile eroico. — *Alquanto surga*, alquanto sollevi e nobiliti il mio stile; e dice *alquanto*, perchè il grado massimo della sublimità si riserba ad invocarlo pel Paradiso.

10-12. Accompagnando (la detta Calliope) il mio canto con quel suono soave, onde le misere Piche restarono sì fattamente colpite, che disperarono il perdono della loro prosunzione. — *Piche* furon dette nove sorelle, figlie di Pierio pelleo, le quali ebbero ardire di provocar le Muse a cantar seco; ma vinte, furono, in pena della loro prosunzione, cangiate in piche, o gazze.

13-16. Un dolce colore azzurro, qual d'un zaffiro orientale, che si conteneva nell'aspetto sereno, cioè sgombro di va-

Página em italiano de
A Divina Comédia
(século XIV),
de Dante Alighieri.
Edição de 1868.

gh + e, i	gue, gui
gli	lhi
gn	nh
z	ts ou dz

34.1. MAIÚSCULAS E MINÚSCULAS

Como em português, espanhol e francês, o nome dos meses e dos dias da semana é escrito com inicial minúscula: *sabato, domenica, dicembre*. Além disso, como fazem os franceses, nos títulos de obras e nomes de instituições, os italianos preferem pôr em maiúscula apenas a primeira letra da primeira palavra ou a inicial do termo que segue o artigo, se houver: *I Promessi sposi, Canto notturno, L'Amante fortunato*, Accademia di scienze e lettere, Ministero dei lavori pubblici. Há contudo, nesse particular, numerosas divergências, e, ao compositor, nada mais resta a não ser seguir o original, salvo quando for necessário, de acordo com o autor ou o revisor, restabelecer a uniformidade caso esta se mostre falha. Os etnônimos começam com maiúscula: *i Romani, i Greci, i Francesi* (os romanos, os gregos, os franceses); mas *un romano, un greco, un francese,* por se tratarem de substantivos comuns. Os termos que substituem os pronomes de tratamento também levam inicial maiúscula no estilo cerimonioso: *Ella, Lei, Loro* (V. Sa., V. Sas.).

34.2. ACENTUAÇÃO

Costuma-se usar apenas o acento grave, com a função de nosso acento agudo, sobre qualquer uma das cinco vogais, nas palavras oxítonas, como *bortà, caffè, lunedì, andrò, virtù*; alguns escritores também acentuam as terminações em *ia, io,* quando não formam ditongo: *magìa, restìo*. Em gramáticas e dicionários, observa-se o emprego do acento agudo sobre *e* e *o* para indicar o som fechado dessas vogais, que em português se marca com o circunflexo, ou para distinguir homógrafos, podendo então sobrepor-se a qualquer vogal: *mézzo* (muito maduro, passado) para não confundi-lo com *mezzo* (meio, metade); *regía* (monopólio estatal) e *regia* (régia, adjetivo). O *i* pode levar o trema (*ï*), mas somente em obras de poesia, assinalando assim a diérese, enquanto alguns autores mais escrupulosos valem-se do *i* circunflexo (*î*) em lugar do duplo (*ii*) na desinência de umas poucas palavras, como: *ginnasî* (ginásios) e *proprî* (próprios), que deveriam ser escritas *ginnasii* e *proprii*, mas comumente são grafadas com um *i* simples no fim. O acento circunflexo pode ainda aparecer sobre outras vogais, sempre no estilo elevado, para indicar contração, mas tal uso se mostra muito raro.

34.3. PONTUAÇÃO

Em italiano, usa-se muito *o apóstrofo* ('), ao qual não deve seguir nenhum espaço: *l'Equatore, mentr'egli*; são exceções a essa norma as datas antecedidas pelo referido sinal diacrítico, como em *la guerra del '70,* a guerra de 70 (1870), e algumas elisões, particularmente *po' (poco), di' (dici), fe' (fece), mo' (modo), vo' (voglio)*: *di' cosa vuoi, un po' di pano.* Excepcionalmente, em poesia, podem-se encontrar ainda alguns exemplos como: *be' libri* (*bei libri,* belos livros), *sopra 'l letto* (*sopra il letto,* sobre a cama).

34.4. SEPARAÇÃO SILÁBICA

A divisão das palavras é feita, em italiano, por silabação de acordo com a pronúncia. Nesse sentido, respeita-se a integridade dos ditongos e dos grupos consonantais que constituem unidade fonética. Com relação a esse tópico, deve-se notar ainda que:

- Os dígrafos *gl* e *gn*, que correspondem, respectivamente, a *lh* e *nh* em português, nunca se dividem: *fo-glia, mi-glia-io, i-gno-ro, bi-so-gna, ma-gne-ti-co.*
- Mesmo nos casos nos quais o *gl* não é seguido de *i*, não constituindo, portanto, dígrafo, e em poucos termos eruditos nos quais esse grupo ou o *gn* são pronunciados separadamente, tais consoantes não se devem separar: *ne-glet-to, an-gli-ca-no, ge-ro-gli-fi-co, dia-gno-sti-co.*
- Há ainda em italiano os dígrafos *ch, gh* e *sc*, que são empregados antes de *e* ou *i* com o valor, respectivamente, de *k, g* gutural e *x* (chiado), e que são também indivisíveis: *angheria* (*angueria,* vexame), *pichiare* (*pikiare,* golpear, bater), *nascere* (*náxere,* nascer), *coscienza* (*coxientsa,* consciência).
- O *qu* pronuncia-se *ku* e, naturalmente, é indivisível: *in-qua-dra-re* (*inkuadrare,* emoldurar), *dun-que* (*dúnkue,* pois, portanto).
- O *s* seguido de consoante (*s* impuro) sempre fica na sílaba na qual esta se encontra: *ba-sta, di-sgra-zia, e-mi-sfe-ro, i-stru-men-to, tra-spor-ta-re.*
- Separam-se as consoantes geminadas (*doppia*), até mesmo o grupo *cq*: *al-log-gio, in-tel-let-tua-le, ac-qua, i-nac-qua-re.*

- Nas expressões em que aparece o apóstrofo, a divisão silábica nunca pode coincidir com ele. Assim, tem-se *del-l'anima* ou *dell'a-nima,* e nunca *dell'-anima.*
- Quando o espacejamento o permitir, pode-se restabelecer, em fim de linha, a letra representada pelo apóstrofo: *l'uo-mo* ou *lo / uomo, l'en-fasi* ou *la / enfasi, nel-l'Umbria, nell'Um-bria* ou *nella / Umbria, nel-l'ozio* ou *nello / ozio.*

34.5. ABREVIATURAS

As mesmas regras que são aplicadas para as abreviaturas em português também valem para o italiano, que nada apresenta de particular nesse setor, a não ser o fato de que, quando um final de palavra que deveria ser grafado com letras elevadas é posto em tipo normal, não se altera a posição do ponto, como por exemplo: F.lli por F.lli (Fratelli, Irmãos, em razão comercial), Ill.mo por Ill.mo (Illustrissimo), Sig.ra em lugar de Sig.ra (Signora).

ABREVIATURA	EXPRESSÃO	OBSERVAÇÕES
a. ou al.	*alinea*	"alínea"
Accad.	*Accademia*	"Academia"
art.	*articolo*	"artigo"
cap.	*capitolo*	"capítulo"
Cav.	*Cavaliere*	"Cavalheiro" (título honorífico)
cop.	*copia, copie*	"exemplar", "exemplares"
c. s.	*come sopra*	"como acima"
diz.	*dizionario*	"dicionário"
Dott.	*Dottore*	"Doutor"
ecc.	*eccetera*	"*et cetera*"
es.	*esempio*	"exemplo"
f. f.	*facente funzione*	"no cargo de" (interinidade)
lib.	*libro*	"livro"
lin.	*linea*	"linha"
LL. Ecc.	*Loro Eccellenze*	"Suas Excelências"
LL. MM.	*Loro Maestà*	"Suas Majestades"
On. ou Onor.	*Onorevole*	tratamento que se dá aos deputados do Parlamento
oss.	*osservazione*	"observação"

p. e. ou p. es.	*per esempio*	"por exemplo"
Sig., Sig.i	*Signor, Signori*	"Senhor", "Senhores"
Sig.ra, Sig.re	*Signora, Signore*	"Senhora", "Senhoras"
stamp.	*stamperia*	"tipografia", "oficina de impressão"
St. R.	Stamperia Reale	"Imprensa Real"
tab., tav.	*tabella, tavola*	"tabela", "quadro"
v.	*vedi; volume*	"vê, veja"; "volume"
ved.	*vedova*	"viúva"
W	*viva*	"viva" (interj.)

Página em latim de *As Sátiras*, do poeta romano Juvenal. Ferrara, Itália, 1453 (Schøyen Collection).

35. LATIM

35.1. Noções Gerais **35.2.** Acentuação **35.3.** Maiúsculas e Minúsculas
35.4. Nomes Próprios **35.5.** Separação Silábica **35.6.** Abreviaturas

35.1. NOÇÕES GERAIS

A inscrição mais antiga em latim – língua indo-europeia do ramo itálico –
encontra-se na *Lapis nigra*, peça datada aproximadamente do século VI a.C.
Está em escrita alternada ou "bustrofédon", isto é, uma linha posterior está sempre em direção contrária a uma anterior, forma também adotada pelo etrusco
e pelo grego micênico. Já o latim clássico, do século II a.C. ao século II d.C.,
adotava a escrita da esquerda para a direita.

Das 26 letras do alfabeto da língua portuguesa, o alfabeto latino só não contém o *w*, mas vale ressaltar que a letra *k*, embora muito usada nos primórdios
do latim, foi mais tarde substituída pelo *c*, perdurando apenas em duas palavras, *kalendae* e *Kaeso,* este, nome próprio. O *y* aparece nos vocábulos de origem
grega, sendo chamado, pois, de *i graeca*; o *j*, com valor de *i* semiconsoante (*iod*),
não era usado no que se considera "latim clássico", pois fora substituído pelo
i, ainda que teóricos como Quintiliano já percebessem a necessidade de novas
letras para representar sons como esse, diverso do *i* como vogal ou semivogal.
O *j* é utilizado apenas pelo latim posterior, romanizado, no qual se tem, de fato,
valor de consoante. De todo modo, ao se reproduzir um texto antigo, costuma-
-se adotar *i* em, por exemplo, *Iulius, iustitia, iaceo*. O *u* e o *v* eram representados
pelo mesmo sinal, isto é, o caractere maiúsculo toma a forma de *V* e o minús-
culo, de *u*, como em *IVLIVS CAESAR, VIR, Varia,* ou *Iulius Caesar, uir, uaria*. E, ainda,
no caso do latim antigo, costumam-se grafar os ditongos *ae* e *oe* sem ligatura,
em vez dos posteriores *æ* e *œ*, que chegam a ser até mesmo reduzidos a *e*, em

conformidade com sua pronúncia, em textos medievais. Tais características na representação do *i, u* e dos ditongos *ae* e *oe* não são simplesmente gráficas, mas ajustam-se à chamada "pronúncia reconstituída" do latim antigo, em que as duas letras, além de vogais, também apresentavam valor consonantal, e os dois referidos ditongos eram inteiramente pronunciados.

35.2. ACENTUAÇÃO

Não existe acento gráfico em latim. As obras didáticas, para facilitar a aprendizagem, e alguns dicionários indicam a vogal longa com o mácron, sinal em forma de tracinho reto que vai sobre os elementos vocálicos (¯), enquanto a vogal breve é assinalada pela bráquia (˘) (*ā ă ē ĕ ī ĭ ō ŏ ū ŭ*): *pācis, partīre, mĕmor, mŏnitum.*

35.3. MAIÚSCULAS E MINÚSCULAS

Os romanos não tinham letras minúsculas, sendo estas uma derivação das maiúsculas, que se processou na Idade Média por meio dos caracteres unciais. Desde então, vêm-se aplicando ao latim as regras da maiusculização comuns às línguas que dele derivam. Em relação ao português, observa-se apenas que os adjetivos formados a partir de nomes próprios têm, como estes, iniciais maiúsculas: *Romanus* (de *Roma*), *Latinus* (de *Latio*).

35.4. NOMES PRÓPRIOS

Para a grafia de nomes próprios latinos, devem-se ter em conta as seguintes regras:

- Os terminados em *-us* passam a terminar em *-o*:

  Aldus   Aldo
  Brutus   Bruto
  Cornelius Cornélio
  Marcus   Marco

- As grafias *ae, oe* são transcritas por *e*:

  Caesar   César
  Foebo   Febo

LATIM 553

- Os que começam com *s* seguido de *t*, ou *sc* seguido de *a, o, u*, são antecedidos pela letra *e*:

Stygis	Estige
Strabo	Estrabão
Scaurus	Escauro
Scopas	Escopas

- Aos que começam com *scr*, também se acrescenta a letra *e* anteposta:

Scribonia	Escribônia
Scrofa	Escrofa

- Quando começam com *sc* seguidos de *e* ou *i* (*y*) perdem o *s*:

Scetanus	Cetano
Scylla	Cila

- Simplificam-se as consoantes duplas:

Ennius	Ênio
Camillus	Camilo
Caracalla	Caracala

- Os nomes são aportuguesados a partir de seu acusativo, e seguem as regras fonéticas de nossa língua:

Plăto, -ōnis, ac. *Platonem* > *Platonem* > Platão,

Phăĕtōn, -ōntis, ac. *Phaetontem* > *Faetontem* > Faetonte

Deve-se atentar para a duração das sílabas a fim de se dispor o acento em seu lugar correto. Em palavras com três ou mais sílabas em latim, quando a segunda for breve, o acento cairá na terceira; quando a segunda for longa, ela será acentuada:

Ămphĭmăchŭs, – i, ac. *Amphĭmăchŭm* > Anfímaco,

Actāēon, – ŏnis, ac. *Actāēŏnem* > *Actaeonem* > Actéon ou Acteão.

- Tal regra, no entanto, não se sobrepõe a usos consagrados pela língua: diz--se *Cícero*, derivado do nominativo *Cicero*, e não *Cicerão*, originado do acusativo *Ciceronem*. O uso consagrado, em geral, leva também em consideração

LÍNGUAS ESTRANGEIRAS

o critério da eufonia: assim, o diálogo platônico *Phaedon* poderia originar *Fedão,* mas se prefere, no Brasil, usar *Fédon.*

Obras como o *Dicionário Escolar Latino-Português*, de Ernesto Faria, ainda que incompleto, podem servir de referência para a transposição dos nomes ao português do Brasil. Para o português de Portugal, que difere do nosso sobretudo quanto à acentuação dos antropônimos antigos, há o *Dicionário Latino--Português*, de F. R. dos Santos Saraiva, o *Dicionário Onomástico Etimológico da Língua Portuguesa*, de José Pedro Machado, e, mais recentemente, os *Índices de Nomes Próprios Gregos e Latinos*, de Maria Helena e João Maria de Teves Costa Ureña Prieto e Abel do Nascimento Pena.

35.5. SEPARAÇÃO SILÁBICA

As palavras em latim, como em português, dividem-se por silabação. Devem-se considerar os seguintes pontos:

- os ditongos *ae, au, eu, oe, ui* são indivisíveis como em *Cae-sar, poe-na, lau-da--tio, prae-mium.*
  Observação: pode efetuar-se a divisão entre duas vogais que não formem ditongo: *fi-li-us, proe-li-um, tu-mul-tu-o-sus, pu-er.* Mas, como em português, é preferível evitar que isso ocorra na composição tipográfica.

- Igualmente, não se podem dividir os dígrafos *ch, ph, rh, th, gu, qu*, o mesmo acontecendo com os grupos consonantais formados por *b, c, ch, d, f, g, p, ph, t* e *th* seguidos de *l* ou *r* e com *s* que antecede qualquer consoante (*s* impuro):

  e-chi-nus, so-phos, lin-gua, e-quus, mem-bra-na,
  syn-gra-pha, pa-tris, fau-stus, ho-spi-ti-um, ma-gi-ster.

- Exceto nos casos acima indicados, quando duas consoantes (incluindo-se as geminadas) se encontram entre vogais, elas podem ser separadas:

  mag-nus, Cha-ryb-dis, re-duc-tus, prae-scrip-tus, prop-ter, om-nis, gram-ma-ti-cus, pos-sum, sic-cus.

- Havendo três ou mais consoantes entre vogais, a divisão se faz considerando os grupos do segundo item como uma só consoante, e levando em conta também a pronúncia e a formação da palavra:

Beth-lae-us, tri-um-pho, tem-plum, ad-emp-tus, sanc-tus, post-sce-ni-um, trans-mis-sio.

- Os prefixos *ab, ante, circum, cis, con, de, ex, extra, in, inter, intro, ob, per, prae, praeter, per, post, pro(d), propter, re(d), sub, super, supra, trans* constituem sílaba autônoma e conservam-se intatos: *sub-ac-tio, post-hu-mus.*

- O *x* sempre fica com a sílaba que o precede: *dix-it, ex-em-plum.*

35.6. ABREVIATURAS

ABREVIATURA	EXPRESSÃO	OBSERVAÇÕES
A. C., a.C.	*ante Christum*	"antes de Cristo"
a. Chr. n.	*ante Christum natum*	"antes do nascimento de Cristo"
A. D.	*anno Domini*	"no ano do Senhor"
ad. lib.	*ad libitum*	"à vontade" (especialmente na música)
A. M.	*anno mundi*	"no ano do mundo"
a. m.	*ante meridiem*	"antes do meio-dia"
a. m. a.	*ad multos annos*	"para muitos anos"
A. M. D. G.	*ad majorem Dei Gloriam*	"para maior glória de Deus"
A. u. c.	*anno urbis conditae*	"no ano da fundação de Roma"
c.	*cave*	"cuidado"
Cos., Coss.	*Consul, Consules*	"cônsul", "cônsules"
Eq. Rom.	*Eques Romanus*	"cavaleiro romano"
G. P.	*gloria Patri*	"glória ao Pai"
h. c.	*honoris causa*	"por honra", "honorariamente"
IHS	*Iesus*	"Jesus"
I. H. S.	*Iesus, hominum salvator*	"Jesus, salvador dos homens"
Imp.	*Imperator*	"Imperador"
I. N. R. I.	*Iesus Nazarenus, Rex Iudaeorum*	"Jesus Nazareno, Rei dos Judeus"
L. Q.	*lege, quaeso*	"lê ou leia, por favor"
l. s.	*locus sigilli*	"o lugar onde se deve pôr o selo"
N. Obs.	*nihil obstat*	"nada obsta"

p. Chr. n.	*post Christum natum*	"depois do nascimento de Cristo"
p. m.	*post meridiem*	"depois do meio-dia"
Pont. Max.	*Pontifex Maximus*	"Pontífice máximo"
pxt. ou *pinx.*	*pinxit*	"pintado por"
q. s.	*quantum satis*	"quanto baste" (em receitas médicas)
Quir.	*Quirite*	"quirites", "romanos"
Resp.	*Respublica*	"República"
R. I. P.	*requiescat* ou *requiescant in pace*	"descanse ou descansem em paz"
sc. ou *sculps.*	*sculpsit*	"esculpido, gravado por"
S. P. Q. R.	*senatus populusque romanus*	"o senado e o povo romano"
S. V.	*Sede vacante*	"na vacância da Sé"
XPM	*Christum*	"de Cristo"
XPTO ou X.P.T.O.	*Christo*	"Cristo"; abreviatura grega transliterada em caracteres latinos

36. LÍNGUAS DE ESCRITAS DIVERSAS

36.1. Transliteração e Transcrição

Antes de abordar especificamente os idiomas que não usam o alfabeto latino, é necessário compreender melhor os conceitos de transliteração e transcrição, bem como as controversas questões que os cercam.

36.1. TRANSLITERAÇÃO E TRANSCRIÇÃO

Transliterar é representar os signos escritos de um alfabeto em caracteres correspondentes de um outro alfabeto.

Já transcrever consiste em reproduzir as correspondências de elementos de uma língua, som ou signo, qualquer que seja a grafia original, no mesmo ou em outro sistema de escrita, letras ou fonemas.

Os problemas surgidos daí são diversos. Em primeiro lugar, para cada alfabeto não latino, há vários sistemas de transliteração, dependendo do idioma de chegada; uma segunda dificuldade está no fato de os nomes chegarem até nós por meio de línguas de difusão internacional como o inglês e o francês. Por exemplo, o nome do escritor russo Чехов, se transliterado diretamente do russo para o português, resulta em Tchékhov, mas a transliteração proveniente do inglês faz com que ele seja grafado Checov.

Em 1972, a ONU, em conferência sobre transliteração e transcrição, chegou às seguintes conclusões e recomendações:

- É válida internacionalmente a grafia que cada topônimo tem no país a que pertence, se o alfabeto oficial desse país for o latino.

- Deve-se transcrever e "transliterar" em alfabeto latino os nomes representados por escritura ideográfica (japonês, chinês etc.), bem como os pertencentes a línguas ágrafas.
- Faz-se necessário encomendar a cada país ou grupo linguístico que não utilizam o sistema de escrita latino uma proposta de equivalências para a latinização. (Mesmo assim, tal proposta, muitas vezes, não leva em conta todos os países que vão recebê-la, baseando-se em equivalências apenas com o inglês e o francês. Dessa maneira, as demais línguas, se desejarem assimilar tais grafias, terão de reconhecer uma série de dígrafos que provavelmente não fazem parte de seu sistema fonético.)

A tarefa, como se pode perceber, é bastante complicada, e, portanto, não se tem a pretensão, aqui, de esgotar o assunto ou determinar padrões. Para o trabalho diário de edição, bastam noções gerais sobre os sistemas de transliteração. Caso determinada obra exija conhecimentos aprofundados e específicos sobre o tema, recomenda-se a consulta a um especialista na língua em questão.

A seguir, são apresentadas, em ordem alfabética, algumas línguas de escrita diversa da latina e suas principais características.

37. ÁRABE

37.1. Alfabeto 37.2. Caracteres Especiais

O árabe (العربية, *al 'arabīya*) é uma língua semítica, como o acádio, o hebraico, o siríaco, o fenício e o armênio. Em decorrência da expansão territorial dos povos árabes na Idade Média e da difusão do Corão, a língua árabe tornou-se língua litúrgica e se disseminou por toda a África do Norte e pela Ásia Menor. Acredita-se que sua origem remonte ao século II d.C. Os primeiros vestígios de escrita árabe, tal qual é conhecida hoje, datam do século III d.C., conforme a *Inscrição de Raqush*, uma das mais antigas inscrições árabes pré-islâmicas. Os numerais árabes são os mais utilizados no Ocidente; curiosamente, no entanto, com exceção de alguns países do Norte da África, a maioria das nações árabes utiliza hoje os numerais hindus.

37.1. ALFABETO

O árabe apresenta um sistema de escrita consonântico, isto é, não há caracteres para representar as vogais curtas, que são representadas por sinais diacríticos sobre ou sob a consoante. Seu alfabeto é formado por 28 letras, segundo os orientais, ou por 29, conforme o uso do Magreb. Lê-se e escreve-se da direita para a esquerda. A raiz da maioria dos seus termos consiste em três consoantes. O sistema fonético não permite a existência de duas consoantes mudas seguidas. As letras do árabe se escrevem de forma diferente, de acordo com sua posição na palavra: se isoladas, se no início, no meio ou no fim de um vocábulo. Veja a seguir a transcrição fonética (conforme o alfabeto fonético internacional), o nome e a feição de cada letra de acordo com sua posição:

Manuscrito em árabe do Alcorão. Índia, final do século XIV-início do XV (Schøyen Collection).

ÁRABE

CARACTERE				NOME	SOM	CARACTERE				NOME	SOM
ا	ل			'alif	a	ذ	ﺬ			dhal	d
ب	ﺒ	ﺑ	ﺐ	ba	b	ر	ﺮ			ra	r
ت	ﺘ	ﺗ	ﺖ	ta	t	ز	ﺰ			zay	z
ث	ﺜ	ﺛ	ﺚ	tha	t	س	ﺴ	ﺳ	ﺲ	sin	s
ج	ﺠ	ﺟ	ﺞ	jim	j	ش	ﺸ	ﺷ	ﺶ	shin	sh
ح	ﺤ	ﺣ	ﺢ	ḥa	h	ص	ﺼ	ﺻ	ﺺ	ṣad	s (enfático)
خ	ﺨ	ﺧ	ﺦ	kha	h	ض	ﻀ	ﺿ	ﺾ	dad	d (enfático)
د	ﺪ			dal	d	ط	ﻄ	ﻃ	ﻂ	ta	t (enfático)
ظ	ﻈ	ﻇ	ﻆ	za	z (enfático)	ل	ﻠ	ﻟ	ﻞ	lam	l
ع	ﻌ	ﻋ	ﻊ	'ayn	ʿ	م	ﻤ	ﻣ	ﻢ	mim	m
غ	ﻐ	ﻏ	ﻎ	ghayn	g	ن	ﻨ	ﻧ	ﻦ	nun	n
ف	ﻔ	ﻓ	ﻒ	fa	f	ه	ﻬ	ﻫ	ﻪ	ha	h
ق	ﻘ	ﻗ	ﻖ	qaf	q	و	ﻮ			waw	w
ك	ﻜ	ﻛ	ﻚ	kaf	k	ي	ﻴ	ﻳ	ﻲ	ya	y

37.2. CARACTERES ESPECIAIS

Variantes mais comuns:		
	ى	*âlif maqsura*; variante de sufixo de ا; tem o valor de ى em outras situações.
	ﻻ	ligação entre ل e ا.
	ة	*tâ marbuta*; normalmente terminação feminina /at/, mas o /t/ é omitido, exceto em casos especiais; muda para ﺕ quando sufixos lhe são adicionados.
	ّ	*shadda*; marca a geminação de uma consoante; kasra (ver abaixo) faz a transição entre *shadda* e a consoante geminada, quando esta se faz presente; não é usada de forma consistente nos textos modernos.
As vogais breves são apenas indicadas:		
	ْ	*suku:n*; marca uma consoante que não é sucedida por vogal
	َ	*fath\a*; /a/ breve
	ِ	*kasra*; /i/ breve
	ُ	*dam:a*; /u/ breve
Letras tanwiin:		
	ً ٍ ٌ	usadas para produzir as declinações /an/, /in/ e /un/ respectivamente. O caso acusativo (an) é empregado normalmente em combinação com ا (اً).

38. CHINÊS

A língua chinesa pertence ao ramo sino-tibetano. É basicamente um idioma monossilábico, de raízes lexicais monossilábicas, ainda que variantes faladas façam uso de palavras dissilábicas e trissilábicas. Todas as suas variantes linguísticas são escritas com logogramas, isto é, não há alfabeto. Os símbolos e ideogramas não representam fonemas, mas conceitos. O chinês escreve-se da direita para a esquerda, de cima para baixo.

A transliteração dos logogramas para o alfabeto latino pode ser feita mediante dois sistemas: o Wade-Giles, criado por dois missionários dos Estados Unidos, Thomas Francis Wade e Herbert Giles, em meados do século XIX; e o Pinyin, concebido por uma comissão de filólogos depois da Revolução Comunista, ocorrida em 1949. Para efeito de padronização, existem algumas alternativas a seguir:

- Se o livro tratar da história da China pré-1949, pode-se adotar o sistema Wade-Giles; para livros sobre o período posterior à Revolução Comunista, adota-se o padrão Pinyin.
- Para nomes próprios, sugere-se adotar a grafia antiga para pessoas falecidas e a grafia Pinyin para pessoas vivas.
- Para nomes consagrados ainda hoje na grafia Wade-Giles, sugere-se adotar a grafia Pinyin com a forma antiga entre parênteses, como no exemplo: "Beijing (Pequim)".

Qualquer que seja o critério adotado, é importante que haja consistência em seu emprego na obra em produção – e, de preferência, que o trabalho seja feito sob a supervisão de um especialista.

O sistema Wade-Giles ainda é usado sobretudo em Taiwan, mas também é seguido por autores de outras localidades. O manual de estilo *The Chicago Manual of Style* sugere que ele seja utilizado em obras lançadas antes de 1949.

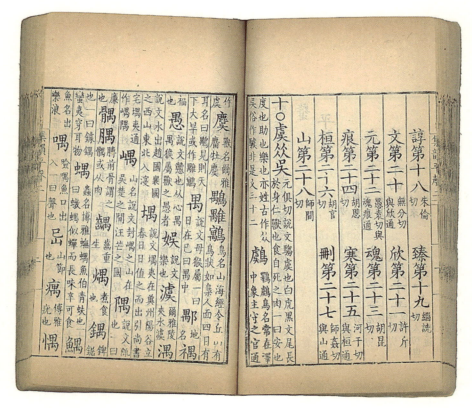

Dicionário de rimas em chinês. Compilado por ordem imperial em 1034 e impresso em tipos móveis de cobre. Nanjing (?), China, 1814 (Schøyen Collection).

De modo geral, as principais dúvidas que acometem preparadores e revisores estão relacionadas com a grafia de antropônimos, topônimos e nomes de dinastias. Para sanar qualquer dificuldade, recomenda-se a consulta a uma enciclopédia, e, diante das opções apresentadas, convém adotar os nomes de pessoas e lugares mais comumente utilizados.

WADE-GILES	PINYIN	WADE-GILES	PINYIN
Chou	Zhou	Mao Tse-tung	Mao Zedong
Chou En-lai	Zhou Enlai	T'ang	Tang
Ch'in	Qin	Teng Hsiao-p'ing	Deng Xiaoping
Ch'ing	Qing	Lu Hsun	Lu Xun
Chiang Kai-shek	Jiang Jieshi	Hua Kuo-feng	Hua Guofeng
Sung	Song	Lin Piao	Lin Biao
Sun Yat-sen	Sun Yixian	Fang Li-chih	Fang Lizhi
Yüan	Yuan		

Observação: Mao Tse-tung, Chou En-lai, Sun Yat-sen, Chiang Kai-shek são geralmente escritos pelo sistema Wade-Giles.

39. GREGO

39.1. Alfabeto 39.2. Acentuação 39.3. Maiúsculas e Minúsculas 39.4. Pontuação
39.5. Transliteração 39.6. Separação Silábica

39.1. ALFABETO

Ainda que a edição de obras em grego não seja muito comum entre nós, todo o trabalho de composição precisa familiarizar-se ao menos com as letras desse alfabeto, em razão da frequência de seu emprego em livros de matemática, bem como em dicionários e gramáticas. As notas que seguem podem ser úteis nesses casos.

Grego

NOME	CARACTERE	TRANSLITERAÇÃO	NOME	CARACTERE	TRANSLITERAÇÃO
alfa	A, α	a	nu	N, ν	n
beta	B, β	b	csi	Ξ, ξ	x(cs)
gama	Γ, γ	g (gn)	ômicron	O, o	ó
delta	Δ, δ	d	pi	Π, π	p
épsilon	E, ε	é	rô	P, ρ	r(rh)
dzeta	Z, ζ	dz	sigma	Σ, σ, ς	s
eta	H, η	ê	tau	T, τ	t
teta	Θ, θ	th	ípsilon	Y, υ	y
iota	I, ι	i	fi (phi)	Φ, φ	f (ph)
capa	K, κ	c, q	qui ou chi (khi)	X, χ	k (kh)
lambda	Λ, λ	l	psi	Ψ, ψ	ps
mu	M, μ	m	ômega	Ω, ω	ô

Transcrição em alfabeto grego clássico de uma inscrição grega arcaica em "bustrofédon". (Inscrição de Sigeion, *c.* 550-540 it. a.C., British Museum, número do inventário BM GR 1816.6-10.107) © Vincent Ramos.

→ ΦΑΝΟΔΙΚΟ

← ΞΟΜΡΟΤΙΜΞ

→ ΡΑΤΕΟΣΤΟ

← ΗΙΙΟΚΟϞΠ

→ ΣΙΟΚΡΗΤΗΡ

← ΚΟΠΥΙΑΚ:ΞΔΑ

→ ΡΗΤΗΡΙΟΝ:Κ

← ΠΞΞ:ΝΟΜΘΗΙΑ

→ ΡΥΤΑΝΗΙΟΝ

← ΞϞΥϿ:ΝΞΚΩΔΞ

→ ΕΥΣΙΝ

	(ARCAICOS)	
Ϙ	koppa	
Ͳ	sampi	
F	vau ou digama	
Ͳ	tsade	

Como se percebe no quadro anterior, o alfabeto grego compreende 24 letras, sendo sete vogais (*alfa, épsilon, eta, iota, ômicron, ípsilon* e *ômega*) e dezessete consoantes. O *koppa* (Ϙ), o *digama* (F) e o *tsade* (T) são letras arcaicas, que não mais fazem parte do alfabeto, mas apenas são usadas para representar números, e têm o traçado e o nome originais alterados; trata-se, respectivamente, de *koppa* (Ϙ), *stigma* (ϛ), *sampi* (Ͳ). Também se pode ver que o *beta*, o *teta* e o *sigma* minúsculos têm duas formas diversas. A primeira forma do *beta* está presente no começo das palavras, e a segunda, no meio ou no fim. Com relação ao *sigma*, a primeira forma sempre se deve empregar no princípio e no meio dos vocábulos, e a segunda, no fim. Quanto ao *teta*, deveria ser medial o da primeira forma, e inicial o da segunda, embora também aqui não costumem os gramáticos ser muito rigorosos, valendo-se geralmente de um único sinal para todos os casos.

39.2. ACENTUAÇÃO

Praticamente todas as palavras do grego clássico levam acento, uso que começou a impor-se a partir de uns duzentos anos antes de Cristo, para facilitar a pronúncia aos estrangeiros. Três são os acentos usados em grego: *agudo, grave* e *circunflexo*, tendo este último a forma de um til ou de um semicírculo. Além disso, há mais dois sinais diacríticos, os *espíritos*, que se colocam sobre qualquer vogal minúscula inicial (ou na segunda dos ditongos próprios, em começo de palavra): o *espírito brando* ('), que não tem influência na pronúncia, e o *espírito rude* ('), a indicar que a vogal é aspirada, sendo representado por um *h* na transliteração. Além das vogais, também a consoante *r* inicial pode vir encimada pelo *espírito*.

Acentos e *espíritos* com frequência caem sobre a mesma letra, como em ἄγγελος, por exemplo, em que se pode notar o *espírito brando* unido ao acento agudo. Com as versais, esses sinais as precedem, em lugar de lhes serem sobrepostos ('O, *Ho*).

39.3. MAIÚSCULAS E MINÚSCULAS

O grego antigo usava apenas letras maiúsculas, de maneira que, na composição de um texto, ao utilizar-se de maiúsculas e minúsculas, cabem as regras convencionadas ao longo do processo de edição.

39.4. PONTUAÇÃO

O ponto, a vírgula, o apóstrofo, o hífen, o ponto de exclamação e as aspas têm a mesma forma e função em grego e em português. O ponto e vírgula e os dois-pontos representam-se em grego por um ponto ao meio da linha (· = ; :), ao passo que o ponto e vírgula corresponde ao ponto de interrogação (; = ?). Algumas vezes, o ponto de exclamação pode também vir representado pela vírgula.

39.5. TRANSLITERAÇÃO

As normas para a transliteração devem ser rigorosas e precisas, de modo a assegurar a preservação de todos os sinais e, portanto, garantir a possibilidade de leitura correta do texto citado. Propõe-se a seguir as equivalências do alfabeto:

CARACTERE	TRANSLITERAÇÃO	GREGO	TRANSLITERAÇÃO
α	a	αἰτία	aitía
β	b	βασιλεύς	basileús
γ	g	γίγνομαι	gígnomai
δ	d	δῶρον	dôron
ε	e	εἶδος	eidos
ζ	z	Ζεύς	Zeús
η	e	ἡδύς	hedús
θ	th	θεός	theós
ι	i	ἰδεῖν	ideîn
κ	k	κέρδος	kérdos
λ	l	λαός	laós
μ	m	μοῖρα	moîra
ν	n	νοῦς	noûs

o	o	ὁμιλία	homilía
π	p	πίνω	píno
ρ	r	ἐρημία	eremía
ῥ	rh	ῥόδον	rhódon
σ | ς	s	ποίησις	poíesis
τ	t	τίκτω	tíkto
υ	y	ὕβρις	hýbris
φ	ph	φίλος	phílos
χ	kh	χάρις	kháris
ψ	ps	ψιλός	psilós
ω	o	ὠμός	omós

Figuras da mitologia grega

Afrodite	Dioniso	Héracles	Posêidon
Apolo	Eros	Hermes	Prometeu
Ares	Gaia	Héstia	Urano
Ártemis	Hades	Orfeu	Zeus
Atena	Hefesto	Perséfone	
Deméter	Hera	Perseu	

Observações:

- Com relação aos grupos γγ, γκ, γχ, nos quais se grafa um /n/ velar, o γγ deve ser transliterado como *ng*, e o γ como *n* nos encontros consonantais γκ e γχ. Exemplo: ἄγελος – *ángelos*; ἀνάγκη – *anánke*; ἄγχω – *ánkho*.
- É necessário marcar a distinção entre ε e η, sem o que é impossível distinguir, num texto transliterado, palavras como ἦθος (*éthos*) e ἔθος (*éthos*), ὥς (*hós*) e ὅς (*hós*).
- O υ só pode ser transliterado como *y* quando estiver em posição vocálica. Exemplo: ὕβρις – *húbris* ou *hýbris*; λυτός – *lutós* ou *lytós*. Em outros casos, quando é uma semivogal, segundo elemento de um ditongo, ou forma o dígrafo com o *o* [ao se grafar o *o* longo fechado, proveniente de alongamento compensatório ou de contração (os chamados falsos ditongos)], o υ deve ser transliterado como *u*. Exemplo: εὕρημα – *heúrema*; μουσα – *moûsa*; νους – *noûs*.

Lecionário em grego, da Basílica de Santa Sofia. Constantinopla, Turquia, século XI. (Schøyen Collection).

Normas para a transliteração dos *espíritos*:

- O *espírito brando* não deve ser levado em conta.
- O *espírito rude* será transliterado pelo *h* nas vogais ou nos ditongos em princípio de palavra e no ῥ inicial. Exemplo: ἡμέρα – *heméra*; αἵρησις – *haíresis*; ῥόδον – *rhódon*.

Grafia e posição dos acentos:

- O acento grave (`) , o agudo (´) e o circunflexo (^) (nunca o ~) devem ser dispostos de acordo com a norma tradicional, mantendo-se a colocação dos dois últimos sobre o segundo elemento do ditongo. Exemplo: Βασιλεύς – *basileús*; αἵρησις – *haíresis*; μοῖρα – *moîra*.

Transliteração de palavras com o *iota* subscrito:

- A transliteração do *iota* (subscrito) só é possível mediante sua substituição pelo *iota* adscrito. Exemplo: κεφαλῇ – *kefalêi*; λύκῳ – *lúkoi*. Na transliteração de formas com este último, só a indicação da quantidade da vogal longa permite a identificação correta da palavra. Exemplo: λύκῳ – *lýkoi* (diferente de λύκοι – *lýkói*). *Nota*: não será necessário indicar a quantidade da vogal que precede o *iota adscrito* quando ela recebe o acento circunflexo. Exemplo: τιμῇ – *timêi*.

39.6. SEPARAÇÃO SILÁBICA

Em grego, as regras de separação silábica são claras e razoavelmente fáceis de aplicar. Vejam-se os itens a seguir:

- Quando uma única consoante ocorre entre duas vogais, a divisão deve ser feita antes da consoante: ἔ-χω, ἐ-γώ.
- Se uma consoante está geminada, ou se uma consoante muda é seguida de sua correspondente aspirada, a separação silábica deve ser realizada depois da primeira consoante: Ἑλ-λάς, ὦμ-μαι, ἀπ-φύς, Ἀτ-θίς.
- Se o encontro de duas ou mais consoantes começa com uma consoante líquida (λ, ρ) ou uma nasal (μ, ν), a separação silábica ocorre depois da líquida ou nasal: ἄλ-σος, ἀρ-γός, ἄμ-φω, ἄν-θος.

- A divisão silábica deve ser feita, no interior dos vocábulos, antes de qualquer outra combinação de duas ou mais consoantes: πρά-γμα, ἀ-κμή, ἄ-φνω, ἔ-τνος, ἄ-στρον.
- Palavras compostas são divididas em seus elementos de origem. Comumente, elas começam com uma preposição:

ἀμφ-	ἀν-	ἀπ-	ὑπ-	ἐξ-έβαλον
(amph-)	(an-)	(ap-)	(hyp-)	(hex-ébalon)
ἀφ-	ἐφ-	ὑφ-	κατ-	καθ-ίστημι
(aph-)	(éph-)	(hyph-)	(kat-)	(kath-ístemi)

40. HEBRAICO

40.1. Alfabeto 40.2. Transliteração 40.3. Vogais e Ditongos

O hebraico é uma língua semítica pertencente à família das línguas afro-
-asiáticas, cujas obras mais antigas de que se tem notícia são o Antigo Testamento
e a Torá. Acreditam os judeus ortodoxos que elas foram escritas cerca de 3 300
anos atrás. Com a destruição de Jerusalém pelos babilônios, passou-se a usar
o aramaico no lugar do hebraico, que só em fins do século XIX renasce como
língua falada. Hoje, é o idioma oficial de Israel.

40.1. ALFABETO

O alfabeto hebraico ou *Alef-Beit* é composto apenas de consoantes, que
totalizam 22 letras. As vogais podem ou não ser representadas com o uso de
diacríticos. Elas foram inventadas pelos rabinos para facilitar a pronúncia na
leitura dos textos antigos.

Os caracteres em hebraico teriam se desenvolvido a partir do alfabeto aramaico, que, por sua vez, ter-se-ia originado do alfabeto fenício, usado na antiga
Israel. Abaixo, segue uma tabela com o alfabeto, o nome de cada letra e o som
equivalente em português.

Hebraico

CARACTERE	NOME	SOM	CARACTERE	NOME	SOM
א	aleph	'	מ, ם	mem	m
ב, בּ	beth	b, v	ן, נ	nun	n

Escrita hebraico-
-aramaica num
artefato de caráter
místico (Schøyen
Collection).

HEBRAICO			HEBRAICO		
ג, ג	ghimel	g	ס	samekh	s
ד, ד	dáleth	d	ע	ayin	‘
ה	he	h	ף, פ	pe	p
ו	vav, waw	w	ץ, צ	sadhe	s (tz)
ז	zayin	z	ק	qoph	q
ח	heth	h	ר	resh	r
ט	teth	t	שׂ	sin	s (s)
י	yod	y	שׁ	shin	sh (š)
ך, כ, כ	kaph	k, kh	ת	tav, taw	t
ל	lámed	l			

40.2. TRANSLITERAÇÃO

HEBRAICO	REPRESENTAÇÃO	HEBRAICO	REPRESENTAÇÃO
א	‘	ל	l
ב	b	ם, מ	m
ב	v	ן, נ	n
ג, ג	g, gu	ס	s, ss
ד, ד	d	ע	“
ה	h	פ	p
ו	v	ף, פ	f
ז	z	ץ, צ	ts
ח	r, rr	ק	q
ט	t	ר	r
י	y	שׁ	sh
כ	k	שׂ	s, ss
ך, כ	rr	ת, ת	t

40.3. VOGAIS E DITONGOS

HEBRAICO	REPRESENTAÇÃO	HEBRAICO	REPRESENTAÇÃO
סַסַ֫	a	סָה סָה	e, é ou ê quando tônica
סֶסֶ֫	e	סֹה	o, ó ou ô quando tônica
סִי	i	סַי	ai
סָ, סׂ,סוׂ	o	סֵי	ei
סֻ, סוּ	u	סוׂי	oi
סָה	a ou á quando tônica	סוּי	ui

41. JAPONÊS

41.1. Fonogramas

Em japonês, o nome para sua própria língua é *nihongo* – 日本語. Nessa sequência de três ideogramas, o primeiro, 日, significa "sol", o segundo, 本, em tal contexto, corresponde a "origem", a designar a posição geográfica do Japão em relação à China, vindo daí a expressão "País do Sol Nascente".

Há três sistemas de escrita no Japão: hiragana, katakana e os kanjis. Os dois primeiros são representações fonogramáticas: um é usado principalmente para vocábulos japoneses, e o outro, para palavras estrangeiras. Foram criados no Japão no século VIII d.C. Já os kanjis ou "letras chinesas" são os ideogramas, e começaram a ser importados da China a partir do século IV d.C. Tradicionalmente, em japonês escreve-se da direita para a esquerda e de cima para baixo; porém, quando se adota a diagramação em linhas horizontais, a escrita passa a ser feita da esquerda para a direita. Entretanto, o sentido de leitura das obras é sempre contrário ao que adotamos: a primeira capa encontra-se no que seria a contracapa dos livros editados nos países ocidentais.

O idioma japonês é falado no Japão e pelas comunidades de imigrantes e seus descendentes, sobretudo no Brasil, Peru e Estados Unidos.

41.1. FONOGRAMAS

Hiragana – O hiragana é um sistema em que cada sinal representa um fonograma. Abaixo, são apresentados os caracteres dessa escrita.

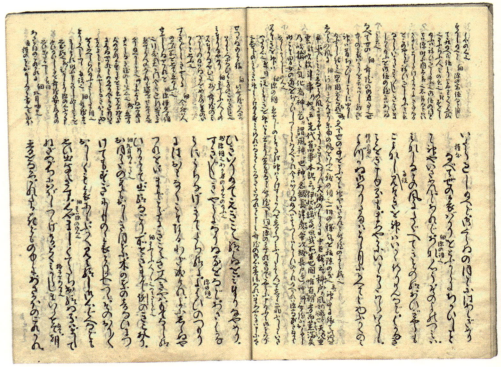

Trecho de *Narrativas de Genji*, de Murasaki Shikibu (978- -*c*. 1015-1026), uma das mais eminentes autoras da língua japonesa. Composto principalmente em escrita cursiva japonesa, essa edição comentada data de *c*. 1800 (Schøyen Collection).

あ	か	さ	た	な	は	ま	や	ら	わ	ん
a	ka	sa	ta	na	ha	ma	ya	ra	wa	n
い	き	し	ち	に	ひ	み		り		
i	ki	shi	chi	ni	hi	mi		ri		
う	く	す	つ	ぬ	ふ	む	ゆ	る		
u	ku	su	tsu	nu	fu	mu	yu	ru		
え	け	せ	て	ね	へ	め		れ		
e	ke	se	te	ne	he	me		re		
お	こ	そ	と	の	ほ	も	よ	ろ	を	
o	ko	so	to	no	ho	mo	yo	ro	(w)o	

Katakana – De modo diferente, o katakana representa exatamente os mesmos sons do hiragana, e alguns caracteres são parecidos:

ア	カ	サ	タ	ナ	ハ	マ	ヤ	ラ	ワ	ン
a	ka	sa	ta	na	ha	ma	ya	ra	wa	n
イ	キ	シ	チ	ニ	ヒ	ミ		リ		
i	ki	shi	chi	ni	hi	mi		ri		
ウ	ク	ス	ツ	ヌ	フ	ム	ユ	ル		
u	ku	su	tsu	nu	hu	mu	yu	ru		
エ	ケ	セ	テ	ネ	ヘ	メ		レ		
e	ke	se	te	ne	he	me		re		
オ	コ	ソ	ト	ノ	ホ	モ	ヨ	ロ	ヲ	
o	ko	so	to	no	ho	mo	yo	ro	wo	

Alguns kanas (caracteres fonogramáticos) em sua escrita hiragana podem ser modificados por diacríticos, a saber, o dakuten (゛) e o handakuten (゜). Por exemplo:

が	ざ	だ	ば	ぱ
ga	za	da	ba	pa
ぎ	じ	ぢ	び	ぴ
gi	ji	ji	bi	pi
ぐ	ず	づ	ぶ	ぷ
gu	zu	zu	bu	pu
げ	ぜ	で	べ	ぺ
ge	ze	de	be	pe
ご	ぞ	ど	ぼ	ぽ
go	zo	do	bo	po

Existem vários métodos de transliteração do japonês em letras latinas ou rōmaji (ローマ字). O mais utilizado é o Hepburn, dito modificado ou revisado (chamado Hebon-shiki no Japão). Alguns japoneses, no entanto, utilizam o sistema de romanização Kunrei ou Kunrei-shiki, que pouco difere do Hepburn.

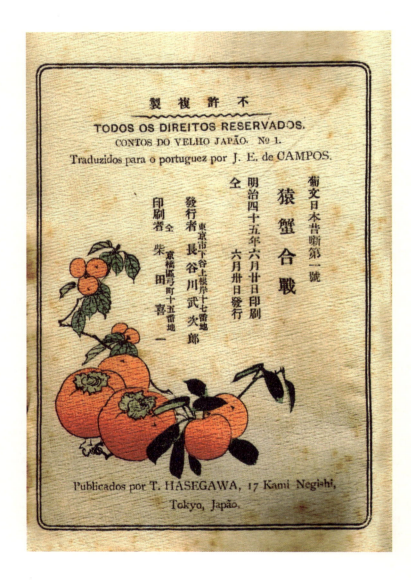

Livro infantil. *A Guerra do Macaco e do Caranguejo* (Saru Kani Kassen). Trad. J. E. de Campos. Tokyo, Hasegawa, [1896?] (*Contos do Velho Japão*, n. 1).

42. RUSSO

42.1. Caracteres **42.2.** Maiúsculas e Minúsculas
42.3. Transliteração **42.4.** Separação Silábica

A língua russa – assim como a bielorrussa, ucraniana, búlgara, sérvia, macedônia, dentre outras faladas nos países da ex-União Soviética – utiliza-se do alfabeto cirílico, formado durante as missões cristãs no século IX, a partir das maiúsculas gregas e do alfabeto hebraico.

ALFABETO RUSSO E A TRANSLITERAÇÃO PARA O ALFABETO LATINO						
А, а	Б, б	В, в	Г, г	Д, д	Е, е	Ё, ё
A, a	B, b	V, v	G, g	D, d	ê, iê	io
Ж, ж	З, з	И, и	Й, й	К, к	Л, л	М, м
J, j	Z, z	I, i	I, i breve	K, k	L, l	M, m
Н, н	О, о	П, п	Р, р	С, с	Т, т	У, у
N, n	O, o	P, p	R, r	S, s	T, t	U, u
Ф, ф	Х, х	Ц, ц	Ч, ч	Ш, ш	Щ, щ	Ъ, ъ
F, f	Kh, kh	Ts, ts	Tch, tch	Ch, ch	Chtch, chtch	(sinal duro)
Ы, ы		Ь, ь	Э, э	Ю, ю	Я, я	
Y, y (entre o i e o u francês)		(sinal brando)	É, é	Iú, iú	Ia, ia	
LETRAS COMPLEMENTARES DO SÉRVIO						
Ђ, ђ	J, j	Љ, љ	Њ, њ	Ћ, ћ	Џ, џ	

Мне отмщение, и аз воздам

ЧАСТЬ ПЕРВАЯ

I

Все счастливые семьи похожи друг на друга, каждая несчастливая семья несчастлива по-своему.

Все смешалось в доме Облонских. Жена узнала, что муж был в связи с бывшею в их доме француженкою-гувернанткой, и объявила мужу, что не может жить с ним в одном доме. Положение это продолжалось уже третий день и мучительно чувствовалось и самими супругами, и всеми членами семьи, и домочадцами. Все члены семьи и домочадцы чувствовали, что нет смысла в их сожительстве и что на каждом постоялом дворе случайно сошедшиеся люди более связаны между собой, чем они, члены семьи и домочадцы Облонских. Жена не выходила из своих комнат, мужа третий день не было дома. Дети бегали по всему дому, как потерянные; англичанка поссорилась с экономкой и написала записку приятельнице, прося приискать ей новое место; повар ушел еще вчера со двора, во время самого обеда; черная кухарка и кучер просили расчета.

На третий день после ссоры князь Степан Аркадьич Облонский — Стива, как его звали в свете, — в обычный час, то есть в восемь часов утра, проснулся не в спальне жены, а в своем кабинете, на сафьянном диване. Он повернул свое полное, выхоленное тело на пружинах дивана, как бы желая опять заснуть надолго, с другой стороны крепко обнял подушку и прижался к ней щекой; но вдруг вскочил, сел на диван и открыл глаза.

«Да, да, как это было? — думал он, вспоминая сон. — Да, как это было? Да! Алабин давал обед в Дармштадте; нет, не в Дармштадте, а что-то американское. Да, но там Дармштадт был в Америке. Да, Алабин давал обед на стек-

Edição moderna de *Ana Karenina*, de Lev Tolstoi.

42.1. CARACTERES

O alfabeto russo consta de 33 caracteres, compreendendo dez vogais, uma semivogal, vinte consoantes e dois sinais ortográficos. Observe-se a tabela:

10 vogais	А, Е, Ё, И, О, У, Э, Ю, Я, Ы
1 semivogal	Й
20 consoantes	Б, В, Г, Д, Ж, З, К, Л, М, Н, Р, С, Т, Ф, Х, Ц, Ч, Ш, Щ, П
2 sinais ortográficos	Ь, Ъ

As vogais dividem-se em duras e brandas:

Duras	А	Э	Ы	О	У
Brandas	Я	Е	И	Ё	Ю

As consoantes, por sua vez, dividem-se em sonoras e surdas. A importância dessa classificação se dá, sobretudo, na pronúncia, uma vez que podem existir variações fonéticas de acordo com a consoante que precede a vogal (após consoantes surdas, tende-se geralmente a pronunciar as vogais com o som duro). O detalhamento de tal categorização pode ser visto no quadro a seguir:

SONORAS	Б	В	Г	Д	Ж	З	Л	М	Н	Р	-	-	-	-	Й
SURDAS	П	Ф	К	Т	Ш	С	-	-	-	-	Х	Ц	Ч	Щ	-

As consoantes ainda podem ser

Duras ou brandas	Sempre duras	Sempre brandas
Б В Г Д З К Л М Н Р С Т Ф	Х Ц	Ж П Ш Ч Щ

42.2. MAIÚSCULAS E MINÚSCULAS

O uso de maiúsculas é semelhante ao do inglês, exceto com respeito aos adjetivos próprios, nomes de meses (exceto se abreviados) e dias da semana, que permanecem em minúsculas.

42.3. TRANSLITERAÇÃO

A tabela de transliteração do idioma russo para o português é a seguinte (note-se bem: os acentos que compareçam no quadro abaixo têm valor tônico e não fônico, ao marcarem a abertura ou fechamento de vogal):

ALFABETO RUSSO	TRANSCRIÇÃO PARA REGISTRO CATALOGRÁFICO OU LINGUÍSTICO EM PORTUGUÊS	ADAPTAÇÃO FONÉTICA PARA NOMES PRÓPRIOS EM PORTUGUÊS	TRANSLITERAÇÃO PARA O INGLÊS
А, а	a	a	a
Б, б	b	b	b
В, в	v	v	v
Г, г	g	g, gu antes de e, i	g
Д, д	d	d	d
Е, е	e	e, ié	ye
Ё, ё	io	io	yo
Ж, ж	j	j	zh
З, з	z	z	z
И, и	i	i	i
Й, й	i	i	i, y
К, к	k	k	k
Л, л	l	l	l
М, м	m	m	m
Н, н	n	n	n
О, о	o	o	o
П, п	p	p	p
Р, р	r	r	r
С, с	s	s, ss (intervocálico)	s
Т, т	t	t	t
У, у	u	u	u
Ф, ф	f	f	f
Х, х	kh	kh	kh
Ц, ц	ts	ts	ts
Ч, ч	tch	tch	ch
Ш, ш	ch	ch	sh
Щ, щ	chtch	chtch	shch

Ъ, ъ	"	(sinal forte, não pronunciado)	
Ы, ы	y	y	
Ь, ь	'	(sinal fraco, não pronunciado)	y
Э, э	è	è	e
Ю, ю	iu	iu	yu
Я, я	ia	ia	ya

Nomes russos

Aleksandr Sergueievitch Púchkin	Mikhail Fiodorovitch Romanov
Anna Pavlova	Mikhail Gorbatchov
Anton Pavlovitch Tchekhov	Nikita Khruchtchev
Fiódor Dostoiévski	Tolstói, Lev Nikolaievitch
Ivan Petrovitch Pavlov	Vladimir Maiakóvski
Maksim Gorki	Yuri Alekseievitch Gagarin

Existem algumas convenções na transliteração do russo para o português para as quais convém chamar a atenção:

- O sinal brando (') geralmente só aparece na transliteração para o português para indicar a terminação do infinitivo ou o final abrandado de alguns nomes, sendo deixado de lado quando aparece no interior de palavra. Pode ser omitido de vez na transliteração.
- O sinal duro (") é omitido na transliteração.
- Os nomes próprios têm sua transliteração imposta pelo modo com que foram empregados no texto original: *Katerina, Iekaterina; Elena, Ielena* etc. Cabe, portanto, ao tradutor estabelecer a devida equivalência entre o antropônimo utilizado pelo autor, em russo, e a transliteração deste termo para o português.
- Em geral, não se traduzem os nomes russos para o equivalente em português: *Gueórgui* e não *Jorge*. São exceções, entretanto, os casos consagrados pelo uso, como *Pedro, o Grande*.
- Quando os sobrenomes forem estrangeiros, evita-se transliterar a forma russificada: *Mandelstam* (preferível a *Mandelchtam*), *Eisenstein, Meyerhold, Lermontov* (do escocês *Lermont*).

Página em russo de *Crônica do Mundo*, com apresentação de uma genealogia dos tsares. Rússia, 1752-1770 (Schøyen Collection).

RUSSO   589

- Há nomes próprios e sobrenomes de transliteração já consagrada em português, a qual, de preferência, deverá ser conservada: *Lênin* (em lugar de Liénin).
- Nos sobrenomes como *Dostoiévski, Maiakóvski* etc., que provêm de adjetivos no caso nominativo, não se translitera o final em *-ii* (ou *-yi*), próprio da terminação do adjetivo longo masculino singular, que pode ser brando ou duro. Opta-se pela forma curta *-i* ou *-y*. Essa regra também é válida para nomes próprios. Nos outros casos, a terminação do adjetivo translitera-se regularmente: *krásnyi* (vermelho), *díkii* (selvagem).
- O feminino de tais sobrenomes (*Dostoiévski, Maiakóvski*) conserva, entretanto, a forma original do adjetivo feminino singular: *Dostoiévskaia, Maiakóvskaia*.
- Afora o uso diferenciado do adjetivo masculino singular curto (*-i* ou *-yi*) e do adjetivo feminino singular visto acima (*-aia* e, em alguns patronímicos, *-a*), os sobrenomes russos permanecem sem alterações de número e caso na sua transliteração para o português: *Irmãos Karamázov,* e não *Karamázovy*.
- Nas palavras em que a vogal *e* comparece consecutivamente, evita-se utilizar *ie*, em substituição a ela, mais do que uma vez. Em geral, reserva-se a transliteração *ie* para indicar a tônica, mas quando aparecem dois *e* seguidos, a norma costuma ser invertida por razões de eufonia: *Andréiev,* e não *Andriéev.*

A colocação dos acentos obedece às normas de acentuação portuguesa. Entretanto, convém notar algumas particularidades:

- *i, u* finais tônicos, seguidos por qualquer consoante, não são acentuados: *grajdanin* (cidadão).
- As oxítonas em *a, e* (aberto), *o* (aberto) + qualquer consoante, inexistentes como sílaba final em português, são acentuadas: *Spechniév, Riazán, Liubóv.*
- As paroxítonas com finais inexistentes em português são acentuadas: *Karamázov, Pobedonóstev, Stavróguin, Liubímov.*

42.4. SEPARAÇÃO SILÁBICA

- Ditongos, dígrafos e unidades consonantais não são divididos.
- A divisão é feita após uma vogal ou depois de um ditongo, situados antes de uma só consoante, de um dígrafo ou de uma unidade consonantal: *ba--gazh, Bay-kal, mu-kha, re-bra, kache-sivo, svoy-stvo.*

- Em um grupo de duas ou mais consoantes, a divisão é feita antes da última consoante, dígrafo ou unidade consonantal: *mas-lo, mas-sa, mar-shal, toch-ka, sred-stvo.*
- A divisão pode ser feita entre vogais que não constituam um ditongo ou entre um ditongo e outra vogal: *oke-an, ma-yak.*
- Certos prefixos adverbiais devem ser conservados intatos, exceto antes de ы (y). São eles: *bez (bes), vo, voz (vos), vu, do, za, iz (is), na, nad, ne, ni, niz (nis), o, ob, obo, ot, oto, pere, po, pod, pred(i), pred(o), pri, pro, raz (ras), s(o)* e *u.* Assim, tem-se *bez-vkusnyy, bes-svyaz', vo-krug,* mas *ra-zyskat'.*
- No processo de diagramação, os vocábulos são divididos de acordo com suas partes componentes (e cada uma delas de acordo com as regras expostas acima): *radio-svyaz', foto-snimka.*
- Deve-se notar que o й *(i)* sempre termina uma sílaba: *boi-kii, rai-on.* O ъ *(")* apresenta-se como item final de uma sílaba, exceto em palavras que começam com въ *(v")*, взъ *(vz")* e съ *(s"): ot"-yekhat',* mas *c"yem-ka, s"yest-noy.* O b *('),* por sua vez, ocupa a última posição de uma sílaba, exceto antes das vogais breves *e (e), и (i), ю (iu), я (ia): mal'-chik,* mas *solo-v'yev, bri-l'yant, se-m'ya.*
- Palavras estrangeiras e componentes de palavras estrangeiras (não naturalizadas) seguem as convenções da linguagem de origem: *Shek-spir, mas-shtab, Loa-ra,* e não *Lo-ara* (*Loire,* fr.), *se-n'or.*

PARTE IX
PONTUAÇÃO

Sinais de pontuação das seguintes famílias tipográficas (da esq. para a dir. em cada sequência de caracteres): Times, Arial, New Baskerville, Optima, Garamond, Frutiger, Trajan, Futura.

Toma-se a pontuação, muitas vezes, como resultado de um estilo ou preferência, quando sua finalidade é sobretudo sintática e lógica, para garantir a significação na linguagem escrita, marcando pausas específicas [ponto (.), vírgula (,), ponto e vírgula (;), dois-pontos (:)], indicações de "curva melódica" [ponto de exclamação (!), ponto de interrogação (?), reticências (…)] e outras sinalizações discursivas mediante o emprego de aspas (" "), parênteses (), colchetes [ ], travessão (–), barra diagonal (/), barras paralelas (//), barra vertical (|), hífen (-), parágrafo (§) e asterisco (*). Assim, a pontuação (ou sua ausência) deve ser usada do modo mais consciente possível – sobretudo em textos literários –, preservando sempre seu maior objetivo, ou seja, a significação: pontua-se o necessário para garanti-la!

Apesar de alguns documentos antigos já contarem com certos sinais para separar as palavras[1], nem os gregos nem os romanos tiveram um sistema consistente de pontuação. É somente a partir do século VIII de nossa era que o ponto passa a ser usado com mais frequência nos manuscritos. Coube a Aldo Manuzio, grande erudito e humanista, impressor, editor e livreiro veneziano do século XV, o mérito de completar o sistema de pontuação. Foi o primeiro a pô-lo em prática em suas obras, que ainda hoje são famosas por sua correção e valor artístico.

Antes de iniciar o estudo mais aprofundado do uso de cada um dos sinais de pontuação, vale a pena observar algumas regras gerais, principalmente quanto à utilização indevida desses elementos e à aplicação de destaques, como itálico ou negrito.

Não se recomenda o uso repetitivo de sinais. Não se deve, por exemplo, começar uma frase com algarismo ou letra seguido ao mesmo tempo de parêntese, ou ponto, e travessão; basta apenas um dos sinais.

---

1. A mais antiga pontuação conhecida é atribuída a Cristófanes de Bizâncio, bibliotecário em Alexandria, e data de 200 a.C. Consistia de três pontos simples, em diferentes alturas, indicando pausas para respiração do ponto mais alto (pausa maior) ao mais baixo (pausa menor).

ERRADO	CERTO
– 1)–	1)
1.–	1.

Nas frases exclamativas ou interrogativas, pode-se dispensar o uso do ponto--final.

A plateia reagiu com um sonoro "Bravo, bravo!"
Os convidados perguntavam "Onde está o garçom?"

Não há motivo para usar vírgula antes de parêntese. Em geral, o parêntese que abre uma frase ou expressão não pode ser precedido por outro sinal de pontuação; da mesma forma, o que fecha só pode ser seguido pelo que a frase comportaria ao suprimir-se o texto entre parênteses.

ERRADO	CERTO
A vítima, (como todos notaram), provou que o motorista estava errado.	A vítima (como todos notaram) provou que o motorista estava errado.

Observe outro exemplo:

Preveniram-me (não recordo agora quem foi), mas na hora não levei em conta.

Se os parênteses forem eliminados, tem-se:

Preveniram-me, mas na hora não levei em conta.

Note que, no primeiro caso ("A vítima..."), uma vez eliminado o texto entre parênteses, a vírgula que havia depois do último parêntese estaria gramaticalmente errada. Já no segundo, a vírgula deve permanecer, pois é gramaticalmente pertinente. Essa mesma análise também é útil para descobrir se há ou não vírgula após travessão – uma dúvida bastante recorrente entre os preparadores ou revisores. Observe:

A vítima – como todos notaram – provou que o motorista estava errado.
A vítima, bastante assustada – como todos notaram –, provou que o motorista estava errado.

No primeiro caso, os travessões substituem as vírgulas do texto intercalado; no segundo, há uma inserção antes do texto entre travessões, de modo que é preciso manter a vírgula após o último travessão. Para perceber isso com mais clareza, basta eliminar o texto entre travessões; assim, nota-se que, de fato, a segunda vírgula é necessária para fechar a explicação "bastante assustada".

Em final de sentença, o sinal de pontuação pode ir antes ou depois do parêntese ou das aspas, conforme pertença ou não à frase delimitada por estes elementos.

Há uma lista de livros raros naquela biblioteca (veja relação anexa).
Fiz uma lista de livros para o curso. (A relação está no computador.)

Observe que, no primeiro caso, o ponto-final encerra toda a frase; no segundo, apenas a frase entre parênteses. Nas orações abaixo, pode-se perceber que o uso da pontuação se liga ao significado transmitido, permitindo ao leitor compreender o sentido do que está sendo dito.

Ela disse que ele se fez de "inocente"!
Ele soltou um tímido "meu Deus!"

Na primeira, a exclamação é de quem proferiu a frase toda; na segunda, a exclamação é de quem disse "meu Deus!"

Quando numa composição houver realces, como o grifo ou o negrito, a pontuação seguirá o corpo normal do texto, salvo se fizer parte da expressão destacada.

Explicou à criança, *grosso modo,* que a vida não era tão simples.
Um grito ecoou nos ares: **em frente!**

No caso de parênteses e colchetes, se for utilizado o redondo no começo, também se deve usá-lo no final, mesmo se houver uma palavra realçada com grifo em seu interior. Se o texto entre os parênteses estiver em grifo, eles podem segui-lo *(grifo nosso).* Graficamente, entretanto, fica melhor deixar o parêntese em redondo (*grifo nosso*), (*sic*). Quando numa frase abre-se parêntese em redondo, pois o início do texto está composto dessa forma, mas a última palavra foi destacada em itálico, coloca-se o parêntese final em redondo. Exemplo: "vírgulas dobradas" (os alemães usam a expressão *patinhas de ganso*).

Não se deve usar ponto em títulos isolados e cabeços, nem depois de algarismos romanos empregados como números ordinais, ou após notações químicas, símbolos e signos.

Em bibliografia, somada à sua importância linguística, a pontuação tem um emprego padrão, recomendado em notas, citações, bibliografias, índices etc., que será discutido quando se tratar especificamente desse assunto no transcorrer da presente obra.

"Musiquette pour une ponctuation, et quelques signes", de Raymond Gid. Jérôme Peignot, *Typoésie*, Paris, Imprimerie Nationale, 1993, p. 162.

* pilote des Mages

. . . . .

Toi **&** moi

(entre nous)

, et la suite

: on va tout savoir

" "
. . . . .

; à bout de souffle

¿ crois-tu ?

oh !

un . c'est tout !

43. ASPAS

Pelo amor de de Deus, livre-se dos parênteses e das aspas! [...] As aspas são usadas por duas categorias de escritores: os tímidos e os que não têm talento. Os primeiros assustam-se com a própria ousadia e originalidade, os outros quando metem entre aspas uma palavra qualquer, estão querendo dizer com isso: repare, leitor, que palavra nova, original e ousada eu inventei.

ANTON TCHÉKHOV[1]

43.1. Uso das Aspas   43.2. Aspas Duplas   43.3. Aspas Simples   43.4. Marcação das Aspas
43.5. Aspas e Pontuação   43.6. Aspas, Chamada de Nota e Pontuação

As aspas são sinais gráficos de formato semelhante a vírgulas invertidas, ou ainda a tracinhos que podem ser retos ou alceados. São também chamadas "comas" ou "vírgulas dobradas" (os alemães usam a expressão *patinhas de ganso*). Por sua função, lembram o antilambda (<) dos velhos manuscritos. Foram usadas pela primeira vez em 1546 pelo tipógrafo francês Guillaume ou Guillemet, o que explica o nome (*guillemets*) com que ainda hoje são conhecidas no país de origem.

Conforme o desenho e a altura em que são inseridos na linha de composição, estabelecem-se quatro tipos de aspas:

- ASPAS ALEMÃS: têm a forma de vírgulas („ ... "). Ao introduzirem uma palavra ou citação, são postas em nível mais baixo que o da linha impressa (e não alinhadas na mesma altura das vírgulas, como meio de se marcar sua especificidade); para fechá-las, são colocadas invertidas, no alto:

---

[1]   Carta de Tchékhov a Leksander Lázariev, Moscou, 20.10.1888, em Anton Tchékhov, *Sem Trama e Sem Final. 99 Conselhos de Escrita*, São Paulo, Martins Fontes, 2019.

PONTUAÇÃO

„Und nun, José? / Das Fest ist aus, / das Licht..."
(Curt Meyer-Clason, *Brasilianische Poesie des 20. Jahrhunderts*, Munique, Deutscher Taschenbuch, 1975, p. 92)

- ASPAS FRANCESAS (*guillemets*): têm forma angular e são alinhadas no centro da linha («...»). Seu vértice aponta para a esquerda ao introduzir palavra ou citação e para a direita ao fechá-las, com espaço entre as aspas e a palavra:

« Sais-tu bien qui je suis? »

Em obras alemãs, pode ocorrer o inverso:

»Ach Muse meines Fados ohne Maßen... «.
(Curt Meyer-Clason, *op. cit.*, p. 127)

- ASPAS INGLESAS: também têm a forma de vírgulas e são colocadas no alto ("..."). Ao serem abertas, apresentam a posição de vírgulas invertidas. Consideradas as autênticas aspas, são as mais indicadas.
- ASPAS RETAS: têm a forma de tracinhos retos ("...") ou inclinados (″...″). O uso desse tipo de aspa tem origem na datilografia e não é recomendado. Devem ser substituídas por aspas inglesas. Só são indicadas como símbolos de polegadas e de segundos de arco: 1/3", 23°32'03".

As aspas, de qualquer tipo, podem apresentar-se como aspas duplas ou simples. Aquelas, como o nome já diz, aparecem aos pares, como se vê nos exemplos mostrados anteriormente. Estas se apresentam isoladamente.

43.1. USO DAS ASPAS

Quanto ao uso das aspas, o mais importante é que elas sempre são empregadas duas vezes: no início e no fim de uma frase, expressão ou palavra. Trata-se de uma regra óbvia de pontuação, que vale tanto para as aspas simples como para as duplas. Isso significa que a presença desse sinal em determinada altura do texto tem de ser seguida por outro colocado mais adiante, por maior que seja a distância entre um e outro (às vezes, páginas inteiras). No jargão dos revisores, costumam-se "distinguir" os sinais iniciais dos finais (que têm inclinações ou formatos invertidos) chamando-os, respectivamente, de "abre aspas" e "fecha aspas".

A não observação dessa obrigatoriedade do segundo sinal de aspas é um dos lapsos mais frequentes cometidos por revisores: as aspas se "abrem", mas não se "fecham" – um detalhe que pode atrapalhar a leitura de um texto, já que dificulta a localização exata da citação.

Por outro lado, é aconselhável estar alerta para o uso indevido ou excessivo das aspas, pois, por servirem para assinalar ironias, citações etc., numa gama bem ampla de situações, é fácil chegar ao exagero. A solução é, naqueles casos em que o emprego desse sinal gráfico é optativo, diversificar os critérios.

Quanto ao seu uso, deve-se notar o seguinte:

- Nas citações que compreendem diversos parágrafos, põe-se o sinal de aspas no começo de cada um deles, mas apenas no fim do último.

  "A parte central da estrela que explodiu permanece como um objeto extremamente compacto, uma estrela de nêutrons, com densidade parecida com a da matéria nuclear. Esse objeto gira sobre si mesmo em altíssima velocidade, gerando pulsos de emissão rádio com período da ordem de um segundo ou menos. Essas estrelas, chamadas pulsares, atuam, por vezes, como faróis que nos iluminam com um feixe de radiação uma vez a cada rotação. Os pulsares são observados na região rádio do espectro; os pulsos são tão regulares que poderiam ser usados para sincronizar nossos relógios.

  "Além dos pulsos provenientes da estrela de nêutrons, a nebulosa apresenta emissão no contínuo, devido à radiação sincrotrônica dos elétrons energéticos que se propagam espiralando no campo magnético ambiente [...]."
  (Disponível em: www.astro.iag.usp.br/~aga5739/cap3.pdf, p. 58)

- A pontuação fica dentro ou fora das aspas, dependendo do fato de pertencer ou não à palavra ou à frase que estas encerram (como no caso dos parênteses).

  Respondeu com um seco "sim!"
  Que queres dizer com esse "talvez"?
  "Aí temos a lei", dizia o Florentino. "Mas quem há de segurar? Ninguém."

- Se, num trecho entre aspas, houver palavras que, por sua vez, também precisem ser aspeadas, recorre-se às aspas simples ('...').

  "Reflita bem, antes de dizer 'não vou'".

No mesmo caso, repetem-se as aspas francesas, e se a citação intercalada ocupar mais de uma linha, cada uma destas levará o sinal no começo, como se vê no exemplo que segue:

Diz Rui Barbosa: «Segundo a mais plausível das suas interpretações, o sublime poema / «de pedra exprimia / «a emoção causada pelo nascimento / «de Minerva nas três regiões do mundo: o / «Olimpo, a terra e o mar». É a iniciação de uma nova ordem de coisas traduzida, de um modo simbólico e plástico ao mesmo tempo».
(adaptado de Rui Barbosa, "Elogio de Castro Alves", em *Trabalhos Diversos*, Rio de Janeiro, Ministério da Educação e Cultura, 1957, p. 25)

Coincidindo o fecho das duas citações, as aspas francesas duplicam-se:

«........... «......... a terra e o mar».»

- Quando se usam aspas francesas, em alguns lugares se costuma separá-las das palavras ou expressões que elas delimitam com o espaço normal, « deste modo ». É, contudo, preferível valer-se de espaços finos em correspondência com a parte interna do trecho aspeado, «como aqui se vê».
- As citações compostas em tipo ou corpo diferentes do texto (com grifo ou em letra menor, no caso de transcrição de trechos extensos) não devem ser aspadas.

43.2. ASPAS DUPLAS

- São empregadas em citações de palavras, frases ou períodos, reproduzidas seja no corpo de um parágrafo, seja num título ou numa legenda.

"Foge-se mais em um mês do que se casa em um ano", diz.

- Além das aspas, os dois-pontos também contribuem para introduzir a citação, marcando uma pausa e separando as palavras de outrem da frase – afirmativa, interrogativa etc. – introdutória. As aspas são muito comuns em entrevistas, nas quais o que importa não é o texto do "autor" (entrevistador), e sim as declarações do entrevistado. O jornalista apenas "reproduz" as palavras de alguém marcando esse fato com o recurso gráfico das aspas. Citar palavras isoladas entre aspas também é algo recorrente na imprensa diária.

Como já havia dito mais de uma vez: "Tem perigo, não, moço. Não tenha medo".

ASPAS   601

- As aspas também são usadas em textos científicos ou de divulgação, e, de forma geral, em todo tipo de escrito informativo ou narrativo em que são muito frequentes as citações, sejam de autor real, personagem fictícia ou autor coletivo. Por exemplo, é comum leis ou regulamentos serem citados entre aspas.

- As aspas assinalam os títulos das partes de uma publicação (títulos de artigos de uma revista, contos de um livro, poemas de uma antologia, capítulos, movimentos de uma peça musical etc.).

  "Platão: Conhecimento e Analogia", "Retrato de Andaluzia", "O Porquinho da Índia".

- Marcam ironia, dúvida ou desprezo em relação ao termo ou termos que delimitam.

  Foi um "belo passeio". Choveu o dia todo!

- Servem para dar a ideia de um significado aproximado referente a algum termo usado de modo inexato ou imperfeito, mas para o qual não se encontra um substituto mais adequado. É como se a palavra entre aspas estivesse "modulada" (relativamente; mais ou menos; a bem dizer etc.).

  As "leis" exponenciais para a espessura e o raio do disco são muito usadas, mas não passam de aproximações; não decorrem de uma lei da física nem de um cenário de formação do disco.
  (Disponível em: www.astro.iag.usp.br/~aga5739/cap3.pdf, p. 69)

- Empregam-se aspas na citação de falas teatrais, radiofônicas ou de textos televisivos, em diálogos de escritos ficcionais ou depoimentos, em documentos legais ou em reproduções de diálogos de toda espécie, sobretudo quando a fala está inserida num parágrafo. O discurso de outrem reproduzido na linha seguinte, constituindo outro parágrafo, inicia-se de preferência com traço ou travessão.

É preciso lembrar que livros editados em algumas línguas estrangeiras – como, por exemplo, o inglês ou o alemão – radicalizam esse critério, reproduzindo entre aspas qualquer tipo de fala, onde quer que ela se apresente no texto. O diálogo, por exemplo, em contos, novelas ou romances tende a se tornar um "texto corrido", sem pausas visuais – travessões, mudanças de linha – para que o leitor perceba claramente quem é o autor da fala.

Tal critério pode dificultar a leitura de um texto narrativo, sobrecarregando-o de orações incisas do tipo "disse ele" ou "conforme ela". Mais leve e eficaz seria o uso de traços ou travessões em toda a extensão de um livro em que predominem os diálogos. O editor pode decidir, inclusive, abrir parágrafos inexistentes nas falas que constam no original, quando se trata apenas de um critério de texto, sem valor estilístico.

Mesmo em português, o recurso das aspas e dos travessões pode ser combinado para a reprodução de diálogos. Considera-se mais sensato utilizar travessões em textos com muitos diálogos (narrativos, por exemplo), sobretudo quando a fala é apresentada num parágrafo à parte, reservando as aspas para obras em que as falas são eventuais (entrevistas, depoimentos), sobretudo se inseridas no interior de um parágrafo.

Não se deve esquecer que os travessões – quando utilizados no lugar das aspas em inserções de diálogos ou comentários – também "abrem" e "fecham".

43.3. ASPAS SIMPLES

As aspas simples assinalam uma citação dentro de uma citação. Elas podem assumir também todas as demais funções das aspas duplas, quando surgem num trecho ou parágrafo que já se encontra entre aspas. Há, entretanto, casos complexos de citação dentro de citação. Quando ocorrem os chamados "embaralhamentos", em que se alternam as citações e as citações de citações, o editor deve dar outra solução gráfica para o trecho, em prol da clareza.

> Joaquim Veríssimo Serrão, ao abordar o caso do Pe. Malagrida, explica, com extrema clareza (1996, vol. VI, p. 54): "A sentença condenava-o como 'herege e inventor de novos erros heréticos, convicto, fito, falso, confidente, refogante, pertinaz e profitente dos mesmos erros'. Veio a ser queimado no Rossio, a 21 de setembro de 1761, numa das derradeiras páginas do Santo Ofício".
>
> (Ivan Teixeira, *Mecenato Pombalino e a Poesia Neoclássica*, São Paulo, Edusp, 1999, p. 42)

Em títulos de matérias de jornal, as aspas simples podem estar no lugar das duplas, que tomariam muito espaço num enunciado em que é preciso dizer o máximo com o mínimo de palavras. Em textos publicitários, folhetos, programas etc., também é comum o uso de aspas simples com o valor de aspas duplas.

Em citações dentro de citações, pode ocorrer que o "fechamento" das aspas simples coincida com o "fechamento" das aspas duplas, em fecho de período. O caso inverso (mais raro) dá-se quando as aspas duplas "abrem" juntamente com as simples. Surgem então três aspas no corpo do texto (o jargão dos revisores para isso é "abrem três aspas" ou "fecham três aspas"). Para não confundir o leitor, é necessário, em tais situações, separar ligeiramente as aspas simples das duplas por meio de um espaço fino.

"Com efeito, 'sempre alegre', se bem que às vezes de uma alegria meio forçada."
(Thomas Mann, *A Montanha Mágica*, Rio de Janeiro, Nova Fronteira, 2006, p. 89)

Como todos os demais recursos de destaque, as aspas devem ser empregadas o mínimo possível, a fim de não sobrecarregar a obra com sinais ou informações gráficas. Já se viu que, nos diálogos, é mais leve e eficaz assinalar as falas por meio de travessões. Em citações longas, que ocupam parágrafos inteiros, um estratagema apropriado (até mesmo por evitar aspas simples dentro de aspas duplas) consiste em separar o trecho citado do restante do texto por meio de espaços de uma linha, reduzindo o corpo da letra e mantendo a mesma medida da mancha.

Na experiência ambígua do ver, como determinar quem vê e quem é visto, se o corpo não é nem simplesmente coisa vista nem apenas vidente? É preciso

rejeitar os preconceitos seculares que colocam o corpo no mundo e o vidente no corpo ou, inversamente, o mundo e o corpo no vidente como numa caixa. Onde colocar o limite do corpo e do mundo, já que o mundo é carne? Onde colocar no corpo o vidente, já que evidentemente no corpo há apenas "trevas repletas de órgãos", isto é, ainda o visível? O mundo visto não está "em" meu corpo, e meu corpo não está "no" mundo visível em última instância... (Merleau-Ponty, 1971, p. 134).
(João A. Frayze-Pereira, *Arte, Dor: Inquietudes entre Estética e Psicanálise*, Cotia, Ateliê Editorial, 2005, pp. 175-176.)

43.4. MARCAÇÃO DAS ASPAS

No original, o modo mais simples de inserir as aspas é desenhá-las cuidadosamente com caneta no local apropriado. Nas provas tipográficas, colocam-se barras no local onde se devem abrir e fechar aspas, repetindo-as na margem, acompanhadas do sinal gráfico. O objetivo é não deixar dúvidas quanto ao lugar exato de sua inserção.

PONTUAÇÃO

Em citações dentro de citações, pode ocorrer que o |fechamento| das aspas | " | "
simples coincida com o fechamento das aspas duplas, encerrando a citação.

43.5. ASPAS E PONTUAÇÃO

Em citações de termos, expressões e trechos que fazem parte de oração, fecham-se as aspas sempre antes do ponto-final, travessão, vírgula, ponto e vírgula, dois-pontos. Isso ocorre até mesmo quando elas são abertas após dois-pontos.

Por tudo isso e muito mais, só resta dizer: "Obrigado, Sophia".

Em citações de frases inteiras, as aspas são fechadas sempre depois de ponto-final, ou dos pontos de exclamação, de interrogação ou das reticências, desde que estes realmente encerrem o que se pretende citar, e o texto inteiro seja citação, e não parte de uma frase.

O homem que dorme está unido ao centro, reúne-se a si próprio no lugar onde é. "O espaço está imantado. Tudo é hoje, tudo está presente."

Diante de qualquer problema, ele dizia a si mesmo: "Que teria dito Sócrates sobre isto?"

43.6. ASPAS, CHAMADA DE NOTA E PONTUAÇÃO

No caso de ponto-final, vírgula, ponto e vírgula, dois-pontos, travessão e parênteses, tem-se a seguinte sequência: aspas – chamada de nota – pontuação:

Nonono"[1].	Nonono"[3];	Nonono"[5] –
Nonono"[2],	Nonono"[4]:	Nonono"[6])

No caso de ponto de interrogação, ponto de exclamação e reticências, a sequência muda para: pontuação – aspas – chamada de nota:

Nonono?"[7]	Nonono!"[8]	Nonono..."[9]

44. ASTERISCO

44.1. Usos do Asterisco

O asterisco é um sinal em forma de estrela, que surge já nos manuscritos medievais. Usado na composição como chamada de nota e para outros fins, deve ser colocado na parte superior da linha (*).

44.1. USOS DO ASTERISCO

- É empregado para indicar chamadas de nota ou subnota, entre as quais se encontram as notas do editor, de tradução, de redação ou revisão, que geralmente vão no rodapé. Assinala ainda supressões, convenções, separações de períodos de texto etc.

  A literatura de logística e *supply chain** também reconhece esse conceito como uma premissa.

  * Cadeia de suprimentos.

- Na separação de períodos de um texto, o asterisco pode ser empregado no lugar de uma vinheta:

De forma simples	Em renque	Em triângulo
*	***	* **

- Em linguística e edições diplomáticas, o asterisco é empregado após uma palavra para indicar uma forma ou palavra hipotética, isto é, um termo sobre o qual não existe documentação, como o caso do vocábulo em indo-

PONTUAÇÃO

-europeu *bhero**. Serve ainda para assinalar a agramaticalidade de palavras ou frases, quando vem anteposto a esses elementos:

* Eu goiabada um quero de pedaço.

- Em dados biográficos, ele antecede o ano de nascimento. Já a adaga, o ano da morte.

  * 1880 – † 1927

- Em lugar de nome próprio que não deve ser revelado.

  Sr. **** ou F****

- Como sinal de pausa ou separação, nos salmos e cânticos religiosos.

- Em capas, frontispícios e lombadas de livros para indicar o volume.

    *   1º volume
    **   2º volume
    ***   3º volume

45. TRAVESSÃO

45.1. Tipos de Travessão   **45.2.** Usos do Travessão   **45.3.** Marcação do Travessão
45.4. Travessão e Sinais de Pontuação

O travessão (–) é um sinal de pontuação que consiste num traço horizontal mais longo que um hífen (-), inserido no início dos diálogos ou meio de uma linha. Sua introdução na tipografia está registrada desde meados do século XVII[1]. Ao contrário do hífen, que sempre vem "grudado" ou "unido" às letras que une ou separa, o travessão é distanciado da palavra que o antecede e da que o sucede por meio de um espaço fino. Mas, se ao segundo travessão seguir-se uma vírgula, não se coloca espaço entre ele e ela.

> Pouco conhecida em Portugal e na Itália – o bolonhês Cavazzi não sabia muito bem o que era aquilo –, a batata difunde-se na África Central.
> (Luiz Felipe de Alencastro, *O Trato dos Viventes*, São Paulo, Companhia das Letras, 2000, p. 94)

Há editoras e redações de jornais que estipulam casos em que a referida separação entre o travessão e as palavras que o antecedem e o sucedem não existe, geralmente em orações incisas, quando os travessões "abrem" e "fecham", desempenhando o papel das aspas. No entanto, para tornar o texto mais legível, recomenda-se usar o espaço fino em todos os casos.

---

1. Malcolm B. Parkes, *Pause and Effect: Punctuation in the West*, Berkeley, University of California Press, 1993, p. 59.

PONTUAÇÃO

yes–maybe

yes – maybe

yes – maybe

Posições de inserção
do travessão.

45.1. TIPOS DE TRAVESSÃO

Travessão, aqui, refere-se indiferentemente aos dois tipos mais conhecidos desse sinal: o travessão m (—), chamado travessão eme, por ocupar na linha a mesma dimensão de uma letra m; e o travessão n (–), chamado travessão ene, que tem esse nome por apresentar a largura do caractere n, que costumam ser indicadores para a introdução de diálogo, entre outras funções. A escolha do tamanho m ou n tem muito a ver com a família do tipo utilizado na composição.

45.2. USOS DO TRAVESSÃO

- O travessão é empregado na representação de diálogos, para indicar o início da fala de uma personagem ou a mudança de interlocutor. Além disso, utiliza-se tal sinal quando, após uma fala em discurso direto ou mesmo no interior dela, for inserido qualquer comentário do narrador. A finalidade de seu uso nesse último caso é destacar, graficamente, a parte narrada em relação às falas em questão. O travessão deve ser repetido caso termine a oração incisa e seja retomado o discurso da personagem ou do interlocutor do diálogo no mesmo parágrafo. Quando o diálogo prossegue no parágrafo seguinte, não há necessidade de "fechar" o travessão.

> — O hóspede é amigo de Tupã: quem ofender o estrangeiro ouvirá rugir o trovão.
> — O estrangeiro foi quem ofendeu a Tupã, roubando sua virgem, que guarda os sonhos da jurema.
> — Tua boca mente como o ronco da jiboia [...].
> (José de Alencar, *Iracema*, Cotia, Ateliê Editorial, 2007, p. 142)

> — No dia seguinte, ao chegar ao escritório, entre duas causas que não vinham, contei ao Nóbrega a conversação da véspera. Nóbrega riu-se do caso, refletiu, e depois de dar alguns passos, parou diante de mim, olhando, calado. — Aposto que a namoras? — perguntei-lhe. — Não, disse ele; nem tu? Pois lembrou-me uma coisa: vamos tentar o assalto à fortaleza? Que perdemos com isso? Nada; ou ela nos põe na rua, e já podemos esperá-lo, ou aceita um de nós, e tanto melhor para o outro que verá o seu amigo feliz. — Estás falando sério? — Muito sério. — Nóbrega acrescentou que não era só a beleza dela que a fazia atraente. Note que ele tinha a presunção de ser espírito prático, mas era principalmente um sonhador que vivia lendo e construindo aparelhos sociais e políticos. [...] E dizia-me: — Escuta, nem divinizar o dinheiro, nem também bani-lo; não vamos crer que ele dá tudo, mas reconheçamos

PONTUAÇÃO

Travessões das
fontes Caslon,
Minion, Bodoni, Arial,
Futura e Jenson
(tamanho 50 pts.)

que ele dá alguma coisa e até muita coisa — este relógio, por exemplo. Combatamos pela nossa Quintília, minha ou tua, mas provavelmente minha, porque sou mais bonito que tu.

— Conselheiro, a confissão é grave; foi assim brincando…?

(Machado de Assis, "A Desejada das Gentes", em *Várias Histórias*, São Paulo, Martins Fontes, 2004, pp. 78-79)

Existem narrativas complexas (sobretudo romances realistas e modernos, em que os comentários do narrador são inúmeros e imprescindíveis para a compreensão dos diálogos) em que há excesso de orações incisas, mesclando incessantemente as vozes das personagens com a voz do narrador. O editor ou preparador de texto deve atentar para a coerência de seus critérios, por exemplo, quando um travessão "abre" mas não "fecha" – lapso comum em revisão de provas tipográficas –, mas não inserir travessões em discurso indireto livre, respeitando esse tipo de construção em que a ambiguidade da mescla personagens/narrador é proposital. O mesmo cuidado deve ser observado em traduções de originais do inglês ou do alemão, nos quais, como já foi dito, os diálogos são compostos sistematicamente entre aspas. A substituição por travessões deve ser cuidadosa e coerente.

- O travessão serve ainda para destacar expressões ou orações explicativas ou apositivas, em textos em prosa nos quais prevalece uma "voz" única (não se trata, pois, de um diálogo). Aqui, tal sinal desempenha uma função semelhante à dos parênteses. Deve ser observado nesses casos o mesmo cuidado recomendado no item anterior: quando um travessão "abre" no interior de um parágrafo, é preciso fechá-lo mais adiante, caso a oração não encerre o período.

Entretanto, as doenças mais mortíferas — aqui como em toda a América pós-colombiana — foram as "bexigas". Isto é, a varicela, a rubéola e, sobretudo, a varíola. Banal nos dias de hoje, a varicela se manifestava com grande virulência, em especial entre as crianças indígenas, levando os tupis a lhe darem um nome cujo efeito assustador se perdeu na desmemória da língua brasileira: "fogo que salta", *catapora*.

(Luiz Felipe de Alencastro, *O Trato dos Viventes*, São Paulo, Companhia das Letras, 2000, p. 129)

- Também é empregado para indicar a conclusão de uma longa série de ideias e retomar a estrutura principal do período.

Algumas décadas mais tarde, com a descoberta das Minas Gerais, a busca de metais preciosos obtém sucesso. Entretanto, desde meados do Seiscentos, se definia um fator fundamental da evolução do império e da América portuguesa: a *xenofagia* da economia brasileira – isto é, sua propensão a agregar energia humana reproduzida fora de seu espaço produtivo. Característica que se apresenta, a um só tempo, como resultado da demanda interna do colonato e da pressão dos negreiros no plano da oferta.

(Luiz Felipe de Alencastro, *O Trato dos Viventes*, São Paulo, Companhia das Letras, 2000, p. 41)

- Como o ponto e vírgula (;), pode representar um acréscimo em assunto dado por concluído.

Willermoz tenta com von Hund várias alianças, como se vê pela lista dos senhores, até que von Hund é finalmente desmascarado – e o duque de Brunswick o expulsa da organização.

(Umberto Eco, *O Pêndulo de Foucault*, 2000, p. 409)

- Introduz enumerações ou listas, quando se deseja apresentar os itens arrolados de forma graficamente mais clara.

Os candidatos à prova devem comparecer munidos dos seguintes materiais:
– um caderno de papel pautado,
– uma folha de papel para desenho e
– um lápis ou uma lapiseira.

Emprego semelhante a esse ocorre para separar os dados de um sumário ou resumo:

Presidente norte-americano visita o Brasil:
Chegada a Cumbica – Revista das tropas – Autoridades presentes ao desembarque – Banquete no Palácio dos Bandeirantes etc.

Com o Novo Acordo Ortográfico, todas essas funções cabem, agora, ao hífen, e tais usos do travessão precisam ser observados em reedições.

- Outros usos do travessão dizem respeito a preferências do autor. Imprimir ênfase a um termo ou termos e marcar rupturas sintáticas no interior de um parágrafo são os usos mais comuns.

Ênfase em um termo

Não nos escapou a percepção de um fato – o fato de que...

Rupturas sintáticas

Mas – horror – a tela se ergue e, acima dela, obra admirável de algum Arcimboldo das cavernas, aparece outra capela, em todo semelhante àquela onde estou; e ali, diante de outro altar, ajoelhada, está Cecília e, junto dela – um suor gelado me aljofra a fronte, eriçam-se-me os cabelos na cabeça –, quem vejo a ostentar, escarnecendo, a sua cicatriz? O Outro, o verdadeiro Joseph Balsamo, que alguém teria libertado de sua masmorra de San Leo!

(Umberto Eco, *O Pêndulo de Foucault*, Rio de Janeiro, Record, 2000, p. 480)

- Antes do recente acordo ortográfico, o travessão também associava palavras – em geral, nomes próprios – que constituíam um encadeamento, um itinerário, um elo entre duas entidades que, na prática, são autônomas. Nesse caso, podia ser substituído por uma barra inclinada. Era a única situação em que tal sinal aparecia "colado" aos vocábulos, sem espaço fino, à semelhança do hífen, uma vez que aí ele não exprime pausa, mudança de interlocutor, ruptura no pensamento ou digressão, e sim um elo que transforma, no contexto em questão, dois ou mais elementos independentes numa única entidade. Era o caso de:

Direções

[...] Nas "monções de nordeste", também chamadas "monções de setembro", ventos de NE e L–NE sopram até março, formando uma corrente norte-sul* na costa.
*Obs.: Também poderia ser uma corrente norte/sul.

Estradas, lugares, convênios etc.

Estrada Rio–São Paulo (ou Rio/São Paulo).

Uma balsa faz a ligação margem ocidental–margem oriental (ou margem ocidental/margem oriental).

A Itália, a Alemanha e o Japão formaram o chamado eixo Roma–Berlim–Tóquio (ou Roma/Berlim/Tóquio).

Coedição Edusp–Unicamp (Edusp/Unicamp).

Intervalo entre datas

Casos estudados: 1980–1990*.
*Obs.: Nesse caso, recomenda-se o uso do travessão ene.

Com o Novo Acordo Ortográfico, agora se usa o hífen em todos esses casos.

45.3. MARCAÇÃO DO TRAVESSÃO

A marcação do travessão é semelhante à das aspas: no original desenha-se o sinal gráfico diretamente no local apropriado, e nas provas tipográficas "puxa-se" uma chave ou chamada em que aparece desenhado o travessão, ou insere-se um traço vertical onde o caractere deve ser incluído, reproduzindo-se na margem o sinal desejado. Esse mesmo procedimento de marcação se adota no caso dos parênteses, colchetes e barras, razão pela qual se evitará voltar a tal assunto ao longo deste capítulo.

45.4. TRAVESSÃO E SINAIS DE PONTUAÇÃO

Uma situação que costuma confundir preparadores de texto e revisores ocorre quando o travessão (ou travessões, nas orações incisas) é inserido num local da frase ou período no qual ocorrem também outros sinais de pontuação: ponto, vírgula, ponto e vírgula, reticências, ponto de exclamação ou ponto de interrogação.

A pontuação é sempre colocada na oração a que pertence. Mas, no caso de um diálogo que pode continuar (ou não) no mesmo parágrafo, depois da introdução da "fala" do narrador, só podem aparecer *antes* do travessão que introduz a voz narrativa as reticências, o ponto de exclamação ou o ponto de interrogação; o ponto final encerra a fala intercalada do narrador; a vírgula é posta depois do segundo travessão; e o ponto e vírgula desaparece, pois o travessão já marca a interrupção necessária.

SEM A INTRODUÇÃO DA FALA DO NARRADOR	COM A INTRODUÇÃO DA FALA DO NARRADOR
– Não... E a senhora haverá de explicar para a comadre...	– Não... – disse, hesitando, João. – E a senhora haverá de explicar para a comadre...
– Não! E a senhora haverá de explicar para a comadre...	– Não! – disse, firme, João. – E a senhora haverá de explicar para a comadre...
– Não? E a senhora haverá de explicar para a comadre...	– Não? – disse, firme, João. – E a senhora haverá de explicar para a comadre...
– Não. E a senhora haverá de explicar para a comadre...	– Não – disse, firme, João. – E a senhora haverá de explicar para a comadre...
– Não, a senhora haverá de explicar para a comadre...	– Não – disse, firme, João –, a senhora haverá de explicar para a comadre...
– Não; e a senhora haverá de explicar para a comadre...	– Não – disse, firme, João – e a senhora haverá de explicar para a comadre...

TRAVESSÃO 617

Em trechos em que não há diálogos (isto é, nas situações em que o uso do travessão se assemelha ao dos parênteses), quando os sinais de pontuação – (…), (;), (!), (:), (?) – pertencem à expressão ou oração incisa, recomenda-se que eles precedam o segundo travessão, como acabou de ser feito acima. O ponto (.) e o ponto e vírgula (;) costumam desaparecer. Por outro lado, quando um par de travessões "colide" com uma vírgula, esta é posta depois do segundo travessão, pois geralmente não pertence à oração intercalada. Para julgar se cabe ou não colocar uma vírgula depois do segundo travessão, deve-se eliminar em pensamento a oração incisa para verificar se a frase restante carece de vírgula naquele local específico.

COM PARÊNTESES	COM TRAVESSÕES
Tenho na lembrança uma outra janela, estreita, metida entre esconsos que mal me deixavam olhar a rua (sexto andar, água--furtada, perto do céu…), donde, por todo tempo que ali vivi, pouco mais podia ver que telhados e nuvens […] (p. 17).	Tenho na lembrança uma outra janela, estreita, metida entre esconsos que mal me deixavam olhar a rua – sexto andar, água--furtada, perto do céu… –, donde, por todo tempo que ali vivi, pouco mais podia ver que telhados e nuvens.
Durante muito tempo (dias? semanas? meses? que tamanho tem o tempo na infância?) me intrigou o guia de conversação […] (p. 19).	Durante muito tempo – dias? semanas? meses? que tamanho tem o tempo na infância? – me intrigou o guia de conversação.
E quando rio (que remédio!) é sempre um pouco de mim, pela fraqueza… (p. 110).	E quando rio – que remédio! – é sempre um pouco de mim, pela fraqueza…

SEM ORAÇÃO INCISA	COM ORAÇÃO INCISA
Tenho na lembrança uma outra janela, estreita, metida entre esconsos que mal me deixavam olhar a rua, donde, por todo tempo que ali vivi, pouco mais podia ver que telhados e nuvens.	Tenho na lembrança uma outra janela, estreita, metida entre esconsos que mal me deixavam olhar a rua – sexto andar, água-furtada, perto do céu… –, donde, por todo tempo que ali vivi, pouco mais podia ver que telhados e nuvens.
Durante muito tempo me intrigou o guia de conversação.	Durante muito tempo – dias? semanas? meses? que tamanho tem o tempo na infância? – me intrigou o guia de conversação.
E quando rio é sempre um pouco de mim, pela fraqueza…	E quando rio – que remédio! – é sempre um pouco de mim, pela fraqueza…

(Trechos adaptados de José Saramago, *A Bagagem do Viajante*, Lisboa, Futura, 1973)

46. PARÊNTESES

46.1. Uso e Marcação dos Parênteses **46.2.** Parênteses e Pontuação

Os parênteses ( ) são sinais de pontuação que servem para intercalar ou justapor – em qualquer lugar de um texto – uma frase, um período, um número, uma data ou sinal convencional, um sinônimo, um aposto ou palavra isolada, uma indicação bibliográfica, qualquer tipo de explicação ou comentário que tenha alguma relação com ele e, por isso, mereça ser consignado. Um dos primeiros autores humanistas a usá-los como marcas para desambiguizar textos foi o chanceler da Cidade-Estado de Florença Coluccio Salutati, no século XIV[1].

É inútil especificar os vários usos dos parênteses, devido aos seus significados óbvios e ao fato de eles decorrerem de opções estilísticas do autor, que podem ser as mais variadas. Limitar-nos-emos a alguns deles.

> A nova lei do inquilinato (publicada na íntegra em nossa edição do domingo passado) traz importantes modificações nos contratos de locação.
>
> Os dados (veja tabela ao lado) são impressionantes.
>
> O senhor Cardoso (PMDB/SP) pediu a palavra.
>
> O lançamento do satélite está previsto para as 15h23, no Cabo Canaveral (17h23 em Brasília).
>
> Dai a César o que é de César, e a Deus o que é de Deus (Lucas 20: 25).
>
> A tartaruga-verde (*Chelonia midas*), comum nas águas do Atlântico, atinge grandes proporções.
>
> Itajubá (do guarani *itá*, "pedra" + *juba*, "amarelo") é uma cidade de Minas Gerais.
>
> Tive (por que não direi tudo?), tive remorsos.
>
> Ainda este ano (...) as reformas governamentais (...) serão implantadas.

---

1. Malcolm B. Parkes, *Pause and Effect: Punctuation in the West*, Berkeley, University of California Press, 1993, p. 48.

Parênteses das fontes Caslon, Minion, Bodoni e Univers (tamanho 78 pts.).

As reticências podem estar dentro dos parênteses, como no último exemplo, para significar que uma parte do texto ou da declaração foi omitida por outra pessoa que não seu emissor, em razão de falta de espaço ou por não vir ao caso reproduzi-la. Em tal situação, ainda, é comum os parênteses serem substituídos por colchetes, símbolos gráficos mais recomendados para esse caso, pois se revelam mais apropriados para indicar uma interferência "externa" num texto de outrem.

46.1. USO E MARCAÇÃO DOS PARÊNTESES

Os casos que mais costumam gerar erros são os de parênteses que "abrem", mas não "fecham", à semelhança das aspas ou travessões usados em dupla; a marcação deve ser cuidadosa, primando por desenhar claramente a inclinação dos parênteses para a direita ou para a esquerda.

46.2. PARÊNTESES E PONTUAÇÃO

Quando os parênteses coincidirem com outros sinais de pontuação, é preciso distinguir se estes pertencem à oração principal ou a um termo ou à oração incisa. Não se deve esquecer que a frase entre parênteses tem sua própria pontuação, independente do texto no qual está inserida.

> O Apêndice também contém um texto com "Ideias Metafísicas" do *Livro do Desassossego*, e vários escritos de Pessoa (notas, trechos de prefácios, passagens de cartas) relativos ao *Livro* ou a Bernardo Soares.
>
> (Richard Zenith, "Introdução", em Fernando Pessoa, *Livro do Desassossego*, Lisboa, Assírio e Alvim, 2006, p. 31)

> Há um embasamento bergsoniano que encarece a dimensão temporal inerente à memória (E por que não buscar a fonte hegeliana para a qual o passado concentrado no presente é que cria a natureza humana?); [...]
>
> (Ecléa Bosi, *O Tempo Vivo da Memória*, São Paulo, Ateliê Editorial, 2003, p. 55)

Assim como no caso das reticências entre parênteses, as rubricas, descrições de cenários e indicações cenográficas também podem ficar entre parênteses ou colchetes.

> ELEUTÉRIO (*levantando o fuzil à altura dos ombros*) – Quem vem de lá? Que diga o nome ou passo fogo!

Após citações em que a fonte é referida logo em seguida, sugere-se que a pontuação venha depois da referência bibliográfica

(Teófilo Braga, 1899, pp. 270-271).

E NÃO

~~(Teófilo Braga. 1899, pp. 270-271.)~~

"Cohorte de déshérités refusant de se laisser mettre entre parentheses", em Jérôme Peignot, *Typoèsie*, Paris, Imprimerie Nationale, 1993, p. 143.

47. COLCHETES

47.1. Uso dos Colchetes

A função dos colchetes [ ], ou parênteses quadrados, é muito semelhante à dos parênteses curvos, embora tenham maior força de separação, por significarem uma interferência no texto, exceto em obras técnicas. Sua presença na escrita data do final do século XVI.

47.1. USO DOS COLCHETES

- Em textos técnicos (matemática, química etc.), os colchetes têm função específica, que pode variar conforme a matéria em questão. Juntamente com as chaves e os parênteses, também estão presentes em sentenças matemáticas nas quais respeitam a seguinte hierarquia: os parênteses englobam itens isolados ou grupos de elementos isoladamente considerados; os colchetes encerram sentenças maiores, que contêm parênteses, e esse conjunto, por sua vez, pode ser contido pelas chaves.

  A área do polígono esférico vale:
  $S = r^2 [a + b + g + d + ... + j - (n - 2)p]$

- Em citações, quando o emissor comenta o texto de outro autor (texto citado) e nele insere sinais, termos e expressões que não pertencem ao discurso original, tais como [!], [?], [...], [*sic*], [grifo do autor], [grifo nosso], utilizam-se os colchetes para indicar tais interferências. Esses comentários também podem aparecer entre parênteses (grifo do autor), (grifo nosso), se já não estiverem presentes no texto citado.

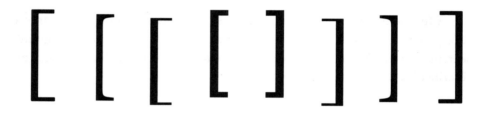

Colchetes das fontes Caslon, Minion, Bodoni e Univers (tamanho 78 pts.).

Ela [Marie] efetuava voos muito mais siderais.

Esses estudantes são afligidos pelo cinismo, pelo cansaço de viver e *por total desprezo pela tradição e pela autoridade* [grifo nosso].

O governador do Mississipi [*sic*] dirigiu-se aos estudantes.

- **Em transcrições fonéticas.**

No português do Brasil, [a], [ɐ], [ɐ̃] são alofones do fonema / a /

- **Em edições diplomáticas.**

Assim formulados, os cartões não lhe davam mais trabalho senão sobrescripta-los, p[o]is cada um delles estava já mettido no respectivo envolucro e sellado com uma estampilha de vintem.
(Artur Azevedo, *Contos Cariocas*)

- **Em textos em prosa, corridos, sobretudo nos de teor não literário (manuais, informação, publicidade etc.), os colchetes podem eventualmente ser utilizados para abranger orações incisas entre parênteses, estabelecendo subvariantes numa linha de pensamento. Tal recurso deve ser evitado, pois dificulta a leitura. Nesses casos, caso não queira conferir ao escrito um caráter por demais técnico ou abstrato, o editor pode combinar travessões e parênteses normais.**

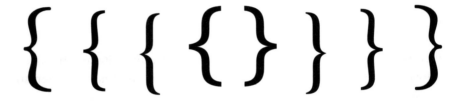

Chaves das fontes
Caslon, Minion,
Bodoni e Univers
(tamanho 72 pts.).

48. CHAVES

48.1. Uso das Chaves

48.1. USO DAS CHAVES

As chaves são utilizadas, em geral, em expressões matemáticas que contêm em si separações menores, dadas por colchetes e/ou parênteses {[()]}. Nos textos, faz-se pouco uso desse recurso, tanto que alguns manuais sequer as registram, nem mesmo para demarcar a expressão mais abrangente, semelhantemente aos colchetes. Seu emprego mais comum, no entanto, é em esquemas e tabelas.

CRONÓPIOS
- a) dançam espera
- b) são objetos verdes, eriçados e úmidos
- c) sempre é mais cedo para eles
- d) ......

FAMAS
- a) dançam trégua e catala
- b) nunca falam se não souberem que as palavras são convenientes
- c) seu tempo é sempre cinco minutos mais tarde do que o dos cronópios
- d) ......

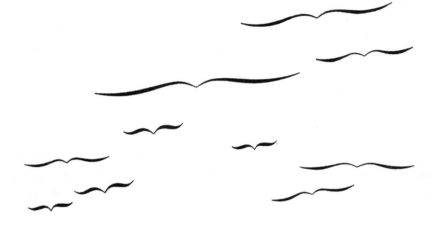

"Le vol des accolades", em Jérôme Peignot, *Typoésie*, Paris, Imprimerie Nationale, 1993, p. 166.

49. BARRAS

49.1. Uso da Barra **49.2.** Barras Paralelas ou Duplas

A barra é um traço inclinado (/ ou \) ou perpendicular à linha (|), de emprego relativamente limitado. Seu uso implica relação mútua – complementar (e), alternativa (ou) ou exclusiva (ou, ou) – entre os termos colocados a sua direita e a sua esquerda.

49.1. USO DA BARRA

- A barra, como já dito, associa os dois elementos numa relação complementar, alternativa ou exclusiva.

  Os critérios de tamanho/altura não valem neste caso.

  É preciso propor projetos que reformem/transformem o cenário da miséria urbana.

  Uma postura objetiva/subjetiva do tradutor, que se debruçou anos a fio sobre o texto.

- Usa-se a barra na expressão "e/ou", copiada do inglês, em textos sucintos tais como tabelas, relações e fórmulas, ou mesmo como idiossincrasia estilística.

  O voo tem escala em Salvador e/ou Recife.

- Na representação de frações matemáticas incluídas num texto corrido, deve-se adotar a barra em vez do traço horizontal para que a altura do conjunto não ultrapasse a linha de composição.

  Se $x/a + x/b = 1$, quais valores…

PONTUAÇÃO

Barra simples das
fontes Caslon,
Minion, Bodoni e
Univers (tamanho
90 pts.).

- Representam-se por meio da barra certas unidades complexas de medida, quando há relação de proporcionalidade entre os elementos.

  Na construção da ponte gastaram-se 10 525 homens/hora.

  Bomba com capacidade de elevação de 20 000 litros/metro/hora.

  Mercado com capacidade de consumo de trigo de 100 toneladas/mês.

- Para indicar determinadas abreviaturas comerciais, forenses, sociais etc.

- Em notação bibliográfica, nos volumes com mais de um número, quando há continuidade entre os termos.

  vol. 5, n. 13/18 ou n. 13-18 (isto é, números 13, 14, 15, 16, 17 e 18), out./nov. 1989 ou out.-nov. 1989.

49.2. BARRAS PARALELAS OU DUPLAS

Sinal tipográfico que indica separação, constituído por dois traços verticais (||) ou inclinados (//), usado principalmente em dicionários para sinalizar novas acepções para a mesma palavra.

> BARRA. 1. Haste de ferro com cabo de madeira, ligada ao fuso dos antigos prelos, que o tirador puxava para dar pressão; pirtiga. || 2. O mesmo que BARRA DE FRAÇÃO. || 3. A parte da frente da caixa tipográfica.
>
> (Frederico Porta, *Dicionário de Artes Gráficas*, Porto Alegre, Globo, 1958, *s.v.* "barra")

As barras simples ou duplas inclinadas são utilizadas para indicar as quebras de versos e as mudanças de estrofes, quando um poema é composto de modo corrido em uma citação.

> O poeta municipal / discute com o poeta estadual / qual deles é capaz de bater o poeta federal. // Enquanto isso o poeta federal / tira ouro do nariz.
>
> (Carlos Drummond de Andrade, "Política Literária", *Sentimento do Mundo*, Rio de Janeiro, Record, 1999, p. 32.)

Desenho de Nadar, *Petit Journal pour rire*, Paris, 1856. (Massin, *La lettre et l'image*, Paris, Gallimard, 1970.)

50. PONTO DE INTERROGAÇÃO

Conhecido no jargão dos revisores como gancho, o ponto de interrogação (?) é posto depois de uma palavra ou frase que expressa uma pergunta ou uma dúvida. Quando aparece entre parentêses ou colchetes, (?), [?], numa citação, indica ponto ou afirmação duvidosa. Sua origem provável seria a palavra latina *Quaestio* (pergunta).

Por que Carlos preferiu ficar?

Após uma pergunta intercalada, pode haver vírgula:

Nossa pátria, sabias?, derreou.

Assim como na exclamação, a partir da segunda metade do século XVIII os espanhóis passaram a utilizar esse sinal (¿) para iniciar uma pergunta, e outro na posição normal no final.

Niño ¿cómo se llamaba el Gran Capitán?

Em grego, entretanto, o sinal usado para esse fim é o ponto e vírgula.

Não se deve colocar ponto-final após o ponto de interrogação; este, no fim, já está indicando o final da frase.

"Que n'a-t-on à cœur de réhabiliter le point d'ironie?", em Jérôme Peignot, *Typoésie*, Paris, Imprimerie Nationale, 1993, p. 164.

51. PONTO DE EXCLAMAÇÃO

Ponto de exclamação ou simplesmente exclamação, ponto de admiração e, na gíria dos revisores, "pau" refere-se ao sinal de pontuação (!) que se segue a uma palavra ou frase para indicar surpresa ou admiração. Pode ter-se originado das letras de interjeição latina io, que indicavam alegria, dispostas assim $\frac{I}{o}$. Aparece na escrita, já com a função atual, no século xv.

Mestre, meu mestre querido!
Coração do meu corpo intelectual e inteiro!
Vida da origem da minha inspiração!
(Fernando Pessoa [Álvaro de Campos], "Mestre, Meu Mestre Querido!", *Poesia Completa de Álvaro de Campos*, São Paulo, Companhia das Letras, 2007, p. 302)

Em citações e transcrições, encerrado entre parentêses ou colchetes, (!), [!], indica erro no original ou desaprovação, incredulidade da parte do citador.

Em espanhol, no início das frases exclamativas, desde a segunda metade do século xviii, aparece um ponto de exclamação invertido, e outro no fim, em posição normal: ¡Muy amigo!

Não há necessidade de se incluir ponto-final se a exclamação for o último elemento de uma frase.

"Point Tiret Point
d'exclamation",
de Reinhard Döhl,
em Jérôme Peignot,
Typoésie, Paris,
Imprimerie Nationale,
1993, p. 378.

52. PONTO E VÍRGULA

O ponto e vírgula (;), herdeiro direto do *punctus versus*, já presente em manuscritos do século X, é utilizado principalmente para indicar uma pausa mais intensa ou diferente daquela sinalizada pela vírgula; para assinalar enumeração; para separar elementos interdependentes em sequência, ampliando o sentido da sentença; para separar pensamentos antagônicos como em:

> A população espera a moralização das instituições públicas; governo e partidos políticos se unem veladamente para esconder os fatos.

- Para indicar gradação (crescente ou decrescente):

> Se foi dito que o carro estava pronto; se tudo já havia sido informado a respeito dos problemas; se foram confirmados os valores; por que agora um preço novo?

- Após os itens de uma enumeração (exceto o último elemento, que deve ser sucedido por ponto final):

  - parafusos;
  - porcas;
  - arandelas.

- Em orações paralelas, mormente se já contiverem alguma vírgula:

> Dizia apreciar de Beethoven sua *Nona Sinfonia*; de Mahler, a *Quinta*; e de Debussy, os *Prelúdios*.

- Para separar em textos oficiais (leis, decretos, atas etc.), os diversos itens.

PONTUAÇÃO

53. PONTO-FINAL

53.1. Uso do Ponto-Final 53.2. Omissão do Ponto-Final

Segundo o *Dicionário Aurélio*, ponto é um "Pequeno sinal semelhante ao que a ponta de um lápis imprime no papel"; e ponto-final, um "Sinal de pontuação [*q. v.*] com que se encerra um período". Juntamente com a vírgula e o ponto e vírgula, faz parte do grupo de elementos que se destina a marcar a prosódia e a sintaxe; é praticamente o primeiro sinal de pontuação a surgir na escrita.

53.1. USO DO PONTO-FINAL

O uso mais comum do ponto-final é, como diz seu nome, indicar o fim de uma frase declarativa.

> Some-te, bibliógrafo! Não tenho nada contigo. Nem contigo, curioso de histórias poentas. Sumam-se todos; o que vou contar interessa a outras pessoas menos especiais e muito menos aborrecidas. Vou dizer como se inventaram os almanaques.
>
> (Machado de Assis, "Como se Inventaram os Almanaques", em Marlyse Meyer (org.), *Do Almanak aos Almanaques*, São Paulo, Ateliê Editorial, 2001, p. 25)

Pode aparecer de três maneiras no texto:

1. Separando duas frases independentes no mesmo parágrafo.
2. Separando dois parágrafos do mesmo texto.
3. Indicando a conclusão total de um texto.

Quando houver aspas ou parênteses, pode ficar fora ou dentro deles.

Ponto-final das
fontes Caslon, Alexei
Copperplate, Bodoni,
Univers e Brush
(tamanho 90 pts.).

Se as aspas ou os parênteses abrangerem todo o período ou parágrafo, o ponto ficará dentro deles.

> As palavras em itálico dizem respeito a referências cruzadas a termos definidos neste glossário. (Na edição brasileira foram feitos acréscimos.)

> Armitage perguntou: "Onde o fácil apego à tradição colocou o Império Britânico hoje?" Na sua opinião, o design devia olhar para a frente e ser agressivamente contemporâneo. "Quando se olha para trás rejeita-se... a oportunidade de tomar atitudes novas e significativas, afins com a nossa época em particular."
> (Richard Hendel, *O Design do Livro*, São Paulo, Ateliê Editorial, 2003, p. 14)

Se as aspas ou parênteses abrangerem apenas a parte final de uma frase ou parágrafo, o ponto-final ficará fora deles.

> Escondido no recesso de minha mente estava um comentário feito a respeito de um de meus livros por um jurado de uma exposição: "Nada de novo aqui".
> (Richard Hendel, *O Design do Livro*, São Paulo, Ateliê Editorial, 2003, p. 28)

O ponto ainda pode aparecer, acima ou abaixo, como sinal diacrítico em algumas letras, tais como C, G e Z (francês ou maltês) ou H, M, N, S e T (árabe e hebraico). Quando no centro da linha, indica o sinal de multiplicação ($x \cdot y$), ou o *punt volat* do catalão.

53.2. OMISSÃO DO PONTO FINAL

- Omite-se o ponto-final em títulos, quaisquer que sejam.
- Omite-se o ponto-final em expressões explicativas sucintas colocadas entre parênteses ou colchetes, mas não em orações ou períodos.
- Omite-se o ponto-final em enumerações de elementos encabeçadas por algarismo ou letra, e em listas verticais, desde que o item não seja uma oração.
- Não se utiliza ponto-final em expressões inseridas em quadros e tabelas, mesmo que elas sejam orações.

Também se utiliza o ponto-final para indicar redução de palavras (abreviaturas): p. ou pp., em lugar de página ou páginas; s.l. para sem local, em bibliografias etc.; em números ordinais, como em 2. para substituir 2º; ou para assinalar subdivisões de capítulos, tal qual em 4.1 ou 5.9.2.

"Pour écrivain pleurant toutes les virgules de son corps", em Jérôme Peignot, *Typoésie*, Paris, Imprimerie Nationale, 1993, p. 163.

54. VÍRGULA

54.1. Uso Sintático-Prosódico **54.2.** Uso da Vírgula em Textos Técnicos

Pelas próprias características da evolução do uso da pontuação – em seus primórdios uma marcação de pausas e efeitos, como uma notação musical, cuja função lógico-gramatical tornou-se bem característica, mais ou menos sistematizada, dependendo da rigidez da ordem sintática na língua considerada –, o uso moderno, sintático e prosódico da vírgula, às vezes, entra em conflito, do ponto de vista da gramática normativa, com sua utilização mais antiga, de caráter eminentemente estilístico.

Este *Manual* não é uma gramática normativa, nem o quer ser, mas, a respeito da normalização do uso da vírgula, há questões básicas que um bom revisor/preparador de texto não deve ignorar, para, quando a já referida dupla função desempenhada por esse sinal entrar em conflito, poder decidir em que situações deve imperar a lógica no emprego da pontuação, e qual é o estilo que prevalece na língua.

54.1. USO SINTÁTICO-PROSÓDICO

Em português, o uso sintático-prosódico da vírgula, basicamente, segue quatro diretrizes:

- Em uma sequência, separa palavras ou expressões de categorias morfossintáticas iguais ou equivalentes quando elas não são ligadas por conjunção aditiva:

determinantes	o, a personagem...
substantivos	[...] somando pera, maçã, uva, goiaba, laranja, / em lugar de uma adição, / uma salada se arranja...
adjetivos	os olhos grandes, espertos e tentadores...
orações da mesma natureza	a pipa pinga, o pinto pia, a moça dança, o sapo cansa

- Caracteriza antecipações na ordem habitual ("direta") dos termos adjuntos ou pós-colocação de algumas conjunções (mudar a ordem é uma questão de estilo; topicaliza; chama a atenção):

> *Ordem habitual (sujeito + predicado e complementos + adjuntos)*: As luzes acenderam-se muito tarde naquele dia de tempestade, quando tudo já estava ficando confuso (sem suspense).
> *Antecipação dos adjuntos*: Muito tarde, naquele dia de tempestade, quando tudo já estava ficando confuso, acenderam-se as luzes (com suspense).
> *Ordem habitual (conjunção + oração):* Porém Mônica já havia saído.
> *Pós-colocação da conjunção:* Mônica, porém, já havia saído.

- Marca a interpolação de explicações, interpelações (vocativo), comentários etc. em uma sequência frasal (duas vírgulas; ou vírgula e outra pontuação, se em final de período):

SEM COMENTÁRIO ETC.	COM COMENTÁRIO ETC.
Mônica saiu de casa.	Mônica, *que já estava ficando nervosa*, saiu de casa.
O Antônio não gostou da história.	O Antônio, *foi Maria quem disse*, não gostou da história.
Põe esse menino para dormir!	*Lúcia*, põe esse menino para dormir!
Já dá para terminar.	Já dá para terminar, *pelo menos por agora*.
[Nesse último caso, também cabe (;)]	(Já dá para terminar; *pelo menos por agora*.)

- Assinala a elipse de verbo que pode ser subentendido ou expressão que o contenha:

> Adelaide comprou sapatos. Júlia comprou bolsas.
> Adelaide comprou sapatos. Júlia, bolsas.

De todas essas aplicações, a que jamais deve ser rompida é a que determina o uso da vírgula antes e depois de uma explicação (*e.g.*, orações adjetivas explicativas) e, em decorrência disso, impede que tal sinal seja colocado antes de uma restrição (*e.g.*, orações adjetivas restritivas), pois a diferença de sentido que isso provoca é total:

EXPLICAÇÕES DIFERENTES	SIGNIFICADOS DIFERENTES
De verdade, eu te digo, hoje estarás comigo no poder...	(o poder está próximo...)
De verdade, eu te digo hoje, estarás comigo no poder...	(o poder está distante...)

ORAÇÃO ADJETIVA EXPLICATIVA	ORAÇÃO ADJETIVA RESTRITIVA
O Mário, que eu conheço, não rouba. (ponho a mão no fogo por Mário)	O Mário que eu conheço não rouba. (não ponho a mão no fogo por Mário, ele pode ter atitudes que desconheço)

Já no caso da famigerada regra de não se colocar vírgula entre o sujeito e o predicado, a história não é bem assim. Além de sua função sintática, o sujeito pode estar na função discursiva de tópico e, nesse caso, a topicalização (antecipação) é marcada com uma vírgula (o que em português não é problema, pois a conjugação do verbo garante a identificação do sujeito sintático que se encontra elíptico). Isso não quer dizer que se possa declarar o divórcio definitivo entre sujeito e predicado, provocado pela vírgula. A regra continua válida: se todos os sujeitos forem "virgulados" em seu fim, a função topicalizadora da vírgula perde o efeito (onde todos são, nenhum é). Quando a situação fica confusa, às vezes o uso do bom e velho pleonasmo (repetição), tão condenado pelos gramáticos normativos, surte um efeito positivo:

TÓPICO	EXPLICAÇÃO
Esta menina, não gostamos dela!	o tópico é retomado como objeto indireto; nesse caso o "pleonasmo" é necessário
O carro, quando eu comprei [o carro], não me disseram que [o carro] dava tanto problema.	o tópico é retomado [objeto direto implícito] numa oração e [sujeito implícito] na outra
O marido da Bia, acaba de pedir o divórcio.	o tópico é retomado sujeito da oração, e ninguém duvida que o verbo "acaba" se refere a "ele" [sujeito sintático elíptico]

Vale dizer ainda que, além das ocorrências já indicadas, em obras de ficção, o uso da vírgula possui um caráter próprio, devendo o revisor/preparador respeitar o estilo e a utilização que cada autor faz de tal sinal. Pois nessa questão pode haver usos e possibilidades criativos na língua.

54.2. USO DA VÍRGULA EM TEXTOS TÉCNICOS

O emprego da vírgula em notações técnicas é regrado pelas normas de cada profissão. Mas cabe aqui anotar o que é comum a todas elas. Nesse sentido, usa-se a vírgula:

- Para separar a parte decimal em numerais expressos por algarismos: 3 456,78.

- Para separar o topônimo nos identificadores de local e data: São Paulo, 10 de junho de 2005.

- Para separar o numeral nos endereçamentos: Av. Prof. Luciano Gualberto, Travessa J, 374.

55. DOIS-PONTOS

Os dois-pontos (:) são utilizados para anunciar que, em seguida, vêm elementos textuais que são consequência, esclarecimento ou demonstração daquilo que os antecede. Observe a seguir os casos mais recorrentes de seu uso.

- Antes de citações:

  Paul Stiff disse: "Os *designers* apenas precisam pensar menos em fazer o design de livro e mais em fazer o design para a leitura".

- Em enumerações:

  Estavam todos na sala: o pai, a mãe, o avô e a neta.

- Na indicação de observações ou notas:

  Nota: a editora não se responsabiliza por eventuais acidentes que possam ocorrer durante a realização das experiências.

- Para introduzir a definição de termos:

  Argumentatio: consiste no conjunto de provas a favor da posição da *persona* encomiástica em face do objeto de que fala, no caso a administração do Conde da Cunha no Rio de Janeiro.

- Para introduzir um esclarecimento:

  Nos versos de *O Uraguay*, Basílio acrescentaria mais três motivos associados à ação do futuro Marquês de Pombal, desta vez no Brasil: a execução do Tratado de Madrid, a Guerra Guaranítica e a consequente desgraça dos índios americanos.

  (Ivan Teixeira, *Mecenato Pombalino e Poesia Neoclássica*, São Paulo, Edusp, 1999, p. 75)

56. RETICÊNCIAS

As reticências enumeram coisas que as palavras não sabem.

ADOLFO MONTEJO NAVAS

São três pontos (...) que indicam suspensão do sentido ou omissão (elipse) de palavras.

Às vezes, é possível encontrar uma linha formada por reticências ou por uma série de pontos que indicam a elipse de períodos ou mesmo de parágrafos completos. É célebre o exemplo apresentado a seguir:

CAPÍTULO LV
O VELHO DIÁLOGO DE ADÃO E EVA

BRÁS CUBAS

. . . ?

VIRGÍLIA

. . . .

BRÁS CUBAS

. . . .

. . . . . .

VIRGÍLIA

. . . . . !

BRÁS CUBAS

. . . . . .

VIRGÍLIA

. . . .

. . . . ?

. . . .

. . . .

PONTUAÇÃO

BRÁS CUBAS

. . . .

VIRGÍLIA

. . . .

BRÁS CUBAS

. . . .

. . . .

. . . . !

. .

. . !

. . . .

. . . . !

VIRGÍLIA

. . . . ?

BRÁS CUBAS

. . . . . !

VIRGÍLIA

. . . . . !

(Machado de Assis, *Memórias Póstumas de Brás Cubas*, São Paulo, Ateliê Editorial, 2001, pp. 151-153)

Nos casos de omissão de trechos num texto citado, as reticências devem ser colocadas preferivelmente entre colchetes, mas também podem ser postas entre parênteses.

Os três pontos que formam as reticências devem ter espaço entre si; ao compor um livro, é preciso que o designer observe se a fonte utilizada já inclui um caractere com os pontos previamente separados. Caso isso não ocorra, recomenda-se aplicar os três pontos utilizando um espaço fino entre eles, assim: . . ., e não assim: ...

57. APÓSTROFO

Apóstrofo é um sinal diacrítico utilizado para indicar a supressão de um fonema. Esse fenômeno ocorre em textos em versos (por razões de metrificação) – nos quais surgiu pela primeira vez nessa função em 1501, na edição aldina dos poemas de Petrarca, feita por Bembo –, em certas pronúncias populares e em palavras compostas ligadas pela preposição *de*. Como em 'tá tudo bem, n'alma ou em galinha-d'água, respectivamente.

Nas combinações de preposição com o artigo ou vogal inicial de nomes de obras, convém evitar o uso do apóstrofo e preferir: de *Os Sertões* a dos *Os Sertões* ou d'*Os Sertões;* e de *Os Lusíadas* a d'*Os Lusíadas.*

PARTE X

BIBLIOGRAFIA

É uma lista de livros, artigos, folhetos, documentos etc. referentes a uma matéria ou a um autor, inserida em artigos ou livros, para o conhecimento do leitor.

Na área acadêmica, os livros sempre vêm acompanhados por vasta bibliografia. Apesar de haver regras rígidas para a apresentação das referências bibliográficas, é quase impossível encontrar dois trabalhos com as mesmas normas, o que exige do revisor/preparador de texto verdadeiros malabarismos para a obtenção de um padrão coerente. De todas as partes do livro, a bibliografia é a que tem exigido mais estudos de sistematização, mas nem por isso já se chegou, até o momento, a um consenso que, ao mesmo tempo, elucide e facilite a elaboração das notações.

A extensão de uma bibliografia depende dos conhecimentos do autor em relação ao tema, da importância da matéria ou do livro estudados, da finalidade da recolha e apresentação das referências ou, também, da disponibilidade de espaço. Por exemplo, em artigos para revistas científicas ou enciclopédias, o tamanho da bibliografia já vem determinado pelo editor da obra.

58. TIPOS DE BIBLIOGRAFIA

58.1. Técnicas de Composição 58.2. Pontuação
58.3. Considerações sobre a Organização das Bibliografias

- *Comentada, crítica ou analítica*. É aquela em que todos ou alguns dos itens recolhidos recebem um comentário específico, conciso (um juízo crítico ou orientador de seu conteúdo, validade ou contribuição), cujo valor está relacionado com o enfoque ou a extensão da obra comentada. As ponderações devem vir em parágrafo à parte e em corpo menor, em seguida à referência.

- *Complementar ou recomendada*. Relaciona uma série de obras que o autor recomenda ao leitor para uma ampliação da matéria em estudo.

- *Consultada*. Obras às quais se teve acesso e foram consultadas ao se escrever um livro ou um trabalho. Sua extensão dependerá da própria obra, da matéria e dos conhecimentos do autor.

- *Bibliografia de autor*. Bibliografia que reúne as produções de um autor e/ou as obras acerca deste.

- *Descritiva*. Completa a ficha bibliográfica com outras informações relativas a tipografia, ilustrações, formato, encadernação, tipo de papel, gravuras, páginas, preço etc.

- *Especializada ou seletiva*. Reúne livros ou documentos que tratam de um único tipo de assunto, dispostos em ordem cronológica, geográfica, temática, alfabética etc.

- *Geral.* Recorre a toda classe de obras, sem limitação de autores, línguas, épocas ou lugares.

- *Histórica.* Relação bibliográfica que se refere ao material produzido a partir de uma determinada data.

- *Primária.* É a que, em um repertório bibliográfico, refere-se às obras cujo texto original se teve em vista (bibliografia de primeira mão).

- *Secundária.* Conjunto de obras obtidas de outra bibliografia ou de outras fontes, porém não consultadas diretamente (bibliografia de segunda mão).

- *Sistemática.* Ordenada de acordo com um critério específico, que pode ser a Classificação Decimal Universal (CDU), a do ISBN ou um ordenamento próprio, cujos critérios devem ser explicitados.

- *Sumária.* Oferece apenas as obras de conhecimento mais estrito em relação à matéria tratada.

58.1. TÉCNICAS DE COMPOSIÇÃO

A bibliografia é composta com os mesmos tipos utilizados no texto, mas em corpo menor. A regra de composição mais frequente é a de se usar um parágrafo para cada entrada, seja de autor ou de obra. A ordem alfabética habitualmente utilizada é a dos sobrenomes, seguidos do(s) nome(s) do(s) autor(es), como aparece(m) nos trabalhos citados. Quando há mais de uma entrada do mesmo autor, ou autores – ou seja, quando é referida mais de uma obra do(s) mesmo(s) autor(es) –, não se repete a sequência sobrenome, nome, que é substituída por um traço do tamanho de três travessões, seguido de ponto: ———. A seguir colocam-se as outras informações pertinentes à obra.

BRINGHURST, Robert. *Elementos do Estilo Tipográfico.* Versão 3.0. Trad. André Stolarski. São Paulo, Cosac Naify, 2005.

———. *A Forma Sólida da Linguagem. Um Ensaio sobre Escrita e Significado.* São Paulo, Rosari, 2006.

Não há um consenso acerca da normalização de bibliografias. A forma mais legível de compô-la é utilizando o parágrafo francês.

Quanto às variações das classes de letras utilizadas em sua composição, também não existe um critério absoluto. Uns empregam nome e sobrenome em caixa-alta, o título da obra em itálico, com somente a primeira letra em maiúscula ou com todas as palavras em caixa-alta e baixa, e o restante em redondo. Outros colocam o sobrenome em versal ou versal-versalete, o nome do autor em redondo e os demais itens como na descrição anterior. E outros ainda usam versalete para nome(s) e sobrenome(s).

Adota-se aqui a colocação do sobrenome em versal-versalete e do nome em caixa-alta e baixa e em redondo, seguido por ponto-final. Para o título, recomenda-se usar itálico, e todas as palavras em caixa-alta e baixa, exceto artigos, preposições, conjunções e outras partículas semelhantes (contrações etc.).

ABREU, Antônio Soárez. *Curso de Redação*. São Paulo, Ática, 2004.

ARAÚJO, Emanuel. *A Construção do Livro. Princípios da Técnica de Editoração*. 2. ed. rev. e amp. Rio de Janeiro/São Paulo, Lexicon/Editora Unesp, 2008.

Quando forem referidos artigos assinados em jornais, revistas etc. na bibliografia, a padronização é a mesma descrita acima, colocando-se o título do texto após o nome do autor etc., entre aspas e em redondo, seguido do nome do periódico, em itálico; todos em caixa-alta e baixa.

AZEVEDO, Dermi. "Sarney Convida Igrejas Cristãs para Diálogo sobre o Pacto". *Folha de S. Paulo*, 22 out. 1985. Caderno Econômico, p. 13.

Apesar de existirem editoras que costumam fazer exatamente o contrário, acredita-se que esta é a forma mais lógica de se apresentar tal tipo de referência, pois, ao serem citados ao longo do texto, os artigos já aparecem entre aspas; e não há razão para estabelecer mais um critério diferente entre bibliografia e citações bibliográficas textuais ou em notas, exceto o da ordem de colocação dos nomes e sobrenomes e o de pontuação, pois nestas o que dita a sequência é a clareza e, naquela, além da clareza, a facilidade de consulta.

58.2. PONTUAÇÃO

No que se refere à pontuação nas entradas bibliográficas, existem vários critérios, e cada editora costuma adotar o que julga conveniente. São três os mais utilizados:

BIBLIOGRAFIA

1. colocar ponto depois do nome do autor, após o título da obra e ao final da notação; e vírgula depois dos demais elementos;

REY, Luís. *Planejar e Redigir Trabalhos Científicos.* São Paulo, Edgard Blucher, 1987.

2. usar vírgula para separar quaisquer das partes;

REY, Luís, *Planejar e Redigir Trabalhos Científicos,* São Paulo, Edgard Blucher, 1987.

3. colocar dois-pontos depois do local de publicação; o restante segue o mesmo critério de 1. ou de 2.

REY, Luís. *Planejar e Redigir Trabalhos Científicos.* São Paulo: Edgard Blucher, 1987.

Qualquer um dos critérios vistos acima é aceitável, porém, é mais conveniente – para a editora e para as pessoas que nela fazem a normalização dos textos – que o princípio adotado se resuma a apenas um deles e que ele não varie de uma publicação para outra, muito menos na mesma publicação.

Recomenda-se, em nossa avaliação, o critério número 1.

ANDRADE, Maria Margarida. *Como Preparar Trabalhos para Cursos de Pós-Graduação.* 2. ed. São Paulo, Atlas, 1997.

58.3. CONSIDERAÇÕES SOBRE A ORGANIZAÇÃO DAS BIBLIOGRAFIAS

■ *Por sobrenomes, seguidos do nome, se houver.* A esse respeito, deve-se ter em conta que, para autores anglo-saxões, russos, portugueses, brasileiros, entre outros, a ordem alfabética é feita a partir do último sobrenome (simples ou duplo), o qual encabeça a notação bibliográfica, de modo que, por exemplo, Plinio Martins da Costa, com vistas à organização alfabética, dá entrada do seguinte modo:

COSTA, Plinio Martins da.

No caso de autores espanhóis, o sobrenome principal é o primeiro, e é pois, a partir dele, que se faz a organização alfabética; assim, Benito Martínez Gómez Gayoso fica:

MARTÍNEZ GÓMEZ GAYOSO, Benito.

- *Por matéria.* A organização por matéria segue o plano geral de desenvolvimento da obra. A cada mudança de assunto (matéria), reinicia-se a ordenação alfabética da bibliografia.

- *Por ordem alfabética de matérias.* A organização por ordem alfabética de matérias não está estritamente sujeita ao plano geral de desenvolvimento da obra. Os conteúdos são organizados em ordem alfabética, e, a cada mudança de assunto, reinicia-se a ordenação alfabética da bibliografia.

59. ASPECTOS FORMAIS
DA NOTAÇÃO BIBLIOGRÁFICA

Os dados para a elaboração de uma notação bibliográfica devem ser retirados do frontispício, e não da capa do livro. Mas tais informações, às vezes, não são suficientes, sendo então necessário ir até a página de créditos (o verso do frontispício), onde estão a ficha catalográfica e o *copyright*. Lá se encontram o local exato da publicação, a editora, a data e o número da edição.

Existem várias maneiras de elaborar corretamente uma notação bibliográfica.

Nicholson, Margaret. *A Dictionary of American-English Usage.* New York: Oxford University Press, 1957.

NICHOLSON, Margaret. *A Dictionary of American-English Usage.* New York, Oxford University Press, 1957.

NICHOLSON, Margaret. *A Dictionary of American-English Usage.* New York: Oxford University Press, 1957.

Nicholson, Margaret. *A Dictionary of American-English Usage.* New York: Oxford University Press, 1957.

ECO, Umberto. *A Busca da Língua Perfeita na Cultura Europeia.* Trad. Antonio Angonesi. Bauru, SP, Edusc, 2001.

ECO, Umberto. *A busca da língua perfeita na cultura europeia.* Trad. Antonio Angonesi. Bauru, SP, Edusc, 2001.

Os modelos relacionados a seguir são os recomendados por este manual para as publicações acadêmicas. É claro que existem outros critérios válidos, desde que permitam:

- Apresentar os livros que foram utilizados na realização do trabalho e os que foram acrescentados para enriquecer os conhecimentos bibliográficos do leitor. Mostra-se, assim, uma lista de obras consultadas e outra de obras complementares.

- Identificar a edição das obras mencionadas.

- Localizar a obra. É importante oferecer ao leitor o máximo de dados necessários para a localização da obra.

- Ordenar os dados bibliográficos de forma clara. A apresentação das bibliografias varia muito, dependendo da intenção do autor e da orientação de seu trabalho. A mais comum, e talvez a mais útil, é aquela na qual as entradas são organizadas com base no sobrenome dos autores em ordem alfabética. Além de obedecerem a esse ordenamento, as referências devem ser montadas em parágrafo francês, ou seja, a partir da segunda linha as informações devem ter um recuo de três letras.

ABRAMS, Charles. *Man's Struggle for Shelter in an Urbanising World.* Cambridge, MA, MIT Press, 1964.

- Empregar abreviaturas. Podem ser utilizadas quantas abreviaturas estejam estabelecidas pelo uso.

Datas:	25.5.1951; dez. 1951; ago.-set. 1951
Tipos de publicações:	bol.; rev.; AN.; an. etc.
Edições:	2. ed.; ed. rev. e ampl. etc.
Dados referentes à autoria:	ed.; org.; dir.; comp.; trad. etc.

- Não abreviar as denominações das estações do ano, que costumam aparecer sobretudo em revistas.

ISAAC, Barry L. "Business Failure in a Developing Town: Pendembu, Sierra Leone". *Human Organization,* 30 (3):288-294, Autumn, 1971.

- Colocar entre colchetes qualquer dado que foi acrescentado e não figure no original ou na fonte descrita.

MEDINA ECHAVARRÍA, J. *Working Group on Social Aspects of Economic Development in Latin America* [Ciudad de México, 12-21 dez. 1960]. Paris, Unesco, 1963, 2 vols.

ASPECTOS FORMAISDA NOTAÇÃO BIBLIOGRÁFICA

- Distinguir a hierarquia dos títulos, isto é, o que é título de livro (por exemplo em itálico e em cAb), de artigo e capítulo (que podem vir em redondo, entre aspas e em cAb), de verbete (*e.g.* em versalete) etc.

- Determinar, sem equívocos, o nome do autor, o título, a edição (a ausência de indicação caracteriza a primeira edição), o volume consultado, o local de publicação, a editora, a data da edição e, eventualmente, a numeração de página(s), a quantidade de volumes, a quantidade de páginas, o formato, as ilustrações, quando se trata de edição bilíngue, coleção, série etc. Em caso de traduções, principalmente em transliterações de línguas que não utilizam o alfabeto latino, é necessário que alguns dados ou comentários escritos figurem entre parênteses, traduzidos, ao lado das informações que constam na bibliografia original.

BAER, I. F. "Gzeirot Tatnu" ("As Perseguições de 1096"). *In:* CASSUTO, M. D.; KLAUSNER, J. & GUTMAN, J. (eds.). *Sefer Assaf.* Jerusalem, Mossad haRav Kook, 1953.

Ao iniciar a preparação de uma bibliografia, o revisor/preparador deve ter conhecimento do critério adotado pela editora e analisar o método empregado pelo autor, verificando qual a coerência deste, a fim de interferir o menos possível. Em livros nos quais as obras são citadas no corpo do texto pelo sobrenome do autor e ano de publicação, na formatação da bibliografia esse último dado vem logo após o nome do autor, e é separado por ponto do título da obra.

"Nesta atmosfera aumentava cada vez mais a convicção de que os antigos textos conteriam verdades ocultas, segredos perdidos" (Sauneron, 1957, pp. 123-127).

SAUNERON, Serge. 1957. *Les prêtes de l'ancien Égypte.* Paris, Seuil.

60. ELEMENTOS ESSENCIAIS PARA A NOTAÇÃO BIBLIOGRÁFICA

60.1. Ordem dos Elementos, Realces e Pontuação 60.2. Nome do Autor 60.3. Título da Obra 60.4. Edição 60.5. Local de Publicação 60.6. Local de Impressão 60.7. Editora ou Instituição Responsável 60.8. Data da Publicação 60.9. Páginas 60.10. Número de Volumes ou Tomos 60.11. Coleção, Série, Caderno, Encarte 60.12. Capítulos, Itens, Fragmentos, Trechos 60.13. Artigos de Revista 60.14. Artigos de Jornal 60.15. Anais, Atas, Boletins, Congressos, Encontros, Fóruns, Miscelâneas, Seminários, Simpósios, Sociedades etc. 60.16. Dissertações e Teses 60.17. Portarias 60.18. Leis 60.19. Decretos 60.20. Medidas Provisórias 60.21. Trabalhos Mimeografados 60.22. Formato 60.23. Partituras 60.24. Ilustrações 60.25. Mapas 60.26. Discos, CDs e Cassetes 60.27. Filmes 60.28. DVDs e Vídeos 60.29. Publicações e Documentos Eletrônicos

Os dados básicos a serem apresentados em uma bibliografia são os seguintes:

- Sobrenome (simples ou duplo) e nome(s) do autor.
- Título e subtítulo da obra.
- Número dos volumes ou tomos consultados (se houver).
- Edição, se não for a primeira.
- Nome(s) e sobrenome(s) do tradutor, prefaciador, apresentador, coordenador, organizador.
- Local de publicação.
- Local de impressão.
- Editora ou instituição responsável.
- Data da publicação.
- Quantidade de páginas.
- Coleção, série, caderno, encarte etc.
- Formato.

60.1. ORDEM DOS ELEMENTOS, REALCES E PONTUAÇÃO

ORDEM DOS DADOS*	TIPOLOGIA	PONTUAÇÃO* (+ESPAÇO)
1. SOBRENOME DO AUTOR	em versal-versalete	seguido de vírgula
2. Nome do Autor	em redondo caixa-alta e baixa	seguido de ponto
3. *Título da Obra e Subtítulo***	em itálico caixa-alta e baixa	seguido ou de ponto ou de vírgula
4. Número da edição***	em redondo caixa-baixa	seguido de ponto
5. Local de publicação	em redondo caixa-alta e baixa	seguido de vírgula
6. Editora	em redondo caixa-alta e baixa	seguido de vírgula
7. Ano (data)	(números arábicos sem qualquer marca divisória)	seguido de vírgula
8. Número de páginas	em redondo caixa-baixa	seguido de "ponto"****

* ATENÇÃO: A ordem e a pontuação referem-se a livros e não são válidas para citações bibliográficas em notas de rodapé. Nesses casos, o nome do autor antecede o sobrenome (que também fica em caixa-alta e baixa), e os diversos itens são separados apenas por vírgulas.

** Se for citado um capítulo ou qualquer outro texto contido em obra maior, seu título deve vir entre aspas, em caixa-alta e baixa, seguido de ponto e das informações do trabalho em que está inserido.

*** Só aparece quando se cita uma obra a partir de sua segunda edição.

**** Se houver mais de um volume, vem seguido de vírgula e da indicação do número de volumes (x vols.). Como a abreviatura de tal item já é pontuada, não é necessário acrescentar um ponto final.

60.2. NOME DO AUTOR

- A ordenação ocorre pelo último sobrenome (simples ou duplo) do autor, coordenador ou organizador, em versal-versalete (ou apenas em versal), seguido pelo(s) nome(s) deste(s) escrito(s) em caixa-alta e baixa:

MARTINS, Nilce Sant'Anna. *O Léxico de Guimarães Rosa*. 2. ed. Assistente Evair Dias; revisão geral Diva Gomes. São Paulo, Edusp, 2001.

ACCIOLY BORGES, T.P. "O Comércio do Distrito Federal". *In*: COSTA PINTO, Luiz & ACCIOLY BORGES, T.P. *O Comércio Metropolitano do Distrito Federal*. Rio de Janeiro, Senac, 1957.

ELEMENTOS ESSENCIAIS PARA A NOTAÇÃO BIBLIOGRÁFICA

- O acréscimo de Júnior, Filho, Neto, Sobrinho, em nomes portugueses, deve vir, sem abreviatura, logo depois do sobrenome que encabeça a notação bibliográfica, com realce idêntico ao deste (versal-versalete ou versal):

  Almeida Júnior, Antonio de.

  Coelho Neto, Henrique.

- Atenção aos nomes franceses e espanhóis ligados por hífen:

  Champseix, C.; Guibert, J.-J.; Lazzari, C.-H. & Mignon, J.-M. *Contribution aux méthodes d'analyse régionale: le cas de la ville de Saïda*. Paris, Institut d'études du développement économique et social/Université de Paris, 1972.

- As partículas *de, do, des, del, de las, vom, zur, van der, della, degli, d', di...* são sempre colocadas depois do prenome:

  Barros, Leandro Gomes de.

  Rohe, Mies van der.

  Linden, W. zur.

  Volta, A. della.

  Orbighy, O. d'.

- Se essas partículas forem atributivas, elas precedem o sobrenome:

  MacDonald, William.

  O'Neill, Alexandre.

  São Tiago, Paulo de.

- Em nomes franceses, os artigos (*le, la, les, las*) e as contrações de preposição e artigo (*du, des*) comparecem na abertura da notação:

  Du Moulin, Pierre.

  Des Æssarts, François.

  Le Rouge, Pierre.

- Nos nomes espanhóis, a entrada deve ser iniciada pela primeira parte do sobrenome:

  Martínez de Sousa, J.

  Ramos Martínez, R.

  Rodríguez Monegal, Emir.

  Díaz-Plaja, Guillermo.

- Nos sobrenomes compostos, a entrada se faz pelo primeiro elemento do conjunto por eles formado:

CASTELO BRANCO, Camilo.

SÁ CARNEIRO, Mário de.

- Em alguns casos, a entrada pode ser feita pelo nome composto já consagrado literariamente:

MACHADO DE ASSIS, José Maria.

MONTEIRO LOBATO, José Bento.

- Como já foi dito, os nomes e sobrenomes devem ser copiados do frontispício, e não da capa, com a mesma grafia que ali consta. Convém evitar abreviar o nome do autor, a não ser que este já apareça abreviado na obra. Caso se saiba, porém, com segurança, qual é o nome completo dele, tal informação pode ser acrescentada entre colchetes. Em regra, não se recomenda usar apenas a inicial do prenome do autor, pois pode haver mais de um autor com o mesmo sobrenome e a mesma inicial.

SARTRE, J[ean].-P[aul].

SANTOS, Manuel (comp.). *The Collected Works of Henrietta Kahn*. Boston, I.J. Filbert, 1989.

SANTOS, Milton. "Os Espaços da Globalização". *Da Totalidade ao Lugar*. São Paulo, Edusp, 2005, pp. 145-154.

- Se houver de dois a quatro autores, deve constar o nome de todos (até mesmo quando o sobrenome deles for o mesmo), na ordem em que aparecem na obra. Tal ordenação é a que figura nos créditos e geralmente é feita pela ordem alfabética, primeiramente do sobrenome, seguido dos demais nomes dos autores. Convém ter atenção quanto ao uso da vírgula e do ponto e vírgula entre esses dados. É recomendado o emprego da conjunção & entre os nomes dos dois últimos autores, para se evitar uma pontuação muito carregada.

BRASSEUR, P. & BRASSEUR, M. *Porto Novo et sa palmeraie*. Dakar, Institut français d'Afrique noire, 1953.

LEVITAN, Sar; MANGUN, Garth L. & TAGGART, Robert. *Economic Opportunity in the Ghetto: The Partnership of Government and Business*. Baltimore, MD, Johns Hopkins University Press, 1970.

ELEMENTOS ESSENCIAIS PARA A NOTAÇÃO BIBLIOGRÁFICA

Costa, Cláudio Manuel da; Gonzaga, Tomás Antônio & Peixoto, Alvarenga. *A Poesia dos Inconfidentes: Poesia Completa.* Org. Domício Proença Filho. Rio de Janeiro, Nova Aguilar, 2002.

- Se houver mais de quatro autores, menciona-se apenas o primeiro seguido de *et al.* (*et alii*) ou do correspondente de tal locução em português (e outros). Aconselha-se o uso dessa última opção em bibliografias nas quais todas as obras estejam em português.

Caplow, Theodore *et al. The Urban Ambience.* New York, Bedminster, 1964.

Fabris, Annateresa *et alii. Fotografia: Usos e Funções no Século XX.* São Paulo, Edusp, 1991.

Fabris, Annateresa e outros. *Fotografia: Usos e Funções no Século XX.* São Paulo, Edusp, 1991.

- *Autor corporativo ou entidades coletivas.* Se uma instituição ou corporação aparece fazendo as vezes do autor, o nome dela figura como tal, seguindo as mesmas características de padronização:

Academie Royale de Belgique. *Instructions pour la publication de textes historiques.* Bruxelles, ARB, 1992.

Banco Central de Venezuela & Universidad de los Andes. *Estudio sobre Presupuestos Familiares e Índices de Costo de Vida para las Ciudades de Mérida, Valera, San Cristóbal y Barinas.* Caracas/Mérida, bcv/ula, 1969.

- *Autor anônimo.* Quando o nome do autor não constar na obra, esta pode ser anônima ou não ter um autor preciso, nem pessoa responsável. No primeiro caso, inicia-se a notação bibliográfica por Anônimo (em versal-versalete ou versal) e, no segundo, pela primeira palavra significativa do título, dando-lhe o destaque que se daria ao nome do autor. Em ambos, a notação segue as características de padronização:

Anônimo. *Título da Obra.* Local, Editor, Ano.

Título da Obra. Local, Editor, Ano.

Porém, sempre que em uma obra aparecer o nome de um responsável, é preferível introduzi-la por este em vez de fazê-lo pelo título. Por exemplo, o dicionário *La Communication*, sem indicação precisa de autoria no frontispício, menciona em uma de suas páginas iniciais: *Ouvrage réalisé sous la direction de Abraham Moles* [Obra realizada sob a direção de Abraham

Moles]. Assim, tal livro deve ser introduzido por este nome, seguido da abreviatura *dir.* entre parênteses.

MOLES, Abraham (dir.). *La Communication.* Paris, Centre d'Étude et de Promotion de la Lecture, 1971.

- *Pseudônimo.* É tratado como se fosse o nome do autor. Caso haja interesse, o nome real deste, entre colchetes, pode seguir-se ao pseudônimo:

ANTONIL, André João [João Antônio Andreoni]. *Cultura e Opulencia do Brazil.* Pref. Affonso de E. Taunay. São Paulo, Melhoramentos, 1923, 280 p.

- *Tradutor.* Quando, além do nome do autor, a obra tem um tradutor, prefaciador etc., esses nomes devem vir, na notação bibliográfica, logo depois do título ou do número da edição, em ordem direta, precedidos da abreviatura correspondente (sem a preposição de):

CARROLL, Lewis. *Aventuras de Alice no País das Maravilhas; Através do Espelho e o que Alice Encontrou Lá.* 3. ed. Trad. e org. Sebastião Uchoa Leite. São Paulo, Summus, 1980.
WITTGENSTEIN, Ludwig. *Tractatus Logico-Philosophicus.* Trad. e apres. Luiz Henrique Lopes dos Santos. São Paulo, Edusp, 1993.
CURTIUS, Ernst. *Literatura Europeia e Idade Média Latina.* Pref. Segismundo Spina. São Paulo, Edusp/Hucitec, 1994.

- *Organizador.* Quando o nome que constar do frontispício for o do organizador, compilador ou coordenador, esse dado encabeça a notação bibliográfica, e a indicação correspondente, *org.*, *comp.*, *coord.* etc., deve vir logo após ele, abreviada e entre parênteses:

CAMPOS, Haroldo de (org.). *Ideograma. Lógica, Poesia, Linguagem.* 3. ed. São Paulo, Edusp, 1994.
SANTOS, Manuel (comp.). The Collected Works of Henrietta Kahn. Boston, I.J. Filbert, 1989.

- *Autor e organizador (ou coordenador etc.) diferentes.* A entrada é feita pelo nome do autor (quer da obra, quer do fragmento):

MELLO, Sérgio Vieira de. *Pensamento e Memória.* Org. Jacques Marcovitch. São Paulo, Edusp/Saraiva, 2004, 344 p., 16 x 23.
FONSECA JÚNIOR, Gelson. "Direitos Humanos como Utopia: Comentários a uma Conferência de Sérgio Vieira de Mello". *In:* MELLO, Sérgio Vieira de. *Pensamento e Memória.* Org. Jacques Marcovitch. São Paulo, Edusp/Saraiva, 2004, pp. 131-148.

ELEMENTOS ESSENCIAIS PARA A NOTAÇÃO BIBLIOGRÁFICA

- *Mesmo autor, mas diferentes obras*. Caso sejam citadas várias obras do mesmo autor, estas devem ter entradas independentes por ordem cronológica (crescente ou decrescente), e o conjunto sobrenome mais nome deve, da segunda menção em diante, ser substituído por um traço subscrito de 32 a 40 pontos, ou de três a quatro travessões, seguido de ponto-final:

MARTÍN, Euniciano. *La Composición en Artes Gráficas*. Barcelona, Don Bosco, 1970 e 1974.

_____. *Artes Gráficas: Tecnología General*. Barcelona, Don Bosco, 1975, 2 vols.

_____. *Cómo se Hace un Libro*. Barcelona, Don Bosco, 1983.

- *Obras completas* de um autor:

  — no todo:

MEIRELES, Cecília. *Poesia Completa*. Org. Antonio Carlos Secchin. Edição do Centenário. Rio de Janeiro, Nova Fronteira, 2001, 2 vols.

  — um dos livros:

MEIRELES, Cecília. *Poemas Escritos na Índia* (1953). *Poesia Completa*. Org. Antonio Carlos Secchin. Edição do Centenário. Rio de Janeiro, Nova Fronteira, 2001, vol. 2, pp. 971-1042.

  — um fragmento (*e.g.* poema):

MEIRELES, Cecília. "Rosa do Deserto". *Poemas Escritos na Índia* (1953). *Poesia Completa*. Org. Antonio Carlos Secchin. Edição do Centenário. Rio de Janeiro, Nova Fronteira, 2001, vol. 2, p. 975.

- *Dicionários, Enciclopédias e Dicionários Enciclopédicos* (em um ou vários volumes). A notação bibliográfica de tais obras deve ser iniciada por seus títulos, exceto se tiverem autor(es) expresso(s) no frontispício:

FREIRE, Laudelino. *Grande e Novíssimo Dicionário da Língua Portuguesa*. 2. ed. Rio de Janeiro, José Olympio, 1954, 5365 p., 5 vols.

DICTIONNAIRE Hachette. Resp. Ghislaine Stora. Paris, Hachette, [2004].

ENCYCLOPEDIA e Diccionario Internacional. Lisboa/Rio de Janeiro, W. M. Jackson, [192?], 12272 p., 20 vols.

  — quando se fizer referência a um verbete, convém colocar a abreviatura *s.v.* (*sub verbo*), logo após o número da edição (se houver), e o verbete em versalete. Não é necessário informar o número da página nem do volume: a ordem alfabética dá conta da localização:

FREIRE, Laudelino. *Grande e Novíssimo Dicionário da Língua Portuguesa.* 2. ed. *s.v.* QUIMERA. Rio de Janeiro, José Olympio, 1954.

60.3. TÍTULO DA OBRA

A grafia dos títulos de obras segue basicamente dois critérios. O que adota, em sua abertura, apenas o primeiro nome (e o artigo que pode ou não antecedê-lo) em caixa-alta e baixa e o restante em caixa-baixa, opção utilizada principalmente pelos franceses:

La Lettre ornée dans les manuscrits du VIIIe au XIIe siècle.
Les Mots dans la peinture.
Cours de linguistique générale.

e o empregado pelos anglo-saxões, em que todas as palavras vêm em caixa-alta e baixa, menos os artigos, preposições, conjunções etc. excetuando os que estão no início do título:

The Visual Display of Quantitave Information.
The Form of the Book.
The Solid Form of Language: An Essay on Writing and Meaning.

As editoras brasileiras utilizam os dois padrões. Recomenda-se, para as edições universitárias, o uso do critério anglo-saxão na grafia dos títulos de obras, a fim de evitar ambiguidade, principalmente quando o nome do livro pode, num primeiro momento, confundir-se com um realce gráfico de uma frase. Quando se colocam todas as palavras em caixa-alta e baixa, o leitor percebe de imediato que se trata de um título.

EXEMPLO 1
A construção do livro.
A concise history of the origin and progress of printing.

EXEMPLO 2
A Construção do Livro.
A Concise History of the Origin and Progress of Printing.

- *Português*. O título e o subtítulo devem ficar em itálico, em caixa-alta e baixa, exceto os artigos, preposições, conjunções etc. Em outros idiomas que não o português, a padronização pode ser diferente.

  SOBRENOME [simples ou duplo], Nome(s) do autor. *Título da Obra: Subtítulo.* Nome e número dos volumes ou tomos consultados. Edição [se não for a primeira]. Nome(s) [e] Sobrenome [simples ou duplo] do tradutor, editor, organizador ou coordenador, apresentador, prefaciador [antecedido pela abreviatura da atribuição correspondente]. Local de publicação (Local de impressão), Editora ou instituição responsável, Ano de publicação, Número de páginas [seguido da abreviatura p.] (Coleção, série, caderno, encarte etc.). Formato.

  ARAÚJO, Emanuel. *A Construção do Livro: Princípios da Técnica de Editoração.* 2. ed. rev. e ampl. Rev. e atual. Briquet de Lemos. Pref. Antonio Houaiss. Rio de Janeiro/São Paulo, Lexicon/Editora Unesp, 2008.

- *Alemão*. O título e o subtítulo também devem ficar em itálico, e, segundo o critério alemão de grafia, a primeira palavra e todos os substantivos aparecem em caixa-alta e baixa. Os termos restantes vão todos em caixa-baixa. O alemão é o único idioma que não deixa ambiguidade quanto ao uso das maiúsculas. Portanto, nada deve ser alterado caso não se conheça a língua.

  HILGORD, A. *Urkunden zur Geschichte der Stadt Speyer.* Strassburg, [s.e.], 1885.
  BONDY, G. & DWORSKY, F. *Zur Geschichte der Juden in Böhmen, Mähren und Schlesien von 906 bis 1620.* Praga, G. Bondy, 1906, 2 vols.

- *Espanhol*. O critério é o mesmo utilizado em português. Deve-se tomar cuidado com os sinais de pontuação característicos: ¡… !, ¿…?.

  CABRERA INFANTE, G[uillermo]. *Tres Tristes Tigres.* 7. ed. Barcelona, Seix Barral, 1998, 477 p. (Biblioteca Breve).
  MARINETTI, F. T. *El Futurismo.* Trad. Española. Valencia, Sempere, [¿1912?].

- *Francês*. O título e o subtítulo ficam em itálico. Caso um título comece por artigo, tanto este último como a primeira palavra que o segue são grafados em caixa-alta e baixa. Os termos restantes, exceto os nomes próprios, vão todos em caixa-baixa. Nunca é demais lembrar que, em francês, as "maiúsculas" (e, portanto, versais e versaletes) não costumam ser acentuadas:

BLUMENKRANZ, B. *Les Auteurs chrétiens latins du moyen âge sur les juifs et le judaïsme.* Paris, Mouton, 1963.

MORABIA, A. *Le Gihad dans l'Islam médiéval.* Paris, Albin Michel, 1993.

- *Italiano.* Como no francês, o título e o subtítulo devem ficar em itálico, e, quanto ao uso de maiúsculas e minúsculas apenas a primeira palavra, os artigos que a antecedem e os nomes próprios vêm em caixa-alta e baixa:

TOAFF, A. *Cronaca ebraica del Sepher Yosephon.* Roma, Barulli, 1969.

PIAZZA, Franca. *Città e paesaggi di Toscana visti da Henry James.* Firenze, G. Barbèra, 1961.

- Assim como o nome do autor, o título da obra deve ser copiado do frontispício e nunca da capa do livro, onde nem sempre ele aparece completo. O subtítulo sempre deve constar da notação com as mesmas características gráficas do título (itálico, caixa-alta e baixa) e separado deste último por dois-pontos:

AGUIAR, Joaquim Alves de. *Espaços da Memória: Um Estudo sobre Pedro Nava.* São Paulo, Edusp/Fapesp, 1998 (Ensaios de Cultura, 15).

- Não se deve traduzir os títulos de obras estrangeiras a não ser que, originalmente, elas tenham sido publicadas em línguas que não utilizem o alfabeto latino. Nesse caso, faz-se a transliteração do título, seguida de sua tradução, entre colchetes, para o português; ou, então, apresenta-se tal tradução, seguida, entre parênteses, do nome da língua em que o título foi originalmente escrito. A ordem local, editora, data é seguida, independentemente da norma em vigor no idioma em questão:

MAJAKOVSKIJ, Wlodzimier. *Wybór Poezyi.* Warszawa, Spoldzielnie Ksiegarska Ksiazka, 1928 [MAIAKÓVSKI, Vladimir. *Poemas Escolhidos.* Varsóvia, Editora Livro, 1928].

PÁPIIERNI, E. *A Imagem Poética em Maiakóvski* (em russo). Moscou, Academia de Ciências da URSS, 1961.

- Se a edição utilizada pelo autor estiver na língua em que a obra foi originalmente escrita e existir alguma edição traduzida, de uma editora brasileira, estes dados precisam devem ser acrescentados entre colchetes:

ECO, Umberto. *Come si fa una tesi di Laurea.* Milano, Bompiani, 1977 [Trad. bras.: *Como se Faz uma Tese.* São Paulo, Perspectiva, 1983].

60.4. EDIÇÃO

Se não for a primeira, convém informar sempre o número da edição. Tal indicação deve ser feita pelo algarismo seguido de ponto e da abreviatura ed. (3. ed., por exemplo), isso para publicações em português (*edição*), inglês (*edition*), espanhol (*edición*) e italiano (*edizzione*). Em francês, usa-se éd. (*édition*) e, em publicações alemãs, emprega-se o termo Aufl. (*Auflage*).

O número da edição deve vir logo após o título da obra, grafado como ordinal, seguido da abreviatura ed. (2ª ed.); ou somente como algarismo arábico seguido de ponto e da abreviatura (2. ed.). Essa última opção sobrecarrega menos o texto e é a mais aconselhada:

CAMPOS, Haroldo de (org.). *Ideograma: Lógica, Poesia, Linguagem.* 3. ed. São Paulo, Edusp, 1994.

Outro modo de indicar a edição é acrescentar ao ano da publicação, em forma de índice ou expoente, o número da edição:

1994^3, 1995^4, 1996^5.

Dessa maneira, já que as bibliografias não têm notas de rodapé, nada impede que se acrescentem outros dados bibliográficos:

1993^4 (rev. e amp.).
1951^5 (reimpr.).
1967^8 (1. ed. 1952).

Esse sistema também admite colocar datas quando se comparam obras em que há edições anteriores ou posteriores àquela consultada:

SOBRENOME, Nome. *Título da Obra.* Cidade, Editora, 1967^2 (1. ed., 1960; 3. ed., 1970).

É comum encontrar também o uso do asterisco para indicar a edição consultada:

SOBRENOME, Nome. *Título da Obra.* Cidade, Editora, 1960, 1967^{2*}, 1970^3.

Em caso de edição fac-similada, essa informação figura no mesmo local que as informações referentes ao tipo de edição (revista, ampliada etc.).

Kastner, L. E & Marks, J. *A Glossary of Colloquial and Popular French.* Ed. fac-simil. London/ New York, J. M. Dent/E. P. Dutton, 1929 [s.n.t. atuais].

60.5. LOCAL DE PUBLICAÇÃO

O nome da cidade onde a obra foi publicada deve seguir sua grafia original. Quando tal informação não for do conhecimento geral, convém colocar a tradução sua para o português entre colchetes logo em seguida.

Madrid   Torino [Turim]
New York   Basle [Basileia]
London   Moskva [Moscou]

- Se o nome da cidade é pouco conhecido ou gera alguma ambiguidade quanto à localização, algo comum no que diz respeito a muitas cidades norte-americanas, ele deve vir sucedido por uma vírgula e pela abreviatura do nome do estado ao qual o município pertence. O nome da cidade não deve ser abreviado.

Bauru, SP   Springfield, IL
Campinas, SP   Springfield, MO
Cotia, SP   Portland, OR
                          Portland, ME

- Se o nome da cidade gera alguma ambiguidade quanto ao país ao qual pertence, no caso de topônimos iguais, convém indicar entre colchetes o nome ou a abreviatura do país.

Cambridge [USA] ou Cambridge [UK]
Cambridge [EUA] ou Cambridge [Reino Unido]

- Quando houver local de publicação e editora homônimos, como é comum no caso de editoras universitárias, é preciso tomar cuidado. Após o local de publicação, usar o nome completo da editora – por exemplo, Oxford University Press (e não apenas Oxford), que é uma casa editorial com sede em Londres e com filiais em Nova York e Toronto. Do contrário, ter-se-á a impressão de haver dois locais de publicação e nenhuma editora:

BEAUJEU-GARNIER, Jacqueline. "Large Overpopulated Cities in the Underdeveloped World". *In*: ZELINSKY, W.; KOSINSKI, L. & PROTHERO, R. M. (orgs.). *Geography and a Crowding World*. New York, Oxford University Press, 1970, pp. 269-278.

ELEMENTOS ESSENCIAIS PARA A NOTAÇÃO BIBLIOGRÁFICA

- Se não são expressos o local de publicação e a editora, devem-se utilizar as abreviaturas *s.l.* ou *s.l.p.* (sem local de publicação) e *s.ed.* (sem editora) entre colchetes:

HARVEY, Milton E. & RIDELL, J. Barry. *Development, Urbanization and Migration: A Test of a Hypothesis in the Third World.* [s.l.], [s.ed.], 1972.

- Se houver dois locais de publicação diferentes (e, geralmente, duas editoras), convém separá-los por barra inclinada (/), sem espaços, ou por hífen:

CANDIDO, Antonio. *Formação da Literatura Brasileira.* 5. ed. Belo Horizonte/São Paulo, Itatiaia/Edusp, 1975, 2 vols.

CANDIDO, Antonio. *Formação da Literatura Brasileira.* 5. ed. Belo Horizonte-São Paulo, Itatiaia-Edusp, 1975, 2 vols.

60.6. LOCAL DE IMPRESSÃO

É comum editar uma obra em um país e imprimi-la em outro. Em princípio, o local de publicação deve constar sempre, podendo ou não se acrescentar entre parênteses o local da impressão.

REINACH, Salomon. *Manuel de Philologie Classique.* Paris, Hachette (Paris, Typographie A. Lahure), 1880, XIV + 408 p.

60.7. EDITORA OU INSTITUIÇÃO RESPONSÁVEL

Desde que não cause confusão, como no caso de cidade e editora homônimas, o nome da editora não deve ser acompanhado de palavras como *editora, editorial, edições, editores, livraria, livros* etc.; ou de dados comerciais como *S. A., Ltda.* etc. Isso vale também para seus equivalentes em língua estrangeira.

Atual e não Atual Editora Ltda.

Ática e não Editora Ática S.A.

Bertrand e não Editora Bertrand do Brasil S.A.

Brasiliense e não Editora Brasiliense S.A.

Globo e não Editora Globo.

Graal e não Edições Graal Ltda.

Formato e não Formato Editorial.

Francisco Alves e não Livraria Francisco Alves Editora.

Zahar e não Jorge Zahar Editor.

José Olympio e não Livraria José Olympio Editora S.A.

Perspectiva e não Editora Perspectiva.

- Quando não houver a indicação do nome da editora, colocar: *s. ed.* (sem editora) entre colchetes. Tal ausência, porém, só se justifica quando a obra não for recente:

URIBE, Sylvia & URIBE, Beatriz R. *Bases para el Desarrollo de la Pequeña y Mediana Industria en Colombia*. Medellín, [s. ed.], 1965.

MARTINS, Mário R. *A Evolução da Literatura Brasileira*. Rio de Janeiro, [s. ed.], 1945, 2 vols.

- Duas ou mais editoras

– se coedição:

HANSEN, João Adolfo. *A Sátira e o Engenho: Gregório de Matos e a Bahia do Século XVII*. 2. ed. Cotia/Campinas, Ateliê Editorial/Editora da Unicamp, 2004, 528 p.

HANSEN, João Adolfo. *A Sátira e o Engenho: Gregório de Matos e a Bahia do Século XVII*. 2. ed. Cotia-Campinas, Ateliê Editorial-Editora da Unicamp, 2004, 528 p.

– se edições "independentes":

OLIVEIRA, José Teixeira de. *A Fascinante História do Livro*. Rio de Janeiro, Cátedra e Kosmos, 1984-1987, 3 vols.

60.8 DATA DA PUBLICAÇÃO

Às vezes aparece no frontispício; recomenda-se sua inserção na página de créditos, ou seja, no verso do frontispício. Caso a data não esteja nesses locais – e sim no colofão, na capa ou na sobrecapa –, nas bibliografias e notas, deve-se colocá-la entre colchetes. É importante citar a data da primeira edição, sempre que possível, a fim de situar as ideias do autor no tempo. Sua apresentação deve ser sempre em algarismos arábicos, exceto quando se tratar de documentos medievais e manuscritos, em que as notações podem variar. Nas datações não convém usar ponto nem espaço fino separando os algarismos: 1989, e não 1.989, nem 1 989.

MICHAELIS VASCONCELOS, Carolina. *Lições de Filologia Portuguesa*. Lisboa, Revista de Portugal, [1946].

ELEMENTOS ESSENCIAIS PARA A NOTAÇÃO BIBLIOGRÁFICA

TOPICA *delle figurate locutioni di M. Giulio Camillo* (con privilegio). Venetia, appresso Francesco Rampazetto, MDLX [1560].

- Se a data da edição não constar em nenhum lugar, deve-se colocar a abreviatura *s.d.* entre colchetes:

NARDELLI, Domenica. *Il Teatro Della Memoria di Giulio Camillo Delminio: Un tentativo di riorganizzare il sapere nel cinquecento.* Manduria, Lacaita, [s.d.].

CHRISTODOULOU, N. D. *Pro-Axis Security Batallions in Southern Greece, 1943-1944.* New York, Axis Europa, [s.d.].

CHEFS-d'œuvre du Théâtre Classique Français. Rev., rap. et comp. P. Commelin. Paris, Librairie Garnier Frères, [s.d.].

- Se a obra não apresentar local de publicação nem data, empregam-se, como já dito, as abreviaturas *s.l.* (ou *s.l.p.*), *s.d.* Mas, se não constarem local, editora nem data, usa-se a abreviatura *s.n.t.* (sem notas tipográficas):

SOBRENOME, Nome. *Título da Obra.* [s. l.], Editora, [s. d.].

SOBRENOME, Nome. *Título da Obra.* [s.n.t.].

- Se, de algum modo, for possível determinar a data da edição, essa data presumível é colocada entre colchetes, seguida de ponto de interrogação:

SOBRENOME, Nome. *Título da Obra.* Cidade, Editora, [1920?].

- Quando se tratar de obras datadas em calendários diferentes do usado no Ocidente, coloca-se a data do calendário original, acrescentando-se entre colchetes a data do calendário ocidental.

SOBRENOME, Nome. *Título da Obra Transliterado ou Transcrito (Título Traduzido).* Jerusalém, Editora, 5765 [2005].

- Caso haja confusão quanto à data de publicação (duas datas numa mesma obra), coloca-se entre colchetes, logo em seguida à data errada, a data correta da publicação:

SOBRENOME, Nome. *Título da Obra.* Cidade, Editora, 1919 [1920].

60.9. PÁGINAS

Não é muito comum, nas bibliografias, colocar a quantidade de páginas dos livros. Mesmo não sendo um dado imprescindível, entretanto, tal informação se mostra conveniente, na medida em que pode fornecer ao leitor alguma ideia sobre a extensão do conteúdo e até mesmo sobre o preço aproximado da obra.

Se tal dado foi fornecido, é preciso verificar se a obra está numerada com algarismos arábicos do início ao fim ou se leva numeração romana nas pré-textuais. Nesse último caso, a indicação da quantidade de páginas deve ser grafada com os números romanos em versalete (I V X L C), seguidos do sinal +, do número de páginas em algarismos arábicos e da apreviatura p.

> BOURDIEU, Pierre. *A Economia nas Trocas Simbólicas*. São Paulo, Perspectiva, 1974, LXI + 361 p.
>
> FRANK, Joseph. *Pelo Prisma Russo: Ensaios sobre Literatura e Cultura*. Trad. Paula Cox Rolim e Francisco Achcar. São Paulo, Edusp, 1992, XVI + 260 p.

60.10. NÚMERO DE VOLUMES OU TOMOS

Chama-se tomo à subdivisão do conteúdo de uma obra. Já o volume é uma divisão física independente, um "outro" livro. Um tomo pode coincidir ou não com um volume e vice-versa. O primeiro, ao contrário do segundo, sempre constitui parte integrante de uma obra. Já o volume pode ser, por si só, uma obra autônoma e completa. Para apresentar o número (quantidade) de livros sob o mesmo título, sempre se utiliza a abreviatura *vol.* ou *vols.* antecedida do algarismo indicador. Para apontar de qual deles se trata, também se emprega a abreviatura *vol.*, mas nesse caso seguida do número do volume.

O número (quantidade) de tomos e volumes deve vir no final:

> *ENCICLOPÉDIA Labor*. Barcelona, Labor, 1967-1984, 10 t., 11 vols.
> *ENCICLOPÉDIA Agrícola Brasileira*. São Paulo, Edusp, 1995, 5 vols.

Para destacar um determinado volume pesquisado, no entanto, aconselha-se fazer a indicação dele em romanos (versal ou versalete), sem a abreviatura *vol.*, logo após o título da obra.

> *ENCICLOPÉDIA Labor*. VII. *S.V.* VERBETE TAL. Barcelona, Labor, 1967, pp. 57-58, 10 t., 11 vols.

As bibliografias de obras que se distribuem em volumes podem ser feitas das seguintes maneiras:

- Obra de um autor em mais de um volume:

VIEIRA, Antônio. *Sermões*. Org. Alcir Pécora. São Paulo, Hedra, 2000-2001, 2 vols.

- Citação de um volume, numa obra dividida em volumes, que apresenta organizador ou diretor:

COUTINHO, Afrânio (org.). *A Literatura no Brasil*. Rio de Janeiro, Editorial Sul, vol. I, t. 2 (*Romantismo*); vol. III, t. 1 (*Simbolismo, Impressionismo, Modernismo*), 1959.

- Citação de cada volume em uma obra de um único autor.

OLIVEIRA, José Teixeira de. *A Fascinante História do Livro*. I: *A Fascinante História do Livro*. Rio de Janeiro, Cátedra, 1984. II: *Grécia e Roma*. Rio de Janeiro, Kosmos, 1985. III: *Idade Média*. Rio de Janeiro, Kosmos, 1987.

60.11. COLEÇÃO, SÉRIE, CADERNO, ENCARTE

Obras em coleção

Quando a obra fizer parte de uma coleção, sobretudo se se tratar de uma coleção de prestígio, é recomendável que se acrescente tal dado. O nome da coleção deve vir entre parênteses seguido do número que o livro ocupa no conjunto formado por ela, separados por vírgula, ao final da notação bibliográfica. Dispensa-se a palavra coleção:

ECO, Umberto. *Obra Aberta*. São Paulo, Perspectiva, 1968 (Debates, 4).

CALDWELL, Helen. *The Brazilian Othello of Machado de Assis: A Study of "Dom Casmurro"*. Berkeley/Los Angeles, University of California Press, 1960 (Perspectives in Criticism, 6).

MACEDO SOARES, José Carlos de. *Fronteiras do Brasil no Regime Colonial*. Ilustr. e mapas J. Wasth Rodrigues. Rio de Janeiro, José Olympio, 1939 (Documentos Brasileiros, 19).

Cadernos, encartes e separatas

Normalmente, referências bibliográficas nas quais são apresentados cadernos e/ou encartes referem-se a periódicos, sejam jornais ou revistas. Já as separatas podem ser de livros ou periódicos.

Na referência a textos estampados em cadernos, suplementos etc., o número e o nome de tais itens vêm, em redondo, após o título do periódico e a data da publicação.

Caderno ou suplemento com autor

SOBRENOME, Nome. "Título do Artigo". *Título do Periódico*, dia, mês (abreviado), ano, Caderno x, Nome do Caderno, página(s).

SUZUKI JÚNIOR, Matinas. "A Melhor de Todas as Copas". *Folha de S. Paulo*, 2 jul. 1998, Caderno 4, Copa 98, p. 1.

CONY, Carlos Heitor. "Um Quadro de Andorinhas". *Folha de S. Paulo*, 17 jun. 2005, Caderno 5, Ilustrada, p. 12.

Caderno ou suplemento sem autor

"TÍTULO do Artigo". *Título do Periódico*, dia, mês, ano, Caderno x, Nome do Caderno, página(s).

"DETRANS Terão Dificuldades para Cumprir Regras". *Folha de S. Paulo*, 17 jun. 2005, Caderno 3, Cotidiano, p. 1.

Quanto às separatas, sua notação bibliográfica depende do suporte em que foram publicadas.

Separata de livro

SOBRENOME, Nome do Autor. "Título da Separata". Referência bibliográfica a mais completa possível do livro de onde ela provém, página inicial-página final que tal elemento ocupava no original (Separata).

SIRAT, Colette. "La Bible hébraique médiéval: le codex le plus ancient". MARTIN, Henri-Jean & VEZIN, Jean (dirs.). *Mise en page et mise en texte du livre manuscrit*. [Paris], Éditions du cercle de la Librairie-Promodis, 1990, pp. 91-94 (Separata).

Separata de periódico

SOBRENOME, Nome do Autor. "Título da Separata". Referência bibliográfica completa do periódico de onde ela provém, página inicial-página final que tal elemento ocupava no original (Separata).

JUNOT, Lucas R. "As Chuvas na Cidade de São Paulo". *Arquivos de Higiêne e Saúde Pública*, 8(18):9-90, 1943 (Separata).

MARQUES, M. Cristina P. da C. "No Entanto se Traduz". *Tradução e Comunicação. Revista Brasileira de Tradutores*, 3 dez. 1983, pp. 143-148 (Separata).

ELEMENTOS ESSENCIAIS PARA A NOTAÇÃO BIBLIOGRÁFICA

60.12. CAPÍTULOS, ITENS, FRAGMENTOS, TRECHOS

SOBRENOME, Nome. "Título da Subparte". *In*: SOBRENOME, Nome. *Título da Obra*. 2. ed., Local, Editora, ano, vol., p. (capítulo, item, fragmento, trecho).

HANSEN, João Adolfo, "Reorientações no Campo da Leitura Literária: Objetos e Práticas". *In*: ABREU, Márcia & SCHAPOCHNIK, Nelson (orgs.). *Cultura Letrada no Brasil*. Campinas, SP, Mercado de Letras/ALB/Fapesp, 2005 (Histórias de Leitura).

Se o autor do livro e do fragmento (capítulo etc.) for o mesmo, entra-se pelo fragmento, seguido pelo título da obra, sem se repetir o nome do autor:

ROSA, João Guimarães. "O Espelho". *Primeiras Estórias*. Rio de Janeiro, Nova Fronteira, 1988, pp. 65-72.

60.13 ARTIGOS DE REVISTA

Nas notações bibliográficas de artigos publicados em revistas, não é necessário colocar o local e a editora responsável pelo periódico, exceto quando não são conhecidos de todos. Nesse caso, tal informação é inserida por último, entre parênteses e entre vírgulas.

- Quando a referência bibliográfica começa pelo título do artigo, a primeira palavra, que não seja o determinante [o(s), a(s) etc.] – que é colocado no fim do título –, deve ser grafada em versal-versalete redondo, e o restante do título em redondo caixa-alta e baixa:

"TÍTULO do Artigo". *Revista*, vol. (fasc.): p.-p., mês-mês, Ano (Local, Editora).

"AIR Navigation for Global War". *Fortune*, (174): 75-77, Jan. 1943.

"CONSTITUIÇÃO do Estado da Guanabara". *Revista de Direito Público e Ciência Política*, 4 (2): 94-124, maio-ago. 1961 (Rio de Janeiro).

- Se o artigo explicita o nome do autor:

SOBRENOME, Nome. "Título do Artigo". *Revista*, vol. (fasc.) p.-p., mês-mês, Ano (Local, Editora).

CAMPOS, Dácio de Arruda. "Cuba e o Princípio da Soberania". *Revista Brasiliense*, (36): 94--99, jul.-ago. 1961 (São Paulo).

BIBLIOGRAFIA

Ou com o local de publicação inserido depois do nome do periódico:

LIMA, Herman. "Origens da Sátira Política no Brasil". *Revista do Livro*, Rio de Janeiro, 3 (12): 45-49, dez. 1958.

3 = volume 3
(12) = fascículo 12
45-49 = pp. 45 a 49

- Número especial de revista com título específico:

  REVISTA. Título do número especial, vol. (n.), data (Local, Editado ou organizado por ...)

- Número avulso de uma revista. A entrada é pelo título da revista, grafado em versal-versalete itálico:

  REVISTA, vol. (n.), data (Local, Editor, Entidade etc.)

  P.S.: SP, vol. único, verão 2003 (Cotia, Ateliê).

60.14. ARTIGOS DE JORNAL

Quando o jornal já traz no nome o local onde é publicado, este pode ser omitido na notação bibliográfica. Nesse tipo de referência, não se usam zeros iniciais em datas (dia, mês) menores que dez.

- Matéria assinada:

  SOBRENOME, Nome. "Título do Artigo". *Jornal*, Local, data, p. 5.

  AMARAL, Alcides S. "Banco, um Negócio Diferente". *Folha de S. Paulo*, 4 out. 1990.

- Matéria não assinada:

  "TÍTULO do Artigo". *Jornal*, Local, Data.

  "L'AVICULTURA Criolla se Enfrento al Déficit de Proteínas del País". *El Nacional*, Caracas, 19 jul. 1970.

  "A ASTRONOMIA e a Meteorologia em São Paulo. Projeto de Construção do Novo Observatório Central do Serviço Astronômico e Meteorológico". *O Estado de S. Paulo*, 19 set. 1930, [s.p.].

ELEMENTOS ESSENCIAIS PARA A NOTAÇÃO BIBLIOGRÁFICA

- Artigos em seções ou suplementos de jornal:

Sobrenome, Nome. "Artigo". *Jornal*, Data. Número e nome da seção ou suplemento, p.

Farina, Duílio Crispim. "A História da Avenida Paulista". *Leitura*, 9 (107), 9 abr. 1991 (Suplemento do *Diário Oficial do Estado de São Paulo*. São Paulo, Imprensa Oficial, 1991).

- Se a entrada for feita pelo nome do jornal, este deve ser grafado e em versal--versalete itálico:

Jornal, Local, Data.

Estado de S. Paulo, O, São Paulo, 6 abr. 1979.

60.15. ANAIS, ATAS, BOLETINS, CONGRESSOS, ENCONTROS, FÓRUNS, MISCELÂNEAS, SEMINÁRIOS, SIMPÓSIOS, SOCIEDADES ETC.

- *Anais*

  – sem autor responsável:

  Título dos Anais. Local, Editora, Data, vol(s).

  Anais da Abralic. São Paulo, Edusp, 1994, 2 vols.

  – com autor

  Sobrenome, Nome. *Título. In*: *Anais*. Local, Editora, Data, vol(s)., p.

  Costa, Francisco Augusto Pereira da. *Anais Pernambucanos*. Recife, Arquivo Público Estadual, 1952. 10 vols.

  Fonseca, Cláudia Damasceno. "Funcionários Régios, Eruditos Locais, Viajantes Estrangeiros: Representações da Cidade Colonial Mineira". *In*: Salgado, I. (org.). *Anais do V Seminário de História da Cidade e do Urbanismo*. Campinas, ARM, 1998, vol. 1, p. 1.

- *Atas*

  Ata de(a), (o).... Cidade, data.

  Ata da 424ª Reunião Ordinária do Conselho de Preservação do Patrimônio Histórico, Cultural e Ambiental da Cidade de São Paulo. São Paulo, 26 fev. 2008.

BIBLIOGRAFIA

- ▪ *Boletins*

  – entrada pelo boletim:

  BOLETIM (seguido por seu) *Título* (se houver). Cidade, Entidade, n., Data.

  BOLETIM *da Comissão Geográfica e Geológica. Dados Climatológicos dos Anos de 1887 e 1888.* São Paulo, Comissão Geográfica e Geológica, n. 3, 1889.

  – entrada por parte de boletim (segue o mesmo padrão da notação bibliográfica de um artigo):

  ARBEY, Louis. "La Coopération scientifique et technique en Amerique du Sud dans le domaine de l'astrométrie". *Information Bulletin for the Southern Hemisphere,* 10:35-45, Apr. 1967 (s.l., s.e.).

  – entrada pelo suplemento de um boletim:

  BOLETIM (termo seguido pelo) *Título do Suplemento.* vol. (n.), data (Indicação de que é suplemento, seguido do número, nome da cidade, acrescentar o nome do editor, se houver).

  BOLETIM *Técnico do Senac. Índice Cumulativo 25 Anos – 1974-1999,* 25(3), set.-dez. 1999 (suplemento).

- ▪ *Congressos, encontros, fóruns etc.*

  SOBRENOME, Nome. "Título do Trabalho". *In: Número em romanos* seguido do nome *Evento (Congresso, Encontro* etc.). Local, Data, vol., p. (espécie de trabalho).

  PIMENTA, Tânia Salgado. "Hospital da Santa Casa de Misericórdia do Rio de Janeiro: Ensino e Prática Médica na Primeira Metade do Oitocentos". *In: IX Congresso Brasileiro de História da Medicina.* Rio de Janeiro, nov. 2004 (trabalho apresentado).

  MENDES, Ricardo. "Reflexos do Brasil: Uma Leitura Inicial da Coleção Pirelli/Masp de Fotografia". *In: I Jornada de Estudos Representações do Brasil: Da Viagem Moderna às Coleções Fotográficas.* São Paulo, Museu Paulista da Universidade de São Paulo, dez. 2004 (comunicação).

  MARIANNO FILHO, José. "A Architectura Mesologica". *In: I Congresso de Habitação, 1931, São Paulo.* São Paulo, Publicação Oficial-Escolas Profissionais Lyceu Coração de Jesus, 1931, pp. 311-322 (trabalho apresentado).

ELEMENTOS ESSENCIAIS PARA A NOTAÇÃO BIBLIOGRÁFICA

- *Miscelânea*

– Catálogo:

ENTIDADE RESPONSÁVEL. *Título*. Local, Data (descrição do catalógo).

INSTITUTO MOREIRA SALLES. *Rio de Janeiro 1825-1826, e Outros Destaques do Highcliffe Album*. São Paulo, 2000 (Catálogo da exposição apresentando obras de Charles Landseer, William John Burchell, Henry Chamberlain e Jean-Baptiste Debret).

– Folheto:

ENTIDADE RESPONSÁVEL. *Título*. Local, Data, p. Número de Ilustrações (il.).

INSTITUTO ASTRONÔMICO E GEOGRÁFICO. *Nota sobre a Água Subterrânea em Água Funda*. São Paulo, 21 jan. 1933. 3 p.; 2 il.

– Relatório:

ENTIDADE RESPONSÁVEL. Informações sobre o relatório. Local, Data, p.

INSTITUTO ASTRONÔMICO E GEOFÍSICO DO ESTADO DE SÃO PAULO. *Relatório Referente ao Ano de 1943*. Apresentado ao Exmo. Sr. Dr. Sebastião Nogueira de Lima. Secretário da Educação e Saúde Pública. São Paulo, fev. 1944, 17 p.

– Seminário:

SOBRENOME, Nome do autor. *Título do Trabalho*. Nome do Seminário, Entidade Responsável. Local, data.

AYDALOT, Philippe. *Contribution à la Théorie de la Division Spatiale du Travail*. Seminário de Economia Regional e Urbana, Programa de Ensino e Pesquisa Regional e Urbana, São Paulo, ago. 1979.

– Simpósio:

ENTIDADE RESPONSÁVEL. *Número e nome do Simpósio* (Local, data). *Título do Trabalho*. Se editado: Local, Editora, ano da edição, p. ou pp.

INTERNATIONAL ASTRONOMICAL UNION. *19º Symposium* (Italia, 1962). *Le choix des sites d'observatories astronomiques (site testing)*. Paris, Gauthier-Villars, 1964, 382 p.

60.16. DISSERTAÇÕES E TESES

Convém seguir o mesmo critério de notação utilizado para os livros, acrescentando-se, no lugar da editora, o Departamento da Faculdade e a Universidade onde o trabalho foi defendido e, depois da data e do número de páginas, entre parênteses, a indicação: (Tese de Doutorado) ou (Dissertação de Mestrado).

ACCACIO, G. de M. *Borboletas em Parques Urbanos: Estudos na Cidade de São Paulo*. São Paulo, Instituto de Biociências, Universidade de São Paulo, 1996, 136 p. (Dissertação de Mestrado).

GARCIA, F. C. P. 1998. *Relações Sistemáticas e Fitogeográficas do Gênero* Inga Miller *(Leguminosae, Mimosoideae, Ingeae) nas Florestas da Costa Sul e Sudeste do Brasil*. Rio Claro, Instituto de Biociências, Universidade Estadual Paulista, 248 p. (Tese de Doutorado).

NICOL, Robert N. V. C. *A Agricultura e a Industrialização no Brasil (1850-1930)*. São Paulo, Departamento de Ciências Sociais, FFLCH-USP, 1974, 251 p. (Tese de Doutorado).

60.17. PORTARIAS

PORTARIA nº x., de dia de mês de ano, art. número arábico º, § número arábico, Número romano em caixa-alta (inciso). etc. (item), do Ministério etc. (*D(iário) O(ficial da)U(nião)*, edição, dia de mês de ano, Seção 1, p.).

PORTARIA nº 755, de 11 de maio de 1999, art. 8º, § 5º, II., do Ministério da Educação e do Desporto (*DOU*, 12 de maio de 1999, Seção 1, pp. 57-58).

PORTARIA nº 755/1999, art. 8º, § 5º, II., do MEC (*DOU*, 12 de maio de 1999, Seção 1, pp. 57-58).

60.18. LEIS

A notação bibliográfica de leis pode apresentar os seguintes itens:

LEI nº x.x, de dia de mês de ano, art. número arábico º, § número arábico, número romano em caixa-alta (inciso). (item). (*DOU*, edição, dia de mês de ano, p.).

LEI nº 9.131, de 24 de novembro de 1995, art. 7º, § 1, I. (a) (*DOU*, edição extra, 25 de novembro de 1995, p. 19 257).

Se houver interesse na apresentação da finalidade da lei, esta informação pode ser acrescentada entre vírgulas (em oração iniciada pela conjunção que), entre o número e a data precedida da preposição de:

ELEMENTOS ESSENCIAIS PARA A NOTAÇÃO BIBLIOGRÁFICA

Lei nº 9.131, que altera os dispositivos da Lei nº 4024, de 24 de novembro de 1995, art. 7º, § 1, (a) (*DOU*, edição extra, 25 de novembro de 1995, p. 19257).

60.19. DECRETOS

A notação bibliográfica para referência a decretos pode ter os seguintes itens:

Decreto nº x.x, de dia de mês de ano, art. número arábico, § número arábico (quando não se tratar de parágrafo único), número romano em caixa-alta (inciso) (*DOU*, [edição], Seção I, dia de mês de ano, p.).

Decreto nº 2.306, de 19 de agosto de 1997, art. 1º, § único (*DOU*, 19 de agosto de 1997, p. 17991).

Se houver interesse na apresentação da finalidade do decreto, esta informação pode ser acrescentada entre o número e a data, precedida da preposição de:

Decreto nº 6.283, de criação da Universidade de São Paulo, de 25 de janeiro de 1934.

60.20. MEDIDAS PROVISÓRIAS

Medida Provisória nº x.x, de dia de mês de ano, art. número arábico º, § número arábico, número romano em caixa-alta (inciso)(*DOU*, [edição], Seção, dia de mês de ano, p.).

Medida Provisória nº 201, de 23 de julho de 2004. Art 2º, § 1, II. (*DOU*, Seção 1, 26 de julho de 2004, p. 10844) [exemplo fictício].

60.21. TRABALHOS MIMEOGRAFADOS

Mesmo critério de notação bibliográfica utilizado para livros etc., acrescentando-se no final, entre parênteses, a palavra (mimeografado) ou sua abreviatura (mimeo.).

Adler, J. *Fiscal Policy in a Developing Country*. Washington, DC, IBRD, 1960 (mimeo.).

60.22. FORMATO

Trata-se de um dado que sempre deveria constar na ficha catalográfica. No Brasil, infelizmente, a inserção desse tipo de informação não é feita. Nas bibliografias, sua presença também não é muito comum. O formato deve ser apresentado em centímetros, com a altura em primeiro lugar.

FERREIRA, Orlando da Costa. *Imagem e Letra: Introdução à Bibliografia Brasileira. A Imagem Gravada*. 2. ed. São Paulo, Edusp, 1994 (Texto & Arte, 10), 23 x 23 cm.

60.23. PARTITURAS

– *Avulsas*

SOBRENOME, Nome do Autor. *Título da Partitura* (arr. Nome Sobrenome) (© Detentor do *copyright*) (Partitura para instrumentos, orquestra etc.). Local, Editora, ano, p.

JOPLIN, Scott. *The Entertainer* (arr. Donald Fraser) (© 1986 Fentone Music) (Partitura para quarteto de cordas). Corby, UK, Fentone Music, 1986, 6 p.

– *em álbum etc.*

SOBRENOME, Nome do Autor. *Título da Partitura* (arr. Nome Sobrenome [se houver] (© ano *by* detentor do *copyright*, Local). *In*: SOBRENOME, Nome. *Título do Álbum* (Partitura para instrumentos, orquestra etc.). Local, Editora, ano, pp.

RODRIGUES, Lupicínio. *Esses Moços* (© 1947 *by* IML/Cembra, São Paulo). *In*: MASCARENHAS, Mário. I. *Melhor da Música Popular Brasileira* (Com cifras para piano, órgão, violão e acordeom). São Paulo, Irmãos Vitale, 1999, pp. 250-251.

60.24. ILUSTRAÇÕES

SOBRENOME, Nome do Autor. *Título da Obra* (ano ou século). Dimensões N × N na unidade de medida do original. Tipo ou técnica e suporte (óleo sobre tela, vitral, gravura, fotografia (p./b., cor) etc.). Onde está: Lugar (museu etc.), Local (cidade). (Fonte:).

SEGALL, Lasar. *Velho Talmudista* (1910). 13,7 × 12,1 cm. Desenho (grafite sobre papel). Acervo Museu Lasar Segall/Iphan/Minc, São Paulo.

60.25. MAPAS

– *Avulsos:*

ELEMENTOS ESSENCIAIS PARA A NOTAÇÃO BIBLIOGRÁFICA

Sobrenome, Nome (ou Entidade Coletiva que faz as vezes de autor), "Título do Mapa" (escala). Entidade Responsável pela Publicação do documento, ano.

Departamento de Estradas de Rodagem. "São Paulo: Principais Vias de Acesso" (Escala 1:240.000). São Paulo, Secretaria de Turismo do Governo do Estado de São Paulo, 2004.

– *em atlas:*

"Mapa de..........."(escala). *In*: *Atlas*. Local, Editora, ano, p.

"Mapa da Cidade de São Paulo" (esc. 1:300.000). *In*: *Britannica Atlas*. Chicago, Encyclopædia Britannica, 1996, p. 287.

60.26. discos, cds e cassetes

Sobrenome, Nome do compositor ou cantor. *Título do Disco* (LP, CD, K7). mono ou estéreo, rotação (rpm) ou tipo de masterização. Local, Gravadora, data, polegadas, Dimensões, Título da série ou Coleção seguido do nº.

- Em caso de referência aos nomes de faixa(s) de música de um disco:
Citar a faixa como se encontra na ficha técnica, pelo nome do compositor ou direto pelo nome da música, em redondo e entre aspas::

Braga, Ernani. "Folk Songs of Brazil". *In*: Sayão, Bidu. *Bachianas Brasileiras nº 5: Opera Arias & Brazilian Folksongs*, Faixas 16-23 (CD). Mono, ADD (Digitally remastered from original source). s.l., 1996 (Sony Classics, Masterworks Heritage Vocal Series, MHK 62355 Milne Charnley, piano. June 2, 1947).

"Tatá Engenho Novo" (domínio público) 6815905-2. *In*: Gil, Gilberto *et alii*. *O Sol de Oslo*, Faixa 1 (CD). São Paulo, 1998. Estéreo (DDD). Pau Brasil, 0014.

Guardadas as devidas diferenças entre as notações, segue o mesmo critério adotado para livros quando o compositor/cantor da parte e o da obra são o mesmo:

Gil, Gilberto. "Língua do Pê" (Warner Chappel) 6815899-0. *O Sol de Oslo*, Faixa 10 (CD). São Paulo, 1998. Estéreo (DDD). Pau Brasil, 0014.

60.27. filmes

Título do Filme. Direção, Produção, Narração etc. Local, Instituição, data, duração, cor (p./b. ou col.), som (sonoro-estéreo ou -mono ou mudo), velocidade, formato (16 mm etc.).

KADOSH – LAÇOS SAGRADOS. Amos Gitai. França/Israel, 1999, 110 min., col., estéreo, 35 mm.

60.28. DVDS E VÍDEOS

TÍTULO DO DVD/VÍDEO. Direção, Produção, Coordenação etc., Local, Edição, data, n. de discos/cassetes, sistema [DVD (zona), VHS etc.], duração, cor, som (estéreo/mono).

O PODEROSO CHEFÃO. Paramount Pictures, dir. Francis Ford Coppola. EUA/Itália, 1972, DVD (reg. 4), 175 min., col., estéreo.

60.29. PUBLICAÇÕES E DOCUMENTOS ELETRÔNICOS

AUTOR. Título do Documento. Extensão. Ementa. Custódia (depositário). Local, data (dia, mês, ano). Descrição física. Programador.

■ Internet

Normalmente segue o mesmo tipo de orientação das notações bibliográficas convencionais, sendo acrescentados os dados eletrônicos de localização e atualização.

AUTOR. Título. Local, Editora, Data. Via de acesso. Nome da base de dados, endereço da *home page*, endereço do *site*, data de atualização [data de acesso].

CARDOSO, Ciro Flamarion. "Ficção Científica, Percepção e Ontologia: E se o Mundo Não Passasse de Algo Simulado?" *História, Ciências, Saúde – Manguinhos*, 13:17-37, out. 2006 (suplemento). Disponível em: www.scielo.br/pdf/hcsm/v13s0/01.pdf. Acesso em: 7 ago. 2014.

■ Correio eletrônico (*e-mail*)

A anotação do *nome @ endereço eletrônico do remetente* é feita em itálico. Os dados, sempre que possível, devem ser os do cabeçalho do *e-mail*.

nome @ endereço eletrônico do remetente. data de envio: dia (1 a 31) mês (nome abreviado). ano (quatro dígitos). "Assunto do e-mail". *E-mail* para: *nome e endereço eletrônico do destinatário.*

dre@yahoo.com: 15 out., 2004. "Tese". *E-mail* para: *Wilson Bezerra wbezerra@hotmail.com.*

- Programa Eletrônico:

AUTOR. *Nome do Programa*. versão nº [Programa de computador em linguagem...]. Local, Editora, Ano. Suporte (quantidade, tipo e formato). Ambiente ou Compatibilidade.

MacAULAY, David. *Como as Coisas Funcionam*. Versão 3.1 [Multimídia para Windows]. São Paulo, Globo, 1996. 1 CD-Rom. Compatível MPC.

REFERÊNCIAS BIBLIOGRÁFICAS

ABREU, Antônio Suarez. *Curso de Redação*. São Paulo, Ática, 2004.

ALARCÓN JAIMES, Verônica. *Manual para Publicaciones Periódicas Irregulares*. Toluca, Uaem, 2003.

ALCHER, Otl & KRAMPEN, Martin. *Sistemas de Signos en la Comunicación Visual*. México, GG Diseño, 1995.

ANDRADE, Maria Margarida. *Como Preparar Trabalhos para Cursos de Pós-Graduação*. 2. ed. São Paulo, Atlas, 1997.

ARAÚJO, Emanuel. *A Construção do Livro: Princípios da Técnica de Editoração*. 2. ed. rev. e amp. São Paulo/Rio de Janeiro, Editora Unesp/Lexicon, 2008.

AREZIO, Arthur. *Diccionario de Termos Graphicos*. Bahia, Imprensa Oficial, 1936.

BAINES, Phil & HASLAM, Andrew. *Tipografía: Función, Forma y Diseño*. Barcelona, GG, 2002.

BANN, David. *Actualidades en la Producción de Artes Gráficas*. Barcelona, Blume, 2008.

BERWANGER, Ana Regina & LEAL, João Eurípedes Franklin. *Noções de Paleografia e de Diplomática*. 2. ed. Santa Maria, Editora UFMS, 1995.

BLANCHARD, Gerard. *La Letra*. Barcelona, Ceac, 1988.

BOWERS, Fredson. *Princípios de Descripcción Bibliográfica*. Trad. Isabel Balsinde. Madrid, Arco Libros, 2001.

BRINGHURST, Robert. *Elementos do Estilo Tipográfico: Versão 3.0*. Trad. André Stolarski. São Paulo, Cosac Naify, 2005.

BUONOCORE, Domingo. *Diccionario de Bibliotecología*. 2. ed. aum. Buenos Aires, Marymar, 1976.

CAMARINHA, Mário & BRAYNER, Sonia. *Manual de Normas Técnicas de Editoração*. Rio de Janeiro, Editora UFRJ, 1992.

COELHO NETO, Aristides. *Além da Revisão: Critérios para Revisão Textual*. Brasília, Editora Senac, 2008.

CURRAN, S. *Comment écrire un livre et le faire publier*. Paris, Top, 1990.

DALE, Rodney & PUTTICK, Steve. *The Wordsworth Dictionary of Abbreviations & Acronyms*. 2nd ed. Ware [U.K], Wordsworth. Reference, 1999.

DAY, Robert A. *How to Write and Publish a Scientific Paper*. 3rd ed. Phoenix/New York, Oryx, 1988.

DREYFUS, John & RICHAUDEAU, François (dirs.). *Diccionario de la Edición y de las Artes Gráficas*. Trad. Fernando Jiménez. Salamanca/Madrid, Fundación Germán Sánchez Ruipérez/Pirámide, 1999.

ECO, Umberto. *Como se Faz uma Tese*. São Paulo, Perspectiva, 1983.

ESCOREL, Ana Luisa. *Brochura Brasileira: Objeto sem Projeto*. Rio de Janeiro, José Olympio, 1974.

FARIA, Maria Isabel & PERICÃO, Maria da Graça. *Dicionário do Livro: Da Escrita ao Livro Eletrônico*. São Paulo, Edusp, 2008.

FRANÇA, Júnia Lessa. *Manual para Normalização de Publicações Técnico-científicas*. 4. ed. rev. e aum. Belo Horizonte, Editora UFMG, 1998.

FRUTIGER, Adrian. *En Torno a la Tipografía*. Trad. Anne-Hélène Suárez Girard. Barcelona, GG Diseño, 2001.

GENETTE, Gerard. *Paratextos Editoriais*. Trad. Álvaro Faleiros. Cotia, SP, Ateliê Editorial, 2010.

GILL, Eric. *Ensaio sobre Tipografia*. Trad. Luis Varela. [s.l.p.], Almedina, 2003.

GLAISTER, Geoffrey Ashall. *Encyclopedia of the Book*. 2nd ed. New Castle (EUA)/London, Oak Knoll/The British Library, 2001.

GUILHERME, H. Faria. *Manual de Revisão*. Fortaleza, Imprensa Universitária do Ceará, 1967.

HENDEL, Richard. *O Design do Livro*. Trad. Geraldo Gerson de Souza e Lúcio Manfredi. Cotia, SP, Ateliê Editorial, 2006.

HOCHULI, Jost & KINROSS, Robin. *Designing Books. Pratice and Theory*. London, Hyphen, 1996.

HOUAISS, Antônio. *Elementos de Bibliologia*. Rio de Janeiro, Ministério da Educação e Cultura/INL, 1967, 2 vols.

_____. & VILLAR, Mauro de Salles. *Dicionário Houaiss da Língua Portuguesa*. Rio de Janeiro, Objetiva, 2009.

JURY, David. *Tipos de Fuentes: Regresso a las Normas Tipográfias*. Trad. Silvia Grin Navarro. Barcelona, Index, 2002.

KANE, John. *Manual de Tipografia*. Trad. Mila Davila. Barcelona, GG Diseño, 2005.

LANDI, Salvadori. *Tipografia I: Guida per chi Stampa e fa Stampare. Compositori e Correttori, Revisori, Autori ed Editori*. Milano, Ulrico Hoepli, 1892 (Manuali Hoepli).

REFERÊNCIAS BIBLIOGRÁFICAS

_____. *Tipografia II: Lezioni di Composizione ad uso degli Allievi e di Quanti Fanno Stampare*. Milano, Ulrico Hoepli, 1896 (Manuali Hoepli).

LEXIQUE *des règles typographiques en usage à l'imprimerie nationale*. [Paris], 1990.

LÓPEZ RUIZ, Miguel. *Normas Técnicas y de Estilo para el Trabajo Académico*. 3. ed. México, Universidad Nacional Autónoma de México, 1998 (Biblioteca del Editor).

LUFT, Celso Pedro. *Novo Guia Ortográfico*. 9. ed. Porto Alegre, Globo, 1980.

LUIDL, Philipp. *Tipografía Básica*. Trad. Ana Elisa Gil Vodermayer. Valencia, Campgràfic, 2004.

MAGALHÃES, Aluísio *et al. Editoração Hoje*. 2. ed. Rio de Janeiro, Fundação Getúlio Vargas, 1981.

MARTÍNEZ DE SOUSA, José. *Diccionario de Bibliología y Ciências Afines*. Salamanca/Madrid, Fundación Germán Sánchez Ruipérez/Pirámide, 1989.

_____. *Diccionario de Ortografía Técnica: Normas de Metodología y Presentación de Trabajos Científicos, Bibliológicos y Tipográficos*. Salamanca/Madrid, Fundación Germán Sánchez Ruipérez/Pirámide, 1987.

_____. *Diccionario de Tipografía y del Libro*. 4. ed. Madrid, Paraninfo, 1995.

MARTINS FILHO, Plinio & ROLLEMBERG, Marcello. *Edusp: Um Projeto Editorial*. São Paulo, Imprensa Oficial do Estado, 2001.

MARTINS, Joel & CELANI, Maria Antonieta Alba. *Subsídio para Redação de Dissertação de Mestrado e de Tese de Doutorado*. 2. ed. rev. camp. São Paulo, Cortez & Moraes, 1979.

McMURTRIE, Douglas C. *O Livro: Impressão e Fabrico*. 2. ed. Trad. Maria Luísa Saavedra Machado. Lisboa, Fundação Calouste Gulbenkian, [1982].

MITCHELL, Michael & WIGHTMAN, Susan. *Book Typography: A Designer's Manual*. Marlborough, Libanus, 2005.

MLA Handbook for Writers of Research Papers. 7th ed. New York, The Modern Language Association, 2009.

MUELLER, L. W. *How to Publish Your Own Book: A Guide for Authors Who Plan to Publish a Book at Their Own Expense*. Detroit, Harlo, 1976.

NORMAS para Apresentação de Documentos Científicos. Curitiba, Editora UFPR, 2000, 10 vols.

NORMAS para Publicações da Unesp. São Paulo, Editora Unesp, 1994, 4 vols.

OLSEN, Udia G. *Preparing the Manuscript*. 8th ed. Boston, The Writer, 1976.

PARIS, Muriel. *Petit Manuel de Composition Typographique*, version 2. [Paris], [s.e.], 2005.

PEIGNOT, Jérôme. *Typoésie.* Paris, Imprimerie Nationale, 1993.

PINTO, Ildete Oliveira. *O Livro. Manual de Preparação e Revisão.* São Paulo, Ática, 1993.

PORTA, Frederico. *Dicionário de Artes Gráficas.* Porto Alegre, Globo, 1958

REY, Luís. *Planejar e Redigir Trabalhos Científicos.* São Paulo, Edgard Blucher, 1987.

ROBREDO, Jaime. *Manual de Editoração.* 2. ed. rev. Brasília, Associação dos Bibliotecários do Distrito Federal, 1988.

ROCHA, Cláudio. *Projeto Tipográfico: Análise e Produção de Fontes Digitais.* São Paulo, Rosari, 2002 (Textos Design).

SAATKAMP, Henry. *O Livro: Preparação e Revisão de Originais.* Porto Alegre, AGE, 1996.

SÁNCHEZ Y GÁNDARA, Arturo. *El Arte Editorial en la Literatura Científica.* México, Universidad Nacional Autónoma de México/S y G, 2000 (Biblioteca Del Editor).

SANTOS, Gildenir Carolino. *Manual de Organização de Referências e Citações Bibliográficas para Documentos Impressos e Eletrônicos.* Campinas, Editora da Unicamp/Autores Associados, 2000.

SATUÉ, Enric. *Aldo Manuzio: Editor, Tipógrafo, Livreiro. O Design do Livro do Passado, do Presente e, Talvez, do Futuro.* Trad. Cláudio Giordano. Cotia, SP, Ateliê Editorial, 2004 (Artes do Livro, 4).

SHARPE, Leslie & GUNTHER, Irene. *Manual de Edición Literaria y no Literaria.* Trad. Gabriela Ubaldini. México, FCE, 2005.

SMITH Jr., DATUS C. *Guia para Editoração de Livros.* Trad. Eliane Tejera Lisboa. Florianópolis/Recife, Editora UFSC/Editora UFPE, 1990.

SMITH, Margaret M. *The Title Page: Its Early Development. 1460-1510.* London/ New Castle (EUA), The British Library/Oak Knoll, 2000.

SPINA, Segismundo. *Introdução à Edótica (Crítica Textual).* São Paulo, Ars Poética/ Edusp, 1994.

_____. *Normas Gerais para os Trabalhos de Grau. Um Breviário para o Estudante de Pós-Graduação.* 2. ed. melh. e amp. São Paulo, Ática, 1984.

STAINTON, Elsie Myers. *The Fine Art of Copyediting.* New York, Columbia University Press, 1990.

SVIRSKY, Ruben. *Cómo Presentar un Trabajo Científico.* Montevideo, Editorial Fin de Siglo, 2000.

THE CHIGACO Manual of Style: The Essential Guide for Writers, Editors, and Publishers. 15th ed. Chicago/London, University of Chicago Press, 2003.

THIBAUDEAU, Francis. *La Lettre d'Imprimerie: Origine, Développment, Classification & 12 Notices Illustrées sur les Arts du Livre.* Paris, Au Bureau de l'Édition, 1921.

REFERÊNCIAS BIBLIOGRÁFICAS

TSCHICHOLD, Jan. *Forma do Livro: Ensaios sobre Tipografia e Estética do Livro.* Trad. Geraldo Gerson de Souza. Cotia, SP, Ateliê Editorial, 2007.

TURABIAN, Kate L. *Manual para Redação: Monografias, Teses e Dissertações.* Trad. Vera Renoldi. São Paulo, Martins Fontes, 2000 (Ferramentas).

WHITE, Jan V. *Edição e Design: Para Designers, Diretores de Arte e Editores. O Guia Clássico para Ganhar Leitores.* Trad. Luís Reyes Gil. São Paulo, JSN, 2006.

WILLBERG, Hans Peter & FORSSMAN, Friedrich. *Primeros Auxilios en Tipografía.* Trad. Esther Mongtón. Barcelona, GG Diseño, 2002.

WLASEK FILHO, Francisco. *Técnica de Preparação de Originais e Revisão de Provas Tipográficas.* Rio de Janeiro, Agir, 1966.

WORDS into Type: *Based on Studies by Marjorie E. Skillin, Robert M. Gay and other Authorities.* 3rd ed. compl. rev. Englewood Cliffs, NJ, Prentice-Hall, 1974.

ZAVALA RUIZ, Roberto. *El Libro y sus Orillas: Tipografía, Originales, Redacción, Corrección de Estilo y de Pruebas.* 3. ed. cor., 2ª impr. México, Universidad Nacional Autónoma de México, 1995 (Biblioteca del Editor).

ÍNDICE REMISSIVO

A

ABREVIAÇÃO 287, 335 *ver também* REDUÇÕES

ABREVIATURAS *ver também* REDUÇÕES

    astronômicas 292

    comerciais, industriais e afins 315

    cronológicas 320

    de cargos, funções e profissões 328

    de títulos 330

    dos livros da Bíblia 295

    dos meses 326

    em alemão 510-512

    em espanhol 522-523

    em francês 533-534

    em inglês 543-544

    em italiano 549-550

    em latim 555-556

    em português 289-292

    expressões bibliológicas e filológicas 299-314

    forenses 321

    formas de tratamento 322

    médicas e farmacológicas 325

    musicais 327

    náuticas 328

    religiosas 333

    teatrais 330

    variadas 335

ACENTUAÇÃO 15, 17, 24, 116, 132, 278, 446

    em alemão 509

    em catalão 515

    em espanhol 520

    em francês 532

    em grego 569

    em italiano 547

    em latim 552

    Novo Acordo Ortográfico da Língua Portuguesa 280

ADAGA

    chamadas de notas 131, 427

    dados biográficos 310, 427, 608

    dupla 131, 427

AGRADECIMENTOS 37-38, 55-60, 185 *ver também* PRÉ-TEXTUAIS

ALFABETO 177, 178, 199, 202, 277, 279, 467, 494, 501, 557, 563

    alemão 505-506

    árabe 559-561

    aramaico 575-578

    cirílico 583

    fenício 575

    finlandês 525-526

    fonético internacional 559

    francês 529-530

    grego 292-293, 568-570

    hebraico 575-578, 583

italiano 545

latino 121, 467, 501, 502, 503, 551, 557, 558, 563, 665, 676

língua portuguesa 551

russo 583-586

ALGARISMOS *ver também* NUMERAIS

arábicos 94, 124, 131, 296, 677, 680, 682

datas 491

frações 490

horários 492

idade 491

ordinais 491

pontuação 593, 595, 641, 646

porcentagem 490

romanos 38, 93, 94, 179

ANAIS

abreviatura 299

notação bibliográfica 137, 687

uso do itálico 260

ANTERROSTO 37, 39, 522 *ver* FALSA FOLHA DE ROSTO, OLHO

ANTROPÔNIMOS 104

aportuguesamento 464

grafia de nomes próprios 463-464, 466

línguas estrangeiras 554, 565

normalização 170

o que deve ou não ser traduzido 176

uso das maiúsculas e minúsculas 456

APÊNDICE 56, 99, 101, 128, 185, 301 *ver também* PÓS-TEXTUAIS

APÓSTROFO *ver também* PONTUAÇÃO

na língua portuguesa 570, 651

no alemão 509

no francês 531-532

no grego 570

no inglês 540-541

no italiano 547, 549

ARTIGOS

abreviatura

em alemão 511

em espanhol o castelhano 522

em francês 533

em italiano 549

em língua portuguesa 301

de jornal 686-687

de revista 655, 685-686

de obras coletivas 137

grafia das notas de rodapé 134

indexação

de nomes de obras 109

de nomes geográficos 108

índice de assuntos 111

hifenização em palavras compostas 447

notação bibliográfica 101-102, 107, 655, 659, 665, 669, 674-676, 684

referências bibliográficas 306

uso de aspas duplas 600

uso de maiúsculas e minúsculas

em catalão 513, 515

em francês 531

em inglês 540

em italiano 547

em língua portuguesa 458

uso do apóstrofo 651

uso do redondo

com aspas 253

sem aspas 251

ASPAS 595, 599, 604-605 *ver também* PONTUAÇÃO

alemãs 180, 509, 597

chamadas de notas e pontuação 133, 605

citações 115-126, 598

da Bíblia 124

de versos 123

em língua estrangeira 121

em nota de rodapé 126

duplas 119, 598, 600-601

em línguas estrangeiras

catalão 516

inglês 540

grego 570

erros de padronização e paginação 246

francesas 180, 509, 598, 599-600

inglesas 180, 598

notação bibliográfica 659, 665, 668, 693

retas 598

revisão e preparação de texto 161-162, 180

marcação das aspas 603

simples 119, 540, 598-599, 602-603

uso de maiúscula 463

uso do itálico 257, 259-260

uso do redondo 251, 253-254

ASTERISCO *ver também* PONTUAÇÃO

agramaticalidade 608

chamadas de nota 130-131, 133, 427, 607

em dados biográficos *ver também*

adaga 608

em linguística e edições diplomáticas

607-608

em lugar de nome próprio 608

em lugar de uma vinheta 607

em salmos e cânticos religiosos 608

notação bibliográfica 677

quadros e tabelas 140

signos utilizados nos códices 425-426

símbolos matemáticos 419

ATAS

notação bibliográfica 137, 688

AUTOR 15-19, 23, 39, 40, 48-49, 54, 59, 91, 93,
101-104, 111, 115, 126, 128, 131, 136-137, 138-
-139, 178, 183, 185, 189, 277, 286, 340, 417-
-418, 445, 455, 487

abreviatura

em alemão 512

em espanhol 522

em língua portuguesa 291, 299,
304, 314, 423

bibliografia 655, 657-658, 683-684

citações 115-118, 122, 125-126, 623

colocação de notas 129-133

crédito de imagens 164

erros ortográficos e gramaticais 237

estrangeirismos 493-494

grau de interferência no texto 169-171

copidesque 173-174

estilo 171-173, 643

literário 172

grifo do 623

indicação das fontes 117-118

línguas estrangeiras

chinês 563

italiano 545, 547

japonês 580

russo 587

nome do 37, 39, 44, 55, 94, 100-101, 107,
113, 134-135, 163, 195, 271, 306, 308, 310,
659-660, 668-674

títulos correntes 145-146

uso do versal-versalete 134, 136, 271

nota do 309

notação bibliográfica 102, 271, 306, 308,
310, 659-660, 668-674, 684-685, 687,
689, 692-695

original 24-26, 28, 31-32

preparação de texto

no computador 168

no papel 152

pseudônimo 311

remissões 148

revisão 151, 226-227

uso de aspas duplas 600-601

uso do itálico 258-261, 263

uso do redondo com aspas 253-255

uso dos colchetes 623

uso dos parênteses 619

B

BARRAS *ver também* PONTUAÇÃO

chamadas de nota 131

citação de poesia 122-123, 131

datas 491

duplas 123, 131, 593, 631

notação bibliográficas 631

paralelas *ver* duplas

representação de frações matemáticas 629

transcrição fonológica 430

BIBLIOGRAFIA 15, 17, 29, 40, 134-137, 151, 169, 177, 183, 195, 247, 270-271, 286, 299, 301, 307, 310, 468, 521, 536, 655

formas de organização 660-661

notação bibliográfica

aspectos formais 663-665

elementos essenciais 667

ordem dos elementos 668

anais 687

artigos de jornal 686-687

artigos de revista 685-686

atas 687

boletins 688

capítulos 685

cassetes 693

catálogo 689

CDS 693

data da publicação 680-681

decretos 691

discos 693

dissertações 690

DVDS 694

edição 677

editora ou instituição responsável 679-680

encontros 688

filmes 693-694

folheto 689

formato 657, 665, 667, 675, 691-692, 695

fóruns 688

fragmentos 685

ilustrações 657, 665, 689, 692

itens 685

leis 690

local de impressão 667, 675, 679-680

local de publicação 660, 678--679, 681, 686

mapas 692-693

medidas provisórias 691

nome do autor 271, 306, 308, 310, 659-660, 668-674, 684-685, 687, 692-695

número de volumes e tomos 682-683

obras em coleção 683-684

páginas 682

partituras 692

portarias 690

publicações e documentos
 eletrônicos 694-695
  relatório 689
  seminário 689
  simpósio 688-689
  teses 690
  título da obra 674-676
  trabalhos mimeografados 691
  trechos 685
 vídeos 694
pontuação 595, 641, 659-660
técnicas de composição 658-659
tipos 657-658

BOLETINS
 bibliografia 688
 uso do itálico 259
BOLD *ver* NEGRITO 230, 265, 267

C

CABEÇO 145-146 *ver também* TÍTULOS
 CORRENTES
 pontuação 595
CACÓFATO 238, 242 *ver também* ERROS DE
 COMPOSIÇÃO GRÁFICA
CDS
 notação bibliográfica 693
CAIXA-ALTA 57, 91, 93, 134, 145, 196-197, 201-
 202, 227, 240, 272 *ver também* MAIÚSCULAS
 abreviatura 301
 em línguas estrangeiras
  castelhano ou espanhol 520-521
  dinamarquês 518
  francês 530-531
  holandês 535-536
 marcação da 15, 229
 uso nas siglas 339

CAIXA-ALTA E BAIXA 57, 61, 93, 95, 112-113,
 132, 134-136, 201, 271-272, 456-458 *ver*
 também MAIÚSCULAS
 bibliografia 659, 668, 674-675
 marcação da 229
 uso nas siglas 339
CAIXA-BAIXA 95, 131-132, 196-197, 201-202,
 227, 416, 458 *ver também* MINÚSCULAS
 abreviatura 301
 bibliografia 674
 marcação da 229
 normalização tipográfica 489
 uso em topônimos 467
CAMINHOS DE RATO *ver também* ERROS DE
 COMPOSIÇÃO GRÁFICA
CAPÍTULOS
 abreviatura 291, 301
 algarismos romanos 488
 citação da Bíblia 124, 295-296 *ver*
 também versículo
 divisão do livro 93-94
 erros de composição gráfica 240
 maiúsculas e minúsculas 540
 notação bibliográfica 685
 numeração de página 31
 sumário 55-57
 uso das aspas 600
 uso do ponto-final 641
 uso do redondo com aspas 253
CASSETES 693
CARACTERES 27, 31, 195, 210, 226, 239, 265,
 287, 444, 557, 592 *ver também* TIPOS
 desenho de 202, 207, 213-220
 do alfabeto latino 501-502
 em língua estrangeira 121, 136, 499
  alemão 505, 508
  árabe 559, 561

MANUAL DE EDITORAÇÃO E ESTILO

dinamarquês 517

espanhol ou castelhano 519, 521

finlandês 525

francês 529, 533

hebraico 575

holandês 535

inglês 543

italiano 545

japonês 579, 581

latim 552, 556

russo 585

escolha dos 202-204

forma dos 196-200

tonalidade 201

CATÁLOGO

abreviatura 301, 522

notação bibliográfica 689

CHAVES 143, 419, 431, 623, 626-628 *ver também* PONTUAÇÃO

CITAÇÕES 15, 17, 23, 54, 91, 100-101, 116-126, 132, 151, 171, 183, 195, 226, 240-241, 246, 302, 306, 313, 426, 595, 635

acréscimos 125

bibliográficas 177, 659, 668

da Bíblia 124-125

de poesia 122-124, 314

com omissão de um ou mais versos 123

dentro do parágrafo 123

em língua estrangeira 124

em parágrafo separado 123

em língua estrangeira 121

em edições críticas 262

em notas 126-127

erros em 126

uso do itálico 126, 259

estrangeirismos 495

indicação das fontes 117

marcação das 118-121

abertura de parágrafo 120

espaço 119

extensa 119

pouco extensa 119

omissões 125

pontuação 622, 647

Lei de Direito Autoral 115

tipos de 117-118

de texto oral 118

direta ou formal 117

indireta ou conceitual 117

uso do redondo com aspas duplas 254, 598-600, 602-603, 605

usos dos colchetes 623

COAUTOR

abreviatura 302

COLCHETES 32, 168, 170, 178, 246, 309, 313, 593, 595, 615, 621, 623-627, 633, 641, 650 *ver também* PONTUAÇÃO

citações 121, 125-126, 261-262

notação bibliográfica 664, 670, 672, 676, 678-681

transcrição fonética 430

COLOFÃO 40, 53, 99, 112-114, 185, 247, 680

COPIDESQUE 170, 173-174

COPYRIGHT 49, 54, 247, 692 *ver também* PÁGINA DE CRÉDITOS

notação bibliográfica 663

signo 442

CRONOLOGIA 37-38, 58, 61, 85, 107 *ver também* PRÉ-TEXTUAIS

D

DATAS 171, 173, 548, 686

abreviatura 664

ÍNDICE REMISSIVO

intervalo entre 115
notação bibliográfica 677, 680-681
páginas de créditos 50
reimpressões e reedições 50
uso dos algarismos 491
DECRETOS
notação bibliográfica 691
uso do redondo sem aspas 251
DEDICATÓRIA 37-39, 54-55, 60, 183, 185 *ver
também* PRÉ-TEXTUAIS
abreviaturas 302, 309
DEPÓSITO LEGAL 52, 54
DVDS 694
DISCOS
notação bibliográfica 693
DISSERTAÇÕES
normalização 19
notação bibliográfica 690
DIVISÃO SILÁBICA *ver* SEPARAÇÃO SILÁBICA
DOIS-PONTOS 647 *ver também* PONTUAÇÃO
chamadas de notas 133-134, 246
citações da Bíblia 124, 296
notação bibliográfica 660, 676

E

EMENDAS 25, 130, 152 *ver também* SIGNOS
em revisão de provas 227-228, 233, 237
ENCADERNAÇÃO 27, 304, 544, 657
ENCONTROS
consonantais
de origem germânica 510
em grego 571
notação bibliográfica 688
ENTRELINHAMENTO 24, 31, 195
duplo 152
em composição dos índices 104
em notas 129

na revisão de provas 226, 229, 241
epígrafe 29, 37-38, 54-55, 60, 94, 183, 185
ver também pré-textuais
abreviatura 304
ERRATA 99, 113 *ver também* PÓS-TEXTUAIS
ERROS
de composição gráfica 238-245
abreviaturas, siglas e números 239
brancos 240
cacófatos 239
caminhos de rato 239
citações 241
elementos constituintes da obra 240
entrelinhamento 241
forca 238
hifenização 238
legendas e créditos das imagens 241
mancha tipográfica 240
órfã 238
parágrafos 240
realces gráficos 241
repetição de letras, hifens, sílabas
ou palavras no final ou começo
de linhas 238
salto 240
tamanho das colunas 239
uniformidade das linhas 239
uniformização tipográfica 239
viúva 238
de padronização e paginação 246-247
bibliografia 247
chamadas de notas e citações 246
colofão 247
créditos institucionais 247
índices 246
páginas de crédito 247
parênteses e colchetes 246

MANUAL DE EDITORAÇÃO E ESTILO

pontuação 246

pré e pós-textuais 246

remissão das figuras 246

remissões internas 246

sumário 246

uso de cAb, cb e cA 247

ortográficos e gramaticais 226, 237-238

clareza 238

grafia 237

gramática 237

ESTRANGEIRISMOS 493-494

formas aportuguesadas 494-495

nomes das tribos indígenas 495-496

locuções latinas 493

F

FALSA FOLHA DE ROSTO 37-39, 59-61, 96 *ver também* OLHO

FICHA CATALOGRÁFICA 48, 50, 53-54, 71, 247, 468, 663, 691 *ver também* PRÉ-TEXTUAIS

FILMES

notação bibliográfica 693-694

o que deve ou não ser traduzido 178

uso das maiúsculas 458

uso do itálico 259

FOLHA DE ROSTO *ver* FRONTISPÍCIO

FOLHAS DE GUARDA 37-39, 63 *ver também* PRÉ-TEXTUAIS

FOLHETO

abreviatura 305

em francês 534

notação bibliográfica 689

uso de aspas simples 602

uso de maiúsculas e minúsculas em inglês 540

uso do negrito 267

FONTES TIPOGRÁFICAS 202 *ver também* TIPOS

FORCA 226, 238, 243 *ver também* ERROS DE COMPOSIÇÃO GRÁFICA

FORMATO 15, 24-25, 185, 195, 232 *ver também* PAPEL

ISBN 52

notação bibliográfica 657, 665, 667, 675, 691-692, 695

FÓRUNS

notação bibliográfica 688

FRAGMENTOS

notação bibliográfica 685

FRONTISPÍCIO 30, 37-40, 44, 50, 52-53, 113-114, 445, 608 *ver também* PRÉ-TEXTUAIS

abreviaturas 305, 312

em inglês 544

elementos obrigatórios 44-48

elementos opcionais 48

notação bibliográfica 663, 670-673, 676, 680

G

GLOSSÁRIO 29, 99, 101, 286 *ver também* PÓS--TEXTUAIS

abreviatura 306

GRAMATURA 25 *ver também* PAPEL

H

HIFENIZAÇÃO 31, 225, 448, 521 *ver também* SEPARAÇÃO SILÁBICA

em palavras compostas 446

em siglas 339

erros de composição gráfica 238-239, 242-243

parágrafo alinhado à esquerda 29

principais dificuldades 449-453

I

ILUSTRAÇÕES 91, 100-101, 138, 233
    abreviatura 302, 306
    lista de 37-38, 56-57, 61, 81
    notação bibliográfica 657, 665, 689, 692
    preparação de original 164, 184
    revisão 241, 246
    uso do negrito 265
ÍNDICE 29, 32, 55, 99, 102-103 *ver também*
    PÓS-TEXTUAIS
    antropônimos 104
    como fazer o 109
    composição do 104
    critérios de ordem alfabética 109-110
    entradas de nomes
        casos especiais 107-108
        de obras 109
        geográficos 108
        próprios 104-107
    patronímicos 104
    tipos de 103-104
        analítico 103
        cronológico 103
        de assunto 103, 111-112
        geral 103
        onomástico 103-104, 111
INTERNET *ver* PUBLICAÇÕES E
    DOCUMENTOS ELETRÔNICOS
ISBN 50-52, 54, 247, 658 *ver também* PRÉ-
    -TEXTUAIS
    casos em que se deve atribuir mais de
      um ISBN 52
    edições acadêmicas 53
ITÁLICO, uso do 15, 17, 57-58, 101, 113-114, 132,
    145, 226, 233, 240, 241, 251-252, 254-255,
    257-261, 265, 267, 270, 272, 384, 461, 593, 595

como caractere tipográfico 199, 201,
    210-211
como recurso mnemotécnico 261
em abreviaturas 291, 305, 308, 313
    astronômicas 292-295
    de livros da Bíblia 295-299
    em expressões bibliológicas e
      filológicas 299
em citação 126
    da Bíblia 124
    de poesia 122, 124
    erros 126
    longa 121
em comentários adicionais ao texto
    original 262
em estrangeirismos 493-494
em expressões latinas 260, 493
em grafias erradas 261
em índices 148
em nomes científicos 260, 461
em palavras estrangeiras 153, 169
em rubricas 261
em símbolos dos elementos químicos
    398, 400
em termos não aportuguesados 260, 493
em termos ou expressões de caráter
    instrumental 262
em termos ou expressões que se
    repetem 262
em textos originais de autor
    consagrado 258
em textos traduzidos 258
em títulos 259-260, 458
    de obras traduzidas 178
marcação 154, 164, 183, 189, 263
na elaboração do original 27, 55, 91,
    93-95

na indexação de nomes de obras 109, 112

na notação bibliográfica 659, 665, 668, 675-676, 686-687, 694

nas notas 134

sinais de revisão 230

ITENS

notação bibliográfica 685

sumário 55-56

L

LAUDA 22-23, 25-26, 31-32, 37, 39, 50, 59, 62, 92-93, 95, 138, 152, 173, 234, 240

numeração 31

preparação de texto no computador 152

preparação de texto no papel 168

LEGIBILIDADE

das fontes tipográficas 199, 201-202, 207, 211, 257

das notas 129

de quadros 142-144

do original 24-25, 31

do texto 169, 195

LEI DO DIREITO AUTORAL 115 *ver também* CITAÇÕES

LEIS

notação bibliográfica 690

uso de aspas duplas 600

uso do redondo sem aspas 251

uso dos algarismos romanos 488

LÍNGUAS ESTRANGEIRAS 499-590 *ver também* TRADUÇÃO

LÍNGUAS DE ESCRITA LATINA

alemão 505-512

abreviaturas 511-512

acentuação 509

alfabeto gótico e manuscrito 505-506

caracteres especiais 508

pontuação 509

separação silábica 510

uso de maiúsculas e minúsculas 508-509

alfabeto 501-502

caracteres especiais 503

catalão 513-516

acentuação 509

caracteres especiais 508

pontuação 516

separação silábica 516

sinais diacríticos das vogais 515

uso de maiúsculas e minúsculas 513-514

dinamarquês 517-518

caracteres especiais 517

separação silábica 518

uso de maiúsculas e minúsculas 518

espanhol ou castelhano 519-523

abreviaturas 522-523

acentuação 520

caracteres 519

pontuação 521

separação silábica 521

uso de maiúsculas e minúsculas 520

finlandês 525-527

caracteres 525-526

separação silábica 527

uso de maiúsculas e minúsculas 526

francês 529-534

abreviaturas 533-534

acentuação 532-533

nomes próprios 533

separação silábica 531-532

uso de maiúsculas e minúsculas 530-531

holandês 535-537

    caracteres 535-536

    separação silábica 536-537

    uso de maiúsculas e minúsculas 536

inglês 539-544

    abreviaturas 543-544

    pontuação 540-541

    separação silábica 541-543

    uso de maiúsculas e minúsculas 540

italiano 545-550

    abreviaturas 549-550

    acentuação 547

    pontuação 548

    separação silábica 548-549

    uso de maiúsculas e minúsculas 547

latim 551-556

    abreviaturas 555-556

    acentuação 552

    nomes próprios 552-554

    separação silábica 554-555

    uso de maiúsculas e minúsculas 552

sinais diacríticos 502

LÍNGUAS DE ESCRITAS DIVERSAS

    árabe 559-561

      alfabeto 559-561

      caracteres especiais 561

    chinês 563-565

    grego 567-574

      acentuação 569

      alfabeto 567-569

      pontuação 570

      separação silábica 573-574

      transliteração 570-573

      uso de maiúsculas e minúsculos 570

    hebraico 575-578

      alfabeto 575-577

      transliteração 577

      vogais e ditongos 578

    japonês 579-582

    russo 583-590

      caracteres 585

      separação silábica 589-590

      transliteração 586-589

      uso de maiúsculas e minúsculas 585

    transliteração 557

    transcrição 558

LOCAL DE IMPRESSÃO 113, 675

    notação bibliográfica 667, 675, 679-680

LOCAL DE PUBLICAÇÃO 660, 665, 667, 675, 678-679, 681, 686

M

MAIÚSCULAS 15, 17, 32, 95, 117, 170, 189, 254, 270, 278, 338, 455-463, 499

    caracteres tipográficos 196, 201, 211-213, 218, 222

    em algarismos romanos 488-490

    em línguas estrangeiras

      alemão 508-509, 675

      catalão 513-514

      dinamarquês 518

      espanhol ou castelhano 520

      finlandês 526

      francês 530-531, 675

      grego 570

      holandês 536

      inglês 540

      italiano 552, 676

      russo 585

    na grafia de nomes próprios 463-464, 466

      antropônimos 464-466

      topônimos 466-467

anacronismos toponímicos 467

que podem gerar dúvidas 468-483

MAPAS 27, 57, 101, 138, 184, 241, 265, 270, 692--693

MARCAÇÃO DE TEXTO 183-191

no computador 189-191

no papel 184-188

MARGENS

na elaboração do original 26-27

na preparação de texto no papel 152-153

nas provas de revisão 227-228

uso de títulos correntes 145-146

MEDIDAS PROVISÓRIAS

notação bibliográfica 691

MINÚSCULAS 15, 17, 170, 189, 338, 461-484, 499

caracteres tipográficos 201, 212-213, 217-218, 254, 269-270

em algarismos romanos 179

em índices 112

em línguas estrangeiras

alemão 508-509, 675

catalão 513-514

dinamarquês 518

espanhol ou castelhano 520

finlandês 526

francês 530-531

grego 570

holandês 536

inglês 540

italiano 552, 676

russo 585

N

NEGRITO, uso do 15, 91, 95, 101, 139, 148 , 164, 201, 226, 240-241, 255, 265-267, 269-270

abreviatura 301

marcação do 155, 183, 189, 230, 267, 272

NORMALIZAÇÃO 15-18, 24, 151, 170-173, 183, 226

de bibliografias 658, 660

na correção de primeiras provas 233

na correção de segundas provas 237

ortográfica 285, 338, 340, 383, 458, 643

tipográfica 489

itálico 257-263

negrito 265-267

redondo 251-255

versal 270

versal-versalete 270-273

versalete 270

NOTAS 48, 54, 94, 126-137, 147, 151, 195, 680

com asteriscos 130, 140, 607

com letras 131, 140

com signos 131

em rodapé 15, 91, 129, 134, 183, 262--263, 306, 309, 668, 677

no texto 133, 135

números arábicos 130, 140

por sistema misto 135

edição e revisão de 132, 172-174, 226, 232, 233, 246

expressões latinas mais utilizadas 136-137

extensão das 130

marginais ou laterais 130

padronização das 169, 171, 659

pontuação 133, 595

repetição de 135-136

sequência das 131-132

NOVO ACORDO ORTOGRÁFICO DA LÍNGUA PORTUGUESA 238, 278

NUMERAIS *ver também* ALGARISMOS

em algarismos arábicos 487-488, 677, 680, 82

em algarismos romanos 488-490

em datas 491

frações 490

horários 492

idade 491

ordinais 491

por extenso 485, 487, 491

porcentagem 490

O

OLHO 37-39, 44, 59-60, 185 *ver também* ANTERROSTO, FOLHA DE ROSTO, PRÉ--TEXTUAIS

dos caracteres tipográficos 199, 218

ÓRFÃ 238, 243 *ver também* ERROS DE COMPOSIÇÃO GRÁFICA

ORIGINAL 16, 23-32, 195

apresentação do

intertítulos 95

subtítulos 95

títulos 95

aspectos formais

entrelinhamento 31

formatação 32

laudas 25

legibilidade 25, 27

linhas e toques 31

margens 27

numeração de página 31-32

papel 25

parágrafos 28-30

edição de 151-191

revisão de provas 225-227, 232-233, 240, 255

revisão de tradução 172-180, 182

o que adaptar 178-180

o que deve ou não ser traduzido 175-178

revisão e preparação de texto 151-153, 181, 183-184

copidesque 173-174

estilo 171-173

grau de interferência no texto 169-170

no computador 168 173, 189-191

no papel 152-167, 184-188

normalização 170-171, 258-259, 263, 272, 455

estruturação do 35-148

elementos de apoio ao texto 115-148

citações 115-116, 126

notas 127, 129, 134

pós-textuais 103, 109, 112

pré-textuais 37, 39, 49, 53-54, 60-61

textuais 93, 95-97

notação bibliográfica 664

pontuação 601, 603, 615, 635

tipos de

manuscrito 24

datilografado 24

digitado 24

impresso 24

ORTOGRAFIA 276-336

atualização em citações 116

erros de 132, 170, 237-238

Novo Acordo Ortográfico da Língua Portuguesa 238, 278

acentuação 279

uso do hífen 280-282

reduções 285

braquigráficas 285

normas de abreviação 287-288

regras para a grafia de
abreviaturas 287-288
ideográficas 286

P

PAGINAÇÃO
abreviatura 310, 312
alterações que acarretem modificação
na 152
cálculos 31
erros de 233, 246-247
estilo de 48
marcação de texto 184
notas 129
PÁGINA DE CRÉDITOS 37-38, 40-43, 48, 49-
54, 60 *ver também* PRÉ-TEXTUAIS
advertências 49
ano de publicação 53, 680
copyright 49
créditos dos profissionais 53-54
expressões finais 53
ficha catalográfica 50
ISBN 50, 52-53
nome e endereço da editora 53
número da edição ou reimpressão 50
títulos original da obra 49
uso do colofão 114
PAPEL
formatos 24, 25, 138
gramatura 25
marcação de texto no 184-188
preparação de texto no 152-167, 263,
267, 272
provas de revisão 232
suporte 202
PARÁGRAFO 28-30
abreviatura 310, 522

alemão 28
alinhado à direita 29
alinhado à esquerda 29
base de lâmpada 30
base de lâmpada invertida 30
blocado 29
comum 28
em citações 119-123
uso das aspas 599-603
em notas 129, 131
epigráfico 30
espanhol 29
francês 29, 129, 140, 143, 658, 664
em glossário 101
em índice 104
indentação 240-241
moderno 28
sinais 131, 155, 157-158, 230, 426-427, 593
pontuação
uso de reticências
uso do ponto-final 639, 641
uso do travessão 611, 613-614, 616
técnicas de composição de bibliografia
658, 664
PARÊNTESES 108, 593-595, 599, 613, 615-617,
619-623, 625, 627, 633, 635, 650 *ver também*
PONTUAÇÃO
chamadas de notas 130, 132-135, 246, 605
citações 126
fórmulas 419
indicação de fontes 117
normalização 170, 178-179, 246, 261, 563
notação bibliográfica 665, 672, 676, 679,
683, 685, 690-691
reduções 286, 290, 309
remissões 148
siglas 356

signos matemáticos 431

símbolos de elementos químicos 398

uso do ponto-final 639-641

PARTITURAS 692

PLÁGIO 115

PONTO DE EXCLAMAÇÃO 570, 593, 605, 616, 635-636 *ver também* PONTUAÇÃO

  chamadas de notas 133

PONTO DE INTERROGAÇÃO 570, 593, 605, 616, 633-634 *ver também* PONTUAÇÃO

  chamadas de notas 133

  notação bibliográfica 681

PONTO E VÍRGULA 282, 452, 614 , 616 *ver também* PONTUAÇÃO

  chamadas de notas 133, 246

  citação da Bíblia 124

  expressões bibliológicas e filológicas 299

PONTO-FINAL 28, 140, 595, 603, 605, 633, 635, 639-642 *ver também* PONTUAÇÃO

  chamadas de notas 133-134, 246

  normas de abreviação 287, 290

  notação bibliográfica 659, 673

  omissão do 641

PONTUAÇÃO 15, 56, 102, 116, 152, 202, 226, 259, 591-652

  apóstrofo 651

    em alemão 509

    em francês 531

  aspas 597-605

    com outros sinais de pontuação 604-605

    em chamadas de notas 605

    duplas 600-602

    marcação das 603

    simples 602-603

  asterisco 607-608

    em dados biográficos 608

    em edições diplomáticas 607

    em linguística 607

    em lugar de nome próprio 608

    em salmos e cânticos religiosos 608

    na indicação de volumes 608

    na separação de períodos de um texto 607

  barra

    diagonal 503

    vertical 427, 593

  barras

    duplas 123, 131, 427

    paralelas 593 *ver* barras duplas

    simples 631

  chaves 627-628

  colchetes 623-625

    em citações 623

    em edições diplomáticas 625

    em textos técnicos 623

    em transcrições fonéticas 625

  dois-pontos 246, 647

    em abreviaturas dos livros da Bíblia 295-296

    em chamadas de notas 133-134

    em citações da Bíblia 124

    em notação bibliográfica 660, 676

    em alemão 509-510

    em catalão 516

    em espanhol 521

    em fórmulas matemáticas 418

    em francês 532

    em grego 570

    em inglês 540-541

    em italiano 548

    em paleografia 427

    em títulos 95

    erros gramaticais 157, 169

parênteses 619-622
  com outros sinais de pontuação
    621-622
  marcação dos 621
ponto de exclamação 570, 593, 635-636
  com travessão 616
  em chamadas de notas 133, 605
  em citações e transcrições 635
ponto de interrogação 570, 593, 616,
  633-634
  com travessão 616
  em chamadas de notas 133, 605
  em notação bibliográfica 681
ponto e vírgula 246, 282, 449, 614, 637-
  638
  com travessão 616
  em abreviaturas e expressões
    bibliológicas 299
  em chamadas de notas 133
  em citação da Bíblia 124-125
ponto-final 28, 246, 639-641
  com aspas 603, 605, 641
  com parênteses 595, 641
  com ponto de exclamação 635
  com ponto de interrogação 633
  com travessão 616
  em notação bibliográfica 659, 673
  em cabeçalho 140
  em chamadas de notas 133-134, 605
  normas de abreviação 287, 290
  omissão do 641
reticências 161, 246, 593, 649-650
  com parênteses 621
  com travessão 616
  em chamadas de notas 133, 605
  em texto citado 121, 125, 650

revisão 233, 246, 278
  sinais de 158, 229
travessão 609-617
  com outros sinais de pontuação
    616-617
  em diálogos 611
  em traduções 613
  marcação do 615
  Novo Acordo Ortográfico 615
  tipos de 609-611
  vírgulas após travessão 594
vírgula 113, 157, 306, 423, 570, 593, 637,
  639, 643-646
  antes de etc. 305
  com aspas 603
  com parênteses 594-595
  com ponto de interrogação 633
  com travessão 609, 616-617
  em chamadas de notas 133-134,
    136, 246, 605
  em citação da Bíblia 124
  em notação bibliográfica 660, 668,
    670, 678, 683, 685, 690
  em textos técnicos 646
  na composição de índices 104-105,
    107-111
  normalização tipográfica 260
  nos numerais em inglês 179, 541
  uso sintático-prosódico 643-646
portarias 690
posfácio 100 *ver também* prefácio
pós-textuais 35, 56, 99, 102-103
  elementos 99
    adendo 100
    anexos 100-101, 185
    apêndices ou suplementos 56,
      99, 101, 185

bibliografia 56, 99, 101-102, 151, 169, 177, 183, 195, 247, 270, 271, 286, 299, 301, 307, 310, 468, 521, 536, 595, 641, 655

colofão 113

errata 113

glossário 28, 101, 286, 306

índices 102

lista de coleções e séries 112

posfácio 100

erros de padronização e paginação 246

PRÉ-TEXTUAIS 35, 37-90

elementos fixos

anterrosto 37, 39, 522 *ver também* falsa folha de rosto, olho

folha de rosto *ver* frontispício

frontispício 30, 37-40, 44, 50, 52-53, 113-114, 445, 608

olho 37-39, 44, 59-60, 185

página de créditos 37-38, 40-43, 48, 49-54, 60

sumário 37-38, 55-57, 61, 101

elementos opcionais

agradecimentos 37-38, 55-60

cronologia 37-38, 58, 61, 85

dedicatória 37-39, 54-55, 60

epígrafe 37-38, 54-55, 60, 94

folhas de guarda 37-39, 63

introdução 38, 59, 61, 83

lista de abreviaturas e siglas 37-38, 61, 83

lista de ilustrações 37-38, 56-57, 61, 81

prefácio 32, 37-38, 56, 58-59, 61, 87, 100

numeração das 31-32, 38

PREFÁCIO 32, 37-38, 48, 56, 58-59, 61, 87, 100, 263, 311 *ver também* PRÉ-TEXTUAIS

PREPARAÇÃO DO TEXTO 19, 151-192

graus de interferência no texto 169-173

copidesque 173

marcação de texto 183-192

no computador 168

no papel 152-153

sinais utilizados 154-164

traduções 174-180, 228

o que adaptar 178-180

o que deve ou não ser traduzido 175-178

PROJETO GRÁFICO 16, 31-32, 35, 93, 183-184, 195-222, 225-226, 240

modificações no 152

notas 128-129

páginas pós-textuais 112

colofão 114

páginas pré-textuais 38-40, 44, 53-56

títulos, subtítulo e intertítulos 95

PUBLICAÇÕES E DOCUMENTOS ELETRÔNICOS 694

correio eletrônico (*e-mail*) 694

internet 694

programa eletrônico 695

R

REDONDO, uso do 95, 101, 112-114, 251-255, 257

como realce 263

com aspas 253-254, 259

partes integrantes de uma obra 260

com colchetes 595

com parênteses 595

em chamadas de notas 132

em citações 122-124, 126

em índices 148

em nomes científicos 260

em notas de rodapé 134

em originais 27

em siglas 356

em signos botânicos 423

em símbolos

dos elementos químicos 398, 400

matemáticos 417

na notação bibliográfica 659, 665, 668, 684-685, 693

sem aspas 251-253

marcação 255

sinais 230

REDUÇÕES 285, 286, 289, 290, 296, 337

braquigráficas 285

ideográficas 286

normas de abreviação 287

RELATÓRIO 488, 689

REMISSÕES 130, 147-148

externas 147

internas 94, 147

funções do preparador 171, 184

funções do revisor 241, 246

quadros 139

tabelas 139

RETICÊNCIAS 161, 246, 593, 649-650 *ver também* PONTUAÇÃO

com parênteses 621

com travessão 616

em chamadas de notas 133, 605

em texto citado 121, 125, 650

REVISÃO

de estilo *ver* preparação de texto

de notas 132

de original *ver* preparação de texto de provas 225-247

primeiras 233

segundas 233, 237

terceiras 233, 237

de tradução *ver* preparação de texto

erros

de composição gráfica 238-241

de padronização e paginação 246

gramaticais 237

ortográficos 237

signos de correções 165, 167, 227-232

chamadas 228

emendas 228

marcadores 228

sinais 228-232

técnica 151

RODAPÉ *ver* NOTAS

S

SALTO *ver* ERROS DE COMPOSIÇÃO GRÁFICA

SEMINÁRIO

notação bibliográfica 689

números romanos 490

SEPARAÇÃO SILÁBICA 510

em línguas estrangeiras

alemão 510

catalão 516

espanhol ou castelhano 521

dinamarquês 518

finlandês 527

francês 531-532

holandês 536-537

inglês 541-543

italiano 548-549

latim 554-555

grego 573-574

russo 589

palavras compostas 444

SERIFA 196-197, 199, 207, 210, 212, 214-218

ÍNDICE REMISSIVO

SIGLAS 37-38, 270-271, 337-420 *ver também*
  ABREVIATURAS
    de estados brasileiros e distrito federal 354
    de estados norte-americanos 354-356
    de organizações internacionais e estrangeiras 361-363
    de organizações e partidos políticos 363-367
    estrangeiras 356-361
    internacionais 356-361
    nacionais variadas 367-382
    oficiais 338
    países e territórios 340-353
    sigloides 337-338
    siglemas 338
    uso de pontos entre as letras 339
    uso do versal e do versalete 270

SIGNOS 210, 226, 278, 285, 499, 596
  astronômicos 421-422
  biológicos 423
  botânicos 423-425
  cartográficos 433-435
  cristãos 441
  de alquimia 428-429
  de computação 429-430
  de correção de provas 227-232
    chamadas e marcadores 228
    emendas 228
    sinais 228, 286
  de cruzes 426-427
  de diagramas 427
  de flechas 428
  de mineralogia 440
  de organogramas 429-430
  dos elementos 427
  editoriais 427

  elétricos 428
  em chamadas de notas 131
  estelares 428
  farmacêuticos 428-429
  genealógicos 429
  lexicográficos 430-431
  linguísticos 430-431
  matemáticos 202, 431-433
  meteorológicos 435-439
  musicais 440-441
  nos códices 425-426
  químicos 441
  reduções
    ideográficas 285
  transliteração 557
  variados 442

SÍMBOLOS
  convenções internacionais 383
  de elementos químicos 398-400
  de metrologia 383-388
  grandezas e unidades 385-388
  matemáticos 417-419
  múltiplos e submúltiplos de grandezas 388-397
  Sistema Internacional de Unidades – SI 383-385, 388

SIMPÓSIO 688-689

SUMÁRIO 37-38, 55-57, 61, 101, 246 *ver também*
  ÍNDICE GRAFIA DOS TÍTULOS 56-57
  posição do 56

T

TESES
  agradecimentos 55
  divisões da obra 56
  normalização 19
  notação bibliográfica 690

TIPOS *ver também* FONTES TIPOGRÁFICAS

classificação dos 205-222

civilités 211

didones 215

egípcios 216

garaldes 213

góticos 211

humanísticos 212

incisos 217

lineares 218-219

manuscritos 220

transicionais 214

escolha dos caracteres 202

forma dos caracteres tipográficos 196-201

anatomia 196-197, 199

inclinação 199

tonalidade 201

regras de legibilidade 207

TIPOLOGIA 15, 39, 59, 91, 183, 189, 239 *ver também* TIPOS

TÍTULOS CORRENTES 145-146

TOPÔNIMOS 102, 108, 456, 462-464, 466-483

anacronismos toponímicos em notação bibliográfica 177

macrotopônimos 467

microtopônimos 467

normalização 270

que podem gerar dúvidas 468-483

tradução 177, 464

TRADUÇÃO 32, 207, 225, 247, 314, 464

de abreviaturas astronômicas 292

de citações 121-122, 124

de siglas 356

de topônimos 467

dúvidas de 163, 232

em índices 103, 109

em notas 126

página de créditos 49, 53

revisão de 172, 174-180

o que adaptar 178-180

o que deve ou não ser traduzido 175-178, 676, 678

TRANSLINEAÇÃO 443-446

em abreviaturas 445

em numerais 445

em palavras compostas 444

nas línguas de escrita latina 502

em dinamarquês 518

em espanhol ou castelhano 521

em francês 531

TRANSCRIÇÃO 117, 467, 499, 557-558, 586, 600 *ver também* TRANSLITERAÇÃO

fonética 121, 430, 559

fonológica 430

TRANSLITERAÇÃO 499, 557-558

do chinês 563

do grego 569-570, 573

do hebraico 577-578

do japonês 582

do russo 583, 586-587, 589

em citações 121

em notação bibliográfica

em topônimos 467

TRAVESSÃO 609-617 *ver também* PONTUAÇÃO

com outros sinais de pontuação 616-617

em diálogos 611

em traduções 613

marcação do 616

Novo Acordo Ortográfico 615

tipos de 609-611

vírgulas após 594

V

VERSÍCULO 124, 296,

VERSO DO OLHO 40-43 *ver também* PRÉ-
-TEXTUAIS

VÍDEOS 694

VINHETA 48, 147, 202, 607

VÍRGULA 113, 157, 306, 423, 570, 593, 637, 639,
643-646 *ver também* PONTUAÇÃO

    antes de etc. 305

    com aspas 603

    com parênteses 594-595

    com ponto de interrogação 633

    com travessão 609, 616-617

    em chamadas de notas 133-134, 136,
        246, 605

    em citação da Bíblia 124

    em notação bibliográfica 660, 668, 670,
        678, 683, 685, 690

    em textos técnicos 646

    na composição de índices 104-105,
        107-111

    normalização tipográfica 260

    nos numerais em inglês 179, 541

    uso sintático-prosódico 643-646

VIÚVA 226, 238 *ver também* ERROS DE
COMPOSIÇÃO GRÁFICA

Título	*Manual de Editoração e Estilo*
Autor	Plinio Martins Filho
Colaboradores	Geraldo Gerson de Souza
	Maria Cristina Marques
	Aristóteles Angheben Predebon
	Naiara Raggiotti
	Thiago Mio Salla
	Lucas Legnare
	Vera Lucia B. Bolognani
	Adriana Garcia
	Anderson Silva
	Carolina Bednarek
Coordenador editorial	Ricardo Lima
Secretário gráfico	Ednilson Tristão
Preparação de originais	Geraldo Gerson de Souza
Revisão	Plinio Martins Filho
Índice remissivo	Naiara Raggiotti
Editoração eletrônica	Adriana Garcia
	Negrito Produção Editorial
Design de capa	Negrito Produção Editorial
Formato	18 × 23,4 cm
Papel Certificado FSC®	Chambril Avena 80 g/m² (miolo)
	Couché Fosco 150 g/m² (capa)
	ColorPlus 120 g/m² (guardas)
Tipografia	Adobe Caslon Pro
Número de páginas	728
Tiragem	1 000

ESTA OBRA FOI IMPRESSA NA GRÁFICA CS PARA
A EDITORA DA UNICAMP EM OUTUBRO DE 2023.

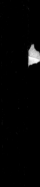